Wilfried Krusekopf
Eberhard Homann
Bretagne

Car mon cœur est là-bas,
dans les archipels où l'on entend,
parmi les roches, le langage des Celtes.

Denn mein Herz ist dort,
auf den Inseln, wo zwischen den Felsen
die Sprache der Kelten erklingt.

Jean-Pierre Calloc'h (1888–1917)

Impressum

Wilfried Krusekopf
Eberhard Homann
Bretagne

erschienen im
Reise Know-How Verlag Peter Rump GmbH
Osnabrücker Str. 79
33649 Bielefeld

7., neu bearbeitete, aktualisierte Auflage 2009

Gestaltung
Umschlag: G. Pawlak, P. Rump (Layout);
A. Pentzien (Realisierung)
Inhalt: G. Pawlak (Layout), Kordula Röckenhaus (Realisierung)
Fotos: Klaudia (kh) u. Eberhard Homann (eh),
Marie-Josée Krusekopf-Pecqueux (mk), Wilfried Krusekopf (wk)
Titelfoto: Wilfried Krusekopf (Leuchtturm und Kloster an der
Pointe St-Mathieu)
Karten: der Verlag

Lektorat (Aktualisierung): André Pentzien

Druck und Bindung
Wilhelm & Adam, Heusenstamm

ISBN 978-3-8317-1706-4
Printed in Germany

Dieses Buch ist erhältlich in jeder Buchhandlung Deutschlands, der Schweiz, Österreichs, Belgiens und der Niederlande.
Bitte informieren Sie Ihren Buchhändler über folgende Bezugsadressen:

Deutschland
Prolit GmbH, Postfach 9, D-35461 Fernwald (Annerod)
sowie alle Barsortimente

Schweiz
AVA-buch 2000
Postfach, CH-8910 Affoltern

Österreich
Mohr Morawa Buchvertrieb GmbH
Sulzengasse 2, A-1230 Wien

Niederlande, Belgien
Willems Adventure
Postbus 403, NL-3140 AK Maassluis

Wer im Buchhandel trotzdem kein Glück hat, bekommt unsere Bücher auch über unseren **Büchershop im Internet: www.reise-know-how.de**

Wir freuen uns über Kritik, Kommentare und Verbesserungsvorschläge.

Alle Informationen in diesem Buch sind von den Autoren mit größter Sorgfalt gesammelt und vom Lektorat des Verlages gewissenhaft bearbeitet und überprüft worden.

Da inhaltliche und sachliche Fehler nicht ausgeschlossen werden können, erklärt der Verlag, dass alle Angaben im Sinne der Produkthaftung ohne Garantie erfolgen und dass Verlag wie Autoren keinerlei Verantwortung und Haftung für inhaltliche und sachliche Fehler übernehmen.

Die Nennung von Firmen und ihren Produkten und ihre Reihenfolge sind als Beispiel ohne Wertung gegenüber anderen anzusehen.
Qualitäts- und Quantitätsangaben sind rein subjektive Einschätzungen der Autoren und dienen keinesfalls der Bewerbung von Firmen oder Produkten.

002-br Foto: wk

Reise Know-How im Internet

Aktuelle Reisetipps und Neuigkeiten
Ergänzungen nach Redaktionsschluss
Büchershop und Sonderangebote

www.reise-know-how.de
info@reise-know-how.de

Wir freuen uns über Anregung und Kritik.

Vorwort

Zerklüftete Küsten, an denen das Meer mit aller Macht anbrandet, und langgestreckte, feinsandige Buchten mit türkisfarbenem Wasser bilden die reizvolle und abwechslungsreiche Küstenlinie der Bretagne, eines europäischen Reiseziels, dessen Beliebtheit stetig steigt.

Mit welchem Interesse Sie auch in den Urlaub fahren mögen, hier bieten sich vielfältige Möglichkeiten zum Leben und Erleben. Wer die Natur sucht, findet sie entlang der wilden Steilufer der Nordküste, auf den Inseln im Westen und Süden oder in den zahlreichen Vogelschutzgebieten. Wassersportbegeisterte finden ihr Mekka in den Hafenorten der Südküste, in stillen Buchten oder den tosenden Wassern der West- und Nordküste. Natur kann aber auch im Landesinneren erlebt werden. Ausgedehnte Heidelandschaften, Höhenzüge und Sümpfe laden zu Wanderungen, Boots- oder Fahrradtouren ein.

Dies alles ist aber nur ein Aspekt der Bretagne. Auch Kultur wird hier großgeschrieben. Ob es nun die megalithischen Monumente, die vor einigen tausend Jahren errichtet wurden und deren Bedeutung immer noch nicht geklärt werden konnte, oder die Kirchenbauwerke sind, die Bretagne ist randvoll mit Sehenswürdigkeiten. Kathedralen, Kapellen, umfriedete Pfarrbezirke und Calvaires zeugen von langer christlicher Tradition, die auch heute noch in den Darstellungen der zahlreichen Heiligen und den alljährlichen Pardons weiterlebt.

Geprägt ist die Landschaft aber auch durch Schlösser, Burgen, Herrensitze und historische Städte, die aus ruhmreicher Vergangenheit erhalten geblieben sind, mystisch verklärte Stätten und Regionen finden hier ihren Platz.

Auf historische Ereignisse zurückgehende Feste, Seglertreffen und Kulturveranstaltungen zur Stärkung keltischer Traditionen zeigen den Facettenreichtum der Bretagne auch in dieser Beziehung.

Die Beliebtheit der Bretagne führt aber auch dazu, dass in der Hauptreisezeit zumindest die Küstenbereiche oft völlig ausgebucht sind, obwohl es zahlreiche Übernachtungsmöglichkeiten gibt. Ruhe findet man aber auch dann immer noch im Landesinneren.

Schließlich offeriert die Bretagne zahlreiche kulinarische Genüsse. Hier bietet die Küche nicht nur hervorragende Fisch- und Meeresfrüchte-Gerichte, sondern das Land ist auch die Heimat der beliebten Crêpes, zu denen besonders gut Cidre, das typische Getränk der Bretagne, passt.

Die Vielfalt der Bretagne garantiert einen abwechslungsreichen und zugleich erholsamen Urlaub. Wir wünschen Ihnen eine schöne Reise voller Eindrücke und natürlich guten Appetit.

Wilfried Krusekopf
Eberhard Homann

Inhalt

Exkurse

Hinweise zur Benutzung

Die **Abfolge der Ortsbeschreibungen** entspricht der gängigen Reiseroute. Wer seinen Urlaub in der Bretagne verbringen will, reist meist über deren Hauptstadt Rennes an. Das erste Kapitel beschäftigt sich denn auch mit dieser Großstadt und den umliegenden Orten.

Die weiteren Kapitel beschreiben zunächst die Küsten (Norden, Westen und Süden) und deren vorgelagerte Inseln, gehen aber auch auf die relativ naheliegenden Gebiete im Inland ein. Das letzte Kapitel ist besonderen Zielen im Landesinneren gewidmet.

Die **Stadtpläne** zu den größeren Städten befinden sich in den jeweiligen Kapiteln. Übersichtskarten der Regionen sind im **Kartenatlas** zusammengefasst (Kartenverzeichnis auf der letzten Seite des Atlas). Hinweise auf die jeweiligen Farbkarten befinden sich außerdem in der hinteren Umschlagkarte und zusätzlich in den Kopfzeilen und Überschriften der Ortsbeschreibungen.

Dem **Aufbau der Ortsbeschreibungen** liegt folgendes Schema zugrunde: Nach einem allgemeinen Überblick werden die Sehenswürdigkeiten beschrieben. Der Serviceteil enthält Unterkunftsmöglichkeiten, Gastronomietipps, Sport- und Kulturhinweise sowie weitere nützliche Adressen. Sollte es in der näheren Umgebung des Ortes interessante Ziele geben, sind sie am Ende der Ortsbeschreibung dargestellt.

Telefonieren

Sämtliche Telefonnummern in Frankreich sind 10-stellig. Vor die Nummern wird für die Bretagne die 02 gesetzt. Nach Deutschland wird die international gültige 0049 als Vorwahl gewählt.

Preise

Als der **Euro** eingeführt wurde, schrie die Bevölkerung in Deutschland plötzlich auf. Aus „Euro" wurde „Teuro". Auch in Frankreich wurde bei der Umrechnung stellenweise sehr „großzügig" aufgerundet. Andererseits hat man aber auch erkannt, nicht alle Preise auf hohem Niveau halten zu können, sodass Korrekturen nach unten (bei Eintrittspreisen) vorkommen. Hieß es früher immer, Frankreich habe ein **höheres Preisniveau** als Deutschland, so lässt sich dies nun leichter vergleichen. Möglicherweise wird sich das Urteil bestätigen, aber eben nicht in allen Bereichen. Milchprodukte sind teurer, Kaffee hingegen ist deutlich günstiger. Preiswerter sind Benzin und Diesel, wodurch man zumindest einen Teil der Autobahngebühren auffangen kann.

Da alle Preise dem Markt unterworfen sind, dienen die genannten Preise nur als Anhaltspunkte.

Bei den **Eintrittsgeldern** handelt es sich um den Preis für Erwachsene. Fast immer gibt es Ermäßigungen für Kinder zwischen 6 und 12 Jahren. Jüngere Kinder haben oft freien Eintritt. Zudem gibt es gelegentlich Ermäßigungen mit Schüler- und/oder Studentenausweisen sowie Gruppentarife.

Abkürzungen

sm	Seemeile (1 sm = 1,852 km)
SNCF	Société Nationale des Chemins de Fer Français (Staatliche Eisenbahngesellschaft)

Trugarez! Merci! Danke!

Nicht zuletzt durch die wertvollen Insidertipps einiger bretonischer Freunde konnten wir dieses Buch um viele praktische Reiseinformationen bereichern. Ein herzliches Dankeschön deshalb an alle, die uns unterstützt haben, insbesondere Trugarez an Thérèse Collet, Yveline und Michel Rio, deren profunde Kenntnisse über ihr Land eine wahre Fundgrube waren. Ebenso danken wir Christina und Wolfgang Malik, die uns zur Aktualisierung wertvolle Tipps geben konnten.

Anreise mit dem PKW

Auf **Routenbeschreibungen** zu verschiedenen Zielen innerhalb der Bretagne haben wir in diesem Buch aus folgenden Gründen weitgehend verzichtet: Einerseits ist die Ausschilderung größtenteils hervorragend, andererseits benutzen viele Reisende ein Navigationssystem. Zu beachten ist dabei allerdings, dass man sich vor Fahrtantritt das **aktuelle Kartenmaterial** des Zielgebietes beschafft, sonst könnte es, vor allem in Städten, Probleme geben. Ausgenommen sind Wegbeschreibungen in Verbindung mit Tipps zu Sehenswürdigkeiten oder landschaftlich besonders reizvollen Gebieten.

Häufig benutzte französische Begriffe

Auberge	Herberge, Unterkunft
Baie	Bucht
Cap	Kap
Chapelle	Kapelle
Château	Schloss, Burg
Cloître	Kloster
Criée	Fischauktionshalle
Domaine	Besitzung, Parkanlage
Eglise	Kirche
Fête	Fest
Forêt	Wald
Gendarmerie	Polizei
Hôpital	Krankenhaus
Ile	Insel
Location	Verleih
Mairie	Gemeindeamt
Manoir	Herrensitz
Monastère	Kloster
Mont	Berg
Musée	Museum
Office de Tourisme	Fremdenverkehrsamt
Pardon	kleine Wallfahrt
Pays	Land
Phare	Leuchtturm
Plage	Strand
Place	Platz
Pointe	Kap, Spitze
Port	Hafen
Presqu'île	Halbinsel
Quai	Kai, Anleger, Hafenmauer
Remparts	Stadtmauer
Rivière	Fluss
Rue	Straße
Syndicat d'Initiative	Fremdenverkehrsamt
Vedette	Motorboot

003br Foto: wk

Praktische Reisetipps A–Z

005br Foto: wk

004br Foto: wk

An der Westküste der Belle-Ile

Eingangstür einer kleinen Hafenkneipe

Schachspieler am Hafen von Sauzon

Anreise

Mit der Bahn

Alle Wege in die Bretagne führen zunächst nach **Paris.** Aus dem nördlichen Deutschland geht es erst nach Köln und von dort mit dem *Thalys* in weniger als 4 Stunden an die Seine. Für die Mitte der Republik passt der ICE von Frankfurt via Saarbrücken, während der Süden sowie die Schweiz und Österreich per TGV via Straßburg angebunden sind. Die Fahrzeit Straßburg–Paris beträgt nur 2 Stunden 20 Minuten, und 4 Züge dieser Linie sind ab Stuttgart durchgebunden, einer sogar ab München.

Über Nacht bietet **City Night Line** auf den Linien München - Stuttgart - Karlsruhe, Berlin - Hannover und Hamburg - Bremen bequeme Verbindungen nach Paris.

Die Ankunft in Paris ist je nach Richtung entweder am Gare du Nord (Nordbahnhof) oder am Gare de l'Est (Ostbahnhof). Die Weiterreise Richtung Rennes und die anderen Zielorte in der Bretagne geht dann per TGV vom Bahnhof Montparnasse aus. Für den Bahnhofswechsel nimmt man am besten die Metro. Eine gute Stunde sollte dafür eingeplant werden. Spezialisierte Bahn-Reisebüros (z.B. Gleisnost, s.u.) liefern dafür auch gleich das nötige Ticket und eine übersichtliche Wegbeschreibung.

Alle Hochgeschwindigkeitszüge nach und innerhalb Frankreichs sind reservierungspflichtig und bei zu kurzfristiger Anfrage durchaus auch mal ausgebucht. Aber auch wegen der Preise empfiehlt sich eine frühzeitige Buchung: Es winken in der Regel sehr hohe Ermäßigungen.

Frankreich-Reisen sollte man keinesfalls an einem Schalter der Deutschen Bahn oder gar im Internet der DB buchen. Dort sind praktisch nur die recht teueren sogenannten Normaltarife verfügbar. Einige spezialisierte Reisebüros in Deutschland verfügen dagegen über eine Lizenz der französischen Bahn SNCF und haben dadurch Zugriff auf deren Spezialtarife und die sehr attraktiven ermäßigten Frühbucher-Preise.

Buchung

Wer sich nicht selbst durch den Dschungel der Bahntarife und Fahrpläne schlagen und trotzdem Geld sparen will, erhält bei folgendem spezialisierten Reisebüro kompetente Beratung – und auf Wunsch die Tickets ins Haus geschickt:

- **Gleisnost am Stadttheater,** Bertoldstr. 44, 79098 Freiburg, Tel. 0761-383031
- **Gleisnost im Bahnhof Littenweiler,** Lindenmattenstr. 18, 79117 Freiburg, Tel. 0761-62037
- **www.gleisnost.de**

Mit dem Flugzeug

Fliegen ist die unüblichste Reiseart in die Bretagne, wohl deshalb, weil es keine nennenswerten direkten internationalen Flugverbindungen dorthin gibt. Zudem ist das Flughafennetz ausgesprochen dünn.

Auf dem Weg von Deutschland, Österreich und der Schweiz in die Bretagne muss immer in **Paris oder Lyon**

umgestiegen werden. Von hier werden die Verbindungen mit *Air France* und auch der regionalen Fluglinie *Air Inter,* weitergeführt. Sehr lästig kann es werden, wenn in Paris nicht nur das Flugzeug, sondern auch der Flughafen gewechselt werden muss, und man z.B. vom internationalen Flughafen Charles-de-Gaulle zum Flughafen Orly fahren muss. Dies kostet Zeit, Nerven und zudem Geld für Bus oder Taxi.

Die **Preise** für die Tickets sind sehr stark saisonabhängig. Getreu der Devise „Wer früher bucht, spart mehr", lohnt immer wieder der Blick ins Internet bei den **Billigfluglinien,** obwohl man dann nur bis Paris kommt, da es Strecken in die Bretagne bisher nicht gibt.

Mit dem PKW

Die überwiegende Zahl der Touristen reist mit dem Auto an. Dabei ist einiges zu bedenken: **Autobahnen** sind in Frankreich gebührenpflichtig. Die zulässige Höchstgeschwindigkeit beträgt 130 km/h. Benötigt werden der nationale Führerschein und der KFZ-Schein. Die Mitnahme der grünen Versicherungskarte wird empfohlen. Weitere Hinweise zum Autofahren siehe unter „Verkehrsmittel".

Innerhalb der Bretagne gibt es keine Autobahnen mehr, dafür aber die **Routes Nationales** (Kürzel „N"), die genau so gut aber kostenfrei befahren werden dürfen. Das Tor zur Bretagne ist bei direkter Anreise Rennes, das über die Autobahn von Le Mans aus erreicht wird. Hier gabeln sich dann die N 12, in nordwestlicher Richtung (St-Brieuc, Brest) und die N 137, in südlicher Richtung (Nantes).

Um möglichst rasch in **Richtung Süd-Bretagne** (Golfe du Morbihan, Auray, Carnac) zu gelangen, empfehlen wir, in Rennes zunächst bis Ploërmel auf der N 24 zu fahren und dort auf die N 166 in Richtung Vannes. Bei Vannes gelangt man auf die südliche Nationalstraße N 165, die von Nantes bis Brest führt.

Schön, beschaulich und verkehrsarm, dafür aber auch zeitaufwendiger ist die **Anreise über das Loiretal.** Wer Schlösser liebt und etwas Zeit erübrigen kann, sollte diese Route als Alternative zur sturen Autobahnfahrerei wählen. Eintrittstor zur Bretagne ist dann Nantes.

Auch von Norden her bietet sich eine Anreise an. Neben der Bretagne lohnt ein **Besuch der Normandie,** deren geschichtsträchtige Region und wildromantischen Küsten eine schöne Ergänzung zur Bretagne bieten.

Mont Saint-Michel wird beispielsweise von Rennes aus über die D 175 erreicht. Wer nicht unbedingt den schnellsten Weg wählen möchte, kann bei les Rochers-Sévigné (etwa 40 km östlich von Rennes) die N 157 in Richtung Vitré verlassen. Die D 178 führt dann über Vitré bis Fougères. Nach Besichtigung dieser Orte geht es über die D 155 bis Antrain und dann über die D 175 bis Pontorson/Mont Saint-Michel.

Die Urlaubsgegend im Bereich **Saint-Malo** ist von Rennes aus am besten über die N 137 erreichbar.

Relativ schnell und preiswert gelangt man in die Nordbretagne, wenn man den Großraum Paris meidet. Die Route führt dann über Belgien (bis Mons), weiter über Valenciennes, Amiens, Rouen und Caen zum Mont St-Michel bzw. nach St-Malo. Im Vergleich zur Strecke über Paris „spart" man so etwa 50 Kilometer und damit Zeit (denn die gesamte Route ist zur Autobahn umgebaut). Die Autobahnmaut ist auf dieser Strecke nur noch halb so hoch wie auf der Strecke über Paris. In jedem Fall kann aber der Großstadtverkehr im Bereich Paris vermieden werden.

Autobahngebühr

Die **Maut** wird streckenabhängig erhoben. Beim Auffahren auf mautpflichtige Streckenabschnitte erhält man eine Karte aus dem Automaten oder von Hand. Beim Verlassen der Autobahn wird eine **Zahlstelle** durchfahren, an der die Gebühr berechnet wird.

An den Mautstellen werden neben Bargeld auch gängige Kreditkarten, wie Visa und Mastercard, akzeptiert.

Wer aus der Richtung Aachen/Belgien kommt, muss mit **Mautgebühren** von 12,60 € bis Paris und weiteren 26 € bis Rennes rechnen (für PKW). Die Tarife findet man unter www.autoroutes.fr. Wer von Valenciennes nicht über Paris sondern über die Amiens und Le Havre und Caen anreist, spart auf der erheblich weniger frequentierten Strecke viel Zeit, Nerven und auch Geld, denn die Gebühr von Valenciennes bis St. Malo beträgt derzeit nur etwa 19 €.

Gebührenfreie Routen

Wenn genügend Zeit und Geduld vorhanden sind, bieten die gebührenfreien **Routes Nationales** eine echte Alternative. Grundsätzlich gilt, dass diese Straßen fast parallel zu den Autobahnen verlaufen. In jedem Fall muss aber mit hohem Verkehrsaufkommen und zahlreichen Ortsdurchfahrten gerechnet werden.

Hier zwei Vorschläge zu weitgehend gebührenfreien Strecken: **Von Belgien** (Mons) über die N 2 über Laon, Soissons bis Le Plessis-Belleville. Hier auf die N 330 bis Meaux, und weiter über die N 36 bis Melun. Von hier über die N 6 bis Fontainebleau. Die N 837 führt nach Etampes, hier auf die N 24 bis Chartes. Die N 23 führt von hier bis Nogent-le-Rotrou. Dann gelangt man über die N 955 und N 311 bis Alençon. Die N 12 führt schließlich bis Fougères (etwa 607 km, mindestens 12 Stunden Fahrzeit!).

Von Etampes aus kann man auf der N 20 in Richtung Süden bis Orleans fahren. Hier beginnt die malerische Route entlang der Loire.

Von Straßburg aus: Zunächst auf der N 4 über Saverne bis Héming. Von hier über die N 955 bis Moyenvic und dann über die N 74 bis Nancy. Von hier aus auf der N 4 bis Fontenay-Trésigny, dort auf die N 36 bis Melun. Danach folgt die bereits oben beschriebene Route (etwa 740 km).

Übernachtung unterwegs: Je nach Reiseziel in der Bretagne und Wohnort ist die Entfernung recht groß. Da auf französischen Autobahnen Geschwindigkeitsbegrenzungen herrschen und häufig der Verkehrsfluss recht zäh ist, sollte eine Zwischenübernachtung eingeplant werden. Neben der Möglichkeit in der jeweiligen Stadt ein Hotel zu suchen, besteht zudem an den Autobahnen die Möglichkeit, in einem der zahlreichen Motels meist gut und preiswert zu ruhen. Internationale Motelketten (Best Western, Comfort Inn) und nationale (z.B. Formule 1) wetteifern um die Kundschaft. Fragen Sie bei Fremdenverkehrsamt nach, dort hält man Faltpläne bereit, in denen sowohl diese Motels innerhalb Frankreichs verzeichnet sind. Aber **Achtung,** eine Tücke bleibt. Oft sind diese Motels erst zu spät ausgeschildert, sodass die Abfahrt lange vorbei ist und man sich im nächsten Ort wieder neu orientieren muss. Als probates Mitel hat es sich erwiesen, vor einer größeren Stadt die Autobahn zu verlassen, der meist parallel geführten Nationalstraße zu folgen und sich dabei an den Wegweisern „Industriegebiet“ zu orientieren.

Mitfahrgelegenheiten

Mitfahrzentralen bieten eine preiswerte Alternative zu anderen Anreisemöglichkeiten. In vielen Städten haben sich diese Zentralen mittlerweile etabliert, die für die jeweilige Strecke ein festes Pauschalhonorar und eine maximale Benzinkostenbeteiligung festlegen. Autobahngebühren sind jeweils bereits enthalten. Vielfahrer können einen Bonus bekommen oder Freifahrten erhalten, diese Regelung schwankt jedoch von Zentrale zu Zentrale.

Während Paris ein übliches Zielgebiet für Mitfahrgelegenheiten ist, gilt dies für die Bretagne nicht so sehr. Fahrer und Mitfahrer sollten sich deshalb **frühzeitig melden.** Auch im Internet sind zahlreiche Mitfahrzentralen vertreten (Stichwort bei z.B. Google eingeben), bei denen man vergleichend sein Glück versuchen kann.

Für die Rückfahrt wende man sich an die **Mitfahrzentrale in Paris:** Tel. 01.42.46.00.66.

Mit dem Bus

Eine Alternative zur Bahn, stellen die Linienbusse des Unternehmens *Eurolines* dar, die ganzjährig zwischen Berlin, Hamburg, Bremen und Paris pendeln. Etwa 19 Stunden dauert die Fahrt von Hannover nach Rennes und kostet 92 € bzw. 166 € (Retour), Jugendliche bis 25 Jahren und Senioren erhalten Ermäßigung. Aktuelle Information unter Tel. 069/7903501, Fax 7903219, www.touring.de. Ticketkauf und Reservierungen kann man in 17 DTG-Ticket-Centern in Deutschland sowie in DER-Reisebüros und den meisten Reisezentren der Deutschen Bahn vornehmen.

Ausrüstung

Für eine Reise in die Bretagne ist keine spezielle oder gar exotische Ausrüstung erforderlich, obwohl einige Kleinigkeiten recht hilfreich sein können.

Je nach Art der Reise lohnt es sich, einen kleinen **Tages- oder** einen größeren **Wanderrucksack** (z.B. für ausgedehnte Touren entlang der Küsten oder im Landesinneren) mitzunehmen. Für längere Wanderungen kann man zudem einen **Kompass** einpacken, doch keine Angst, die Wanderwege sind allgemein recht gut ausgeschildert, und der nächste Ort ist nie sehr weit. Eine Trinkflasche und ein Taschenmesser vervollständigen das Wandergepäck.

Dunkle megalithische Grabanlagen und oft recht düstere Kirchen erfordern eine funktionstüchtige **Taschenlampe.** In Supermärkten sind normalerweise gängige Batterietypen und Ersatzbirnen erhältlich, Probleme bereitet aber die Versorgung mit 4,5-Volt-Flachbatterien und (gelegentlich) Halogenbirnen.

In jedem Fall lohnt es sich, ein gutes **Fernglas** einzupacken, denn überall in der Region können Vögel beobachtet werden. Naturliebhaber sollten dann auch an entsprechende **Bestimmungsbücher** denken (s. Literaturliste im Anhang). Deutschsprachige Literatur ist in der Bretagne nur schwer zu bekommen. Wer also keine französischen Bücher kaufen möchte, muss sich entsprechend eindecken.

Landkarten

Eine gute **Bretagne-Karte** im Maßstab 1:200.000 ist im world mapping project beim Reise Know-How Verlag erschienen. Sie ist GPS-tauglich, hat farbige Höhenlinien und -schichten sowie einen Ortsindex; Sehenswürdigkeiten sind eingezeichnet. Wen nur spezielle Bereiche interessieren, dem stehen entsprechende Detailkarten vor Ort zur Wahl. Spezielle Wanderinformationen und Wanderkarten gibt das *Comité Départemental de la Randonée Pédestre* heraus, Maison des sports, 13 B avenue de Cucillé, 35000 Rennes, Tel. 02.99.54.67.61, Fax 02.99. 54. 67.61, coderando35@wanadoo.fr.

Bekleidung

Regenjacke, Pullover, lange und kurze Hosen, T-Shirts und Badebekleidung, die Bretagne erfordert eine Vielzahl von Bekleidungsstücken, denn es muss zu jeder Jahreszeit mit (fast) jedem **Wetter** gerechnet werden. Schon im Frühjahr (Ostern) kann in der Südbretagne gelegentlich die Badehose ausgepackt werden, vielleicht stürmt und hagelt es aber einige Tage später.

Auch in den Sommermonaten kann recht häufig Regen fallen. Abends wird es dann kühl.

Besondere Aufmerksamkeit sollte man der Bekleidung schenken, wenn längere **Wanderungen** geplant sind. Im zum Teil unwegsamen Gelände des Inlandes und auf einigen Inseln behindern dornige Büsche das Vorankommen. Dort sind feste Hemden und Hosen sinnvoll. Unsicherer Boden erfordert entsprechendes Schuhwerk. Nicht vergessen: Sonnenbrille und Sonnenöl!

In Hotels der gehobenen Kategorie ist gepflegte Kleidung erwünscht. Krawattenzwang herrscht aber nur in Casinos.

Bootcharter/Segeln

Keine andere französische Region besitzt eine Kultur, die derart stark von der See- und Flussschifffahrt geprägt ist wie die Bretagne. Wer das Land und seine Menschen wirklich verstehen will, muss deshalb versuchen, das Land vom Wasser aus zu sehen. Neben den Küstengewässern gibt es hier etwa 600 Kilometer schiffbare Flüsse und Kanäle, die das Land in allen Himmelsrichtungen durchziehen.

An der Küste und im Landesinneren besteht die Möglichkeit, bewohnbare Boote wochenweise zu mieten, um so das Land aus einer neuen Perspektive kennenzulernen. Während an der Küste gute navigatorische Kenntnisse notwendig sind, können die inländischen Wasserwege mit schwach motorisierten und führerscheinfreien Booten problemlos auch von Anfängern befahren werden.

Manche Bootsvercharterer haben übrigens mehrere Niederlassungen an den Binnenwasserstraßen, sodass man das Boot nicht unbedingt wieder in den Heimathafen zurücksteuern muss.

Unterwegs mit dem Hausboot

Mit dem Boot durch die Montagnes Noires, Josselin vom Wasser aus kennen lernen, die Altstadt von Rennes mit dem Hausboot besuchen, Urlaub ohne Auto!

Das **Wasserstraßennetz** wurde im 19. Jh. ursprünglich für den Warentransport geschaffen. Im Osten ermöglicht der Canal d'Ille et Rance in Verbindung mit der Vilaine die Binnenfahrt von St-Malo im Norden bis zur Vilaine-Mündung bei Arzal im südöstlichen Morbihan. In Ost-West-Richtung besteht eine Verbindung der Städte Nantes, Redon und Lorient über den Canal de Nantes à Brest und den Blavet. Im Westen ermöglicht die Aulne zudem die Verbindung zwischen Brest und Carhaix. Vergleiche hierzu die vordere Umschlagkarte.

Ein ausgeklügeltes System von **Schleusen** und Seen hilft bei der Überwindung der Höhenunterschiede und Regulierung des Wasserstandes. Die Schleusenwärter sind oft gleichzeitig Bäcker, Bauern oder Lebensmittelhändler. Diese angenehme Eigenschaft erleichtert die Versorgung der Bootsbesatzungen.

Etwa ein gutes Dutzend Firmen bieten zwischen St-Malo, Rennes, Nantes, Lorient und Brest vom schwimmenden „2-Personen-Wohnwagen“ bis zur Motoryacht mit 12 Kojen alle Modelle an, die für die Binnenschifffahrt geeignet sind. Die **Boote** sind je nach Größe mit unterschiedlich komfortablen Kochgelegenheiten, Toiletten und Nasszellen ausgestattet. Größere Boote besitzen Duschen und voll eingerichtete Küchen.

In allen größeren Städten, gelegentlich auch in kleineren Orten stehen den Besatzungen eigene **Anleger** mit Sanitäreinrichtungen und Fahrradverleih, um Abstecher ins Hinterland machen zu können zur Verfügung. Auf ländlicheren Abschnitten legt man oft am Ponton an oder übernachtet in der Schleuse. Die **Hafengebühren** schwan-

ken zwischen kostenlos und ca. 18 €/Nacht/Boot.

Beim Chartern eines Bootes sollte unbedingt darauf geachtet werden, dass auch eine **Haftpflicht- und eine Kaskoversicherung** abgeschlossen werden. Sämtliche Vercharterer bieten solche Versicherungen (meist obligatorisch) ohnehin an. Die Selbstbeteiligung ist in der Regel variabel.

Charteryacht im Hafen von Groix

Canal d'Ille et Rance – La Vilaine

Bei St-Malo beginnt diese etwa 250 Kilometer lange Wasserstraße. Nach 23 Kilometern Flussfahrt auf der Rance, die streckenweise einem buchtenreichen See gleicht, ist Dinan erreicht. Hier beginnt der schleusenreiche Kanal (84 km), der bei Rennes mit der Vilaine verbunden ist. 48 Schleusen helfen, die Höhenunterschiede zu überwinden. Die Strecke Rennes – Redon (95 km) führt entlang waldreicher Ufer durch eine wenig besiedelte ruhige Landschaft (8 Schleusen). Bei Redon kreuzt die Fahrt den Canal de Nantes à Brest. Nach weiteren 42 Kilometern und 5 Schleusen wird kurz hinter La Roche-Bernard die Vilaine-Mündung erreicht.

Unterwegs findet man in folgenden Orten **Anlege- und Versorgungseinrichtungen:** Dinan, Evran, Trévérien, Tinténiac, Hédé, Montreuil-sur-Ille, St-Médard, Betton, La Levée, St-Grégoire, Rennes, La Bruyère, Messac, Beslé, Redon, Foleux, La Roche-Bernard.

Bootsverleiher:

Allgemeinen Prospekt „Formules Fluvials" anfordern bei **Comité Régional du Tourisme de Bretagne,** 203, Bdv. St.Germain, 75007 Paris, Tel. 01.53.63.11.53, Fax 01.53.63.11.57.

- **Crown Blue Line,** Le Grand Bassin, 11492 Castelnaudary, Tel. 04.68.94.52.72, Wochenpreise von 1400 € für ein 4-Personen-Schiff bis 4000 € für ein 12-Personen-Schiff.
- **Comptoir Nautique de Redon,** Quai Surcouf 2, 35605 Redon, Tel. 02.99.71.46.03. Wochenpreise: ab 900 € (2 Kojen), ab 1550 € (4 Kojen).
- **Bretagne Plaisance,** Quai Jean-Bart 12, 35600 Redon, Tel. 02.99.72.15.80. Wochenpreise Hochsaison: ab 800 € (2 Kojen), ab 1800 € (5 Kojen), www.bretagne-plaisance.fr.

Canal de Nantes à Brest

Der Name ist irreführend, führt dieser Wasserweg doch nicht ohne Unterbrechung von Nantes nach Brest. Das im 19. Jahrhundert noch nutzbare, heute aber wegen defekter Schleusen und anderer technischer Mängel nicht mehr befahrbare Teilstück zwischen Pontivy und Carhaix unterbricht die landschaftlich und kulturell reizvolle Wasserstraße.

Bei Nantes beginnt die Ost-West-Verbindung auf dem reizvollen, z.T. recht breiten Erdre, der von Nort-sur-Erdre in den Kanal mündet. 22 schleusenfreie Kilometer und die Kleinstadt Sucé-sur-Erdre lassen diesen Abschnitt sehr angenehm werden.

Anschließend folgen 184 Kilometer Kanal, die sich durch das hügelige Inland mit 106 Schleusen hinziehen. Vorbei an den Schlössern von Blain und Carhail erreicht man die Kleinstadt Guenrouët mit ihrem freundlichen Hafen und guten Einkaufsmöglichkeiten.

Bis Redon sind es von hier aus noch ca. 30 Kilometer. Das historisch interessante Städtchen am Kreuzungspunkt mit der Vilaine ist Stützpunkt für verschiedene Bootsvercharterer, mit Sitz am komfortablen Hafen.

Die weitere Fahrt nutzt z.T. das natürliche Bett des Oust. Parallel zum Fluss verlaufen Kanalabschnitte, um Untiefen zu umgehen.

Uferstädte mit **Häfen oder Anlegern** sind Glénac, Peillac, Malestroit, Le Roc-St-André, Montertelot, Josselin, Rohan und Pontivy. Hier beginnt das nicht mehr befahrbare Stück bis Carhaix. Dennoch muss die Fahrt hier nicht enden, da der Kanal an den Blavet angeschlossen wurde, der bei Lorient ins Meer mündet.

Bootsverleiher:

- **Bretagne-Fluviale,** Quai Cricklade, 44240 Sucé-sur-Erdre, Tel. 02.40.77.79.51. Wochenpreise: ab 1000 € (4 Pers.).
- **Loire-Bretagne Rivières,** Quai St-Georges 2, 44390 Nort-sur-Erdre, Tel. 02.40.29.56.29. Wochenpreise: ab 1200 € (4 Pers.).
- **Rohan Plaisance,** Ecluse de Rohan, 56580 Rohan, Tel. 02.97.38.98.66. Wochenpreise: ab 950 € (2 Pers.), ab 1400 € (4 Pers.), ab 2300 € (6 Pers.).

Canal du Blavet

Der Kanal beginnt bei Pontivy, ist aber eigentlich kein Kanal, sondern folgt überwiegend dem natürlichen kurvenreichen Flusslauf. 28 Schleusen verteilen sich auf die 70 Kilometer bis Lorient. Die Ufer sind größtenteils dicht bewaldet. Gute Wasserqualität lässt Anglern gute Chancen. Sehenswerte Städtchen mit guten Einkaufsmöglichkeiten zwischen Pontivy und Lorient sind: St-Nicolas des Eaux, Pont-Augan, Lochrist, Talhouët und Hennebont.

Bootsvercharterung für diesen Abschnitt nur in Rohan.

Die Aulne

Kein anderer bretonischer Fluss mäandriert so durch die Hügellandschaft wie die Aulne, mit der Quelle nahe Carhaix.

Hier endet das nicht befahrbare Teilstück des Canal de Nantes à Brest. Bis zur Mündung der Aulne in die Rade de Brest bei Landévennec, Le Faou, sind auf 104 Kilometern 35 Schleusen zu überwinden. Die Uferlandschaft ist hier im Kernland des Finistère, zwischen den Monts d'Arrée und den Montagnes Noires, deutlich hügeliger als an den anderen Kanälen und Flüssen. Anlegemöglichkeiten sind spärlicher als in der Osthälfte.

Folgende Orte bieten Anlegepontons und Verpflegungsmöglichkeiten: Carhaix, Châteauneuf-du-Faou, Port-Coblant, Port-Launay und Châteaulin.

Segelurlaub an der Küste

Neben der Möglichkeit, mit offenen Booten dem Segelsport nachzugehen und an Land zu wohnen, bietet es sich an, das Boot zur Wohnung zu erklären. So kann die Küste mit dem gecharterten Boot erkundet werden. Ein gewisses Maß an Erfahrung ist allerdings notwendig, denn starke Gezeitenströme, zahlreiche Felsen und Untiefen in Küstennähe und die Wechselhaftigkeit des Wetters stellen hier einige Ansprüche an das Können des Skippers.

Generell sind die Nord- und Westküste schwieriger zu befahren als die Südküste. Der **Tidenhub** ist im Bereich des Ärmelkanals deutlich höher (bis zu 13 m bei St-Malo) als am Atlantik im Süden (maximal 5 m bei Groix). Auch die **Nebelhäufigkeit** ist im Norden doppelt so hoch wie im Süden. Andererseits bietet gerade die buchtenreiche Nordküste mit ihren zahlreichen kleinen Fischerhäfen bei Starkwind oder gar Sturm mehr **Schutzmöglichkeiten** als die der Hauptwindrichtung (Südwest bis West) ausgesetzte Südküste.

Auch atmosphärisch bieten die **Häfen** im Norden eher die herb-bretonische Mischung aus Fisch, Algen und Granit. Viele Häfen der Südküste wurden im letzten Jahrzehnt zu sterilen Marinas ausgebaut, die eher Bootsparkplätzen ähneln und ihren ursprünglichen Charakter einbüßten.

Beim **Chartern** von Motor- und Segelbooten wird im Allgemeinen der amtliche Sportbootführerschein verlangt. Erfahrung auf ähnlichen Booten wird vorausgesetzt. Die **Preise** liegen in der Hauptsaison (1.7.–31.8.) für ein 8-Meter-Segelboot mit 4 bis 5 Kojen zwischen 900 € und 1200 pro Woche, je nach Ausstattung. Für ein 10-Meter-Boot mit 6 Kojen liegen die Preise bei 1800 € pro Woche. In der Vor- und

Nachsaison ist ein Preisnachlass bis zu 40 % möglich. Die Ortsliste (siehe Kasten) nennt alle **nicht trockenfallenden Häfen.**

Allgemeine Infos über Segelurlaub

- **NEF,** Rue Théodore le Hars 11, 29103 Quimper, Cedex, Tel. 02.98.76.21.31, Fax 02.98.53.37.30.

Bootcharter

- **France-Maritime,** Wilfried Krusekopf, der Hauptautor dieses Reiseführers, bietet terminlich flexibel abzustimmende Yachtsegeltörns auf komfortablen Hochseeyachten an: mit einheimischem Skipper und kleiner Crew, ab St-Malo, Brest, Lorient und Vannes. Näheres unter www.biskaya.de, sail@biskaya.de, Tel. 02.97.26.89.48 oder 06.70.77. 65.98.
- **Club Croisière Alet,** Rue auphine 44, 35400 St-Malo, Tel. 06.85.78.18.70.
- **Naviloc,** Port de Plaisance des Sablons, 35413 St-Malo Cédex, Tel. 02.99.82.12.72.
- **Eridan,** Port du Moulin Blanc, 29200 Brest, Tel. 02.98.41.58.33.
- **Locamarine,** Port de Plaisance, 29750 Loctudy, Tel. 02.98.87.95.95.
- **Hisseo,** 14, Av. du Dr. Nicolas, 29182 Concarneau, Tel. 02.98.60.53.54, www.hisseo.com.
- **SPI**, Yachthafen Kernevel bei Larmor Plage/Lorient. 35 Yachten (6–13 m) mit oder ohne Skipper verchartert. Tel. 02.97.84.60.80.
- **Nautiloc,** Quai des Voiliers, Le Crouesty, 56640 Arzon, Tel. 02.97.53.76.57.
- Über die Association **AN TEST** in Ty Mhein, 29460 L'Hopital Camfrout, Tel. 02.98.20.06.58 kann auf restaurierten, alten Gaffelseglern angeheuert werden, Segeln wie im 19. Jh. (s. dazu auch unter Douarnenez, Port Rhu).

Buchtipp

- *Wilfried Krusekopf,* **Küstensegeln,** Praxis-Reihe, Reise Know-How Verlag

Botschaften

Französische Botschaften

Deutschland

- Pariser Platz 5, 10117 Berlin, Tel. 030/590039000, www.botschaft-frankreich.de

Österreich

- Technikerstr. 2, 1040 Wien, Tel. 01/502750, www.ambafrance-at.org

Schweiz

- Schlosshaldenstr. 46, 3006 Bern, Tel. 031/3592111, www.ambafrance-ch.org

Auslandsvertretungen in Frankreich

- **Deutsche Botschaft,** Avenue Franklin-D.-Roosevelt 13/15, Paris, Tel. 01.53.83.45.00
- **Deutsches Konsulat** in der Bretagne, Rue de Siam 105, Brest, Tel. 02.98.43.32.53
- **Österreichische Botschaft,** Rue Fabert 6, Paris, Tel. 01.40.63.30.63
- **Schweizerische Botschaft,** Rue de Grenelle 142, Paris, Tel. 01.49.55.67.00

Ein- und Ausreisebestimmungen

Reisedokumente

Bürger der Bundesrepublik Deutschland sowie der Schweiz und Österreichs benötigen zur Einreise nach Frankreich einen gültigen **Personalausweis** oder Reisepass. Kinder unter 16 Jahren müssen entweder im Pass der Eltern eingetragen sein oder einen eigenen **Kinderausweis** besitzen.

Häfen, die nicht trockenfallen (von Ost nach West)

St-Malo M, F, S
Dinard M
Dinan S
Erquy F
Binic M, S
St-Quay Portrieux M
Paimpol M, F
Lézardrieux M
Tréguier M
Port-Blanc F
Perros-Guirec M, F, S
Trébeurden F
Morlaix M, F, S
Le Dourduff F
Roscoff, Port-Bloscon F
L'Aber-Wrac'h M, F
L'Aber-Benoît F
L'Aber-Ildut F
Le Conquet F
Ile d'Ouessant,
Baie du Stiff F
Lampaul F
Ile de Molène F
Brest M, F
Châteaulin M
Camaret M, F
Crozon-Morgat M
Douarnenez F
Tréboul M
Audierne M, F
St-Guénolé F
Le Guilvinec F
Lechiagat F
Lesconil F
Loctudy M, F
Bénodet M, F
La Forêt-Fouesnant M
Concarneau M, F
Port-Manec'h F
Doëlan F
Ile de Groix, Port-Tudy M, F
Larmor-Plage M
Port-Louis M, F
Lorient M, F, S
Etel M, F
St-Pierre Quiberon M
Belle-Ile, Sauzon M, F
Le Palais M, F
La Trinité-sur-Mer M
Port-Navalo F
Le Crouesty M
La Roche-Bernard M
Le Croisic M, F
La Baule M
Pornichet M
St-Nazaire M, F
Nantes M

M: Marina (Yachthafen)
F: Fischerhafen
S: Schleusenhafen

Soll der Aufenthalt 3 Monate überschreiten, muss eine **Aufenthaltsgenehmigung** beantragt werden. Informationen bei den jeweiligen Auslandsvertretungen.

Zollbestimmungen

In allen EU- und EFTA-Mitgliedstaaten gelten weiterhin **nationale Ein-, Aus- oder Durchfuhrbeschränkungen,** z.B. für Tiere, Pflanzen, Waffen, starke Medikamente, Drogen und auch für Cannabis-Besitz und -handel.

Zollfrei einführen darf man persönliches, gebrauchtes Reisegut, Reiseproviant sowie alkoholfreie Getränke. Waren, die zu **gewerblichen Zwecken** verwendet werden, müssen grundsätzlich beim Finanzamt zur Umsatzsteuer, und sofern sie der Verbrauchssteuer unterliegen, auch beim Hauptzollamt angemeldet werden.

Freimengen in EU-Ländern

- **Tabakwaren:** 800 Zigaretten, 400 Zigarillos, 200 Zigarren, 1 kg Tabak
- **Alkohol:** 90 l Wein (davon max. 60 l Schaumwein), 110 l Bier, 10 l Spirituosen über 22 % Vol. und 20 l unter 22 % Vol.
- **Anderes:** 10 kg Kaffee, 20 Liter Kraftstoff im Benzinkanister

Freimengen für Nicht-EU-Bürger

- **Tabakwaren:** 200 Zigaretten, 100 Zigarillos, 50 Zigarren, 250 g Tabak oder anteilige Zusammenstellung dieser Waren.

- **Alkohol:** 1 l Spirituosen (über 22 % Vol.), 2 l Spirituosen, Aperitifs u.Ä. (unter 22 % Vol.), 2 l Schaumweine oder Likörweine oder anteilige Zusammenstellung dieser Waren plus 2 l nicht-schäumende Weine
- **Parfüms:** 50 g, Eau de Toilette: 0,25 l
- **Andere Waren:** bis zu einem Warenwert von insgesamt 175 €, ausgenommen davon sind Goldlegierungen und -plattierungen (unbearbeitet oder Halbfabrikat)

Freimengen bei Rückkehr in die Schweiz

- **Tabakwaren:** 200 Zigaretten, 50 Zigarren oder 250 g Schnitttabak plus 200 Stück Zigarettenpapier
- **Alkohol:** 2 l bis 15 % Vol. und 1 l über 15 % Vol.
- **Nahrungsmittel:** 3,5 kg Fleisch, 1 l/kg Butter/Rahm, 5 l/kg Milch, 20 Käse/Quark, 20 kg je Gemüse, 20 kg je Früchte, 20 kg je Getreide, 2,5 kg Kartoffelerzeugnisse, 4 l/kg Öle/Fette, 3 l Apfel-, Birnen- und Traubensaft
- **Anderes:** neu angeschaffte Waren für den Privatgebrauch bis zu einem Gesamtwert von 300 SFr

Nähere Informationen

- **Deutschland:** www.zoll.de oder beim Zoll-Infocenter Tel. 069/46997600
- **Österreich:** www.bmf.gv.at oder beim Zollamt Villach Tel. 04242/33233
- **Schweiz:** www.ezv.admin.ch oder bei der Zollkreisdirektion in Basel Tel. 061/2871111

Haustiere

Wer Hund oder Katze mitnehmen will, muss seit dem 1.10.2004 für das Tier eine ordnungsgemäße **Tollwutschutzimpfung** vorweisen und einen EU-Heimtierausweis (*Pet Passport* genannt, oder übergangsweise den bisherigen Impfausweis) vorlegen können. Darüber hinaus muss das Tier neuerdings mit einem **Microchip** oder übergangsweise bis zum 2. Juli 2011 mit einer lesbaren Tätowierung gekennzeichnet sein.

Anders sieht dies bei sogenannten **Kampfhunden** aus. Bestimmte Rassen dürfen in keinem Fall eingeführt werden, für andere gilt ähnlich wie in Deutschland Maulkorbzwang. Da sich die Einstufung von der deutschen unterscheidet, sollten man in Zweifelsfällen vor der Einreise beim Tierarzt, nachfragen.

Achtung: Die Tiere dürfen an vielen Stränden (zumindest in der Hauptreisezeit) nicht mitgeführt werden!

Im Prinzip besteht weitgehend **Leinenzwang** für den Vierbeiner, doch nur wenige Menschen halten sich daran. So laufen Hunde vor allem in den kleineren Dörfern meist völlig frei herum und auf unbekannte Hunde zu. In aller Regel handelt es sich bei diesen Tieren um recht friedliche Gesellen, doch ist das Verhalten für den bundesdeutschen „Leinenhund" gelegentlich äußerst stressig.

Einkaufen

Boulangerie

Beginnen wir mit dem Wichtigsten, dem **Baguette.** Der französische Bäckerladen bietet neben dem inzwischen europaweit bekannten Baguette verschiedene andere Brotformen aus dem gleichen Weizenmehlteig an. Das **Pain,** lang wie ein Baguette oder etwas kürzer, aber deutlich dicker; die **Flute**, noch dünner als das Baguette;

die **Boule,** ein etwa halbkugelförmiges Brot. Allesamt als frisches Weißbrot köstlich, nach einem Tag aber fast ungenießbar. Seit einigen Jahren gibt es zwar auch **dunklere Brotsorten,** z.T. sogar mit ganzen Körnern, doch ähneln alle Sorten *(pain de seigle, pain de campagne, pain complet)* nach wie vor eher einem dunklen Weißbrot als einem echten Roggen- oder gar Vollkornbrot. Festes dunkles Vollkornbrot ist in französischen Bäckereien nur schwer zu finden. Fragen Sie nach einem „baguette traditionelle". Hingegen findet man überall die inzwischen auch bei uns wohlbekannten **Croissants** (Hörnchen), die als *Croissant au Beurre* besonders gut schmecken. Weitere gesüßte Frühstücksbackwaren sind das **Petit Pain aux Raisins,** eine Rosinenschnecke, die es auch bei uns gibt, und das **Petit Pain au Chocolat,** ein süßes Blätterteig-Brötchen mit Schokoladenfüllung.

Pâtisserie

Die Pâtisserie ist oft einer Boulangerie angegliedert. Neben Obsttorten und süßem Gebäck, wie man es in ganz Frankreich findet, gibt es in der bretonischen Pâtisserie als Spezialität den **Far Breton** und den **Kouign Amann.**

Confiserie

Hier findet das süße Leckermaul neben Kuchen, die es auch in der Pâtisserie gibt, zusätzlich Schokoladen- und Bonbonkreationen, dazu alle süßen Kleinigkeiten, wie sie gern zu Festtagen gekauft werden. Die Confiserie sieht man oft in Verbindung mit einer Pâtisserie.

Alimentation (Epicerie)

Diese Form eines Lebensmittelladens ist auch in Frankreich stark durch die Supermärkte in seiner Existenz bedroht. Es handelt sich oft um relativ kleine Läden, in denen neben **Grundnahrungsmitteln,** Konserven, die gängigsten **Getränke** und **Milchprodukte** verkauft werden. Oft findet man dazu einfache **Haushaltswaren** und Putzmittel für den täglichen Bedarf. Der Einkauf lohnt sich hier gerade für den Nicht-Franzosen weniger aufgrund des Warenangebotes oder der Preise als vielmehr wegen der Möglichkeit, in einer Alltagssituation seine französischen Sprachkenntnisse anzuwenden, denn oft berät, bedient und kassiert die Ladeninhaberin selbst.

Marchand de Vin

Haben Sie in der Alimentation nicht die gesuchten Getränke gefunden, so gehen Sie zum Weinhändler. Jeder *Marchand de Vin* führt die gängigsten **französischen Weine:** Rotweine aus den Anbaugebieten von Bordeaux, Bourgogne, Languedoc-Roussillon, Côtes-du-Rhone und der Provence; Weißweine z.T. aus denselben Gebieten, dazu aus dem Elsass und aus den Anbaugebieten entlang der Loire.

In der Bretagne findet man eine breite Auswahl der trockenen Wein-

Kleines Vokabular „Fische und Meeresfrüchte“

Poissons	**Fische**
Aiglefin = Aigrefin	Schellfisch
Anchois	Anchovi
Bar	Wolfsbarsch
Barbue	Glattbutt
Cabillaud (Morue)	Kabeljau
Congre	Meeraal, Conger
Daurade grise	Zahnbrasse
Daurade rose	Rote Meerbrasse, Goldbrasse
Denté	Zahnbrasse
Grondin	Knurrhahn
Hareng	Hering
julienne	Leng
Lieu jaune	Pollak
Lieu noir	Seelachs
Limande	Kliesche
Limande-Sole	Rotzunge
Lotte	Seeteufel
Maquereau	Makrele
Merlan	Wittling
Merlu	Seehecht
Morue = Cabillaud	Kabeljau
Mulet	Meeräsche
Raie	Rochen
Requin	Hai
Rouget grondin	Roter Knurrhahn
Rouget des Roches	Meerbarbe
Saint-Pierre	St.-Peters-Fisch
Sardine	Sardine
Seiche = Sepia	Tintenfisch
Sole	Seezunge
Thon	Thunfisch
Turbot	Steinbutt
Plie	Scholle
Vieille	gefleckter Lippfisch

Crustacés	**Schalentiere**
Araignée de Mer	Seespinne
Bouquet	kleine Garnele
Crevette grise	Krabbe
Etrille	Strandkrabbe
Homard	Hummer
Langouste	Languste
Langoustine	Garnele
Tourteau = Dormeur = Crabe	Taschenkrebs

Coquillages	**Muscheln und Schnecken**
Belon	flache Auster
Bigorneau	essbare Strandschnecke
Bulot	Wellhornschnecke
Coquille St-Jacques	Jacobsmuschel
Huître creuse	gewölbte Auster
Huître plate = Belon	flache Auster
Moule	Miesmuschel
Ormeau	Seeohr
Pétoncle	Pilgermuschel
Praire = Vénus	Venusmuschel

007br Foto: wk

sorten *Muscadet* und *Gros-Plant,* die gern zu Austern und Meeresfrüchten gewählt werden.

Der Marchand de Vin führt neben Weinen in der Regel auch andere alkoholische Getränke wie **Apéritifs und Digestifs.** Zu Ersteren gehören in der Bretagne speziell *Chouchen, Hydromel, Pommeau* und *Nectar des Dieux*. Unter den Digestifs (Verdauungsschnaps) führt er sicherlich *Eau-de-Vie de Cidre* und *Liqueur de Fraises de Plougastel*.

Poissonnerie

Die Poissonnerie, das Fischgeschäft, ist in der Bretagne aufgrund der Vielfalt an den dargebotennen Fischen, Muscheln, Schalentieren und Meeresfrüchten eines der eindrucksvollsten Geschäfte.

Sollten Sie fasziniert vor der Auswahl an Meeresfrüchten stehen, aber zögern, weil Sie hinsichtlich der **Zubereitung** unsicher sind, so fragen Sie ruhig die Verkäuferin. Sie ist es gewohnt und gibt im Allgemeinen gern Auskunft.

Ein Hinweis zum **Muschelkauf:** Achten Sie, unabhängig von der Art der Muscheln, darauf, dass beide Schalenhälften fest geschlossen sind. Geöffnete Hälften sind ein Hinweis auf mangelnde Frische, und so riskieren Sie nach dem Essen ernste Probleme im Verdauungstrakt.

Boucherie/Charcuterie

Die französische **Fleisch- und Wurstwarenhandlung** zeichnet sich insbesondere durch ein hervorragendes Angebot an Rind- und Schweinefleisch aus. Gut sind z.B. Steaks als Rumpsteak, *Entrecôte* und *Faux Filet*, empfehlenswert ist Lammfleisch *(mouton pré-salé)*. Zu den Wurstwaren gehören auch die *Saucisse bretonne* und die *Andouille*.

Falls über dem Ladeneingang nur die Bezeichnung *Boucherie* steht, so ist das Warenangebot auf Fleisch begrenzt.

Crèmerie

Ein Land, von dem es heißt, dass es etwa 300 Käsesorten gibt, hat natürlich ein spezielles **Käsegeschäft.** Allerdings nicht in jedem Ort. Oft ist der Käseverkauf einer Alimentation oder Epicerie angegliedert. Achtung: Die bretonische **Butter** ist generell gesalzen (*beurre salé* oder *demi-sel*). Ungesalzene *(doux)* muss extra bestellt werden.

Traiteur

Für diejenigen, die weder im Restaurant essen wollen noch selbst zu Hause kochen, aber dennoch auf raffinierte Speisen nicht verzichten möchten, gibt es in jeder französischen Stadt eine wichtige Adresse, den Traiteur. Dies ist kein Speiselokal, sondern ein Spezialitätengeschäft und Speiselieferservice unter einem Dach. Fertige Vorspeisen und Hauptgerichte vom Feinsten werden ebenso angeboten wie die dazu passenden Getränke. Auf Wunsch wird auch frei Haus geliefert. Die Preise liegen im Allgemeinen auf dem Niveau eines mittleren Restaurants.

Marché

Für den Reisenden ist natürlich der Wochenmarkt von besonderem Interesse. Der französische Wochenmarkt, insbesondere der bretonische in den touristisch beeinflussten Küstenorten, unterscheidet sich von herkömmlichen mitteleuropäischen Märkten dadurch, dass es oft genauso viele Verkaufsstände für Kleidung, Kunsthandwerk, Fisch und Getränke gibt wie für landwirtschaftliche Produkte. Oft ist gerade bei Fischen und Meerestieren die Auswahl größer als in der Poissonnerie. Aber auch, um z.B. ein Aquarell einer bretonischen Küstenlandschaft zu kaufen, lohnt sich der Weg zum Markt.

Folgende Dinge verdienen auf einem bretonischen Markt besondere Beachtung:

- **Schalentiere** (müssen noch leben)
- **Austern** (fest geschlossen)
- **Fischsuppe** (im Glas abgefüllt)
- **Salicorne** aus den Salzwiesen der Nord- und Südküste (Eine in Essig eingelegte algenähnliche Pflanze, die gern zu Vorspeisen genommen wird.)
- **Erdbeeren** aus Plougastel
- **Blumenkohl**
- **Artischocken**
- **Kuchen,** wie Kouign Amann oder Far
- **Honig**
- **Chouchen-Apéritif** und natürlich
- **Cidre** (Apfelwein, s.u.)

Fast alle größeren Städte haben neben einem offenen Wochenmarkt zusätzlich überdachte **Markthallen,** wo allerdings nur Lebensmittel verkauft werden.

Supermärkte

An den Ausfallstraßen der größeren Städte findet man überall die Großmärkte der Ketten *Intermarché, Hypermarché* und *Champion,* die ein Komplettangebot aller Waren bieten. Oft gehören zu diesen Supermärkten auch noch Ladengalerien, in denen Boutiquen, Bäckereien, Fotoläden u.Ä. zu finden sind. Besonders die Gruppe *Champion* besitzt zudem auch oft in bzw. nahe der Innenstädte Filialen, in denen das Angebot allerdings kleiner und zudem auch teurer ist.

Andere Läden

Das übrige Angebot in den Geschäften Frankreichs unterscheidet sich kaum vom Angebot in anderen mitteleuropäischen Ländern. Für spezielle Artikel finden sich in jeder größeren Stadt Fachgeschäfte. Dies gilt auch für **Souvenirs.** Kitsch, Kunst und Kultur sind bunt gemischt in einschlägigen Läden jeder Stadt, besonders natürlich in Küstennähe, zu haben. Lange schon sind die Zeiten vorbei, als man noch originelle Mitbringsel für wenig Geld finden konnte. Alles, was über den täglichen Bedarf hinausgeht, z.B. Fotoartikel, Sport- oder andere technische Geräte, ist oft teurer als daheim. Dies gilt besonders für so typisch französische Dinge wie Parfüm oder elegante Kleidung. Ein preiswertes und qualitativ gutes Angebot an Sportausrüstungen bieten die Filialen von *Décathlon,* die ähnlich wie große Supermärkte, an den Ausfallstraßen größerer Städte an-

Cidre – der Geist aus dem Apfel

Die Bezeichnung *Cidre* tritt erstmalig in kirchlichen Schriften des 13. Jh. auf. Er leitet sich vom lateinischen *„sicera"* ab und bedeutet soviel wie „berauschendes Getränk". Für einen Rausch muss man allerdings schon recht viel davon trinken, denn der in den Läden angebotene Cidre enthält in der Regel nur 4,5 % Alkohol als **Cidre brut,** was die trockene Version darstellt, und 2,5 % bei der lieblichen Form als **Cidre doux.** Der Alkohol entsteht bei der Fermentierung von Äpfeln, aus denen das leicht perlende normannische und bretonische Regionalgetränk gewonnen wird. Manche Obstbauern schaffen es allerdings, ihrem Cidre eine erheblich stärker berauschende Wirkung zu geben. Diesen **Cidre fermier** finden Sie im Allgemeinen nicht in der Alimentation, sondern auf dem Markt. Oder Sie kaufen ihn direkt auf dem Bauernhof, nachdem ein kleines Schild am Straßenrand Ihr Interesse geweckt hat.

Dieser bäuerliche Cidre, manchmal auch als **Cidre artisanal** bezeichnet, kann je nach gewählter Apfelsorte und Herstellungstechnik unterschiedlich schmecken. Er gehört jedoch meist zu der Sorte *brut,* manchmal ist er geradezu *„brut de brut"*.

Cidre fermier ist eine kontrollierte Herkunftsbezeichnung *(appellation controlée)* und garantiert, dass mindestens 50 % des Mostes von demselben Hof stammt. Der Alkoholgehalt liegt oft über dem des Laden-Cidre (6–7 %).

Ein guter Cidre sollte immer mit einem Korken verschlossen sein. Normalerweise wird der hochwertigere Cidre, ähnlich wie Champagner, in einer besonders **dickwandigen Flasche** abgefüllt und mit einem Korken mit Kopf und Haltedraht verschlossen. In diesem Fall spricht man von **Cidre bouché.**

Im Gegensatz zu gutem Wein verbessert sich Cidre nicht durch längere Lagerung. Nach zwei Jahren sollte er getrunken worden sein.

gesiedelt sind. *Décathlon* ist spezialisiert auf Camping, angeln, tauchen, wandern, Rad fahren, alle Arten von Strandsport (inkl. Badekleidung) und jede Art von Wassersport.

Öffnungszeiten

In Frankreich gibt es keine einheitlichen Öffnungszeiten für Lebensmittelläden. Der Ruhetag kann ein beliebiger Tag in der Woche sein. Viele Läden haben allerdings montags geschlossen, schon deshalb, weil sie Sonntag vormittags geöffnet sind. Eines ist allerdings sicher, mindestens eine Boulangerie im Ort ist immer geöffnet, denn das Baguette muss schließlich frisch sein. Werktags (inkl. samstags) haben viele Läden von 9 bis 12 Uhr und von 15 bis 19 Uhr auf. Sonntags von 9 bis 12 Uhr.

Elektrizität

In Frankreich liefern Steckdosen 220 V Wechselstrom. Der Haken an der Sache sind aber die **Steckdosen,** die über einen Stift für die Erdung verfügen. Damit sind ältere deutsche Stecker nicht zu verwenden. Für diese Modelle muss man sich einen entsprechenden **Adapter** im Fachhandel kaufen.

Flachstecker bereiten keinerlei Probleme. Bei neueren Steckern ist in der breiten Version eine Aussparung für den Erdungsstift vorhanden.

Essen und Trinken

Essgewohnheiten

Bevor wir die kulinarische Vielfalt der bretonischen Küche beschreiben, soll kurz auf einige besondere französische Essgewohnheiten eingegangen werden, die auch für die Bretagne gelten.

Das **Frühstück** *(petit déjeuner)* ist, legt man deutsche Maßstäbe an, ausgesprochen kärglich. Zum Kaffee oder Milchkaffee *(café au lait)* gibt es ein wenig Weißbrot, eventuell Croissants, dazu Butter und Marmelade. Käse, Wurst oder Eier zum Frühstück sind unbekannt. In Hotels wird das Frühstück üblicherweise zwischen 8 und 9.30 Uhr serviert. Nach einem solch spartanischen Beginn des Tages ist es nicht verwunderlich, dass das **Mittagessen** *(déjeuner)* sich deutlich reichhaltiger gestaltet. Zwar zwingt auch in Frankreich die Hektik des modernen Lebens zu etwas kürzeren Mahlzeiten im Alltag, doch gilt nach wie vor (und das in allen Bevölkerungsschichten), dass man sich den Genuss eines gepflegten Essens zur Mittagszeit möglichst nicht nehmen lässt. Und so verwundert es nicht, wenn Handwerker, Bankangestellte und Touristen sich mittags im Restaurant an der Ecke begegnen.Die Zeiten für das Déjeuner liegen in Frankreich etwas später als in Deutschland, in der Regel etwa von 13 bis 15 Uhr, allerdings muss man beim Betreten des Lokales nach 14 Uhr damit rechnen, dass man nicht mehr bedient wird oder dass zumindest die Auswahl stark reduziert ist.In Frankreich isst man auch abends warm. Die **Abendmahlzeit** *(dîner)* wird im Restaurant im Allgemeinen mit derselben Menükarte angeboten wie das Mittagsmahl. Die Auswahl von Speisen à la carte kann allerdings abends eingeschränkt sein. Übliche Zeiten für das Abendessen liegen zwischen 19.30 und 22 Uhr.

Das Menü

Die einfachste Version nennt sich oft **Menu touristique.** Es besteht in der Regel aus drei Gängen: Vorspeise *(hors-d'oeuvre),* z.B. gemischter Salat oder eine Scheibe einer Wurstpastete, als Hauptgericht (*plat principal,* oft als *plat du jour* bezeichnet) ein oft relativ kleines Stück Fleisch (an der Küste Fischfilet) mit Kartoffeln oder Pommes frites (in Frankreich kurz *frites* genannt) und schließlich ein kleines Stück Käse oder ein einfaches Dessert. Wie man sieht, beinhaltet dieses Menü keine regionalen Spezialitäten. Preislich liegt es zwischen 9,10 € und 14,50. Kostenlos werden dann, wie zu jedem Menü in ganz Frankreich, in Scheiben geschnittenes Baguette und eine Karaffe Wasser serviert.

Sofern das Portemonnaie es zulässt, kann das Menü allerdings auch großzügiger zusammengestellt sein. Es beginnt mit einem **Apéritif.** Man wählt z.B. einen *Pastis* (Anisschnaps mit Wasser, wie Ricard, Pernod oder 51). Überall erhältliche Apéritifs sind auch *Kir* (¼ Cassis = Likör aus schwarzen Johannisbeeren + ¾ trockener Weißwein) oder *Kir-Royal*, wobei der Weißwein durch Champagner ersetzt wird. Beliebt sind ferner *Porto* (Portwein) oder, für Deutsche überraschend, Whisky. Als bretonische Spezialität darf hier der *Chouchen* nicht unerwähnt bleiben, ein dem germanischen Met verwandtes Getränk, das auf Cidre-Basis mit Honig hergestellt wird.

In guten Restaurants wird zum Apéritif ein **Amuse-gueule** gereicht; kleine Appetit-Anreger, vom einfachen Salzgebäck bis hin zu virtuos zusammengestellten Häppchen verschiedenster Art.

Ein gepflegtes Menü beinhaltet zwei **Vorspeisen** (neben *hors-d'oeuvre* auch *entrée* genannt). Gerade hier findet der Gast die fantasievollsten Speisebezeichnungen. Der Kochkunst des Küchenchefs steht oft die sprachliche Kreativität bei der Bezeichnung seiner kulinarischen Kreationen nichts nach. Eine inhaltliche Beschreibung ist hier aufgrund der Breite der Möglichkeiten, die zudem stark regional variiert, schier unmöglich. Als Getränke bieten sich im Allgemeinen ein trockener Weißwein oder ein Rosé an.

Das **Hauptgericht** (hier nun niemals *plat du jour*) beinhaltet stets Fleisch, Fisch oder Geflügel, wobei der Gast in der Regel zwischen mindestens zwei Alternativen wählen kann. Das Gemüse wird oft separat gereicht. Kartoffeln gelten als Gemüse. Der Wein ist abhängig vom Gericht weiß oder rot.

Es schließt sich der **Käse-Gang** an, zu dem grundsätzlich Rotwein getrunken wird. Normalerweise wird dem Gast ein *Plateau de Fromages* mit 4 bis 5 Käsesorten angeboten, wobei man allerdings gegen die Tischsitten verstößt, wenn von mehr als zwei Sorten ein Stück gewählt wird.

Neben dem Menü besteht in fast allen Restaurants die Möglichkeit, **à la carte** zu essen, d.h. die Speisen und ihre Reihenfolge aus einer meist langen Liste frei auszuwählen. Dies ist jedoch in der Regel teurer als die Wahl eines Menüs.

Beim **Dessert** schließlich erscheint die Palette wieder (ebenso wie die namentliche Bezeichnung) schier grenzenlos. Von Obstspeisen über Kuchen, Eis oder Sahnecreme-Fantasien ist alles möglich.

Um nun die Verdauung dieser Köstlichkeiten etwas zu erleichtern, wird ein **Digestif** getrunken. Üblich sind Cognac, Calvados oder verschiedene Liköre. Wenig bekannt sind klare Schnäpse aus Korn. Der Kaffee, sehr stark und in einer kleinen Tasse (vergleichbar dem italienischen Espresso) serviert, beschließt die Gaumen-Orgie.

Dass ein solches Mahl seinen **Preis** hat, versteht sich von selbst. Bei etwa 18 € beginnt der Spaß, Obergrenze offen. Apéritif, Wein, Digestif und Kaffee werden extra berechnet.

Bretonische Spezialitäten

Apéritifs

Beginnen wir mit dem besonders erwähnenswerten **Chouchen:** Ein leicht alkoholisches Getränk, von dem gesagt wird, es sei dem germanischen Met verwandt. Dem *Chouchen* sehr ähnliche Getränke sind **Hydromel** und **Nektar des Dieux** (Gottesnektar). Ebenfalls Bretagne-typisch ist der Apéritif **BZH,** ein aus verschiedenen Beeren gewonnener Appetitanreger, sowie der aus Äpfeln gewonnene **Pommeau.**

Crêpes und Galettes

Die in Deutschland wohl bekannteste bretonische Spezialität sind die *Crêpes* bzw. die **Galettes,** als salzige Version. Beide könnte man mit hauchdünnen Pfannkuchen vergleichen. Der Teig der *Galettes* wird aus dunklem Buchweizenmehl (*sarrazin* oder *blé noir*) und Wasser geknetet. Aufgrund des hohen Nährwertes des Buchweizens, der im Mittelalter aus Asien nach Europa eingeführt wurde, stellte dieses Getreide lange Zeit das Grundnahrungsmittel der Bretonen dar. *Galettes* ersetzen in den vielen Gegenden das Brot. Heute werden sie mit Ei, Käse, Schinken, Tomaten, Champignons und Zwiebeln, Meeresfrüchten, Wurst etc. belegt. Natürlich können entsprechend individueller Wünsche unterschiedliche Beilagen kombiniert werden.

Crêpes aus Weizenmehl *(froment)*, Milch, Eiern und Zucker erschienen vor etwa 100 Jahren. Erst der Wohlstand der Jahrhundertwende machte die Verwendung des teuren Weizenmehls auf dem Lande möglich. Dem heutigen Feinschmecker sind bei der Wahl der Beilagen keine Grenzen gesetzt: Konfitüre, Schokolade, Honig, Mandeln, Eis, einzeln oder kombiniert, wahlweise mit Cointreau, Calvados oder Rum flambiert ... Dazu trinkt man Cidre „brut", „demi-sec" oder „doux" (trocken, halbtrocken oder lieblich).

In fast jeder Ortschaft gibt es eine Crêperie. Ob traditionell rustikal oder eher einfach eingerichtet, vom Mobiliar kann nur selten auf die Qualität der Crêpes oder Galettes geschlossen werden. Sicherer urteilt man vielmehr nach der Zahl der Gäste. Interessant ist es, bei der Zubereitung zuzuschauen. Man staunt über die Geschicklichkeit, mit der die Köchin/der Koch den Teig auf der Kochplatte *(bilig)* mit dem Teigschieber *(rozell)* verteilt.

Vorspeisen

Folgende bretonische Besonderheiten finden sich unter den Vorspeisen:

Saucisse bretonne, eine salamiähnliche Mettwurst, oder auch **Andouille,** eine aus Fettdärmen gewickelte Kaldaunenwurst (ist sicherlich nicht jedermanns Sache).

Coquilles St-Jacques, eine Vorspeise, bei der Schließmuskeln der Ja-

Galettes und Crêpes selbst gebacken

Fiedler, Fiedler, willst du wohl Brot?
Gnädige Frau, 's hat keine Not!
Sie haben, was mir viel lieber,
Schöne, hübsche gnädige Frau,
Sie haben, was mir viel lieber,
Galette für den armen Fiedler!
(altes franz. Lied)

Grundrezept für Galettes

250 g Buchweizenmehl
1 Teelöffel grobes Meersalz
2 Eier
Wasser

Die Teigzutaten in eine Schüssel geben. Den Teig gut verrühren und nach und nach das Wasser untermengen. Dabei ist darauf zu achten, dass der Teig nicht zu flüssig wird. Der Teig wird 5 Minuten lang kräftig gerührt.

Alternativ kann man auch guten trockenen Cidre dem Wasser beimischen (Mischungsverhältnis: 1 Teil Wasser, 1 Teil Cidre).

Grundrezept für Crêpes

125 g Weizenmehl
40 g Zucker
2 Eier
1/4 l Milch
125 g Butter
1 Prise Salz

Das Mehl mit Salz und Zucker in einer Schüssel mischen. Mit der Milch glatt rühren und anschließend die flüssige Butter und die Eier unterziehen.

Backen von Galettes oder Crêpes

Einen Esslöffel Galettes- oder Crêpes-Teig in eine Pfanne fließen lassen und den Teig ausbacken. Die Galettes oder Crêpes sollen möglichst dünn sein.

Servieren

Galettes mit deftigen und pikanten Beilagen belegen, Crêpes mit süßen Zutaten bestreichen.

kobsmuscheln in einer Crèmesauce eventuell mit gepresstem Knoblauch zubereitet werden. Besonders empfehlenswert sind die Coquilles St-Jacques aus der Bucht von St-Brieuc.

Cotriade, eine Fischsuppe, oft recht scharf gewürzt, die man zusammen mit knusprigen Brotstückchen *(croutons)* isst. In guten Restaurants wird eine Würzpaste *(rouille)* mitserviert.

Artichauts à la Vinaigrette, Artischocken(-Herzen) in einer Essigsauce mit Öl, Zwiebeln und Knoblauch.

Hauptgerichte

Kig Ha Fars, auch **Souben Kig Sal** genannt, ein Gemüseeintopf mit Fleischeinlage, der sich aufgrund seiner Gewürzmischung vom sonst üblichen deutlich unterscheidet.

Agneau des Prés-salés (kurz: *pré-salé*), Lammfleisch, das besonders wohlschmeckend ist, da es von Lämmern stammt, die auf Salzwiesen in Küstennähe, wie z.B. nördlich von Dol-de-Bretagne, gehalten wurden.

Homard à l'Armoricaine, Hummer, gekocht und anschließend in einer Weißweinsauce mit Tomaten, Knoblauch und Cognac zubereitet. Auf manchen Speisekarten findet sich auch die Bezeichnung **Homard à l'Américaine,** was aber keineswegs bedeutet, dass sich die französische

Kochkunst von der amerikanischen Küche beeinflussen lassen hat. Der Ursprung dieser Verwechslung liegt bei einem Pariser Koch, der das Rezept fälschlicherweise umbenannte, weil er den Namen *„Armorica"* (= Bretagne) nicht kannte.

Käse

Käsesorten, die man typisch bretonisch nennen könnte, sind eher selten. Erwähnenswert ist der **Petit Carré Breton** und der **Curé Nantais.** Dieses recht schmale regionale Angebot überrascht, denn im Inland betreiben viele Bauern Vieh- und Milchwirtschaft. Unter den Milchbauern gibt es einige, die ihren eigenen Käse herstellen, der meist namenlos als *Fromage fermier* (Käse vom Bauernhof) auf dem Markt verkauft wird. Die Milch wird aber größtenteils von Joghurt-Produzenten aufgekauft oder zu Butter verarbeitet.

Kuchen

Far breton, ein dünner, mit vielen Eiern gebackener Kuchen, in dessen Teig Rosinen oder getrocknete Pflaumen eingeknetet sind.

Gateau breton, ein Sandkuchen mit Apfel-, Pflaumenmus- oder Butterfüllung.

Kouign Amann, die Krönung unter den bretonischen Kuchen, ein runder Butterkuchen, der von Bretonen oft warm gegessen wird. Das Rezept wird von vielen Bäckern wie ein nationales Geheimnis gehütet. In Concarneau z.B. findet man eine Variante des Kouign Amann mit Apfelfüllung.

Getränke

Als bretonische Spezialität verdient das **Eau-de-Vie de Cidre,** ein aus Cidre destillierter Verdauungsschnaps (Digestif), erwähnt zu werden. Man könnte ihn als bretonischen Calvados bezeichnen.

Ebenfalls zum Ende der Mahlzeit passt der **Liqueur de Fraises de Plougastel,** ein Erdbeerlikör aus ausgewählten Erdbeeren der Gegend von Plougastel bei Brest.

Frankreich ist als Weinland so bekannt, dass selbstverständlich jedes Restaurant eine Weinkarte besitzt. In der Bretagne sind der **Gros Plant** und der **Muscadet** gängige trockene Weißweine. Sie kommen vom Unterlauf der Loire, aus der Gegend um Nantes. Beim Muscadet wird, dem Qualitätsniveau folgend, zwischen Muscadet, Muscadet des Coteaux de la Loire, Muscadet de Sèvre-et-Maine und Muscadet de Sèvre-et-Maine sur Lie unterschieden. Muscadet wird jung (½–1 Jahr nach der Ernte) und sehr kühl (8–9 °C) getrunken. Die Preise liegen im Geschäft zwischen 2,30 € und 6,90, im Restaurant zwischen 4,50 € und 13,70.
Andere trockene **Weißweine** sind Bordeau blanc, Vin d'Alsace (Elsässer), Chablis und Sancerre. Zu den fruchtigeren gehören die Weine von Saumur und aus der Tourraine.

Überall werden verschiedene **Rotweine,** meist Bordeauxweine, aber auch Côte du Rhone und Beaujolais-Sorten angeboten. Ist auf der Speisekarte Wild zu finden, enthält die Weinkarte auch Bourgogne-Weine.

Das **Bierangebot** orientiert sich stark am ausländischen Markt. Neben dem heimischen Kronenbourg gibt es diverse belgische, holländische, schwedische, deutsche und irische Sorten.

Nicht-alkoholische Getränke sind **Mineralwasser** *(eau minérale)*, wie z.B. Contrex oder Vittel ohne Kohlensäure *(non-gazeuse)* oder Perrier mit Kohlensäure *(gazeuse)*. Hinzu kommen natürlich alle bekannten Softdrinks und Fruchtsäfte. Typisch französisch und giftgrün ist **Menthe à l'eau,** ein stark nach Pfefferminze schmeckendes Erfrischungsgetränk.

Gastronomie

Restaurant

Die Spanne reicht vom *Restaurant Touristique* bis *Chez Bocuse*. Zwar wirkt Monsieur *Bocuse* bei Lyon, aber auch in der Bretagne gibt es hervorragende Köche und **Restaurants der Spitzenklasse.** Sie sind an den Symbolen der verschiedenen Klassifikationsvereinigungen zu erkennen, wie z.B. UCB *(Union Culinaire de Bretagne)*.

Der Reisende, der auf der Speisekarte kulinarische Besonderheiten der Region erwartet, sollte das *Restaurant Touristique* im Allgemeinen meiden.

Ein gutes **Mittelklasse-Lokal** erkennt man recht treffsicher daran, dass auf dem Parkplatz auffallend viele Wagen mit einheimischen Nummernschildern (z.B. Département Morbihan, letzte Zahl: 56) stehen. Ein Hinweis zur **Tischwahl.** In Frankreich ist es in den meisten Restaurants üblich, sich einen Tisch zuweisen zu lassen, es sei denn, das Lokal ist fast leer.

Pizzeria

Einfaches Lokal, in dem neben der Pizza auch Nudelgerichte oder andere Eierspeisen serviert werden. Es besteht kaum ein Unterschied zu anderen mitteleuropäischen Pizzerien.

Crêperie

Nicht nur in der Bretagne findet man sie. Die Crêperie hat seit langem ganz Frankreich, ja sogar einige andere europäische Staaten erobert. Aber in der Bretagne gibt es nicht nur die meisten – jeder kleinere Ort hat seine Crêperie – sondern auch die besten Lokale dieser Art. Genau genommen müsste man eigentlich von einer Crêperie und Galetterie sprechen, denn die hauchdünnen „Pfannkuchen" gibt es in der salzigen Version der Galettes und der süßen Variante der Crêpes

Crêperien sind oft sehr **einfach eingerichtet,** Plastikstühle und Metalltische sollten Sie nicht vom Genuss der beliebten Mahlzeiten abhalten. Ebensowenig ist aber andersherum der gepflegt-rustikale Rahmen in einem historischen Gebäude ein sicheres Zeichen für die Qualität der Crêpes.

Die **Preise** einer Galette oder Crêpes liegen etwa zwischen 3 und 7 €. In manchen Crêperien wird ein dreigängiges **Crêpes-Menü** zu einem günstigen Gesamtpreis angeboten.

Routiers

Die Routiers-Gaststätten befinden sich zwar oft an größeren Straßen,

008br Foto: wk

sind aber **keine** ausgesprochenen **Fernfahrerlokale** (wie fälschlicherweise angenommen wird). Viele Einheimische, die nicht die Möglichkeit haben, zu Hause zu essen, nehmen hier ihr Déjeuner ein. Und manch ein Routiers-Restaurant hat sich zu einem Geheimtipp unter weniger wohlbetuchten Frankreich-Touristen entwickelt.

Zwar sind die Routiers keine Gourmet-Tempel, aber das **Preis-Leistungs-Verhältnis stimmt.** Es gibt gute bis durchschnittliche warme Mahlzeiten, im Allgemeinen dreigängige Menüs, reichlich bemessen und zu einem erstaunlich günstigen Preis (etwa 8–15 €). Man erkennt diese Lokale an ihrem einheitlichen blau-roten, kreisförmigen Emblem über der Eingangstür. Selbstverständlich finden sich auch in Frankreich in größeren Städten die **Fast-Food-Lokale** international bekannter Unternehmen. Sie unterscheiden sich von denen anderer Länder, wie überall auf der Welt, nur in der zu bezahlenden Währung.

Frischer Hummer
aus heimischen Gewässern

Bar

Hierbei handelt es sich nicht um eine Nachtbar oder Ähnliches. Vielmehr

Zubereitung eines Taschenkrebses

Rezept für 500 g: Ca. 2 l Wasser mit etwa 50 ml Essig, 1 Esslöffel Salz, ca. 10 Pfefferkörnern, 1 Lorbeerblatt, 1 geschnittenen Zwiebel, 1 geschnittenen Karotte und etwas Thymian oder Herbes de Provence zum Kochen bringen. Das lebende Tier mit dem Kopf zuerst in wirklich kochendes Wasser halten (der Tod tritt dann sehr rasch ein). Etwa 10 Min. auf kleiner Flamme kochen lassen (größere Tiere: 15–20 Min.). Normalerweise fallen beim Kochen Zangen und einige Beine vom Körper ab, es sei denn, sie werden vorher mit Schnur oder dünnem Draht festgebunden. Nach dem Kochen das Tier herausnehmen und abkühlen lassen. Die übliche Servierweise ist kalt, gelegentlich lauwarm.

Das Knacken. Um an das wohlschmeckende Muskelfleisch zu gelangen, benötigt man eine Zange, die in französischen Restaurants einem Hebel-Nussknacker gleicht. Eine Zange aus der Werkzeugbox tut es aber auch. Die Schalen der Gliedmaßen und der Scheren werden mit der Zange aufgebrochen, das Fleisch wird mit einem schmalen Messer oder einem Teelöffelstiel herausgezogen. Schwieriger ist es, an den essbaren Inhalt des Körpers zu gelangen. Zuerst werden der Schwanz und die Fressschaufeln herausgebrochen. Nun kann man mit einem spitzen Messer am Maul ansetzen und die inneren Beinmuskeln, die in einem gemeinsamen Kalkgehäuse stecken, von der Schale trennen. Jetzt beginnt die Feinarbeit, denn es ist nicht ganz einfach, das Fleisch der Muskelfasern mit dem Messer herauszuziehen. Reine Geschmackssache ist es, ob die weicheren Teile aus den Rändern des Rückenpanzers mitgegessen werden oder nicht. Mancher isst diese Teile zusammen mit Mayonnaise, anderen erscheinen sie ungenießbar. Probieren Sie es!

ist die Bar eine Mischung aus Kneipe und Café im deutschen Sinne. Neben Wein, Bier und härteren Alkoholika gibt es auch Sandwiches, kleine Kuchen und Gebäck.

Oft ist die Bar verbunden mit einem Verkaufsstand für Zeitschriften und Zigaretten. In diesem Fall nennt sie sich **Bar-Tabac** und ist dann am weinroten Doppelkegel-Symbol über der Tür erkennbar. Hier sind auch Briefmarken und Telefonkarten erhältlich. In Frankreich gibt es übrigens keine Zigarettenautomaten.

Café

Auch bei diesem Lokal-Typ ist der Name für unerfahrene Frankreich-Reisende verwirrend. Das französische Café ähnelt eher der „Kneipe an der Ecke“ als dem deutschen Kuchen-Café. Vergleichbar mit der Bar gibt es neben Kaffee, Tee, Limonaden, Fruchtsäften und alkoholischen Getränken kleine Snacks sowie Eis. Der Begriff **Bistrot** ist etwa gleichbedeutend wie Café und Bar.

Brasserie

Wörtlich übersetzt heißt Brasserie „Brauerei“. Der Begriff wird allerdings häufiger im Sinne eines Bierlokals, vergleichbar mit Café oder Bar, benutzt. In der Brasserie gibt es sowohl gezapftes Bier vom Fass *(bière pression)* als auch Flaschenbier *(en bouteille)*, das meist aus Frankreich (besonders dem Elsass), Deutschland, Belgien, Holland oder Schweden stammt. Falls Sie großen Durst haben, bestellen Sie *un demi* (einen halben), aber wundern Sie sich nicht, wenn es kein halber Liter ist! Andere Länder, andere Sitten!

Salon de Thé

Dies ist die Gaststättenform, die dem deutschen Café am nächsten kommt. Neben Kuchen und Eis werden Kaffee und Tee serviert. Alkoholische Getränke gibt es hier nicht.

Glacier

Das Lokal ist identisch mit einer Eisdiele. Die Preise für Eis liegen in Frankreich jedoch im Allgemeinen deutlich über denen in Deutschland.

Trinkgeld

Die früher übliche Regel, 10–15 % des Rechnungsbetrages für die Bedienung zu addieren, gilt nicht mehr. In vielen Lokalen, allerdings eher der unteren bis mittleren Preisklasse, findet sich auf der Rechnung die Bemerkung *Service compris*. Dies bedeutet, dass ein Trinkgeld nicht erwartet wird. Seltener ist der direkte Hinweis *Service non compris*. Wird ein Trinkgeld erwartet, so fehlt diskreterweise oft der Hinweis auf *Service*. Im Gegensatz zu Deutschland wird für das Trinkgeld nicht der Rechnungsbetrag aufgerundet. Man lässt sich vielmehr das Wechselgeld geben und hinterlässt dann das Trinkgeld auf einem dafür vorgesehenen Teller. Ein Trinkgeld von mehr als 5 % ist selten angemessen.

Feste

Wird auf dem Lande im Rahmen des **Fest Noz** gefeiert, so veranstalten die meisten größeren Städte im Sommer ein **Festival culturel** mit unterschiedlichem Schwerpunkt. Selbstverständlich gibt es zahlreiche Folklore-Festivals mit viel traditioneller Musik und Trachten-Umzügen. Daneben versuchen aber viele Städte, dem **Festival-folklorique** durch Veranstaltungen aus den Bereichen Völkerbegegnung, Film, Theater, Poesie, Sport, Seefahrt oder Handwerk neue Impulse zu geben.

Zu den bekanntesten gehören folgende Veranstaltungen:

- **Festival Interceltique de Lorient:** In der 2. Augustwoche treffen sich Kelten aus Schottland, Irland, Wales, Cornwall, Asturien, Galizien und der Bretagne, um gemeinsam mit 2–300.000 Besuchern eine Woche lang das größte Musik- und Kulturfestival der Bretagne zu feiern. Musikalische Darbietungen von Biniou-Bombarde bis Folk-Rock bilden den Rahmen, daneben gibt es Ausstellungen, Umzüge und als ein Höhepunkt das *Championnat National des Bagadou*.
- **Festival de Cornouaille in Quimper:** In der Woche vor dem 4. Juli-Sonntag werden tägl. Veranstaltungen mit Musik, Tanz, Theater, bretonischen Spielen, Kunsthandwerk, Instrumentenbau und Fotografie dargeboten.
- **La Route du Rock in St-Malo:** Jährlich Mitte August findet ein Folkrock-Festival statt. Newcomer-Bands aus aller Welt machen unkonventionelle Musik. Infos über Tel. 02.99. 54.01.11 oder www.laroutedurock.com oder das *Syndicat d'Initiative* der Stadt.
- **Fête des Filets Bleus in Concarneau:** Dieses Fest findet vom vorletzten bis zum letzten Sonntag im August statt. Es ist ein Stadtfest mit zahlreichen Musik- und Tanzdarbietungen. Des Weiteren finden Spiele im und auf dem Wasser statt.

- **Les Tombées de la Nuit in Rennes:** Ein einwöchiges Musikfest in der ersten Juli-Woche.
- **Festival International de Folklore in Concarneau:** Ebenfalls ein einwöchiges Fest (Ende Juli/Anfang August) mit zahlreichen Musikgruppen aus Europa, aus Nord- und Südamerika und aus Afrika.
- **Fête des Fleurs d'Ajonc in Pont-Aven:** Dies ist ein rein bretonisches Folklore-Fest am ersten Wochenende im August.
- **Festival de la Danse Bretonne in Guingamp:** Eine Woche lang gibt es Mitte August folkloristische Tanzwettbewerbe, moderne und traditionelle keltische Musik, Bagadou-Umzüge und Kunsthandwerkausstellungen.
- **Festival des Vieilles Charrues in Carhaix:** Inzwischen das größte Kultur- und Musikfestival der Bretagne. Keine Vermarktung staubiger Tradition, sondern moderne bretonische Musik, aber auch viel World-Music und andere kulturelle Veranstaltungen, jährlich Mitte Juli. Infos: www.vieillescharrues.asso.fr.
- **Festival du Bout du Monde:** „Das bretonische Woodstock". Jedes Jahr im August findet auf dem höchsten Berg der West-Bretagne, dem *Menez Hom* nördlich von Douarnenez, ein mehrtägiges Musikfestival statt, das einen betont innovativen Anspruch hat. Infos: www.festivalduboutdumonde.com.

Ähnliche Veranstaltungen in etwas kleinerem Rahmen feiert im Juli oder August fast jede bretonische Stadt. In den meisten Häfen gibt es ein sogenanntes **Fête de la Mer,** oft mit einer Riesengaudi auf dem Wasser im Hafenbecken. „Seeschlachten" mit Wasserschläuchen auf schwimmenden Fantasiegebilden, Wettfahrten mit Badewannen u.Ä.

In den letzten Jahren sind **Nostalgie-Seglertreffen** immer beliebter geworden. Oft kommen Hunderte alter restaurierter Holzsegelboote und -schiffe zusammen, um die maritime Seite der Kultur darzustellen und zu feiern. In Douarnenez hat sich in den letzten Jahren ein Zentrum zur Pflege der maritimen Geschichte der Bretagne gebildet. Hier sind die aktuellen Termine zu erfahren. Le Chasse-Marée, Abri du Marin, 29171 Douarnenez, Tel. 02.98.92.66.33.

Film und Foto

Zunächst das Negative: In Frankreich sind Fotoartikel (d.h. auch Filme) erheblich teurer als in Deutschland.

Nun das Positive: Die Bretagne bietet eine riesige Zahl von **Motiven.** Egal, ob man Fan von Landschaften, Gebäuden, Kirchen, Natur oder Menschen ist, jeder kann hier seiner Leidenschaft frönen.

Der Trend zur **Digitalkamera** ist seit Jahren ungebrochen. Was früher auf den Film gebannt wurde, liegt nun digitalisiert auf Speicherkarten vor. In großen Supermärkten kann man alle gängigen Speichermedien kaufen, doch sind die Preise oft höher als in Deutschland. Also sollte man sich entweder daheim mit genügend Speicherplatz ausrüsten, oder, falls man mit dem Laptop reist, zwischenzeitlich dort abspeichern. Alternativ kann man in Fotogeschäften (oft in den Ladengalerien von Supermärkten) eine CD oder DVD brennen lassen.

Wenn Spiegelreflexkameras mit **Wechselobjektiven** verwendet werden, sollten unbedingt ein Weitwinkel- (28 mm) und ein Teleobjektiv (200 mm) und eventuell ein Zoom (z.B. 70–200 mm), zur Ausrüstung gehören. Nur so lassen sich die herrlichen Küsten und Gebäude, aber auch Einzelheiten genau ins Bild rücken. Ein leistungsstarker **Blitz** wird bei Aufnahmen in Kirchen benötigt.

Zur Tier- und Naturfotografie sollten zusätzlich ein stabiles Stativ und ein 400-mm- (oder sogar 600-mm-)Teleobjektiv mitgenommen werden.

Tiere lassen sich leichter fotografieren, wenn man dies in Ruhe angeht. Dazu ist es notwendig, etwas über die Eigenarten der jeweiligen Art zu wissen (z.B. tag- oder nachtaktiv) und zunächst den Lebensraum genau kennen zu lernen.

Buchtipps

- *Helmut Hermann,* **Reisefotografie** und *Volker Heinrich,* **Reisefotografie digital,** Praxis-Reihe, REISE KNOW-HOW Verlag

Geld

Eine Kleinigkeit haben sich die Franzosen nicht nehmen lassen: Der **Euro** (frz. ausgesprochen: *öro*) wird in Frankreich landläufig nach wie vor in 100 Centimes statt in 100 Cents eingeteilt. Man wundere sich beim Bezahlen an der Kasse nicht über die etwas andere Sprechweise.

Wechselkurs für Schweizer

Schweizer sind natürlich unverändert an den Zwang zum Geldtausch gebunden. Der Wechselkurs (Stand September 2008):

- 1 € = 1,59 SFr
- 1 SFr = 0,62 €

Kreditkarten

In vielen französischen Geschäften und Supermärkten kann man mit der **Maestro-Karte** (in Deutschland auch EC-Karte genannt) unter Angabe der PIN auch bargeldlos bezahlen. Braucht man Bargeld, ist die Barabhebung mit der Maestro-(EC-)Karte vom Geldautomaten unter Angabe der PIN die preiswerteste Art der Geldbeschaffung. Je nach Hausbank wird dafür pro Abhebung eine Gebühr von ca. 1,30–4 € bzw. 4–6 SFr. berechnet. Bei manchen Banken, wie z.B. der Deutschen Bank, wird dieser Service an Geldautomaten der Deutschen Bank im In- und Ausland nicht zusätzlich in Rechnung gestellt, sondern ist im Grundpreis der Kontoführung enthalten.

Besitzer der Postbank-Sparcard können vier Mal jährlich kostenlos an allen VISA-Plus Geldautomaten Zugriff auf ihr Konto nehmen. (Danach wird's aber teurer als mit der Maestro-Karte.) Innerhalb der Euro-Länder sollte die Barauszahlung per Kreditkarte nach der EU-Preisverordnung nicht mehr kosten als im Inland, aber je nach ausgebender Bank kann das Kreditkartenkonto mit bis zu 5,5 % der Abhebungssumme belastet werden (am Schalter in der Regel teurer als am Geldautomaten). Für das bargeldlose Zahlen per Kreditkarte innerhalb der Euro-Länder dürfen die ausgebenden Banken keine Gebühr für den Auslandseinsatz veranschlagen; für die Schweizer wird jedoch ein Entgelt von ca. 1–2 % des Umsatzes berechnet.

Vorsicht: Auf der Autobahn werden nachts an den Tankautomaten nur französische Kreditkarten angenommen!

Verlust von Geldkarten

Bei Verlust oder Diebstahl der Kredit- oder Maestro-(EC-)Karte sollte man diese umgehend sperren lassen. Für deutsche Maestro- und Kreditkarten gibt es die einheitliche **Sperrnummer 0049/116116** und im Ausland zusätzlich 0049/30 40504050. Für österreichische und schweizerische Karten gelten:

- **Maestro-(EC-)Karte,** (A)-Tel. 0043/1 204 8800; (CH)-Tel. 0041/44 2712230, UBS: 0041/848 888601, Credit Suisse: 0041/800 800488.
- **MasterCard,** internationale Tel. 001/636 7227111
- **VISA,** Tel. 0043/1 7111 1770; (CH)-Tel. 0041/58 9588383.
- **American Express,** (A)-Tel. 0049/69 9797 1000; (CH)-Tel. 0041/44 6596333.
- **Diners Club,** (A)-Tel. 0043/1 501350; (CH)-Tel. 0041/58 7508080.

Verlust von Reiseschecks

Nur wenn man den Kaufbeleg mit den Seriennummern der Reiseschecks sowie den Polizeibericht vorlegen kann, wird der Geldbetrag von einer größeren Bank vor Ort innerhalb von 24 Stunden zurückerstattet. Daher ist es wichtig, den Verlust oder Diebstahl umgehend bei der örtlichen Polizei und auch bei American Express bzw. Travelex/Thomas Cook zu melden. Die Rufnummer für ihr Reiseland steht auf der Notrufkarte, die Sie mit den Reiseschecks bekommen haben.

Geldnot

Wer dringend eine größere Summe ins Ausland überweisen lassen muss wegen eines Unfalles oder Ähnlichem, kann sich auch nach Frankreich über **Western Union** Geld schicken lassen. Für den Transfer muss man die Person, die das Geld schicken soll, vorab benachrichtigen. Diese muss dann bei einer Western Union Vertretung (in Deutschland u.a. bei der Postbank) ein entsprechendes Formular ausfüllen und den Code der Transaktion telefonisch oder anderweitig übermitteln. Mit dem Code und dem Reisepass geht man zu einer beliebigen Vertretung von Western Union in Frankreich (siehe Telefonbuch oder unter www.westernunion.com), wo das Geld nach Ausfüllen eines Formulares binnen Minuten ausgezahlt wird. Je nach Höhe der Summe wird eine Gebühr ab derzeit 10,50 € erhoben.

Reisekosten

Frankreich ist kein billiges Reiseland. Allerdings müssen für den Urlaub dennoch keine Unsummen an Geld einkalkuliert werden (Man muss mit bis etwa 30 % höheren Kosten als in Deutschland rechnen).

Wer nicht unbedingt jeden Luxus wünscht, kommt in der Hochsaison in **Mittelklassehotels** mit etwa 35–50 € (Nacht/Doppelzimmer) aus. Kosten für Essen und Trinken lassen sich nur schwer kalkulieren. Im Restaurant liegt die untere Grenze bei etwa 10 €, preiswerter sind Crêperien, in denen man Crêpes ab etwa 5 € bekommt.

Für zwei Personen bedeutet dies also Kosten von etwa 50 €/Tag. Hinzu kommen noch Kosten für Besichtigungen, Transport etc.

Wer preiswert reisen möchte, wohnt in der **billigen Hotelkategorie** (ab etwa 25 €) oder auf dem Campingplatz (ab etwa 5,50 €/Person). In diesem Fall kann dann mit Einkäufen im Supermarkt der Betrag für Verpflegung weiter verringert werden. Nach oben sind übrigens fast keine Grenzen gesetzt, obwohl das Angebot an Häusern der Top-Luxus-Klasse sehr begrenzt ist.

Eintrittsgelder und Transportkosten sind im Folgenden meist mit zwei Angaben versehen. Die erste Angabe bezieht sich immer auf den Preis für Erwachsene, die zweite auf den ermäßigten Preis für Kinder, in der Regel bis 12 Jahre.

Gesundheit

Bei leichterer Erkrankung kann in örtlichen **Apotheken** Rat gesucht werden. Die *pharmacie* (Apotheke) erkennt man am grünen Kreuz auf weißem Grund.

Ist ein **Arztbesuch** unumgänglich, wendet man sich an einen niedergelassenen Arzt *(médecins)* oder ein Krankenhaus *(hôpital)*. Zahnärzte heißen *dentistes*. Entsprechende Adressen findet man im Telefonbuch oder erhält sie in der Apotheke, im Hotel etc.

In **Notfällen** hilft SAMU *(Service d'Aide Medical d'Urgence)*. Die Rufnummer steht auf den ersten Seiten der Telefonbücher.

Die Nummern der **Unfallhilfe** und **Polizei** sind ortsabhängig und in den Telefonzellen ausgehängt.

In vielen größeren Badeorten der Bretagne wird die **Thalasso-Therapie** angeboten. Dabei handelt es sich um eine Kuranwendung, die sich auf die heilsamen Kräfte des Meeres stützt. Dazu gehören Salzwasserbäder, Gymnastik und Spaziergänge an der frischen Atlantikluft, Algenpackungen und einer auf Meeresprodukten basierenden Ernährung. Nähere Auskünfte hierzu erteilen die Fremdenverkehrsämter.

Informationen

In Deutschland

Die staatlichen Französischen **Fremdenverkehrsbüros** *(Maison de la France)* geben Informationsbroschüren heraus, die man anfordern kann. www.franceguide.com

- **Maison de la France,** Zeppelinallee 37, 60325 Frankfurt/Main, Tel. 0900/1570025 (Mo–Do 9–17.30, Fr 9–16.30 Uhr; 0,49 € pro Min.), Fax 0900/1599061 (0,49 € pro Min.), info.de@franceguide.com

In Österreich

- **Maison de la France,** Lugeck 1–2 /Stg. 1/ Top 7, 1010 Wien, Besuchszeiten: Mo–Fr 13–16 Uhr, Tel. 0900/250015 (tel. Sprechzeiten: Mo–Fr 9–17 Uhr; 0,68 € pro Min.), Fax 01/5032872, info.at@franceguide.com

In der Schweiz

- **Maison de la France,** Rennweg 42, Postfach 3376, 8021 Zürich, Tel. 044/2174600

(Mo–Do 9.30–13 und 14–17, Fr 9.30–13 und 14–16 Uhr), Fax 044/2174617, info.ch@franceguide.com

In Frankreich

Allgemeine Informationen

- **Maison de la France,** 8, Avenue de l'Opéra, 75001 Paris, Tel. 01.42.96.10.23, Fax 01.42.86.80.52.
- **Office de Tourisme de Paris,** 127 Champs-Elysées, 75008 Paris, Tel. 01.49.52.53.54, Fax 01.49.52.53.00.

Informationen zur Bretagne

- **Maison de la Bretagne,** 203, Bd St-Germain, 75007 Paris, Tel. 01.53.63.11.50, Fax 01.53.63.11.57.
- **Musée de la fraise in Plougastel,** Tel. 02.98.40.21.18.
- **Bretagne Infos/CRTB,** 1, rue Raoul Ponchon, 35069 Rennes, Tel. 02.99.36.15.15, Fax 02.99.28.44.40.
- **Comité du Tourisme de Haute-Bretagne Ille-et-Villaine,** Rue Jean Jaurès 4, 35101 Rennes Cedex 3, Tel. 02.99.78.47.47, Fax 02.99.78.33.24, www.bretagne35.com, tourisme35.cdt@wanadoo.fr

Neben diesen überregionalen Informationsbüros gibt es zahlreiche Fremdenverkehrsämter in der Bretagne selbst. Sie sind entweder staatlich organisiert **(Office du Tourisme)** oder der jeweiligen Stadt unterstellt **(Syndicat d'Initiative).** Informationen unter www.bretagne35.com und www.tourismebretagne.com und www.maison-de-la-france.com. Viele Fremdenverkehrsämter haben eine eigene Homepage, die oft unter www.ot-ortsname.fr zu erreichen ist.

Allerdings darf man bei einer E-Mail-Anfrage nicht allzu viel erwarten, denn oft sind die Adressen nicht mehr existent bzw. E-Mails werden nicht gelesen, oder wenn, dann oft nur mit langer Verzögerung. Einige weitere hilfreiche Internetadressen sind:

- **Département Côtes-d'Armor:** www.cotesdarmor.com
- **Département Finistère:** www.finisteretourisme.com
- **Département Ille-et-Villaine:** www.bretagne35.com,
- **Département Morbihan:** www.morbihan.com
- **Département Loire-Atlantique:** www.cdt44.com

Allgemeine Informationen findet man auch im englischen Sprachraum, z.B. unter www.brittanytourism.com und www.tourisme.fr.

157br Foto:eh

Blau und rot – die Farben der Bretagne

Öffnungszeiten

Geschäftszeiten sind in der Regel zwischen 9/9.30 Uhr und 12 Uhr und zwischen 14 und 18.30 Uhr. In touristischen Gegenden sind Geschäfte z.T. länger geöffnet.

Größere **Postämter** sind durchgängig von 9 bis 19 Uhr geöffnet ist. Sie haben auch samstags ihre Schalterstunden, meist von 8 bis 12 Uhr.

Banken sind meist nur dienstags bis freitags von 9–12 Uhr und von 14–16 Uhr geöffnet.

Ämter schließen um 17 Uhr. Hiervon sind die Touristeninformationsstellen aber ausgenommen. Ihre Öffnungszeiten richten sich nach der Saison und der Region, die sie betreuen.

Post

Postämter (*Poste*) müssen nicht zwangsläufig aufgesucht werden, wenn man **Briefmarken** *(timbres)* benötigt, da sie auch in der Bar-Tabac (erkennbar am Doppelkegelsymbol) zu bekommen sind. Bei der Adressenangabe auf keinen Fall das Land vergessen: Deutschland (Allemagne), Schweiz (Suisse) oder Österreich (Autriche).

Postkarten und **Briefe** innerhalb Europas kosten 0,50 €.

Bei **Briefkästen** muss die Sendung in den Schlitz für *autres destinations* eingeworfen werden, wenn sie ins Ausland gelangen soll.

Postlagernde Sendungen können gegen Vorlage eines Ausweises am Schalter *Poste Restante* abgeholt werden. Die Anschrift muss folgendermaßen aufgebaut sein: Name, Poste Centrale, Poste Restante, Ort mit Postleitzahl.

Reisezeit

Die Bretagne ist im Grunde genommen zu jeder Jahreszeit ein lohnendes Reiseland. Die Frage ist nur: Wie herb hätten Sie es gern?

Die **Hauptreisezeit** – gemessen an der Zahl der Urlauber – sind die Monate Juli und August, diktiert durch die europäischen Schulferientermine. Da die großen französischen Industrieunternehmen traditionell ihre Betriebsferien in den August legen, sind zu dieser Zeit die großen Küstenorte „touristisch gesättigt". Spätestens zu Ostern, besser noch zu Weihnachten sollten Zimmer für diese Jahreszeit reserviert werden.

Wer nicht auf die Schulferien festgelegt ist, sollte seine Reise in den späten **Frühling** oder in den frühen **Herbst** legen. Das kulturelle Angebot ist dann zwar schmaler – so finden z.B. die bretonischen Dorffeste (Fest Noz) im Juli/August statt – aber dafür erleben Sie das Land dann ohne Saison-Stress.

Die Niederschlagsmengentabelle zeigt ohnehin, dass im Hochsommer Regenschauer ebensowenig ausgeschlossen werden können wie im Mai oder September. Hinzu kommen in der Westbretagne relativ viele Nebeltage gerade im Juli und August (siehe „Klima und Wetter").

Der wahre „Bretagne-Freund" kommt zu **Ostern,** wenn sich die Winterstürme verabschieden und der Ginster in sattem Gelb erblüht. Die meisten Restaurants und Hotels eröffnen die Saison am Karfreitag.

Das **Frühjahr** wird von extrem schnellem Wetterwechsel bestimmt. Mit etwas Glück gelingt es, schon im März/April sommerlich gekleidet Strandfreuden zu genießen. Aber wundern Sie sich nicht, wenn Sie sich schon am nächsten Tag in Regenjacke über dickem Wollpullover dem Südweststurm entgegenstemmen müssen.

Das **aktuelle Wetter** gibt es z.B. auf der französischen Partnerseite des amerikanischen Weather Channel unter www.meteo123.com. Nach dem Öffnen der Hauptseite geht man auf „autres villes francaises" und sucht im Alphabet den Anfangsbuchstaben der gewünschten Stadt. Schon hat man den Überblick über mehrere Tage bezüglich Temperaturen, Luftfeuchtigkeit, Windgeschwindigkeit, Regenwahrscheinlichkeit, Sonnenstunden pro Tag und Stärke der Sonnenstrahlung (UV-Wert). Letztere ist ein guter Anhaltspunkt, um den richtigen Sonnenschutz zu wählen.

Sport

Baden und Schwimmen

Unzählige überwiegend landschaftlich reizvoll gelegene Sandstrände verteilen sich um die gesamte Bretagne, doch leider schränken die **Wassertemperaturen** selbst im Hochsommer die Badefreuden mancherorts etwas ein. Im August werden an der Nordküste maximal etwa 18 °C erreicht, oft sind es gar nur 16–17 °C. An der Südküste hingegen sind 18–20 °C nicht ungewöhnlich. Im Juli und September sind es 1–2 °C weniger. Die Temperatur schwankt insbesondere an der strömungsreichen Nord- und Westküste ebenfalls mit den Gezeiten.

Schwimmer sollten sich unbedingt beim Hafenmeister oder der Strandwacht über eventuell vorhandene **Strömungen,** insbesondere zur Springzeit (Voll- oder Neumond), informieren. Zur Wasserqualität siehe auch das Kapitel „Ökologie und Naturschutz".

Eine Auswahl der **schönsten Badestrände:** Erquy bis Le Val-André, St-Brieuc bis St-Quay-Portrieux, Port-Blanc bis Trébeurden, Carantec, Ile de Batz, Brignogan-Plage, Lilia bei Plouguerneau, Porspoder, Lampaul-Plouarzel bis Le Conquet, Morgat, Pentrez-Plage, Audierne bis Penmarc'h, Ile Tudy, Bénodet, Iles de Glénan, Trévignon bei Trégunc, Le Pouldu, Gâvres, Etel, Quiberon, Belle-Ile, Carnac, Arzon-Kerjouanno und La Baule.

Tauchen

Die bretonischen Küsten sind mit ihrer atlantischen Fauna und Flora und nicht zuletzt wegen der zahlreichen Wracks ein reizvolles, wenngleich **anspruchsvolles Tauchrevier.** Für Anfänger ist es nur eingeschränkt geeignet. Zwar bieten sämtliche Tauchbasen auch Anfängerkurse in Ufernähe an, doch erschließt sich der wahre Reiz des Atlantiks vor allem dort, wo Gezeitenströme und Seegang recht hohe Ansprüche an die Erfahrung des Tauchers stellen. Interessante Tauchgründe sind meist nur mit dem Boot erreichbar.

Alle Basen verfügen über motorisierte Schlauchboote oder umgebaute Fischkutter incl. aller notwendigen **Ausrüstungsgegenstände** (im Verleih) und Kompressoren für die Pressluftflaschen. Die **Preise** für einen Tauchgang mit geliehener Ausrüstung incl. Bootsfahrt und Flaschenfüllung bewegen sich zwischen 25 und 35 €.

Voraussetzung für die Teilnahme an Tauchfahrten ist ein Gesundheitszeugnis sowie in jedem Fall ein Ausbildungsnachweis (z.B. CMAS, PADI).

Wer sich nicht einer Tauchbasis anschließen möchte, sollte sich mittels **Seekarten, Gezeitentabellen und Strömungskarten** (zu beziehen über: SHOM, www.shom.fr, oder www.hansenautic.de, Herrengraben 31, 20459 Hamburg, Tel. 040/374842-0) sowie bei ortsansässigen Tauchern oder Fischern über die Tauchbedingungen informieren.

Beschränkungen bestehen generell nicht, mit folgenden Ausnahmen: Es darf bei Benutzung eines Atemgerätes nicht harpuniert werden. Schon das gleichzeitige Aufbewahren einer Harpune und eines Pressluftgerätes im Boot wird von der **Wasserschutzpolizei** *(Affaires Maritimes)* mit hohen Geldbußen belegt. Ebenso verboten ist das Sammeln von Jakobsmuscheln

Küstenerkundung mit dem Beiboot

009br Foto: wk

(coquilles St-Jacques) sowie speziell im Parc Naturel Régional d'Armorique (z.B. Ile d'Ouessant) das Schießen und Sammeln von jeglichem Getier.

Die **Sichtweiten unter Wasser** variieren stark in Abhängigkeit von Strömung und Seegang und liegen etwa zwischen 3 und 15 m. Grundsätzlich bestehen die besten Sichtweiten nach mehreren windarmen Tagen sowie bei geringer Strömung (Nippzeit, also etwa Halbmond). Was gibt es zu sehen? Zwischen zerklüfteten Felsformationen erstrecken sich riesige **Tangwälder** aus Finger-, Palmen-, Zucker-, Blasen- und Knotentang sowie vielen anderen teilweise essbaren Algenarten. Seeanemonen und Seenelken findet man ebenso wie die Seemannshand und verschiedenfarbige Gorgonien. Unter den **Krustentieren** begegnet die Seespinne dem Taucher vor allem im Frühjahr in den Tangwäldern, während der Taschenkrebs ganzjährig unter Felsvorsprüngen und in kleinen Höhlen zu finden ist. Nur noch sehr selten sieht man einen Hummer oder eine Languste. In Küstennähe häufiger anzutreffende **Fische** sind die Meeräsche, der Meerrabe, der große gefleckte Lippfisch, der Meeraal *(Conger)* und verschiedene Schleimfische.

Da die bretonischen Küstengewässer aufgrund der navigatorisch schwierigen Bedingungen im Laufe der Jahrhunderte Tausenden von Schiffen zum Verhängnis geworden sind, kann der Taucher eine Vielzahl **Wracks** erkunden, deren Lage in den Tauchbasen bekannt ist.

Folgende **Tauchgebiete** sind besonders empfehlenswert: Côte de Granit Rose von Ile de Bréhat bis Trébeurden, Pointe de Primel bei Plougasnou, Ile d'Ouessant, Westküste der Crozon-Halbinsel bei Camaret, Süd- und Westküste der Sizun-Halbinsel bei Audierne, Iles de Glénans, Belle-Ile, Pointe du Croisic bei Le Croisic.

Die Adressen der Tauchbasen sind bei den jeweiligen Ortsbeschreibungen aufgeführt. Weitere **Auskünfte** erteilt:

- **Comite Interregional Bretagne,** Pays de la Loire 39, Rue de La Villeneuve, 56100 Lorient, Tel. 02.97.37.51.51, cibpl.ffessm@wanadoo.fr.

Windsurfen

Was hinsichtlich der durch die Gezeitenströme verursachten Gefahren unter Tauchen, Baden und Schwimmen gesagt wurde, gilt analog für Surfer. Ohne Zweifel bieten viele bretonische Strände ideale Bedingungen für Surfer. Doch die Tatsache, dass jährlich mehrere hundert Brettsegler von der Seenotrettungsgesellschaft (SNSM) aus einer **Notlage** gerettet werden müssen (1998 waren es ca. 400), belegt die Notwendigkeit, sich mit Gezeiten und Wetterverhältnissen vertraut zu machen. Die klassische Notsituation entsteht bei ablandigem Starkwind.

Im Frühsommer kommt der **Wind** vorherrschend aus West bis Nordwest, während bei Hochdrucklagen im Juli und August häufig thermische Windsysteme entstehen, die tagsüber auflandig, nachts ablandig wehen. Die

Windstärke schwankt im Sommer zwischen 0 und 7 Beaufort, liegt aber meist bei 3–4. Die Nordküste ist etwas windreicher als die Südküste.

Wer ein **wellenreiches Starkwindrevier** sucht, sollte die Westküste nördlich von Penmarc'h bevorzugen. Hochburg ist hier der Strand von La Torche. Anfänger hingegen, die eher **ruhiges Wasser** suchen, sollten sich in der Südbretagne, z.B. in der Bucht von Bénodet bei Beg Meil oder bei Quiberon umsehen. Es gibt kaum einen bretonischen Strand, an dem im Sommer keine **Surfboards ausgeliehen** werden, und Ausbildungsmöglichkeiten bieten sich hundertfach. Die Preise liegen für einen einwöchigen **Lehrgang** zwischen 85 und 170 € (incl. Ausrüstung). Die **Stundenleihgebühr** für ein Brett bewegt sich zwischen 5 und 8 €.

Renommierte **Surfschulen** gibt es beispielsweise in: Dinard, Camaret, Morgat, Bénodet, Concarneau, Carnac und Quiberon. Konkrete Adressen siehe bei den jeweiligen Ortsbeschreibungen. Besonders erwähnenswert ist die renommierte Surfschule in St-Pierre Quiberon „Surfing Paradise", Av. du Général de Gaulle 48, Tel. 02.97.50.39.67.

Angeln und Fischen

Zwar werben nach wie vor fast alle Küstenorte in ihren Tourismusbroschüren mit den guten bis fantastischen Fischfangmöglichkeiten, doch die Realität entspricht häufig eher dem Gegenteil. Aufgrund der in den letzten 20 Jahren stetig zugenommenen **Überfischung** des Küstenmeeres braucht der Hobbyangler heutzutage mehr Geduld denn je. Von Land aus mit der Wurfangel sind die Chancen, einen Fisch an den Haken zu bekommen, inzwischen vielerorts gleich Null. Ausnahmen bilden nur noch einige einsame Felsenkaps in den Morgen- oder Abendstunden. Dort fängt man auch heute noch Meeräschen und Hornhechte, seltener hingegen Wolfsbarsche oder Meerforellen.

Mehr Erfolg verspricht eine **Hochseeangelfahrt** *(pêche en mer)*. In vielen Hafenorten verdienen sich Fischer in den Sommermonaten dadurch ein Zubrot, dass sie Urlauber zu fischreicheren Gebieten aufs Meer hinausfahren. Meist kann auch das Angelgerät an Bord ausgeliehen werden. Ein Fang kann jedoch nicht garantiert werden, und immer häufiger kommt es vor, dass der Urlaubsangler enttäuscht in den Hafen zurückkehrt. Je nach Region können Wolfsbarsche, Meeraale, Seelachse, Kabeljau oder auch hin und wieder ein Hundshai oder ein Dornhai gefangen werden. Am häufigsten hingegen bleibt es bei einigen Makrelen. Die Kosten für eine halb- oder ganztägige Angelfahrt liegen meist zwischen 17 und 30 €. Ein Angelschein ist auf See nicht notwendig. Der Hobbyfischer darf neben Angeln auch ein bis zu 20 m langes Stellnetz sowie maximal zwei Fangkörbe für Krustentiere benutzen. Allerdings wird dies verständlicherweise von den ortsansässigen Fischern nicht gern gesehen.

Eine an der bretonischen Küste besonders beliebte Variante des Fischens nennt sich **Pêche à pied,** übersetzt etwa „Fischen zu Fuß“. Das Fanggerät sind die eigenen Hände und kleine Käscher (Handnetze) unter Mithilfe des Mondes. Aufgrund der unterschiedlichen Stellung des Mondes zu Erde und Sonne (siehe Kapitel „Gezeiten“) kommt es mehrmals jährlich zu extremen Gezeiten mit maximalem Tidenhub *(grandes marées, grands coefficients).* Insbesondere im Frühjahr und im Herbst schwärmen dann allerorts bei Niedrigwasser Hunderte von Muschelsammlern in die von der Ebbe freigelegten Flächen des Meeresbodens. Auf Sand- und Schlickflächen werden Muscheln, wie Strandschnecken *(bigorneau),* Pilgermuscheln *(pétoncles)* und Venusmuscheln *(praires),* gesammelt. In Prielen und Wasserlöchern verstecken sich unter algenbewachsenen Steinen Garnelen *(bouquets),* Schwimmkrabben *(étrilles)* und kleine Taschenkrebse *(tourteaux).* Achtung: Nicht in private Zuchtparks eindringen, die meist mit kleinen Schildern „Parc à Huîtres“ gekennzeichnet sind.

Die Pêche à pied unterliegt (noch) keinen **Vorschriften,** was inzwischen vielerorts zu Problemen führt, denn das massenhafte Einsammeln von essbarem Getier auf dem Meeresboden führt zu einer Verarmung der Nahrungsgrundlage vieler Fischarten. Hinzu kommt, dass zur Muschelsuche häufig algenbewachsene Steine umgedreht werden, diese danach aber nicht wieder in ihre ursprüngliche Lage zurückgedreht werden. Das führt dazu, dass auf jedem Stein Hunderte, ja Tausende von Klein- und Kleinstlebewesen sterben – eine weitere Ursache für die zunehmende Fischarmut.

Das **Fischen und Angeln in Binnengewässern** unterliegt in ganz Frankreich recht strengen Vorschriften: Neben einem staatlichen Angelschein (ausländische Scheine werden anerkannt) ist für jedes Gewässer eine **Fanglizenz** mit unterschiedlicher Gebühr zu erwerben, die in der Regel im Bürgermeisteramt *(mairie)* ausgestellt wird. Die zu fangenden Arten sowie ihre Minimalgrößen sind genau vorgeschrieben. Geangelt werden je nach Jahreszeit und Gewässer beispielsweise Hechte, Lachse, Meerforellen, Bachforellen und Barsche.

Gute Fanggebiete befinden sich insbesondere im Finistère bei Huelgoat, Brasparts, am Elorn bei Landerneau, in den Montagnes Noires bei Châteauneuf-du-Faou, am Oberlauf des Odet bei Trégourez und am Oberlauf des Aven bei Rosporden.

Weitere **Auskünfte:** bei Conseil Supérieur de la Pêche, 134, Avenue Malakoff, F-75016 Paris.

Reiten

Vielerorts werden, meist einem Bauernhof angegliedert, Pferde für **Reitausflüge** in Gruppen angeboten. Nicht ganz so häufig findet der Urlauber ausgesprochene **Reitschulen** mit Unterrichtsangebot. In den Ortsbeschreibungen findet der interessierte Leser konkrete Hinweise. Weitere **Auskünfte:** Ligue Equestre de Bretagne,

16, Rue Georges Colliers, F-56100 Lorient. Oder ARTEB Rue Laennec 33, 29710 Ploneis, Tel. 02.98.91.02.02, www.bretagne-equitation.com.

Golf

Da sich Golf in den letzten Jahren zunehmender Beliebtheit erfreut, hat auch in der Bretagne das Angebot an Golfplätzen deutlich zugenommen. Neben einigen privaten Plätzen gab es 1998 schon mehr als 30 öffentlich zugängliche Anlagen, alle überwiegend in Küstennähe. Das Comité Régional du Tourisme, 3, Rue d'Espagne, F-35041 Rennes, gibt einen Sonderprospekt für Golfer heraus (Adressen in den Ortsbeschreibungen).

Tennis

Es gibt wohl kaum einen Küstenort, der seinen Gästen nicht wenigstens zwei Tennisplätze (meist sind es 6–8) zur Verfügung stellt. Viele Hotels und auch die größeren Campingplätze besitzen ebenfalls Tennisanlagen. Konkrete Hinweise dazu in den Ortsbeschreibungen. Insbesondere findet man Golfplätze in Baden, Belle-Ile, Ploermel, Ploemeur, Queven, Quiberon und St-Gildas de Rhuys.

Sportausrüstung

Gute Sportausrüstungen kauft man preiswert in den Filialen von *Décathlon* (siehe „Einkaufen").

Sprache

Jahrhundertelang war die Bretagne in zwei sprachliche Zonen geteilt, westlich die Basse-Bretagne, hier war die **bretonische Sprache** verbreitet, und östlich die Haute-Bretagne, in der eine romanische Sprache, das Gallo (bret. *gallec*), gesprochen wurde.

Weder in Nantes noch in Rennes wurde jemals Bretonisch gesprochen, obwohl Nantes die historische Hauptstadt der Bretagne war.

Das Bretonische lehnt sich an den keltischen Zweig des Indoeuropäischen an. Im 3. Jahrhundert v. Chr. spaltete sich **das Keltische** in zwei Gruppen, die **Q-Gruppe** oder Gälisch (in Irland und Schottland) und die **P-Gruppe** oder Brittonisch, die das Cornische, die Sprache, die bis zum 18. Jahrhundert in Cornwall gesprochen wurde, das Walisische und das Bretonische beinhaltete.

Ein elementarer Unterschied zwischen diesen beiden Gruppen besteht darin, dass das Q im Bretonischen durch das P ersetzt wurde.

Ein weiterer Unterschied ist das Ersetzen des indoeuropäischen „S" als Anfangsbuchstaben durch das „H". Beispiele: Das Französische „sénile (alt)" und „sentier (Weg)" und das Bretonische „hen (alt)" und „hent (Straße)" haben dieselbe Wurzel.

Die heutige bretonische Sprache stellt eine Synthese aus dem Brittonischen und dem Gallischen dar, die durch die aus Großbritannien im 5. Jahrhundert eingewanderten Kelten entstand. Im 9. Jahrhundert erreichte

Bretonische Begriffe

Diese Liste ermöglicht, die bretonischen Wurzeln vieler Namen oder Begriffe zu erkennen. Gerade im Finistère findet man Ortsschilder, bei denen neben der französischen Bezeichnung auch der bretonische Name steht. Sicher ein Zeichen des neuen Regionalbewusstseins.

A

aber	Mündung (z.B. Aber Wrac'h in Nord-Finistère)
ankou	der Tod
anaon	die Seele, der Tote
aod	Strand
argoat/argoad	das Innere der Bretagne
armor	am Meer (heute: die Küstenlandschaft)
avel	Wind
aven	Fluss

B

bag	Schiff
bara	Brot
beg	Landzunge (z.B. BegMeil)
bihan	klein (z.B. Morbihan)
brao	schön
braz	groß (z.B. Rosbraz)
bre/brenn	Hügel (z.B. Brennilis)
Breizh	Bretagne
brezoneg	das Bretonische
brug	Heidekraut

C

chistr	Cidre
coat	Wald
co/coz/cos/couz	alt
creac'h	Hügel

D, E

demat	guten Tag
dol	Tisch (z.B. Dolmen)
douar	Erde, Platz
dour	Wasser
du	schwarz
enez	Insel

F

fest-noz	Nachtfest
feunteun/feuntan/fetan	Brunnen
froud/frout	Strom, Sturzbach

G

gallek	das Französische
glaz	blau
goaremm/gwaremm	Brachland
goat/goet	Wald (z.B. Huelgoat)
goret/gored	Talsperre
goueled/goulet/guelet	Boden
gwenn/guen	weiß (z.B. Guenroc)
gwern/guern	Sumpf
gwin/gwin ru	Wein/Rotwein
gwig/gwik/guic	Dorf

H

hen	alt
hent	Weg
heol	Sonne
hir	lang *(menhir)*
hoet/houet	Wald (z.B. Kerhouet)
huel	hoch

I

ilis	Kirche
inis	Insel (z.B. Gavrinis)

K

kastell	Schloss, Festung
kemper	Zusammenfluss
kenavo	auf Wiedersehen
ker	Dorf, Weiler (z.B. Kerguen)
koad/koed	Wald
koant	hübsch
kozh/koz/koh	alt
krampoez	Crêpe
krec'h/kenec'h/kenac'h/kenyah/kanac'h	Hügel
kreiz-ker	Stadtzentrum
kroaz-hent	Kreuzung

L

lan	Kloster, Kirche (z.B. Langoat)

lann	Heidelandschaft, Ginster
lenn	See
loc/lo/lok/lau/lou	heilige Stätte (z.B. Locmaria)
loc'h	See in Küstennähe

M

mad	gut
maez/meaz/mez/mes	großes Feld
marc'h	Pferd
melin/milin/ meilh/meil	Mühle
men	Stein
menez/mene/ mane/mine	Berg (z.B. Menez Hom)
meur	wichtig, groß
mor	Meer
munic'hi/minihi	das Münster, Mönchssitz

N

nevez/neue/newe/ neve/nehne	neu
noz	Nacht

P

palud	Sumpf
park	Feld
pen	Kopf (z.B. Penmarc'h)
penn	Ende
pesked	Fisch
plou/plo/ploe/ pleu/plu/ple/pli	Pfarrei (z.B. Plougastel)
porz/pors	Hafen (z.B. Porz Arlan)
prad/prat	Wiese

R

raz	Engpass (z.B. Raz de Sein)
roc'h/roch/roh	Felsen (z.B. Roc'h Begheor)
roz	Hügel

S

ster	Fluss
stivell	Quelle
straed/stred/stread	Weg, Straße

T

taol/tol	Tisch
tevenn	Düne, Klippe
traezh/trez/treas	Strand, Sand
traon/tro/traou	Tal (z.B. Tromelin)
treizh/treiz/ trech/tre	Durchgang
trugarez	danke
ty/ti	Haus

Y

ya	ja
yen	kalt
yehed mad	Prost

- Weitere Informationen zur bretonischen Sprache findet man im Kauderwelsch-Band **Bretonisch – Wort für Wort** (Reise Know-How Verlag, **AusspracheTrainer** auf Audio-CD ebenfalls erhältlich).
- Um sich mit der französischen Sprache vertraut zu machen, empfiehlt sich der Band **Französisch – Wort für Wort** aus der gleichen Reihe (als **Kauderwelsch digital Französisch** auch auf CD-ROM erhältlich).

Die handlichen Sprechführer bieten eine auf das Wesentliche reduzierte Grammatik und viele Beispielsätze für den Reisealltag.

die Nominoé-Dynastie ihren Höhepunkt und die bretonische Sprache ihre größte Verbreitung nach Osten. Die sprachliche Grenze verlief ungefähr auf der Linie Couesnon, Guéméné, Pornic.

Im Laufe der normannischen Invasionen wurde die bretonische Sprache auf ihre heutigen Grenzen im Bereich St-Brieuc, Loudéac, Vannes zurückgedrängt.

Weitere Gründe für das **Zurückdrängen des Bretonischen** und damit auch für dessen zurückgehenden Gebrauch waren die Angliederung der Bretagne an Frankreich im 15. Jahrhundert und später die Französische Revolution.

Im ausgehenden 19. Jahrhundert wurde die Grundschulpflicht von der Zentralregierung eingeführt. Um möglichst treue Bürger zu „produzieren", sollten alle Kinder rasch die Nationalsprache Französisch erlernen. Drakonische Maßnahmen untermauerten dies; so wurden sogar Kinder hart bestraft, wenn sie sich in den Pausen bretonisch unterhielten.

Seit der Ära de Gaulle und der damit einsetzenden Regionalisierung erlebte auch das Bretonische eine **Renaissance.** Dies wurde von der Association DIWAN (Keim), die 1977 eine schwerpunktmäßig mit bretonischer Sprache arbeitende Vorschule *(Ecole Maternelle)* ins Leben rief, unterstützt. Heute gibt es im Département Finistère in jeder Stadt und in den anderen Départements zahlreiche Schulen, in denen neben Englisch, Deutsch oder Spanisch auch Bretonisch als Unterrichtsfach angeboten wird. An der Universität Rennes wurde ein Lehrstuhl für Keltisch eingerichtet.

Heute sprechen etwa 600.000 Menschen bretonisch. Zur Wiederbelebung der Sprache tragen sowohl Bücher als auch Zeitschriften, Radio- und Fernsehsendungen bei. Im Abitur kann in der Bretagne die bretonische Sprache als zweite „Fremdsprache" gewählt werden.

Die Rechtschreibung

1821 erschien das „Keltisch-Bretonische" Wörterbuch von *Le Gonidec,* dessen Rechtschreibregeln bis 1939 gültig waren, mit Ausnahme der Region um Vannes. Danach wurde zur Vereinheitlichung eine Rechtschreibreform *(reizhskrivadur peurunvan)* durchgeführt. Zu dem bei Vannes üblichen „H" fügte man im Zuge dieser Reform das sonst verbreitete „Z" hinzu. Dadurch wurde der Name der Bretagne vom „Breiz" zum „Breizh", auf PKW's heute als BZH-Aufkleber sehr verbreitet. Diese „ZH"-Schreibweise wurde von der sprachwissenschaftlichen Fakultät der Universität Rennes akzeptiert.

Ausspracheunterschiede zum Französischen

Das Bretonische wird meist so ausgesprochen, wie es geschrieben wird. Die Betonung liegt auf der vorletzten Silbe.

e	wird **e** oder **ä** ausgesprochen, bekommt aber keinen Akzent
f	zwischen **f** und **w**
g	immer wie das deutsche **g**

h	wird gesprochen
c'h	wie das deutsche **ch**
s	scharfes s
w	wird je nach Region **u**, **ü** oder **w** ausgesprochen

Telefonieren

Die traditionellen **Münzfernsprecher** existieren nicht mehr. Seit einigen Jahren gibt es in Frankreich nur noch Telefonzellen für Kartenbetrieb. Die **Telefonkarte** *(télécarte)* bekommt man bei der Post, aber auch in der Bar-Tabac, die am weinroten Doppelkegel über dem Eingang zu erkennen ist.

Eine **Übersetzung der Anweisungen,** die beim Telefonieren mit Karte vom Gerät abzulesen sind:

Décrochez	Heben Sie ab
Introduisez la carte, ou faire numéro libre	Karte einschieben oder Freinummer (z.B. Notruf) wählen
fermez le volet s.v.p.	Schließen Sie bitte die Klappe
Patientez s.v.p.	Warten Sie bitte
Crédit x unité	x Einheiten Guthaben
Numérotez ou composez le numéro	Wählen Sie
Numéro appelé	Die gewünschte Nummer erscheint

Nach dem Gespräch:

Retirez votre carte	Ziehen Sie Ihre Karte heraus

Auslandsgespräche

Auslandsgespräche können von jedem Fernsprecher aus geführt werden. Nach der Landesvorwahl wählt man die Ortsvorwahl ohne 0, danach die Rufnummer. Auslandsgespräche sind werktags nach 19 Uhr und samstags ab 13 Uhr besonders günstig.

Vorwahlnummern

Innerhalb Frankreichs sind die **Ortsvorwahlnummern** in die zehnstellige Telefonnummer integriert und müssen demnach auch bei Ortsgesprächen immer mitgewählt werden. In der Bretagne (02) bedeuten als dritte und vierte Ziffern: 96 Côte du Nord, 97 Morbihan, 98 Finistère und 99 Ille-et-Villaine.

Auslandsvorwahl: nach Deutschland: 0049, nach Österreich: 0043, in die Schweiz: 0041.

Mobiltelefone

Mobiltelefone der deutschen, österreichischen und Schweizer Provider funktionieren in der Bretagne fast überall problemlos (Schwierigkeiten mit dem Netz gibt es gelegentlich in den „entlegeneren" Gebieten im Landesinneren, so z.B. im Fôret de Paimpont). Allerdings muss auch vom Handy die 0049 vorgewählt werden. Diese Vorwahl ist nicht notwendig, um eine SMS aus der Bretagne zu einem deutschen Handy zu verschicken. Bei Mobiltelefonen mit Prepaid-Karten sollte man sich vor der Abreise sicherheitshalber mit dem Netzbetreiber in Verbindung setzen. Oft muss das sogenannte „Roaming" freigeschaltet werden.

Die Gesprächsgebühren ins heimische Fest- oder Mobilfunknetz können jedoch stark ins Geld gehen. Am preiswertesten ist es, wenn man bei seinem Provider nachfragt oder auf der Website nachschaut, welcher der Roamingpartner des Providers ist und diesen per **manueller Netzauswahl** bei den

Telefonaten voreinstellt. Nicht zu vergessen sind die **passiven Kosten,** wenn man von zu Hause angerufen wird (Mailbox abstellen!). Der Anrufer zahlt nur die Gebühr ins heimische Mobilnetz, die teure Rufweiterleitung ins Ausland zahlt der Empfänger.

Wesentlich preiswerter ist es, sich von vornherein auf **SMS** zu beschränken, der Empfang ist dabei in der Regel kostenfrei. Tipp: Man lasse sich von allen wichtigen Personen eine SMS schreiben, sodass man im Ausland nicht zu wählen braucht, sondern nur auf „Antworten" drücken muss.

Der Versand und Empfang von **Bildern per MMS** ist hingegen nicht nur relativ teuer, sondern je nach Roamingpartner auch gar nicht möglich. Die **Einwahl ins Internet** über das Mobiltelefon, um Daten auf das Notebook zu laden, ist noch kostspieliger – da ist in jedem Fall ein Gang in das nächste **Internetcafé** weitaus günstiger.

Diebstahl und Verlust

Sollte das Mobiltelefon verloren gehen oder gestohlen werden, sollte man bei einem Laufzeitvertrag, aber auch bei bestimmten Prepaid-Abonnements die Nutzung der SIM umgehend beim Provider **sperren lassen** (nicht immer kostenfrei!).

Dazu muss man in der Regel folgende Angaben machen können, die man sich **vorab notiert** haben sollte: Rufnummer, SIM-Kartennummer (auf SIM vermerkt), Kundennummer oder Kundenkennwort und IMEI-Nummer (elektronische Zulassungsnummer), die nach Eingabe des Tastencodes Stern-Raute-null-sechs-Raute auf dem Display erscheint – diese muss man auch bei der Polizei bei Diebstahl- oder Verlustmeldungen angeben.

Unterkunft

In der Bretagne steht dem Touristen ein breites Angebot unterschiedlichster Unterkunftsmöglichkeiten zur Wahl.

Hilfreich sind bei der Wahl des Feriendomizils die **Broschüren** von Bretagne Nouvelle Vague Hôtels, Campings & Caravaning und Chambres d'Hôtes des Gîtes de France. Diese Heftchen sind über die regionalen Fremdenverkehrsämter erhältlich. Außer diesen Broschüren gibt es zudem oft noch eigene **Unterkunftsverzeichnisse** des jeweiligen Departements, so z.B. im Finistère, in denen noch detailliertere und z.T. noch mehr Angebote aufgelistet sind. Bei Anfragen an ein Office de Tourisme sollten sicherheitshalber immer direkt Unterkunftsverzeichnisse erbeten werden.

Preiskategorien in diesem Buch

Zur leichteren Orientierung wurden die Hotels in den Ortsbeschreibungen in vier Preiskategorien unterteilt. Die Preise beziehen sich auf ein Doppelzimmer pro Nacht für zwei Personen.

€	ca. 25–40 €
€€	ca. 40–70 €
€€€	ca. 70–125 €
€€€€	ab 125 €

010br Foto: eh

Achtung: Während der **Sommermonate** sind die Unterkünfte oft langfristig ausgebucht. Dies gilt auch für touristisch weniger interessante Regionen oder das Hinterland. Wer zwischen Juni und Ende August seinen Besuch in der Bretagne plant, sollte unbedingt rechtzeitig reservieren. Auch Campingplätze drohen an vielen Orten langsam aus den Fugen zu geraten.

Alte Fassade: Hotel in St-Malo

Hotels

Die Hotels der Bretagne können nach dem weltweit üblichen Sterne-System kategorisiert werden. Luxushotels der **4-Sterne-Kategorie** sind allerdings in der gesamten Bretagne eher die Ausnahme. Häufig findet man sehr komfortable Häuser (3-Sterne) und Mittelklassehotels (2-Sterne). Preiswert wohnt, wer in der unteren Kategorie absteigt. Die **1-Sterne-Hotels** sind preiswert, aber dem Preis angemessen, recht einfach ausgestattet.

Die **nicht kategorisierten Hotels** werden in den Nouvelle-Vague-Prospekten zwar als „sehr einfach" beschrieben, trotzdem sollte man auch hier einen Blick ins Zimmer werfen!

Zusätzlich zum allgemeinen Hotelangebot gibt es etliche Häuser, die der Organisation **Logis de France** angeschlossen sind. Es handelt sich um kleine und mittelgroße Familienbetriebe. Familiäre Atmosphäre ist hier das wichtigste Attribut. Ein Verzeichnis ist bei der Fédération Bretonne des Logis de France, Quai Ad.-Thomas 4, 35260 Cancale, Tel. 02.99.89.69.58, oder der Dachorganisation Fédération Nationale des Logis de France, Avenue d'Italie 83, 75013 Paris, erhältlich.

Kur- bzw. Gesundheitsurlaub versprechen die **Kurhotels,** die dem Thalassotherapieprogramm angeschlossen sind (s. Kapitel „Gesundheit"). In einigen größeren Badeorten gibt es ein solches Thalassozentrum. Informationen sind bei den Fremdenverkehrsämtern unter dem Stichwort: Thalasso Bretagne von Nouvelle Vague erhältlich.

Die besondere Art des Wohnens versprechen **Ferien auf dem Schloss.** Meist liegen die Schlösser, Burgen und großen Gutshöfe außerhalb größerer Städte. Die Zimmer gehören zur gehobenen Kategorie. Information darüber enthält das Heft „Bienvenue au Château" vom Comité Régional du Tourisme, Rue de la Loire 2, 44200 Nantes.

Alle **Zimmerpreise** in diesem Führer beziehen sich auf Doppelzimmer.

Die Preise schwanken je nach Kategorie des Hotels zwischen einer untersten Grenze von etwa 25 € und einer Obergrenze von knapp 250 €. Zum Preis wird in der Regel noch die *Taxe de séjour*, eine **Kurtaxe,** addiert, bei etwa 1 €/Person/Tag. Mittelklassehotels kosten im Sommer 50–80 €. Teurer wird es bei einer Übernachtung im Schloss, die mit mindestens 85 € zu Buche schlägt.

Auf der ganzen Welt steigende Hotelpreise haben zur Entwicklung **neuer Konzepte** geführt. Einige Ideen sind in Frankreich verwirklicht worden. Ergebnisse sind Hotels, die nur schwer einer der bekannten Kategorien zuzuordnen sind, da sie fast ohne Personal und damit Service arbeiten, aber trotzdem nichts in punkto Sauberkeit und Komfort der Zimmer vermissen lassen. Die Häuser, meist liegen sie nahe von Autobahnen oder den Nationalstraßen, werden in Fertigbauweise errichtet. Jede Wohneinheit verfügt über 1 bis 3 Betten, Waschtisch, TV und Telefon. Dusche und WC werden z.T. mit anderen Zimmern gemeinsam genutzt. In der Bretagne findet man im Bereich größerer Städte fast überall Häuser der **Kette Formule 1** (an den Nationalstraßen). Hier beginnen die Übernachtungspreise bei 15 €/Doppelzimmer.

Ferienwohnungen

Locations meublées, Studios oder *Appartements* werden in allen touristisch interessanten Gegenden, besonders in den Küstenorten, angeboten. Verzeichnisse gibt das lokale Office de Tourisme heraus. Je nach Saison, Größe und Ausstattung schwanken die Preise erheblich. Als Beispiel mögen die Preise auf der Presqu'île de Rhuys am Golfe du Morbihan dienen. Hier gibt es die Kategorien A–F, die von einfachster Ausstattung bis hin zu Häusern in Hafennähe mit Pool und

Meerblick alles bieten. In der höchsten Kategorie liegen die Preise in der Hochsaison bei 1400 € und mehr pro Woche, in der Kategorie F bei 260–350 €/Woche. Außerhalb der Saison reduzieren sich die Preise um ca. 30–50 %. Hinzu kommen noch Gebühren für Strom und/oder Gas, manchmal auch Wasser sowie die Kurtaxe.

Je nach Saison sollte die Buchung der Wohnung/des Hauses schon möglichst frühzeitig erfolgen. Sehr interessant sind die Angebote der *Agentur Lotze,* die jederzeit per Katalog oder über das Internet buchbar sind. Hier gibt es die Sicherheit, dass das angemietete Objekt dann auch vor Ort den Vorstellungen entspricht.

- **Agentur Lotze,** Niederkasseler Weg 8, 40547 Düsseldorf, Tel. 0211/555734, Fax 0211/588469, www.lotze.de.
- **www.bretagne-tipp.de** bietet viele Bretagne-Infos vom Ferienhaus bis zum Wassersport.

Chambres d'Hôtes, Gîtes d'Etapes und Fermes-Auberges

Dem Urlaub im **Privatzimmer** *(Chambre d'Hôtes)*, einer Art bed & breakfast, und auf dem **Bauernhof** *(Fermes-Auberges)* steht in der Bretagne nichts im Wege. Fast alle diese Unterkünfte befinden sich in ländlichen Gebieten. Oft stehen nur 2 oder 3 Zimmer zur Verfügung, fast immer wird Familienanschluss geboten, und sei es auch nur zu den Mahlzeiten.

Besonders Wanderer und Radwanderer werden von den Zimmern der **Herbergen** *(Gîtes d'Etapes)* angesprochen, die in der Nähe der Fernwanderwege liegen. Hier ist jedoch Voranmeldung erforderlich. Die **Preise** liegen zwischen 20 und 60 €/Person. Detailliertere **Infos** erhält man über die regionalen Touristeninformationen.

Camping

Zelt-, Wohnwagen- oder Wohnmobilferien sind in der gesamten Bretagne sehr beliebt. Trotz oft enger Straßen wagen sich auch Fahrer größerer Gespanne in die entlegensten Winkel und finden hier herrliche Campingplätze. Oft sind sie groß und hervorragend ausgestattet, gelegentlich aber auch sehr einfach. In der besten Kategorie gehören diverse Sportanlagen, Schwimmbad, Restaurant, Lebensmittelgeschäfte, Wassersportgeräte- und Fahrradvermietung zum Standardprogramm.

Die Vielzahl der Plätze macht es unmöglich, sie umfassend vorzustellen. Neben der Auswahl in diesem Buch informiert man sich am besten mit Hilfe des ADAC-Campingführers oder greift auf die Broschüren des Office de Tourisme zurück. Auf den Webseiten dieser Touristeninformationen gibt es Links zu den Campingplätzen des jeweiligen Ortes. Sehr gut und stets aktuell ist die Broschüre *Camping et Caravaning en Bretagne* von Bretagne Nouvelle Vague, erhältlich in den Touristeninformationen. Je nach Saison sind auch hier die **Preise** Schwankungen ausgesetzt. Insgesamt betrachtet, liegt die Preisspanne zwischen 5,50 € und 25 € pro Person und Nacht.

Auberge de Jeunesse

In vielen Orten, besonders in historisch bedeutsamen Zentren, stehen **Jugendherbergen** zur Verfügung. Meist sind sie recht einfach ausgestattet, aber auch hier gibt es Ausnahmen. Übernachtungen kosten mit internationalem Jugendherbergsausweis etwa 8 €/Person.

Welche Jugendherbergen in Frankreich der *Féderation unie des Auberges de Jeunesse (FUAJ)* angeschlossen sind, kann man über deren Website www.fuaj.org oder die europäischen Verbände erfahren.

- **Weitere Auskunft** über die Fédération unie des Auberges de Jeunesse, Rue Pajol 27, 75018 Paris, Tel. 01.44.89.87.27, Fax 01.44. 89.87.10, www.fuaj.org. **In der Bretagne:** Über die Regionalbüros in Rennes, 10–12 canal Saint Martin, 35700 Rennes, Tel. 02.99. 33.22.33, Fax 02.99.59.06.21; in Lorient, 41, rue Victor Schoelcher, 56100 Lorient, Tel. 02.97.37.11.65, Fax 02.97.87. 95.49; in Saint Brieuc, Manoir de la Ville-Guyomard - Les Villages, 22000 Saint-Brieuc, Tel. 02.96. 78.70.70, Fax 02.96.78.27.47; in Brest, 5, rue de Kerbriant, Port de Plaisance, 29200 Brest, Tel. 02. 98.41.90.41, Fax 02.98.41.82.66.

Verkehrsmittel

Mit dem PKW

Da die vielen Sehenswürdigkeiten leider oft zu weit auseinanderliegen, um sie leicht mit dem Rad oder anderen Verkehrsmitteln zu erreichen, ist das Auto in der Bretagne das bevorzugte Transportmittel. Autofahrer müssen zunächst die drei wichtigsten Straßen voneinander unterscheiden, da sie unterschiedlich ausgebaut und entsprechend befahrbar sind. Hervorragend sind die **Routes Nationales** (N), die mehrspurig zügiges Fahren erlauben. Wichtigste Nationalstraßen sind die N 12 entlang der Nordküste und die N 165 entlang der Südküste. Beide sind gebührenfrei. Sehr unterschiedlich in ihrem Zustand sind die **Routes Départementales** (D), die in Straßenkarten in rote (recht gute Hauptstraßen), gelbe (Nebenstraßen, von ungewissem Zustand) und weiße (oft zweifelhafte Qualität) Straßen eingeteilt werden. In der Regel kann aber über die roten Straßen jedes Ziel erreicht werden.

Die dritte Kategorie bilden die **Routes Communales** (C) innerhalb kleiner Gemeinden. Sie sind meist holprig, schmutzig und schmal.

Bei Regen und Schnee muss das **Abblendlicht** eingeschaltet werden. Die **Promillegrenze** liegt bei 0,5.

Parken ist nur an bestimmten Straßenabschnitten erlaubt, die Randsteinbemalung gibt darüber Auskunft. Parkverbot besteht bei rot/weißer oder rot/gelber Markierung. Verkehrssünder werden gnadenlos zur Kasse gebeten!

Verkehrsregeln

Die **Höchstgeschwindigkeit** beträgt:
- in Ortschaften 50 km/h,
- außerhalb 90 km/h,
- auf Straßen mit getrennten Fahrstreifen (Nationalstraßen) 110 km/h,
- auf Autobahnen 130 km/h.

Um den Geschwindigkeitsrausch zu brechen, führt Frankreich immer mehr den **Kreisverkehr** ein. Einfahrende müssen auf Lücken warten.

Bodenschwellen bringen Raser vor Ortseinfahrten zum Langsamfahren.

Pannen

Bei Pannen hilft entweder die **AIT-Fipa Assistance,** die über Notrufsäulen (gibt es nur an Autobahnen und mehrspurigen Routes Nationales) oder Tel. 05.10.61.06 erreicht werden kann. Die **Police Secours** (Tel. 17) leistet ebenfalls Pannenhilfe.

Dies sind **die wichtigsten Automobilclubs** und ihre 24-Stunden-Notrufnummern im Ausland:

- **ADAC,** www.adac.de; deutschsprachiger Notruf in Frankreich Tel. 08.25.80.08.22 oder in Deutschland Tel. 0049/89222222, unter 0049/89767676 erfährt man, wo sich in der Nähe Ihres Urlaubsortes ein deutschsprechender Arzt befindet; die Liste kann man auch vorab anfordern.
- **ÖAMTC,** www.oeamtc.at; deutschsprachiger Notruf in Frankreich Tel. 04.72.17.12.23 oder in Österreich Tel. 0043/12512000.
- **TCS,** www.tcs.ch; Notruf Tel. 0041/2241 72220.

Beschilderung

Nicht selten ist die Ausschilderung, besonders am Kreisverkehr, nicht sehr gut erkennbar. Kaum hat man sich an einer Stelle auf ein Fernziel eingestellt, steht am nächsten Kreisverkehr nur noch ein kleinerer Ort auf dem Weg dorthin. Ortsunkundige sieht man deshalb auch oft mehrfach durch die Rotonde kreiseln. Der einzige Ausweg aus der Misere ist eine gute Karte, auf der auch kleine Orte verzeichnet sind, eine gute Orientierungsnase und ein möglichst kartenkundiger Beifahrer.

Verkehrszeichen

Die aus dem deutschsprachigen Raum bekannten Verkehrsschilder haben auch in Frankreich Geltung. Oft gibt es zusätzliche **Aufschriften:**

Toutes (Autres) Directions	alle (andere) Richtungen
Sortie	Ausfahrt
Péage	Mautstelle
Déviation	Umleitung
Centre Ville	Innenstadt
Chaussée Deformée	schlechte Fahrbahn
Ralentir	langsamer fahren

Tanken

Tanken ist mittlerweile in Frankreich günstiger als in Deutschland (mit Ausnahme der Autobahnen). Normal bleifrei heißt *essence sans plomb,* Super bleifrei *super sans plomb,* Diesel ist *gazole*, und zum „Volltanken" sagt man: *Le plein, s'il vous plaît*.

Mietwagen

In den großen Orten der Bretagne bieten internationale Anbieter, gelegentlich auch regionale, ihre Fahrzeuge an. Mieter müssen mindestens 21 Jahre alt sein. Um die sehr hohen Kautionsforderungen zu umgehen, ist es sinnvoll, den Wagen mit einer Kreditkarte zu bezahlen. Eine Vorausbuchung von Deutschland aus ist bei Sixt und AVIS möglich. Je nach Fahrzeugtyp muss mit Preisen ab 60 €/Tag gerechnet werden.

Circuits Touristiques (Rundreisen)

Einige Gemeinden empfehlen über die jeweiligen Fremdenverkehrsämter Rundreisen oder *Circuits Touristiques*. Oft orientieren sich diese an Vorschlägen der Michelin-Karten, in anderen Fällen handelt es sich um Vorschläge, um die Sehenswürdigkeiten der näheren oder weiteren Umgebung kennen zu lernen. Diese Vorschläge gibt es nicht nur für Autofahrer, sondern auch für Radwanderer (z.B. in Huelgoat). Wie lohnend die jeweilige Tour ist, mag jeder selbst entscheiden. Oft helfen dabei die Broschüren des Fremdenverkehrsamtes.

Mit der Bahn

Bahnverbindungen bestehen in der Bretagne zu den größeren Orten an der Nord-, West- und Südküste. Das Inland ist nur von Nebenstrecken erschlossen. Fazit: Die Hauptorte entlang der Küsten sind prinzipiell gut erreichbar, schwieriger wird es mit Abstechern ins Landesinnere oder kleinere Küstenstädte.

Mit dem Bus

Gute Ergänzung für Bahnfahrer ist das Bussystem der Bretagne. In größeren Orten fahren die Busse ab dem **Gare Routière,** in kleineren von normalen Haltestellen *(Arrêt)*. Fast jeder Ort ist so erreichbar, sehr kleine allerdings nur ein- oder zweimal pro Tag.

Neben den privaten **Busgesellschaften** CAT und Tourisme Verney gibt es auch die TER, die der staatlichen Bahngesellschaft SNCF angeschlossen ist.

Fahrpläne für Bahn und Bus

Im Office de Tourisme kann immer ein regionaler Fahrplan eingesehen werden. Oft gibt es Broschüren über die lokalen Verkehrsverbindungen. Für die Planung zu Hause lohnt es sich, den „Guide Regional des Transports" der TER anzufordern (erhältlich über die Fremdenverkehrsämter).

Mit der Fähre

Besonders an den Küsten spielen Fähren eine bedeutende Rolle als Transportmittel. Sei es, um einen Tagesausflug im Golfe du Morbihan zu unternehmen oder um eine Insel wie Ouessant oder Belle-Ile für mehrere Tage zu besuchen, die Fähre ist meist unumgänglich, denn nur wenige Ziele sind mit dem Flugzeug erreichbar.

Je nach Art der Fähre und Hafenbeschaffenheit gibt es feste **Fahrpläne,** oder die Abfahrtszeiten richten sich nach den Gezeiten. Einige Linien erlauben den Autotransport, auf anderen ist dies ausgeschlossen. Genauere Informationen finden sich in den entsprechenden Ortsbeschreibungen.

Mit dem Rad

Die überwiegend nur leicht hügelige Landschaft lädt geradezu zum Radfahren oder Radwandern ein. Das einzige Problem sind die oft recht rücksichtslosen Auto- und LKW-Fahrer auf den recht schmalen Straßen, die meist über keinen Radweg verfügen.

Wer kein Rad mitnehmen möchte, kann in fast jeder Stadt der Region **Räder ausleihen** (ab 10 €/Tag). Radwanderer kommen in den Quartieren der Gîtes d'Etapes (siehe „Unterkunft") gut unter.

Ausführliches Material zum Thema „Radwandern", auch die Organisation spezieller Touren, gibt es bei *Rando-Breizh,* 1 rue Raoul Ponchon, 35069 Rennes, Tel. & Fax 02.99.27.03.20, www.randobreizh.org oder beim *Comité Regional de Tourisme de Bretagne,* 1 rue Raoul Ponchon, 35069 Rennes, Tel. 02.99.36.15.15, Fax 02.99. 28.44.40, www.tourismbretagne.com (Broschüre Vélo & VTT) sowie bei der *Ligue de Bretagne de Cyclotourisme,* La Bouderie, 35440 Digné, Tel. & Fax 02.99.45.00.86, www.perso.wanadoo. fr/cyclo-bretagne.

Mit dem Pferd

Unter dem Markennamen Èquibreizh bietet die Association Régionale de Tourisme Èquestre de Bretagne (ARTEB) mit ihren Trekking Clubs Reitfreunden insgesamt **2000 Kilometer Reitwege**. In jeweils etwa 25–30 Kilometern Entfernung findet man speziell auf die Bedürfnisse von Ross und Reiter eingerichtete Unterkünfte. Die Organisation ist unter Tel. 02.98.91.02.02, Fax 02.98. 91.16.56 in 29710 Ploneis, Rue Laennec 33 zu erreichen. Topografische Reitwanderkarten im Maßstab 1:50.000 erhalten Sie hier ebenfalls. Diese Karten kosten 18 € (inkl. Porto).

Versicherungen

Egal welche Versicherungen man abschließt, hier ein Tipp: Für alle abgeschlossenen Versicherungen sollte man die **Notfallnummern** notieren und mit der **Policenummer** gut aufheben! Bei Eintreten eines Notfalles sollte die Versicherungsgesellschaft sofort telefonisch verständigt werden!

Wandern

Neben den großen **Fernwanderwegen** *(Grandes Randonnées, GR),* die sich z.B. entlang der Küste und durch die Wälder bei Paimpont ziehen, gibt es eine Reihe **örtlicher Wanderwege,** die oft in nur wenigen Stunden oder einem Tag erkundet werden können.

Besonders lohnende Wanderwege bzw. Teilstrecken der *Grandes Randonnées* werden in den Ortskapiteln beschrieben. In schöner Natur wandert man beispielsweise in der Gegend von Mur-de-Bretagne und bei Huelgoat. Mystisch verklärte Pfade durchziehen den Wald von Paimpont, und faszinierende Küstenformationen erlebt man entlang des GR 34 von Mont-St-Michel nach Westen.

Weitere **Informationen** über die Wanderwege und jeweiligen Unterkunftsmöglichkeiten in den Gîtes d'Etapes gibt es bei: *Formules Bretagne,* 203 boulevard Saint-Germain, 75007 Paris, Tel. 01.53.63.11.53, Fax 01.53. 63.11.57, www.formulesbretagne.com/de.

158br Foto: wk

Land und Natur

012br Foto: wk

013br Foto: wk

Chateau de Suscinio

Tandemtour rund um den Hafen

Blick von der Steilküste hinunter in die Fluten

Geografie

Die Bretagne, der westlichste Zipfel Frankreichs, dehnt sich auf 27.180 km² aus. An drei Seiten (Norden, Westen und Süden) begrenzt der Atlantik die Region. Nur im Osten ist die **Grenze** nicht leicht zu erkennen. Sie verläuft etwa westlich des Mont Saint-Michel, führt dann über Fougères, Vitré, La Guerche-de-Bretagne und Châteaubriant bis Nantes.

Im Landesinneren verläuft ein Höhenzug, dessen **höchste Erhebungen** sich im Bereich der Monts d'Arrée (Roc'h Trévezel 384 m, Roc'h Trédudon 364 m und Montagne St-Michel 380 m) im Westen der Region befinden. Nach Osten nimmt die Höhe der Hügel immer weiter ab. Dies gilt auch für den Norden und Süden der Bretagne.

Granit herrscht im Bereich der **Nordküste** vor. Dieses Gestein modelliert hier zum Teil bizarre, meist schroffe Klippen. An vielen Stellen finden sich aber auch hier Sandstrände oder Buchten, in denen sich Fischereihäfen ansiedelten. Entlang der **Südküste** liegen weniger schroffe Küstenformationen. Hier gehen die Höhenzüge eher sanft bis ins Meer über.

Im Südosten finden sich zudem ausgedehnte **Sumpfgebiete** (La Grande Brière) im Bereich der Guérande-Halbinsel.

Zahlreiche **Flüsse** durchziehen das ganze Land, beispielsweise die Rance, der Elorn, die Aulne, der Blavet, der Oust und die Vilaine. An ihnen liegen die bedeutendsten Städte der Bretagne. Dies gilt zwar auch für das Landesinnere, in besonderem Maße jedoch für die Küstenbereiche.

014br Foto: eh

Mont St- Michel an der Nordküste: Hier ragt der Granit steil aus der verlandeten Bucht

Klima und Wetter

Wohl nirgendwo auf dem europäischen Festland zeigen sich Veränderungen der Bewölkung am Himmel interessanter als in der Bretagne. Das faszinierende Schauspiel der wechselnden Lichteffekte lässt verstehen, warum ein Maler wie *Gauguin* von Paris nach Pont-Aven zog.

015br Foto: wk

Der Nordatlantik mit seinen Tiefdruckgebieten zwischen Labrador und den Britischen Inseln und seinem im Bereich der Azoren dominierenden Hoch prägt das Jahresklima ebenso wie das tägliche Wettergeschehen. Der **Golfstrom** verhindert, dass sich das Meer im Winter unter 9 Grad abkühlt, was bei den vorherrschenden Winden dazu führt, dass auch an Land nur äußerst selten Frost gemessen wird. Die niedrigste **Mittelwerttemperatur** liegt im Januar an der Nordküste bei etwa 6 Grad und an der Südküste bei 7 Grad. Wie sollten auch sonst die subtropischen Pflanzen z.B. auf der Ile de Bréhat oder am Golf von Morbihan den Winter überstehen!

Wie die Grafik auf der folgenden Seite zeigt, variiert die mittlere tägliche **Maximaltemperatur** im August zwischen 20 Grad in St-Malo (an der Nordküste) und 22 Grad auf der Belle Ile (an der Südküste) nicht sehr stark.

Hieraus lässt sich jedoch nicht auf ähnliche Wetterverhältnisse zwischen der Nord- und Südküste schließen. Die folgenden Tabellen über Nebeltage und Niederschlagsmengen belegen erhebliche Unterschiede.

Schwere See bricht sich an der Hafenmauer von Quiberon

Mittlere tägliche Maximumtemperaturen in °C

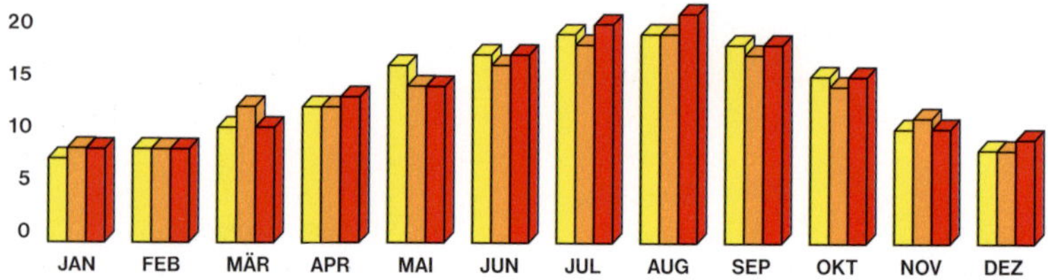

Mittlere Anzahl der Tage mit Niederschlag pro Monat

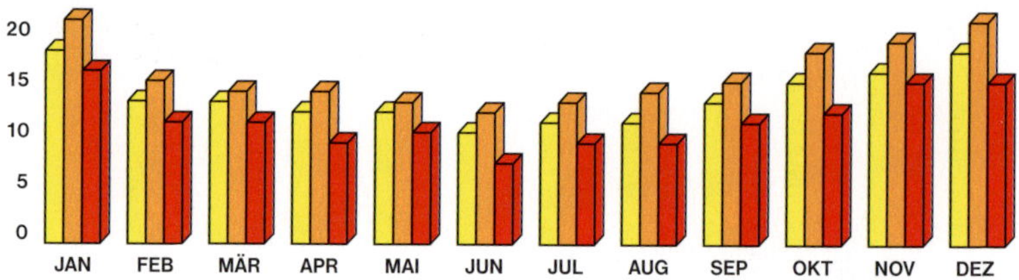

St-Malo
Brest
Belle-Ile

Mittlere Anzahl der Nebeltage pro Monat

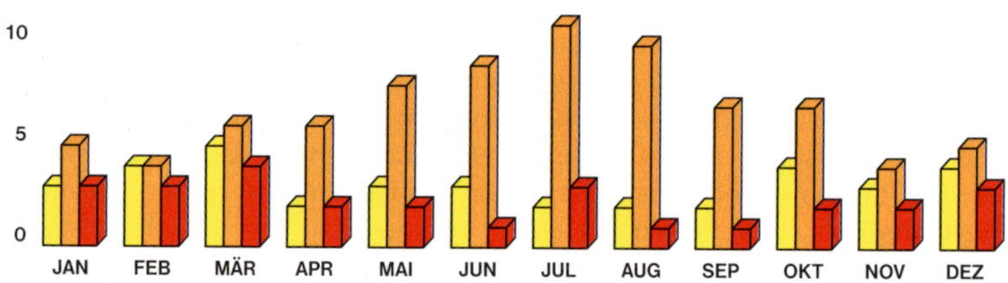

Mittlere Anzahl der Sturmtage pro Monat (mehr als 60 km/h)

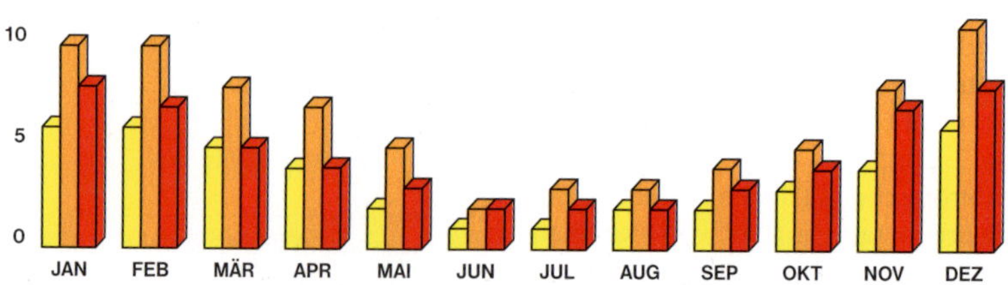

Der **Norden,** aber insbesondere der Westen erhalten erheblich mehr Niederschlag und Nebel als der **Süden,** wo sich im Sommer durchaus stabile Hochdrucklagen entwickeln können. Oft liegt die Nordküste dann noch im Einflussbereich der über die Britischen Inseln hinwegziehenden Tiefs. Zur Beruhigung kann jedoch gesagt werden: Tagelanges, ja wochenlanges Schietwetter – wie es aus Norddeutschland zur Genüge bekannt ist – gibt es hier zwischen Mai und September nicht. Die **Atlantik-Tiefs** ziehen schnell durch, normalerweise im Laufe eines Tages.

Die **Jahresniederschlagsmenge** ist im Inland mit ca. 1500 mm in den Bergen des Argoat deutlich höher als an der Küste mit z.B. 1100 mm in Brest oder 750 mm in Quiberon.

Zum Wetter gehört natürlich gerade in der Bretagne der **Wind.** Es ist kein Zufall, dass Frankreichs erfolgreichste Regattasegler überwiegend aus dieser Region stammen. Der Wind – meist kommt er aus südwestlichen bis nordwestlichen Richtungen – ist für die Menschen an der Küste ein lebensbestimmendes Element. Und nicht selten wird er im Winterhalbjahr auch lebensbedrohend, wenn er mit Sturm- oder gar Orkanstärke über die Küste hinwegpeitscht. Doch keine Angst, im Sommer kommt es nur selten zu einer Sturmwetterlage, wie man der Tabelle entnehmen kann. Der Westen zeigt allerdings auch hier wieder Spitzenwerte und macht seinem Ruf als „Wilder Westen" alle Ehre.

Was die **Wassertemperaturen** betrifft, so sollte der Badefreund nicht zu empfindlich sein: Selbst im Hochsommer werden an der Nordküste 18 Grad selten überschritten. Und auch in den geschützten Buchten der Südküste misst man nur selten 22 Grad. Aber schließlich ist der Bretagne-Reisende kein Weichling.

Aktuelle Wetterinformationen findet man unter www.meteo123.com (s. Kapitel „Reisezeit").

Buchtipp

- *Friederike Vogel,* **Sonne, Wind und Reisewetter,** Praxis-Reihe, REISE KNOW-HOW Verlag

Gezeiten

Wie kaum eine andere europäische Küste ist die der Bretagne durch den Wechsel von Ebbe und Flut geprägt. Die Arbeitszeiten der Fischer, die Fahrpläne kleinerer Fähren und die möglichen Bade- oder Sonnenbadezeiten werden durch den stetig wechselnden Wasserstand sowie die dadurch verursachten Strömungen stark beeinflusst. Manchmal kann es überlebenswichtig sein, die Zeiten zu kennen.

In jedem Hafen werden jeweils in einem Schaukasten im Hafenmeisterhaus (*Capitainerie*) die **aktuellen Gezeitenwerte** ausgehängt. In den Küstenorten verkauft zudem fast jeder Buchladen die **Gezeitentabelle** (*tables de marées*) für ein paar Euro. Die Tafeln bekommt man auch in vielen Fremdenverkehrsämtern. Leider sind alle Angaben in Französisch, sodass es uns an dieser Stelle sinnvoll erscheint, eine kurze Anleitung zum Umgang mit diesen Tabellen zu geben.

Die Wasserstandsänderung in großen Gewässern, die als Gezeiten oder Tiden (*marées*) bezeichnet wird, beruht auf der wechselseitigen Anziehungskraft (Gravitation) von Sonne, Erde und Mond sowie der Tatsache, dass sich der Mond um die Erde und dieses Mond-Erde-System um die Sonne dreht.

Zunächst ein paar Begriffserklärungen: **Flut** (*flot* oder *marée montante*) meint nicht den hohen Wasserstand, wie es üblicherweise angenommen wird, sondern vielmehr das in Westeuropa etwa 6¼ Stunden dauernde Ansteigen des Wasserspiegels. Der höchste Wasserstand und damit das Ende der Flut wird als **Hochwasser** (*pleine mer* oder kurz P. M.) bezeichnet.

Dem Hochwasser folgt die **Ebbe** (*jusant* oder *marée descendante*), das ebenfalls 6¼ Stunden dauernde Ablaufen des Wassers. Den niedrigsten Wasserstand nennt man **Niedrigwasser** (*basse mer* oder kurz B. M.). Somit kann also bei relativ hohem Wasserstand Ebbe sein, und bei relativ niedrigem Wasserstand Flut, was leider umgangssprachlich oft falsch beschrieben wird.

Die Wasserstandsdifferenz zwischen Hoch- und Niedrigwasser bezeichnet man als **Tidenhub** (*marnage de la marée* oder *amplitude*). Der Tidenhub ist aber nicht konstant, sondern wechselt täglich, in Abhängigkeit der Stellung von Sonne, Erde und Mond zueinander. Stehen die drei in annähernd gerader Linie zueinander, also bei Vollmond *(pleine lune)* und Neumond *(nouvelle lune)*, so entsteht ein besonders großer Tidenhub, die **Springtide.** Die Tage, an denen diese Konstellation auftritt, werden **Springzeit** *(vives eaux)* genannt.

Wenn etwa eine Woche später der Mond zur Erde so steht, dass die Verbindungslinien Sonne – Erde und Erde – Mond in etwa einen rechten Winkel bilden, also bei Halbmond *(demi-lune)*, so entstehen nur minimale Wasserstandsänderungen zwischen Hoch- und Niedrigwasser, die **Nipptide.** Die Zeit um den zu- bzw. abnehmenden Halbmond wird entsprechend **Nippzeit** *(mortes-eaux)* genannt.

Bei genauer Beobachtung stellt sich heraus, dass die maximale Springtide nicht genau bei Voll- oder Neumond und die minimale Nipptide nicht genau bei Halbmond auftritt, sondern erst jeweils (je nach Lage des Ortes) 1 bis 3 Tage später. Diese sogenannte **Springverspätung** wird durch die Trägheit der Wassermassen hervorgerufen.

In Frankreich ist es üblich, die Ausprägung des Tidenhubes in den Tabellen mit sogenannten **Koeffizienten** *(coéfficients)* zu beschreiben: Dem theoretisch maximalen Tidenhub wird der Koeffizient 120 zugeordnet (bei geradliniger Verbindung von Sonne, Erde und Mond). Würden sich die Anziehungskräfte von Sonne und Mond auf die Wassermassen gegenseitig aufheben, dies kommt in der Realität allerdings nie vor, so ergäbe dieser Zustand den Koeffizienten 0. Reale Messwerte der Tiden ergeben bei Springzeit Werte zwischen 90 und 119, bei Nippzeit liegen sie zwischen 35 und 50, je nach Jahreszeit. Für die Wasserstände bedeutet dies, dass z.B. in St-Malo an der Nordküste bei Koeffizient 119 sage und schreibe 12,9 m Tidenhub auftreten, während es eine Woche später (Wert: 36) nur 3,4 m sind.

Beispiele für Tidenhub an der bretonischen Küste zur Springzeit und zur Nippzeit (Springtide bei Koeffizient 119, Nipptide bei Koeffizient 37):

- St-Malo 12,9 m / 3,4 m
- Paimpol 11,7 m / 3,4 m
- Roscoff 9,4 m / 2,7 m
- Brest 7,5 m / 2,1 m
- Ile de Groix 5,4 m / 1,4 m
- Saint-Nazaire 6,2 m / 1,9 m

Wie bereits erwähnt, sind die Gezeiten eine Folge der Massenanziehungskräfte zwischen **Erde, Mond** und **Sonne.** Es ist allerdings eine grobe Vereinfachung, denn wenn dies die alleinige Ursache wäre, müsste bei der Stellung Sonne - Mond - Erde in gerader Linie mit dem Mond zwischen Sonne und Erde nur ein „Flutberg" auf der mondzugewandten Seite der Erde entstehen, denn hier addieren sich die Anziehungskräfte von Sonne und Mond. Auf der mondabgewandten Seite der Erde hingegen wäre Niedrigwasser, d.h. es würde bei einer Erdumdrehung in 24 Stunden nur einmal Hochwasser eintreten. Gerade dies ist aber nicht der Fall. Tatsächlich bildet sich ein „Flutberg" sowohl auf der mondzugewandten als auch auf der mondabgewandten Seite der Erde. Dies ist dadurch erklärbar, dass sich der Mond

Land und Natur

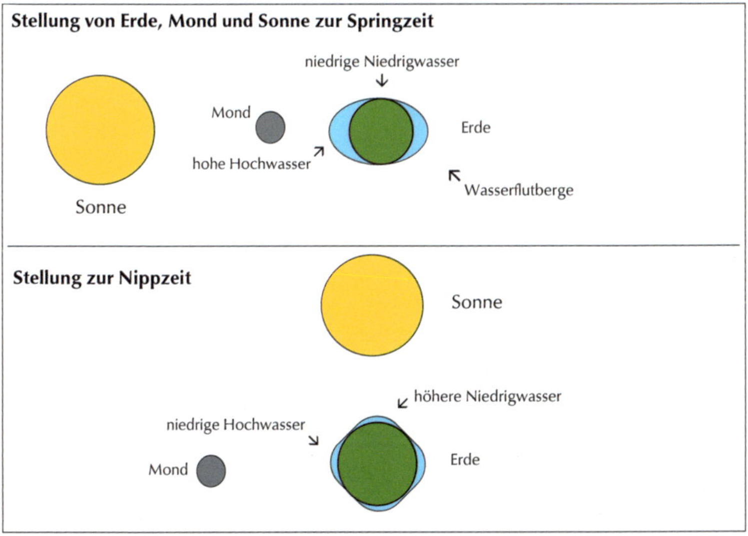

um die Erde dreht, diese aber dabei nicht ruht. Der Mittelpunkt der Erde ist deshalb nicht das Drehzentrum der Mondbahn. Vielmehr dreht sich das Erde-Mond-System um einen gemeinsamen Schwerpunkt, der zwar noch innerhalb der Erde liegt, allerdings in Richtung des Mondes verschoben, nahe der Erdoberfläche. Aufgrund der Drehung des Erde-Mond-Systems um diesen gemeinsamen Schwerpunkt kommt es zu Fliehkräften, die vom Drehzentrum radial weggerichtet sind (Zentrifugalkraft). Sie beschleunigen die beweglichen Wassermassen auf der mondabgewandten Seite nach außen. Es entsteht dort ein zweiter „Flutberg".

Betrachtet man nun noch zusätzlich den Einfluss der Anziehungskraft der Sonne, so stellt man fest, dass die Gezeitensituation als ein Überlagerungsergebnis der jeweiligen Einzeleffekte verstanden werden muss. Dies bedeutet konkret, dass im Falle der Dreiecksstellung von Sonne, Erde und Mond mit der Erde im rechten Winkel des Dreiecks der sonnenbedingte Gezeiteneffekt den mondbedingten Gezeiteneffekt zu einem großen Teil aufhebt (Nipptiden), denn die Anziehungskraft des Mondes steht senkrecht zur Anziehungskraft der Sonne, der Mond-Flutberg wird also um die Wassermassen des Sonnen-Flutberges vermindert.

Ganz anders stellt sich dies hingegen bei geradliniger Stellung von Sonne, Mond und Erde dar. Jetzt kommt es zu gegenseitiger Verstärkung der

Beispiel einer französischen Gezeitentabelle

(St-Nazaire)

Der Tidenhub ergibt sich, wenn man von der Höhe des Hochwassers die Höhe des Niedrigwassers abzieht.

Pleines Mers	Hochwasser
Matin	morgens
haut.	Höhe
coef	Koeffizient

AOUT

Date	Pleines Mers						Basses Mers			
	Matin h mn	haut. m	coef	Soir h mn	haut. m	coef	Matin h mn	haut. m	Soir h mn	haut. m
1 S	7 04	5,65	109	19 24	5,80	108	1 29	0,15	13 52	0,25
2 D	7 46	5,55	105	20 06	5,65	100	2 16	0,20	14 38	0,40

Anziehungskräfte, sodass sich der Sonnen-Flutberg zum Mond-Flutberg hinzufügt (Springzeit).

In allen diesen Überlegungen wurde noch nicht berücksichtigt, dass die Bahn des Mondes um die Erde sowie auch die der Erde um die Sonne nicht kreisförmig, sondern ellipsenförmig verläuft, d.h. die Abstände zwischen den Himmelskörpern sind nicht konstant. Als Folge davon ergibt sich **besonders hohes Springhochwasser** bzw. besonders niedriges Springniedrigwasser immer dann, wenn sich die o.g. Kräfte bei minimalem Abstand der Himmelskörper maximal addieren. Dies ist zweimal im Jahr der Fall, etwa Mitte März und Mitte September. In Frankreich spricht man dann von einer *Grande Marée*. Die letzte Rekord-Marée war am 9./10. März 1993 mit Koeffizient 119. Am Mont St-Michel änderte sich der Wasserstand innerhalb von 6 Stunden um 13,40 m. Dies entspricht einem Mittelwert von fast 4 cm/Minute. Allerdings ändert sich der Wasserstand nicht gleichmäßig (nicht linear).

Die **Änderungsrate** beginnt in der ersten Stunde nach Hoch- oder Niedrigwasser sehr gering und erreicht ihr Maximum etwa bei halbem Tidenhub, d.h. also etwa 3 Stunden nach Hoch- oder Niedrigwasser. Entsprechend ist die gezeitenbedingte Strömung dann ebenfalls maximal. Dies kann z.B. zwischen Inseln oder in Flussmündungen dazu führen, dass Schiffsverkehr gegen den Tidenstrom unmöglich wird.

Flora und Fauna

Flora

Die Natur ist in der Bretagne stark durch das rauhe Klima geprägt, interessanterweise aber nicht eintönig und artenarm. Grundzüge des bretonischen Klimas sind eben nicht nur rauhe, kalte Winde und Regen, sondern der Golfstrom übt ebenso massiven Einfluss aus.

Im Bereich der Pflanzenwelt wird dies besonders deutlich. Natürlich sind wie überall auf unserem Planeten die paradiesischen Zeiten längst vorbei. Auch die Wälder der Bretagne, in denen einst Obélix nach Wildschweinen jagte, gehören der Vergangenheit an, aber nach wie vor zeigt die Flora Westfrankreichs Interessantes.

Wälder sind nur noch in Ansätzen vorhanden, auch der sagenumwobene Wald von Paimpont musste im sogenannten Jahrhundertorkan 1987 erheblich Federn lassen. Trotzdem gibt es hier und in einigen Bereichen des Parc Régional d'Armorique die einzigen verbliebenen zusammenhängenden Waldgebiete der Region. Eichen *(Quercus spp.)*, Rotbuchen *(Fagus sylvatica)*, Ahorn *(Acer spp.)*, Eschen *(Fraxinus excelsior)* und Kastanien *(Aesculus hippocastanum)* bestimmen das Bild dieser Wälder. Besonders prächtige Baumexemplare findet man natürlich fast immer entlang der Zufahrten zu Schlössern oder in deren Parkanlagen.

Halbparasitisch lebt ein Relikt aus Astérix' Zeiten, die **Mistel** *(Viscum al-*

016br Foto: eh

bum). Ganze Kolonien dieser Pflanzenart besiedeln oft Laub- und Nadelbäume und würden so Miraculix in schieres Entzücken versetzen. Ihre Wurzeln senken die Pflanzen durch das Holz des Astes bis in dessen Leitungssystem und nutzen dann die dort transportierten Nährstoffe, zum Nachteil des Wirtsbaumes. Auch ihre Samenverbreitung ist ausgesprochen trickreich. Misteln bilden Scheinfrüchte, die leuchtend weiß und zudem von einer klebrigen Substanz umhüllt sind. Vögel werden von der Farbe angelockt, versuchen die Früchte zu fressen, die ihnen aber nur am Schnabel klebenbleiben. Der Vogel fliegt dann mit dieser ungewohnten Belastung auf und versucht, den klebrigen Samen an Gegenständen, vorzugsweise Ästen, abzureiben. Der Samen klebt nun an anderen Ästen, die Weiterbesiedelung ist vollendet. Einige Baumarten haben aber auch Möglichkeiten, sich gegen zu starken Mistelbewuchs zu wehren. Sie unterbrechen dann einfach den Nährstoffzufluss zum stark belasteten Ast, dieser stirbt ab und mit ihm die Misteln.

Auffällig sind auch **Besen-** *(Sarothamnus scoparius)* **und Stechginster** *(Ulex europaes),* die gelbblühend (Blütezeit April/Mai) überall in den Heidelandschaften wachsen. Sie bilden Farbtupfer in der Landschaft und lassen die aufragenden Menhire noch mystischer erscheinen.

Weniger natürlich, dafür um so auffälliger sind die vielen **Ziergewächse.** Alpenrosen *(Rhododendron spp.),* Heckenrosen *(Rosa canina),* Mimosen *(Mimosa spp.),* Myrten *(Myrtus spp.),* Feigen *(Ficus spp.),* gelegentlich Agaven *(Agava spp.)* und Palmen (z.B. Blaue Palme, Brahea armata), auch Oleander *(Nerium oleander),* Zypressen *(Cupresses spp.)* und Wacholder *(Juniperus communis)* wachsen in den Gärten und Anlagen. Besonders der Süden der Bretagne und die vorgelagerten Inseln sind reich an diesen Pflanzen.

Die **Klippen und** meisten anderen **Uferbereiche** werden infolge stetiger Winde nur von wenigen Arten besiedelt. Flechten krallen sich hier überall auf den Felsen fest, gelegentlich sind

Hier hat die Mistel zugeschlagen
und sich um einen Ast gekrallt

blaue oder weiße Farbkleckse zu entdecken. Meist handelt es sich um Lichtnelken *(Melandrium spp.)*, die an etwas geschützten Stellen Lebensraum finden.

Besonders angepasste Pflanzenarten besiedeln die **Salzwiesen- und Moorlandschaft** der Brière (im Südosten). Riedgräser, Binsen *(Juncus spp.)*, Gelbe Schwertlilie (Iris pseudacorus), Enzian (z.B. *Gentiana aurea*) und Birken *(Betula spp.)* sind hier häufige Pflanzen. Auffallend weißblühend ist auch das Wollgras *(Eriophorum spp.)*, ein typischer Bewohner des Hochmoores. Das moorbildende Torfmoos *(Sphagnum spp.)* kann vielerorts entdeckt werden, setzt aber wegen der geringen Größe gute Augen und Kenntnisse über diese Pflanzengattung voraus. Dies gilt auch für den Sonnentau (*Drosera rotundifolia* und *D. intermedia*), eine insektenfressende Pflanze der nährstoffarmen Moore.

Zu den Pflanzen, die hier natürlich oder als Ziergewächse wachsen, kommt noch eine Vielzahl **landwirtschaftlich genutzter Arten** hinzu. An erster Stelle sei der Apfelbaum erwähnt, dessen Früchte entscheidende Grundlage des Cidre sind. Das zweite Nationalgericht, die Crêpe, bedarf der Ernte von Weizen und Buchweizen. Ursprünglich wurden beide Arten häufig angebaut, in den letzten Jahren ging dies für den Buchweizen *(Fagopyrum esculentum)* jedoch zurück, wird er doch fast nur noch für Crêpes genutzt.

Hunds- oder Heckenrose

Gemeiner Wachholder

Der Tordalk

Neben den üblichen Feldfrüchten wie Kartoffeln, Salat, Erbsen und Karotten sind noch die weiten **Artischockenfelder** erwähnenswert, die hauptsächlich im nordwestlichen Bereich der Bretagne zu finden sind. Plougastel-Daoulas schließlich ist bekannt für seine hervorragenden **Erdbeeren.**

Fauna

Die Tierwelt, zumindest die sichtbare, ist erheblich eintöniger als die Pflanzenwelt vertreten. Mit dem weitflächigen Verschwinden der Wälder und dem Zersiedeln der Landschaft geht natürlich ein **Verlust an Arten** einher. **Größere Arten** wie Wildschweine *(Sus scrofa),* Hirsche *(Cervus elaphus)* und Füchse *(Vulpes vulpes)* bilden die Ausnahmen. Häufige Säuger sind Mäuse (*Apodemus sylvaticus* und *Mus* *spp.)*, Igel *(Erinaceus europaeus)*, Spitzmäuse *(Sorex spp., Neomys fodiens* und *Crocidura spp.)* und Maulwürfe *(Talpa europaea)*. Zumindest im Bereich des Naturparks Brière kommen auch Steinmarder *(Martes foina)*, Iltis *(Mustela putorius)*, Hermelin *(Mustela erminea)* und gelegentlich auch Fischotter *(Lutra lutra)* vor.

In den sumpfigen Gebieten und im sonnig-warmen südlichen Küstenbereich sowie auf den Inseln der Südbretagne leben stellenweise sehr viele **Amphibien und Reptilien.** Kröten, Wasser- *(Rana esculenta)* und Laubfrosch *(Hyla arborea)* finden sich eher in Gewässernähe. Auf Houat und den Inseln im Golfe du Morbihan können an sonnigen Tagen oft Dutzende von Echsen, meist Mauer- *(Lacerta muralis)* und die leuchtend grün gefärbten Smaragdeidechsen *(Lacerta viridis)* beobachtet werden.

Selten geworden sind **Schlangenarten** wie Ringelnatter *(Natrix natrix)* und Kreuzotter *(Vipera berus)*.

Liebhabern der **Fische und Krustentiere** sei die Mitnahme von Schnorchel und Taucherbrille empfohlen, da sich so die besten Eindrücke gewinnen lassen. Wer es weniger aufwendig mag, kann in den Aquarien der Region viele Arten aus der Nähe betrachten oder sie im Restaurant verspeisen, da hier fast alles gegessen wird, was das Meer bevölkert.

Artenreich ist aber die **Vogelwelt.** Neben etlichen Standvögeln (Arten, die ganzjährig in einer bestimmten Region leben) kommen noch zahllose Arten vor, die hier als Zugvögel überwintern oder vor dem Weiterflug eine Pause einlegen. Neben etlichen Möwenarten, z.B. Dreizehen- *(Larus tridactylus)*, Mantel- *(L. marinus)*, Herings- *(L. fuscus)* und Silbermöwe *(L. argentatus)* leben hier Basstölpel *(Sula bassana)*, Kormorane *(Phalacrocorax carbo)*, Tordalken *(Alca torda)*, Trottellummen *(Uria aagle)*, Papageientaucher *(Fratercula arctica)*, Seeschwalben *(Sterna spp.)*, Brandgänse *(Tadorna tadorna)* und Eissturmvögel *(Fulmarus glacialis)*.

Waldkauz *(Strix aluco)*, Rohrweihe *(Circus aeruginosus)* und Wanderfalken *(Falco peregrinus)* sind unter den Greifen sehr häufig. In Gewässernähe finden sich zudem ständig Enten *(Anas spp.)*, Graureiher *(Ardea cinerea)* und Rohrdommel *(Botaurus stellaris)*. Kuckucke *(Cuculus canorus)*, Grasmücken *(Sylvia spp.)*, Sumpf- *(Porzana spp.)*, Teich- *(Gallinula chloropus)* und Blässhühner *(Fulica atra)*, Lappentaucher *(Podiceps spp.)*, Bachstelzen *(Motacilla alba)*, Distelfinken *(Carduelis carduelis)* und Sumpfmeisen *(Parus palustris)* ergänzen das Spektrum. Wiederum im artenreichen Feuchtgebiet der Brière bestehen sogar gute Chancen, Purpurreiher *(Ardea purpurea)* zu beobachten.

Besonders gute Chancen zur **Vogelbeobachtung** bestehen im Bereich des Golfe du Morbihan, der Vogelschutzinsel Ile Grande, Les Sept Iles und der Brière.

017br Foto: wk

Gesellschaft und Kultur

018br Foto: wk

019br Foto: wk

Bretonische Klänge

Illuminiertes Stadthotel in St. Malo

Traditionelle Musik im Hafen

Geschichte

Um 5500 v. Chr.	Beginn der **Megalith-Kultur**
4–2000 v. Chr.	Die Megalith-Kultur erreicht ihren Entwicklungshöhepunkt mit dem Errichten von Dolmen, Menhiren, Cromlechs, Alignements und Allées Couvertes
2–1000 v. Chr.	**Bronzezeit**
800 v. Chr.	Erste Handelsbeziehungen mit den Phöniziern
Um 600 v. Chr.	Beginn der **Eisenzeit;** Aus dem Loiretal wandern **keltische Volksgruppen** ein und siedeln sich in der Bretagne an. Sie geben der Region den Namen „Armor", Land des Meeres.
Bis 300 v. Chr.	In Rennes siedeln die Redonen, in der Gegend von St-Brieuc die Curiosoliten, in Vannes die Veneter, im Nord-Finistère die Osismer und in Nantes die Namneten. Unter der Führung der Veneter entsteht eine blühende Kultur durch Handel und Seefahrt.
57 v.Chr.	Die ersten **römischen Legionen** treffen in Armorika ein.
56 v.Chr.	Es gelingt **Cäsar,** die venetische Flotte im Süden des heutigen Golfes von Morbihan zu vernichten. Dies ist die Voraussetzung für seine Eroberung des ganzen Landes bis 43 v. Chr.
Bis 1. Jh. n. Chr.	Die Verwaltungsstruktur des römischen Reiches wird auf ganz Armorika ausgedehnt.
Bis 4. Jh.	Invasion verschiedener Barbarengruppen, unter ihnen die Vandalen.
460	Aus Britannien werden die **Kelten** von den Angeln und Sachsen vertrieben. Sie wandern nach Armorika ein, bringen die keltische Sprache und das Christentum mit. Armor wird zunächst zur „Petite Bretagne" und später zur Bretagne.
570–580	Kämpfe gegen die Merowinger
6. Jh.	Angeblicher Untergang der sagenhaften Stadt Ys
786–794	Die Karolinger unternehmen Streifzüge in die Bretagne.
826	*Ludwig der Fromme* ernennt *Nominoë,* einen Fürsten aus Vannes, zum Herzog der Bretagne.
845	Es gelingt *Nominoë,* die fränkischen Truppen unter *Karl dem Kahlen* bei Redon zu besiegen. Diese Niederlage bewegt Karl die **Unabhängigkeit der Bretagne** anzuzuerkennen. Unter *Nominoë* entsteht eine Dynastie, die über 100 Jahre bestehen bleibt.
851	Nach *Nominoës* Tod erbt sein Sohn *Erispoë* den Titel „König der Bretagne". Auch er siegt in der Schlacht Le Grand-Fougeray gegen *Karl den Kahlen.*
857	*Erispoë* wird von Salomon ermordet, der die Herrschaft übernimmt.
857–874	*Salomon* erweitert den Einflussbereich der Bretagne nach Osten um die Grafschaft Craon (im Anjou) und um den Cotentin und Avranchin.
919	Beutezüge der Normannen
937	Die Normannen werden durch König *Alain Barbe-Torte* vertrieben.
952	*Barbe-Torte* stirbt. Bis zur Mitte des 14. Jh. wird die Bretagne aufgrund der **Herrschaft vieler verschiedener Herzöge** in wirtschaftlich verwirrende Zeiten gestürzt.
1351	Bei Josselin findet der berühmte **Kampf der 30** statt. Dieser Kampf, bei dem 30 Bretonen auf der Seite von *Charles de Blois* gegen 20

	Engländer, 6 Deutsche und 4 Bretonen für *Jean de Montfort* antreten, beendet den bereits lange währenden blutigen Erbfolgekrieg (s. „Umgebung von Josselin“)
1488	*François II.*, Herzog der Bretagne, wird beim Versuch, die Unabhängigkeit von Frankreich zu bewahren, bei St-Aubin du Cormier geschlagen. Nach seinem Tod erbt *Anne de Bretagne*, seine Tochter, den Herrschertitel.
1491	**Anne de Bretagne** heiratet den französischen König *Charles VIII.* und nach dessen Tod (1498) dessen Nachfolger *Louis XII.* Sie behält allerdings den Titel Herzogin der Bretagne.
1514	Nach dem Tod *Annes* erhält ihre Tochter *Claude* den Titel. Sie heiratet *François d'Angoulême*, der später als *François I.* zum König Frankreichs wird.
1532	Mit *Claudes* Einwilligung wird die **Bretagne an die französische Krone** übergeben. Ratifizierung des Vertrages, der die endgültige Bindung zwischen der Bretagne und Frankreich festschreibt. Der Vertrag wurde in Vannes von den Vertretern der einzelnen bretonischen Länder unterzeichnet.
1598	*Henri IV.* reist auf Betreiben der Stadtväter von Nantes in die Bretagne, um sich selbst ein Bild von den hier besonders schlimm wütenden Glaubenskriegen zu machen. Das Ergebnis der Reise ist das **Edikt von Nantes,** das den Protestanten die Glaubensfreiheit garantiert.
1675	**Bretonische Bauern revoltieren** gegen die herrschende Macht. Im gleichen Jahr kommt es zum Aufstand gegen das von *Colbert* eingeführte „Stempelpapier“, eine Art indirekter Steuer.
1685	*Louis XIV.* erklärt das Edikt von Nantes für ungültig. Daraufhin **verlassen die Hugenotten** die Bretagne. Dies wirkt sich negativ auf die Textilindustrie aus.
1765	**Kanadische Rückwanderer** *(Acadiens)* werden auf Belle-Ile angesiedelt.
1789	Die **Französische Revolution** wird in der Bretagne mit Begeisterung aufgenommen. Allerdings stellt sich rasch heraus, dass die Bretonen nun ihre Autonomie aufgeben müssen. Die Bretagne wird in 5 Départements aufgeteilt, die nicht einmal den ehemaligen Provinzen entsprechen.
1792–1804	Eine Gruppe von **Royalisten** *(Chouannerie)* kämpft gegen die Revolutionsgarden. Sie werden von dem *Marquis de la Rouerie* (aus Fougères) und von *Cadoudal* (aus Auray) angeführt. 1795 scheitert ein Versuch von königstreuen Emigranten aus England, auf der Quiberon-Halbinsel zu landen. Alle werden in Auray, Vannes oder Quiberon erschossen. *Cadoudal* wird 1808 hingerichtet.
1820–1920	Die Wirtschaft entwickelt sich, erlebt aber auch heftige Krisen. Der Aufschwung kommt durch die **Konservenherstellung** nach dem von *Appert* (1809) entwickelten Verfahren ins Rollen. In Krisenzeiten verlassen viele Bretonen die Region, um Arbeit zu suchen. Die Emigranten ziehen vornehmlich in Mittel- und Großstädte Frankreichs, später auch in die Kolonien und nach Amerika.
1912–1930	Es kommt zur Gründung einiger separatistischer **Regionalparteien.**

1944/45	Im Verlauf der Kriegshandlung gegen die deutschen Besatzungstruppen werden zahlreiche Städte, wie St-Nazaire, Lorient, Brest und St-Malo zerstört.
1950	Gründung des **Comité d'études et de liaison des intérêts bretons** (CELIB). Das Komitee soll die Wirtschaftskraft der Region beleben.
1964	Eines der Départements (Loire-Atlantique) löst sich aus dem traditionellen Bund. Die übrigen vier werden zur **Wirtschaftsgemeinschaft** mit der Hauptstadt Rennes zusammengeschlossen.
1965	Bretonisch wird zum Wahlabiturfach.
1969	Einrichtung des **Parc naturel régional d'Armorique.**
1970	Einrichtung des **Parc naturel régional de Brière.**
1977	Gründung der **Schule DIWAN,** die zweisprachig (bretonisch-französisch) Unterricht erteilt.
1978	Einsetzung des **Kulturrates der Bretagne.** Der Öltanker Amoco-Cadiz havariert vor der Küste. Es kommt zur Ölkatastrophe.
1980	Widerstand der Bevölkerung gegen das AKW von Plogoff nahe der Pointe du Raz.
1988	Das Département Côte du Nord erhält den Namen Côte d'Armor.
1992	Aktionen, z.T. auch militant, bretonischer Fischer gegen eine EG-Politik, die ihren Ruin bedeuten kann.
1993	Das Projekt eines Staudamms im Tal der Aff ruft Demonstrationen der ökologisch engagierten Association SOS-Brocéliande hervor. Ein mitten im Forêt de Brocéliande geplanter Stausee würde mehrere Hektar des legendären Waldes zerstören.
1994	**Protestaktionen der bretonischen Fischer** in Lorient, Rennes und Paris gegen den existenzbedrohenden Preisverfall ihrer Fänge. Während der teilweise gewalttätigen Auseinandersetzungen mit der Polizei gerät in Rennes das Palais de Justice, das ehemalige Parlamentsgebäude der Bretagne (erbaut 1618–1655), in Brand.
1995	Staatspräsident *Chirac* verkündet im Mai neue **Atomwaffenversuche** im Bereich des Muroroa-Atolls im Südpazifik. Sofort kommt es zu weltweiten heftigen Protesten gegen diese anachronistische Haltung der französischen Staatsführung. Doch alle Bemühungen, Präsident *Chirac* zum vernünftigen und verantwortungsvollen Umgang mit dieser Technologie zu bewegen, scheitern. Die Testreihe wurde im Frühjahr 1996 nach insgesamt sechs bis acht Tests beendet.
1997/98	Zahlreiche **Protestbewegungen** bretonischer Landwirte gegen die Subventionspolitik der EU.
1999	Im Dezember kommt es zu einer neuen **Katastrophe** vor der bretonischen Küste. Der Öltanker „Erika" havariert vor Penmarc'h, sinkt und zerbricht. Ein Ölteppich bedroht die Küsten mit der empfindlichen Flora und Fauna. Noch im Frühsommer 2000 wird Öl angeschwemmt.
2001	Im März breitet sich die gefürchtete **Maul- und Klauenseuche** von England auch auf Westfrankreich aus.
2004	Es zeichnen sich starke Tendenzen in der Bevölkerung des Departement Loire-Atlantique, speziell in Nantes, ab, wieder in die Region „Bretagne" eingegliedert zu werden. Große Unterschriftensammlungen.
2007	*Sarkozy* wird neuer Staatspräsident und beendet somit die Ära Chirac.

Anne de Bretagne

Botanische Anlagen

Fleurs & Jardins de Bretagne

Unter diesem Titel gibt es mittlerweile eine Broschüre des Fremdenverkehrsamtes, in der eine große Zahl überaus attraktiver botanischer Gärten, Parkanlagen und Städte aufgenommen ist, die sich der floralen Kunst widmen. Für Blumenfreunde und Liebhaber exotischer Gewächse ein absolutes Muss zur Planung der Bretagne-Reise.

Historische Städte

Les Villes d'Art et d' Histoire

In der Bretagne gibt es heute noch sehr viele Städte, die Zeugen einer reichen und bewegten Geschichte sind. In den Altstädten von Auray, Dinan, Fougères, Nantes, Quimper, Rennes, Saint-Malo, Vannes und Vitré reiht sich ein kunstvolles historisches Bauwerk an das andere. Solche Städte besitzen das Prädikat *„ville d'art"*, also kunstgeschichtlich wertvoll (meist steht diese Auszeichnung an den Ortseingängen). Einige dieser Städte haben sich ihre alten Stadtmauern bewahrt, und so findet ein Teil städtischen Lebens

Symbole der Bretagne

Die Flagge

Die heutige Flagge trägt den Namen Gwen ha Du (weiß und schwarz). Sie wurde von Morvan Marchal in den 1920er Jahren entworfen.

Die Flagge ist schwarz-weiß gestreift und besitzt im oberen linken Bereich ein Feld mit stilisierten Hermelinen. Dieses Feld soll an die Könige und Herzoge, die die unabhängige Bretagne regierten, erinnern. Die alternierenden 9 horizontalen Streifen (5 schwarze, 4 weiße) symbolisieren die 9 Bistümer, die schwarzen Streifen stehen für die französischsprachigen (Haute-Bretagne: Nantes, Rennes, St-Malo, St-Brieuc und Dol), die weißen für die bretonischsprachigen (Basse-Bretagne: Tréguier, Léon, Vannes und Cornouaille).

Das Triskell

Der Ursprung dieses Symbols liegt vermutlich auch bei den Kelten. Das Triskell hat eine dreiarmige Gestalt, deren Arme in sich aufgerollt sind. Sie stellen die Erde, das Wasser und das Feuer dar, Elemente, die sich gegenseitig fördern, aber auch zerstören können. Das Zeichen wurde von den Bretonen übernommen und stellt heute zusammen mit dem Hermelin die Bretagne dar. Beides kann als Autoaufkleber vielerorts gekauft werden, Zeichen der neu auflebenden bretonischen Identität.

Das Hermelin

Das Wappen der Herzoge der Bretagne zeigte ein Fülle von Hermelinen und trug das lateinische Motto *potius mori quam foedari* (Lieber sterben als besudelt werden). Traditionellerweise wird es *Anne de Bretagne* auf Grund folgender Geschichte zugeordnet: Eines schönen Tages bemerkte Anne, wie Jäger ein Hermelin verfolgten und es schließlich an einer besonders matschigen Stelle in die Enge drängten. Das Hermelin machte keinerlei Anstalten, das Matschloch zu durchqueren, um, so interpretierte Anne die Situation, sein hübsches weißes Fell nicht zu beschmutzen. Lieber fand es anscheinend an dieser Stelle den Tod. Anne war voller Mitleid und Bewunderung für das kleine stolze Tier und bat die Jäger, das Hermelin zu verschonen. Ihre Bewunderung ging so weit, dass sie das stilisierte Fell des Tieres als Emblem für ihr Wappen wählte und zur Erinnerung an die Geschichte die lateinische Inschrift hinzufügte.

020br Foto: eh

Pressehaus in Guerande

immer noch sozusagen *„intra - muros“* (innerhalb der Mauern) statt, wie z.B. in Saint-Malo.

Die jeweiligen Fremdenverkehrsämter organisieren Führungen durch diese Städte.

Les Petites Cités de Caractère

Bei den so ausgezeichneten Städten handelt es sich um Kommunen mit weniger als 3000 Einwohnern, die durch ihre malerische Lage und ihre historische Vergangenheit unter Besuchern als besonders attraktiv gelten. Auch bei diesen Orten weisen Schilder auf die Auszeichnung hin.

Zu den Petites Cités de Caractère gehören Bécherel, Châteaugiron, Châteaulaudren, Combourg, Guerlesquin, Josselin, Jugon-les-Lacs, La-Roche-Bernard, Le Faou, Lizio, Locronan, Malestroit, Montcontour, Pont Croix Pontrieux, Quintin, Rochefort-en-Terre, Roscoff und Tréguier.

Medien

Die Medienlandschaft ist in der Bretagne stark begrenzt. Das größte Unternehmen der Region ist **Ouest France.** Der Verlag gibt neben der Tageszeitung auch etliche broschierte Bücher zu einzelnen Regionen oder speziellen Themen heraus.

Deutschsprachige Zeitungen (z.B. Bild) und Zeitschriften (z.B. Stern, Spiegel) sind in größeren (touristischen) Orten erhältlich, in der Regel sogar aktuell.

Im **Fernsehen** werden überregionale Aspekte auf den Kanälen France 1–3 gesendet. Spezielle regionale Themen sendet France 3 täglich 19.15–19.45 Uhr. Während dieser 30 Minuten wird auch die allgemeine Wettervorhersage noch einmal detaillierter für die einzelnen Gebiete der Bretagne dargestellt.

Wirtschaft

Seit den 50er Jahren des 20. Jahrhunderts erlebte die Bretagne einen **wirtschaftlichen Aufschwung,** besonders im Bereich der **Landwirtschaft.** Die Felder dieser Region liefern heute größere Anteile an der französischen Gesamtversorgung als je zuvor. Auch innerhalb der Europäischen Union nimmt die Region eine wesentliche Rolle ein. Allerdings nicht ohne finanzielle Probleme für die Landwirte, wie zahlreiche Protestbewegungen 1997 und 1998 der bretonischen Bauern auf den Straßen von Paris gezeigt haben.

Traditionellerweise war die Bretagne ein Land der **Fischerei.** Leider mussten gerade in diesem Bereich entscheidende Einschnitte hingenommen werden. Dies liegt einerseits an ökologischen Aspekten, wie z.B. der Überfischung der Meere, ökologischen Katastrophen (Ölverseuchung durch die „Amoco-Cadiz" 1978 und die „Erika" im November 1999) und andererseits an zum Teil recht undurchsichtigen Regelungen auf EG-Ebene. In den 1990er Jahren kam es aus diesem Grund häufiger zu (teilweise militanten) Protesten der bretonischen Fischer.

Diese Probleme führen zudem zu stärkerer Abwanderung der jüngeren Leute, sodass der Fischerei auch Nachwuchssorgen beschert sind.

Die **Industrie** der Bretagne spielt eher eine Rolle am Rande. Dies ist wörtlich zu nehmen, siedelten sich größere Unternehmen (Auto- und Textilindustrie) doch nur in den östlichen Gebieten der Region an (bei Rennes).

Ein bedeutender Wirtschaftsfaktor ist der **Tourismus,** der besonders die Küstenregionen entscheidend prägt. Überall entstanden Hotels (glücklicherweise in der Höhe meist an die Umgebung angepasst), Ferienhaussiedlungen und Campingplätze. Die Gastronomie- und Sportbranche boomt, wenn auch nur für wenige Monate im Jahr.

Insbesondere in den Küstenregionen wird ein kontinuierliches **Bevölkerungswachstum** von jährlich 6 % bis 9 % durch Zuzug aus anderen Gebieten Frankreichs festgestellt. Dies ist darauf zurückzuführen, dass in der Bretagne die sozialen und wirtschaftlichen Verhältnisse besser sind, als in vielen anderen Teilen Frankreichs (weniger Arbeitslosigkeit, weniger Kriminalität, hoher Freizeitwert). Besonders im Süden, im Bereich Concarneau, Vannes und Nantes, verwandeln auch immer mehr Frührentner ihre Ferienhäuser in Erstwohnsitze.

Bevölkerung

Die heutigen Bretonen stammen von drei verschiedenen Volksgruppen ab. Es finden sich hier Nachfahren der **Kelten,** der **Römer** und der **Gallier.** Alle drei Gruppen haben sich im Laufe der Jahrhunderte vermischt. Hinzu kommen aus den übrigen französischen Gebieten zugezogene Einwohner.

Bis zur Mitte des 20. Jahrhunderts wurde die Bretagne von der Zentralregierung recht stiefmütterlich behandelt. Hier lebten eben nur „stumpfsinnige Bauern", gerade gut genug für schwere Arbeit. Dies zeigt sich auch in der Figur der bretonischen **Magd „Bécassine“,** die als Urtyp des bodenständigen (und ungebildeten) Bewohners der Bretagne in Kinderbüchern zu finden war. Bretoninnen hing zudem der Ruf an, ideale Dienstmädchen zu sein, da sie arbeitssam und belastbar seien.

Die **bretonische Sprache** war an Schulen verboten. Mit der Zulassung dieser Sprache als Verständigungsmittel unter *de Gaulle* erblühte der Stolz der Bretonen, die bis in die 1960er Jahre hinein sehr stark einer **politischen Unabhängigkeitsidee** anhingen. Solche Ideen verlieren in den letzten Jahren aber zunehmend an Bedeutung. Nach wie vor gibt es aber separatistische Tendenzen, die sich allerdings meist auf kultureller Ebene zeigen. Die bretonische Sprache erlebt eine Renaissance und ist mittlerweile sogar als zweite Fremdsprache im Abitur zugelassen. Der manchmal zu findende Autoaufkleber BZH (Bretagne) deutet ebenfalls auf den **„National“-Stolz** der Bevölkerung hin. Wenn es an bretonischen Autos fehlt, ist dem F-Kennzeichen (für Frankreich) aber hin und wieder ein Triskell-Aufkleber hinzugefügt worden. Dieser Stolz stammt u.a. auch daher, dass es Bretonen waren, die den Ruhm Frankreichs durch ihre Seefahrer erst ermöglichten.

In kultureller Hinsicht wird das Zusammengehörigkeitsgefühl durch die **Organisation großer Festivals** (z.B. *Festival Interceltique*) demonstriert, bei denen zunehmend auch die irischen Wurzeln der Bevölkerung betont werden.

Starker Zusammenhalt zeigt sich auch während der **Aktionen der Fischer,** die massiv von den Beschlüssen der EU betroffen sind, die dann wiederum durch die Pariser Zentralregierung durchgesetzt werden.

Religion

Überall trifft man in der Bretagne auf **Zeugnisse der katholischen Kirche.** Seien es nur Kreuze am Wegesrand, christianisierte Brunnen, die umfriedeten Pfarrbezirke oder monumentale Kathedralen. Auf den ersten Blick also ein strenggläubiges katholisches Gebiet.

Bei genauerem Hinsehen stellt sich heraus, dass überwiegend ältere Menschen die Kirchen zum Gottesdienst besuchen. Die Abkehr von der Kirche als Institution ist in der Bretagne bei der jüngeren Bevölkerung genauso zu beobachten wie in anderen Regionen Frankreichs und Europas. Meist ist es eher architektonisches Interesse, das auch jüngere Leute eine Kirche besuchen lässt.

Die Heiligen der Bretagne

In der Bretagne gibt es eine große Zahl Heiliger, von denen allerdings nur wenige von Rom anerkannt wurden.

Noch heute findet man viele **Heiligenstatuen** in den Kirchen und Kapellen. Hunderte der lokalen Heiligen werden immer noch in den verschiedenen Situationen des täglichen Lebens um Hilfe angefleht (z.B. die Heiligen *Dogmael* und *Léon* bei Rheumaleiden, der Heilige *Tugen* bei Zahnerkrankungen, der Heilige *Hervé* beschützt die Pferde, *Herbot* die Rinder und der Heilige *Cornély* das Hornvieh). Die Diözesen erkannten jedoch nur die wichtigsten an.

Das Pardon

Zu Ehren der Heiligen werden alljährlich kirchliche Feste *(pardons)* zelebriert. Das Pardon beginnt mit einer feierlichen Messe, gefolgt von einer Prozession, bei der christliche Symbole (Banner, Kreuze etc.) im Zug mitgetragen werden. Dazu werden Kirchenlieder gesungen. Viele Teilnehmer tragen zu diesem besonderen Anlass ihre bretonischen Trachten. Das Fest bekommt am Ende einen eher volksfestartigen Charakter mit traditionellen Tänzen und Musikdarbietungen (s. dazu z.B. Locronan).

Die wichtigsten Pardons

Ort	Name	Datum
Tréguier (22)	Pardon de St-Yves	17. Mai
Penvénan (22)	Pardon de la St-Gildas	Pfingsten
La Trinité-Porhoët (56)	Pardon de la Trinité	Pfingsten
Rumengol (29)	Pardon de Notre-Dame de Rumengol	So. nach Pfingsten
Locronan (29)	La Troménie	12. Juli
Sainte-Anne-d'Auray (56)	Pardon de Sainte-Anne	25. und 26. Juli
Le Vieux-Marché (22)	Pèlerinage Islamo-Chrétien	25. und 26. Juli
Sizun (29)	Pardon de Loïc Ildut	26. Juli
Romagné (35)	Pardon de Ste-Anne-de-la-Bosserie	26. Juli
Perros-Guirec (22)	Pardon Notre-Dame-de-la-Clarté	15. August
Porcaro (56)	Pardon de la Madone des Motards	15. August
Dinard (35)	Pardon de la Mer	3. Sonntag im August
Rochefort-en-Terre (56)	Pardon de Notre-Dame-de-la-Tronchaye	3. Sonntag im August
Sainte-Anne-la-Palud (29)	Pardon de Ste-Anne	Letzter Sonntag im August
Le Folgoët (29)	Pardon de Notre-Dame	6. September
Pouldreuzic (29)	Grand Pardon de Penhors	6. September
Josselin (56)	Pardon de Notre-Dame-du-Roncier	8. September
Bulat-Pestivien (22)	Pardon Notre-Dame	12. und 13. September
Saint-Didier (35)	Pardon de la Peinière	20. September

Die Zahlen hinter den Orten bedeuten:

22 Côtes d'Armor
29 Finistère
35 Ille-et-Villaine
56 Morbihan

Die Schutzheiligen der Städte

Das bretonische Volk machte aus den religiösen Anführern der im 5. Jh. aus Britannien eingewanderten **Kelten** Schutzheilige der sieben Bistümer: St-Brieuc, Dol (St-Samson), St-Malo, St-Pol-de-Léon, Quimper (St-Corentin), Tréguier (St-Tugdual), Vannes (St-Patern).

Bis zum 16. Jahrhundert war es für gläubige Bretonen Pflicht, einmal in ihrem Leben die **Tro Breiz** (Tour de Bretagne), eine besondere Pilgerfahrt von Kathedrale zu Kathedrale, zu absolvieren. War dies unmöglich, so lastete der Fluch auf der Person, den Weg nach dem Tode dadurch hinter sich zu bringen, dass der Verstorbene sich alle sieben Jahre um eine Sarglänge weiter bewegen durfte.

Die Heilige Anne

Kreuzritter brachten den Kult um *Sainte Anne* mit in die Bretagne. Das Prestige der bretonischen Herzogin *Anne de Bretagne* (siehe „Geschichte") hat diesen Kult besonders begünstigt. Die auch heute noch berühmtesten Pardons der Bretagne, Pardon de Ste-Anne-d'Auray und Pardon de Ste-Anne-la-Palud, wurden ihr gewidmet. Die Bedeutung dieses Kultes zeigt sich im Sprichwort: Mort ou vivant, à Sainte Anne une fois doit aller tout Breton (Tot oder lebendig, einmal muss jeder Bretone zu Sainte Anne).

Der Heilige Yves

Dieser Heilige ist der Schutzpatron der Juristen, aber auch Tröster der Armen. Er wurde 1253 im Herrensitz von Kermartin in Minihy-Tréguier geboren. In Paris studierte er 13 Jahre lang Jura, kehrte dann in die Bretagne zurück und wurde hier Rechtsanwalt und Priester. Sein Ruhm stammt u.a. von seiner Gerechtigkeitsliebe her. Er verteidigte oft die Unterprivilegierten und erhielt so den Beinamen *Avocat des pauvres* (Anwalt der Armen). Nach seinem Tod (1303) wurde er 1347 heiliggesprochen.

Heute findet jährlich ein „Pardon des Pauvres" in Tréguier statt, bei dem sich Anwälte aus aller Welt treffen.

Les Fontaines sacrées – die heiligen Brunnen

Der Brunnenkult ist auf die **Druiden** (s.u.) zurückzuführen. Sie rezitierten vor den Brunnen magische Sprüche, um z.B. Krankheiten zu heilen oder die Fruchtbarkeit zu fördern. Brunnen wurden als magische Orte angesehen.

Dieser heidnische Kult durfte nach dem Willen der christlichen Kirche des Mittelalters nicht fortbestehen. So wurden die Brunnen unter den **Schutz Heiliger** gestellt. Kleine Holz- oder Granitstatuen des jeweiligen Heiligen schmückten sie. Viele dieser Statuen sind heute leider verschwunden. Aber auch die Kirche gestand einigen dieser Brunnen noch **heilende Kräfte** zu, so gegen Unfruchtbarkeit, Rheuma oder Kinderkrankheiten, einzelne sogar gegen Tierkrankheiten.

Brunnen sind auch heute noch überall in der Bretagne in unterschiedlichen Formen zu finden, die meisten bestehen aus Granit. Allerdings sind etliche mittlerweile ausgetrocknet und dienen nur noch als Zierde. Andere wurden modernisiert und mit einem Motor ausgerüstet, wie z.B. der von Ste-Anne-d'Auray.

L'Ankou – Der Tod

Schon immer haben sich die Bewohner Armorikas besonders intensiv mit dem Tod auseinandergesetzt.

Der Tod war für die Bretonen nicht in erster Linie das Ende eines Lebens, sondern das Zusammentreffen mit **Ankou,** der Personifikation des Todes. Diese übernatürliche Gestalt wird stets als Skelett mit einer Sichel dargestellt (z.B. in der Kirche von Lannédern, von Bulat-Pestivien und in der Kapelle Sainte Anne de Landivisiau). Ankou erscheint in den Erzählungen oft in ein Leichentuch gehüllt, während er auf einem knarrenden Karren, dem **Karrig an Ankou,** durch die Lande fährt. Das gruselige Geräusch des nahenden Gefährtes kündigt dann jedesmal das Ableben eines Menschen an.

Die Vertrautheit der Bretonen mit dem Tod zeigt sich sehr deutlich in der Errichtung von **Gebeinhäusern** auf fast allen Kirchhöfen. Hier wurden die Knochen Verstorbener aufbewahrt, die aus Platzgründen nach einigen Jahren exhumiert werden mussten. So dienten sie als Reliquien, vor denen die Frommen meditierten. In Giebel gemeißelte **Sinnsprüche** warnten die Lebenden vor dem Vergessen ihres Schicksals. „Je vous tue tous – Ich töte Euch alle!" ist einer dieser sehr dramatisch klingenden Sätze. „Maro han barn han ifern ien, pa ho soign den e tle crena – Der Tod, das Gericht, die kalte Hölle, wenn der Mensch daran denkt, muss er zittern!" ein weiterer.

Wurde ein Mensch nun vom Tode ereilt, so ähnelte sein weiterer Weg nach den mystischen Vorstellungen der Bretonen dem in vielen anderen Kulturen. In der Bretagne, einer vom Wasser sehr stark geprägten Region Frankreichs, kommt diesem Element auch in der Mystik besondere Bedeutung zu. Die Toten gelangen nur nach einer rituellen Überquerung eines Gewässers (Fluss oder Meer) zum **Reich Ankous** auf einer geheimnisvollen Insel.

Musik und Tänze

In der Bretagne gibt es beides: die folkloristisch-musikalischen Sommerdarbietungen für die Touristen und die lebendige traditionell geprägte **Volksmusik,** die ganzjährig auf Dorffesten oder großen Familienfeiern gespielt wird. In der deutschen Sprache ist das Wort „Volksmusik" seit einigen Jahrzehnten für viele Leute eher negativ besetzt, und es wird vielleicht mit einem ironischen Lächeln ausgesprochen. Ganz anders in der Bretagne, wo auch gerade junge Leute aus Freude an der Weiterentwicklung traditioneller Musik sich in Gruppen zusammenfinden, oft nicht ohne Stolz auf ihre keltischen Wurzeln. Sänger wie *Glenmor, Gilles Servat* und *Alan Stivell* setzen seit den 70er Jahren die Traditionen der Barden fort und sind heute europaweit bekannt.

In allen Teilen der Bretagne wird im Sommer, meist auf dem Dorf oder in

0 21br Foto: wk

Dudelnde Marine:
Der Biniou braz hat drei Bordun-Pfeifen, deren Ton sich nicht ändert

Kleinstädten, ein sogenanntes **„Fest Noz" oder „Festoù-Noz"** *(fête de nuit* = Nachtfest) organisiert, ein Fest mit viel bretonischer Musik, Crêpes, Cidre und Hydromel. Und anders als in vielen großen Städten handelt es sich dabei normalerweise nicht um ein Touristik-Animationsangebot; es ist ein Fest für die Dorfbewohner, doch Gäste sind willkommen.

Ein Fest Noz ist die Gelegenheit, um **bretonische Tänze** kennen zu lernen. Meist werden sie in Gruppen, Kreisen oder Reihen getanzt. Die verschiedenen Regionen haben ihre eigenen Tänze entwickelt. So gibt es z.B. die **Gavotte** aus der Gegend von Quimper, den **En Dro** (oder Andro), **Hanterdro** und den **Laridé** aus dem Morbihan, oder den **Plinn** und den **Dans Fisel** aus dem zentralen Inland bei Carhaix. Eine Beschreibung dieser Tänze mit Worten ist kaum möglich, aber es ist nicht schwierig, auf einem Fest Noz eine Bretonin oder einen Bretonen zu finden, die/der es Ihnen beibringt.

Wer sich für moderne bretonische Musik interessiert, sollte unbedingt auch ins Landesinnere nach Carhaix fahren, wo Mitte bis Ende Juli das **Festival des Vieilles Charrues** stattfindet. Das bretonische „Woodstock" ist inzwischen das größte Kultur- und Musikfestival der Bretagne mit betont innovativem Anspruch. Keine Vermarktung staubiger Tradition, sondern moderne bretonische Musik, aber auch viel World-Music und andere kulturelle Veranstaltungen, jährlich Mitte Juli. Infos findet man unter www.vieilles charrues.asso.fr.

Bretonische Musikinstrumente

Natürlich hat die Bretagne ihre eigenen Musikinstrumente. Das klassische Instrumentenduo besteht aus Biniou und Bombarde. Der Biniou ist ein Dudelsack, bei dem zwischen zwei Typen unterschieden wird: Dem **Biniou kozh** und dem *Biniou braz*. Der *Biniou kozh* (alter Biniou), die in der bretonischen Musik stärker verwurzelte Variante, hat nur ein *Bordun* (Basspfeife) und einen scharfen durchdringenden Klang auf der schalmeiähnlichen Melodiepfeife. In der Gegend von Nantes und Retz wird diese Dudelsackart auch *Veuze* genannt. Der **Biniou braz** (großer Biniou) ähnelt dem schottischen Dudelsack, hat also drei Basspfeifen, die die Melodienpfeife begleiten. Sein Klang ist tiefer und voller als der des *Biniou kozh*. Erst im 20. Jahrhundert wurde er in der Bretagne zu einem beliebten Instrument.

Während der *Biniou kozh* normalerweise nur zusammen mit einer Bombarde (s.u.) gespielt wird, hört man den *Biniou braz* auch allein, meist aber als Teil einer Bläser-Trommler-Gruppe, genannt **Bagad** oder **Bagadou.** Ein Bagad besteht aus 22 bis 25 Musikern, 8 bis 9 Biniou-(braz)-Spielern, 8 bis 9 Bombarde-Bläsern und 6 bis 7 Trommlern.

Die **Bombarde** könnte man als die bretonische Volks-Oboe bezeichnen. Das Blasinstrument hat einen recht lauten, fast schreiend-durchdringenden Ton und wird traditionell im Duo mit einem *Biniou kozh* gespielt.

Ein anderes, seit dem 19. Jh. in der bretonischen Musik beliebtes Blasinstrument ist die **Treujenn Gaol,** eine Klarinette, die insbesondere in der Zentral-Bretagne gern gespielt wird. So veranstaltet die Vereinigung „Paotred an Dreujenn Gaol" (*les Compagnons de la Clarinette*) in Rostrenen jährlich ein international besuchtes Fest der Klarinettenspieler.

Unter den Saiteninstrumenten sind drei typisch bretonisch. Die **Telenn** (*Harpe celtique*), die keltische Harfe, die nur etwa halb so groß ist wie die klassische Harfe, die **Violine** und die sehr alte **Vielle à Roue,** eine Drehleier, die gern an der Nordküste bei Saint-Brieuc gespielt wird.

Schließlich ist noch das **Boueze** zu nennen *(Accordéon diatonique),* auch *boîte à vent* (Winddose) genannt, das im Gegensatz zum chromatischen Akkordeon auf Zug und Druck zwei verschiedene Töne erzeugt. Im Duo mit der Violine wurde es früher gern auf den großen Segelschiffen zur Unterhaltung der Besatzung benutzt. Im Land fand es seit den 1920er Jahren besonders in der Gegend von Châteaubriant Verbreitung.

Ein 6 m hoher Menhir bei Carnac

Neben diesen traditionell eingesetzten Instrumenten wird in der modernen Weiterentwicklung bretonischer Musik seit den 1970er Jahren auch die **Gitarre** und die **Mandoline** gespielt.

Die Megalithen

Schon bei Astérix und Obélix – sicherlich den bekanntesten Bewohnern der Region – spielen diese Steine, bei ihnen heißen sie Hinkelsteine, eine bedeutende Rolle. Heute werden sie Megalithen genannt. Das Wort aus dem griechischen *mega* und *lithos* bedeutet „großer Stein".

Die Präsenz dieser Steine an vielen Orten der Bretagne wirft rasch die Frage nach Alter, Herkunft und Bedeutung dieser eigenartigen Gebilde auf. Sie wurden von **Menschen der Jungsteinzeit** (Neolithikum, ab 5000 v. Chr.) geschaffen. Diese Menschen waren sesshafte Bauern und lebten in Dorfgemeinschaften von Getreideanbau und Viehzucht. Aus archäologischen Funden wird geschlossen, dass sie zumindest innerhalb Westeuropas über größere Entfernungen Handel mit Werkzeugen, Töpferwaren u.Ä. betrieben. In ihrer Gesellschaftsordnung gab es feste Aufgabenverteilung und hierarchische Strukturen, die sich auch in den Funden an Bestattungsplätzen widerspiegeln.

022br Foto: wk

Megalithische Spuren sind vom Mittelmeer bis nach Nordeuropa zu finden. Dies gilt besonders für Malta, Korsika, Sardinien, Menorca, Spanien, Frankreich, England, Irland, Schottland und die Orkney- und Shetland-Inseln. Die Bretagne ragt allerdings sowohl nach der Zahl als auch den Variationen der Anlagen in besonderer Weise heraus. Bei den steinernen Zeugen des Megalithikums (Zeitspanne in der Jungsteinzeit, während der diese Monumente errichtet wurden, 5000–1500 v. Chr.) unterscheidet man:

- **Menhir,** einzelner aufrechter Stein
- **Alignement,** Reihe oder Reihen von Menhiren
- **Enceinte,** als *Cromlec'h* (Steinkreis oder Oval) und *Quadrilatère* (Steinviereck)
- **Dolmen,** tischähnliches Monument aus mehreren Steinen
- **Allée couverte,** langgestreckter Dolmen. Die letzten beiden Formen wurden meistens von einem **Cairn** (großer Steinhügel) oder einem **Tumulus** (großer Erdhügel) bedeckt.

Megalithen der Bretagne
Ile de Bréhat
Perros-Guirec
Paimpol
St. Uzec
Lannion
Ile de Batz
Roscoff
Barnenez
Plouescat
St. Pol-de-Léon
Guingamp
Aber-Wrac`h
Morlaix
Châtelaudren
Guerlesquin
Landivisiau
Plouarzel Kerloas
Commana
CÔTES
Ile d'Ouessant
Brest
Res. de St. Michel
Huelgoat
Corlay
Pointe de St.-Mathieu
FINISTÈRE
Aulne
Carhaix
Camaret
Crozon
Morgat
Châteaulin
Gourin
Locronan
Douarnenez
Ile de Sein
Audierne
Pointe du Raz
Quimper
Plouay
Quimperlé
Blavet
Bénodet
Trégunc
St. Guénolé
Concarneau
Loctudy
Guilvinec
Penmarc'h
Lorient
Gâvres
Iles de Glénan
Ile du Loc'h
Erdeven
Carnac
Ile de Groix
Quiberon
0
40 km
Belle-Ile
le Palais
Bedeutende megalithische Bauten
Größere archäologische Museen

Granville
Avranches
Cancale
St. Malo
Mont
St. Michel
St. Quay-
Portrieux
Erquy
Dol-de-
Bretagne
Tressé
St. Brieuc
Lamballe
Dinan
Combourg
Fougères
Can. d' Ille et Rance
Quintin
Jugon-les-Lacs
D'ARMOR
Bécherel
Montauban
ILLE-ET-VILLAINE
Loudéac
St. Méen
Vitré
Mur-de-
Bretagne
Rennes
Châteaugiron
Canal de Nantes à Brest
Seiche
la Guerche-
de-Bretagne
Paimpont
Pontivy
Le Pont-du-Secret
Josselin
Essé-la-Roche-
aux-Fées
Ploërmel
MORBIHAN
Malestroit
St. Just
Châteaubriant
Rochefort-
en-Terre
Lac de Murin
Auray
Redon
LOIRE-
ATLANTIQUE
Vannes
Vilaine
Gavrinis
Arzon
Locma-
riaquer
la Roche-Bernard
Sarzeau
Blain
Pontchâteau
Ancenis
Ile de Houat
Loire
Ile de Hoëdic
St. Nazaire
Nantes
le Croisic
Dissignac

Menhire

Menhire (*men*, bret. = Stein; *hir*, bret. = lang), früher auch *Peulvan* genannt, sind unter den Steinmonumenten am häufigsten. Ihre Anzahl wird heute in der Bretagne auf weit über 5000 geschätzt. Sie sind einzeln oder in Reihen zu finden. Alleine 2800 von ihnen stehen in den Reihen bei der Ortschaft Carnac.

Der längliche, aufrecht stehende Stein aus Granit oder Schiefer (je nach Steinart der Umgebung) zeigt zur abgerundeten Spitze hin eine grob **konische Form.** Die **Größe** variiert von etwa 1,5 m (etwa 1 t Gewicht) bis ca. 20 m (ca. 350 t) bei Locmariaquer. Nachdem im Laufe der Zeit durch Witterungseinflüsse und Menschenhand etliche Menhire umgeworfen wurden, befinden sich die **größten noch aufrecht stehenden** bei Kerloas, Gemeinde Pouarzel, (11 m Höhe) und bei Kergadiou, Gemeinde Plourin–Ploudalmézeau, (10,5 m und 9,5 m). Zu den bekanntesten gehört der 9,5 m hohe Menhir von Champ-Dolent bei Dol.

Zu welcher Zeit die **Menhire aufgestellt** wurden, kann nicht präzise festgestellt werden. Aus den Funden von Töpferwaren, Werkzeugen und Knochen, die aus dem Sockelbereich der Menhire stammen, lassen sich die meisten auf das 4. und 3. Jahrtausend vor Chr. datieren.

Der verwendete Stein stammte in der Regel aus **Steinbrüchen** der näheren Umgebung des Aufstellungsortes. Mittels aufquellender Holzkeile und der Erzeugung extremer Temperaturunterschiede mit Feuer und Wasser konnten die Steine aus dem Fels gesprengt werden. Bei Pontusval/Brignogan kann noch in unmittelbarer Nähe des Menhirs von Men-Marz die Stelle besichtigt werden, an der der Rohling herausgebrochen wurde.

Der **Transport** erfolgte vermutlich auf Rollen aus Baumstämmen, die ständig nachgelegt werden mussten. Die Menschen nutzten wahrscheinlich auch die Wasserwege wie z.B. beim Bau des Dolmens im Cairn von Gavrinis/Arzon. Hier wurde ein 17 t schwerer Stein wohl mit einem Floß unter Ausnutzung der Gezeiten den Rivière d'Auray hinunter und dann den Rivière de Vannes hinaufgeflößt.

Zum **Aufrichten der Steine** wurden dann Hebel und geflochtene Leinen eingesetzt, mit denen der Stein über eine aufgeschüttete Rampe bewegt wurde. Dahinter befand sich das Erdloch, in das der Menhir eingelassen werden sollte. 1980 wurde ein Experiment bei Bougon durchgeführt, um festzustellen, ob es möglich sei, in der obengenannten Weise einen 32 t schweren Stein aufzurichten. Man rekonstruierte die Transporttechnik, und es gelang, den Stein mit der Kraft von 200 (!) Männern aufzurichten. Rätselhaft bleiben nach wie vor die Funde von **Feuerstellen** unter vielen Menhiren, insbesondere unter einzelnen in Alignements.

Die **Oberfläche** der Steinriesen hat sich im Laufe der Jahrtausende zum Teil stark verändert. Von umgefallenen und vor etwa 60 Jahren wieder aufgerichteten Menhiren, die auf ihrer geschützten Seite Gravuren trugen, ist bekannt, dass Witterungseinflüsse schon innerhalb eines halben Jahrhunderts **Einmeißelungen** zerstören können. Dennoch gibt es auch heute noch auf besonders hartem Stein und dann meist auf der windabgewandten Seite (Ost) auf einigen Menhiren solche Gravuren. Als Beispiel seien hier die Menhire bei Le Manio/Carnac genannt, auf denen 5 Schlangen(-linien) zu erkennen sind. Auf Menhiren bei Saint-Denec/Porzpoder finden sich Äxte und bei Kermarquer/Moustoirac zwei Krummstäbe in Stein.

Jüngeren Datums sind Versuche der katholischen Kirche, durch Einmeißeln **christlicher Symbole** die Kultstätten umzudefinieren, um so den Glauben der Menschen von den alten Göttern wegzuführen. Besonders eindrucksvoll ist in diesem Zusammenhang der christianisierte Menhir von St-Uzec bei Pleumeur-Bodou. Mancherorts wurden Megalithen aus diesem Grund in den Bau christlicher Kapellen integriert wie z.B. in der Krypta der Chapelle des Sept Saints (Kapelle der Sieben Heiligen) von Le Vieux-Marché.

Zur **ursprünglichen Bedeutung** der Menhire gibt es sehr verschiedene, zum Teil recht fantasievolle Hypothesen. Sichere Aussagen sind trotz intensiver archäologischer Forschung bis heute nicht möglich. Bei der Deutung bereiten die einzeln stehenden Menhire die größten Schwierigkeiten. Da bekannt ist, dass in allen frühen Kulturen Fruchtbarkeitsriten eine große Rolle spielten, liegt es nahe, den Menhir als ein phallusähnliches **Fruchtbarkeitssymbol** aufzufassen. Diese Deutung wird auch dadurch bestärkt, dass es verbürgte Berichte gibt, nach denen bis ins 19. Jahrhundert hinein frisch vermählte oder ältere kinderlose Ehepaare ihre Körper nachts an Menhiren rieben, im festen Glauben an eine fruchtbarkeitsfördernde Wirkung.

Die Deutung des Menhirs als **Grabstein** ist stark umstritten, da nur in Einzelfällen Funde, die auf Grabbeigaben hindeuten, in unmittelbarer Nähe auftauchten. Zudem sind Knochenfunde die Ausnahme, wenngleich sich dies leicht chemisch erklären ließe. Aufgrund des sauren Bodens der Bretagne lösen sich Knochen sehr rasch auf. In Küstennähe indessen, wo alkalischer oder sandiger Boden vorherrscht, der nur geringe Einwirkungen auf Knochen hat, konnten einige neolithische Knochenfunde gemacht werden (z.B. bei St-Pierre Quiberon).

Zum 20 m großen, zerbrochenen Menhir von Locmariaquer gibt es die ebenfalls recht umstrittene Vermutung, es habe sich um den Zentralstein eines **Peilsystems** gehandelt, bei dem der große Menhir über kleinere Steine aus unterschiedlicher Entfernung und in unterschiedlichen Höhenwinkeln angepeilt werden konnte, um so bestimmte Richtungen auf Sonne, Mond oder Sterne zu bestimmen. Eine solche Deutung, wie sie z.B. in Bezug auf den Steinkreis von Stonehenge (Südengland) inzwischen anerkannt ist, erscheint für diesen Menhir aber sehr gewagt, da im Umkreis von 10 km etwa 4000 Menhire teilweise regelmäßig (bei Carnac), teilweise unregelmäßig

023br Foto: eh

gesetzt stehen und deshalb fast jede hypothetische Peilung möglich gewesen wäre.

Alignements

Mit diesem Begriff werden Reihen von Menhiren bezeichnet, wobei mancherorts Hunderte in annähernd parallelen Reihen stehen (z.B. bei Carnac). Andere **sehenswerte Steinreihen** sind beispielsweise die Alignements des Demoiselles bei Langou, die Alignements von Lagatjar bei Camaret, die beiden Reihen von Moulin-de-Cojoux bei St-Just oder die zwischen La Madeleine/Penmarc'h und Lestriguiou/Plomeur.

Steinalt: Alignement bei Carnac

Im Gegensatz zum einzeln stehenden Menhir finden sich bei diesen Steinreihen häufiger Töpferwaren, Holzkohlereste, polierte Äxte, Speerspitzen aus Feuerstein oder auch Halsketten, also **möglicherweise Grabbeigaben.** Aufgrund dieser Funde können die Alignements auf die Zeit von 3000–2000 v. Chr. datiert werden, wobei sich das Errichten so langer Steinreihen wie bei Carnac sicherlich über Jahrhunderte erstreckt hat.

Kein anderes megalithisches Monument hat zu so verschiedenen, mehr oder weniger fantastisch-hypothetischen Deutungen angeregt wie diese Alignements.

Überwiegend wird die Meinung vertreten, es handele sich um eine **religiöse Kultstätte,** wie es schon *Prosper Mérimée* 1854 als Generalinspekteur der historischen Denkmäler vermutete. Er nahm an, dass das Errichten solcher Monumente nur durch die Kraft möglich gewesen ist, die die Menschen des Neolithikums aus ihrem Glauben schöpften. Auch heute noch haben die religiösen Riten sogenannter Naturvölker engen Bezug zu Sonne und Mond, sodass es naheliegt, nach **astronomischen Bedeutungen** zu fragen. 1874 vertrat *H. du Cleuziou* die Ansicht, dass bestimmte Steinreihen von Kermario/Carnac in Richtung des Sonnenaufganges zur Sommersonnenwende (21.6.) weisen. Er behauptete ferner, gewisse Reihen im benachbarten Kerlescan wiesen in Richtung des Sonnenaufganges zum Datum der Tag- und Nachtgleiche bei Frühlingsanfang (21.3.). Eine solche Kalender-Bedeutung wäre nicht überraschend, da die Kenntnis bestimmter Daten im Jahresgang für eine bäuerliche Gesellschaft zur erfolgreichen Landwirtschaft notwendig gewesen wäre und zudem durchaus in Beziehung zu Fruchtbarkeitsriten stehen könnte.

Leider muss jedoch heute gesagt werden, dass nur Teilstücke weniger Steinreihen in die oben genannten Richtungen weisen. Rechts und links dieser Reihen zeigen andere Steine in etwas andere Richtungen mit z.T. mehr als 10 Grad Abweichung. Hinzu kommt, dass erwiesenermaßen nur etwa 36 % aller Steine in der Gegend von Carnac unberührt an ihrem ursprünglichen Platz stehen. Die Mehrzahl war aufgrund des zu flachen Fundamentes in der dünnen Bodenschicht über dem Natursteingrund umgefallen und wurde zum Teil sogar von mangelhaft angeleiteten Arbeitern falsch herum wiederaufgestellt.

Nicht zuletzt muss angesichts der Tatsache, dass andere Alignements wie die von Lagatjar/Camaret oder die von St-Pierre-Quiberon in völlig unterschiedliche, astronomisch unbedeutende Richtungen weisen, die Hypothese der bewussten astronomischen Ausrichtung einzelner Teilstücke von Steinreihen als überaus gewagt angesehen werden.

Der Schotte *A. Thom* vertrat, nachdem er in den Jahren 1970–1976 umfangreiche Vermessungen bei Carnac durchgeführt hatte, die Ansicht, die Anlage definiere eine **Streckenmaßeinheit,** die er das „Megalith-Yard" nannte. Doch auch er vermochte Mathematiker nicht von seiner Idee zu überzeugen.

Eine andere These bringt den Standort der Menhire und Alignements in Zusammenhänge mit dem **geologischen Untergrund.** Sie sollen sich an geologisch besonders instabilen Stellen oder Zonen befinden, wo deshalb besondere „Energiepunkte" existieren. So hat *Pierre Mereaux* festgestellt, dass die Megalithanordnungen bei Carnac auf einer großen Granitplatte stehen, die von beträchtlichen geologischen Verwerfungen umgeben ist. Außerdem wurde mit Hilfe aufwendiger Messungen nachgewiesen, dass fünf der größten Alignements exakt zwischen Zonen verstärkter und verringerter Gravitation stehen. Fraglich bleibt natürlich, wie unsere Vorfahren solche feinen Gravitationsunterschiede wahrnehmen konnten. Nach dieser These wäre es denkbar, dass an den geologisch instabilen Punkten besondere Lichterscheinungen entstanden sein könnten, die von den Bewohnern religiös gedeutet wurden.

Verschiedene esoterische Hypothesen gelten besonderen **Erdströmen** und deren Wirkung zwischen den Steinen der Alignements.

Zum Schluss dieses Exkurses in die Welt der Vermutungen soll die Auslegung eines amerikanischen Offiziers in den letzten Tagen des 2. Weltkrieges nicht unerwähnt bleiben. Er vermutete, bei den Megalithen handele es sich um deutsche Panzersperren.

Enceintes (3000–2000 v. Chr.)

Laut Wörterbuch müsste der Begriff als „Einfriedung" übersetzt werden. Dies drückt jedoch nicht das Wesentliche aus. Ein Enceinte wird in der deutschsprachigen Archäologie als **„Steingehege"** bezeichnet, wobei es sich um eine größere Anzahl von Menhiren handelt, die kreisförmig, oval, hufeisenförmig, aber auch rechteckig oder quadratisch angeordnet sein können. Am häufigsten findet man offene oder geschlossene Kreis- oder Ellipsenformen **(Cromlec'h)**, wie z.B. auf der Insel Er-Lannic im Golf von Morbihan oder am Ende der Alignements von Le Ménec/Carnac. Die Anzahl der Steine variiert ebenso wie die von ihnen umgrenzte Fläche. Eine seltene Besonderheit stellt der viereckige **„Quadrilatère" von Crucuno** bei Erdeven dar, dessen Seiten genau nach den Himmelsrichtungen ausgerichtet sind. Da allerdings viele dieser Steine schon in grauer Vorzeit umgefallen waren und im 19. Jahrhundert (nicht immer sachkundig) wieder aufgerichtet wurden, kann nicht ausgeschlossen werden, dass bei der Restaurierung perfektionierendes Wunschdenken mit im Spiel war.

Manche Archäologen nehmen an, dass ähnlich dem bekannten Cromlec'h von Stonehenge (Südengland) einzelne Menhire durch **waagerechte Steinplatten** oder Holzkonstruktionen miteinander verbunden waren. Laut dieser Annahme wären die heutigen Steine nur das Gerippe einer ehemals aufwendigen Gesamtkonstruktion.

Die Frage nach der kulturellen Bedeutung dieser Enceintes kann nur in Ansätzen beantwortet werden. Aufgrund der zahlreichen Funde von Töpferwaren (über 800 kg bei Er-Lannic) und vieler Steinäxte wird angenommen, dass es sich um ein **Kultzentrum** für rituelle Zusammenkünfte oder um ein **Gewerbezentrum** gehandelt hat. Eine astronomische Deutung kann – wie bei den Alignements – in der Bretagne nicht stichhaltig begründet werden. Die große Zahl der Töpferwaren, die weit über das übliche Maß von Grabbeigaben hinausgehen, lässt Zusammenhänge mit Bestattungen unwahrscheinlich erscheinen.

Zur Bedeutung dieser mysteriösen Steinmonumente hat auch *Erich v. Dä-*

niken einige **Hypothesen** aufgestellt, deren Glaubwürdigkeit der Leser selbst beurteilen möge. An dieser Stelle wollen wir einige Gedankengänge aus seinem Buch „Neue kosmische Spuren“ zusammengefasst wiedergeben:

Menhire bestehen zum großen Teil aus Granit, besitzen folglich Quarzbestandteile (Silizium) und somit denselben Rohstoff, der in Bauteilen von Quarzuhren oder Radiogeräten als schwingungsfähiger Quarz eingesetzt wird. Diese Schwingungsfähigkeit wurde (nach Meinung der Autoren) bereits im Neolithikum bewusst ausgenutzt. Einige physikalische Messungen am Cromlec'h von Rollride bei Oxford/England legen dies nahe: Dort befindet sich ein einzeln stehender Menhir in der Nähe eines Steinringes, an dem in der Morgendämmerung erhöhte Ultraschallwerte gemessen wurden, die jedoch verschwanden, wenn ein Mensch den Steinkreis betrat. Die Stärke dieser Messwerte schwankte jahreszeitlich, wobei Maxima in der Nähe der Tag- und Nachtgleiche (21.3. und 21.9.) und Minima zur Sommer- und Wintersonnenwende (21.6. und 21.12.) auftraten. Da die Sonne elektromagnetische Strahlung abgibt, könnte sie einen „Energievorgang“ zwischen den Steinen anregen, der genau bei der gegebenen geometrischen Anordnung des Cromlec'hs auftritt. Die Behauptung von *Don Robins* (im Buch von *Däniken* zitiert), der Mensch des Neolithikums habe diesen Effekt bewusst herbeigeführt und ausgenutzt, wird von *Dänikens* Frage ergänzt, ob die damaligen Menschen nicht vielmehr ihre Bauanweisungen von „technologisch höherentwickelten Wesen“ (extraterrestrisch?) erhalten haben, die bewusst diese Phänomene für ihre Belange nutzten?

Dolmen

Der Begriff leitet sich aus der bretonischen Sprache von *Toal* oder *Dol* = Tisch und *Men* = Stein ab.

Die Bezeichnung ist leicht irreführend, denn ein Dolmen hat zwar eine horizontale Deckplatte, aber nie eine Tisch-Funktion besessen, zumal diese steinerne Platte, es können auch mehrere sein, in 1 bis 2 m Höhe auf mehreren senkrecht aufgestellten Seitensteinen oder Seitenplatten ruht, die bei manchen Dolmen einfache, bei anderen reichhaltig eingemeißelte Zeichen und Figuren tragen.

In den Gegenden, in denen Dolmen auf alkalischen Böden stehen, wurden zahlreiche menschliche Knochenreste gefunden, sodass die Funktion als **Grabkammer** heute wissenschaftlich unbestritten ist. Zahlreiche Grabbeigaben der im Neolithikum üblichen Art untermauern diese Theorie. Vermutlich handelt es sich beim Dolmen um die älteste Form eines Grabmonumentes, die in der Bretagne je nach Form auf die Zeit von 5000–1500 v. Chr. datiert wird.

Noch vor etwa 100 Jahren wurde von einzelnen Historikern die Ansicht vertreten, es handele sich bei den Dolmen um von den keltischen Druiden (7. bis 4. Jahrhundert v. Chr.) aufgestellte **Opferaltäre.** Dies ist nach heu-

024br Foto: eh

tigem archäologischem Kenntnisstand aufgrund der Funde in und um Dolmen eindeutig als falsch anzunehmen. Hingegen muss die Frage offenbleiben, ob die Druiden die schon aus neolithischer Zeit vorhandenen Dolmen als **Altäre** nutzten. Als Argument gegen eine solche Nutzung führen einige Historiker u.a. die Tatsache an, dass Dolmen im Allgemeinen von einem Erdhügel bedeckt waren. Da Archäologen jedoch heute wissen, dass einzelne Dolmen nie bedeckt waren, könnten eben diese durchaus als Altar oder Kultstätte auch bei den Kelten gedient haben.

Hinsichtlich der Anzahl der im Dolmen bestatteten Toten gibt es sehr unterschiedliche Aussagen: Aufgrund der großen Zahl von Knochen wird angenommen, dass es sich um **Gemeinschaftsgräber** handelte. Umstritten ist jedoch nach wie vor, ob nur einzelne Mitglieder angesehener Familien hier in aufeinanderfolgenden Generationen beigesetzt wurden oder ob ganze Sippen einen Anspruch auf einen Platz im Dolmen hatten. Von einzelnen Dolmen, wie z.B. dem von Gavrinis, wird vermutet, dass für jeden Beigesetzten die Fläche jeweils eines Steines mit Symbolen verziert wurde

Steinritzungen im Tumulus von Gavrinis

025br Foto: wk

Dolmen, Innenansicht

und schließlich, nachdem der letzte Stein graviert war, das Grab verschlossen wurde.

Durch das Aufschichten Tausender kleiner Steine zu einem Steinhügel, dem **Cairn,** oder durch Aufschütten eines Erdhügels, dem **Tumulus,** wurden diese Gräber verschlossen. Es gibt auch Mischformen, bei denen über dem Steinhügel zusätzlich Erde aufgeschüttet wurde.

Die **Grundrisse** der Dolmen sind zum Teil recht unterschiedlich:

Die einfachste Form stellt lediglich die Grabkammer selbst dar. Als Beispiel sei der Dolmen von Kercadoret bei Locmariaquer genannt.

Oft führt ein steingedeckter Zugang zur eigentlichen Grabkammer. Man spricht hier von einem **Dolmen à Couloir** (Gangdolmen). Ein schönes Beispiel hierfür ist der Table des Marchand bei Locmariaquer. Nicht selten beinhaltet der Dolmen mehrere Grabkammern, wie z.B. bei Mané-Groh/Erdeven. Das wohl wegen seiner reichhaltigen Steingravuren schönste Beispiel für einen von einem Cairn bedeckten Dolmen ist auf der Insel Gavrinis zu besichtigen.

Stellvertretend für die Tumuli sei beispielhaft der große Saint Michel bei

Ein Fehler beim Sonnenaufgang

Bei Überlegungen, ob Megalithen in astronomisch bedeutungsvolle Richtungen weisen, muss berücksichtigt werden, dass die Stellung der Erdachse, also der Achse, um die sich die Erde dreht, nicht konstant ist. Vielmehr „trudelt" unsere Erde mit ihrer Achse wie ein rotierender Kreisel und erreicht erst nach fast 26.000 Jahren wieder dieselbe Stellung. Mathematisch-geometrisch handelt es sich um einen veränderlichen Winkel zwischen der Erdbahnebene und der Erdachse. Der Winkel variiert mit +/- 23,5 Grad. Das „Kreiseltrudeln" wird in der Astronomie als „Präzession" bezeichnet. Diese Präzession ist der Grund dafür, dass sich im Laufe der Jahrtausende die Auf- und Untergangspunkte von Sonne, Mond und Sternen am Horizont, wenn sie von einem festen Standort (z.B. Cromlec'h) aus beobachtet werden, langsam ändern.

Erst knapp 26.000 Jahre später erscheint die Sonne wieder am selben Tag im Jahr in derselben Richtung am Horizont. Dies bedeutet nun allerdings, dass die Menschen der Jungsteinzeit z.B. am 21. März im Jahre 3000 v. Chr. in Carnac den Sonnenaufgang zur Tag- und Nachtgleiche nicht genau in der Richtung sahen, in der wir heute am 21. März die Sonne aufgehen sehen. Der Unterschied beträgt, auf diese Zeitspanne bezogen, ca. 2 Grad.

Somit kann aus heute zu beobachtenden Deckpeilungen zum Sonnenauf- und -untergang nur über einen Korrekturwinkel auf frühere Beobachtungen geschlossen werden.

Carnac genannt, auf dem die katholische Kirche, über den megalithischen Glauben triumphierend, eine Kapelle errichten ließ.

Allée Couverte

Wörtlich übersetzt „bedeckter Gang“, stellt die Allée couverte eine weitere Sonderform des Dolmens dar, die in der deutschsprachigen Archäologie lapidar als „Steinkiste“ bezeichnet wird. Die Allées couvertes wurden in der Zeit von 3000 bis 2000 v. Chr. als **Grabanlage** angelegt. Im Gegensatz zum Gangdolmen gibt es keine separate Grabkammer, vielmehr entsprach der gesamte Gang dieser Kammer. Hier wurden, wie Knochenfunde belegen, meist 15–20 Menschen, aber teilweise auch bis zu 200 beigesetzt.

Ältere Knochen wurden stets in Bündeln zusammengebunden. Man kann also von regelrechten **Beinhäusern** sprechen.

Besonders sehenswert sind die Allées Couvertes von La Roche-aux-Fées bei Essé, La Maison-Es-Feins bei Tressé und Mougau-Bihan bei Commana.

Vermutlich waren ursprünglich die meisten Allées Couvertes von einem Tumulus bedeckt, doch wurde im Laufe der Jahrhunderte in vielen Fällen der **Erdhügel** durch Bodenerosion abgetragen. Zusätzlich darf angenommen werden, dass es zu allen Zeiten Grabräuber gab, die unter den Erdhügeln Kostbarkeiten vermuteten und deshalb zumindest einen Teil des Hügels abtrugen.

Kuriosität: Wettkampf im Menhir-Werfen. Im kleinen Ort **Guerlesquin,** ca. 20 km östlich von Morlaix, werden im Sommer die bretonischen Meisterschaften im **Menhire-Werfen** ausgetragen. Infos unter: http://www.tourisme.fr/office-de-tourisme/guerlesquin.htm.

Viviane und Merlin (Bild: Harald Foster)

Brocéliande

Brecheliant
Dunt Bretun vunt souvent fablant
Une forest mult lunge et lee
Ki en Bretaigne est mult loee ...

(*Robert Wace*, 12. Jh.)

Brocéliande, der Hintergrund vieler bretonischer Märchen, ist ein sehr langer und breiter Wald, der in der Bretagne sehr gerühmt wird.

Der **Wald von Brocéliande,** heute als **Forêt de Paimpont** bekannt, wurde von den Dichtern des Mittelalters, u.a. *Robert de Boron, Chrétien de Troyes und Wolfram von Eschenbach,* als Schauplatz der Abenteuer König Artus, der Ritter der Tafelrunde, der Liebe zwischen Merlin und Viviane und der Machenschaften der Fee Morgane besungen.

Die 7000 ha Wald, die den Ort Paimpont heute umgeben, sind die Überreste des riesigen Waldgebietes, das früher die gesamte innere Bretagne bedeckte. Die zahlreichen Gewässer, Brunnen, Teiche und Bäche haben das Gebiet schon in der Antike zum Zentrum druidischer Kulte werden lassen. Die Bedeutung des Wassers für den heidnischen Kult wurde später von der christlichen Kirche der Einfachheit halber übernommen und ausgenutzt. Ein Beispiel bietet die Kapelle neben der Fontaine de Barenton, die in zahlreichen Texten des Mittelalters erwähnt wird, aber heute leider vollständig verschwunden ist.

Wer war nun aber der **Zauberer Merlin?** In grauer Vorzeit hatte der Teufel ein Auge auf eine Jungfrau geworfen, deren Beichtvater ihr nahelegte, zum eigenen Schutz allabendlich ein Gebet zu sprechen, um nachts nicht vom Teufel besucht zu werden. Eines Abends kam es zum Streit mit der Schwester, das Gebet war vergessen, dem Teufel somit Tür und Tor geöffnet. Kaum war das Mädchen eingeschlafen, legte sich der Teufel zu ihr und zeugte unbemerkt ein Kind – *Merlin.* Das Kind, das zum Schutz vor der Macht des Teufels sofort getauft wurde, zeigte schon rasch außergewöhnliche Fähigkeiten. Er schaute in die Vergangenheit und die Zukunft, konnte sein Aussehen beliebig verändern, sogar Tiergestalt annehmen und kannte Begebenheiten, ohne selbst dabeigewesen zu sein. Im Laufe der Zeit wurde er Vertrauter von König *Uther* und später Freund und Berater von dessen Sohn *Artus.*

Eines Tages ruhte Merlin sich in Gestalt eines Jünglings am Brunnen von Barenton aus. Hier traf er ein schönes junges Mädchen, **Viviane,** die Tochter des Schlossherren von Comper. Entzückt von *Merlin* und seinen Fähigkeiten, er ließ z.B. für *Viviane* einen herrlichen Garten mit Musikberieselung erscheinen, ließ sie sich auf weitere Treffen mit ihm ein. Eine innige Liebe entstand. Mit der Zeit ließ sich Merlin erweichen, ihr seine magischen Fähigkeiten beizubringen. Er schenkte ihr auch ein Schloss am Grund des Sees von Comper, in dem sie das Waisenkind *Lancelot,* der später zu einem der berühmtesten Ritter der Tafelrunde werden soll, erzog. *Merlin* und *Viviane* lebten viele Jahre glücklich miteinander in ihrem märchenhaften Schloss, bis zu dem Tag, an dem sie das letzte Geheimnis von ihrem Liebhaber erlernte, die Fähigkeit, einen Mann in einem Gefängnis zu halten, mit nichts als undurchdringlichen Mauern aus Luft. Während *Merlin* schläft, wiederholt Viviane das magische Ritual und macht ihn so zu ihrem Gefangenen für die Ewigkeit.

In einigen Texten des Mittelalters wird darauf verwiesen, dass *Merlin* sich hätte befreien können, dies aber nicht tat, weil ihn das Liebesgefängnis scheinbar nicht zu sehr schreckte. In anderen Erzählungen werden die beiden in recht negativem Licht dargestellt. *Merlin* als Mann, der von seinem Vater die Eigenschaft geerbt hat, dem weiblichen Geschlecht sehr zugetan zu sein, und *Viviane* als Frau, die Magie einsetzt, um sich von diesem Lüstling zu befreien, oder die nur vorgibt, ebenfalls Gefallen an der Sexualität zu finden, und dadurch immer stärkeren Hass gegenüber *Merlin* aufbaut. Ihre einzige Idee ist es, sich seiner zu entledigen. Eines Tages paralysiert sie ihn mit Hilfe der Magie, wirft ihn in einen Graben und verschließt diesen mit einer großen Steinplatte. Diese Version wurde im 20. Jahrhundert von *Guillaume Apollinaire* in seinem Werk „L'Enchanteur Pourrissant" verarbeitet. Diese negative Darstellung wurde im Laufe des Mittelalters von der Kirche verbreitet, um so die legendären Gestalten in der Öffentlichkeit ihrer Attraktivität zu berauben und so den Zulauf zur christlichen Kirche zu verstärken.

Morgane, ihr Name bedeutet „Aus dem Meer geboren", ist in den ersten Texten, in denen sie erwähnt wird, eine Frau mit enormer Macht. Möglicherweise ist sie gleichbedeutend mit *Modron,* der Muttergöttin der Kelten. Sie besitzt außergewöhnliche Kenntnisse, u.a. die Fähigkeit zu heilen. Ihr Reich ist die sagenumwobene **Insel Avalon.** Nach der letzten Schlacht gegen *Mordred* wird der verletzte König *Artus,* ihr Halbbruder, von *Merlin* nach Avalon gebracht und von ihr gepflegt. Unter den Apfelbäumen der Insel ruht er nun, bis die Zeit gekommen ist, die Größe der Bretagne wiederherzustellen.

Betrogen von ihrem Liebhaber *Guyomart,* schwört *Morgane* allen Männern Rache und beginnt diesen Feldzug gleich mit der Gefangennahme von *Guyomart* im Tal ohne Wiederkehr *(Le Val sans Retour).* Jeder Mann, der jemals seiner Dame untreu gewesen ist, sei es auch nur in Gedanken, soll hier für immer schmachten, wenn er dieses Tal zu durchqueren versucht. Sicherlich hat es so manchen erwischt. Eines Tages gelingt es **Lancelot,** nachdem er zahlreiche Hindernisse (Drachen, böse Riesen, einen Fluss aus Feuer) überwunden hat, bis zu ihrem Schloss vorzudringen. Dank seines magischen Ringes, den er von *Viviane* erhalten hat, kann er die Gefangenen endlich befreien.

Je nach dem Text variiert die Gestalt *Morganes* von der Muttergöttin bis zur schrecklichen Giftmischerin. Ihre Erscheinung wird im Laufe des Mittelalters immer negativer dargestellt, ähnlich wie *Merlin* und *Viviane.* Auch dies zeigt eine gezielte Taktik der Kirche, den Morgane-Kult zu hintertreiben.

Die Artussage

Im Werk des britischen Historikers *Nennius* „Historia Britonum", um 800 n.Chr., findet sich die erste bekannte Erwähnung König *Artus'.* Im 12. Jahrhundert datiert *Geoffrey von Monmouth* in der „Historia Regnum Britanniae" den Beginn von *Artus'* Herrschaft auf das Jahr 505 n. Chr. Er führte die Briten gegen die Angelsachsen und besiegte sie. Schließlich, so berichtet die Legende mittelalterlicher Texte, soll er Irland, Gallien und das gesamte Britannien erobert haben. *Merlins* Rat zufolge organisierte er die **Tafelrunde,** einen Zusammenschluss von insgesamt 12 Rittern und ihm. Diese Zahl 13 wurde später von der Kirche als Symbol für die Stationen des Kreuzigungsweges Christi und die Allmacht Gottes interpretiert. Die Besonderheit der Tafelrunde besteht in dem sprichwörtlichen runden Tisch, der die Gleichrangigkeit aller Mitglieder, auch des Königs, widerspiegelt. Das Ziel der Gruppe war die Suche nach dem heiligen Gral, einem Symbol für Vollkommenheit, das später dann vom Christentum übernommen wurde.

Während eines Krieges auf dem Festland bemächtigte sich *Artus'* Neffe **Mordred** des Thrones und seiner Frau *Guinevere.*

Artus kehrte zurück (542 n. Chr.), tötete *Mordred,* wurde dabei selbst verletzt und nach Avalon gebracht (s.u. „Morgane"). Seitdem verbreitete sich das Unglück (Kriege, Armut) über die Bretagne. Der Legende zufolge wird der Zauberer *Merlin,* sein Freund und Berater, eines Tages mit dem Klang seiner goldenen Harfe *Artus'* Rückkehr ankündigen. Die Bretagne wird dann endlich ihre vergangene Größe wiedererlangen.

Die Suche nach dem Gral

Artus und die Ritter der Tafelrunde hatten sich der Suche nach einem mysteriösen Objekt, dem Gral, verschrieben. Über den Gral gibt es unterschiedliche Beschreibungen. Bereits im 12. Jahrhundert hat *Robert de Boron* das Thema zugunsten der katholischen Kirche ausgelegt. Für ihn ist der Gral der **Kelch des Abendmahls** und das Gefäß, mit dem *Joseph von Arimathia* das Blut Jesu aufgefangen hat. Er gelangte in die Bretagne, lebte dort im Wald von Brocéliande und verschwand hier zusammen mit dem Kelch.

Die Sagen um den Gral bieten mehrere Erklärungen für den Begriff „Gral". Möglicherweise handelt es sich um eine Geschichte, die den Kelch als mystisches Fruchtbarkeitssymbol darstellt. Eine andere Version geht davon aus, dass die ursprüngliche Schreibweise des Wortes „Saint Graal" (= heiliger Gral) eigentlich „Sang Raal" oder „Seng Real" war, das übersetzt „königliches Blut" bedeutet.

Im 6. Jahrhundert machten *Artus* und seine Gefolgsleute sich auf, den Kelch, ihren heiligen Gral, zu suchen. Nur ein Ritter mit reinem Herzen konnte ihn finden und zurückgewinnen. Dies gelang schließlich **Galahad,** dem Sohn *Lancelots. Wolfram von Eschenbach* stellte den Gral im 13. Jahrhundert als riesigen, vom Himmel gefallenen Edelstein dar, der die Quelle des Lebens und der Ewigkeit symbolisierte. Er schrieb über die Ritter der Tafelrunde:

„Sie lebent von einem steine
Des geslähte ist vil reine ...
Es heizet lapsit (lapis) exillis
Der stein ist ouch genannt der gral."

Legenden und Mythen

Die Bretagne – Land der Legenden. Bretonen fanden schon immer besonderen Gefallen daran, einzelne Abschnitte von Erzählungen auszuschmücken, und so auch banalste Geschichten in wunderbare Abenteuer zu verwandeln. So wurden ewige Mythen erschaffen. Innerhalb dieses reichen Kulturgutes von Sagen und Legenden, lassen sich drei Hauptbereiche voneinander unterscheiden:

Das **Leben der Heiligen:** Oft ist der Heilige ein Held, der ein fürchterliches Monster besiegte. Diese Tat des Heiligen symbolisiert somit den Sieg des Christentums über die ursprünglichen Religionen.

Lokale Legenden: Ist ein bizarr geformter Felsen nicht der Beweis für das Vorübergehen eines ehrfurchtgebietenden Menschen? Sind Vertiefungen im Stein nicht möglicherweise Abdrücke seines Körpers? In der Bretagne ist scheinbar alles möglich!

Solche Legenden ähneln sich regional oft und spielen häufig auf alte Gottheiten an, die in den Volksglauben übergegangen sind, wie z.B. die Fee Morgane.

Keltische Mythologie und Romans Bretons: Ursprüngliche keltische Mythologie und Druidenglauben wurden

im 13. Jahrhundert eng mit den sogenannten **Romans Bretons** verwoben.

Die Hauptfiguren sind oft übernatürliche Wesen wie z.B. die Feen *Viviane* und *Morgane*, die *Korriganes* (böse Geister), der *Ankou* (dessen Aufgabe es ist, die Menschen ins Jenseits zu holen), die Prinzessin *Ahès* (oder auch Dahud), ihr Vater, König *Gradlon*, und der Riese *Gawr*.

Die Hauptthemen sind die versunkenen Städte Douarnenez, Saint Philibert-de-Grand-Lieu und Brézal, das ausschweifende Leben der Prinzessin *Ahès* und auch die schrecklichen Taten der Frauen- und Kindermörder *Comorre* und *Gilles de Rais*, die auf historischen Begebenheiten beruhen.

Die *Romans Bretons* erzählen hauptsächlich die Geschichten von den Rit-

Der Heiland steht Wache:
ein christianisierter Brunnen bei St-Croix

tern der Tafelrunde um König *Artus*, der Liebe von *Merlin* und *Viviane* und die Tragödie von *Tristan* und *Isolde*. Diese Erzählungen, die schon seit Jahrhunderten Autoren inspirierten (z.B. *Hersart de La Villemarqué* in seiner Balladensammlung „Barzaz Breiz" und *Richard Wagner*), sind auch heute noch Basis zahlreicher Werke, z.B. *Cocteaus* Film „L'Eternel Retour".

Die Druiden

Der Ursprung des druidischen Kultes verliert sich im Nebel der Jahrhunderte. Relativ sichere Angaben liegen über die Anwesenheit von Druiden im 6. Jahrhundert in Gallien und Armorika vor.

Sie bildeten eine **besondere Priesterkaste** mit hervorragenden Kenntnissen in Naturwissenschaften und Philosophie. Aus diesem Grund besaßen sie eine große Autorität, sodass keine wichtige Entscheidung gefällt wurde, ohne sie vorher um Rat zu fragen. Sie waren hierarchisch organisiert, wobei das Oberhaupt auf Lebenszeit gewählt wurde.

Neben ihrer religiösen und politischen Funktion übernahmen sie auch **pädagogische Aufgaben.** Der Unterricht wurde im Wesentlichen jungen Adeligen und zukünftigen Druiden zuteil, wie es *Pomponius Mela* (1. Jh. n. Chr.) beschreibt, wobei durch strenge Geheimhaltung Macht und Eigenständigkeit der Kaste bewahrt wurden.

Ihre naturwissenschaftlichen Kenntnisse versetzten sie dazu in die Lage, Krankheiten zu diagnostizieren und auf Naturheilbasis zu kurieren, wobei dem Wasser besondere Bedeutung zukam. Zugleich betonten sie nach außen hin ihre übersinnlichen Fähigkeiten und ihre Verbindung zum Jenseits.

Ein anderer heftig diskutierter, aber unbewiesener Aspekt ist das Darbringen von **Menschenopfern** durch Druiden. Auch heute noch gründet sich die Diskussion auf die Beschreibungen von *Caesar* und *Posidonios d'Apamée* (135–51 v. Chr.). Möglicherweise handelt es sich allerdings bei *Caesars* Beschreibungen um seine häufig verunglimpfenden Thesen über Feinde des Römischen Reiches. Sollte es tatsächlich Menschenopfer gegeben haben, ließen sie sich mit dem Glauben der Druiden an die Wiedergeburt des Menschen erklären.

Hinweise auf den **Glauben** der Kelten **an die Wiedergeburt** finden sich beispielsweise in den Versen des Barden *Taliesin,* im Cad Goddeu:

> Ich bin in unterschiedlichen
> Formen erschienen,
> Bevor ich irdische Materie wurde,
> Ich war der strahlendste unter den Sternen,
> Ich war der Glanz eines Lichtes ...

Kostüme

Nach *Pierre-Jakez Hélias,* einem der berühmtesten zeitgenössischen bretonischen Schriftsteller, sind die Trachten der Bretagne Ausdruck der Denk- und Lebensweise der Bretonen. Die Kostüme, die im 16. Jahrhundert entstanden, repräsentierten vier Jahrhunderte

Quimper

Fouesnant

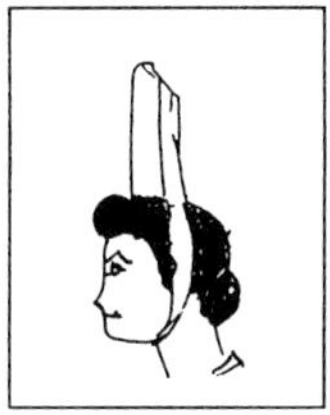
Bigouden

Rosporden

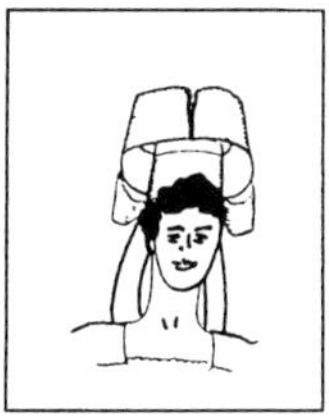
Concarneau

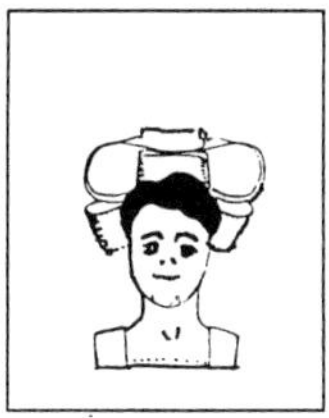
Langonnet

Pont-Aven

Elliant

lang die Vielseitigkeit der Bretagne. Jedes Kostüm entsprach dem eng begrenzten Bezirk einer ethnischen Gruppe, dem **Clan.**

Dem Brauch entsprechend, sollte ein junges Mädchen zu ihrer Hochzeit ein besonders hübsches Kostüm kaufen, das sie auch später **in allen feierlichen Lebenssituationen** (Taufe, Kommunion, Pardons) wieder tragen konnte. Heute werden diese Kostüme noch bei besonderen Anlässen, wie dem Festival Interceltique de Lorient oder den Pardons, getragen. Gängige **Materialien** sind Samt und Satin. Die Schürzen sind mit Spitzen verziert.

Besonders originell sind die zu den Trachten gehörenden **Hauben.** Die regional sehr unterschiedlichen Haubenformen unterstreichen die Pracht des Kostümes eindrucksvoll. Eine erstaunliche Größe erreicht die Bigouden-Haube aus der Region um Pont-l'Abbé. Sehr hübsch ist die Haubenform von Pont-Aven, zu der auch ein spitzenverzierter schulterbreiter Kragen gehört.

Heute sind die Trachten weitgehend aus dem alltäglichen Leben verschwunden, sodass sie außerhalb besonderer Festivitäten nur noch in den Museen größerer Städte besichtigt werden können (siehe auch „La Fete des Brodeuses", Kapitel „Pont L'Abbé").

028br Foto: wk

Orts-beschreibungen

029br Foto: wk

030br Foto: wk

An der Stadtmauer von St. Malo

Leuchttürme im Raz de Sein

Herrschaftliches Haus am Ufer des Odet

Rennes und Umgebung

Rennes

Die Hauptstadt der Bretagne mit ihren über 200.000 Einwohnern ist gleichzeitig die **untypischste Stadt der Region.** Bestimmen in der Bretagne sonst Märchenschlösser, trutzige Burgen, (verschlafene) Kleinstädte mit jahrhundertealten Stadtkernen, kirchliche Prunkbauten und steinerne Zeugen prähistorischer Kultur das Bild, so zeigt sich Rennes als **moderne Stadt.** Geradlinige Straßenzüge und neoklassizistische Gebäude kennzeichnen die Stadt am Zusammenfluss der Ille und Vilaine.

Nur im **Stadtteil Les Lices** ist etwas von der ehemals mittelalterlichen Atmosphäre übriggeblieben. Hier bestimmen noch immer Fachwerkhäuser das Bild der schmalen Straßen und Gassen.

Heute ist Rennes wirtschaftliches und kulturelles **Zentrum der Bretagne.** Bedeutende Industrieunternehmen wie z.B. Citroën haben hier große Werke, der TGV-Hochgeschwindigkeitszug erreicht von hier aus Paris in knapp zweieinhalb Stunden. An der Universität sind weit über 30.000 Studenten eingeschrieben, die das wirtschaftliche Fortkommen der Stadt wissenschaftlich untermauern. Zugleich erlebt Rennes eine **Renaissance der keltisch-mystischen Kultur.** Im Studentenviertel Les Lices schießen als sichtbares Zeichen dieser Kultur immer neue Zirkel und Esoterik- und Mystikbuchhandlungen aus dem Boden.

031br Foto: wk

Geschichte

Schon zur Zeit der Gallier war der Ort unter dem damaligen Namen Condate der **Hauptsitz der Redonen.** Auch sie erkannten die verkehrsgünstige Lage im fruchtbaren Becken der Flüsse.

Im 3. Jh. umgab eine Ziegelmauer schützend die Stadt im Osten der Bretagne, die später (Frühmittelalter) zur bedeutenden **Grenzbefestigung der Franken** gegen die Bretonen wurde.

Im 11. Jh. siegten die bretonischen Herzöge *Nominoë* und *Erispoë* endgültig über *Karl den Kahlen*. Rennes **fiel der Bretagne zu.** Eine stete Entwicklung setzte ein. Die Stadt avancierte zur mächtigsten Stadt der Herzöge der Bretagne, bis sich die Region 1532 Frankreich anschloss.

Bedeutende Namen sind mit der Stadt eng verknüpft, so die von *Bertrand Du Guesclin* und *Anne de Bretagne* (siehe „Geschichte").

Du Guesclin kam 1337 zum Ritterturnier nach Rennes, durfte aber wegen seiner ärmlichen Kleidung nicht teilnehmen. Mit geborgter Ausrüstung und geschlossenem Helmvisier gelang es ihm, doch noch auf dem heutigen Places des Lices am blutigen Schauspiel teilzunehmen und zu siegen. Vergessen war fortan seine Armut, gelobt wurde nur noch sein Mut.

Symmetrisch: das wiederaufgebaute Rathaus von 1734

🏨	1	Jugendherberge
⚠	2	Camping Municipal des Gayeulles
🏨	3	Hôtel Rocher de Cancale
🏨	4	Hôtel des Lices
★	5	Place des Lices
★	6	Porte Mordelaise
ii	7	Cathédrale Saint-Pierre
ℹ	8	Office du Tourisme
★	9	Rathaus
★	10	Palais de Justice
🍴	11	Crêperie La Saint-Georges
ℹ	12	Office du Tourisme
Ⓑ	13	Busbahnhof
🏨	14	Hôtel Angelina
🏨	15	Hôtel Lanjuinais
🏨	16	Hôtel Anne de Bretagne
🏨	17	Hôtel d'Angleterre
🏨	18	Hôtel Mercure
Ⓜ	19	Musée de Bretagne, Musée des Beaux Arts
🏨	20	Hôtel Arvor
🏨	21	Hôtel de Brest
●	22	Bahnhof
🏨	23	Hôtel de Bretagne
🏨	24	Hôtel Le Léon
★	25	Jardin du Thabor

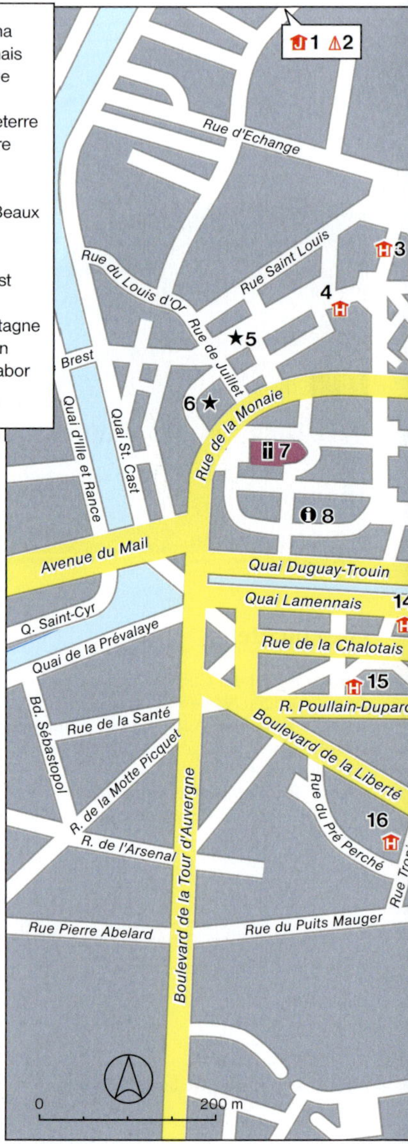

Für **Anne de Bretagne,** Herzogin der Bretagne, war 1491 ein bedeutsames Jahr. *Charles VIII.* hielt um ihre Hand an, wurde jedoch abgewiesen und zog daraufhin wutentbrannt vor die Tore der Stadt, wild entschlossen, seine Angebetete im wahrsten Sinne des Wortes zu erobern. Am 6. Dezember 1491, die Vorräte in der Stadt werden schon knapp, entscheidet sich die 12-jährige *Anne* schließlich, auf die Hochzeit mit dem österreichischen Kaiser *Maximilian von Habsburg* zu verzichten und stattdessen *Charles VIII.* zu heiraten.

Die Verwaltungsmetropole des Ancien Régime und ab 1561 Sitz des bretonischen Parlaments behauptete immer schon ihre Unabhängigkeit gegenüber der Zentralregierung. Besonders deutlich zeigte sich dies 1675 in der Steuerrevolte, der sog. **Stempelpapier-Revolte,** der Bonnets Rouges. 14 Jahre lang wurde daraufhin das Parlament nach Vannes verbannt.

1720 kam es zu dem wohl einschneidendsten Ereignis in der Stadt. Volltrunken gelang es einem Tischler, mit einer brennenden Kerze sein Haus anzuzünden. Der **Brand** griff rasch um sich und vernichtete innerhalb einer Woche über 800 Häuser, nahezu die gesamte Altstadt. Verschont wurde nur das Viertel Les Lices.

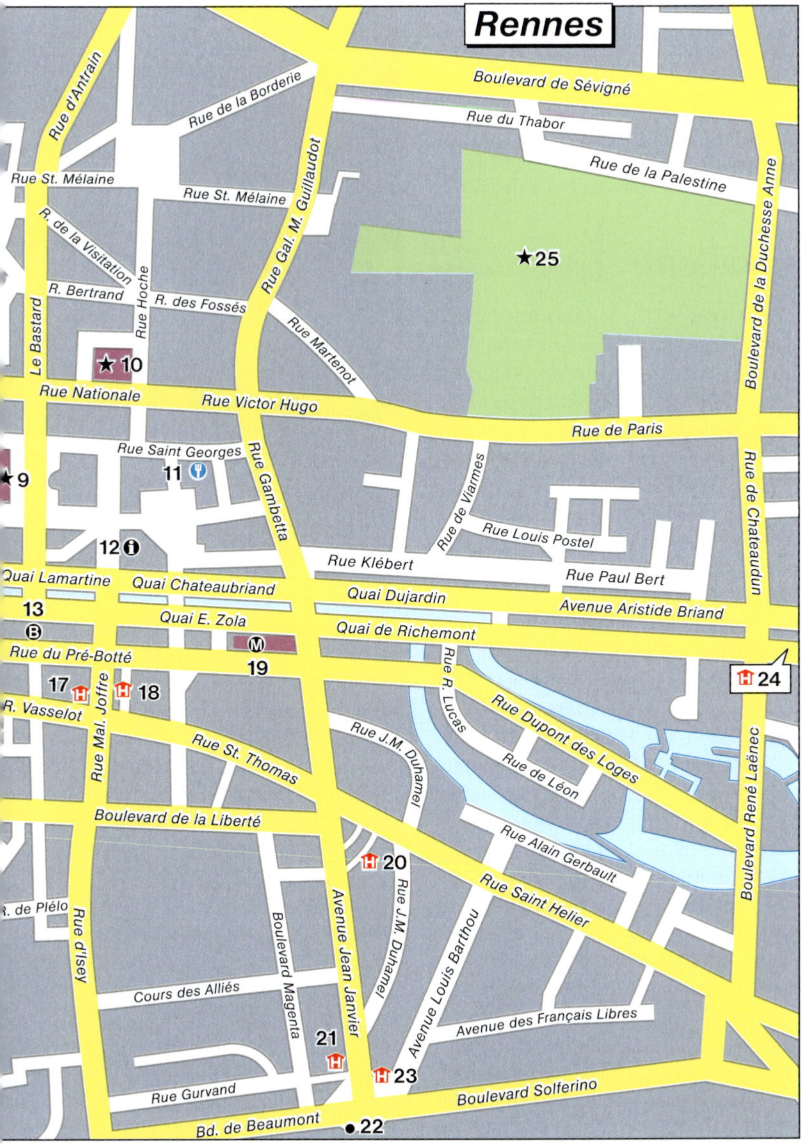
Rennes
Boulevard de Sévigné
Rue du Thabor
Rue de la Palestine
Rue de la Borderie
Rue d'Antrain
Rue St. Mélaine
Rue St. Mélaine
Rue Gal. M. Guillaudot
Boulevard de la Duchesse Anne
★25
R. de la Visitation
R. Bertrand
Rue Hoche
R. des Fossés
Rue Martenot
Le Bastard
★10
Rue Nationale
Rue Victor Hugo
Rue de Paris
Rue Saint Georges
11
★9
Rue Gambetta
Rue de Viarmes
Rue de Chateaudun
Rue Louis Postel
12
Rue Klébert
Rue Paul Bert
Quai Lamartine
Quai Chateaubriand
Quai Dujardin
Avenue Aristide Briand
13
Quai E. Zola
Quai de Richemont
Rue du Pré-Botté
19
Rue R. Lucas
24
17
18
Rue Mal. Joffre
R. Vasselot
Rue Dupont des Loges
Rue J.M. Duhamel
Rue St. Thomas
Rue de Léon
Boulevard René Laënec
Boulevard de la Liberté
Rue Alain Gerbault
20
Rue Saint Helier
R. de Plélo
Rue d'Isey
Boulevard Magenta
Avenue Jean Janvier
Rue J.M. Duhamel
Avenue Louis Barthou
Cours des Alliés
Avenue des Français Libres
21
23
Rue Gurvand
Boulevard Solferino
Bd. de Beaumont
22

Der königliche Architekt *Jean Gabriel* erhielt nun den Auftrag, den **Wiederaufbau** durchzuführen. Ihm sind heute ein großer Teil der Gebäude und das rechtwinklige Straßensystem zu verdanken.

Große Zerstörungen konnten während der Revolution vermieden werden, die Stadt hing den Republikanern an. Im Zweiten Weltkrieg entstanden jedoch schwere Gebäudeschäden.

Sehenswertes

Die Altstadt. Ein Stadtrundgang beginnt am günstigsten am Office de Tourisme, an der Pont de Nemours. Über die Rue d'Orléans gelangt man zum Place de la Mairie. Hier steht links das Rathaus und rechts das Theater (1832). Das **Rathaus** wurde zwischen 1734 und 1742 von *Jean Gariel* im Zuge des Wiederaufbaus errichtet. Skulpturen säumen den Eingangsbereich, in dem sich rechts Gedenktafeln für die Soldaten des 1. Weltkrieges und des Algerienkrieges (1962) befinden. Gedichte von *Victor Hugo* schmücken die Tafeln. Wer beim Pförtner höflich fragt, kann die Hochzeitskapelle im 1. Stock mit ihren herrlichen Wandteppichen besichtigen. Im Hochzeitssaal (300 m²) werden auch heute noch festliche Anlässe begangen.

Weiter führt der Weg vorbei an der sehr schönen **Eglise St-Sauveur** aus dem 17. und 18. Jh. Beeindruckend ist hier der vergoldete Baldachin über dem Hauptaltar. Unmittelbar benachbart steht die **Cathedrale St-Pierre,** die aus dem 19. Jh. stammt. Allerdings ist dies bereits das dritte religiöse Bauwerk an dieser Stelle, nachdem hier zuvor bereits im 6. Jh. eine Kirche errichtet wurde, deren Weiterbau vom 12. bis zum 18. Jh. stattfand. Das Innere des Gotteshauses wirkt mit den vielen Schnitzereien und Vergoldungen etwas überladen.

Gegenüber der Kathedrale befindet sich das ehemalige Stadttor, die **Porte Mordelaise.** Dieses Tor aus dem 15. Jh. war der Eingang für die Herzöge der Bretagne.

Der **Place des Lices** und seine mittelalterlich erhalten gebliebenen Straßen-

032br Foto: eh

Frisch gebohnert: der Rathaussaal

züge schließen sich an. Heute hat sich hier eine studentische Kultur mit vielen Kneipen und internationaler Küche etabliert. Auf dem Platz selbst, früher Schauplatz der Ritterturniere, findet heute nur noch ein gänzlich unblutiger Markt statt (jeden Samstag). Hübsche Fachwerkhäuser stehen in der Rue St-Michel, am Place Ste-Anne und in der Einkaufsstraße Rue du Pont-aux-Foulons.

Die Rue Lafayette und weiter die Rue Nationale führen dann zum **Palais de Justice,** dem ehemaligen Abgeordnetenhaus der bretonischen Regierung. Hier, im prunkvoll ausgestatteten Gebäude aus dem 17. Jh., das von dem für seinen Renaissancebaustil berühmten Architekten *Salomon de Brosse* errichtet wurde, nahm die Stempelgeld-Revolte ihren Anfang, die schließlich zu bürgerkriegsartigen Zuständen, vielen Toten und schließlich zur Verbannung des Parlaments führte. Im Inneren ist besonders der Saal (Grande Chambre) beeindruckend. Gemälde, Gobelins und Verzierungen an den Logen für Ehrengäste zeugen von einstiger Pracht. Leider wurde dieses symbolträchtige Bauwerk 1994 ein Raub der Flammen. Aufgebrachte militante Fischer, erbitterte Gegner der EU-Politik, richteten großen Schaden an.

Jardin du Thabor. Blumenpracht, Natur und Tiergehege befinden sich im hübsch angelegten Stadtgarten, der nach einem Stadtbummel recht kurzweilig und erholsam sein kann.

Musée de Bretagne und Musée des Beaux Arts. Die Geschichte der Bretagne und natürlich Rennes' ist mit großer Akribie im Museumskomplex zusammengetragen worden. Von den Kelten bis zum Beginn des 1. Weltkrieges reichen die Exponate: Münzen, Trachten, Werkzeuge, Möbel, Waffen, Gebrauchsgegenstände und sonstige Fundstücke. Spezielle Lichteffekte unterstützen das Erleben der Historie. Leider nur französisch beschriftet.

Im 1. Stock des Gebäudes befindet sich das Museum der Schönen Künste, das die Malerei des 18. und 19. Jh., darunter auch die Schule von Pont-Aven, ausstellt.

Quai Emile Zola 20, Tel. 02.99. 28.55.84. Öffnungszeiten: täglich, außer dienstags und an Feiertagen, 10–12 Uhr und 14-18 Uhr. Eintritt 4/ 2 € .

Schon im 14. Jahrhundert war die heutige **Chapelle St. Yves** ein Anlaufpunkt für Leidende. Zunächst Hospital für Kriegsverletzte, wurde das Haus im 17. Jahrhundert von den Augustinern übernommen. Heute befindet sich in dem historischen Gebäude das *Office de Tourisme* und eine permanente Ausstellung zum Thema „Ville d'Art et d'Histoire". Öffnungszeiten: Mo.–Sa. 9 bis 18 Uhr, So. ab 11 Uhr.

Praktische Hinweise

Information

- **Office de Tourisme,** 11, rue Chapelle Saint-Yves, 35064 Rennes, Tel. 02.99.67.11.11, Fax 02.99.67.11.10. www.tourisme-rennes.com
- **Busauskunft,** STAR, Tel. 08.11.55.55.35, www.star.fr.
- **Busbahnhof,** Tel. 02.99.30.87.80.
- **SNCF-Auskunft,** Tel. 08.00.88.05.62 (0,34 ct./Min), www. sncf.com.

Unterkunft

Dem Charakter der Stadt entsprechend, gibt es zahlreiche Hotels von recht einfacher Ausstattung bis zur gehobenen Mittelklasse (3 Sterne). Die überwiegende Zahl der Hotels befindet sich südlich der Vilaine, hier auch besonders in der Umgebung des Bahnhofs.

- **Hôtel Anne de Bretagne€€€,** Rue Tronjolly 12, Tel. 02.99.31.49.49, Fax 02.99.30.53.48. Eines der besten Häuser der Stadt. Komfortabel eingerichtete Zimmer und guter Service.
- **Le Léon€€,** Rue de Léon 15, Tel. 02.99.30.55.28, www.hotel-de-leon.fr. Kleines, einfaches, aber sauberes Hotel.
- **Angelina€€(€),** Quai Lamenais 1, Tel. 02.99.79.61.01, www.angelina-hotel.com. Recht komfortable Zimmer mit dem kleinen Haken der vielen Treppenstufen, ein echter Nachteil mit viel Gepäck.
- **Hôtel Lanjuinais€€€,** Rue Lanjuinais 11, Tel. 02.99.79.02.03, www.hotel-lanjuinais.com. Nahe am Place de Bretgane liegt das ruhige Hotel mit hübsch eingerichteten Zimmern.
- **Hôtel des Lices€€€,** Place des Lices 7, Tel. 02.99.79.14.81, www.hotel-des-lices.com. Das schicke Hotel liegt an einem der schönsten Plätze der Stadt und bietet sehr gut ausgestattete Zimmer.
- **Hôtel Mercure Pré-Botté€€€,** Rue Paul Louis Courier, Tel. 02.99.78.82.20, Fax 02.99.78.82.21. Ebenfalls sehr komfortables Hotel mit 104 Zimmern. www.accorhotel.com
- **Hôtel Arvor€,** Avenue Louis Barthou, Tel. 02.99.30.36.47. 16 gemütlich und ordentlich, aber nicht übermäßig komfortabel ausgestattete Zimmer.
- **Hôtel de Brest€€,** Place de la Gare 15, Tel. 02.99.30.35.83. In unmittelbarer Bahnhofsnähe, allerdings lärmgeschützt. Ordentlich eingerichtete Zimmer. Fax 02.99.30.08.60. www.hoteldebrest-rennes.com
- **Hôtel de Bretagne€,** Place de la Gare 7. Tel. 02.99.31.48.48. Ebenfalls in Nähe des Bahnhofes. Standard wie im Hôtel Brest.
- **Hôtel d'Angleterre€,** Rue Maréchal Joffre 19, Tel. 02.99.79.38.61, Fax 02.99.79.43.85. Einfach ausgestattete Zimmer.
- **Hôtel Rocher de Cancale€,** Rue St-Michel 10, Tel. 02.99.79.20.83. Die Einrichtung der Zimmer entspricht der unteren Mittelklasse. Leider nicht der Preis, der der Tatsache Rechnung trägt, mitten im Geschehen (besonders im nächtlichen) zu wohnen.
- **Auberge de Jeunesse€,** Canal St-Martin 10-12, Tel. 02.99.33.22.33, www.fuaj.org. In der Jugendherberge stehen 40 Zimmer zur Verfügung.
- **Chateau du Bois Glaume€€€,** M. und Mme. Berthelemé, 35320 Poligné Tel. 02.99.43.83.05, Fax. 02.99.43.79.40. 2 Suiten und 2 Zimmer erwarten Gäste in der kultivierten Atmosphäre des Schlosses aus dem 18. Jh. Der ideale Ort, um entfernt von der Hektik der Stadt unter herrlichen alten Eichen im Park zu entspannen. Anreise: über die N 137 Richtung Nantes bis Poligné. Das Schloss ist dann ausgeschildert.
- **Chateau de la Villouyère€€€,** M. und Mme. Bruchet-Mery, 35630 Vignoc, Tel. 02.99.69.80.69. Im Herrenhaus aus dem

033br Foto: eh

Fassadenverzierung

18. Jh. stehen 4 Zimmer zur Verfügung. Ideal für romantische Candle-Light-Dinner. Anreise: N 137 in Richtung Saint Malo bis Vignac. Am Kreisverkehr in La Mézière links abbiegen, das Chateau ist ausgeschildert.

- **Camping Municipal des Gayeulles,** Rue du Professeur M. Audin (Parc des Bois), Tel. 02.99.36.91.22, www.camping-rennes.com. Der Platz liegt etwa 3 km außerhalb der City in einer Art Naherholungsgebiet. 100 Stellplätze stehen zwischen dem 28.3. und 30.9. zur Verfügung.

Essen und Trinken

Hunderte von Gelegenheiten, internationale Küche zu genießen, bestehen in Rennes.

- Schwerpunkt internationaler Küche ist der Bereich um den Place des Lices. Versuchen Sie doch einmal **Le Khalifa,** ein marokkanisches Restaurant.
- Freunde der Crêpes findet man im **Des Beaux Arcs,** Rue Hoche 21. Hier gibt es zudem leckere Grillgerichte.
- **Crêperie Ar Pillig,** Rue d'Argenté 10, Tel. 02.99.79.53.89. Sehr leckere Crêpes und Galettes.
- **Crêperie La Saint-Georges**, Rue Saint-Georges 31. Sehr gute Crêpes und Galettes zwischen 6 und 14 Euro.
- Gehobene Kochkünste erwarten den Gast im **Le Petit Sabayon,** rue des Trente 16, im La Grillade du Surcouf, Place de la Gare 12 und Le Serment de Vin, boulevard de la Tour d'Auvergne 20.
- **Crêperie La Saint-Georges,** Rue Saint-Georges 31. Sehr gute Crêpes und Galettes zwischen 6 und 14 €.

Sonstiges

- **Schwimmbad,** Piscine Sports Loisirs, im Freizeitpark von Cesson-Sévigné, Tel. 02.99.83.52.10.
- **Stadtverkehr:** In der Stadt und in die nähere Umgebung fahren Busse der STAR. Fahrpläne mit den jeweiligen Routen (Réseau de Bus) erhält man im Office de Tourisme. Der Busbahnhof dieser Busse befindet sich am Place de la République.
- **Parken:** Hauptparkplätze befinden sich an den Ufern der Vilaine und am Place des Lices. Sie sind gebührenpflichtig und werden regelmäßig überwacht.
- **Markt:** Samstags am Place des Lices.

Feste

- Rennes ist im Sommer Schauplatz einiger Festivals. Das Office de Tourisme informiert über aktuelle Veranstaltungen.
- Jährlich findet in den ersten Julitagen das **Festival des Tombées de la Nuit** statt. Musik, Theater, Filme, Pantomime und Tanz bestimmen dann die Innenstadt.
- In der zweiten Dezemberwoche treffen sich französische Rockmusiker zum **Les Transmusicales Festival.**

Anreise/Weiterreise

- **Mit dem Flugzeug:** In St-Jacques, etwa 7 km außerhalb der Stadt, liegt der Flughafen mit regelmäßigen Verbindungen zu den größeren Städten Frankreichs. Im internationalen Luftverkehr gibt es Flüge nach London.
- **Mit der Bahn:** Der Bahnhof im Süden der Stadt ist der größte und wichtigste der Bretagne. Auf der Hauptstrecke verkehren Züge, auch der TGV, von Paris bis Brest, über St-Brieuc oder Vannes und Quimper. Kleinere Orte überall in der Bretagne werden ebenso regelmäßig angefahren. Auf der Strecke bis Bordeaux halten die Züge in Nantes.
- **Mit dem Bus:** Am Boulevard Magenta befindet sich der Gare Routière. Von hier aus fahren Busse regelmäßig in alle größeren Städte der Bretagne.

Umgebung von Rennes

Ecomusée du Pays de Rennes

Das Heimatkundemuseum befindet sich auf dem Hof La Bintinais, einem Gutshof, der früher direkt an der Grenze zwischen Stadt und Land lag. Seit 1980 werden hier auf 1200 m² Fläche Exponate zu den Themen Rennes und das Umland, Leben der Grundbesitzer und Bauern, Leben in Rennes und Umgebung, Architektur und Umwelt und Früchte der Erde ausgestellt.

Das Ecomusée liegt an der Straße nach Châtillon-sur-Seiche, Tel. 02.99.51.38.15. Öffnungszeiten: Täglich, außer dienstags und an Feiertagen, vom 1.4. bis 15.10. 9–12/14–18 Uhr, vom 16.10. bis 31.3. 14–18 Uhr, Eintritt 5/2,50 €.

Anreise

- **Busse** der Linie 14 fahren bis zur Haltestelle Le Gacet (ab République) und Busse der Linie 61 bis zur Haltestelle La Bintinais (ab Busbahnhof).

Aquarium

Das Aquarium im Vorort Cesson-Sévigné beherbergt vornehmlich einheimische Süßwasserfische. Ausstellungen und Videos informieren über Fischzucht und -fang.

Boulevard de Dézerseul, Cesson-Sévigné, Tel. 02.99.83.11.11. Öffnungszeiten: Vom 15. Mai bis 15. September 10–19 Uhr, an Wochenenden und Feiertagen 14–19 Uhr. Vom 16. September bis 14. Mai an Wochenenden, Feiertagen und mittwochs 14–18 Uhr. Eintritt 5/2,50 €.

Anreise

- **Busse** mit der Aufschrift „STAR“ fahren vom Bahnsteig Nr. 6 des Busbahnhofs in Rennes hierher.

Parc Ornithologique de Bretagne

Der Vogelpark mit über 1000 Vögeln liegt beim Ort Bruz, südlich von Rennes.

Boulevard Pasteur 53, Bruz, Tel. 02.99.52.68.57. Öffnungszeiten: täglich vom 1.3. bis 15.11. 10–12 und 14–19 Uhr, sonst nur an Wochenenden 14–18 Uhr. Eintritt 6,20/3,10 €.

Musée Loic Raison

Das Museum ist der Herstellung und der Tradition des Cidre gewidmet. Hier erfährt man alles Wissenswerte über die Herstellung vom 13. Jahrhundert bis heute. Viele originale Ausstellungsstücke und zahlreiche Bilder illustrieren die Ausstellung sehr anschaulich. Rue du haut Bourg, 35113 Domagne, Tel. 02.99.00.06.80. Öffnungszeiten ganzjährig 9–12 und 14–18 Uhr.

La Guerche-de-Bretagne

Im späten Mittelalter gehörte La Guerche-de-Bretagne, 40 km südöstlich von Rennes gelegen, in die Linie der von Norden nach Süden verlaufenden

Militärstützpunkte vom Mont St-Michel bis Nantes (s.a. Fougères, Vitré, Châteaubriant), die die Bretagne nach Osten sicherten. Die Festungsanlagen wurden überwiegend während der französischen Revolution zerstört.

Heutzutage stellt sich La Guerche als eine geschäftige Kleinstadt dar, deren **historische Altstadt** rund um den Place Charles de Gaulle einen Besuch wert ist. Alte Fachwerkhäuser aus dem 16., 17. und 18. Jh., zum Teil mit auf Pfeilern gestützten Vorbauten, wurden einst von erfolgreichen Geschäftsleuten bewohnt, die hier an der Handelsstraße nach Nantes vor allem mit Hanferzeugnissen und Webwaren ihr Geld verdienten. Auch in den direkt angrenzenden Straßen Rue du Cheval Blanc, Rue d'Anjou und Rue des Chapelles sind schöne Fachwerkhäuser zu sehen, die den beim Handel erworbenen Reichtum des 16., 17. und 18. Jh. widerspiegeln.

Die Handelstradition der Stadt blieb bis zum heutigen Tage sehr lebendig. Jeden Dienstag findet im Bereich der Altstadt und in den angrenzenden Straßen ein **Markt** statt, dessen Angebot und Größe in der Region einzigartig sind. Neben den ortsansässigen Händlern kommen hier weitere 200 bis 300 fliegende Händler aus der gesamten Ostbretagne zusammen, um neben Gemüse, Fleisch, Obst und Fisch auch lebende Tiere, wie Schweine, Schafe, Hühner, Enten, oder Textilien, Gewürze, kunsthandwerkliche Erzeugnisse, Haushaltswaren, ja sogar Autoteile anzubieten. Um dem Käufer die Orientierung zu erleichtern, werden die verschiedenen Warenarten voneinander getrennt auf verschiedenen Plätzen der Stadt angeboten. Lebensmittel auf dem Place Charles-de-Gaulle, Textilien auf dem Grand Mail, lebende Schweine und Schafe auf dem Champ de Foire, Geflügel auf dem Place Duguesclin, alles andere ist bunt gemischt. Aus mittelalterlichen Aufzeichnungen geht hervor, dass diese Art des Mega-Wochenmarktes im Jahre 1121 hier erstmalig durchgeführt wurde.

Nur 85 Jahre jünger als das organisierte Streben nach Verkaufsgewinn in der Stadt ist die alles überragende **Basilika Notre-Dame de la Guerche.** Die Gründung der Kirche geht auf das Jahr 1206 zurück, als *Guillaume II.* hier eine kleine Stiftskapelle bauen ließ. Der kleine schiefergedeckte Turm auf der Rückseite der Kirche war einst Turm der Stiftskapelle. Hingegen wurde der 75 m hohe im gotischen Stil erbaute Hauptturm erst 1873 in Anlehnung an die Gestaltung des Kirchturms von Pont-Croix/Cap Sizun hinzugefügt. Das Kirchenschiff selbst stammt aus dem 16. Jh. Im Inneren sind neben dem aufwendig mit Schnitzarbeiten versehenen Gestühl aus dem 16. Jh. die Glasmosaikfenster aus dem gleichen Jahrhundert sehenswert.

Praktische Hinweise

Information

- **Office de Tourisme,** Rue du Cheval-Blanc, 35130 La Guerche-de-Bretagne, Tel. 02.99. 96.30.78.

034br Foto: mk

Unterkunft

- **Hôtel/Restaurant La Calèche€€,** Avenue du Général-Leclerc 16, Tel. 02.99.96.21.63, www.lacaleche.com. Relativ modernes Haus in der Nähe des Ortszentrums mit freundlich eingerichteten Zimmern. Im eleganten Ambiente des Restaurants bekommt man Menüs ab 10 €.
- **Hôtel du Faubourg€,** Faubourg d'Anjou 35, Tel. 02.99.96.30.09. Einfaches Haus, ca. 0,5 km südöstlich des Zentrums. 10 Zimmer, einfach, aber sauber.
- **Camping:** Empfehlenswerter als der Municipal-Platz von La Guerche an der Straße nach Anger (Verlängerung das Faubourg d'Anjou, D 463) ist der landschaftlich reizvoller und ruhiger gelegene Platz im ca. 10 km westlich gelegenen kleinen Ort Marcillé-Robert (D 463 nordwestlich bis Visseiche, dann links ab auf die D 48). Camping de l'Etang, Tel. 02.99.43.67.34, mit 50 Stellplätzen direkt an einem kleinen See gelegen. Gute Sanitäreinrichtungen, wenig Nebenangebote.

Essen und Trinken

- **Restaurant La Taverne du Cheval Blanc,** Rue du Cheval Blanc 9, Tel. 02.99.96.23.45. Rustikales Altstadt-Restaurant mit speziellem Dienstagsmenü (Markttag): Kalbskopf und Pot-au-feu de la Guerche.
- **Restaurant du Pont d'Anjou,** Faubourg d'Anjou 11, Tel. 02.99.96.23.10. Einfaches, preiswertes Lokal der Les-Routiers-Kette, ohne kulinarische Fantasien, aber mit einem soliden Menü ab 9,50 €.

Freigelegt? Der Gangdolmen „La Roche-aux-Fées“

- **Bar Duguesclin,** Rue Duguesclin 19, Tel. 02.99.96.20.18. Nettes Lokal für einen Kaffee, ein Bier oder ein Eis zwischendurch in der Ortsmitte.

Anreise/Weiterreise

- **Mit dem Bus:** Es gibt mindestens 10-mal täglich Verbindungen nach Rennes, über Châteaugiron.

Umgebung von La Guerche-de-Bretagne

La Roche-aux-Fées

Eines der eindrucksvollsten Beispiele eines **großen Gangdolmens** befindet sich ca. 40 km südöstlich von Rennes. Anreise von La Guerche über Rétiers (D 47), dann nach 1 km in Richtung Janzé (D 41), rechts ab auf die D 341. Nach ca. 3 km befindet sich der Dolmen auf der rechten Straßenseite in einem kleinen Wäldchen aus alten Eichen und Esskastanien. Der 22 m lange Dolmen **„La Roche-aux-Fées"** (Fels der Feen) wurde im späten Neolithikum (ca. 2500 v. Chr.) vermutlich als Begräbnisstätte mit religiös-ritueller Bedeutung angelegt. Ob der Dolmen ursprünglich von einem Tumulus bedeckt war, ist umstritten. Eine Skizze des *Marquis de Robien* aus dem 18. Jh. zeigt die Stätte ohne Bedeckung. Andererseits haben Archäologen auf Bauernhöfen in der Umgebung Steinmaterial gefunden, das möglicherweise im Neolithikum den Dolmen bedeckte.

Zweifellos reichten die Erosionskräfte von vier Jahrtausenden, um die eventuell vorhandene äußere Erdschicht des Tumulus bis auf die darunter befindliche Steinschicht abzutragen, mit der große Gangdolmen oft bedeckt waren und deren Steine sicherlich später als willkommenes Baumaterial angesehen wurden. Der Dolmen selbst ist aus rotem Schiefer, der aus einem etwa 5 km entfernten Steinbruch im Wald von Theil stammt.

Die Anlage der insgesamt 42 Steine besteht aus drei voneinander unterscheidbaren Teilbereichen: Ein aus drei mühevoll zu Quaderform behauenen Steinen bestehendes **Tor** (Trilith) führt in einen **Eingangsraum** von etwa 4 x 4 m, der eine Höhe von 1,2 m aufweist. Ein Durchgang führt in den **Mittelteil,** der mit drei querstehenden Steinplatten möglicherweise in Teilkammern aufgeteilt wurde. Das letzte Drittel des Dolmens wird von der etwa 4 x 5 m großen **Hauptkammer** eingenommen. Acht gewaltige Decksteine, von denen der größte etwa 45 t wiegt, bilden die Abdeckung dieses geheimnisvollen Ganges.

Dass es sich bei der Anlage tatsächlich um eine **Begräbnisstätte** gehandelt hat, konnte nicht durch Funde von Knochen oder Beigaben bestätigt werden. Die fehlenden Knochen lassen sich aber mit dem organisches Material zersetzenden sauren Boden erklären, doch die andernorts in Dolmen gefundenen Tongefäße wurden hier ebenfalls nicht entdeckt; eine Folge früher Grabräuberei? Niemand weiß es. Oder war der Dolmen gar keine

035br Foto: eh

Furchteinflößend: die Türme des Château

Begräbnisstätte, sondern ein rituell anders genutzter Ort?

Die katholische Kirche des Mittelalters hatte ihre eigene Deutung: Der Dolmen sei die Höhle eines fürchterlichen, menschenfressenden Drachen gewesen, der die Gegend unsicher machte. Doch der Heilige Armel konnte schließlich den Drachen töten und so die Bevölkerung von der ständigen Bedrohung erlösen.

Vitré

Oft wird die kleine Stadt am östlichen Rande der Bretagne als eine der schönsten der Region bezeichnet. Unzweifelhaft ist, dass Vitré sich ein Aussehen wie vor 500 Jahren bewahrt hat; Grund genug, die Auszeichnung **Petite Cité de Caractère, Ville d'Art et d'Histoire** zu erhalten. Wer bei gutem Wetter hierher kommt, kann den Grund für diese Einstufung sicherlich nachempfinden. Oberhalb des Ufers der Vilaine ragen die mächtigen Türme und Mauern einer Stadt auf, die sich hier schon seit Hunderten von Jahren immer wieder Angriffen erwehren musste. Eng schmiegen sich die Häuser der Altstadt aneinander und um die Burg, bilden so eine **Ville close,** die so typische wehrhafte und geschützte Stadt.

Schon vor etwa 1000 Jahren gab es hier oberhalb einer Flussschleife Befestigungsanlagen, die dann immer weiter ausgebaut wurden, bis schließlich zwischen dem 13. und 15. Jh. die heutige **Burg** fertiggestellt werden konnte.

Bedeutung erhielt Vitré besonders vom 15. bis 17. Jh., als hier ein Handels- und **Verarbeitungszentrum für Textilien,** besonders für Wolle und Hanf, entstand. Sogar überseeische Gebiete konnten beliefert werden. Ab dem 18. Jh. ging die Marktposition aber allmählich zurück, erst seit Beginn des 20. Jahrhunderts erlebt der Handel mit landwirtschaftlichen Produkten wieder einen Aufschwung.

Mit dem Namen der Stadt ist der Werdegang von **Pierre Landais,** einem Schneider aus Vitré, eng verwoben. Er lebte Mitte des 15. Jh. Seine Fertigkeiten im Umgang mit Nadel und Faden und sein fröhlicher und kluger Verstand ließen ihn in der Gunst des Herzogs *François II.* sehr hoch steigen. Benötigte der Herzog Rat, besprach er sich mit Landais. Das enge Vertrauensverhältnis führte zur Ernennung des Schneiders zunächst zum Kammerherren, später zum Schatzmeister. Leider erntete der Bürgerliche dafür wenig Gegenliebe beim Adel, der um seinen Stand und seine Vorrechte fürchtete. Nach Inszenierung einer Verschwörung musste sich der Herzog von *Landais* lossagen. *Pierre Landais* wurde verhaftet, gefoltert und so zu „Geständnissen" seiner Schuld gezwungen. Die Strafe für den angeblichen Verrat lautete auf Tod durch Erhängen. 1485 wurde die Strafe dann vollstreckt.

Sehenswertes

Le Château. Das ursprünglich im 11. Jh. erbaute Befestigungswerk wurde im Laufe der Jahrhunderte (besonders im 14. und 15. Jh.) oft umgestaltet, bis es schließlich seine heutige Gestalt auf dreieckigem Grundriss erhielt. Neben einer Besichtigung der Außenanlagen und einem Spaziergang auf den Mauern lohnt der Besuch des Museums. Es ist der Geschichte der Stadt gewidmet, zeigt aber auch Exponate, die zunächst nicht so eindeutig dazuzuordnen sind: konservierte Tiere.

Öffnungszeiten: Von Juli bis September täglich 10–18 Uhr, sonst mittwochs bis freitags 10–12.15 Uhr und 14–17.30 Uhr. Eintritt 4/2,50 €. Tel. 02.99.75.04.54.

Die Altstadt. Zwischen dem Schloss und der Kirche Notre-Dame laden die schönen alten Gassen, gesäumt von Fachwerkhäusern, zum Spaziergang ein. Besonders die Rue Baudrairie, die Rue Poterie und die Rue d'Embas glänzen mit geschnitzten Giebeln, liebevoll restaurierten Fassaden und Blumenschmuck. Nördlich und östlich der Kirche sind noch Teile der Remparts (Stadtmauer) erhalten, so z.B. der Tour Bridole. Hier beginnt die Promenade du Val, die entlang der Stadtmauer oberhalb der Vilaine verläuft.

Eglise Notre-Dame. Im 15. und 16. Jahrhundert wurde das eindrucksvolle Bauwerk errichtet. Auf der Südseite dominieren sieben verzierte Giebel und eine Außenkanzel das Bild. Im Inneren der dreischiffigen Kirche findet man hübsch gearbeitete Altaraufsätze und ein seit der Renaissance erhaltenes Fenster.

Praktische Hinweise

Information

- **Office de Tourisme,** Place du General-de-Gaulle, 35500 Vitré, Tel. 02.99.75.04.46, Fax 02.99.74.02.01. Von hier aus werden im Sommer Führungen organisiert. Es werden auch Fahrräder vermietet. www.ot-vitre.fr.

Unterkunft

- **Hôtel Petit-Billot**€€, Place du Général-Leclerc, Tel. 02.99.75.02.10, Fax 02.99.74.72.96. Zum günstigen Preis kommen recht gut ausgestattete Zimmer und eine hoteleigene Garage hinzu. www.petit-billot.com.

• **Hôtel du Château€,** Rue Rallon 5, Tel. 02.99.74.58.59, Fax 02.99.75.35.47. Im Standard mit den beiden anderen vergleichbar, liegt das Haus unterhalb des Schlosses in einer ruhigen Straße.
• **Camping Municipal Saint Etienne,** Route d'Argentré, Tel. 02.99.75.25.28. Fax. 02.99. 74.04.12. Gemütlicher, gut erschlossener kleiner Platz nur etwa zwei Kilometer vom Zentrum entfernt. 47 Stellplätze. Ab 6 €.

Essen und Trinken

• **Taverne de l'Ecu,** Rue Baudrière 12. Gediegen und gemütlich ist das Ambiente des Restaurants. Neben dem Essen à la carte besteht die Möglichkeit, ein preiswertes Touristenmenü ab 15,20 € zu bestellen.
• Für den kleinen Hunger oder einen schnellen Snack empfiehlt sich das kleine **Bistro am Place Notre-Dame,** schräg gegenüber der Rue Beaudrairie.
• **Auberge Saint-Louis,** Rue Notre-Dame 31. Im eleganten Ambiente speist man gut und mit 12–14 €/Menü recht günstig.

Anreise/Weiterreise

• **Mit der Bahn:** Der Bahnhof liegt nahe der Altstadt. Von hier bestehen gute Anschlussmöglichkeiten in Richtung Rennes und Paris, da die Stadt an der Hauptstrecke liegt. Der TGV hält hier allerdings nicht.
• **Mit dem Bus:** Vom Busbahnhof, der direkt am Bahnhof der SNCF liegt, fahren regelmäßig Busse nach Fougères, Rennes und Le Mans.

Château des Rochers-Sévigné

Südöstlich der Stadt liegt dieses Schloss, das als historisches Monument klassifiziert wurde. Im 15. Jh. wurde das Schloss der *Marquise de Sévigné* errichtet, später aber noch häufig umgebaut. Die Schlossherrin machte sich rasch einen Namen wegen ihrer Sparsamkeit, die sich auch in stark abgeschiedenem Leben ausdrückte. Einzige Erbauung der Marquise war das Briefeschreiben. Diese Dokumente sind bis heute erhalten geblieben und zeugen von den Ereignissen und dem Leben zwischen der Mitte und dem Ende des 17. Jh. Besichtigen kann man lediglich die Kapelle und zwei Räume im nördlichen Gebäudeteil. Hier sind Dinge aus dem persönlichen Besitz der Marquise und andere Exponate ausgestellt. Sehr interessant ist auch der Besuch der typisch französischen Garten- und Parkanlagen.

Öffnungszeiten: 1.6. bis 30.9. tägl. 10–18 Uhr, sonst 10–12 Uhr, 14–17.30 Uhr, Eintritt 4/2,50 €, Tel. 02.99. 75.04.54.

Fougères

Wie Vitré liegt Fougères an der östlichen Grenze der Bretagne, ca. 60 km nordöstlich von Rennes. Eine wechselvolle Geschichte unter verschiedenen Herrschern lässt sich erahnen. Schon im 11. Jh. wurde am Fuß eines Felsens oberhalb der Nançon, auf dem sich heute die Stadt befindet, eine **Festungsanlage** errichtet. Sie sollte die Grenze zwischen der Bretagne, der Normandie und dem übrigen Frankreich sichern. Berühmt wurde *Raoul II.*, der unter Herzog *Conan dem Kleinen* die Festung beherrschte. Er versuchte lange Zeit, sich gegen die Fremdherrschaft des englischen Königs aufzulehnen, mit dem sich *Conan* verbündet hatte. 1166 kam es zur drei Monate langen Belagerung von Fougères, woraufhin Raoul aufgeben musste und die Festung geschleift wurde.

Rasch begann jedoch der Wiederaufbau. Seit jener Zeit wechselten die Herrscher über die Anlage noch häufig. Nach dem Zusammenschluss mit Frankreich wurde sie zum **Sitz der Gouverneure.** Im 18. Jh. zunächst in Privatbesitz gelangt, konnte sie im 19. Jh. von der Stadt erworben werden.

Historisch erlangte die Stadt in der französischen Revolution durch die **Chouannerie** Bedeutung. Hier war eine Hochburg der konterrevolutionären Bewegung und der kriegerischen Auseinandersetzungen. Die Wirren dieser Epoche inspirierten etliche Schriftsteller zu literarischer Auseinandersetzung, u.a. auch *Victor Hugo* und *Honoré de Balzac*. Beide zeigten sich tief beeindruckt vom geschichtsträchtigen Boden der Stadt, nachzulesen in *Balzacs* „Les Chouans" und Hugos „1793".

Die Stadt war ursprünglich (im 13. Jh.) eine **Tuchstadt.** 300 Jahre blühte dieser Geschäftszweig, u.a. durch die Herstellung von Segeltuch. Mitte des 19. Jh. begann sich ein weiterer Wirtschaftszweig zu etablieren, die **Schuhherstellung.** Zeitweise gab es 80 Schuhfabriken in der Stadt, die jedoch zunehmend unter der billigeren Konkurrenz aus dem Ausland litten. Heute bestehen nur noch wenige dieser traditionellen Fabriken.

Sehenswertes

Die Burg. 13 Türme, benannt nach Eroberern und Gouverneuren, die hier herrschten, und mächtige Wehrmauern geben der Burg ein imposantes Erscheinungsbild. Eine Brücke führt zunächst

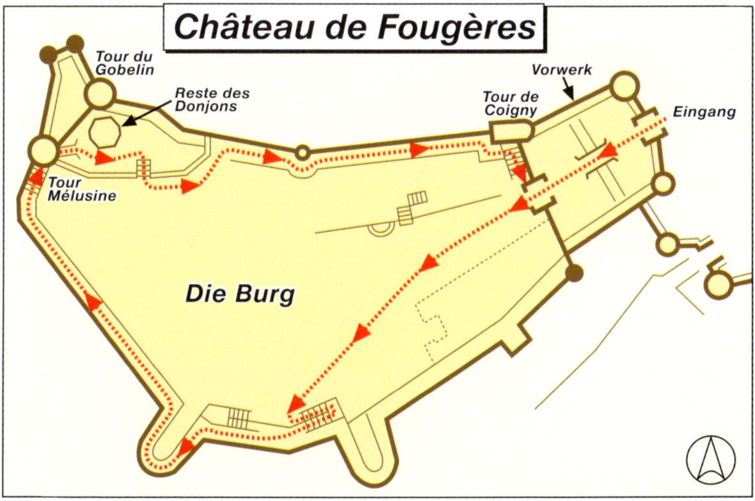

ins **Vorwerk,** eine kleinere von Mauern umgebene Befestigung, die dazu diente, hereinstürmende Angreifer einpferchen und dann töten zu können. Besonders eindrucksvoll ist der **Mélusine-Turm.** 13 Meter im Durchmesser und 31 Meter Höhe misst dieses Bauwerk und hat 3,50 Meter dicke Mauern. Von oben bietet sich ein guter Rundblick. Der Tour Raoul beherbergt heute, entgegen seiner militärischen Geschichte, das **Schuhmuseum** der Stadt. Hier werden Schuhe und Kleidung aus der Zeit des 17. bis 20. Jh. ausgestellt.

Öffnungszeiten: Von März bis Oktober tägl. 9–19 Uhr, sonst nur in den Ferien. Eintritt 3,65/2,10 €. Tel. 02.99. 99.79.59.

Das Marchix-Viertel. Die Fachwerkhäuser und schmalen Gassen im Bereich des Place du Marchix sind eines der hübschesten Motive in der Altstadt. Besonders eindrucksvoll wirkt das Viertel von der Brücke über den Nançon, die an die Rue des Tanneurs anschließt.

Eglise St-Sulpice. Die in der Zeit zwischen dem 15. und 18. Jh. entstandene Kirche ist ein Zeugnis der Spätgotik. Obwohl sich der Bau über mehrere Jahrhunderte hinzog, erscheint das Gebäude recht einheitlich im Stil. Im Inneren befindet sich eine Statue der stillenden Maria, die Notre-Dame-des-Marais (12. Jh.). In der Gerberkapelle (Chapelle des Tanneurs) findet sich ein sehr schön geschnitzter Holzaltar.

Eglise St-Léonard. An diesem Gotteshaus ist vor allem die reich verzierte Nordfassade beeindruckend. Das Gebäude stammt aus dem 15./16. Jh., der Turm aus dem 17. Jh.

Jardin Public. Unterhalb der Kirche liegt der Stadtpark, der bei gutem Wetter einen herrlichen Blick über Burg und Stadt ermöglicht.

Le Beffroi. Im 14. Jh errichtet, ragt der Turm aus Granit der einen achteckigen Grundriss hat, über die Stadtmauer. Der Glockenturm ist mit Wasserspeiern verziert.

Musée Emmanuel de la Villéon. *Villéon* (1858–1944) wurde in Fougères geboren. Ein Großteil seiner impressionistisch beeinflussten Gemälde und Zeichnungen wird heute in einem Fachwerkhaus aus dem 16. Jh. ausgestellt.

Öffnungszeiten: Ostern bis 14.6. an Wochenenden 11–12.30 Uhr und 14.30–17 Uhr, 15.6. bis 15.9. täglich 10.30–12.30 Uhr und 14.30–17.30 Uhr. Eintritt: gratis. Rue Nationale 51. Tel. 02.99.99.19.98.

Im **Musée de l'Horlogerie Ancienne** dreht sich alles um die Zeit bzw. deren Messung. Neben einer Ausstellung zum Uhrmacherhandwerk gibt es Informationen zur Reparatur und Restaurierung historischer Modelle. Selbstverständlich kann man auch Zeitmesser kaufen. Rue Nationale 37, 35300 Fougères, Tel. 02.99.99.40.98.

Öffnungszeiten: Vom 15.6. bis 25.8. dienstags bis samstags von 9–12 Uhr und 14–19 Uhr, montags und sonntags von 14–18.30 Uhr, in der übrigen Zeit nur dienstags bis samstags. Eintritt 4,50 €.

Wer die Altstadt nicht zu Fuß erkunden mag und zudem Informationen unterschiedlicher Art vor Ort hören möchte, kann an den Fahrten des L'Orient Express teilnehmen. Dieser kleine Zug startet mehrfach täglich vor dem Haupttor der Burg zu einer 30-minütigen Tour durch die Altstadt. Preis: 3,80 €, Kinder 2,30 €, fahren zwei Erwachsene mit, gibt es die Karte für ein Kind gratis. Informationen unter Tel. 02.99.99.71.72.

Information

- **Office de Tourisme,** Rue Nationale 2, 35300 Fougères, Tel. 02.99.94.12.20, Fax 02.99.94.77.30, Internet: www.ot-fougeres.fr.

Unterkunft

- **Chateau du Bois Guy€€€,** Rue Nationale 20, Tel. 02.99.97. 25.76. Die Topadresse zum noblen Schlafen und Essen in Parigné, ca. 15 km nordöstlich von Fougères nahe der D 177.
- **Hôtel les Voyageurs€€,** Place Gambetta 10, Tel. 02.99.99.08.20, Fax 02.99.99.99.04, www.hotel-voyageurs-fougeres.com. 37 Zimmer, die komplett ausgestattet sind. Der Wermutstropfen: Das Hotel liegt an einer stark befahrenen Straße.
- **Hôtel Balzac€,** Rue Nationale 15 bzw. Rue Châteaubriand, Tel. 02.99.99.42.46, Fax 02.99.99.65.43. Sehr gut eingerichtete Zimmer, komfortabel und ruhig.
- **Hôtel Du Commerce€,** Place de l'Europe 3, Tel. 02.99.94.40.40, Fax 02.99.99.17.15. Außerhalb der Stadt, dafür in Nähe des Bahnhofes liegt das 25-Zimmer-Hotel, das recht gut ausgestattet ist.
- **Hôtel de Bretagne€,** Place de la République 7, Tel./Fax 02.99.99.31.68. Preiswertes und einfaches Hotel.
- **Camping Municipal,** im Vorort Paron, Tel. 02.99.99.40.81. Sauber und einfach ausgestattet, liegt der Platz im Schatten hoher Bäume. Im angrenzenden Sportgelände u.a. Schwimm- und Tennismöglichkeiten.

Essen und Trinken

- **Angkor,** Ave. F. Mitterand 25. Sehr gute asiatische Gerichte.
- Nicht billig, aber von hoher Qualität ist das Restaurant im o.g. Hotel-Restaurant **Chateau du Bois Guy.** Ähnliches gilt für das Restaurant im **Hôtel les Voyageurs** (s.o.).

Anreise/Weiterreise

- **Mit dem Bus:** Der Ort ist täglich mit Bussen der Linien 32–35 erreichbar. Diese Linien verkehren regelmäßig in Richtung Vitré, Laval, St-Malo, Mont St-Michel, Rennes und St-Aubin-du-Cormier. Der Busbahnhof befindet sich am Place de la République.

Umgebung von Fougères

Parigné

Nahe dem kleinen Ort befindet sich ein sehr schön renaturiertes Hochmoorgebiet, das mit einigen Wanderwegen und Beobachtungsständen sowie einem Plankenweg über das Moor dem Besucher zugänglich gemacht worden ist. Die einzigartige Flora und Fauna (z.B. Torfmoose, Wollgräser, Echsen, zahlreiche Insekten und Vögel), lohnen den Besuch.

Le Châtelier

Im ca. 20 ha großen Park des Schlosses Foltière befindet sich der botanische Garten **Parc Floral de Haute Bretagne.** Neben der Blumenpracht lohnt der Besuch der Gärtnerei, des Teesalons und des Ladens. Öffnungszeiten: 1.3.–12.11. tägl. 14–18 Uhr, am Wochenende und vom 11.7. bis 21.8. 10.30–18.30 Uhr. Eintritt 8,90/4,50 €. www.parcfloralbretagne. com.

Côte d'Emeraude

Le Mont Saint-Michel

↗ I/B1

Pyramidengleich erhebt sich der Mönchsberg, dessen Kloster auf einem etwa 900 m Umfang messenden **Granitsockel** steht, 80 m hoch in den Himmel.

Der Granitsockel ist der Grund für das Entstehen dieses einzigartigen Bauwerkes, das bereits 1874 als „Monument historique" klassifiziert wurde. Ursprünglich lag der Fels inmitten des Waldes von Scissy. Als „Mont-Tombe" (so wurde der Fels bis ins 8. Jh. genannt) ging die Erhebung in die keltische Geschichtsschreibung als Zentrum druidischer Rituale ein. Mit der Ausbreitung des Christentums wurde auch in dieser Region der heidnische Glaube verdrängt. Die Anfänge des Klosters waren gelegt.

Im Laufe der Jahrhunderte forderte das Meer seinen Tribut, es überflutete nach und nach den Wald. Die damit einhergehende **Erosion** trennte den Felsen vom Festland ab. Ein ähnliches Schicksal widerfuhr auch der weiter im Meer liegenden Insel Tomblaine.

Die nahegelegene Sandküste veränderte zudem ständig ihre Gestalt und damit auch die Mündungen der drei Flüsse Couesnon, Selune und Sée. Einer dieser Flüsse, der **Couesnon, Grenzfluss** zwischen der Normandie und der Bretagne, beendete den ewigen Streit der beiden französischen Regionen um die Zugehörigkeit des Mont Saint-Michel. Er fließt heute westlich des Berges ins Meer – der

Mont Saint-Michel befindet sich damit auf dem Gebiet der Normandie. Allerdings sagen die Bretonen auch heute noch: „Der Couesnon hat eine Dummheit begangen, so ist der Mont zur Normandie gegangen".

Ist auf alten Bildern noch die Wanderung von Pilgern zum Mont bei Ebbe dargestellt, so besteht heute die Möglichkeit, zu jeder Zeit trockenen Fußes den Berg zu erreichen. Eine etwa 2 km lange **Deichstraße** stellt die Verbindung zum Festland her. Der sandige Untergrund stellt ein zunehmend größeres Problem für das Gebiet dar, da die Gezeiten (der Tidenhub beträgt hier bis zu 13 m) ständig Sand anspülen, der zwischen dem Mont und dem Festland liegende Bereich also zunehmend verlandet. Weitreichende Wasserbaumaßnahmen sollen dafür Sorge tragen, die einmalige Lage des Mont Saint-Michel zu erhalten. Doch jetzt soll sich die Situation ändern. Der Deich soll weichen, dem Meer wieder ausreichend Platz gegeben werden. 2008 wurde mit den Arbeiten begonnen. 2011 soll das Projekt fertiggestellt sein. www.projetmontsaintmichel.fr.

Die **Klosteranlage** datiert bis ins 8. Jh. zurück und ist, wie so vieles, legendenumwoben. Fest steht, dass die erste Weihe des damals noch Mont-Tombe genannten Felsens durch *Aubert* erfolgte, der 708 Bischof in Avranches (Normandie) war. Ihm soll mehrfach der **Heilige Michael** erschienen sein, der bereits seit dem 5. Jh. besonders in Italien verehrt wurde. Dieser Heilige musste *Aubert* allerdings dreimal erscheinen, bevor dieser den Wink verstand (u.a. tauchte ein verschwundener Stier auf dem Mont-Tombe wieder auf) und er ihm den Berg weihte. Zunächst wurde nur eine Kapelle errichtet. Die hier lebenden Kanoniker sympathisierten mit der Bretagne, Grund genug für *Richard I.*, Herzog der Normandie, hier im Jahre 966 treue Benediktiner unterzubringen.

Schon bald reichte der vorhandene Raum nicht mehr aus, und um 1017 begann man zu überlegen, hier eine **Klosterkirche** zu errichten. Das größte Problem der Bauherren war der hügelige Untergrund, auf dem es unmöglich war, einen ebenen Gebäudeboden zu errichten. Voller Erfindungsgeist gelang es, den noch heute zu be-

036br Foto: eh

Le Mont Saint-Michel, von der Landseite gesehen

wundernden Bau zu planen und zu verwirklichen. Die bereits vorhandene Kirche wurde nicht zerstört, sondern um- und überbaut. Sie wurde zur Krypta mit dem bezeichnenden Namen Notre-Dame-sous-Terre. Im Laufe der Zeit wurde die ursprüngliche Anlage mehrfach verändert. Im 13. Jh. kamen die Mervielle-Bauten hinzu, die Reisenden Obdach gewährten. Das 15. Jh. erlebte den Bau von Verwaltungsgebäuden und Unterkünften für das Militär, nachdem bereits zuvor die gewaltigen Mauern und der Torbau den Mönchsberg zur fast uneinnehmbaren **Festung** werden ließen. 1421 wurden erhebliche Renovierungen nötig, weil ein Teil der romanischen Anlage eingestürzt war. Bis 1521 wurden ein neuer Chor im Flamboyant-Stil und eine neue Krypta geschaffen.

Die wechselvolle Geschichte der Insel kennt noch viele wichtige Daten. Bis zum 17. Jh. hatte Mont Saint-Michel immer wieder auch militärische Bedeutung, konnte aber jedem Angriff trotzen. Zum Ende des 18. Jh. verlor sich dann die religiöse Bedeutung vollständig, das belagerungssichere Bauwerk wurde zum **Gefängnis,** getreu dem Motto: „Kann niemand hinein, so kann auch niemand hinaus!"

Heute leben wieder einige Benediktinermönche im Kloster, das Leben bestimmen allerdings der **Tourismus** und die damit zusammenhängende Wirtschaft. Allein im Juli/August besuchen etwa 6200 Menschen täglich Mont Saint-Michel. Wer den Besuch plant, sollte unbedingt bereits gegen 8.30 Uhr den Rundgang beginnen.

Sehenswertes

Die Stadt. Den Eingang zur Stadt bildet die Porte de l'Avancée, das Tor im Vorwerk. Mächtige Mauern schützen das eigentliche Eingangstor, die Porte du Roi, benannt nach den königlichen Soldaten, die hier stationiert waren. Die Torwachen waren im Wachgebäude im Vorwerk, dem **Corps de Garde des Bourgeois,** untergebracht. Der militärische Charakter der Stadt wird an den Kanonen, die auf dem Platz des Vorwerks aufgebaut sind, auch heute noch deutlich. Heute wie früher gelangt der Besucher durch die Porte du Roi auf die Hauptstraße, die Grande Rue. Das beachtenswerte **Maison de l'Arcade** wurde ursprünglich als Kaserne genutzt. Heute säumen leider schier unendlich viele Imbissgeschäfte, Restaurants und Souvenirläden die recht steil ansteigende schmale Straße, die oft nur 3–4 Menschen nebeneinander Platz bietet. Sehr schöne mittelalterliche Häuser flankieren die Grande Rue, allerdings fehlt im Gedrängel oftmals die Möglichkeit, die Fassaden mit Muße zu betrachten.

Etwas ruhiger ist es meist auf der **Befestigungsmauer** *(Remparts),* dem mächtigen Produkt aus der Zeit zwischen dem 13. und 15. Jh. Insbesondere bei gutem Wetter lohnt hier ein Spaziergang mit sehr gutem Überblick über die Bucht. Vom Nordturm aus besteht die Möglichkeit, den Spaziergang im **Klostergarten** weiter fortzusetzen. Diese Gartenanlagen sind täglich 9.30–12 und 14–17 Uhr zugänglich.

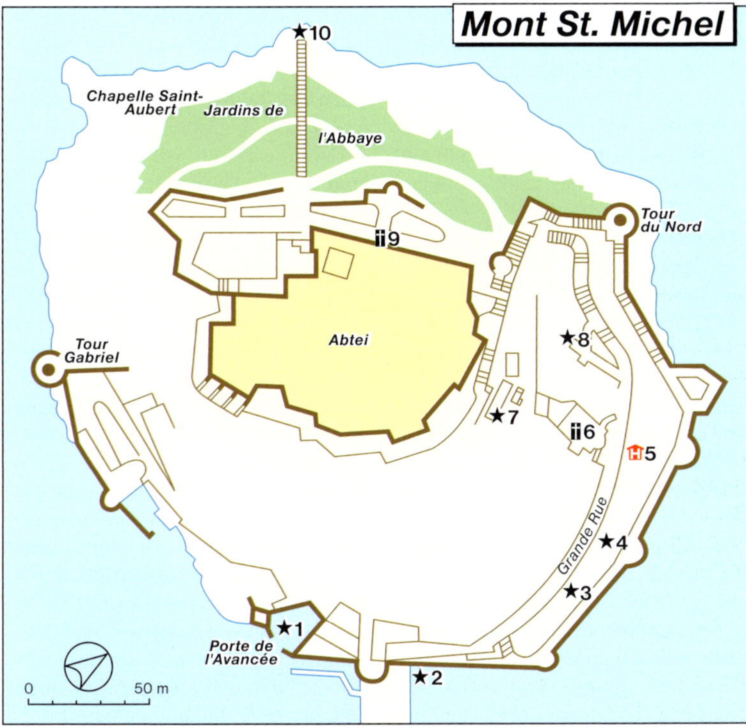

★ 1 Eingang	★ 4 Archeoscope	★ 8 Le Logis Tiphaine
★ 2 Maison de l'Arcade	H 5 Hotels	ii 9 Abteikirche (La Merveille)
★ 3 Visite Historique et Maritime	ii 6 Pfarrkirche Saint-Pierre	★ 10 Fontaine Saint-Aubert
	★ 7 Grevin	

Eglise paroissiale Saint-Pierre. Die ursprünglich aus dem 11. Jh. stammende Kirche beherbergt einige Statuen, wird aber besonders wegen der vielen Pilgerfahnen besucht.

Le Logis Tiphaine. In diesem Haus aus dem 14. Jh. soll *Tiphaine,* die Frau *Bertrand Duguesclins,* gewohnt haben. Heute werden hier Möbel und Einrichtungsgegenstände dieser Epoche ausgestellt. Öffnungszeiten: Vom 1.4. bis 30.9. täglich 9–18 Uhr, Tel. 02.33. 60.23.24.

Weitere Museen/Multimediashows: **Visite Historique et Maritime, Archeoskop** und **Grevin.** Alle drei Museen oder besser Multimediashows setzen auf Licht- und Toneffekte. Die 1000-jährige Geschichte soll so eindrucksvoll ins Bild gerückt werden.

Das ganze Spektakel findet täglich 9–19 Uhr statt. Tel. 02.33.60.14.09 und 02.33.60.14.36 (Archeoskop). Für alle vier Museen kann man eine Kombikarte kaufen. Sie kostet zurzeit 15/9 €. Wer in jedem Museum den Eintritt einzeln bezahlt, zahlt erheblich mehr!

Das Kloster. Die 1000-jährige Geschichte des Klosters erschließt sich dem Besucher bei den 1- bis 2-stündigen Führungen durch die Gebäude. Zunächst führt der Weg durch das Befestigungstor *(Châtelet)*. Von hier gelangt man zum Beginn der Führungen, allerdings nicht ohne zuvor die Escalier Abbatial, die ehemals befestigte Abtstreppe mit ihren etwa 100 Stufen, überwunden zu haben.

Die **Abteikirche** steht auf drei Krypten, die z.T. nach dem Einsturz 1421 neu errichtet werden mussten. Der Kreuzgang beeindruckt durch die teilweise sehr filigranen Steinmetzarbeiten und Skulpturen. Von außen festungsartig, von innen eher anmutig und dem geistlichen Leben Ausdruck gebend, so präsentiert sich das Wunder *(Merveille)*, der nördliche Anbau, der nach einer großzügigen Schenkung des französischen Königs ab 1210 errichtet werden konnte. Abt *Jourdain* war federführend bei der Planung des Bauwerkes, das sich perfekt mit den übrigen Gebäuden an das schwierige Gelände anpasst. So bekam La Merveille schließlich drei Ebenen, auf denen sich der Keller, der Almosensaal (ein ehemaliger Aufenthaltsraum armer Pilger), der Rittersaal (so benannt nach dem Ritterorden des Saint Michel, unter *Louis XI.* 1469 gegründet), der Gästesaal (für Adelige und sonstigen hohen Besuch) und auch das Refektorium (der ehemalige Speisesaal) der Mönche befinden.

Öffnungszeiten: vom 2.1. bis 15.2. und vom 12.11. bis 31.12. 9.30–11.45 Uhr und 13.45–16.15 Uhr, vom 16.2. bis 14.5. und vom 16.9. bis 10.11. 9.30–11.45 Uhr und 13.45–17.15 Uhr, vom 15.5 bis 15.9. 9.30–18 Uhr. Das Kloster ist am 1.1., 1.5., 1.11., 11.11. und 25.12. geschlossen. Eintritt: 8 €, Kinder 5 €. Tel. 02.33.89.80.00.

Mont Saint Michel **bei Nacht:** Einerseits die Möglichkeit, ohne größeres Gedrängel den Mönchsberg kennen zu lernen, und andererseits seine Faszination bei Nacht zu erleben, verspricht ein Besuch der Abtei unter dem Titel „les imaginaires". Musik, Kunst und Lichtspiele sorgen für ein eindrucksvolles Schauspiel. Vom 1.6.–29.8. von 22–1 Uhr, vom 1.9.–27.9. von 21.30–0 Uhr geöffnet. Der Eintritt beträgt 15 €, für Jugendliche bis 25 Jahre 8 €, Kinder bis 12 J. frei. Wer auch tagsüber die Abtei besuchen möchte, kann das Kombiticket für 18/11 € kaufen.

Praktische Hinweise

Information

- **Office de Tourisme,** unmittelbar hinter dem Stadttor Mont Saint-Michel, Tel. 02.33.60.14.30. www.ot-montsaintmichel.com

Enge Gassen findet man innerhalb der Mauern des Mont Saint-Michel

037br Foto: eh

151br Foto: eh

Die Abtei von Mont Saint-Michel

•**SNCF-Auskunft,** Tel. 08.00.88.05.62 (0,34 ct./Min), www.sncf.com. Der Bahnhof befindet sich in Pontorson.

Unterkunft

Insgesamt ist den Hotels innerhalb der Stadt einiges gemeinsam. Alle besitzen nur wenige Zimmer, die in der Hauptreisezeit bereits langfristig ausgebucht sind. Zudem muss die gewisse Exklusivität der Lage recht teuer bezahlt werden.

•**Hôtel de la Mère Poulard€€€,** B.P. 18, 50116 Mont Saint-Michel, Tel. 02.33.89.68.68, www.mere-poulard.com, 27 exklusive Zimmer.

•**L'Auberge Saint-Pierre€€€,** B.P. 16, 50116 Mont Saint-Michel, Tel. 02.33.60.14.03, www.auberge-saint-pierre.fr. Vom 1.3. bis zum 30.11. werden hier 21 Zimmer mit allem Komfort angeboten.

•**Hôtel Duguesclin€,** B.P. 11, 50116 Mont Saint-Michel, Tel. 02.33.60.14.10, www.ladigue.fr. Dieses kleine Hotel mit nur 13 Zimmern ist etwas preiswerter, trotzdem aber recht gut ausgestattet. Geöffnet vom 15.3. bis 15.10.

•**Hôtel/Brasserie La Vieille Auberge€,** 50116 Mont Saint-Michel, Tel. 02.33.60.14.34. Das preiswerteste Haus am Platz ist ganzjährig geöffnet. Zum Teil sind die Zimmer sanitär recht einfach ausgestattet.

Entlang der Zufahrtsstraße, also noch auf dem Festland, sind einige Übernachtungsmöglichkeiten entstanden.

•**Hôtel Saint-Aubert€,** B.P. 13, 50116 Mont Saint-Michel, Tel. 02.33.60.08.74, mit 27 Zimmern. Alle Zimmer sind gut ausgestattet und recht günstig.

•**Hôtel de la Digue€€,** Tel. 02.33.60.14.02, 50116 Mont Saint-Michel. 35 recht luxuriös eingerichtete Zimmer werden vermietet. Geöffnet vom 25.3. bis 15.11.

•**Château des Blosses€€€,** M. und Mme. Jacques Barbier, 35460 Saint-Quen-la-Rouerie, Tel. 02.99.98.36.16, Fax 02.99.98.39.32. Das etwas andere Wohngefühl stellt sich sicherlich in den Zimmern dieses Schlosses ein, dessen Anfänge in das ausgehende 18. Jh. zurückreichen. Geöffnet vom 1.3. bis 15.11. Das Schloss liegt etwa 18 km südöstlich von Mont Saint-Michel, nahe Antrain.

•**Chateau de La Ballue€€€,** Madame Barrère und Monsieur Schrotter, 35560 Bazouges la Pérouse, Tel. 02.99.97.47.86, Fax. 02.99.97.47.70. 1620 wurde das Schloss errichtet, später von *Balzac, Victor Hugo* und *Chateaubriand* bewohnt und steht nun dem kunst- und geschichtskundigen Touristen offen. Die Zimmerpreise sind nicht besonders günstig, entsprechen aber dem gebotenen Komfort. Anreise: Der R 175 Rennes – Mont St-Michel bis Antrain oder Trembley und dann den Wegweisern „Bazouges-la-Pèrouse" folgen.

•**Camping du Mont Saint-Michel,** Tel. 02.33.60.09.33, B.P. 8, 50116 Mont Saint-Michel. Vom 4.2. bis zum 1.11. stehen hier 350 Stellplätze zur Verfügung.

Essen und Trinken

Entsprechend dem touristischen Charakter der Stadt findet sich hier eine große Zahl aller möglichen Essgelegenheiten. Vom Eis und Fast-Food im Stehen bis hin zum Gourmet-Restaurant ist hier nahezu jede Kategorie vertreten.

- Weithin berühmt (und entsprechend teuer) sind die Omeletts im **Hôtel/Restaurant de la Mère Poulard.** Ab 35 € kann hier gut gespeist werden.

Sonstiges

- Direkt vor der Stadtmauer liegen unterhalb der Straße gebührenpflichtige **Parkplätze.** Wer die Gebühr sparen möchte, kann auf dem Festland parken und zu Fuß zur Stadt laufen.

Anreise/Weiterreise

- **Mit dem Zug:** Züge fahren nur bis Pontorson, etwa 9 km südlich des Mont Saint-Michel. Der Ort ist ein Stop auf der Strecke Rennes - Dol-de-Bretagne - Avranches - Caen. Die Züge fahren täglich bis zu fünfmal.
- **Mit dem Bus:** Die Linie 34 verkehrt täglich mehrfach zwischen Fougères und St-Servan, wobei jeweils ein Abstecher über Pontorson nach Mont Saint-Michel erfolgt.

Zwischen Rennes und Mont Saint-Michel besteht eine Buslinie (36), die ebenfalls mehrfach täglich fährt.

- **Ausflug mit dem Schiff:** *Sirene de la Baie* bietet mehrfach täglich zwischen Juni und Ende August zwei- bis zweieinhalbstündige Bootsfahrten mit einem Amphibienboot. Die Fahrten kosten 18/13 €. Täglich um 12.30 Uhr und um 20.30 starten Mittag- bzw. Abendessenkreuzfahrten mit Menüpreisen ab 22 €. Auskünfte und Tickets erhält man in Le Vivier-sur-Mer, Gare Maritime, Tel. 02.99. 48.82.30, etwa 30 km westlich von Mont Saint-Michel.

Pontorson

↗ I/B2

Der kleine Ort ist für die meisten Besucher nur Durchgangsstation beispielsweise auf dem Weg zum Mont St-Michel, besitzt aber eine sehr schöne Kirche aus dem 11. bis 13. Jh. Auch Pontorson liegt in der Normandie, allerdings nur etwa 2,5 km von der bretonischen Grenze entfernt.

Die Hotels sind hier meist nicht so stark ausgebucht und auf jeden Fall preiswerter.

Unterkunft

- **Hôtel de France€,** Rue de Rennes 2, Tel. 02.33.60.29.17. Das kleine Hotel nahe dem Bahnhof besitzt einige einfache Zimmer.
- **Hôtel Montgomery€,** Rue du Cuesnon 13, Tel. 02.33.60.00.09. Teurer und besser ausgestattet sind die Zimmer im gemütlich-elegant holzgetäfelten Hotel. www.hotel-montgomery.com

Umgebung von Pontorson

Château de Bonnefontaine/Antrain

↗ I/B2

Les Fables de la Fontaine. Im malerischen Chateau de Bonnefontaine aus dem 15. und 16. Jh. befindet sich eine Automatenausstellung. Zahlreiche Märchen werden mittels dieser Maschinen in Szene gesetzt. Neben dieser eher technischen Attraktion, bietet der Schlosspark einiges. In der romantischen Park- und Wasserlandschaft finden sich auch zahlreiche exotische Gehölze wie Sequoias, Zedern und Magnolien. Öffnungszeiten: samstags und sonntags, an Feiertagen sowie in den Schulferien 14–18 Uhr. Der Eintritt beträgt 3 €, für Familien 18 €. Anreise: über die D 175 bis Antrain, auf die D 155 in Richtung Fougères. Noch im Gebiet von Antain ist das Schloss ausgeschildert.

Beauvoir

↗ I/B1

Reptilarium

↗ I/B2

Im kleinen Ort, etwa vier Kilometer vor dem Mont St-Michel, besticht ein Reptilarium mit großen Außen- und Innenterrarien. Hunderte von Schildkröten, Schlangen, Echsen und Krokodilen aalen sich in der Sonne und lassen sich streicheln oder zumindest durch fantasievolle Gehegegestaltung ganz aus der Nähe betrachten. Öffnungszeiten: 1.4. bis 30.9. tgl. 10–19 Uhr, sonst 14–18 Uhr. Eintritt 7/5 €. Tel. 02.33.68.11.18, www.le-reptilarium.com.

Dol-de-Bretagne

↗ I/A2

Der Ort und seine Umgebung sind schon seit Jahrtausenden besiedelt. Bereits vor 6000 bis 7000 Jahren gab es eine präkeltische Kultur in dieser Gegend. Bekannt ist auch der **Mont-Dol,** eine 65 m hohe Erhebung, etwa 3 km nördlich von Dol. Hier lagerten römische Legionen und nutzten den Hügel neben seinem strategischen Wert auch für religiöse Riten. 530 gründete der Waliser Mönch *Samson* hier ein Kloster, dessen Bedeutung ab dem 8. Jh. immer mehr zunahm. In dieser Zeit entstanden die Anfänge einer **Kathedrale,** in der *Nominoë* die Herzogdynastie der Bretagne ins Leben rief (848).

Aufgrund der geografischen Nähe zur Normandie war die Region oft **Schauplatz blutiger Auseinandersetzungen.** 1203 brandschatzte *Jean Sans Terre* die Kathedrale, die dann zwischen dem 13. und 17. Jh. wieder aufgebaut wurde. Zu weiteren Zerstörungen kam es während der Erbfolgekriege. Die Französische Revolution brachte ebenfalls schwere Gefechte mit sich.

Sehenswertes

Die Altstadt. Sehr schöne alte Fachwerkhäuser, die z.T. in den 80er Jahren des 20. Jahrhunderts restauriert wurden, befinden sich im Bereich der Straßen **Grande Rue des Stuarts,** Rue Le Jamptel und Rue Ceinte. Besonders lohnend sind die Häuser Rue Le Jamptel 12, das Hôtel Grand Maison aus dem 18. Jh., in dem sich 1836 *Victor Hugo* und *Juliette Drouet* aufhielten. In der Grande Rue des Stuarts stammt das Haus Nr. 17 (Maison des Petits-Palets) aus dem 12. Jh., und das Haus der drei Tauben (Maison des Trois-Pigeons), die Nr. 13, aus dem 15. Jh.

Die **Rue Ceinte** wurde im 13. Jh. an beiden Seiten durch Tore geschlossen. Hier wohnten früher kirchliche Würdenträger. Aus dem 16. Jh. stammt das ehemalige Schatzamt (Maison de la Trésorie), in dem heute ein kleines Privatmuseum zur Stadt- und zur Vorgeschichte untergebracht ist. Geöffnet vom 1.4 bis 30.9. täglich außer dienstags 9.30–18 Uhr. Eintritt: 3 €, Tel. 02.99.48.04.38. (Zurzeit leider geschlossen!)

Promenade des Douves. An der Stelle des ehemaligen Wassergrabens befindet sich heute dieser Spazierweg. Unterwegs sehen wir z.B. die Moore der Umgebung und den Mont-Dol.

Kathedrale St-Samson. Das ursprünglich romanische Bauwerk musste nach dem Brand von 1203 komplett neu aufgebaut werden. Diesmal im gotisch-normannischen Stil. Interessant ist der Gegensatz zwischen der strengen äußeren Architektur und der Eleganz des Inneren. Im Chor steht neben 80 Chorstühlen aus Eiche (14. Jh.) noch der imposante bischöfliche Thron aus dem 15. Jh. Das 13. Jh. hat sich in Form hübscher Kirchenfenster manifestiert.

Im **Cathédraloscope,** direkt an der Kathedrale im Stadtzentrum, wird die Geschichte der gothischen Kathedralen didaktisch geschickt, zugleich unterhaltsam und informativ dargestellt. Geöffnet 1.5. bis 30.9. 9–19 Uhr und 1.10. bis 30.4. 10–18 Uhr, Eintritt 7/4,50 €.

Praktische Hinweise

Information

- **Office de Tourisme,** Grande Rue des Stuarts 3, 35120 Dol-de-Bretagne, Tel. 02.99.48.15.37, www.pays-de-dol.com.

Unterkunft

- **Hotel La Bresche Arthur NC€,** 36, Boulevard Deminiac, Tel. 02.99.48.01.44, Fax 02.99.48.16.32. Das kleine Hotel verfügt über 24 ordentliche Zimmer.
- **Hôtel de Bretagne€,** Place Châteaubriand, Tel. 02.99.48.02.03, Fax 02.99.48.25.75.
- **Camping Municipal les Tendières,** an der Straße nach Dinan, Tel. 02.99.48.14.68, Fax 02.99.48.19.63, www.pays-de-dol.com. Geöffnet vom 15.6. bis 15.9.
- **Castel Camping Domaine des Ormes,** etwa 7 km südöstlich beim Dorf Epiniac (über die D 4), Tel. 02.99.73.53.00, Fax 02.99.73.53.55, www.lesormes.com. Geöffnet vom 20.5. bis 10.9.
- **Camping du Vieux Chêne,** etwa 4 km östlich bei Baguer Pican (über die N 176), Tel. 02.99.48.09.55, Fax 02.99.48.13.37, geöffnet vom 1.4. bis zum 1.10., www.camping-vieuxchene.fr.

038br Foto: kh

Fast 10 m hoch: Menhir du Champ-Dolent

Côte d'Emeraude

Essen und Trinken

- **Crêperie-Grill de l'Enfer,** Rue des Perrons 2, Tel. 02.99.48.00.20.
- **Le Stuart,** Piano-Bar, Grande Rue 18, Tel. 02.99.48.24.05.
- **Le Saint-Samson,** Crêperie/Restaurant, Rue Ceinte 21, Tel. 02.99.48.40.55.

Sonstiges

- **Fahrradverleih:** *Cycles Gondange,* Rue de Rennes 64, Tel. 02.99.48.03.20.

Anreise/Weiterreise

- **Mit dem Zug:** Mehrfach täglich bestehen Zugverbindungen zwischen Rennes und Caen (Linie 7), Dinard, St-Malo und Rennes (Linie 8), St-Brieuc und Dol (Linie 9) und Rennes und Dinan (Linie 21). Dol-de-Bretagne ist auf jeder dieser Routen Umsteigebahnhof.
- **Mit dem Bus:** Der Bus (Linie 34) verkehrt mehrmals tgl. zwischen Fougères u. St-Malo über Mont Saint-Michel u. Dol-de-Bretagne.

Umgebung von Dol-de-Bretagne

Musée de la Paysannerie

1986 wurde dieses Museum gegründet, um das bäuerliche Leben der Region darzustellen. Hier werden Werkzeuge, landwirtschaftliche Maschinen und Nutzvieh ausgestellt. Das Museum (Tel. 02.99.48.04.04) ist täglich zwischen Mai und September von 9.30–12.30 und 14–19 Uhr geöffnet. Es liegt nahe der D 795 (Richtung Combourg), etwa zwei Autominuten vom Menhir du Champ-Dolent entfernt. Eintritt 4 €.

Menhir du Champ-Dolent

Nahe der Stadt ragt mit 9,50 m Höhe und einem Umfang von etwa 8,70 m einer der größten Menhire der Bretagne gen Himmel. Zu erreichen ist der Gigant über die D 795 in Richtung Combourg, dann der Ausschilderung (beginnt hinter der Stadtgrenze) folgen. Der Stein steht östlich der Straße im Feld.

Mont Dol

↗ III/D2

65 m hoch erhebt sich diese Anhöhe inmitten des Marais de Dol, einer **ehemaligen Salzsumpflandschaft,** die allerdings heute großflächig trockengelegt wurde. Vor einigen tausend Jahren gehörte diese Gegend noch zum Meer. Der Granithügel war noch überschwemmt. Tektonische Verschiebungen brachten ein Sinken des Wasserstandes mit sich, die Gegend fiel trocken. Ablagerungen marinen Ursprungs bildeten zunächst natürliche Deiche, die das Sumpfgebiet entstehen ließen. Stets auf der Suche nach Ackerland, entstanden nach und nach vom Menschen errichtete Deiche (heute führen noch einzelne Straßen über ehemalige Deichanlagen), später wurde dem Meer mit Hilfe ausgeklügelter Aufschüttungen immer mehr Land abgerungen und der Sumpf ausgetrocknet. Vermutlich diente der Hügel bereits den Menschen der Steinzeit als **Kultstätte,** zumindest scheinen Knochenfunde dies zu belegen.

Im kleinen Dorf am Fuße des Hügels befindet sich eine Kirche aus dem

12. Jh., in der noch Fresken aus dieser Zeit zu bewundern sind. Auf dem Hügel, als erstes fällt die weithin sichtbare **Windmühle** auf, steht die **Kapelle Notre-Dame-de-l'Espérance.** Zumindest bei guter Sicht ist von hier oben ein weiter Blick über die Bucht möglich. Vielleicht gelingt es, im Osten bis zum Mont Saint-Michel, im Westen bis Cancale oder sogar zur Pointe du Grouin zu schauen.

Ein kleines Museum Magnifique Musée des Noces d'Antan zeigt zahlreiche Ausstellungstücke zum Thema Hochzeit und Hochzeitsnacht von 1835 bis 1940. Öffnungszeiten: April/ Mai 12–18 Uhr, Juni–November 10–19 Uhr. Eintritt: 3,80/2,30 €.

Anreise über die D 155 in Richtung Le Vivier-sur-Mer.

Le Vivier-sur-Mer

↗ III/D2

Der kleine Hafen an der Baie du Mont-Saint-Michel ist der Heimathafen der Sirene de la Baie, einem Amphibienboot, mit dem täglich (von Juni bis August) zwischen 9.30 Uhr und 20 Uhr **Rundfahrten in der Bucht** angeboten werden. Um 12.30 Uhr und um 20 Uhr werden die Fahrten mit einem Menü an Bord kombiniert. Die Rundfahrt kostet 20/15 €, Menüpreise beginnen bei etwa 22 €. Buchung und Auskünfte am Gare maritime Le Vivier-sur-Mer, Tel. 02.99.48.82.30.

Bekannt ist die Bucht für ihre **Muscheln.** Liebhaber dieser Meerestiere können Austern und andere Muscheln bei Jean-Luc Tonneau, Tel. 02.99.48.84.48, stets frisch kaufen.

039br Foto: eh

Forêt de Ville Cartier

In dem großen Waldgebiet südöstlich von Dol-de-Bretagne ist ein neuer Freizeitpark entstanden, der Eltern und Kinder gleichermaßen anzieht. Neben zahlreichen gut ausgeschilderten Wanderwegen zu historischen Stätten bzw. deren Nachbildungen, gibt es hier einen See, auf dem zahlreiche bretonische Sehenswürdigkeiten (z.B. der Tour Solidor, St-Malo; der Leuchtturm Vielle) im Miniformat nachgebaut wurden. Alle sind mit Miniaturschiffen

Surcouf, der „edle" Korsar, ruft zur Kaperfahrt gegen britische Schiffe

(Fähren, Schleppern u.Ä.) erreichbar, die gerade einer Familie Platz bieten. Öffnungszeiten: Juli/August 11–19 Uhr, April bis September 14–19 Uhr. Tel. 02.99.48.55.49.

Combourg

↗ III/D3

Sehenswertes

Der kleine Ort, etwa 20 km von der Küste entfernt, ist durch das **Schloss** bekannt. Wuchtig überragt das wehrhafte Gebäude, das im 11. Jh. entstand und im 15. und 18. Jh. umgebaut wurde, den See. Im 19. Jh. wurde es dann vollständig restauriert. Ursprünglich lebte hier die Familie *Du Guesclins*, bevor es im 18. Jh. an die Familie *Châteaubriand* veräußert wurde. **François-René de Châteaubriand,** der später ein berühmter Dichter werden sollte, wuchs hier auf. Seine Jugend in dieser Gegend soll ihn nach eigener Aussage so stark beeindruckt haben, dass er schrieb, „In den Wäldern von Combourg bin ich geworden, was ich heute bin." Im Schloss sind zahlreiche Möbel, u.a. auch das aus Paris hierher geholte Sterbezimmer *Châteaubriands,* zu bewundern. Das Schloss kann vom 1.4. bis 31.10. täglich von 14–17.30 Uhr (die Innenräume) bzw. der Park täglich von 10–12.30 und 14–18 Uhr besichtigt werden, Tel. 02.99.73.22.95, www.combourg.net. Eintritt 5,50 € (Innenräume und Park).

Maison de la Lanterne. Im Laternenhaus, Place Albert-Parent, befindet sich heute das Syndicat d'Initiative. Das schön restaurierte Gebäude stammt aus dem 16. Jh.

Information

- **Syndicat d'Initiative,** Place Albert-Parent, Tel. 02.99.73.13.93. www.combourg.org

Unterkunft

- **Hôtel du Château**€€**,** Place Châteaubriand 1 (unterhalb des Schlosses), Tel. 02.99.73.00.38, Fax 02.99.73.25.79. Geöffnet vom 15.1. bis 15.12. www.hotelduchateau.com.
- **Hôtel du Lac**€€**,** Place Châteaubriand 2, Tel. 02.99.73.05.65, Fax 02.99.73.23.34. www.hotelrestaurantdulac.com.
- **Unterkunft im Schloss**€€€ findet man bei Vicomte et Vicomtesse *Leschevin de Prevoisin,* Château La Haye d'Irée, Saint-Rémy du Plain, 35560 Bazouges-La-Pérouse, Tel. 02.99.73.62.07, Fax 02.99.73.25.79. Das Schloss liegt etwa 15 km östlich von Combourg an der D 794.
- **Château de la Bourbansais**€€€€**,** Comte Charles de Lorgeril, 35720 Pleugueneuc, Tel. 02.99.69.40.07, Fax 02.99.69.46.04. Das Schloss liegt etwa 15 km westlich von Combourg an der N 137. Zum Park gehört auch ein Zoo, täglich geöffnet 10–12 Uhr und 14–18 Uhr, Eintritt 5,30 €.

Anreise/Weiterreise

- **Mit dem Zug:** Combourg liegt an der Strecke Dinard – Rennes. Die Züge fahren bis zu sechsmal täglich. Weitere Stopps in St-Malo und Dol-de-Bretagne.

Umgebung von Combourg

Le Zoo-château de la Bourbansais

Im Schlosspark im Stil eines französischen Gartens aus dem 18. Jh. kann man herrliche Bäume und andere Gewächse bewundern. Zum Besuch gehört auch die Schlossführung und eine Besichtigung des Geheges der Jagdhunde. Öffnungszeiten vom 1.4. bis 30.9. tgl. 10–19 Uhr, sonst 14–18 Uhr. Pleugueneuc, Tel. 02.99.69.40.07. Eintritt 14–18 €.

Zooloisirs

Etwa 8 km südwestlich, bei Québriac, befindet sich dieser Zoo mit über 300 Tieren und Spielgeräten für Kinder. Der Park ist während der Saison täglich 10.30–18.30 Uhr geöffnet, in der Vor- und Nachsaison nur 14.30–18 Uhr (sonn- und feiertags). Zu erreichen über die D 795 bis La Basse-Forte, hier auf die D 20 in Richtung Tinténiac. Tel. 02.99.68.10.22.

Cobac Parc

↗ III/D3

Zu diesem Freizeitpark gehören Spielgeräte, Wasserrutschen, ein Streichelzoo und ein Museum heimischer Tiere. Route de Pleugueneuc, 35720 Lanhélin, Tel. 02.99.73.80.16. Geöffnet von Anfang April bis Ende September, Eintritt 13 €. Von Combourg aus über die D 73 in nordwestlicher Richtung zu erreichen. www.cobac-parc.fr.

Cancale

↗ III/D1

14 km östlich von St-Malo liegt der Ort am Meer, dem er auch seine Bedeutung verdankt. Cancale und das Meer, genauer die Austern, dies sind Begriffe, die seit Jahrhunderten untrennbar miteinander verbunden sind.

50 m oberhalb der Uferlinie liegt das Zentrum der Stadt, in unmittelbarer Nähe befindet sich der Hafen Port de la Houle. Von hier aus zogen früher die **Neufundlandfischer** aufs Meer hinaus. Meist verging ein halbes Jahr, ehe die Fischer zu ihren Familien zurückkehrten. Das soziale Leben wurde völlig den Frauen überlassen, deren Einfluss zu einer Art matriarchalischer Gesellschaft führte. Das harte Leben der Fischer kommt auch in ihren klotzig wirkenden Granithäusern, oft weiß getüncht, zum Ausdruck.

Heute wird der Ort mehr und mehr zum Seebad, besitzt aber auch noch den leicht verträumt wirkenden Charakter des kleinen Fischerdorfes.

Cancale und die Austern. Seit Jahrhunderten gehört das **Austernfischen** zu den Haupteinkommensquellen der Gegend. Genau gesagt, verdankt der Hafen sogar nur den Austern seine Existenz. Besonders begehrt ist die flache Auster, die vom Boden des Meeres mit Schleppnetzen abgehoben wird. In den günstigsten Jahren konnten auf diese Weise bis zu 20.000 t Austern eingebracht werden. Der starke Tidenhub in der Bucht von Mont Saint-Michel und der natürliche Planktongehalt des Wassers der Bucht ließen diese Austern zu einer Berühmtheit werden.

Austern – Köstlichkeit in harter Schale

Austern *(huîtres)* sind insbesondere bei Franzosen eine beliebte Vorspeise. Doch auch immer mehr Menschen anderer Länder mit weniger Erfahrung im kulinarischen Umgang mit Meeresfrüchten finden Geschmack an diesem von einem **Hauch Luxus** umgebenen Meerestier. Angesichts der niedrigen Preise (das Dutzend kostet zwischen 3 und 5 €, besondere Arten sind teurer) kann eigentlich von Luxus keine Rede sein.

Früher, als die Transportzeiten ins Inland noch länger waren und sich deshalb Frischhalteprobleme ergaben, sagte man, dass Austern nur in den Monaten mit einem „r" im Namen, also September bis April, verzehrt werden sollten. Diese Zeiten sind vorbei. Wenn Sie in Frankreich, speziell in der Bretagne, Austern im Hochsommer angeboten bekommen, brauchen Sie hinsichtlich der **Frische** nichts zu befürchten. Angesichts der Konkurrenz in einem Land wie der Bretagne, kann kein Austernzüchter *(ostréiculteur)* bestehen, der schlechte Ware anbietet. Hinzu kommt, dass die Austernzuchten von einer speziellen staatlichen Austernzuchtbehörde überwacht werden (s. Aufkleber auf der Holzkiste).

Unter den Austern wird sowohl nach der Größe (Nr. 1–4), als auch nach der Art unterschieden: Es gibt die **Huître creuse** *(Crassostrea gigas)*, eine Auster mit stark gewölbter Bodenplatte und leicht gewölbtem, stark zerfurchtem Deckel, sowie die **Huître plate** *(Ostrea edulis)* mit fast ebenem Deckel.

Die *Huître creuse* als Standardauster wird in verschiedenen Gebieten seit Ende des 19. Jahrhunderts gezüchtet. Ursprünglich war die *Huître plate* die typische heimische Art. 1890 zerstörte eine Krankheit jedoch fast sämtliche Bestände, die Züchter waren gezwungen, sich auf eine andere Art umzustellen. Der Zufall kam zu Hilfe. Ein portugiesisches Schiff strandete vor der Mündung der Gironde. Die Ladung, portugiesische Austern, gedieh an der Unglücksstelle hervorragend. Bis 1970 konnte diese Art gut kultiviert werden, dann fiel auch sie einer Seuche zum Opfer. Heute ist die *Huître creuse* eine aus Japan importierte Art.

Im Norden ist der kleine Fischerhafen Cancale eine Austernhochburg, während im Süden der Golf von Morbihan für seine hervorragenden Austern bekannt ist. Hingegen wird die teurere *Huître plate*, in

Dieser scheinbare Reichtum des Meeres ließ die Fischer aber unbekümmerter werden. Bereits im 18. Jh. sank der Ertrag pro Jahr aufgrund extremen **Überfangens** rasch. Regeln und Strafmaßnahmen wurden erlassen. Niemand durfte von nun an Austern fangen, wann er wollte, sondern musste bestimmte Zeiten einhalten. So entstand die **„Caravane"**, der Fang der Austern mit oft über 200 Booten.

1920 kam es zur Katastrophe. Sozusagen über Nacht wurde die Austernpopulation von einer Epidemie heimgesucht, Experten sprechen von einer **Verpilzung der Bestände.** Fast die gesamte Nachzucht brach zusammen. Glück im Unglück brachte die Tatsache, dass auch im Golfe du Morbihan Austern gezüchtet wurden. Jungtiere konnten von dort herübergeholt und in der Bucht aufgezogen werden.

Heute finden sich in der Bucht **Austernbänke** von über 400 ha Größe, die maschinell überwacht und geerntet werden. Als leicht verderbliche Wa-

040br Foto: wk

Frankreich spricht man auch von der Königin unter den Austern, im kleinen Fluss Bélon im Süd-Finistère gezüchtet. Deshalb trägt sie auch die Bezeichnung **Bélon-Auster.** In der Poissonnerie kostet das Dutzend Bélon-Austern ca. 6–9 €. Im Sommer werden Sie allerdings möglicherweise kaum Bélons angeboten sehen, denn der überwiegende Teil wird für das Weihnachts- und Neujahrsgeschäft reserviert.

Sie möchten wissen, **wie Austern gegessen** werden? Roh und lebendig. Sofern die Deckklappe schon entfernt wurde (die schwierigste Prozedur), was im Restaurant natürlich schon in der Küche erledigt wurde, ist der Rest einfach: Man trennt mit einem Messer das weiche Innere von der Bodenschale, träufelt nach Geschmack etwas Zitronensaft oder Vinaigrette darauf und schlürft sie aus der Schale. Der passende Wein zur *Huître creuse* ist ein trockener Weißwein, z.B. Muscadet de Sèvre-et-Maine sur Lie, während man sich zur Bélon schon einen Sancerre oder Pouilly-Fuissé gönnen sollte.

Wollen Sie die **Auster selbst öffnen,** so benötigen Sie ein Austern-Messer (z.B. auf dem Markt zu bekommen) und etwas Geschick, um die zwei Hälften voneinander zu trennen. Am besten lassen Sie es sich einmal von einem Ostréiculteur zeigen.

re muss der schnellen Verarbeitung besondere Beachtung geschenkt werden. Zu diesem Zweck wurde das **Gütesiegel** IFREMER eingeführt, das gute Qualität verspricht.

Sehenswertes

Port de la Houle. Der kleine Hafen des Ortes hat auch heute noch etwas von seinem einstigen Charakter behalten. Fischerboote dümpeln auf dem Wasser, laufen aus oder mit dem Fang ein. Ein reges und doch nicht hektisches Treiben. Bei Ebbe ragen die Austernbänke aus dem Wasser.

Eglise St-Méen. Die aus dem 19. Jh. stammende Kirche besitzt einen Turm mit einer Aussichtsplattform, die über 189 Stufen erreicht werden kann. Von oben ergibt sich dann ein herrlicher Blick über die Bucht und das Umland.

Musée des Arts et Traditions populaires. Das Heimatmuseum des Ortes zeigt alle Aspekte der Fischerei und natürlich der Austernzucht. Besonders

reizvoll ist die Ausstellung alter Fanggeräte und Boote, z.B. auch der Bisquines, des ursprünglichen Cancaler Austernfischerbootes. 1973 gründete sich ein Verein „Les Amis des Bisquines et du vieux Cancale", der sich der Tradition verpflichtet fühlt. 1984 gedieh der Plan, ein altes Boot nachzubauen, die Pläne stammten von der „La Perle" (1905 gebaut). 1985 bis 1987 wurde gezimmert, im April war dann der Stapellauf der „Cancalaise".

Öffnungszeiten: Im Juli und August täglich außer Montag nachmittags 10–12 Uhr und 14.30–18.30 Uhr, im Juni und September nur Donnerstag, Samstag und Sonntag nachmittags. Eintritt 3/1,50 €, Tel. 02.99.89.79.32.

Die Bisquine der Austernfischer von Cancale: Um die Manövrierfähigkeit zu steigern, wurden über Bug und Heck weit ausladende Segel gesetzt

Musée des Bois sculptés. Dieses Museum befindet sich am Kirchplatz von St-Méen. Ausgestellt sind Schnitzereien des Geistlichen *Quémerais* (1879–1955), der zahlreiche Reliefs herstellte. Besonders bekannt ist das „Apfelgedicht".

Öffnungszeiten: In der Hauptsaison täglich 9.30–12 Uhr und 14.30–18 Uhr, sonn- und feiertags nur vormittags. Eintritt 2,30 €. Rue de Bellevue, Tel. 02.99.89.60.15.

Pointe du Hock. Die Landzunge liegt am ehemaligen Handels- und Zöllnerweg „Sentier des Douaniers", der am Hafen beginnt und sich bis zur Pointe du Grouin (etwa 6 km) hinzieht. Dieser Weg ist ein Teil des GR 34, der entlang der Küste bis St-

Malo führt. Auch kürzere Wanderungen lohnen sich.

Praktische Hinweise

Information

- **Office de Tourisme,** Rue du Port 44, 35260 Cancale, Tel. 02.99.89.63.72, www.ville-cancale.fr.

Unterkunft

- **Hôtel Continental**€€€**,** Quai Administrateur Thomas 4, Tel. 02.99.89.60.16, Fax 02.99.89.69.58. Das beste Hotel am Ort mit allem Komfort und entsprechenden Preisen. www.hotel-cancale.com.
- **Hôtel le Phare**€€**,** Quai Administrator Thomas 6, Tel. 02.99.89.60.24, Fax 02.99.89.91.75. Kleines Hotel der Mittelklasse und mit ausreichendem Komfort.
- **Hôtel Le Cancalais**€**,** Quai Gambetta, Tel. 02.99.89.61.93. Einfaches, aber sauberes Hotel mit 9 Zimmern.
- **Campingplätze** liegen im Bereich zwischen der Stadt Cancale und der Pointe du Grouin. Recht gute und zudem gleiche Angebote machen die 3-Sterne-Plätze **Le Bois Pastel** (Tel. 02.99.89.66.10, Fax 02.99.89.60.11), 136 Stellplätze, geöffnet 31.3.–30.9., **Le Bel Air** (Tel. 02.99.89.64.36, Fax 02.99.89.64.81), 240 Stellplätze, geöffnet 1.5.–20.9., und **Port-Mer** (Tel. 02.99.89.63.17, Fax 02.99.89.66.81), 83 Stellplätze, geöffnet 1.5.–20.9. Alle Plätze haben Stromanschlüsse. Preiswerter und etwas einfacher sind die Plätze **Camping Municipal la Pointe du Grovin** (Tel. 02.99.89.63.79), 199 Stellplätze, geöffnet 1.3. bis 30.10., und **Les Genêts** (Tel. 02.99.89.76.17), 85 Pl., 1.4.–15.9., allerdings nicht für Wohnmobile.

Essen und Trinken

Das Angebot ist wie üblich reichhaltig. Gourmets möchten hier natürlich Meeresfrüchte essen und besonders gerne Austern. Die besten Restaurants auf diesem Gebiet sind das **Le Bricourt,** Rue Duguesclin 1, Tel. 02.99.89.64.76, und das **Le Continental,** Quai Ad. Thomas 4, Tel. 02.99.89.60.16. Allerdings sind hier die Preise gediegen, die bei etwa 27 €/Menü beginnen. Preiswerter gibt es Austern direkt am Hafen an zahlreichen Ständen. Sehr gute Fischmenus gibt es im **Restaurant des Parcs,** La Houle, 2, Quai Thomas, Tel. 02.99.89.90.94.

Sonstiges

- **Fahrradverleih:** Cycles Gondange, Rue Leclerc, Tel. 02.99.89.60.25 und Ouest VTT, Zone Industrielle, Tel. 02.99.89.74.33.
- **Segelschule:** Ecole de Voile, Port-Mer, Nicole Varray, Tel. 02.99.89.90.22.
- **Tauchclub:** CCNSSM, Rue du Général Leclerc 6, Tel. 02.99.89.88.41.
- **Motorboote und Wasserski:** Club Motonautique Cancalais, Port-Mer, Tel. 02.99.89.61.29.
- **Tennis:** La Verrie, Tel. 02.99.89.64.14, 6 Plätze.

Anreise/Weiterreise

- **Mit dem Bus:** Busse der Linie 34 verkehren täglich mehrfach zwischen Fougères und St-Servan/St-Malo. Unterwegs halten sie am Hafen La Houle und an der Kirche. Weitere Stationen sind Dol-de-Bretagne und St-Coulomb.

Umgebung von Cancale

Musée de l'Huître et du Coquillage/La Ferme Marine

Dieses Austernmuseum liegt am südlichen Stadtrand, oberhalb des Hafens. Zu erreichen nur über die Einbahnstraße über Les Portes Rouges. Auf dem Gelände der Fabrik G.I.E. Kerber „L'Aurore“ besteht die Möglichkeit, die Produktionsstätten, in denen heute noch gearbeitet wird, und eine Ausstellung zu besichtigen. Diese zeigt über 1000 Exponate unter dem Thema „Muscheln aus aller Welt". Beeindruckend sind die riesigen „Mördermuscheln" oder Riesenmuscheln (Tridacna maxima) aus den tropischen asiatischen Meeren und die Nautilus-Kopffüßer, die eigentlich nicht zum Thema gehören. Eine Filmvorführung und deutschsprachige Führung runden das Ganze ab. Anmeldung unter Tel. 02.99.89.69.99. Das Museum ist nur im Dezember geschlossen. Eintritt 6,50/5 €. Wer auch noch an der Kostprobe teilnehmen möchte, bezahlt 6 € extra.

Pointe du Grouin

⇗ III/D1

Über die D 201 gelangt man nach etwa 5 km zur Landzunge, die sich knapp 50 m über dem Meer erhebt. Direkt gegenüber liegt die unter Naturschutz stehende Insel **Ile des Landes,** ein Vogelschutzgebiet. Mit dem Fernglas besteht die Möglichkeit, Kormorane, Brandgänse und Möwen zu beobachten.

Auch ohne Vogelbeobachtung lohnt ein Spaziergang an der Landzunge. Mit Urgewalt brandet die See gegen die Klippen, der Wind pfeift über das fast kahle Plateau, das nur von wenigen Büschen und Heidegewächsen besiedelt wurde.

Direkt am Kap befindet sich das **Hôtel/Restaurant Le Grouin,** Tel. 02. 99.89.60.55, Fax 02.99.89.92.22 mit gut ausgestatteten Zimmern ab 64 €. Im Restaurant werden selbstverständlich Meeresfrüchte serviert. Die Glasveranda eignet sich auch bei Nieselregen für einen Kaffee, ein Bier etc.

In Richtung Rothéneuf/St-Malo folgt die D 201 weiter der Küste. An vielen Stellen liegen sehr hübsche **(Bade-) Buchten,** meist mit Parkmöglichkeiten. Besonders gut gefiel uns die Anse du Guesclin, die der gleichnamigen Insel gegenüber liegt. Hier finden auch Surfer ein Revier.

Die „richtige" Bucht zu finden, mag jedem selbst überlassen bleiben. (Sonnen-)Baden und Surfen sind fast überall, auch bei Flut, möglich. Generell gilt auch hier: Je näher die Bucht an St-Malo oder Cancale liegt, desto voller ist der Strand.

St-Malo

⇗ III/C1

Ursprung der Stadt, die laut der Tourismuswerbung auf eine „ruhmreiche Vergangenheit" zurückblickt, war die gallo-römische **Siedlung Aleth,** die auf einer Halbinsel dem heutigen Stadtteil St-Servan vorgelagert war. Lange schützte die strategisch günstige Lage die Bewohner vor Eindringlingen.

Im 6. Jh. begann der walisische **Mönch Maklou,** dessen Name im Französischen zu *Malo* wurde, mit der Missionierung der Einwohner.

Allmählich begann die Siedlung zu wachsen und sich aufs benachbarte Festland auszudehnen. Der Schutzheilige und damit Namensgeber des neuen Stadtteiles wurde der Heilige Servan. Im 12. Jh. verstärkte sich der Druck auf die Siedlung durch Überfälle der Normannen immer mehr. Die nördlich ge-

053br Foto: eh

legene Insel, heute **Intra Muros,** schien den nötigen Schutz zu bieten. 1142 siedelte auch der Bischof auf die Insel über (schließlich befand sich dort auch das Grab *Maklous*) und errichtete einen Dom. In den folgenden Jahren begann der Bau einer mächtigen **Wehrmauer,** die der Stadt, jetzt St-Malo genannt, lange Zeit Sicherheit und Unabhängigkeit bot. Weder die Kriege zwischen England und Frankreich noch die ersten Jahre der Hugenottenkriege konnten die Stadt in Mitleidenschaft ziehen. Unter dem Wahlspruch „Ni Français, ni Breton, Malouin suis" (weder Franzose noch Bretone, sondern Einwohner St-Malos bin ich) erhielten sie sich fast vier Jahre lang den republikanischen Status.

Wirtschaftlich waren die Malouins schon immer vom Meer abhängig. Fischerei und der Handel (oft mit überseeischen Ländern) waren die Grundpfeiler des Reichtums der Stadt. Die Seeleute des **Freihafens** befuhren alle Weltmeere von Neufundland über Amerikas Küsten bis Indien und China.

Problematisch wurden diese Handelsbeziehungen nur in Kriegszeiten, doch die Malouins wussten Rat. Ausgestattet mit königlichen Kaperbriefen, widmeten sie sich in diesen Zeiten der **Seeräuberei,** bezeichneten sich allerdings selbst vornehmer als Korsaren oder Freibeuter. Aus dieser Epoche gingen so schillernde Figuren wie *Porcon de la Bardinais* (1639–1665), *René Dugay-Trouin* (1673–1736) und *Robert Surcouf* (1773–1827) hervor, die im 20. Jahrhundert in bester Hollywoodmanier zu Helden zahlreicher Mantel-und-Degenfilme wurden. Ihre Unternehmungen, zu denen auch der wenig rühmliche Sklavenhandel gehörte, brachten aber nicht nur Ruhm, sondern auch erheblichen Wohlstand mit sich. Diejenigen, die das risikoreiche Geschäft überlebten, wie *Surcouf,* gelangten zu großem Vermögen. Noch heute zeugen die herrschaftlichen Reederhäuser in St-Servan von diesem Wohlstand.

Während die starken Befestigungsanlagen über Jahrhunderte den histo-

St-Malo, Hôtel de Ville
im mittelalterlichen Bauwerk

rischen Ereignissen trotzten, war ihre Stunde gegen Ende des **Zweiten Weltkrieges** gekommen. Nach der alliierten Landung verschanzten sich die deutschen Truppen Anfang August 1944 innerhalb der Stadtmauern. Ein gnadenloser Kampf begann. Viele Tote und Verletzte und die völlige Zerstörung des historischen Stadtkernes waren das Ergebnis.

Im Gegensatz zu anderen stark zerstörten Städten bemühte man sich in St-Malo aber um einen möglichst originalgetreuen **Wiederaufbau,** der auch sehr gut gelang.

Sehenswertes

Die **sehenswerten Stadtteile** sind St-Malo Intra-Muros und St-Servan-sur-Mer. Reist man mit dem Auto aus Richtung Mont St-Michel oder auch Dinard/Barrage de la Rance an, erweist sich die Stadt zunächst als wenig besucherfreundlich. Schlechte Beschilderung und Straßen, die scheinbar in reine Industrie- bzw. Hafenviertel führen, verwirren so manchen Besucher. Allerdings liegen auch beide Stadtviertel direkt am Meer und in unmittelbarer Nähe der Hafenanlagen. Beson-

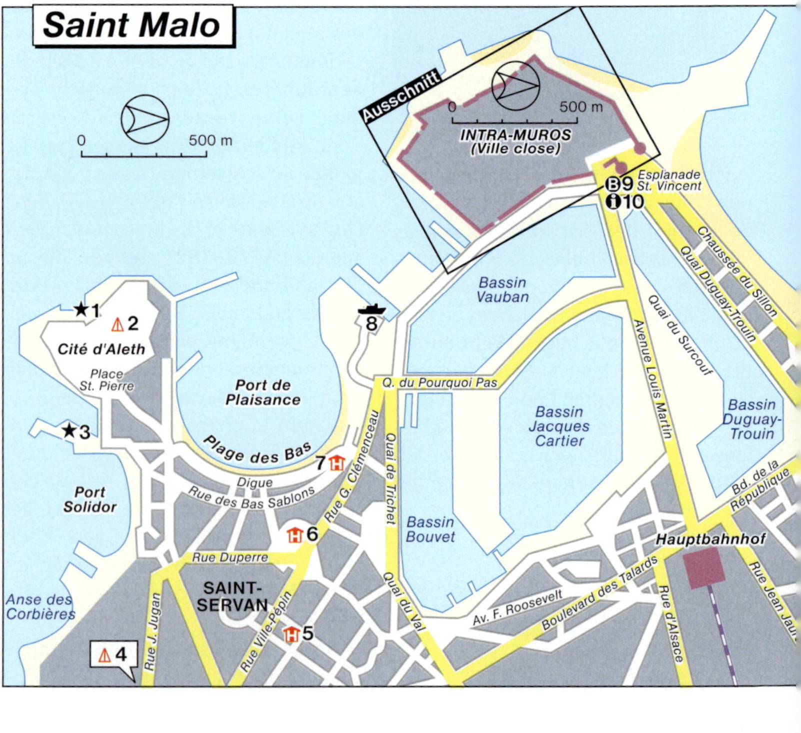

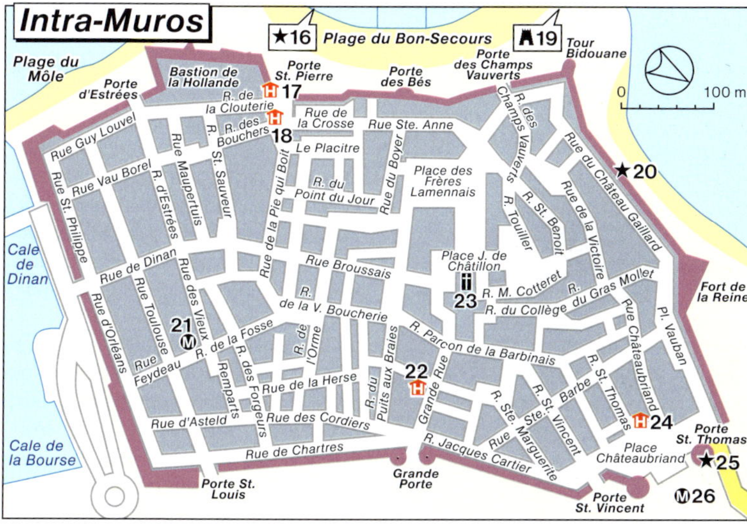

- ★ 1 Promenade de la Corniche
- ⚠ 2 Camping de la Cité d'Aleth
- ★ 3 Tour Solidor
- ⚠ 4 Camping de la Ville Huchet
- H 5 Hôtel de la Poste
- H 6 Hôtel le Servannais
- H 7 Hôtel de la Mer
- 8 Quai der Jersey-Fähren
- B 9 Busbahnhof
- i 10 Office du Tourisme
- H 11 Hôtel de la Digue
- J 12 Jugendherberge
- H 13 Hôtel Châteaubriand
- H 14 Hôtel le Rochebonne
- ⚠ 15 Camping Les Nielles
- ★ 16 Ile de Bé
- H 17 Hôtel Les Chiens du Guet
- H 18 Hôtel de la Porte Saint-Pierre
- 19 Fort National
- ★ 20 Stadtmauer/Remparts
- M 21 Musée de la Poupée
- H 22 Hôtel Central
- 23 Kathedrale
- H 24 Hôtel de l'Univers
- ★ 25 Quic-en-Groigne
- M 26 Musée de la Ville

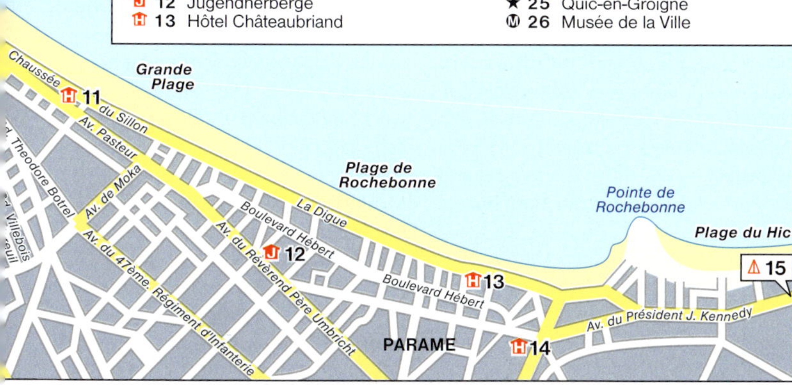

Côte d'Emeraude

042br Foto: eh

Aus der Korsaren-Zeit: alte Schiffskanone

ders in Intra-Muros wird dies deutlich, wenn die großen Fährschiffe, nur durch eine Straße getrennt, praktisch direkt an der Stadtmauer anlegen. Beide Stadtteile verfügen über gute und zentrale Parkmöglichkeiten.

St-Malo Intra-Muros. Eindrucksvoll ragen die mächtigen **Stadtmauern** *(Remparts)* vor dem Besucher auf. Nachdem der Wagen auf einem der Parkplätze an der Esplanade St-Vincent abgestellt wurde, führt der Weg durch die Porte St-Vincent in die Stadt hinein.

Hinter diesem Tor liegt rechts der Place Chateaubriand. Hier erheben sich die Türme und Mauern der **Burg.** Am Innenhof liegen ehemalige Kasernen, die heute das Rathaus beherbergen. An der Mauer steht der **kleine Donjon,** der bereits Ende des 14. Jh. errichtet wurde und das Gegenstück zum 1423 erbauten **großen Donjon** bildet, der die Mauern weithin sichtbar überragt. Innerhalb der Burg befinden sich zwei Museen.

Grand Aquarium. Hier finden Sie neben dem Atlantiksaal (Achtung, nur 17°C kühl, Pullover mitnehmen) auch zahlreiche Ausstellungen zu tropischen Meeren. Ein gesunkenes Piratenschiff mit umherschwimmenden Haien und ein meterhoher runder Glastank, dessen Bewohner Sie stets umkreisen sind eine echte Attraktion, wenn auch die Informationen bzw. deutschen Übersetzungen z.T. fehlerhaft sind. Eintritt 13,90 €. Wer auch die gute 3-D-Show mitbesuchen möchte, zahlt 3,50 € extra. Tel. 02.99.21.19.00, www.aquarium-st-malo.com.

Musée d'Histoire de Saint-Malo. Das Museum ist im großen Donjon und in den anschließenden Gebäuden untergebracht. Die Stadtgeschichte wird hier anhand zahlloser Exponate sehr detailliert dargestellt. Gemälde, Waffen, historische Dokumente und Modelle, leider nur mit französischen Erklärungen, zeichnen das historische Bild der Stadt nach. Tel. 02.99.40.71.57.

Im gleichen Gebäude befindet sich das **Musée d'Ethnografie du Pays Malouin.** Hier wird die Seefahrt, d.h. die existentielle Grundlage der Stadt, dargestellt. Sehr facettenreich widmet sich die Ausstellung mit Modellen, Originalen und Gemälden allen Aspekten dieses Bereiches.

Öffnungszeiten: Beide Museen sind ganzjährig von 10 bis 12 und von 14 bis 18.30 geöffnet. Eintritt 5/2,50 €. Die Sammelkarte für drei Museen (es gehört dann noch das Musée International du Long-cours Cap Hornier in St-Servan dazu) kostet 6,50/3,50 €.

Quic-en-Groigne. Der merkwürdige Name des Turmes geht auf eine Begebenheit mit *Anne de Bretagne* zurück. Sie richtete in St-Malo eine Garnison ein, um einerseits der Stadt den nötigen Schutz zukommen zu lassen und andererseits ein wachsames Auge auf die sehr unabhängigkeitsbewussten Malouins zu haben. Die Kritik an ihrer Maßnahme kommentierte sie mit den Worten „Qui qu'en groigne, ainsi sera, car tel est mon bon plaisir." (Wer auch murren mag, es soll so sein, denn dies ist mein gnädiger Wille). Im Turm ist heute das **Wachsfigurenmuseum** (Musée de cire) untergebracht. Hier werden die bedeutenden Personen *(Jacques Cartier, Chateaubriand, Anne de Bretagne)* der Stadt in Lebensgröße dargestellt. Besonderer Raum ist natürlich der Zeit der Korsaren und damit *Duguay Trouin* und *Surcouf* gewidmet.

Öffnungszeiten: Das Museum ist täglich zwischen April und September von 9.30 bis 12 und von 14 bis 18 Uhr geöffnet. Informationen unter Tel. 02.99.40.80.26. Eintritt 4/2 €.

Außer der Burg lohnt ein Spaziergang durch die schmalen Gassen der Stadt, die allerdings in den Sommermonaten recht gut besucht sind. Überall wird versucht, dem Anspruch der Korsarenstadt gerecht zu werden. Restaurants und Bars geben sich Namen aus dieser Zeit oder locken mit mehr oder weniger großen Figuren bzw. historisch nachempfundenen Schildern zum Besuch. Zahllose Souvenirläden verkaufen Postkarten mit diesem Image der Stadt und so viele Neppartikel, dass man sich gelegentlich des Eindrucks nur schwer erwehren kann, das Freibeutertum bestehe auch heute noch.

Musée de la Poupée. Im Puppenmuseum in der Rue de Toulouse 13 sind einige hundert Puppen verschiedener Epochen ausgestellt. Tel. 02.99. 40.15.51, geöffnet von 10 bis 12 und von 14 bis 19 Uhr, Eintritt 5,50/3,50 €.

Kathedrale St-Vincent. Der Bau, der fast im Zentrum stehenden Kathedrale wurde im 12. Jh. begonnen, konnte aber erst im 18. Jh. beendet werden. Beeindruckend sind die sehr hübschen Fenster in Chor und Seitenschiff.

Nahe der Kathedrale steht am Place Jean Moulin das **Monument de la Résistance Malouine** zu Ehren der Widerstandskämpfer dieser Stadt.

Nur bei Ebbe kann das historische Monument, **Fort National,** vom Grande Plage aus erreicht werden. 15 Minuten (Hin- und Rückweg) führt der Weg über den nun trockengefallenen Meeresboden. 1689 von Vauban gebaut, war die Festung zum Schutz der Stadt nicht selten Schauplatz kriegerischer Auseinandersetzungen. Weniger rühmlich ist das Kapitel der deutschen Besetzung. Zu dieser Zeit diente die Festung als Internierungslager.

Öffnungszeiten: Ostern, Pfingsten und von Juni bis September finden täglich Führungen statt. Eintritt 4 €.

Ile du Grand Bé. Auch diese Insel ist nur bei Ebbe erreichbar. Der Besuch der Insel bietet neben einem herrlichen Ausblick über die Küste auch die Möglichkeit, dort das Grab *Chateaubriands* zu besuchen. Der berühmte Dichter wählte diesen letzten Ruheplatz selbst aus, weil er von der Gewalt des anbrandenden Meeres fasziniert gewesen war.

Fort du Petit Bé. Jenseits der Grand Bé ragt die Insel Petit Bé aus dem Wasser. Ihren Felsen ziert eine Festung aus dem Jahr 1695, die bei Ebbe zu besichtigen ist. Der Eintritt beträgt 4/2,50 €.

Les Remparts (Stadtmauer). Für einen letzten Blick auf die Stadt oder auch, um einen ersten allgemeinen Eindruck St-Malos zu erhalten, lohnt ein Spaziergang auf der Stadtmauer. Der Weg kann an der Porte St-Vincent beginnen und führt dann in südlicher Richtung zunächst zur Bastion St-Louis, von hier nach Westen zur Bastion St-Philippe, weiter in nördlicher Richtung zum Tour Bidouane und zurück zum Ausgangspunkt. Zwischen dem 12. und 18. Jh. wurde immer wieder an der Mauer gearbeitet. Sie ist im **Zweiten Weltkrieg** weitgehend unbeschädigt geblieben.

Im **Memorial 39–45,** dem **Fort de la Cité d'Aleth** (Blockhaus), wird alles Wissenswerte zum Thema Besetzung und Befreiung Frankreichs ausgestellt. Im ehemaligen deutschen Bunker wird die Geschichte in Bildern und Figuren sehr anschaulich vermittelt.

Öffnungszeiten: Juli und August ganztägig, ansonsten dienstags bis sonntags 14 bis 16.30 Uhr. Eintritt 5/2,50 €.

St-Servan-sur-Mer. Im Frühling und Sommer machen die großzügigen Park- und Grünanlagen diesen Stadtteil besonders sehenswert. Wunderschöne Blicke über die Küste lohnen ebenfalls einen Besuch. Die interessantesten Punkte St-Servans befinden sich im Bereich des Place St-Pierre.

Am nordwestlichen Rand dieses Platzes wurden vor wenigen Jahren die Überreste einer alten Kirche gefunden, vermutlich der Kathedrale von Aleth, die bereits im 6. Jh. gegründet worden ist.

Tour Solidor. Im 14. Jh. wurde diese mächtige Anlage, die eigentlich aus drei aneinandergebauten Türmen besteht, am Ufer der Rance-Mündung errichtet, um dem Ort Schutz zu bieten. Fast 30 m hoch ragen die Spitzen des einstigen Festungs- und Gefängnisgebäudes gen Himmel. In der Anlage ist heute das sehenswerte **Musée International du Long Cours Cap-Hornier** (Internationales Museum der Kap-Horn-Kapitäne) untergebracht. Alles, was sich mit der Umsegelung des Kaps in Verbindung bringen lässt, wurde in den ehemaligen Gefängnismauern auf 3 Etagen untergebracht. Dazu gehören u.a. Fotos, Modelle, Karten und nautisches Gerät.

Öffnungszeiten: Ganzjährig täglich geöffnet 10–12 Uhr und 14–18 Uhr. Im Winter bleibt das Museum montags und dienstags geschlossen. Eintritt 5/2,50 €. Tel. 02.99.40.71.58

Neben der Besichtigung des Turmes lohnt ein Spaziergang entlang der **Promenade de la Corniche,** der ebenfalls am Place St-Pierre begonnen werden kann. Überall im Mündungsgebiet der Rance lassen sich von hier aus Felsen und kleine Inseln ausmachen. Oberhalb des Weges liegt das im Zweiten Weltkrieg stark befestigte **Fort de la Cité.** Bei gutem Wetter kann von der Promenade aus schon der schönste Badestrand ausgesucht werden.

Strände

Zumindest bei gutem Wetter haben St-Malo und die eingemeindeten Vororte auch für den Badespaß einiges zu bieten. Besonders schön ist der etwa zwei km lange **Grande Plage,** der an den Stadtmauern St-Malos beginnt und sich, übergehend in den **Plage de Rochebonne,** östlich bis zum Ortsteil Paramé erstreckt. Nur eine kleine Landzunge (Pointe de Rochebonne) trennt den Strand von den kleineren **Plage du Minihic** und **Plage du Pont.**

Bei Ebbe besteht auch direkt unterhalb der Befestigungsmauer St-Malos die Möglichkeit zum (Sonnen-)Bad.

Der **Plage des Bas Sablons** im Stadtteil St-Servan befindet sich beim Yachthafen.

Information

- **Office de Tourisme,** Esplanade Saint-Vincent, 35400 Saint-Malo, Tel. 08.25.13.52.00, www.saint-malo-tourisme.com, www.saint-malo.net. Das Gebäude liegt dem großen Parkplatz und dem Hauptstadttor gegenüber.

Unterkunft

Das Angebot an Unterkünften ist groß und trotzdem zur Hauptreisezeit oft ausgebucht. Informationen zu Unterkunftsmöglichkeiten gibt das Office de Tourisme mit dem Heftchen „St-Malo Hébergement" heraus. Hier eine kurze Liste, nach Stadtteilen geordnet.

St-Malo Intra-Muros

- **Hotel France & Chateaubriand€€€,** Place Chateaubriand, Tel. 02.99.56.66.52, Fax 02.99.40.10.04. Gutes Mittelklassehotel in zentraler Lage mit mehrsprachigem Personal. www.hotel-fr-chateaubriand.com
- **Hôtel Central€€,** Grande Rue 6, Tel. 02.99.40.87.70, Fax 02.99.40.47.57. Das Hotel gehört zur Best-Western-Kette. Es verfügt über gut ausgestattete Zimmer und guten Service. www.hotel-central-st-malo.com
- **Hôtel de la Porte Saint-Pierre€€,** Place du Guet 2, Tel. 02.99.40.91.27, Fax 02.99.56.06.84. Das gemütliche Hotel liegt nahe der Porte St-Pierre und dem Plage de Bon-Secours. Geöffnet vom 20.1. bis 30.11.
- **Hôtel Les Chiens du Guet€,** Place du Guet 4, Tel. 02.99.40.87.29, Fax 02.99.56.08.75. Das preiswerte kleine Hotel besitzt zwar einfach ausgestattete, aber saubere Zimmer. Geöffnet vom 1.2. bis 30.11.
- **Hôtel de la Cité€€€,** Rue Ste-Barbe 26, Tel. 02.99.40.55.40, Fax 02.99.40.10.04. Im ältlich anmutenden Gebäude wurde mit Sorgfalt renoviert, sodass Behaglichkeit und moderne Ausstattung einander ergänzen. www.hotelcite.com

St-Servan

- **Hotel Arc en Ciel€,** Rue Ange Fontan 26, Tel. 02.99.56.01.88, Fax 02.99.56.64.36. Einfaches, kleines Hotel, in dem auch Hunde erlaubt sind.

Paramé

- **Grand Hotel de Courtoisville€€,** Boulevard Hébert 69, Tel. 02.99.40.83.83, Fax 02.99.40.57.83. Gutes Mittelklassehotel, das zumindest von außen einem Grandhotel entspricht. Mit Pool. www.courtoisville.com
- **Hôtel Les Acacias€€,** Boulevard Hébert 8, Tel. 02.99.56.01.19. In einer Seitenstraße, und

Fort National, St-Malo

damit ruhiger, in relativer Nähe zum Strand (sogar mit Meerblick), liegt das kleine saubere Hotel. Geöffnet vom 15.2. bis 11.11. Fax 02.99.56.17.81, www.hotel-les-acacias.com.

- **Hotel Alba**€€**,** Rue des Dunes 17, Tel. 02.99.40.37.15, Fax 02.99.40.96.40. Sehr hübsches kleines Hotel direkt am Meer, auch deutschsprachig. www.hotelalba.com.
- **Anne de Bretagne** €€, Rue Saint-Thomas 10/11, Tel. 02.99.56.18.00, www.hotel.annedebretagne.fr. Gemütlich eingerichtete Zimmer im Zentrum der Stadt mit kleiner, privater Parkgarage.
- **Jugendherberge** (Centre de Rencontres Internationales, FUAJ), Avenue du Père Umbrict 37, Tel. 02.99.40.29.80, www.centrevarangot.com. Sehr gute Jugendherberge, die ca. 150 Meter vom Strand, 2 Kilometer östlich der Altstadt liegt. Es gibt Zwei- und Mehrbettzimmer mit eigenem Bad/WC.

Camping

- **Camping Municipal de la Cité d'Aleth,** Tel. 02.99.81.60.91, Fax 02.99.40.71.37. Der Platz in St-Servan, nahe dem ehemaligen Fort, bietet Stellplätze für 358 Camper. Der Komfort ist akzeptabel. Für den Platz spricht die Nähe zu den interessanten Zielen.
- **Camping Municipal les Nielles,** Tel. 02.99.40.26.35, Fax 02.99.40.71.37. Der kleine Platz mit nur 95 Stellplätzen liegt am östlichen Ortsausgang Paramés, nahe dem Plage du Mihinic. Geöffnet vom 15.6. bis 1.9.
- **Camping de la Ville Huchet,** Tel. 02.99.81.11.83, Fax 02.99.81.51.89. Der schöne Platz (geöffnet vom 1.5.–12.9.) liegt einige Kilometer außerhalb St-Malos, nahe der Straße nach Rennes und Dinan. Hiex gibt es alles, was des Campers Herz begehrt, sogar ein großer Pool gehört zum Platz!

Essen und Trinken

Das Angebot an Restaurants, Bistros, Bars und Cafés ist unüberschaubar. Zu vielen der oben bereits genannten Hotels gehören auch Restaurants. Am besten ist es, durch die Stadt zu schlendern und je nach Geschmack und Laune auszuwählen.

- Allerdings sollte keinesfalls ein Besuch im **L'Univers,** Place Chateaubriand 12, fehlen, denn hier wird wohl einzigartig der seemännische Charakter der Stadt dokumentiert. Fast museumsgleich dient die Bar als Ausstellungshalle nautischer Geräte, präparierter Meerestiere und nicht zuletzt von Fotos berühmter Seefahrer.
- Ein Esserlebnis besonderer Art erwartet den Gast an Bord der **Chateaubriand.** Sowohl Kreuzfahrten auf der Rance als auch in der Bucht von St-Malo stehen auf dem Programm. Das Schiff legt am Rance-Staudamm ab. Eine Fahrt kostet 11 €/Kinder 6 €, Menüs ab 38 €. Buchungen unter Tel. 02.99.46.44.44, SMR Gare Maritime de la Richardais, Barrage de la Rance.
- Gastronomie der Spitzenklasse erwartet den Gast im **Le Cap Horn,** Boulevard Hérbert 110, Tel. 02.99.40.85.33. Hier, im Ortsteil Paramé, werden erlesene Weine zu hervorragenden (Fisch-)Gerichten serviert.
- Sehr gute Meeresfrüchte bekommt man in der **Brasserie Armoricaine,** Rue du Boyer 6, Tel. 02.99.40.89.13.
- Leckere Tellergerichte und Menüs serviert das **Café de l'Ouest,** Place de Chateaubriand 4, Tel. 02.99.56.63.49. Hier sitzt man zudem noch herrlich auf der Terrasse.
- **Restaurant Au Verger Gourmand,** sehr gutes Preis-Leistungs-Verhältnis, nette Bedienung, gute Küche. An der Hauptstraße Rue Ville Pépin 83, am oberen Stadteingang, Tel. 02.99.21.30.89.
- **Crêperie La Pergolina,** Boulevard Chateaubriand 3 (Rochebonne), Tel. 02.99.56.85.49. Gemütliche kleine Crêperie mit sehr guten Crêpes und traditionellen Galettes zu günstigen Preisen (ab 5,50 €). In Strandnähe.
- Die Crêperie **Le Corps de Garde** befindet sich in der Stadtmauer mit Meerblick am Plage de Bon Secours. Tel. 02.99.40.91.46.
- Die „In-Kneipe" für Seefahrer und solche, die es werden wollen, mit kurioser Dekoration und Blick auf den Hafen, ist die Bar **„Le Cunnigham",** Rue des Haut Sabon.

Sonstiges

- **Musikfestival:** Jährlich Mitte August findet ein Folkrock-Festival statt: *La Route du Rock.* Newcomer-Bands aus aller Welt machen unkonventionelle Musik. Informationen unter Tel. 02.99.54.01.11 oder www.laroutedurock.com oder beim *Syndicat d'Initiative* der Stadt.
- **Fahrradverleih:** Cycles Diazo, Quai Duguay-Trouin 47, Tel. 02.99.40.31.63, und Cycles Nicole, Rue Robert Schumann 11, Tel. 02.99.56.11.06.
- **Mitsegeln:** Der Hauptautor des Reiseführers, Wilfried Krusekopf, bietet ab St-Malo, Port de Plaisance, Yachtsegeltörns auf komfortablen Hochseeyachten mit Skipper und kleiner Crew an. Näheres unter www.biskaya.de, Tel. 02.97.26.89.48 oder 06.70.77.65.98, sail@biskaya.de.
- **Le Petit Train,** 30-minütige Rundfahrten (Englisch und Französisch) von der Porte St-Vincent aus. Informationen unter Tel. 02.99.40.49.49. Preise 4,50/3 €.
- **Golf de Saint-Malo/Le Tronchet,** 25 km von St-Malo entfernt in Le Tronchet, Tel. 02.99.58.96.69.
- **Tennis:** *Courts de Marville*, Avenue de Marville, Tel. 02.99.56.14.44; *Courts de la Jacques Cartier*, Avenue de la Barderie, Paramé, Tel. 02.99.56.54.86; *Salle du Cercle Jules Ferry*, Rue H. Lemarié, Paramé, Tel. 02.99.40.13.04; *La Jeanne d'Arc*, Boulevard du Gouazon 17, St-Servan, Tel. 02.99.81.32.26.
- **Wassersport:** Mitsegeln, tageweise oder auch eine Woche auf der *Renard,* einem Nachbau eines Piratenschiffs aus dem 18. Jh. Ein echtes Abenteuer! Näheres unter: www.cotre-corsaire-renard.com. Association du Cotre Corsaire, Grande Porte Tour Ouest BP 165, 35408 Saint Malo, Tel. 02.99.40.53.10, Fax 02.99.56.28.48.
- **Freilufttheater:** *Son et Lumière*, jeweils im Juli/August (unregelmäßig). Oft werden historische Ereignisse nachgespielt.

Anreise/Weiterreise

- **Mit dem Zug:** St-Malo liegt an der Strecke Rennes – Dinard, die auch über Dol de Breta-

044br Foto: eh

Im Skulpturenpark von Rothéneuf

gne und Combourg führt. Der Zug verkehrt täglich mehrfach. Wer mit der Bahn weiter entlang der Westküste fahren möchte, kann in Dol de Bretagne Anschlusszüge erreichen.

- **Mit dem Bus:** Mehrfach täglich bestehen Busverbindungen mit Rennes (Linie 38), Dol de Bretagne/Cancale/Mont St-Michel (Linie 34) und Dinard (Linie 40).

Die Busse fahren am Hauptbahnhof und am Busbahnhof an der Porte St-Vincent ab.

- **Schiffsausflüge:** Einige Anbieter organisieren Schiffsausflüge entlang der Küste, z.B. zum Cap Fréhel und zu den Kanalinseln. Auskünfte bei *Emeraude Lines*, 35401 Saint-Malo, B.P. 16, Gares Maritimes, Tel. 02.99.40.48.40, und *Condor, Morvan Fils Voyages*, Place du Poids du Roi 2, 35412 Saint-Malo, Tel. 02.99.56.42.29.

Umgebung von St-Malo

Manoir de Jacques Cartier

In diesem Haus lebte *Jacques Cartier* (1491–1557) der Entdecker Kanadas, genauer des Sankt Lorenzstromes, nachdem er von seinen zahlreichen Reisen zurückgekehrt war. Das Haus aus dem 16. Jh. war ursprünglich ein Bauernhaus, das von *Cartier* erheblich vergrößert wurde. Er nannte es Limoelou (kahler Hügel). Im 19. Jh. wurde das Gebäude durch einen Anbau ergänzt. Im Inneren befindet sich heute ein Museum, in dem man sich bemüht, mittels historischer Möbel und einer Diashow das Leben *Cartiers* und seine Entdeckungen zu verdeutlichen.

Öffnungszeiten: Juni bis September mittwochs bis sonntags 10–11.30 und 14–18 Uhr, www.musee-jacquescartier.com. Eintritt 4 €.

Das Haus befindet sich am südlichen Ortsrand von Rothéneuf, zwischen St-Malo und Cancale (nahe dem Friedhof) in der Rue David Macdonald Stewart, Tel. 02.99.40.82.63.

Rothéneuf ↗ III/C1

Östlich St-Malos liegt dieser kleine Ferienbadeort an der D 201. Während die Strände nichts Außergewöhnliches bieten, lohnt unbedingt ein Besuch der **Rochers sculptés.** Etwa um 1894 begann der Geistliche des Ortes, Abbé **Adolphe Fouré,** damit, direkt an der Küste Skulpturen aus den Felsen zu meißeln. Bis zu seinem Tod (1910) entstanden so auf dem Fels ca. 300 Figuren. Sie stellen Heilige, Dämonen und andere Fantasiewesen dar, erinnern aber auch an die Gesichter von Korsaren. Die Felsen befinden sich am östlichen Ortsausgang.

Neben dem Eingang zum Skulpturenpark befindet sich auch ein **Aquarium,** das sich auf die heimische Wasserwelt konzentriert. Öffnungszeiten für beide: Ganztägig von April bis September. Eintritt 2,50 €.

Rance-Tal

Einen Tagesausflug lohnt die sehr reizvolle Landschaft im Uferbereich der Rance, die insgesamt 100 km von ihrer Quelle in Collinée (Côtes d'Armor) bis zum Meer zurücklegt. Die Flussmündung bedeckt bei einer Breite von 14 km ca. 22 km². Von St-Malo aus kann die Rundfahrt über die **Barrage de la Rance** und das **Gezeitenkraftwerk** erfolgen (D 168). Schon seit einigen hundert Jahren nutzen die Bewohner der Region die Kraft des Gezeitenstromes zum Antreiben von Mühlen. Dazu wurden ursprünglich kleine Staubecken angelegt. Der heutige, 22 km² große Stausee liefert seit den 1960er Jahren Strom aus der Wasserströmung zwischen Ebbe und Flut. Die maximale Leistung liegt bei etwa 240.000 Kilowatt. Eine Schleuse erlaubt Schiffen die Passage. Das Kraftwerk kann werktags besichtigt werden.

Zur Fortsetzung der Rundfahrt direkt hinter dem Staudamm auf die D 114 abbiegen, die in südlicher Richtung dann zur D 12 wird und bis Dinan führt. Bei Pluertuit, zu erreichen über Minihic-sur-Rance ist der Besuch der Jardin du Montmarin empfehlenswert. Die herrliche Gartenanlage des Schlosses aus dem 18. und 19. Jahrhundert lädt zu idyllisch-romantischen Spaziergängen ein. Öffnungszeiten 30.3. bis 3.11. außer sonntags von 14 bis 19 Uhr, Eintritt 5,30/3 €. Unterwegs lohnt ein Abstecher zur **Pont St-Hubert,** einer Brücke über die Rance mit herrlichem Ausblick.

Von Dinan aus dann am östlichen Ufer zunächst über die N 176, dann über die D 29 bis **Pleudihen-sur-Rance.** Hier befindet sich das **Musée de la Pomme et du Cidre** (La Ville Hervy, Tel. 02.96.83.20.78). Eine Ausstellung zu Apfelsorten und der Herstellung von Cidre sowie die Möglichkeit, direkt ab Werk Cidre, Apfelsaft und Calvados zu kaufen, gehören zum Programm. Öffnungszeiten: April, Mai und September 14–19 Uhr, Juni bis August 10–19 Uhr. Eintritt 5/2,50 €.

Nahe der N 176 befindet sich im Bois du Rocher eine **Allée couverte.**

Der Hafen **Port de Mordreuc** dient mit 47.500 m² als Freizeithafen, dessen Kulisse von alten Häusern, Herrensitzen und Schlössern gebildet wird.

Bei Port-St-Jean auf die D 117 abbiegen und dieser Straße am Ufer der Rance folgen, bis sie bei St-Jouan auf die N 137 trifft. **Saint-Suliac,** ein kleiner, ruhiger Ort an dieser Straße, wurde bereits 555 vom Mönch *Silio* aus Wales durch den Bau eines Klosters begründet. Der nahegelegene **Mont Garrot** (73 m) trägt die Ruinen einer

Mühle. Von hier aus genießt man eine sehr schöne Aussicht über die Gegend. Bei Ebbe besteht die Möglichkeit, zu den Resten eines **Wikingerlagers** am Fuße des Hügels zu gelangen. Weiter im Hinterland steht der Menhir „Dent de Gargantua", der 5 m Höhe erreicht. Von hier aus zurück nach St-Malo.

Dinard

↗ II/B1

Bis in die Mitte des 19. Jahrhunderts fristete das einst ruhige Fischerdorf am westlichen Mündungsufer der Rance ein eher beschauliches Dasein, zumindest im Vergleich mit dem schon seit langem weithin bekannten St-Malo, das direkt gegenüber am anderen Ufer der Rance liegt.

Gegen 1850 war es jedoch mit der Ruhe vorbei. Der Ort wurde bevorzugtes Urlaubsziel reicher **Engländer und Amerikaner,** die das Bild des Ortes nachhaltig prägten. Villen und Strandpromenaden, Luxushotels und ein Casino, elegante Park- und Strandanlagen bestimmen auch heute noch das Bild der Stadt. Nach wie vor kommen in den Sommermonaten vornehmlich Engländer hierher, um das fast schon mondäne Leben am Ärmelkanal zu genießen. Bretonischer Stil ist hier weniger zu finden, dafür aber fast schon typische Mittelmeerflora, natürlich künstlich gehätschelt, und eine **Architektur der Belle-Epoque** mit viel Stuck und Schnörkel.

Fast in der Ortsmitte liegt der **Plage de l'Ecluse,** der auch Grande Plage genannt wird. Hier befindet sich auch das Casino. In unmittelbarer Nähe stehen die Luxushotels und Villen, die teilweise noch aus der Gründungszeit des Badeortes stammen. Wer an der Architektur der prachtvollen Villen interessiert ist, kann anhand der Broschüre *„Promenades Autour des Villas de Dinard"* des Fremdenverkehrsamtes drei unterschiedlich lange Spaziergänge (40 Minuten bis 1¾ Stunden) unternehmen. In der Broschüre finden sich neben einer Karte auch zahlreiche Informationen zu den einzelnen Gebäuden.

Lohnend sind Ausflüge zur **Pointe du Moulinet,** zur Pointe de la Vicomte und zur Pointe des Étetés. Von allen drei Landzungen aus hat man, gutes Wetter vorausgesetzt, das herrliche Panorama der zerklüfteten Küste vor sich. Besonders eindrucksvoll ist der Blick von der Pointe du Moulinet auf St-Malo – einmal ganz anders.

Die **Promenade du Clair de Lune** (Mondscheinpromenade), südwestlich der Pointe du Moulinet lädt mit etlichen interessanten, leider auch teuren Geschäften zum Flanieren ein. Nicht nur im Mondschein hat ein Spaziergang auf dieser von Palmen und anderen subtropischen Gewächsen verzierten Promenade seinen Reiz. Zwischen Juni und September finden hier montags, mittwochs, samstags und sonntags Beleuchtungsspektakel „Son et Lumière" statt.

Musée de la mer. In 24 Becken wird im Aquarium der Stadt die Flora und Fauna der heimischen Küste ausgestellt. Lohnt nur bei Regenwetter und/oder wenn unterwegs kein anderes Aquarium besucht werden kann (z.B.

in Brest oder Le Croisic). Öffnungszeiten: Von Pfingsten bis zum 15.9. täglich 10–12 und 14–18 Uhr. Eintritt 5/2,50 €.

Musée du Pays de Dinard. Das Museum von Dinard zeigt die historische Entwicklung des Seebades. Es befindet sich in der Villa, die ursprünglich für die Frau Napoléons III. gebaut worden war. Öffnungszeiten: von Ostern bis 15.11. 14–18 Uhr. Eintritt 2,50 €.

Musée du Site Balnéaire. Das Museum befindet sich in der „Villa Eugénia". Die Ausstellung zeigt das Hotel- und Badeleben der Zeit zw. 1870 und 1930. Geöffnet: Juli und August täglich außer sonntags 10–12 und 14–19 Uhr. Eintritt 6/3 €.

Information

- **Syndicat d'Initiative,** Boulevard Féart 2, 35802 Dinard, Tel. 02.99.46.94.12, Fax 02.99.88.21.07. www.ot-dinard.com.

Unterkunft

Dem Ambiente entsprechend, gibt es zahlreiche Hotels in Dinard, die oft in der oberen Preiskategorie angesiedelt sind. Hier eine kleine Auswahl:

- **Le Grand Hôtel**€€€€**,** Avenue Georges V., Tel. 02.99.88.26.26, Fax 02.99.88.26.27. Luxushotel an der Mondscheinpromenade. Hier gibt es wirklich Luxus satt! www.lucienbarriere.com
- **Hôtel Roche Corneille**€€**,** Rue Georges-Clémenceau 4, Tel. 02.99.46.14.47. Klein, aber fein. 27 gut eingerichtete Zimmer. Geöffnet vom 1.4. bis 15.11. Fax 02.99.46.40.80. www.hotel-dinard-roche-corneille.com
- **Hôtel les Dunes**€€**,** Rue Georges-Clémenceau 5, Tel. 02.99.46.12.72, Fax 02.99.88.19.90. Komplett ausgestattetes Mittelklassehotel mit hübschem Garten.
- **Hôtel Altair**€€**,** Boulevard Féart 18, Tel. 02.99.46.13.58, Fax 02.99.88.20.49, 21-Zimmer-Hotel in recht ruhiger Lage. Alle Zimmer sind gut eingerichtet.
- **Hôtel des Sables**€**,** Rue des Vergers 12, Tel. 02.99.46.18.10, Fax 02.99.16.00.96. Einfaches Hotel, dessen Zimmer aber alle über Bad/WC verfügen. www.hotel-des-sables.com
- **Reine Hortense**€€€**,** Rue de la Malouine 19, Tel. 02.99.46.54.31. Hier wohnt man luxuriös mit Blick übers Meer.

Für alle **Campingplätze** gilt während der Hauptreisezeit: rechtzeitig vorbestellen.

- **Camping La Ville Mauny,** Tel. 02.99.46.94.73, Fax 02.99.88.14.68. An der D 603. Der große Platz (200 Einheiten) bietet das komplette Angebot einer 4-Sterne-Anlage, auch für Wohnmobile. Viele Sportmöglichkeiten. Geöffnet vom 11.4.–26.9.
- **Camping Municipal de Port-Blanc,** Tel. 02.99.46.10.74, Fax 02.99.16.90.91. Der riesige Platz (380 Stellplätze) liegt am westlichen Ortsausgang, direkt am Strand. Leider bietet die spärliche Vegetation wenig Schatten. Geöffnet von Anfang April bis zum 30.9.
- **Camping La Touesse.** Sehr komfortable mittelgroße Anlage. Man spricht hier auch deutsch. Tel. 02.99.46.61.13, Fax. 02.99.16.02.58. Geöffnet vom 1.4.–30.9. 142 Einheiten.

Sonstiges

- **Fahrradverleih:** Cycles Duval, Rue Gardiner 53.
- **Bootstouren:** Emeraude Lines, Avenue Georges V. 27, Tel. 02.99.46.10.45, organisiert im Sommer Touren auf der Rance, nach St-Malo und entlang der Küste.
- **Schwimmbad:** neben dem Casino, Boulevard Wilson. Beheizt.

Anreise/Weiterreise

- **Mit dem Flugzeug:** Im Sommer bestehen regelmäßig Flugverbindungen nach Paris und zu den Kanalinseln. Auskunft unter 02.99.46.22.81. Der Flugplatz liegt südwestlich der Stadt an der D 168.
- **Mit dem Bus:** Täglich verkehren mehrere Busse zwischen St-Briac-sur-Mer, Dinard und St-Malo bzw. direkt in Richtung Rennes. Abfahrt vom Gare SNCF, Tel. 02.99.46.10.04.

● **Mit dem Schiff:** Von der Clair de Lune aus besteht eine regelmäßige Fährverbindung nach St-Malo. Informationen im Syndicat d'Initiative.

Dinan

↗ III/C3

Die mittelalterliche Stadt am Ufer der Rance hat sich bis in die jüngste Gegenwart vieles von ihrem historischen Charakter erhalten. Es lohnt sich, den Stadtkern näher zu erkunden, zumal man auf der Durchreise die Hauptstraße nimmt, die unmittelbar durch die Stadt führt. Idealer Ausgangspunkt für einen Rundgang ist der Place du Guesclin, auf dem reichlich Parkraum zur Verfügung steht.

Bereits am Ortseingang weisen Schilder darauf hin, dass es sich bei Dinan um eine Ville d'Art et d'Histoire handelt. Zahlreiche Ateliers, Antiquitätengeschäfte und Kunsthandwerksbetriebe haben sich hier niedergelassen. Umfangreiche Restaurierungsarbeiten helfen, die alten Fachwerkhäuser zu erhalten. So wurde Dinan zur **besterhaltenen Stadt der Bretagne.**

Dinan blickt auf eine lange Vergangenheit zurück. Bereits zur Zeit der **römischen Besatzung** hatte die Stadt als Knotenpunkt zweier Straßen eine große Bedeutung. Später (im 11. Jh.) siedelten sich hier Benediktiner an. Zu Beginn des 14. Jh. zogen dann zahlreiche **Händler und Handwerker** hierher, die aufgrund der günstigen Lage der Stadt intensive Handelsbeziehungen mit England und anderen europäischen Staaten entwickelten.

Eine der berühmtesten historischen Figuren war **Bertrand du Guesclin** (1320–1380), der in der Festung La Motte-Broons geboren wurde. Nach der Überlieferung hatte er zunächst ein nicht sehr leichtes Leben, da er von seinem Vater nicht akzeptiert wurde. Er verließ seine Familie und nahm inkognito an einem Turnier teil, trug einen großen Sieg davon und gab sich erst dann zu erkennen. Als tapferer Streiter wurde er vom Volk und auch von seinem Vater anerkannt. Seine Tapferkeit brachte ihm einigen Ruhm und schließlich den Rang eines Ritters ein. Mit der Belagerung Dinans durch englische Truppen Mitte des 14. Jh. schlug die große Stunde des tapferen Recken. Nach langandauernden Kämpfen besiegte er schließlich im Zweikampf *Thomas von Canterbury* und trug damit den Sieg für die belagerte Stadt davon. Sein Ruhm steigerte sich, bis er schließlich 1370 Oberbefehlshaber *(Konnetabel)* des französischen Heeres wurde. 1380 fiel er bei der Schlacht von Châteauneuf-de-Randon. Seine Leiche wurde konserviert, und die Innereien bestattete man in Le Puy. In Clermont-Ferrand zeigte sich, dass die Konservierung nicht gelungen war. Man trennte Skelett und Muskelfleisch voneinander und ließ das Fleisch in der Kirche des Ortes beisetzen. Das Skelett wurde in die Kirche St-Denis bei Paris überführt, in der auch die Könige Frankreichs beigesetzt wurden. Da es sein Wunsch war, in Dinan bestattet zu werden, wurde hier für sein Herz ein Grabmal in der Eglise St-Sauveur errichtet.

045br Foto: eh

Côte d'Emeraude

Im 15. Jh. wurden die Befestigungsanlagen der Stadt mit Türmen und Mauern ergänzt. Im 17. Jh. ließen sich hier zahlreiche **Ordensgemeinschaften** nieder. Das 18. Jh. schließlich brachte einen Boom für die Weber. Webwaren wurden bis nach Südamerika und zu den Antillen exportiert. In der Folgezeit gedieh die Position als Handelsort besonders durch die Anbindung an die Eisenbahn.

Pfingstumzug in der Nähe von Dinan: Auch hier wird Tradition großgeschrieben

Sehenswertes

Die Altstadt. Ein Rundgang durch die Altstadt beginnt sinnvollerweise an den Plätzen du Guesclin und du Champs-Clos, da hier viel Parkraum zur Verfügung steht. Ein **Denkmal für Bertrand du Guesclin** erinnert an die berühmte Person, die an der Stelle des heutigen Place du Champs-Clos den Sieg über *Canterbury* erringen konnte.

Über die Rue Ste-Claire gelangt man zur Rue de l'Horloge. Hier befindet sich im Haus Nr. 9, dem Hôtel Keratray aus dem Jahre 1559, das Office de Tourisme. Schräg gegenüber befindet sich das **Maison du Gisant,** leicht erkennbar an der liegenden steinernen

Figur direkt an der Straße. Die Figur stammt aus dem 14. Jh. Sie wurde bei den Restaurierungsarbeiten im Haus gefunden. Ein Kopf fehlt, weil es sich um eine Figur handelt, die früher auf den Grabstätten wichtiger Persönlichkeiten befestigt wurde. Der Handwerker fertigte diese Figuren auf Vorrat und ergänzte dann später nur noch Kopf, Gesichtszüge und die Wappen.

Der 60 m hohe **Tour de l'Horloge** (Uhrenturm, 15. Jh.) diente früher zur Überwachung der Stadt, um ausbrechende Brände zu melden. Im Juli und August kann der Turm besichtigt werden, in dem sich auch eine Glocke befindet, die die Stadt *Anne de Bretagne* gewidmet hat.

Basilique St-Sauveur. Der Bau der Basilika geht auf das 12. Jh. zurück. *Rivallon le Roux*, ein Mitglied der Fürstenfamilie von Dinan, brach zu dieser Zeit zu den Kreuzzügen nach Palästina auf. Von den Sarrazenen gefangengenommen, versprach er, der Stadt eine Kirche zu schenken, sollte er aus diesem Krieg jemals zurückkehren. Er kam frei und erfüllte sein Versprechen. Die Zeit in Palästina beeinflusste ihn sehr, was sich auch am Bau der Kirche zeigt. Bereits an der äußeren Fassade erkennt man noch heute geflügelte Löwen. Im Inneren zieren maurisch anmutende Bögen eine Seite des Gebäudes und Fabelwesen die Innenfront des Portals. Links des Einganges befindet sich in der Taufkapelle ein Becken (12. Jh.), das von vier kopflosen Figuren mit Tunika getragen wird. Zwei tragen es mit ihren Händen, zwei mit dem Rücken. Im Becken befindet sich ein Relief von 2 Fischen. Im linken Bereich des Querschiffs steht das Grabmal mit dem Herz *du Guesclins*. Bemerkenswert sind auch die Bildaufsätze aus dem 17. und 18. Jh., die sich in den verschiedenen Kapellen befinden.

Place des Merciers. An diesem Platz stehen viele guterhaltene Fachwerkhäuser des 15. Jh. Die Seitenstraßen, besonders die Rue de la Cordonnerie und die Rue du Petit-Pain, bieten sehr hübsche Motive.

Rue du Jerzual. Diese Straße führt von der Oberstadt durch das gleichnamige Stadttor aus dem 14. Jh. Bemerkenswert ist die Bauweise des Tores, das direkt durch den Turm führt, statt, wie sonst üblich durch ein Stück Mauer zwischen zwei Türmen. Am Ausgang des Tores geht die Straße in die Rue du Petit Fort über, die bis hinab zum Hafen führt. Diese Straße war ursprünglich die Hauptstraße, bevor der Viadukt gebaut wurde. Hier siedelten sich die zahlreichen Händler an. Kopfsteinpflaster, Fachwerkhäuser, Antiquitäten- und Kunstgewerbeläden bestimmen heute das Bild der Straße. Besonders interessant ist Haus Nr. 24, la Maison du Gouverneur aus dem 15. Jh. im Renaissancestil. Haus Nr. 49/51 gehörte Gerbern, noch heute am offenen Dachstuhl erkennbar, in dem das Leder zum Trocknen aufgehängt wurde.

Le Château. Als erstes erblickt man den Donjon, der der Duchesse *Anne* gewidmet ist. Über eine Brücke mit darunterliegenden Gartenanlagen gelangt man zur Mauer und zum Donjon, in dem sich ein **Museum** befindet.

046br Foto: eh

Die Ausstellung dient der Darstellung der Stadt- und Regionalgeschichte. Beispielsweise sind hier eine Weberwerkstatt und eine Sammlung historischer bretonischer Hauben *(coiffes)* zu sehen. Eine Gemäldesammlung mit Exponaten aus dem 19. und 20. Jh. vervollständigt das Museum. In den unteren Gewölben des Tour de Coëtquen befinden sich 7 Grabsteine mit liegenden Statuen.

Öffnungszeiten: vom 1.6. bis zum 15.10. 10–18.30 Uhr (tgl.), vom 16.10. bis 15.11. und 16.3. bis 31.5. 10–12 und 14–18 Uhr (außer dienstags), vom 16.11. bis 31.12. und vom 7.2. bis 15.3. 13.30–17.30 (außer dienstags). Eintritt 4,20/2 €. Tel. 02.96.39.45.20.

Mauerrundgänge bieten sich über die Promenade des Grands Fossés, die Promenade des Petits Fossés und die Promenade de la Duchesse Anne an. Von oben ergeben sich herrliche Blicke über die Stadt, das Tal der Rance und den Hafen.

Information

- **Office de Tourisme,** Rue du Chateau 9, 22100 Dinan, Tel. 02.96.87.69.76. www.dinan-tourisme.com.

Unterkunft

Die Lage der Stadt und die Vielzahl der Besucher ließen hier zahlreiche Unterkunftsmöglichkeiten entstehen. Das Office de Tourisme gibt gerne Auskunft. Hier eine kleine Auswahl.

- **Hôtel de la Tour de l'Horloge€€,** Rue de la Chaux 5, Tel. 02.96.39.96.92, Fax 02.96.85.06.99. Gemütliche Zimmer inmitten der Stadt bestimmen das Bild des Hotels. Die nette Atmosphäre wird auch durch den familiären Charakter des Hauses unterstrichen, Parkmöglichkeiten vorhanden.
- **Hôtel d'Avaugour€€€,** Place du Champ 1, Tel. 02.96.39.07.49, www.avaugourhotel.com. Das komfortable Hotel genügt auch dem gehobenen Anspruch. Auch zu diesem Hotel gehört ein Parkplatz. Preise sind etwas überhöht.
- **Hôtel Les Remparts€,** Rue du Château 4–6, Tel. 02.96.39.10.16. Das Haus liegt in der Nähe der Burg an der Hauptstraße. Saubere Zimmer und nette Leute.
- **Chambres d'Hôtes€€,** Marjorie Garside, Mowlin de la Fotaine des Eaux, Tel. 02.96.87.92.09. Zimmerpreise mit Frühstück.
- **Jugendherberge,** Moulin de Méen, Vallée de la Fontaine des Eaux, Tel. 02.96.39.10.83, www.fuaj.org. Ein Jugendherbergsausweis ist erforderlich, um einen der 75 Schlafplätze zu erhalten.
- **Camping Municipal,** Rue Chateaubriand 103, Tel. 02.96.39.11.96. Zwischen März und November kann man, etwa 300 m vom Ort entfernt, einen der 50 Stellplätze bekommen, wenn die recht einfache Ausstattung des Platzes nicht abschreckt.

Essen und Trinken

Ähnlich der Übernachtungssituation besteht auch ein breit gefächertes Angebot an Crêperien, Restaurants etc.

- **Grill/Crêperie La Fontaine du Jerzual,** Rue du Jerzual 21, Tel. 02.96.85.45.33. Hier lohnt es sich einzukehren, nicht nur beim steilen Aufstieg vom Hafen herauf.
- In der **Crêperie des Artisans** gibt es in angenehmer Atmosphäre interessante Crêpes und Galettes. Rue du Petit Fort 6, Tel. 02.96.39.44.10.
- **Restaurant La Courtine,** Rue de la Croix 6, Tel. 02.96.39.74.41.
- Anerkannt gute Küche servieren die **Restaurants Grands Fossés,** Place Gal Leclerc 2, Tel. 02.96.39.21.50, und **Mère Pourcel,** Place des Merciers 3, Tel. 02.96.39.03.80. Beide sind allerdings mit Menüs zwischen 14,45 und 38 € nicht gerade preiswert.
- Wer nach der Besichtigung der Burg großen Durst verspürt, kann direkt gegenüber der Brücke im **Café du Château** einkehren.

Sonstiges

- **Einkaufen:** Kunstgewerbe, Antiquitäten und Souvenirs der Bretagne werden in zahlreichen Geschäften, besonders im Bereich der Rue du Jerzual, angeboten.
- **Feste:** Das Hauptfest des Ortes ist das *Fête des Remparts*. 48 Stunden im Jahr verwandelt sich Dinan in eine Stadt des Mittelalters. Historische Kostüme, Turniere und Ritterspiele bestimmen den Tagesablauf. Genaue Daten beim Office du Tourisme.

Anreise/Weiterreise

- **Mit dem Bus:** Dinan liegt an der Strecke der Linie 41, die mehrfach täglich zwischen Rennes und Dinard verkehrt.
- **Mit dem Zug:** Züge, die zwischen Dol-de-Bretagne und St-Brieuc fahren (Linie 9), halten bis zu neunmal täglich in Dinan. Zudem besteht mehrfach täglich ein Anschluss mit der Linie 21 von und nach Rennes.
- **Mit dem Schiff:** In den Sommermonaten besteht die Möglichkeit, mit Schiffen der Emeraud Lines von Dinan aus in Richtung Dinard und St-Malo zu fahren. Die Fahrt beginnt im Hafen Dinans und dauert etwa drei Stunden. Je nach Wasserstand variiert die Abfahrtszeit. Da auch der Rückweg gezeitenabhängig ist, führt die Rückfahrt gelegentlich mit dem Bus zurück, will man nicht in St-Malo übernachten. Infos beim Office du Tourisme oder unter Tel. 02.96.39.18.04. Einfache Fahrt 12 €, mit Rückfahrt 18 €.

Saint-Juvat

↗ III/C3

Etwa 14 km südlich von Dinan liegt dieser kleine Ort, der zu den sogenannten **Villages Fleuris** gehört. Dies sind Dörfer und Städte, die alljährlich frankreichweit wegen ihrer Blumenpracht ausgezeichnet werden. Saint-Juvat nimmt seit 1984 an diesem Wettbewerb teil. Bisher gingen etliche Preise ein. So spricht denn auch die Tourismuswerbung von „einem Feuerwerk von Tausenden Blüten". Der bezaubernde Eindruck des blumengeschmückten Ortes wird noch durch einige Häuser aus dem 16. und 17. Jh. unterstützt.

Zu erreichen über die D 12 von Dinan aus oder über die D 766 bis zur Kreuzung mit der D 64.

Bécherel

↗ III/C3

Fast auf halbem Weg nach Rennes, 21 km südlich Dinans, liegt diese als „Petite cité de caractère" klassifizierte Stadt. Bereits seit langer Zeit hat der Ort am Rande der Monts d'Arrée einige Bedeutung, zumindest in militärischer Hinsicht. In gallisch-römischer Zeit befand sich hier, an der Straße von Rennes nach Corseul, eine Befestigung. 1168 wurde die Stadt vom englischen König *Henry II.* erobert und befestigt. 1183 zerstörte sein Sohn *Geoffrey,* der durch seine Heirat Herzog der Bretagne geworden war, die Stadt. Im 13. Jh. wurden die **Befestigungsanlagen** wieder aufgebaut. Ihr Nutzen zeigte sich während der Belagerungen durch *Charles de Blois* und *Duguesclin* im Zuge der Erbfolgekriege, die es allerdings nicht erreichten, den damaligen Stadtherren *Montfort* zu besiegen. Im 15. Jh. kam es dann zu weiteren **Zerstörungen,** von denen auch Teile der Stadtmauer betroffen waren. (Von den 9 Türmen der Mauer sind heute nur noch 5 erhalten.)

Bécherel war aber auch ein **Handelszentrum.** Schon früh fand hier regelmäßiger Wochenmarkt statt, zu dem noch fünf Foires (große Märkte) pro Jahr hinzukamen. Hier wurde überwiegend mit Pferden und Leinen gehandelt.

Sehenswertes

Die Altstadt. In den Gassen mit den Häusern aus dem 16. bis 18. Jh. zeigt sich in den Straßennamen (Cour des Chevaliers, Rue de la Filanderie) noch heute der Marktcharakter des Ortes.

Le Jardin du Thabor. Von hier hat man, zumindest bei klarem Wetter, eine herrliche Aussicht über die Gegend, angeblich sogar bis zum 50 km entfernten Leuchtfeuer von Cap Fréhel.

Château de Caradeuc. Das 1723 erbaute Schloss (nicht zu besichtigen) besitzt eine der größten klassischen Parkanlagen der Bretagne. Der Garten ist vom 1.4. bis 15.9. täglich 9–19 Uhr geöffnet. Bis zum 1.11. nur 14–19 Uhr und in der übrigen Zeit nur samstags, sonntags und feiertags 14–18 Uhr. Tel. 02.99.66.77.76, Eintritt 5 €.

Bécherel „Cité du Livre". Die Stadt besitzt den Beinamen „Stadt des Buches", weil es hier 13 Buchhandlungen, eine Buchbinderin und eine Kunstgalerie gibt. Jeweils am 1. Sonntag des Monats findet hier ein Büchermarkt statt. Auskünfte erteilen: „Savenn Douar", Place A. Jehannin 4, Tel. 02.99.66.77.00, und „Société des Libraires et Artisans du Livre", Rue Porte St-Michel 3, Tel. 02.99.75.73.33.

Information

- **Syndicat d'Initiative,** Place Alexandre Jehahanin 9, 35190 Bécherel, Tel. 02.99.66.75.23, www.becherel.com. Geöffnet vom 15.6. bis 15.9., sonst Auskünfte über die Mairie, Tel. 02.99. 66. 80.55.

Unterkunft

- **Hôtel du Commerce€,** Rue de la Liberation 11, Tel. 02.99.66.81.26, einfaches Haus mit preiswerten Zimmern.
- **Camping de Caradeuc,** Tel. 02.99.66.77.76, der einfache Platz liegt am Schloss, Auskünfte und Stellplatzvermittlung über den Schlossverwalter.

Umgebung von Bécherel

Château de Hac

In der ersten Hälfte des 15. Jh. wurde das Schloss von *Jean V.* erbaut. Glücklicherweise konnte es vermieden werden, größere Veränderungen am Gebäude vorzunehmen. Zudem erlebten die Mauern nie Plünderungen. Im Inneren herrscht die geheimnisvolle Atmosphäre des Mittelalters, im Park romantische Stille. Öffnungszeiten: August und September sonntags bis donnerstags von 13 bis 19 Uhr. Eintritt 3 €.

Les Iffs

Hier befindet sich eine Kirche aus dem 15. und 16. Jh., die zum Teil noch über Kirchenfenster aus dieser Zeit verfügt. Das Château de Montmuran stammt aus dem 12. Jh. seine zwei Türme, der Salle des Gardes, ein 30 m tiefes Verließ und die Kapelle sind zu besichtigen. Öffnungszeiten: Juni-Sept. 14–19 Uhr. Eintritt 4 €.

La Baussaine

Am Friedhof der Kirche aus dem 15. Jh. befindet sich ein Kreuz, geschmückt mit Pilgerstock und Jakobsmuscheln, als Hinweis darauf, dass hier einst eine Station auf dem Pilgerwege nach Santiago de Compostela war.

Miniac-sous-Bécherel

Hier stehen die zwei Menhire Roches du Diable (Teufelsfelsen).

Wanderungen

In der Umgebung des Ortes bestehen gute Wandermöglichkeiten.

- **Le Chemin des Ecoliers** (4 km) führt nördlich über La Baussaine.
- **Le Circuit des crêtes** (10 km) führt durch typische Dörfer mit Calvaires und der Burg von Montmuran.
- **La Sentier des collines** (10 km), Vom Place de Longgaulnay bis zur D 68, über das Dorf Gastis, den Bauernhof de la Fosse zum GR 37, dann bis zur Pommardière. Von hier zur alten Priorei St-Jacques und weiter zur Kreuzung de la Barre.
- **Le Circuit des vieux moulins** (14 km). Der Weg führt von Longaulnay bis nach La Baussaine. Hübsch sind die alten Gebäude in Refour und die Reste der Mühle von La Ville Marin.

St-Lunaire

↗ II/B1

Die Küste, die sich von Dinard nach Westen in Richtung St-Brieuc erstreckt, wird auch **Côte d'Emeraude** oder Smaragdküste genannt. Grünlich schimmerndes Wasser und hübsche kleine (Sand-)Strandbuchten lassen den Namen durchaus gerechtfertigt erscheinen. Immer schon war dieser Küstenbereich eine der beliebtesten Familienferienregionen der Bretagne. Kleinere Ortschaften entlang der Küste sorgen für die nötige touristische Infrastruktur, die Nähe zu so geschichtsträchtigen Orten wie beispielsweise St-Malo tut ein Übriges.

Nur etwa 5 km westlich Dinards liegt der Badeort St-Lunaire, der neben dem auf Chic und Eleganz getrimmten Dinard eher etwas unscheinbar wirkt. Die **Kirche Saint-Lunaire** wurde bereits im 11. Jh. erbaut, zum Teil später aber umgebaut und renoviert. Im Inneren des Gebäudes befinden sich Liegefiguren, die Sarkophage schmücken.

Wer mehr am Strandleben interessiert ist, sollte unbedingt zur **Pointe du Décollé** fahren, einer Landzunge, die etwa 2 km nördlich des Ortes liegt. Zwei herrliche Strände, der Plage de St-Lunaire und der Plage de Longchamp, erstrecken sich westlich und östlich des Kaps. Von der Spitze der Landzunge gelingt es oft, bis zum westlich gelegenen Cap Fréhel zu schauen.

Praktische Hinweise

Information

- **Office de Tourisme,** 35800 St-Lunaire, Tel. 02.99.46.31.09, www.saintjacutdelamer.com.

Unterkunft

- **Hôtel Le Relais Fleuri€,** Place de l'Eglise, Tel. 02.99.46.30.13. Das gemütliche Hotel bietet ruhiges, ländliches Urlaubsleben.
- **Camping La Touesse,** Tel. 02.99.46.33.98. Die Anlage befindet sich nur wenige Meter vom Meer entfernt östlich der Stadt. Unter den 142 Stellplätzen sind auch solche, die für Wohnwagen und -mobile geeignet sind. Geöffnet vom 1.4. bis 10.10.

Anreise/Weiterreise

- **Mit dem Bus:** Der Ort liegt an der Buslinie 40, die mehrmals täglich zwischen St-Malo/Dinard und Lancieux pendelt.

St-Briac-sur-Mer

↗ II/B1

Nur 4,5 km trennen St-Lunaire vom weiter westlich liegenden St-Briac. Auch in diesem ehemaligen Fischerhafen hinterließ der Sommertourismus seine Spuren. Die hübsche Lage des Ortes mit seinen Stränden, die infolge der oft hohen Dünung gerne von Surfern besucht werden, machen den Reiz des kleinen Ortes aus. Für Segler steht seit einigen Jahren zudem ein größerer Bereich des Hafens zur Verfügung.

Information

- **Syndicat d'Initiative,** 35800 St-Briac-sur-Mer, Tel. 02.99.88.32.47.

Unterkunft

- **Camping L'Emeraude,** Tel. 02.99.88.34.55. 200 Stellplätze stehen hier den Campern zur Verfügung. Geöffnet von Ostern bis zum 30.9.
- **Camping Municipal de Pont Laurin,** Tel. 02.99.88.34.64, Fax 02.99.88.39.35. Der vom 1.7. bis 10.9. geöffnete Platz ist insgesamt recht einfach ausgestattet.

Anreise/Weiterreise

- **Mit dem Bus:** Der Bus Linie 40 (St-Malo – Lancieux) hält auch in St-Briac-sur-Mer.

Lancieux

↗ II/B2

Der Legende nach gründete der Mönch *Sieu* hier Anfang des 6. Jh. ein Kloster (bret. *Lann*). So entstand der Name des Ortes. Wenig geschah im Laufe der Jahrhunderte. Bis ins 18. Jh. lebten hier hauptsächlich Bauern, deren Söhne entweder den Hof übernahmen oder sich zur Seefahrt entschlossen, sie wurden Fischer oder gingen zur Marine. Die reizvolle Landschaft mit ihren Stränden ließ dann aber im 19. Jh. erste Touristen hierherkommen. Mit ihnen entstanden dann auch die ersten Hotels. Bis heute kommen immer mehr Touristen, während sich das bäuerliche Leben immer weiter zurückentwickelt.

Sehenswert sind die Kirche und die **Windmühle von Buglais.** Der Kirchturm (1740) der alten **Kirche** wurde 1925 zum historischen Monument erklärt. In der 1905 gebauten Kirche ist ein Taufstein aus dem 4. Jh. zu bewundern, der aus einem Meilenstein gefertigt wurde.

Strandurlauber werden die **Strände** Plage de St-Cieux, Plage de l'Islet und Plage du Riel zu schätzen wissen. Je nach Laune kann hier gebadet, gesurft oder gesegelt werden. Der Plage de l'Islet bietet zudem Aussicht auf das **Vogelreservat** Ile Agot.

Wanderfreunde können auf ehemaligen Bauernpfaden die Küste und das Hinterland erkunden. Die Anlage weiterer **Wanderwege,** teilweise auch in die weitere Umgebung, ist geplant. Genaue Auskünfte erteilt das Office de Tourisme.

Praktische Hinweise

Information

- **Office de Tourisme,** Square Jean Conan, 22770 Lancieux, Tel. 02.96.86.25.37, Fax 02.96.86.28.20.

Unterkunft

- **Hôtel de la Mer€,** Rue de la Plage 1, Tel. 02.96.86.22.07, Fax 02.96.86.22.85. Das kleine Hotel ist nur 200 m vom Strand entfernt. www.membres.lycos.fr/lancieuxhotels.
- **Hôtel des Bains€€,** Rue du Poncel 20, Tel. 02.96.86.31.33, Fax 02.96.86.22.85. Ebenfalls nur 200 m zum Strand. Das Hotel verfügt über 14 Zimmer, z.T. mit Kochnische. www.membres.lycos.fr/lancieuxhotels.
- **Camping Municipal Les Mielles,** Tel. 02.96.86.22.98. Kleiner Platz (175 Einheiten), der nur für Zelte und Wohnwagen zugelassen ist. Geöffnet vom 1.4. bis 30.9.
- **Camping Le Villieu,** Tel. 02.96.86.21.67. 200 Plätze, allerdings nicht für Wohnmobile. Geöffnet vom 12.5. bis 15.9.

Essen und Trinken

- **Crêperie d'Armor,** Rue d'Armor 19, Tel. 02.96.86.24.18.

- **L'Oasis,** Bar, Rue de la Plage 13, Tel. 02.96.86.30.02. Hier gibt es auch Snacks, wenn alle anderen geschlossen haben.

Sonstiges

- **Cap Armor,** u.a. Vermietung von Fahrrädern und Kayaks, am Strand.
- **Cercle Nautique de Lancieux,** Vermietung von Segelbooten und Segelschule, Tel. 02.96.86.31.50.

Anreise/Weiterreise

- **Mit dem Bus:** Die Buslinie 40 aus St-Malo hat hier ihren Endhaltepunkt.

St-Jacut-de-la-Mer

↗ II/B2

Der Name des Ortes verrät es schon. Auch dieser Ort geht auf einen **Heiligen** zurück, diesmal ist es *Jacut,* ein Mönch aus Irland. Fast bis zur Pointe de Chevet zieht sich mittlerweile der Ort auf der Halbinsel hin. Wie überall an dieser Küste, war der **Fischfang** hier ehemals die Existenzgrundlage der Bevölkerung. Doch schon beim ersten Blick in die Umgebung fällt der heutige wirtschaftliche Schwerpunkt, der **Tourismus,** auf. Ferienhaussiedlungen und ein Campingplatz bestimmen das Bild der Landschaft.

Westlich des Ortes erstreckt sich die **Mündung des Arguenon,** bei Niedrigwasser ragen Muschelzäune aus dem Wasser.

Praktische Hinweise

Information

- **Syndicat d'Initiative,** Rue du Chatelet, 22750 St-Jacut-de-la-Mer, Tel. 02.96.27.71.91.

Unterkunft

- **Camping La Manchette,** Tel. 02.96. 27.70.33. Der Platz liegt am Ortseingang in Strandnähe. Insgesamt recht einfach ausgestattet. Geöffnet vom 1.4. bis 30.9.

Le Guildo

↗ II/B2

Malerisch liegt dieser kleine Ort an der Mündung des Arguenon. Von der Brücke über den Fluss kann man das Schloss Guildo sehen. Kurz hinter der Brücke führt die Straße zu den **Pierres Sonnantes,** den klingenden Steinen. Findet man in der Anhäufung kleiner Steine zwei aus dem gleichen Material, kann man sie gegeneinander schlagen, wobei ein klingender Ton entsteht.

Kurz darauf kann man auf die D 19 abbiegen, die vorbei am sehr schönen **Strand von Pen Guen** nach St-Cast-le-Guildo führt.

St-Cast-le-Guildo

↗ II/B1

Dies ist einer der **beliebtesten Badeorte** der Region. Die Strände locken viele Touristen hierher. Animationsangebote und sonstige Infrastruktur folgen, der Kreis ist geschlossen. Im Zuge einer Eingemeindung entstand der Ort erst in den 1970er Jahren aus den Teilen Le Bourg, La Guarde und L'Isle.

Einen traurigen Bekanntheitsgrad erhielt der Ort gleich zweimal in der Geschichte. 1758 fand in der Bucht eine große **Seeschlacht** zwischen Engländern und Bretonen statt. Sie endete schließlich mit dem Sieg der Bretonen und dem Tod von über 2000 englischen Seeleuten. *Napoléon III.* ließ später eine **Säule (La Colome)** für die tapferen Bretonen errichten. Sie steht in der Rue de la Colonne, nahe der Mairie.

An das zweite traurige Ereignis erinnert auf der Pointe de St-Cast ein Denkmal für die Seeleute, die noch 1950 von den Schrecken des 2. Weltkrieges ereilt wurden. Im Sturm geriet das **Forschungsschiff „Laplace"** auf eine alte deutsche Mine. Etliche Matrosen starben. Das **Monument de la Frégate** erinnert ebenfalls daran.

Ein Spaziergang lohnt zur **Pointe de la Garde,** im Südwesten St-Casts. Auf der Spitze dieser Landzunge steht eine Marienstatue. Von hier ergibt sich wieder ein herrlicher Überblick über die Küste von der Pointe de St-Cast bis zum östlich liegenden Ort St-Jacut.

Information

- **Office de Tourisme,** Place Charles-de-Gaulle, 22380 St-Cast-le-Guildo, Tel. 02.96.41.81.52, www.saintcastleguildo.com.

Unterkunft

- **Hôtel Les Arcades€€,** Rue Duc d'Aiguillon 15, Tel. 02.96.41.80.50, Fax 02.96.41.77.34. Das 3-Sterne-Hotel bietet viel Komfort und geräumige Zimmer. Geöffnet vom 1.4. bis 30.9. www.hotels-saint-cast.com
- **Hôtel des Dunes€€,** Rue Primauget, Tel. 02.96.41.80.31, Fax 02.96.41.85.34. Mittelklassehotel mit gutem Komfort und Parkplatz Vom 1.4. bis 5.11.
- **Hôtel L'Espérance€€,** Boulevard Vieux-Ville, Tel. 02.96.41.81.13. Während die Zimmer eher Gemütlichkeit vermitteln, zeigen sich die übrigen Räume durchgestylt-modern. Geöffnet vom 1.2. bis 31.12.
- **Hôtel Le Chrisflo€,** Rue du Port 19, Tel. 02.96.41.88.08, Fax 02.96.41.61.30. Einfache, aber saubere Zimmer.
- **Hôtel de France€,** Rue de la Mer, Tel. 02.96.41.81.66. Kleines 17-Zimmer-Hotel. Einfache, aber funktionale Einrichtung.
- **Chateau du Val d'Arguenon€€€,** Olivier und Armelle de la Blanchardiere, 22380 Saint-Cast, Tel. 02.96.41.07.03, www.chateauduval.com. Das im 16. Jh. gebaute Anwesen befindet sich seit dem 18. Jh. im Besitz der Familie Blanchardiere. Der Park grenzt direkt ans Meer, sodass auch Wassersportler ideale Bedingungen vorfinden. Boote können gemietet werden.
- **Camping Le Châtelet,** Tel. 02.96.41.96.33, Fax 02.96.41.97.99, 4-Sterne-Platz, der jeglichen Komfort bietet. Geöffnet von Ostern bis zum 20.9. www.lechatelet.com
- **Camping La Ferme de Pen Guen,** Tel. 02.96.41.92.18. Außerhalb der Stadt liegt dieser 300 Stellflächen umfassende Platz an der Straße nach Dinard. Gute allgemeine Ausstattung. Geöffnet vom 1.4. bis 1.10.
- **Camping Plage La Crique,** Tel. 02.96.41.89.19. Hervorragend ausgestatteter Platz für 132 Einheiten.
- **Camping Château de Galinée,** La Galinée, Tel. 02.96.41.10.56, Fax 02.96.41.03.72. Vier-Sterne-Platz mit viel Komfort. www.chateaudegalinee.com
- **Ferienhausvermittlung,** Village Vacances Familles (V.V.F.), Tel. 02.96.41.88.42.

Essen und Trinken

- **Crêperie Le Petit Breton,** Boulevard Duponchel.
- **Crêperie La Fresnaye,** La Fresnaye, Tel. 02.96.41.71.08.
- **Restaurant Le Binniou,** im Ortsteil Pen Guen, Tel. 02.96.41.94.53.
- **Restaurant Les Arcades,** Rue du Duc d'Aiguillon, Tel. 02.96.41.80.50. Die Küche des Restaurants ist auf die Zubereitung von Meeresfrüchten, besonders der Coquille St-Jacques, spezialisiert.

Sonstiges

- **Segeln/Surfen:** Centre Nautique – Ecole de Voile, Le Port, Tel. 02.96.41.86.42.
- **Tauchen:** *Activité Subaquatique,* Tel. 02.96.41.81.40.

- **Reiten:** *Centre Equestre du Bois Bras,* Le Bois Bras, Tel. 02.96.41.95.01.
- **Golf:** *Pen Guen,* Tel. 02.96.41.91.20.
- **Tennis:** *Tennis Club,* Boulevard des Tennis, Tel. 02.96.41.88.16, *Tennis du Chêne Vert,* Rue du Chêne Vert, Tel. 02.96.41.83.04.
- **Meerwasserhallenbad:** Boulevard de la Mer, Tel. 02.96.41.87.05.
- **Fahrradvermietung** über das Office de Tourisme.
- **Wandern:** In der Umgebung des Ortes verläuft der GR 34, ein Küstenwanderweg, der aus Richtung Dinard über Cap Fréhel bis St-Brieuc führt. Je nach Lust, Laune und Wetter kann hier tagelang gewandert werden.
- **Bootstouren:** Vom Hafen aus werden Rundfahrten in den küstennahen Gewässern angeboten. Auskünfte über Abfahrtszeiten und Tickets gibt es beim Office de Tourisme.

Anreise/Weiterreise

- **Mit dem Zug:** Züge fahren nicht direkt nach St-Cast. Allerdings liegt der Ort Lamballe (ca. 38 km entfernt) an der Hauptstrecke Paris – Rennes – Brest. Von hier gibt es Busverbindungen nach St-Cast.
- **Mit dem Bus:** Die Buslinie 37 fährt von St-Cast entlang der Küste, über Sables d'Or, Le Val André bis Lamballe und St-Brieuc. Haltestellen befinden sich in l'Isle, Le Bourg und nahe dem Office de Tourisme.

Fort La Latte

↗ II/B1

Über eine Hochebene führt die oft recht schmale, kurvenreiche Straße. Inmitten der niedrigen (Ginster-)Büsche stehen nur wenige Baumgruppen. Insgesamt drängt sich recht schnell der Vergleich mit **mediterraner Vegetationsform** auf. Schließlich mündet die Straße in einen staubigen und schlaglochübersäten Parkplatz; Restaurant/Crêperie und ein Erfrischungsgetränkestand inklusive.

Hier beginnt der Fußweg, der allerdings weit über Wagenbreite misst. Etwa 1 km ist zurückzulegen, bis sich der erste Blick auf die Burg ergibt, die immer mal wieder Schauplatz für Abenteuerfilme ist. Sie liegt auf der äußersten Spitze der Halbinsel, an drei Seiten vom anbrandenden Meer umgeben. Am Wegesrand steht ein kleinerer Menhir, der Gargantua Finger.

Bereits im 13./14. Jh. begannen die Herrscher der Bretagne, damals die Familie *Goyon,* dieses Bauwerk zu errichten. Immer wieder wurde die **Festung** im Laufe der Jahrhunderte erweitert und umgebaut, um das Bollwerk sicherer zu machen. Auch *Vauban,* der Festungsspezialist *Louis' XIV.*, beteiligte sich an diesen Umbauten. Nur über eine Zugbrücke führt der Weg ins Innere der Burg. Heute ist das als historisches Monument klassifizierte Bauwerk in Privatbesitz und teilweise zu besuchen. Eindrucksvoll ist ein Blick vom Echauguette-Turm die Küste entlang. Der Blick reicht vom Cap Fréhel im Nordwesten bis St-Cast im Südosten. Hier befindet sich auch der Ofen für die Kanonenkugeln, die besonders gute Wirkung gezeigt haben sollen, wenn sie vor dem Abschuss bis zur Glut erhitzt wurden.

Öffnungszeiten: Von Juni bis August täglich 10–12.30 Uhr und 14–18 Uhr, Eintritt 4,50/3 €, Tel. 02.96.41.40.31.

Anreise/Weiterreise

- Von der D 786 zunächst bis St-Aide. Hier abbiegen auf die D 16. Hinter dem Dorf La Motte teilt sich die Straße in Richtung Cap Fréhel bzw. Fort La Latte (ausgeschildert).

047br Foto: eh

Seit dem 13. Jh. am Ende der Landzunge: Fort La Latte

●Auf dem Rückweg kann man direkt in westlicher Richtung zum Cap Fréhel abbiegen. Ungefähr auf der Hälfte des Weges, ca. 1 km vor dem Abzweig der D 16, befindet sich ein schmaler Parkstreifen. Hier lohnt es anzuhalten. Fußwege führen durch das niedrige Gesträuch zur Küste. Direkt am Steilufer liegt links Cap Fréhel, weithin erkennbar am Leuchtturm. Bis zum Cap erstreckt sich eine herrliche Bucht mit hellem Sand und klarem, meist smaragdgrün schimmerndem Wasser. Zum Cap Fréhel gelangt man dann über die D 16.

Cap Fréhel

↗ II/A1

75 m hoch ragen die Klippen des Kaps über dem Meer auf. Die zum Teil bizarr geformten Felsen, der stetig anbrandende Atlantik, oft mit Starkwind verbunden, und die Tatsache, dass sich hier ein Vogelschutzgebiet mit zudem seltenen Pflanzen befindet, ließen das Kap zu einem der bestbesuchten Plätze der Region werden. Mit großen Parkplätzen wird versucht, die Touristenmassen zu organisieren. Mit völliger Berechtigung ist im Umkreis von einigen Kilometern Camping (auch im Wohnmobil) streng verboten.

Was ist das Besondere dieses Kaps? Da ist zunächst einmal der herrliche

Ausblick, der bei gutem Wetter von der Pointe de Grouin bis zur Ile de Bréhat reicht. Besonders gut ist der Blick vom **Leuchtturm** aus und dann möglichst am Spätnachmittag (Öffnungszeiten: täglich 10–17 Uhr). Der Leuchtturm stammt aus dem Jahr 1948. 145 Stufen führen zur Aussichtsplattform hinauf. Wenige Meter entfernt stehen noch die Reste des alten Leuchtturmes, der 1944 von deutschen Truppen zerstört wurde. Die geografische Lage des Kaps machte es schon immer für die Seefahrt bedeutsam. Historische Dokumente zeigen, dass während der jeweiligen Epochen immer wieder die jeweils herrschenden Mächte Leuchtfeuer an dieser Stelle errichteten. Den Anfang machten wahrscheinlich die Römer.

Der zweite Grund für den Besuch des Kaps ist der des Naturerlebnisses. Hunderte von **Seevögeln** unterschiedlichster Arten leben und nisten in den Klippen rund um die Landzunge. Möwen, Kormorane, Tordalke und Trottellummen können mit ein wenig Geschick, Glück und einem guten Fernglas beobachtet werden, zumal einige Wanderpfade direkt bis zur Abbruchkante führen.

Die **Vegetation** ist stark vom Klima geprägt. Bäume sucht man hier vergeblich, stattdessen ist das Kap, dessen Untergrund aus einem Torfmoor besteht, mit Heidekrautgewächsen und Stechginster bewachsen. Mit etwas Glück findet man den Sonnentau, eine typische fleisch- oder besser insektenfressende Pflanze der Hochmoorvegetation.

Ein **Wanderweg** führt, beginnend am Parkplatz, um das Kap herum. Diese kurze Wanderung dauert etwa 30 Minuten und kann durch Abstecher auf schmalen, steilen Pfaden die Klippen hinunter ergänzt werden. Für echte Wanderfreunde empfiehlt sich der Weg zum Fort La Latte (etwa 14 km). Der Weg ist Teil des GR 34, der sich auch in Richtung Sables-d'Or-les-Pins die Küste entlangzieht.

Praktische Hinweise

Information

- **Syndicat d'Initiative,** im alten Leuchtturm (nur während der Sommermonate, Tel. 02.96.41.53.81, www.pays-de-frehel.com).

Unterkunft

Entlang der Straße zum Kap gibt es Unterkunftsmöglichkeiten in kleineren Orten.

- **Hôtel Le Fanal€,** etwa 3 km vom Kap entfernt an der D 16, Tel. 02.96.41.43.19. Gut und modern eingerichtete Zimmer. Geöffnet vom 1.4. bis 30.9.
- **Chambres d'Hôtes€,** Josette Hervé, La Teusse, Tel. 02.96.41.46.02. 30 € kosten zwei Zimmer mit eigenem Bad/WC stehen zur Verfügung.

Anreise/Weiterreise

- **Mit dem Bus:** Busverbindungen bestehen nicht direkt zum Kap. Über Sables-d'Or-les-Pins und Fréhel fährt der Bus Linie 37 aus Richtung Lamballe bis nach St-Cast. Von Sables-d'Or-les-Pins oder Fréhel sind es jeweils etwa 10 km bis zum Kap. Der rege Verkehr auf der Straße ermöglicht die Fahrt per Autostopp.

152br Foto: eh

Fahrender Musikant

Sables d'Or-les-Pins

II/A1

Weite Sandstrände, vorspringende Klippen und Heidelandschaft kennzeichnen auch das Bild der Landschaft im weiteren Verlauf der Küste. Im Gegensatz zu vielen anderen Orten dieses Küstenabschnittes liegt Sables d'Or nicht parallel zur Küste, sondern erstreckt sich entlang der Hauptstraße ins Hinterland hinein. Der Ort ist ein **echter Ferienort.** Dies zeigt sich zumindest außerhalb der Hauptreisezeit sehr deutlich daran, dass nur wenige Menschen zu sehen sind. Während der Sommermonate quillt der Ort jedoch fast über. Alle Ferienhäuser und Campingplätze sind ausgebucht, Restaurants und Imbissbuden machen ihr Geschäft.

Seinen Namen trägt der Ort zu Recht, sind doch der **Strand** mit goldgelbem Sand und die Dünen mit Kiefern bedeckt. Vor der Küste liegen einige kleine Inseln, auf einer steht die Chapelle St-Thomas.

Auch die Umgebung des Ortes hat für Strandfans ihren Reiz. Wirklich toll ist der **Plage Pléhérel,** etwa 4 km östlich, der fast 4 km Sand- und Dünenlandschaft bietet.

Praktische Hinweise

Information

- **Syndicat d'Initiative,** 22240 Fréhel, Sables d'Or, an der Uferstraße, Tel. 02.96.72.18.52.

Unterkunft

- **Hôtel Les Ajoncs d'Or**€-€€**,** Allée des Acacias, Tel. 02.96.41.42.12. Gut ausgestattete Zimmer in sehr angenehmer Atmosphäre. Geöffnet vom 1.3. bis 15.10.
- **Hôtel Des Pins**€-€€**,** Allée des Acacias, Tel. 02.96.41.42.20. Einfaches Hotel. Saubere Zimmer und schöner Garten.

Essen und Trinken

- Entweder im **Restaurant Les Ajoncs d'Or** oder in der **Crêperie L'Ocean** direkt gegenüber.
- Liebhaber von Meeresfrüchten werden ihre Freude haben an der Karte und den entsprechenden Gerichten im **La Voile d'Or** an der Uferpromenade, Tel. 02.96.41.42.49.

Anreise/Weitereise

- **Mit dem Bus:** Der Ort liegt an der Buslinie 37, die mehrfach täglich zwischen St-Brieuc/Lamballe und St-Cast pendelt. Weitere Orte auf der Strecke sind Le Val-André, Erquy und Fréhel.

Baie de St-Brieuc

Erquy

↗ V/D1

Schon die **Römer** erkannten die günstige und geschützte Lage des Ortes in der Bucht. Unter ihrer Herrschaft entstand hier ein Hafen, den sie Reginae nannten. Heute ist Erquy vor allem **Ferienort,** der auch über die nun schon hinlänglich bekannten Sandstrände und geschützten Buchten, wie z.B. am **Cap d'Erquy,** verfügt. Das Cap d'Erquy liegt im Bereich des GR 34. Hier bieten sich Wanderungen in der Heidelandschaft an. Bekannt ist der Ort aber auch bei Segel- und Surffans, die sich in der Brandung so richtig austoben können.

Nicht nur Natur- und Sportfreunde kennen diesen kleinen Ort, sondern auch die Gourmets. Erquy ist bekannt als das **Zentrum des Jakobsmuschelfanges.** Am Kai, in der Criée und auf dem samstags stattfindenden Markt werden diese Meerestiere stets frisch angeboten.

Praktische Hinweise

Information

- **Office de Tourisme,** 22430 Erquy, Rue du 19-Mars-1962, Tel. 02.96.72.30.12, www.erquy-tourisme.com.

Unterkunft

- **Hôtel Le Brigantin**€€**,** Place de l'Hôtel de Ville, Tel. 02.96.72.32.14. Das kleine Haus besitzt 21 gut ausgestattete Zimmer, einen schönen Garten und einen Pool.
- **Ferienhäuser und Wohnungen,** Auskünfte erteilt das Office de Tourisme.
- Die **Campingplätze** der Umgebung sind im Sommer sehr schnell ausgebucht. Reservierungen sind unbedingt notwendig.

- **Camping Bellevue,** Tel. 02.96.72.33.04. Geöffnet vom 1.4. bis 30.9. Der Platz gehört zu den besten der Umgebung (140 Einheiten).
- **Camping de La Plage de St-Pabu,** Tel. 02. 96.72.24.65. Ebenfalls sehr gut ausgestattet, mit 350 Einheiten, aber erheblich größer. Geöffnet vom 1.4. bis 30.9.
- **Camping Le Vieux Moulin,** Tel. 02.96. 72.34.23, Fax 02.96.72.36.63, 170 Stellplätze sehr guter Qualität erwarten den Gast am Cap d'Erquy. Geöffnet vom 1.4. bis 25.9. www.campingvieuxmoulin.com
- **Camping les Pins,** Tel. 02.96.72.31.12, Fax 02.96.28.65.9, 3-Sterne-Platz mit 300 Einheiten. Geöffnet 15.5. bis 30.9. camping.les.pins@wanadoo.fr
- **Camping Les Hautes Grées,** Tel. 02.96. 72.34.78. 2-Sterne-Platz mit 170 Einheiten, geöffnet vom 15.5. bis 30.9.
- **Camping Les Roches,** Tel. 02.96.72.32.90. Der Platz bietet 100 Stellflächen (vom 1.4. bis 30.9.).
- **Camping du Val,** Tel. 02.96.72.10.40. Sehr einfacher Platz (100 Einheiten), allerdings auch für Wohnmobile. Geöffnet vom 15.6. bis 15.9.

Essen und Trinken

- Jakobsmuscheln isst man besonders gut im **A l'Abri des Flots,** Rue du Port 68, Tel. 02.96.72.41.39, und im **L'Escurial,** Boulevard de la Mer, Tel. 02.96.72.31.56.

Sonstiges

- **Fahrradverleih:** Loca-Loisirs, Boulevard de la Mer, Tel. 02.96.72.06.97. Hier werden auch Surfboards und Kayaks vermietet.
- **Segelschule:** E.V.E., Boulevard de la Mer, Tel. 02.96.72.32.62.

Anreise/Weiterreise

- **Mit dem Bus:** Der Bus (Linie 37) zwischen St-Brieuc/Lamballe und St-Cast fährt täglich mehrfach über Erquy, Sables d'Or, Fréhel.

Umgebung von Erquy

Château de Bienassis

↗ V/D2

Das Schloss aus dem 15. Jh. liegt ungefähr 6 km südwestlich Erquys nahe der D 786. Nur noch die Mauer mit ihren Zinnen stammt vom Ursprungsgebäude. Nach zahlreichen Zerstörungen wurden etliche Gebäudeteile erneuert oder hinzugefügt, wie z.B. die Türmchen (17. Jh.). Da das Schloss immer noch bewohnt ist, kann nur der Park ständig besichtigt werden. Gebäudeführungen zwischen Juni und August täglich 10.30–12.30 Uhr und 14–18 Uhr. Eintritt 4,50 €, sonn- und feiertags nur am Nachmittag, Tel. 02.96. 72.22.03.

Pleuneuf-Val-André

↗ V/C2

Dieser Ort besteht eigentlich aus zweien, Pleuneuf-Val-André (im Hinterland) und Le Val-André (an der Küste). Die Werbung behauptet, dieser **Sommerbadeort** besäße die schönsten Strände der bretonischen Nordküste. Der Erfolg ist zumindest im Sommer deutlich an den Besucherzahlen, der Menge an Hotels, Restaurants und Freizeitangeboten abzulesen. Wer sich nicht nur an den zugegebenermaßen sehr schönen Stränden tummeln möchte, kann herrliche Spaziergänge auf der Pointe de Pléneuf unterneh-

Die Jakobsmuschel

Die Coquille St-Jacques oder Jakobsmuschel (pecten maximus, pecten jacobaeus), auch Pilgermuschel genannt, gehört zur Familie der Kammmuscheln. Ihr Name geht auf eine **Tradition der Pilger** des Mittelalters zurück, die das Grab des Apostels Jakobus in Santiago de Compostela (Nordwest-Spanien) als Wallfahrtsziel hatten. Unter jenen Pilgern war es im 9. Jh. üblich, die tellerartig gewölbte Hälfte einer großen Kammmuschel als Essnapf mit auf die Reise zu nehmen. Seit dem 10. Jh. wurde es Sitte, während der Pilgerreise eine Kammmuschel am Mantel, am Hut oder am Wanderstock als Zeichen dafür zu tragen, dass man sich auf dem Weg nach Santiago de Compostela befand. Das Symbol setzte sich derart durch, dass bald sogar Steinmetze die Kammmuschel als Zierbild an Klosterpforten und Kirchenportalen einmeißelten.

Im Gegensatz zur Auster und Miesmuschel wird die Jakobsmuschel nicht gezüchtet. Sie lebt auf sandigem bis schlammigem Boden in 10–100 m Tiefe. Die Jakobsmuschel wächst sehr langsam. Erst nach etwa 10 Jahren hat sie die Größe erreicht, mit der sie verkauft werden kann (etwa 10 cm Durchmesser). Um die Bestände zu sichern, sind die **Fangzeiten** genau vorgeschrieben. Vom 1. Nov. bis 31. März darf an höchstens 3 Tagen in der Woche und täglich für maximal 2 Stunden das Fanggeschirr über den Meeresboden gezogen werden. Die französische Wasserschutzbehörde (*Affaires Maritimes*) kontrolliert die Fischer beim Fang.

Seit einigen Jahren wird die Jakobsmuschel allerdings mehr und mehr von mit Pressluftgeräten tauchenden Fischern direkt am Meeresboden gesammelt, denn man ist zu der Erkenntnis gelangt, dass das rechenähnliche Bodenschleppnetz die Oberfläche des Meeresbodens derartig aufwühlt, dass das empfindliche biologische Gleichgewicht gestört wird. Auch das Tauchen nach Jakobsmuscheln ist streng reglementiert, und Verstöße werden mit hohen Geldbußen geahndet.

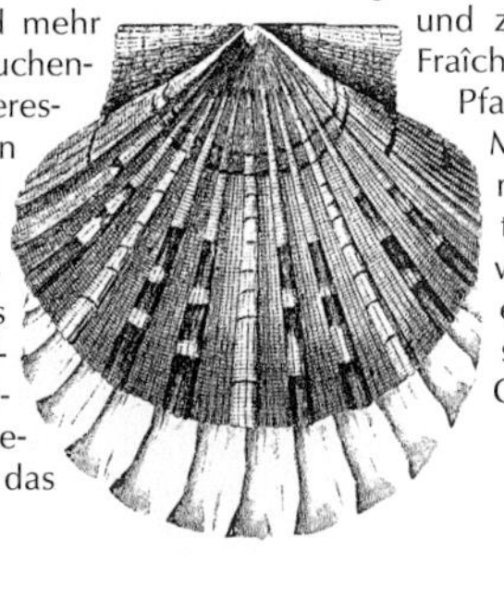

1970 wurden in der Baie de St-Brieuc ca. 15.000 t Coquilles St-Jacques gefangen. 1992 waren es nur noch 3000 t, was sowohl auf strengere Fangvorschriften als auch auf zurückgegangene Bestände zurückzuführen ist. Beim Verbraucher und insbesondere in guten Restaurants ist die Jakobsmuschel inzwischen so beliebt geworden, dass der französische Fang aus der Baie de St-Brieuc und der Seine-Bucht vor der Küste der Normandie nicht mehr ausreicht, um der Nachfrage gerecht zu werden. Konsequenz: Schottische Fischer exportieren ihren Fang nach Frankreich.

Die **essbaren Bestandteile** des Tieres sind der bei ausgewachsenen Muscheln etwa 2-Euro-Stück große Schließmuskel und das zweigeschlechtige hörnchenförmige, zur Hälfte weiße, zur Hälfte orange-rote Fortpflanzungsorgan, in Frankreich *corail* genannt. Coquilles Saint Jacques werden entweder als lebende Tiere in der Muschelschale verkauft oder tiefgefroren nur noch als Muskel und Corail angeboten.

Für die **Zubereitung** gibt es verschiedene Rezepte. Hier unser Vorschlag (Mengenangaben für 1 Portion): Etwa 6–8 Muscheln öffnen und den Schließmuskel sowie das Corail von der Schale und den anderen Weichteilen trennen. 1 Knoblauchzehe und 2 Schalotten in reichlich Butter und etwas Olivenöl in einer Pfanne glasig werden lassen. Nun Muskel und Corail hinzufügen. 100 g frische Champignons kleinschneiden und zusammen mit 50 g Crème Fraîche und etwas Petersilie in die Pfanne geben. Nach etwa 10 Min. macht man die Garprobe mit einer Gabel. Als Wein bieten sich ein Muscadet oder, wenn es etwas teurer sein darf, ein Sancerre, natürlich passend gekühlt (ca. 10 Grad), an. Guten Appetit!

048br Foto: wk

men. Der Hafen ist Ausgangspunkt, um die felsige Landzunge zu erreichen. Ein Pfad führt zum Aussichtspunkt mit Blick auf die Vogelschutzinsel Verdelet, ein anderer zum Plage Les Vallées. Im Westen ragt die **Pointe La Guette** ins Meer hinein. Von ihrer Spitze aus fällt der Blick auf die Bucht von St-Brieuc, den Hafenort Dahouet und die Mündung der Flora.

Der westlich gelegene **Port de Dahouet** ist ein historischer Hafen, der einst oft von den Neufundland-Kabeljaufischern angelaufen wurde.

Jakobsmuscheln

Praktische Hinweise

Information

- **Office de Tourisme,** 22370 Pleuneuf-Val-André, Cours Winston Churchill, Tel. 02.96. 72.20.55, Fax 02.96.63.00.34, www.val-andre.org.

Unterkunft

- **Manoir de la Hazaie, M. und Mme. Marvin€€€,** 22400 Planguenoual, Tel. 02.96. 32.73.71, Fax 02.96.32.79.72. Das Herrenhaus aus dem 16. Jh. bietet den Komfort riesiger Zimmer, zu denen jeweils ein eigenes Jacuzzi gehört. Im großen Park können Sie lustwandeln oder auf dem kleinen See Boot fahren.
- **Hôtel Régina€,** Rue Amiral-Charner 45, Tel. 02.96.72.22.63. An der Parallelstraße zur Strandpromenade liegt das einfache kleine Hotel.

- **Grand Hôtel du Val-André€€,** Rue Amiral Charnerm 80, Tel. 02.96.72.20.56, Fax 02.96.63.00.24. Schon rein äußerlich besitzt das Haus mit den gut ausgestatteten Zimmern seinen Reiz. Zudem liegt es sehr nah am Strand. Geöffnet vom 20.3. bis 11.11. www.grand-hotel-val-andre.fr.
- **Hôtel Du Casino€,** Rue Charles-Cotard 10, Tel. 02.96.72.20.22. Einfache, aber funktional ausgestattete Zimmer. Geöffnet vom 1.4. bis Oktober.
- **Camping Le Minihy,** Rue du Minihy, Tel. 02.96.72.22.95, Fax 02.96.63.05.38. Gute Anlage, zu der auch einige Bungalows gehören. Geöffnet vom 15.6. bis zum 15.9.
- **Camping La Plage De la Ville Berneuf,** Plage de la Ville Berneuf, Tel. 02.96.72.28.20. Der Platz liegt nordöstlich der Stadt, 100 m vom Meer entfernt. Geöffnet vom 1.4. bis 30.9.
- **Camping des Monts Colleux,** Rue Jean Lebrun, Tel. 02.96.72.95.10, Fax 02.96.63.10.49. Auch hier werden Bungalows vermietet.
- **Ferienhäuser** werden über das Office de Tourisme vermietet.

Essen und Trinken

- **Au Biniou,** Boulevard Clémenceau 121, Tel. 02.96.72.24.35. Das Restaurant ist bekannt für exquisite Zubereitung von Jakobsmuscheln.

Sonstiges

- **Fahrradverleih:** *Locations de Vélos*, Chalmeau, Rue du Maréchal-Foch 27, Tel. 02.96.72.23.34.
- **Tennis de L'Amirauté:** Tel. 02.96.72.23.25.
- **Reiten:** *Equitation à la Ferme* „La Jeannette", Tel. 02.96.72.95.79. Geöffnet von April bis November.
- **Segeln/Surfen:** *Centre Nautique du Val-André*, Segelschule und Vermietung von Wassersportgeräten, Tel. 02.96.72.95.28. *Point Passion Plage Piegu,* Tel. 02.96.72.91.20. *Base Nautique des Murs Blancs*, Tel. 02.96.72.95.28.
- **Hallenbad:** am Campingplatz des Monts Colleux, Tel. 02.96.72.25.87.
- **Casino:** *La Rotunde, La Boule,* Glücksspiele von 21 bis 3 Uhr, Tel. 02.96.72.85.06.
- **Bootsausflüge:** Zur Ile de Bréhat fahren täglich Schiffe der Vedettes de Bréhat. Auskünfte und Tickets beim Office de Tourisme. Ausflüge zu den Englischen Kanalinseln und entlang der Smaragdküste werden ebenfalls vom Office de Tourisme vermittelt.

Anreise/Weiterreise

- **Mit dem Bus:** Der zwischen St-Brieuc/Lamballe und St-Cast fahrende Bus (37) hat auch mehrere Haltestellen in Pléneuf-Val-André. Weitere Orte entlang der Strecke sind Erquy, Sables-d'Or und Fréhel.

Lamballe

↗ V/C2

Das Städtchen im Hinterland der Smaragdküste ist meist nur Durchgangsstation auf dem Weg an die Küste oder zu den bekannteren touristischen Zielen.

Zwischen dem 12. und 15. Jh. war der Ort die **Hauptstadt des Penthièvre.** Sie verfügte über eine strategisch günstige Lage, dicke Mauern und den Kampfwillen der Bewohner. Trotzdem wurde sie während der Erbfolgekriege bereits zum erstenmal teilweise zerstört. Das endgültige Aus für die wehrhafte Stadt kam dann mit dem Kardinal *Richelieu,* der die Mauern der Stadt 1626 schleifen ließ.

War schon diese Zeit von blutigen Auseinandersetzungen gekennzeichnet, so wurde es im Verlauf der französischen Revolution noch schlimmer. Der Erbe des Herzogs von Lamballe heiratete auf Geheiß der Familie 1767 die **Prinzessin Marie-Victoire,** starb einige Monate darauf und hinterließ eine trauernde, aber sehr junge Witwe. *Marie-Victoire* lernte nach der Heirat von *Marie-Antoinette* und *Louis XVI.* (1770) die Königin kennen und wurde schließlich ihre Vertraute und Zofe. Diese Position musste sie teuer bezahlen, denn 1792 kam es im Verlauf der Revolutionswirren zu zahlreichen Morden im Umfeld der Königsfamilie, denen auch *Marie-Victoire* zum Opfer fiel. Die Überlieferung besagt, dass der Kopf der Frau unter dem Gegröle der Menge, aufgespießt auf einer Lanze, durch die Straßen getragen wurde.

Heute geht es hier weniger blutig zu. Bekannt ist der Ort für Tonverarbeitung und das **Nationalgestüt.**

Sehenswertes

Collégiale Notre-Dame. Hoch über der Stadt ragen die Mauern der Stiftskirche auf, deren Anfänge auf das 13. Jh. datieren. Der Turm erinnert eher an eine Festung denn an ein Gotteshaus. Nach großen Zerstörungen wurde die Kirche immer wieder erneuert, sodass viele Teile aus dem 16./17. Jh. stammen. Von hier oben ist die Aussicht über den Ort sehr gut. Öffnungszeiten: Im Juli und August 10–12 und 14–18 Uhr.

Eglise St-Jean. Die Kirche stammt aus dem 15. Jh. Bemerkenswert ist ihr achteckiger Turm.

Eglise St-Martin. Bereits im 11. Jahrhundert wurde das Gotteshaus errichtet, jedoch im 16. Jh. stark umgebaut. Aus frühester Zeit stammt das hölzerne Vordach über dem Tor.

Place Martray. An diesem zentralen Platz der Stadt stehen einige hübsche Fachwerkhäuser aus dem 15. und 16. Jh. Beachtenswert ist das Maison du Bourreau aus dem 15. Jh., das auch als **Haus des Henkers** in die Stadtgeschichte eingegangen ist. Hier lebte der jeweilige Henker Lamballes. Da nach Auskunft des Office de Tourisme auch der Pranger, also ein Teil seiner Wirkungsstätte, auf dem Platz vor dem Haus stand, hatte er keinen sehr weiten Weg zur Arbeit.

Im Haus des Henkers befinden sich heute das Office de Tourisme, das Musée du Vieux Lamballe und das Musée Mathurin-Méheut.

Musée du Vieux Lamballe. Das Volkskundemuseum zeigt Exponate aus den Töpferwerkstätten des Ortes, historische Bilder und Fotos sowie Trachten.

Musée Mathurin-Méheut. Zu Ehren des in Lamballe geborenen Malers *Mathurin Méheut* (1882–1958) wurde diese Ausstellung einiger seiner Werke ins Leben gerufen. Viele der Bilder zeigen Szenen aus dem bretonischen Alltag.

Öffnungszeiten: Beide Museen sind vom 1.6. bis 30.9. 10–12 Uhr und 14.30–18.30 Uhr geöffnet, der Eintritt beträgt pro Museum 2,50/1 €.

Das Gestüt. Am Place du Champ de Foire liegt das zweitgrößte französische Gestüt *(Haras National)*. Bereits 1825 wurde das Gestüt gegründet, um Nutztiere zu züchten. Heute wird nach wie vor gezüchtet und ausgebildet. Etwa 100 Hengste stehen dem Gestüt zur Verfügung, um in der Bretagne als Deckhengste eingesetzt zu werden. Zwischen dem 15.7. und 30.9.

finden tägl. Führungen statt, bei denen alle interessanten Bereiche der Anlage anschaulich vorgestellt werden.

Im Sommer (meist Juli/August) werden Turniere veranstaltet.

Öffnungszeiten: Führungen täglich 9.30–12 Uhr und 14–17 Uhr. Informationen unter Tel. 02.96.50.06.96 und www.haraspatrimoine.com.

Praktische Hinweise

Information

- **Office de Tourisme,** Maison du Bourreau, 22402 Lamballe, Place du Champ-de-Foire, Tel. 02.96.31.05.38, Fax 02.96.50.01.96, www.otlamballe.com.

Unterkunft

- **Hôtel La Tête Noire€,** Rue du Four, Tel. 02.96.31.09.93. Das kleine Haus liegt im Zentrum der Stadt, fast gegenüber dem Haus des Henkers. Kleine, aber saubere Zimmer.
- **Hôtel Les Alizés€€,** La Ville-ès-Lan,liegt im Industrieviertel, Tel. 02.96.31.16.37, Fax 02.96. 31.23.89. 32 funktional, aber stillos eingerichtete saubere Zimmer. Motelähnlich. www.alizes-hotel-rest.com
- **Hôtel La Tour d'Argent€-€€,** Rue Docteur Lavergne, Tel. 02.96.31.01.37, Fax 02.96. 31.37.59. Recht einfache Zimmer, dafür einigermaßen zentral.
- **Camping Municipal St-Sauveur,** Tel. 02.96.34.74.33, Fax 02.96.31.17.33. Der kleine Platz (35 Stellplätze) ist nur vom 20.6. bis zum 10.9. geöffnet. Er befindet sich im Nordosten der Stadt an der Rue Saint-Sauveur.
- **Camping An Manoir de la Villeneuve,** Tel. 02.96.31.01.71. Ebenfalls sehr kleine Anlage (25 Stellplätze) im Bereich eines Gutes. Geöffnet vom 1.6. bis 30.9.

Essen und Trinken

- **Fast-Food** gibt es in der Bar des Hôtels La Tête Noire.
- Wenn es mehr sein soll, lohnt ein Besuch des **Le Pieure.**
- Die **Pizzeria/Crêperie/Grill** bietet eine breite Palette leckerer Pizzen und Crêpes/Galettes, im Sommer sogar im efeuumwachsenen Garten. Rue Saint-Jacques 19, gegenüber der Post, Tel. 02.96.34.71.50.
- Spezialisten für Meeresfrüchte (besonders Jakobsmuscheln) sind die Köche im **Le Connétable,** Rue Paul-Langevin 9, Tel. 02.96. 31.03.50.

Anreise/Weiterreise

- **Mit dem Zug:** Der Ort liegt an der Hauptstrecke von Paris über Rennes nach Brest (Linie 2). Züge verkehren auch regelmäßig über Lamballe auf der Strecke Rennes – St-Brieuc (Linie 3) und Dol – Dinan – St-Brieuc (Linie 8).
- **Mit dem Bus:** Von der Bushaltestelle am Bahnhof aus fahren regelmäßig Busse (Linie 37) zur Smaragdküste. Haltestellen besitzen die Orte Le Val-André, Pléneuf, Erquy, Sables-d'Or und Fréhel. In der anderen Richtung fahren die Busse bis St-Brieuc.

Umgebung von Lamballe

Jugon-les-Lacs ↗V/D3

Etwa 20 km südöstlich Lamballes befindet sich dieser kleine Ort am Ufer des 64 ha großen Sees. Der historische Ort lockt vor allem Wassersportler an, denen die Küstengewässer zu stark überlaufen sind.

Château de la Hunaudaye ↗V/D2

Das bereits im 13. Jh. errichtete Schloss blickt auf eine lange, bewegte Geschichte, stark geprägt von den Erbfolgekriegen, zurück. Zugbrücken führen noch heute ins Innere der Ruine, deren Türme majestätisch gen Himmel ragen.

Besichtigungen sind von Mai bis September möglich, täglich 11–12.30 Uhr und 14.30–18 Uhr. Sonntags im April und September nur 14.30–19 Uhr. Eintritt 4,50/3 €.

Im Juli und August finden Donnerstag abends um 21.30 und 22.45 Uhr sogenannte **Spectacles Nocturne,** also eine Art nächtlicher Burgspiele, statt. Auskünfte und Reservierungen unter Tel. 02.96.34.82.10.

La Ferme du Saint-Esprit-des-Lois

↗V/D3

Der typisch bretonische Bauernhof ist 1974 zu einer Art Museum umgebaut worden, nachdem er fast zur Ruine verfallen war. Heute können hier alle bäuerlichen Einrichtungen, wie Ställe, Schmiede, Keller und Backraum, besichtigt werden.

Öffnungszeiten: Vom 1.7. bis 31.8. täglich 10–12 Uhr und 14–19 Uhr. Zusätzlich sonntags in der Zeit vom 1.4. bis 30.9. 14–19 Uhr. Tel. 02.96.34.14.67.

Unterkunft

- **Hôtel La Grande Fontaine€,** Tel. 02.96.31.61.29.
- **Hôtel Le Petit Palace€€,** Tel. 02.96.31.65.24, Fax 02.96.31.61.29.
- **Camping Le Bocage,** Tel. 02.96.31.60.16. Komplett und gut ausgestatteter Platz mit 180 Stellplätzen am Flussufer. Geöffnet vom 1.5. bis 30.9.

St-Brieuc

↗IV/B2

Die heutige Hauptstadt des Départements Côtes d'Armor (bis 1988 Côte-du-Nord) liegt einige Kilometer **vom Meer entfernt.** Trotzdem versucht die Tourismuswerbung mit dem Slogan „Saint-Brieuc, das Meer an der Stadt, die Stadt am Meer" Urlauber in das Handels- und Industriezentrum zu locken. Trotz guter Infrastruktur, etlichen Hotels und Restaurants gelingt dies bisher nicht so recht, wollen doch die meisten Touristen die wilde Schönheit der Küste genießen und weniger Stadturlaub machen.

Die Geschichte der Stadt beginnt bereits im 6. Jh. mit dem walisischen **Mönch Brieuc,** der sich hier niedergelassen haben soll. Er ist einer der sieben Gründerheiligen der Stadt. Heute steht an der Stelle, an der er sein Kloster errichtet haben soll, die Fontaine Saint-Brieuc (Rue Ruffelet, nahe der Rue Notre-Dame). Der mittlerweile trockene Brunnen bekam im 15. Jh. eine Überdachung. Andere Quellen geben an, die heutige Kathedrale stehe an der Stelle seines Klosters.

Ein weiteres wichtiges Datum in der Geschichte der Stadt ist das Jahr 1799. In diesem Jahr gelang es den **königstreuen Chouans,** die Stadt einzunehmen. Bei den Kämpfen wurde u.a. der damalige Bürgermeister Poulain-Corbion, ein Anhänger der Republik, der sich den Chouans tapfer entgegenstellte, getötet.

Wenig ruhmreiche Jahre folgten auch in der weiteren Geschichte. Zwischen 1832 und 1852 herrschten **Cho-**

lera-Epidemien, denen Hunderte zum Opfer fielen. Im 20. Jahrhundert erlebte die Stadt zwischen 1940 und 1944 die **deutsche Besatzung,** allerdings seit 1970 auch die Partnerschaft mit dem deutschen Alsdorf.

Zwei weithin sichtbare Viadukte überspannen die beiden **Flüsse** Gouedic und Gouet, von denen die Gouet, in ein neues Bett gezwängt, zum modernen Hafen Le Légué führt.

Sehenswertes

Kathedrale St-Etienne. Der festungsartige Bau, der nur wenig an ein Gotteshaus erinnert, stammt zum Teil aus dem 12./13. Jh. Der eigenartige Bau resultiert aus der Tatsache, dass die Stadt über keine Burg oder Stadtmauern verfügte, sodass die Kathedrale als Schutzort genutzt wurde. Im 14. Jh. zunächst von den Engländern zerstört, wurde sie bereits wenig später wieder aufgebaut. Im 18. Jh. drohte das Schiff einzustürzen, Restaurierungsarbeiten wurden im zeitgenössischen Stil durchgeführt. Während der Revolution wurde die Kathedrale als Stallgebäude zweckentfremdet, das Mobiliar zerstört.

Von außen wird der festungsartige Charakter besonders deutlich; der 28 m hohe **Tour Brieuc** verfügt im oberen Bereich sogar über Schießscharten. Im Turm befindet sich ein mit feinen Bögen ausgestattetes Portal. Der **Tour du Midi** (33 m hoch) besitzt breite Öffnungen, die auch mittelalterlichen Kriegsgeräten Einlass boten. Am Hauptportal zwischen den beiden Türmen sind noch Elemente aus dem 12./13. Jh. erhalten.

Musée d'Histoire. Das 1986 neu eröffnete historische Museum der Stadt zeigt in seinen Ausstellungsräumen allerlei Wissenswertes zur regionalen Entwicklung während des 19. Jh. Eine sehr reichhaltige Sammlung volkskundlicher, archäologischer und historischer Zeugnisse ermöglicht dem Besucher Einblicke in die Bereiche Fischfang, Seefahrt, Landentwicklung und Urbanisierung, Textil- und Leinenherstellung und das soziale Leben. Eine ständige Ausstellung ist dem Thema „Fünf Jahrhunderte keltische Zivilisation" gewidmet. Neben Exponaten zum Leben und Handwerk jener Zeit, die bei Straßenbauarbeiten gefunden wurden, ist eine kleine Statue mit einer Leier, vermutlich eine musizierende Göttin, beeindruckend.

Öffnungszeiten: ganzjährig dienstags bis sonntags 9.30–11.45 Uhr und 13.30–17.45 Uhr. Eintritt 2,50 €. Cour Francis-Renaud, Rue des Lycéens Martyrs, Tel. 02.96.62.55.20.

Grandes Promenades. Die Parkanlage mit herrlichem Baumbestand umgibt den Justizpalast. Im Sommer kann man hier schön spazierengehen und nebenbei einen Blick auf Statuen (Die Bretonin aus Le Goëlo, von *Francis Renaud*) und einige Büsten bekannter Schriftsteller (z.B. *Villiers de l'Isle-Adam*) werfen.

Die Altstadt. Hübsche alte Häuser und enge Gassen bestimmen das Bild im Bereich des Place du Martray, an der Kathedrale bis zur Rue Charbonnerie. Beachtenswert sind die **alten**

Markthallen, die leider in den letzten Jahren teilweise durch neue ersetzt bzw. ergänzt wurden. Proteste aus der Bevölkerung, die eine zu starke Beeinträchtigung des Stadtbildes befürchteten, waren die Folge; wie so oft verhallten die Proteste erfolglos

Jeden Samstag verwandelt sich die Altstadt in einen riesigen **Markt.** Innerhalb und außerhalb der Hallen wird praktisch alles angeboten, was das Herz begehrt. Achtung: Einige Straßen werden anlässlich des Marktes gesperrt oder sind nur in einer Richtung befahrbar.

Praktische Hinweise

Information

- **Office de Tourisme,** Rue Saint-Gouéno 7, 22008 St-Brieuc, Tel. 08.25.00.22.22, www.baiedesaintbrieuc.com.

Unterkunft

Handels- und Industriestädte verfügen immer über ein breites Hotelangebot, so auch St-Brieuc.

- **Hôtel/Restaurant Du Guesclin€,** Place Duguesclin 2, Tel. 02.96.33.11.58, Fax 02.96.52.01.18. 17 Zimmer mit recht guter Ausstattung, etwas außerhalb des Zentrums, nahe des Busterminals. Die Zimmer sind mit einem großen Bett ausgestattet, das für 2 Personen reicht.
- **Hôtel/Restaurant La Grille€,** Rue des 3-Frères-Le-Goff 6, Tel. 02.96.33.36.18. Das familiäre, gemütliche 6-Zimmer-Hotel liegt in unmittelbarer Nähe der Altstadt. Zimmer mit großem Bett.

Typischer Marktstand an der Ostküste

153br Foto:eh

- **Nuit d'Hôtel€,** Trégueux, Rond Point de Brézillet, Tel. 02.96.78.17.37. Das gut ausgestattete Motel liegt ein paar Kilometer außerhalb des Stadtzentrums an der Ausfallstraße nach Loudéac/Lorient.
- **Chateau de Bonabry€€€,** Vicomtesse Louis du Fou de Kerdaniel, 22120 Hillion, Tel. und Fax 02.96.32.21.06. Ein märchenhaftes Jagdschloss direkt am Meer gelegen, ideal für den traumhaftenUrlaub mit der ganzen Familie, da die Suiten für 4–5 Personen gedacht sind.
- **Jugendherberge,** Manoir de la Ville-Guyomard, les Villages, Tel. 02.96.78.70.70, www.fuaj.org. Einige Kilometer außerhalb des Zentrums befindet sich die Jugendherberge in einem Herrensitz aus dem 15. Jh. Zum Service gehört u.a. ein Fahrradverleih.

In der Umgebung der Stadt befinden sich zudem fünf Campingplätze:

- **Camping Les Vallées,** 22000 St-Brieuc, Tel. 02.96.94.05.05.
- **Camping La Ville-Hervy,** Rue de Martin-Plage, 22190 Plerin, Tel. 02.96.73.02.40, geöffnet vom 15.6. bis 15.9.
- **Camping Le Roc de L'Hervieu,** Rue d'Estienne-d'Orves, 22590 Pordic, Tel. 02.96.79.30.12, geöffnet vom 1.5. bis 30.9., Stellplätze für Wohnmobile.
- **Camping Municipal,** Rue de la Clôture-Neuve, 22150 Ploeuc-sur-Lie, Tel. 02.96.42.10.33, geöffnet vom 15.6. bis 15.9.
- **Camping Bellevue,** Pointe des Guettes, 22120 Hillion, Tel. 02.96.32.20.39, 1.4. bis 30.9., Stellplätze für Wohnmobile.

Essen und Trinken

- **Crêperie La Fée Morgane,** Rue Houvenagle, Tel. 02.96.52.09.11. Neben leckeren Crêpes ist die Crêperie auf Meeresfrüchte spezialisiert.
- **Crêperie des Promenades,** Rue des Promenades 18, Tel. 02.96.33.28.59.
- **La Clé de Sol,** Boulevard Waldeck-Rousseau 8, Tel. 02.96.61.22.05, für Freunde von Meeresfrüchten und Fischgerichten.
- **La Proue,** Rue Fardel 7, Tel. 02.96.61.17.57, gemütliche Pizzeria mit Pizza vom holzgefeuerten Ofen.
- **Tandoori,** Rue des 3-Frères-Le-Goff 11, Tel. 02.96.61.84.02. Indische Spezialitäten.

Anreise/Weiterreise

- **Mit dem Zug:** Der Bahnhof der Stadt liegt an der Strecke Paris – Brest. Von hier bestehen Verbindungen nach Brest, Morlaix, Guingamp, Lamballe, Dinan, Rennes und Loudéac.
- **Mit dem Bus:** Busse der Linie 37 fahren täglich in Richtung St-Cast. In Richtung Paimpol (über Binic und St-Quay) verkehrt mehrmals täglich die Linie 39. Über Guingamp führt die Linie 44 durchs Hinterland Richtung Lannion.
- In südwestlicher Richtung führt die Linie 45 über Quintin, Corlay, St-Nicolas-du-Pélem und Rostrenen nach Carhaix.

Umgebung von St-Brieuc

Moncontour de Bretagne

↗V/C3

Diese als „Petite Cité de Caractère" klassifizierte Kleinstadt liegt am Ufer des Evron. Alte Gassen, Reste der alten Stadtmauer und die Kirche St-Mathurin lohnen einen Ausflug in die nur gut 20 km südöstlich von St-Brieuc liegende Stadt.

Die strategisch günstige Lage ließ dem Ort schon seit dem 12. Jh. **militärische Bedeutung** zukommen. Im 17. Jh. kämpfte *César de Vendôme*, der „Seigneur" des Ortes, gegen König *Louis XIII. Richelieu* ließ daraufhin die Burg zerstören. Ungefähr zur Mitte des 17. Jh. erhielt Moncontour **wirtschaftliche Bedeutung** durch den Handel mit Hanf und Leinen, die bis nach Spanien exportiert wurden. Während der Revolution schlug sich der Ort auf die Seite der Republikaner.

Lohnend ist ein Besuch der erhaltenen **Stadttore** Porte d'En-Haut, Poterne St-Jean und Porte d'En-Bas.

Le Musée de la Boule Bretonne. Die kleine Ausstellung führt durch die Geschichte des beliebten Boule-Spiels. Zahlreiche Exponate aus dem 19. und 20. Jh. veranschaulichen das populäre Freizeitvergnügen. Place du Champ au Roy, Guingamp, Tel. 02.96.43.73.89. Öffnungszeiten im Juli und August von 10 bis 12 Uhr und von 14 bis 18 Uhr (außer sonntags), sonst nur dienstags, donnerstags, freitags und samstags zu den genannten Zeiten.

Die **Eglise St-Mathurin** stammt aus dem 16. Jh., der Kirchturm ist noch vollständig erhalten. Aus diesem Jahrhundert kann auch noch eine Pietà bewundert werden. Zu Pfingsten ist die Kirche Schauplatz eines Pardon.

Information

- **Office de Tourisme,** geöffnet im Juli und August, Place de la Carrière, 22510 Moncontour, Tel. 02.96.73.49.57. Das Büro befindet sich nahe der Kirche. In der übrigen Zeit steht das Bürgermeisteramt (Mairie) zu Auskünften zur Verfügung. www.pays-moncon tour.com.

Quintin

↗ IV/A3

Die Kleinstadt am Rand des Gouettales, die heute recht beschaulich wirkt, trägt das Prädikat „Petite Cité de Caractère". Im 17. und 18. Jh. war sie eine der bedeutendsten Städte der **Leinenherstellung** der Bretagne. Etliche tausend Leinenweber lebten und arbeiteten hier und brachten der Stadt ihren Wohlstand. Die Stoffe wurden hauptsächlich für die Herstellung von Kopfbedeckungen verwendet. Auch der Handel mit Übersee, besonders Amerika, florierte. Mit der Revolution begann der Verfall dieses Wirtschaftszweiges.

Anschaulich wird die Verarbeitung vom Flachs zum Leinen im **Maison des Tisserands** (dem Leinenwebermuseum) dargestellt. Hier kann man auch das Spinnen und Weben an Originalgerätschaften live verfolgen. Kleinere Produkte können erworben werden. Geöffnet werktags von 9.30–12.30 Uhr und 15–17 Uhr, Führungen in Französisch und Englisch, Eintritt 2,45 €.

Vom einstigen Wohlstand zeugt noch heute eine **hübsche Altstadt** mit Häusern aus dem 16. bis 18. Jh., bei denen die typischen vorspringenden Obergeschosse noch heute vielfach erhalten sind. Viele dieser Häuser befinden sich im Bereich der Grand Rue, des angrenzenden Place 1830, der Rue au Lait und am Place du Martray (hier ist die Stadtverwaltung untergebracht).

Erst im 19. Jh. wurde die Kirche des Ortes auf den Grundmauern des ursprünglich an dieser Stelle stehenden Stiftes errichtet. Sie ist der **Notre-Dame-de-Délivrance** (Empfängnis) geweiht. Die im Inneren aufbewahrte Marien-Statue wird besonders von Schwangeren verehrt. An jedem 2. Sonntag im Mai findet ihr zu Ehren ein Pardon statt, der bei Schwangeren zu einer leichten Geburt beitragen soll. Eine ganz besonders wertvolle Reliquie der Kirche ist ein Stück Stoff, das aus dem Gürtel Marias stammen soll.

Ein Schlossherr Quintins hat es angeblich um 1250 von einem Kreuzzug aus Jerusalem mitgebracht. Die Taufsteine im Querschiff stammen aus dem 14. Jh. Zeugnis von der Weltoffenheit des Ortes legen die Weihwasserbecken ab, deren Schalen aus indonesischen Muscheln, genauer Tridacna-Muscheln, bestehen.

Auf dem Weg vom Kirchenportal zum Place 1830 führt die Rue Notre-Dame an der **Fontaine Notre-Dame de la Porte** vorbei, einem Brunnen aus dem 15. Jh., von dem heute nur noch die Bedachung und eine Marienstatue erhalten sind.

Das Schloss oder richtiger **die Schlösser** Quintins stammen aus dem 17. und 18. Jh. Beide befinden sich im selben Park. Diese Bauwerke gehen auf das 12. Jh. zurück. 1202 wurde zum ersten Mal ein Schloss in dieser Gegend erwähnt, das zu dieser Zeit noch zum Besitz der Familie *von Penthièvre* gehörte. 1227 wurde aus *Henri de Penthièvre* mit neuem Namen *Henri d'Avaugour*, der seinen gesamten Besitz dem Bruder *Geoffroy I. Boterel* vererbte. Mit dieser Erbschaft entstand das erste unabhängige Lehen Quintin. Mit dem Aussterben der Boterels ging das Lehen an *Geoffroy du Perrier* über, einem Neffen der Familie. Die Herrscher Quintins stellten sich Ende des 15. Jh. zusammen mit dem französischen König gegen *François II.*, den Herzog der Bretagne. 1487 wurde das Schloss daraufhin angegriffen und abgebrannt. Zu Anfang des 16. Jh. konnte es aber wiederaufgebaut werden. Mitte des 16. Jh. kam mit dem Marquise de Nesle, *Renée de Rieux*, der Protestantismus in die Gegend von Quintin. Während der folgenden Glaubenskriege wurde das Schloss wiederum zerstört. Anfang des 17. Jh. erhielt Herzog *Henri de la Trémoille* das Lehen. 1638 erwarb dessen Schwager, der *Marquis de la Moussaye*, das Gebiet und begann 1645 mit dem Bau des noch heute existierenden Schlosses. Die ursprünglichen Nebengebäude wurden später umgebaut und erweitert, sodass im 18. Jh. das zweite Schloss entstand.

Das Schloss verfügt über eine Fächersammlung, Porzellan aus Meißen und China (über die Compagnie des Indes), Siegel und Porträts der Ahnen, eine Urkunden- und Unterschriftensammlung und, besonders beeindruckend, einen Granitherd aus dem 18. Jh., einen der letzten Frankreichs.

Öffnungszeiten: 15.3. bis 31.5. 14–17 Uhr, 15.6. bis 15.9. 10.30–12.30 Uhr, 13.30–18 Uhr. Eintritt 5 €, bei Ausstellungen + 3,80 €. Tel. 02.96.74.94.79.

La Roche Longue. Nahe dem Ort steht dieser fast 5 m hohe Menhir in einem Feld. Zu erreichen über die Avenue du Général de Gaulle, die in Richtung St-Brieuc führt. Hinter dem See rechts in die Route de la Roche Longue abbiegen.

Information

- **Office du Tourisme,** Place 1830 Nr. 6, 22800 Quintin, Tel. 02.96.74.01.51, www.pays-de-quintin.com.

Unterkunft

- **Hôtel/Restaurant du Commerce**€€, Rue Rochenen 2, Tel. 02.96.74.94.67. Gemütlich-

Stattlicher Wolfsbarsch

rustikal eingerichtetes Haus mit 13 Zimmern. Ganzjährig geöffnet.

- **Chambres d'Hôtes**€ im etwa 2,5 km nördlich gelegenen Dorf Saint-Eutrope, bei Marie-Hélène Le Roux, Tel. 02.96.74.97.56. Zimmer z.T. mit Bad, sonst Gemeinschaftsbad.
- **Camping Municipal du Lac,** Tel. 02.96. 74.84.01, Fax 02.96.74.06.53. Der 32 Einheiten große Platz liegt nahe der Stadt am Ufer der Gouet. Der Platz ist vom 1.4. bis zum 1.11. geöffnet, Anschlüsse für Wohnmobile sind vorhanden.

Essen und Trinken

- **Restaurant du Commerce,** Tel. 02.96. 74.94.67, gute Küche (Spezialität: Meeresfrüchte) mit unterschiedlich teuren Menüs.
- **Bar-Restaurant Gilbert Rolland,** Place de la Poste, Tel. 02.96.74.80.06. Gutbürgerliche Küche der Region.
- **Crêperie du Château,** Rue du Vau de Gouet 16, Tel. 02.96.74.92.39. Gute Crêpes, Galettes und Pizza. Leckere Sorbets zum Dessert.

Anreise/Weiterreise

- **Mit dem Zug:** Quintin liegt an einer Nebenstrecke der Bahn, die zweimal täglich zwischen St-Brieuc und Loudéac (Linie 18) verkehrt. Der Bahnhof befindet sich in einem Vorort an der D 790, etwa 2,5 km vom Zentrum entfernt.
- **Mit dem Bus:** Bis zu 4x tägl. fahren die Busse der Linie 45 auf der Strecke St-Brieuc – Carhaix über Quintin. Weitere Stationen sind Corlay, St-Nicolas-du-Pélem und Rostrenen.

Pointe du Roselier

↗ V/B2

Über die D 36 erreicht man von St-Brieuc/Ortsteil Plérin aus diese Landzunge, auf der Spazierwege zum **Wandern** einladen. Eindrucksvolle Blicke hat man über die Bucht von St-Brieuc (im Süden) und nördlich die Küste hinauf, bei klarer Sicht sogar bis St-Quay-Portrieux. Wanderfreunde können von hier aus dem GR 34 entlang der Küste bis Paimpol oder auch Perros-Guirec folgen.

Von der Landzunge aus kann man auch den **Martin-Plage** erkennen, der aber nur durch einen kurzen Umweg durch das Hinterland zu erreichen ist. Nach etwa 2,5 km zweigt eine Straße zum Strand ab. Von hier aus erreicht man über La Ville-Fontaine den **Strand von les Rosaires.**

Pordic

↗ IV/B2

Über die D 786 erreicht man nach wenigen Kilometern den kleinen Ort, dessen extrem lange, sehr hübsch gearbeitete Kirchturmspitze weithin sichtbar ist.

Durch den Ort führt eine 3 km lange Zufahrt zum kleinen Hafen und zu einer kleinen Badebucht. Der Weg lohnt jedoch besonders wegen der herrlichen Aussicht von der **Pointe de Pordic** aus.

Pordic blickt auf eine lange **Geschichte** zurück. Bereits in prähistorischer Zeit hatte der Ort seine Bedeutung. Auf den Hügeln von Bernin entstand eine römische Siedlung, das Camp de César. Im Mittelalter gab es in der Umgebung etliche Herrensitze. 1514 erhielt die Stadt vom französischen König *François I.* das Privileg, sechs große Märkte im Jahr durchzuführen. Dazu kam noch ein städtischer Markt pro Woche. Dieses Privileg erhielt 22 Jahre später (1836) große Bedeutung, als die Stadt lange Prozesse gegen Binic um das Recht auf eine Hafenzone verlor. Von jetzt war die Landwirtschaft der entscheidende Wirtschaftsfaktor.

Unterkunft

- **Chambres d'Hôtes,** in Le Pré Péan bei Marie-Irène Gaubert, Tel. 02.96.79.00.32, und in Saint-Halory bei Henriette Trehen, Tel. 02.96.79.41.11.
- **Camping Les Madeires,** Tel. 02.96.79.02.48, Fax 02.96.79.46.67, geöffnet vom 1.6. bis 30.9., geeignet für Wohnmobile, mit schönem Pool.
- **Camping Le Roc de l'Hervieu,** Tel. 02.96.79.30.12, geöffnet vom 1.5. bis 30.9.
- **Camping La Petite Ville,** Einfach ausgestatteter kleiner Platz (66 Einheiten), der nur vom 1.7. bis 31.8. geöffnet hat. Hundebesitzer sind willkommen. Tel. 02.96.79.02.39.

Binic

↗ IV/B1

Die Geschichte des Ortes, der ursprünglich der Hafenort der Gemeinde Etables war, geht bis ins Neolithikum zurück. Heute findet sich hier nur noch ein Menhir, nachdem im Mittelalter die Christianisierung vorangetrieben wurde. In Cullerette (zwischen Binic und Lantic) und auf dem Butte des Bernais finden sich heute noch **Spuren römischer Besiedelung,** so z.B. die Reste des Camp de César (um 56

v. Chr.). Auf den Klippen von La Banche stehen noch heute die Ruinen einer 500 m langen Befestigungsmauer.

Im 17. Jh. war der Ort ein wichtiger Hafen für den Dorschfang vor Neufundland. Die Bedeutung des **Hafenortes** wird heute an erhalten gebliebenen hübschen Häusern entlang des Quai Jean-Bart deutlich.

Der kleine Hafenort, der sich recht malerisch zu beiden Seiten der Mündung des Ic erstreckt, die fast in Ortsmitte in den Hafen fließt, zeigt im Frühjahr noch echte Beschaulichkeit, verwandelt sich aber im Sommer in einen recht **turbulenten Urlaubsort,** der noch weiter ausgebaut werden soll. Die Werbung verspricht ein Paradies für Segler und Surfer. Wanderer können das heidebewachsene Hinterland erkunden.

Die **Strände** Binics sind sehr stark von den Gezeiten abhängig. Konkret bedeutet dies, dass bei Niedrigwasser ein sehr breiter Strand entsteht, da das Meer sehr weit zurückgeht. Umgekehrt bleiben bei Hochwasserstand nur sehr wenige Sandflecken erhalten.

Reizvoll ist der **Markt,** der Donnerstag vormittags den Hafen belebt.

Praktische Hinweise

Information

- **Office de Tourisme,** Ave. du Général de Gaulle, Tel. 02.96.73.60.12, www.ville-binic.fr.

Unterkunft

- Der Ort besitzt ein großes Angebot an **Appartements** und **Ferienhäusern.** Auskünfte und Vermittlungen übernimmt das Office de Tourisme.
- **Hôtel Benhuyc**€€, nahe dem Hafen, Tel. 02.96.73.39.00, Fax 02.96.73.39.04. Guter Komfort.

Sonstiges

- **Zoo du Moulin de Richard:** Der Zoo befindet sich beim Ort Trégomeur. Der Zoo ist hauptsächlich Arten aus Afrika, Amerika und Australien gewidmet. Eine Streichelwiese mit heimischen Arten gehört auch zum Programm. Die Anlage ist von Mai bis September durchgehend geöffnet, sonst nur nachmittags. Eintritt 5,30 €. Tel. 02.96. 79.01.07.
- **Ausflug nach Bréhat:** Zwischen Juni und September verkehrt ein Fährboot der Linie Les Vedettes de Bréhat entlang der Küste zwischen Binic, St.-Quay-Portrieux und Ile de Bréhat. Die Tour beginnt in Binic gegen 8.30 Uhr, Rückkehr gegen 19.30 Uhr. Auskünfte und Tickets beim Office de Tourisme (96.73.60.12). Erwachsene bezahlen 24 €, Kinder 17 €.
- **Musée de Binic:** Im kleinen Heimatmuseum wird das dörfliche und maritime Leben vergangener Jahrhunderte mit Wachsfiguren nachgestellt. Square Fichet des Grèves, Tel. 02.96.73.37.95. Öffnungszeiten von Ostern bis September tgl. von 14.30 bis 18 Uhr, im Juli und August ganztägig.

Etables-sur-Mer

↗ IV/B1

Auf einer leichten Anhöhe liegt der kleine Ort oberhalb der Küste. In der Ortsmitte ist die **Kirche,** die zum Teil auf das 14. Jh. zurückgeht, mit ihrer runden Kuppel bemerkenswert.

Wer in Binic nicht den Strandfreuden frönen konnte, hat an den beiden **Stränden** dieses Ortes, dem Plage de Godelins und dem Plage du Moulin, nun ausgiebig Gelegenheit zum Sonnenbad. Ein bedeutender Einwohner war **René-Yves Creston,** der u.a. *Jean Charcot* in die Arktis begleitete, und später die Museen von Quimper und Rennes aufbaute, bevor er Direktor des Museums von St-Brieuc wurde.

Sehenswertes

Notre-Dame-de-l'Espérance. In Richtung St-Quay-Portrieux liegt die Kirche zwischen Straße und Küste. Nach einer Epidemie wurde die Kirche im 19. Jh. hier zum Dank für den Sieg über die Krankheit errichtet, die so vielen Menschen das Leben gekostet hatte.

La Croix du Calvaire. Der ehemalige Pilgerort wurde im 15. Jh. geschaffen. An der Basis der Säule befinden sich eine Pietà und eine Statue der Heiligen Catherine. Das mit Engeln und Blättern verzierte Kapitell zeigt im Westen Christus und heilige Frauen, im Osten Maria mit Kind.

Eglise St-Jean-Baptiste. Das Fundament der Kirche stammt aus dem 15. Jh., Chor und Turm aus dem 18. Jh. Besonders eindrucksvoll sind eine Altarwand, die Sainte Anne gewidmet ist, ein aus vielfarbigem Marmor gebauter Altar und die aus Italien stammende Statue Maria-Santissima Bambina.

Praktische Hinweise

- Im **Office de Tourisme,** Rue de la Républic 9, Tel. 02.96. 70.65.41, werden Karten für die Fahrt nach Bréhat von Binic oder St-Quay-Portrieux aus verkauft.
- **Camping L'Abri Côtier,** Tel. 02.96.70. 61.57, Fax 02.96.70.65.23. Sehr komfortabler Platz mit 140 Einheiten. Geöffnet vom 6.5. bis 30.9.

St-Quay-Portrieux

↗ IV/B1

Ehemals bestand der heutige Ort aus den beiden **Gemeinden Portrieux und St-Quay.** Sie waren nicht nur verwaltungspolitisch, sondern auch geografisch durch die ins Meer hinausragende Landzunge Pointe de St-Quay voneinander getrennt. Im Laufe der Jahrhunderte wuchsen die beiden Orte jedoch zusammen: Portrieux, der ehemals wichtige Hochseefischereihafen, dessen Flotte bis Neufundland zum Fang ausfuhr, und St-Quay, der ursprünglich verschlafenere Ort, der allerdings seit dem 19. Jahrhundert den Tourismus als wichtigen Wirtschaftszweig erkannte und eine entsprechende Infrastruktur (sogar mit Casino) aufbaute, Strände waren bereits vorhanden.

Fischfang wird immer weniger lukrativ, seit die Fangerträge wegen Wasserverschmutzung und Überfischung zurückgehen. Die Fischerei beschränkt sich in den letzten Jahren vornehmlich auf den Fang von Krebsen und das Einbringen von Muscheln (besonders Jakobsmuscheln) in den küstennahen Gewässern.

Auch der Ortsteil Portrieux öffnet sich immer mehr dem Tourismus. Der neue Hafen, der nicht mehr gezeitenabhängig ist und damit annähernd exakte Fährverbindungen garantieren kann, wird nun auch als Hafen für die *Vedettes de Bréhat* genutzt, die von hier Tagesausflüge nach Ile de Bréhat unternehmen. Auch die Anlage eines

Seglerhafens soll zum weiteren Ausbau des gewinnträchtigen Tourismus' beitragen.

Der **Sentier des Douaniers** (Zöllnerpfad) führt als Küstenweg in etwa 1–1,5 Std. von Portrieux aus bis nach St-Quay. Ausgangspunkt ist der Hafen von Portrieux. Der Weg führt entlang dem Plage de la Comtesse (mit Aussicht auf die küstennahe Ile de la Comtesse) vorbei am Leuchtturm. Von hier oben hat man, gutes Wetter vorausgesetzt, herrliche Blicke bis nach Bréhat im Norden und St-Brieuc im Süden. In leichtem Gefälle geht es dann abwärts nach St-Quay. Hier prägen Luxusvillen aus dem 19. Jahrhundert das Bild. Schließlich passiert man das Casino und gelangt zum Endpunkt des Pfades, zum Strand von St-Quay.

Information

- **Office de Tourisme,** Rue Jeanne d'Arc 17, 22410 St-Quay-Portrieux, Tel. 02.96.70.40.64, www.saintquayportrieux.com. Hier werden neben allen Informationen auch Ausflugsfahrten in die Umgebung angeboten. Im Sommer, zwischen Juni und September, werden hier Tickets für die Fahrten der *Vedettes de Bréhat* (Erwachsene 22 €, Kinder 15 €) verkauft. Abfahrt um 8.45 Uhr, Rückkehr gegen 19 Uhr.
- **Syndicat d'Initiative,** Rue de l'Yset 21, Tel. 02.96.70.46.02.

Unterkunft

- **Hôtel Le Gerbot D'Avoine**€€**,** Boulevard du Littoral 2, Tel. 02.96.70.40.09, Fax 02.96.70.34.06. Das Haus wirkt teilweise etwas altmodisch. 20 Zimmer stehen zur Verfügung. www.gerbotdavoine.com
- **Hôtel Le Bretagne**€-€€**,** Quai de la République 36, Tel. 02.96.70.40.91. Einfaches Haus, Zimmer z.T. mit Meerblick, aber ohne WC. Das Hotel liegt direkt an der Promenade. Geöffnet vom 1.4. bis 30.10.
- **Hôtel Ker Moor**€€**,** Président Le Sénéchal 13, Tel. 02.96.70.52.22, Fax 02.96.70.50.49. Das Hotel am Ort. Im großzügigen Garten mit subtropischer Vegetation vermittelt das Hotel so etwas wie Kolonialstilatmosphäre. Die 29 Zimmer sind bestens ausgestattet.
- **Camping Bellevue,** Tel. 02.96.70.41.84, www.campingbellevue.net. Der Platz liegt am nördlichen Ortsausgang, oberhalb des Strandes. Gute Ausstattung und Meeresnähe zeichnen den Platz mit seinen 182 Einheiten aus. Geöffnet vom 1.5. bis 15.9.

Sonstiges

- **Markt:** am Hafen Montag morgens, am Place de Verdun freitags.

Weiterreise

- Etliche Landzungen, wilde Klippen und Strände bilden den Rahmen der weiteren Fahrt in Richtung Norden. Wer über Zeit und Muße verfügt, kann von der D 786 aus jederzeit das Meer und die Küste erreichen.

Paimpol

↗ VII/C1

25 km nordwestlich von St-Quay-Portrieux liegt dieser ehemalige Hochseefischereihafen, dessen Fischer früher bis Island fuhren. Der romantisch gelegene Hafenort mit seiner schönen Vegetation, die im milden Klima besonders gut gedeiht, ließ den Ort schon im 19. Jahrhundert zum bevorzugten **Domizil von Künstlern** und Schriftstellern werden. Bekannt wurde der Ort durch den Autor *Pierre Loti* (1850–1923), der hier seinen weltberühmten Roman „Les Pêcheurs d'Islande" („Die Islandfischer") verfasste. Er beschreibt eine Lebens- und Liebesgeschichte im

Paimpol des 19. Jh., in der das harte tägliche Leben der Bretonen sehr gut zum Ausdruck kommt. *Loti* wohnte zu dieser Zeit im Haus an der Ecke Rue de l'Eglise/Place Martray. Hier wohnt im Roman auch die Hauptfigur Gaud.

Heute gibt sich der Ort ganz als **Urlaubsort.** Die Atmosphäre im Hafen wird durch Hotels, Restaurants, Crêperien, Bars und Cafés bestimmt, die allerdings insgesamt ein recht hohes Preisniveau zeigen.

Goélette aus Paimpol, ein Toppsegelschoner, mit dem vor Neufundland nach Kabeljau gefischt wurde

Schön ist ein Spaziergang in der **Altstadt,** die im Bereich des Place Martray, der Rue de l'Eglise und der Rue du Lavoir noch über guterhaltene Gebäude, teilweise aus dem 16. Jh., verfügt. Am Place de Verdun findet sich ein Kirchturm aus dem 18. Jh. Er ist das einzige Relikt einer hier ursprünglich im 13. Jh. errichteten Kirche, die im 16. Jh. Pfarrkirche wurde, bevor sie dem Abriss anheimfiel. Auf dem Platz steht das Denkmal des Dichters *Théodore Botrel* (1868–1925), der sich, aus Paris kommend, hier in Verehrung bretonischer Lebensart niederließ und schließlich in Pont-Aven starb.

Das Musée de la Mer ist eine Art Heimatmuseum, das das Leben der

Bevölkerung der Gegend, den Fischfang und nicht zuletzt die berühmten Bürger *Loti* und *Botrel* vorstellt.

Öffnungszeiten: von Ende Juni bis Anfang September 10–12 Uhr und 15–19 Uhr. Eintritt 4,50/ 2,50 €.

Auf der Landzunge der Pointe de Guilben findet sich der schöne **Plage Panoramique,** der zum (Sonnen-)Baden einlädt.

Anfang August findet jedes Jahr am Hafen das **Festival du Chant de Marin** statt. Eine gesungene Hommage an die traditionelle Seefahrt. Seemannslieder mischen sich mit world music im Duft gegrillter Sardinen. Den genauen Termin erhält man beim Office de Tourisme.

Praktische Hinweise

Information

- **Office de Tourisme,** Rue Pierre Feutren, 22500Paimpol,Tel.02.96.20.83.16.www.paimpol-goelo.com.

Unterkunft

- **Hôtel Le Duguay-Trouin€,** Quai Duguay-Trouin, Tel. 02.96.20.80.76. Unmittelbar am Hafen.
- **Hôtel Le Repaire de Kerroc'h€€,** Quai Morand, Tel. 02.96.20.50.13. Gute Lage mit Blick auf den Hafen. Gehobener Standard.
- **Hôtel Les Chalutiers€,** Quai Morand 5, Tel. 02.96.20.82.15. Das Hotel am Hafen besitzt 21 Zimmer. Geöffnet vom 4.4. bis 10.10.
- **Jugendherberge,** Châeau de Kéraoul, Tel. 02.96.20.83.60.
- Außerhalb der Stadt **Chambres d'Hôtes€** bei Jeannette Le Goaster, in Kerloury, Tel. 02.96.20.85.23. Bei der Familie wird auch Englisch gesprochen.
- **Camping Municipal Cruckin Kerity,** Tel. 02.96.20.78.47. Der Platz, der von Mitte April bis Mitte September geöffnet ist, besitzt 200 Stellplätze. Akzeptabler Komfort.

Essen und Trinken

- Gemütlich Crêpes essen kann man in der **Crêperie L'Escale** und der **l'Islandais.**
- Gute Pizza gibt es in der Pizzeria **Le Grand Pavois.** Alle drei direkt am Hafen.

Sonstiges

- **Fahrradverleih:** *M. Le Gall,* Avenue du Général Leclerc, Tel. 02.96.20.58.44, und *Quenech Du,* Route de Lanvollan, Tel. 02.96.20.75.94.
- **Markt:** dienstags, Place du Martray.

Anreise/Weiterreise

- **Mit dem Bus:** Entlang der Küste (D 786) fahren täglich bis zu sechsmal Busse der Linie 39 zwischen Paimpol und St-Brieuc. Weitere Stationen sind Plouha, St-Quay (Office de Tourisme und Portrieux), Etables-sur-mer, Binic und Pordic. Busse dieser Linie fahren zudem bis zu dreimal täglich über Paimpol hinaus bis Pleubian (über Lézardieux). In Richtung Guingamp verkehrt die Linie 11 (bis zu viermal täglich) über die D 787.

  Guingamp erreicht man über die D 786 bis Lézardrieux und biegt hier auf die D 787 ab, die über Pontrieux zum Ziel führt. Die D 786 führt weiter in Richtung Tréguier und Lannion.
- **Mit dem Schiff:** Von der 6 km vom Zentrum entfernten Landzunge Pointe de l'Arcouest bestehen regelmäßige Fährverbindungen zur Insel Bréhat. Die Zahl der Verbindungen und deren Abfahrtszeiten richten sich nach der jeweiligen Saison.

Umgebung von Paimpol

Abbaye de Beauport ↗ VII/C2

Die Ruine der Abtei aus dem 13. Jh. liegt malerisch inmitten grüner Landschaft, oberhalb des Meeres direkt an der Küste, am südöstlichen Ortsausgang Paimpols (an der D 786). Ende des 18. Jh. wurde der Gründungsorden (Prämonstratenser) aufgelöst, das Kloster verfiel. Typisch bretonische Granitsäulen und gotische Stilelemente zeichnen dieses Bauwerk aus. Die Mönche lenkten jahrhundertelang das Geschick der Bevölkerung, indem sie Pfründe eintrieben (z.B. die Salzsteuer) und sie so die wirtschaftliche Entwicklung der Region förderten. Heute befindet sich das in den Wirren der Revolution stark beschädigte Gebäude in Privatbesitz.

Öffnungszeiten: Juni bis September 10–13 Uhr, 14–19 Uhr, sonst nach tel. Vereinbarung, Tel. 02.96.20.97.69. Eintritt 5/4,50 €.

Pointe de l'Arcouest ↗ VII/C1

In nördlicher Richtung führt die D 789 zur äußersten Spitze der Landzunge mit Fähranbindung zur Ile de Bréhat. Unterwegs lohnen Stops beim **Tour de Kerroc'h,** einem guten Aussichtspunkt über die Küste, in Ploubazlanec, einem Dorf, das eine traurige Chronik führt. „Verschollen auf See" (Perdu en mer) lautet die Inschrift der Mauer, in der zahllose Namen auf See gebliebener Fischer aufgelistet sind. Vom Ort aus kann **Pors-Even** erreicht werden. Herrliche Blicke übers Meer, durch Inselchen und Felsen und entlang der Küste sind garantiert.

Von **Pointe de l'Arcouest** aus fahren Fähren zur Ile de Bréhat, die im Hintergrund gut erkennbar ist. Entlang der wilden, zerklüfteten Küste kann gut gewandert werden.

Château de la Roche-Jagu ↗ VII/C2

Am westlichen Ufer der Trieux überragt das Schloss aus dem 15. Jh., das zum einen herrschaftliches Wohngebäude und gleichzeitig eine Art Trutzburg war, die Flussschleife. Bereits im 11. Jh. wurde hier eine erste Burg errichtet, die jedoch drei Jahrhunderte später den Erbfolgekriegen zum Opfer fiel.

Das Gebäude befindet sich im Besitz des Départements, dessen Verwaltung hier unter anderem wechselnden Ausstellungen Raum bietet.

Öffnungszeiten: Anfang Juni bis Mitte Oktober 10–12 Uhr und 14–19 Uhr. Eintritt 6/4 €.

Côte de Granit Rose

Ile de Bréhat

↗VII/C1

Nirgendwo in Frankreich wachsen die Hortensien großartiger als auf diesem Eiland, knapp 2 km nördlich der Pointe de l'Arcouest und etwa 6 km nördlich von Paimpol.

Statt von der Ile de Bréhat müsste eigentlich vom Archipel von Bréhat gesprochen werden, denn neben den beiden **Hauptinseln** (ca. 4 km lang und 1,5 km breit), die durch eine Brücke miteinander verbunden sind, gibt es noch weitere 6 **Nebeninseln,** die meisten kaum größer als ein Golfplatz, sowie 80 größere **Felsen,** die noch bei Hochwasser aus dem Meer hervorschauen.

Von den Bewohnern der Insel wird gern der Kosename L'Ile aux Fleurs (Insel der Blumen) benutzt. Dies ist auch nicht übertrieben, denn dank des durch den Golfstrom hervorgerufenen milden Klimas wachsen hier vielerorts zahlreiche **subtropische Gewächse.** Vor allem auf der Südinsel mit dem Hauptort Le Bourg, an der auch die Fähren anlegen, gedeihen Palmen, Zypressen, Eukalyptus, Mimosen, Feigen, Agaven, Oleander und Kamelien.

In **Port-Clos,** dem bei Niedrigwasser trockenfallenden Naturhafen, der in einer felsigen kleinen Bucht am Südufer der Hauptinsel liegt, legen die Personenfähren an, die im Sommer täglich Hunderte von **Inselbesuchern** vom Festland herübertransportieren. Im August erhöht sich so die Einwohnerzahl von etwa 500 auf das Achtfache, doch da Bréhat autofrei ist, verkraftet die Insel dies ohne größere Probleme.

Ile de Bréhat
1 Leuchtturm Le Paon
2 Leuchtturm von Rosédo
3 Pont Vauban
4 Gezeitenmühle
5 Office du Tourisme
6 Fähranleger
7 Camping du Goaréva
8 Restaurant La Potinière
0
800 m
Phare du Paon 1
Kervarabes
St. Rion
Plestin
Crec'h Esduer
Phare de Rosido 2
Kerarguilis
Sémaphore
Crec'h-ar-Pot
Enés Séhérès
LA CORDERIE
Pen-ar-Prat
3
Croi de Mandez
Chapelle St. Michel
Ile Crouezen
4
Etang de Birlot
le Bourg
5
Ile Lavrec
Crec'h Simon
Crec'h Briand
Ile Beniguet
LA CHAMBRE
Port Clos
6
Crec'h Guen
LE KERPONT
Ile Logodec
Réduit
8
Grève de Guerzido
7
Ile Raguenès
Pointe du Goareva
LE FERLES
Le Trieux Lézardrieux La Roche Jagu
St. Quay Portrieux Binic Erquy Dahouet
L'Arcouest
Paimpol

Auf Bréhat geht man zu Fuß oder fährt Rad. Früher gab es hier noch zahlreiche Pferdefuhrwerke, die aber zunehmend durch **Traktoren** ersetzt werden. Ursprünglich nur für den landwirtschaftlichen Einsatz herübergeholt, dienen sie immer mehr als PKW-Ersatz, sodass inzwischen Traktorbeschränkungen diskutiert werden.

Die **Landwirtschaft** beschränkt sich auf Gemüseanbau, der aber auch nur noch wenige Familien ernähren kann. Überwiegend wird heute das Geld im Juli und August mit Vermietung von Wohnungen oder in anderen Sparten des Tourismus verdient.

Südinsel

Zentrum der im Vergleich zur kahlen Nordinsel vegetationsreichen Südinsel ist **Le Bourg** mit etwa 50 Häuschen, die aus dem rosafarbenen Granit gebaut wurden, aus dem auch das gesamte Archipel besteht. Mannshohe Hortensien und Agaven zieren die Vorgärten und geben dem Ort, zusammen mit den alten Platanen auf dem Dorfplatz, eine fast mediterrane Atmosphäre.

Die **Dorfkirche** aus dem 12. Jh. wurde im 18. Jh. erweitert und mit einem sehr originellen Turm verschönert. Sehenswert sind die Kanzel aus dem 16. Jh., der Altar von 1680 und das Ex-Voto der Reder-Mor, einem Modell der letzten besegelten Fregatte der französischen Marine. **Seefahrt** war jahrhundertelang die Haupteinnahmequelle der Bréhatins. Bereits im 15. Jh. fuhren die Söhne der Insel auf den Kabeljaufängern von Paimpol bis zu den Neufundlandbänken, und es heißt, dass *Kolumbus* neben Navigationsunterlagen arabischer Astronomen auch Hinweise auf einen Kontinent im Westen nutzte, die von einem bretonischen Kapitän stammten, dessen Heimat Bréhat war. Mitte des 19. Jahrhunderts ernährten sich etwa 1600 Inselbewohner vom Kabeljaufang. Damals war La Corderie, die tief ins Land einschneidende Bucht am Nordufer der Südinsel, Heimathafen der 40 Schiffe.

Am Südufer der Bucht führt ein Wanderweg (Circuit de la Croix de Maudez) hinauf zur kleinen **Chapelle St-Michel.** Der Aufstieg lohnt sich in erster Linie wegen des schönen Rundblicks über das Archipel: Im Westen und Südwesten die Inseln Crouezen, Béniguet und Réguenes, dahinter das Festland der Côte de Granit Rose, im Osten und Südosten die Inseln Lavrec und Logodec. Besonders auf Béniguet schlugen im 17. und 18. Jh. Piraten und Schmuggler ihre Waren um.

Von der Kapelle führt der Weg im Westen weiter zum **Croix de Maudez,** einem steinernen Kreuz am Ufer, das zum Schutz der Seefahrer hier im 18. Jh. aufgestellt wurde. Etwa 500 Meter weiter südöstlich erreicht man ein kleines Gewässer mit Wehr neben einer Ruine. Das verfallene Gebäude, die **Moulin de Birlot,** war einst eine Gezeitenmühle *(moulin à marée),* in der die Wasserkraft von Ebbe und Flut zum Mahlen von Korn genutzt wurde.

Im Süden führt der Weg zurück nach Port-Clos. Wer nach der Inselwanderung baden möchte, kann dies

an einem der beiden **Strände** Plage du Guerzido, etwa 500 m südöstlich von Port-Clos, oder am Plage de l'Eglise, etwa 200 m östlich von Le Bourg. Gegenüber liegt die Insel Lavrec, auf der im 5. Jh. der walisische Mönch *Budoc* ein Kloster gründete, von dem jedoch nichts mehr erhalten ist.

Die Inseln sind durch ihre Hortensien berühmt

Nordinsel

Um die Nordinsel kennen zu lernen, empfehlen sich zwei **markierte Wege,** die beide in Le Bourg beginnen, der Circuit du Rosédo (4 km) und der Circuit du Phare du Paon (6 km). Beide führen zunächst nordwärts zur Brücke Pont ar Prad oder **Pont Vauban,** die die beiden Hauptinseln miteinander verbindet.

Die **Landschaft** der kahlen Nordinsel erinnert mit sattem, leicht hügeligem Grasland und der herb zerklüfteten Felsküste ein wenig an Irland. Nur wenige Häuser stehen hier, und es gibt sicherlich mehr Schafe und Kühe als Menschen.

Der Circuit du Phare du Paon führt zum **Leuchtturm** Le Paon an der Nordostspitze. Eigentümlich geformte, riesige rotbraune Granitbrocken bilden eine Küstenlandschaft, wie sie nicht eindrucksvoller sein könnte.

Auf dem Circuit du Rosédo umwandert man die Westhälfte bis zum zweiten Leuchtturm, dem **Phare du Rosédo.** Mit einer Reichweite von 37 Kilometern bildet er das Verbindungsglied in der Kette der Leuchttürme der Nordbretagne zwischen Cap Fréhel im Osten und den Sept-Iles bei Perros-Guirec im Westen.

Praktische Hinweise

Information

- **Office de Tourisme,** 22870 Bréhat, Tel. 02.96.20.04.15, Fax 02.96.20.06.94, www.brehat-infos.fr.

Unterkunft

- **Hôtel/Restaurant Bellevue€€,** Port-Clos, Tel. 02.96.20.00.05. Gepflegtes, traditionelles Haus direkt am Hafen. 18 nett eingerichtete Zimmer mit Dusche und WC, allerdings nur mit Halbpension. Zum Hotel gehört ein Fahrradverleih. Geöffnet vom 15.2. bis 4.1.
- **Hôtel/Restaurant La Vieille Auberge€€,** Le Bourg, Tel. 02.96.20.00.24. Rustikales altes Gebäude im rosafarbenen Granit der Insel. 15 im bretonischen Stil eingerichtete Zimmer, allerdings auch nur mit Halbpension.
- **Camping du Goaréva,** an der Südwestspitze, etwa 500 m von Port-Clos entfernt. Einfacher, aber sehr schöner Platz im Pinienwald, zwischen der Ruine der Zitadelle und der Felsküste. Anmeldung in der Mairie, Tel. 02.96.20.00.36 oder 02.96.20.02.46 (im Sommer).

Essen und Trinken

Neben den Restaurants der Hotels gibt es etwa ein Dutzend kleinerer Restaurants und Crêperien.

- **La Potinière,** am Plage de Guerzido, Tel. 02.96.20.04.78. Panoramarestaurant mit Menüs und Snacks.
- **Le Chardon Bleu,** Le Bourg, Tel. 02.96. 20.00.08. Restaurant, Bar und Eiscafé unter einem Dach.

Sonstiges

- **Segeln:** *Les Albatros,* Tel. 02.96.20.00.95 (Sommer) und 96.79.05.97 (Winter), ganzjährig geöffnete Segelschule am Plage de Guerzido.
- **Tennis:** Tel. 02.96.20.00.36. Vier Gemeindeplätze in Le Bourg.
- **Fahrradverleih:** *Mme Dalibot,* Port-Clos, Tel. 02.96.20.03.51.
- **Gepäck- und Personentransport:** *Société Louail,* Tel. 02.96.20.04.06.

Anreise/Weiterreise

- **Personenfähren der Vedettes de Bréhat** fahren ganzjährig mehrmals täglich von der Pointe de l'Arcouest, nördlich Paimpols, zur Inselgruppe. Vom 1.1. bis 31.3. 5-mal, vom 1.4. bis 30.9. 11-mal, vom 1.10. bis 31.12. 5- bis 7-mal täglich. Hin- und Rückfahrt kosten 8/6 €. Auskunft und Tickets am Fähranleger an der Pointe de l'Arcouest im Büro der Vedettes de Bréhat, Tel. 02.96.55.79.50. Zwischen Juni und September bestehen zudem Fährverbindungen von/nach Erquy, Le Val-André, Dahouet, St-Quay-Portrieux und Binic, jeweils mit Vedettes de Bréhat.
- Am Anleger gibt es zahlreiche kostenlose **Parkplätze.**

Tréguier

↗ VI/B1

Die Kleinstadt auf der Hochfläche über der Mündung des Jaudy ist schon seit Jahrhunderten ein **religiöses Zentrum** und Bischofssitz gewesen. Im 5. Jh. wurde hier von *Saint Tudwal* ein Kloster gegründet, das später zum Bistum wurde.

Im 9. Jh. zerstörten **Wikinger** die Stadt. Im 14. Jh. begann der **Bau der Kathedrale,** woraufhin sich viele Kunstmaler, Bildhauer und Buchdrucker in der Stadt ansiedelten. Die Buchdruckerkunst entwickelte sich sehr rasch. 1485 erschien das Buch „Les Costumes de Bretagne", 1499 „Le Cathlicon", ein bretonisch-französisch-lateinisches Wörterbuch. Die **Religionskriege** führten im 16. Jh. erneut zur Zerstörung der Stadt. In den Wirren der **Revolution** wurde die Kathedrale wieder geplündert. Im 19. Jh. gelangte der Ort zur **wirtschaftlichen Blüte;** die Leinenverarbeitung und der Export von Frühobst und Gemüse florierten.

Sichtbares Zeichen der religiösen Vergangenheit ist der **Dom Saint-Tug-**

dual. Im Laufe der Jahrhunderte oft restauriert, lassen sich drei Teile verschiedener Epochen erkennen. Der mächtige Hastingsturm aus dem 11. und 12. Jh., dessen Säulen z.T. noch mit keltischen Motiven verziert sind, schließt sich an das Mittelschiff und den Chor aus dem 14. Jh. (gotischer Stil) an. Dieser Teil der Kirche wurde zwischen 1339 und 1400 erbaut.

Aus dem 16. und 17. Jh. stammen die hölzernen Figuren St-Yves in der Herzogskapelle. St-Yves, der Schutzheilige der Juristen, sollte besser Schutzheiliger der Justizopfer genannt werden, denn es war sein Lebensziel, die juristischen Interessen der Armen zu vertreten. 1890 wurde im Dom ein Grabmal für St-Yves an der Stelle errichtet, an der er 1303 beigesetzt wurde. Viele „Merci"-Tafeln liegen hinter der Brüstung des Grabmals. Herzog *Jean V.* ließ direkt daneben eine Kapelle errichten, um im Tod neben dem Heiligen zu ruhen.

In den Wänden des Seitenschiffes finden sich Grabplatten (15. Jh.) verschiedener Ritter, deren Liegefiguren noch deutlich erkennbar sind.

Die Sakristei, die den Kirchenschatz beherbergt, zu dem ein Teil des Gebetsbuches St-Yves und dessen Sarg gehören, wird durch den Hastingsturm erreicht.

Ein zweiter Ausgang im Hastingsturm führt zum Kreuzgang des Klosters. Unter den Arkaden aus dem 15. Jh. gibt es einige Liegefiguren. Führungen: Juni und August 10–12 und 14–18 Uhr. Eintritt (Ostern–Sept.) 3 €, sonst gratis.

Im **Maison natale d'Ernest Renan** wurde 1823 der Religionswissenschaftler und Orientkenner geboren. Im über 300 Jahre alten Fachwerkhaus bekommt man einen guten Einblick in das Leben eines Menschen, der zunächst seine Berufung in der katholischen Theologie sah, sich dann aber voller Kritik vom Katholizismus verabschiedete. Sein bekanntestes Werk „Das Leben Jesu" sieht die Figur Jesus auf einem soziologischen Hintergrund, sorgte für großen Wirbel und verhinderte Lehraufträge für *Renan.* Nach Jahren als Privatgelehrter wurde er aber später Mitglied der Academie Francaise. Rue E. Renan, Tel. 02.96. 92.45.63, Öffnungszeiten: ganzjährig Mittwoch bis Sonntag 10–12 und 14–18 Uhr, Juli/August tgl. 10–12 und 14–18 Uhr, Eintritt 5/3,50 €.

Am östlichen Stadtrand befindet sich ein moderner Yachthafen mit zahlreichen Schwimmstegen.

Information

- **Office de Tourisme,** Rue Ernest-Renan 67, 22220 Tréguier, Tel. 02.96.92.22.33, www.paysdetreguier.com.

Unterkunft

- **Chateau de Kermezen**€€€, Comte et Comtesse de Kermel, 22450 Pommerit Jaudy, Tel. und Fax 02.96.91.35.75. Insgesamt 5 Zimmer werden in diesem typisch bretonischen Schloss aus dem 17. Jh. vermietet.

Anreise/Weiterreise

- **Mit dem Bus:** Zwischen Paimpol und Lannion verkehren tägl. Busse via Tréguier über die D 786.

050br Foto: eh

Dicht an den Felsen geschmiegt: Häuser am Meer

Plougrescant

↗ VI/B1

Liebhaber rauer und **pittoresker Küstenlandschaften** kommen westlich und östlich der Jaudy-Mündung voll auf ihre Kosten. Besonders eindrucksvoll ist das Gebiet zwischen dem Jaudy, Port-Blanc im Westen und der Pointe du Château im Norden. Kleine Strandbuchten, Fischerhäfen und bizarr geformte Felsformationen, aus denen Fantasiebegabte sogar Tiergestalten erkennen können, bestimmen das Bild der Landschaft.

Je nach Jahreszeit herrscht milder bis stürmischer **Westwind,** der Gischt über die küstennahen Bereiche trägt. Malerisch dahingleitende Wolkenfelder (wolkenlose Tage sind selten) unterstreichen den Reiz der Küste.

Der schönste und meistbesuchte Küstenbereich ist die äußerste nördliche Region nahe dem Ort Plougrescant. Zunächst der östlichen Küstenstraße folgend, gelangt man über den kleinen, zwischen Felsen scheinbar eingezwängten Ort Pors-Hir zum äußersten Punkt der Landzunge, der **Pointe du Château.** In der Umgebung der Landspitze befinden sich die meistfotografierten Postkartenmotive der Bretagne, die Häuser zwischen den Felsen. Besonders beeindruckend sind die kleinen Häuschen bei **Le Gouffre** (dem Schlund). Hier erwecken die Häuser den Anschein, sich zwischen Granitfelsen zu zwängen oder sich an sie anzuschmiegen. Im Hintergrund der anbrandende Atlantik, im Vordergrund eher ruhige Wasserflächen, Überbleibsel der letzten Flut, blauer Himmel mit eingestreuten Kumuluswolken – ein Fest für die Augen.

Plougrescant selbst ist ein ruhiger, beschaulicher Ort, der nur als Ausgangspunkt für Wanderungen zur Küste von Bedeutung ist.

Praktische Hinweise

Information

- **Mairie,** 22820 Plougrescant, Tel. 02.96. 92.51.18.

Unterkunft

- **Manoir de Kergrec'h**€€€**,** Vicomte et Vicomtesse Stéphane de Roquefeuil, Tel. 02.96. 92.59.13, Fax 02.96.92. 51.27. Der Herrensitz aus dem 18. Jh. befindet sich unmittelbar an der Küste. Zum Anwesen gehören 11 ha Wald, durchzogen mit Wanderwegen.
- **Chambres d'hôtes**€-€€**,** Mme Janvier, Kernévez, Route du Gouffre, Tel. 02.96. 92.52.67, Fax 02.96.92.50.34. Zimmer ab 38 €.
- **Camping Le Varlen,** Tel. 02.96.92.52.15. Der Drei-Sterne-Platz bietet gute Stellplätze in der Nähe des Meeres. Insgesamt stehen hier ganzjährig 65 Einheiten zur Verfügung. In den Sommermonaten ist telefonische Anmeldung ratsam.
- **Camping Municipal Beg Ar Vilin,** Tel. 02.96.92.56.15. Weniger gut ausgestattet, bietet der vom 15.6. bis 15.9. geöffnete Platz 100 Stellplätze.

Sonstiges

- **Wanderfreunde** können sich den Reiz der Landschaft von Plougrescant aus erwandern. Neben dem GR 34, der sich auch hier entlang der Küste erstreckt, gibt es in der Umgebung Rundwanderwege der Gemeinde. Genauere Auskünfte erteilt man in der Mairie.

Anreise

- **Mit dem Bus:** Es besteht täglich mehrfach eine Busverbindung mit Tréguier.

Port-Blanc

↗ VI/B1

Ruhe und Abgeschiedenheit bestimmen diesen Fischereihafen und Ferienort. Jenseits des allgemeinen Trubels wird hier demjenigen echte Erholung geboten, der sie im Spiel der Wellen, im Wind und der wettergezeichneten Landschaft sucht. Auch hier kommen Wanderfreunde entlang des GR 34 auf ihre Kosten.

Praktische Hinweise

Unterkunft

- **Hôtel Le Rocher**€**,** Tel. 02.96.92.64.97. Das kleine Hotel ist nur vom 15.6. bis 15.9. geöffnet.

Perros-Guirec

↗ VI/A1

Dieser Abschnitt der Côte de Granit Rose ist zu einem der **beliebtesten Urlaubsgebiete** der Nord-Bretagne geworden. Er reicht von Perros-Guirec bis Trégastel im Westen und weiter von Trébeurden bis nach Lannion im Süden.

Zu den 8000 hier ganzjährig lebenden Einwohnern gesellen sich in den Hauptreisemonaten noch Tausende von Touristen.

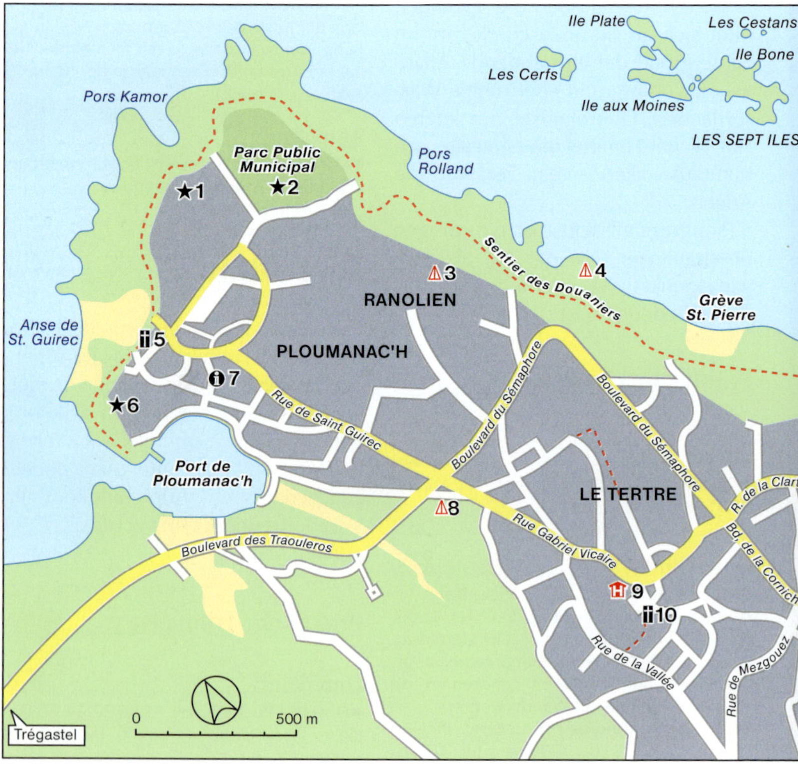

- ★ 1 Maison du Littoral
- ★ 2 Stadtpark
- ⚠ 3 Camping du Ranloien
- ⚠ 4 West-Camping
- 5 Chapelle Saint-Guirec
- ★ 6 Promenade de la Bastille
- 7 Office du Tourisme
- ⚠ 8 West-Camping
- 9 Hôtel La Bonne Auberge
- 10 Chapelle de la Clarté
- ⚠ 11 Camping La Claire Fontaine
- ⚠ 12 Camping Trestaou

Auch hier beherrschen bizarre Felsformationen, die ungebremste Kraft des anbrandenden Atlantiks, feinsandige Badebuchten und im Frühjahr und Sommer blühende Ginster- und Heidekrautgesellschaften das Landschaftsbild.

Perros-Guirec ist der Hauptort der gesamten Region.

Der **Name des Ortes** stammt vermutlich vom Wort Pen-Ros (Spitze des Hügels) und dem Namen *Guirec*, einem walisischen Mönch, der im 7. Jh.

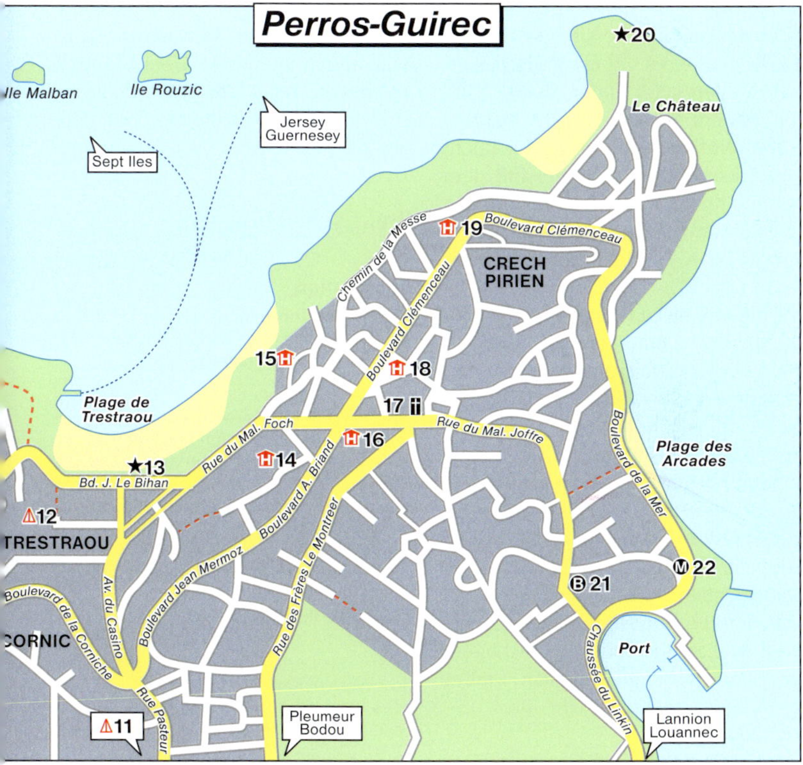

★ 13 Casino
🏨 14 Hôtel Le Printania
🏨 15 Hôtel Le Gulf Stream
🏨 16 Hôtel Le Saint-Ives
17 Eglise Saint-Jacques
🏨 18 Hôtel de la Mairie
🏨 19 Hôtel Les Feux des Iles
★ 20 Pointe du Château
Ⓑ 21 Busbahnhof
Ⓜ 22 Musée du Cire

in dieser Region die christliche Lehre verbreitete.

Sehenswertes

Eglise St-Jacques. Diese Pfarrkirche wurde bereits im 12. Jh. aus rosa Granit erbaut. Aus dieser Zeit stammt noch das romanische Kirchenschiff. Im 14. Jh. wurde es um ein gotisches ergänzt. Interessant ist der Altar (17. Jh.) mit seinem Aufsatz aus 19 Figuren. Außen befindet sich, nahe der Bucht von Trestraou, ein Calvaire mit dem Namen Kroaz ar Skin. Besichtigungen im Juli und August täglich (außer sonntags) 10 bis 12.30 und 14.30 bis 17.30 Uhr.

Chapelle de La Clarté. Wenige Kilometer vom Stadtzentrum entfernt steht eine ebenfalls aus rosa Granit errichtete Kapelle (15. Jh.) im Dörfchen La Clarté. Alljährlich zum 15. August findet hier ein Pardon für die heilige Jungfrau von La Clarté, die Schutzheilige der Seeleute, statt. Der enge Bezug zur See wird auch durch den hohen Turm aus dem 18. Jh. ausgedrückt, der zur Orientierung der Schiffe dient. Aus Dankbarkeit befestigten Seeleute vor dem Altar Schiffsmodelle. Besichtigungen: im Juli/August täglich (außer sonntags) 10–12.30 Uhr und 15–18.30 Uhr.

Manoir de Pont-Couennec. Der viereckige Turm dieses Herrensitzes aus dem 15. und 16. Jh. ist schon aus größerer Entfernung erkennbar. Beiderseits wurden rechteckige Gebäudeteile angebaut. Das Gebäude am Stadtrand Richtung Lannion ist zwischen Juli und September zu besichtigen, Info unter Tel. 02.96.91.26.21.

Le Musée de Cire. In diesem Wachsfigurenmuseum befinden sich alle tragenden Gestalten, die bei den Themen Bretagne, Revolution, Chouannerie und dem Trégor von 1900 von Bedeutung sind. Öffnungszeiten: Juni–August: 9.30–18.30 Uhr, April/Mai und September: 10–12.15 und 14–18 Uhr, Tel. 02.96.91.23.45, www.gulf-stream-hotel-bretagne.com. Eintritt 3 €.

Praktische Hinweise

Information

- **Office de Tourisme,** Place de l'Hôtel de Ville, 22700 Perros-Guirec, Tel. 02.96.23.21.15, www.perros-guirec.com.

Unterkunft

Als Zentrum der Region bietet der Ort ein enormes Angebot an Unterkünften. Sie reichen vom Spitzenhotel bis zum B & B. Zumindest während der Hauptreisezeit sollte eine Reservierung erfolgen. Günstig ist es, sich vom Office de Tourisme vorab den jeweils aktuellsten Guide d'Accueil (Unterkunftsverzeichnis) zuschicken zu lassen.

- **Hôtel Le Printania€€€,** Rue des Bons-Enfants 12, Tel. 02.96.46.01.10, Fax 02.96.91.16.36. Das beste Hotel am Ort gehört zur Best Western Kette.
- **Les Feux des Iles€€€,** Boulevard Clémenceau 53, Tel. 02.96.23.22.94, Fax 02.96.91.07.30. Gut ausgestattetes kleines Hotel mit Blick auf Les Sept-Iles. www.feux-des-iles.com
- **Hôtel Le Saint-Yves€-€€,** Rue Saint-Yves, Tel. 02.96.23.21.31, Fax 02.96.23.05.24. Weniger internationales Flair und mehr den typisch regionalen Charme vermittelt dieses Hotel, das leider an der Hauptstraße liegt.
- **Hôtel de la Mairie€-€€,** Place de l'Hôtel de Ville, Tel. 02.96.23.22.41. Preiswert und zen-

154br Foto: eh

tral sind die wichtigsten Attribute dieses kleinen, sauberen Hauses am Bürgermeisteramt.

•**Hôtel Le Gulf Stream€,** Rue des Sept-Iles 26, Tel. 02.96.23.21.86. Das einfache, kleine Hotel liegt am Trestraou-Strand, mit Panoramablick über den Strand und die Sept-Iles.

•**Hôtel La Bonne Auberge€,** Place de la Chapelle, Tel. 02.96.91.46.05, Fax 02.96.91.62.88. Der Vorteil des Hotels, im Ortsteil La Clarté nahe der Kapelle zu stehen und damit vom Massentourismus verschont zu sein, wird um dem 15. August (Pardon) zu seinem Nachteil. Zu dieser Zeit kommen wahre Menschenmassen in den verschlafenen Ort.

•**Demeure de Rosmapamon€€-€€€,** Mme. Annick Sillard, Louannec, Tel. 02.96.23.00.87. Der herrliche Landsitz befindet sich etwa 300 Meter vom Meer entfernt, oberhalb der Bucht. Trotz der Nähe zur Stadt, hat sich das Haus mit seinem Park die Ruhe eines echten Erholungsortes gesichert.

•**Camping du Ranolien,** Chemin du Ranolien, Tel. 02.96.91.43.58, Fax 02.96.91.41.90. Mit 450 Stellplätzen und einem umfassenden Freizeitangebot der beste Platz der Region. Geöffnet vom 1.2. bis 15.11.

•**Camping Trestraou,** Avenue du Casino, Tel. 02.96.23.08.11. 3-Sterne-Platz, der auch Stellplätze für Wohnmobile bietet. Geöffnet vom 1.5. bis 10.9.

•**Camping La Claire Fontaine,** Rue de Toul ar Lann, Tel. 02.96.23.03.55, www.camping-claire-fontaine.com. Ähnliche Ausstattung wie Trestraou Camping. Liegt leider 1,5 km vom Strand entfernt. Geöffnet vom 1.5. bis 30.9.

•**Camping An Ferme de Kerangloff,** 25 Stellplätze werden hier auf dem Gelände des Bauernhofes ganzjährig vermietet. Tel. 02.96.23.28.67.

Im klaren Wasser an der Nordküste leben Muscheln und Krebstiere

Essen und Trinken

In den meisten Hotels finden sich auch Restaurants. Das beste Restaurant gehört zum Luxushotel Le Printania, Tel. 02.96.46.01.10. Hier wird mit Blick auf die Sept-Iles gespeist.

- **Crêperie de Trestraou,** Boulevard Thalassa, Tel. 02.96.23.04.34. Neben Crêpes und Galettes gibt es hier alle Arten schneller Snacks, Salate und auch Eis.
- **Crêperie Ty Guen,** Tel. 02.96.91.48.84. Diese typisch bretonische Crêperie bietet hervorragende Meeresfrüchte auf der Speisekarte.

Sonstiges

- **Fahrradverleih:** *Perros-Deux Roues*, Boulevard Aristide-Briand 41, Tel. 02.96.91.03.33; *Le Coant*, Rue Ernest-Renan 6, Tel. 02.96. 23.26.11.
- **Casino:** Plage de Trestraou, Tel. 02.96.23. 20.51. Täglich von 14 (Automaten) bzw. 21.30 Uhr (Tischspiele) bis 4 Uhr besteht die Möglichkeit, die Urlaubskasse aufzubessern.
- **Melody Blues,** Galerie du Linkin, Tel. 02.96.91.00.78. Außer montags finden hier Jazz-Liebhaber abends ab 18 Uhr gute Unterhaltungsmöglichkeiten.
- **Wassersport:** *Centre Nautique*, Plage de Trestraou, Tel. 02.96.49.81.21. Vermietung von Booten und Ausbildung.
- **Tauchen:** *Perros Plongée*, Boulevard A.-Briand, Tel. 02.96.23.22.13.
- **Tennis:** *Club Municipal Perrosien*, Rue de Kerabram, Tel. 02.96.23.01.33.
- **Markt:** freitags
- **Le Petit Train:** S.A.R.L. Le Goéland, Tel. 02.96.38.83.23. Sightseeing Tour mit einem Zug auf Rädern. Abfahrt z.B. im Hafen, bei der Mairie und am Plage de Trestraou täglich um 14.45, 16.20 und 17.55 Uhr. Preis 5,30/Kinder 2,30 €.

Anreise/Weiterreise

- **Mit dem Bus:** Im gesamten Gebiet fahren mehrfach täglich Busse der Gesellschaft CAF zwischen Perros-Guirec, Lannion, Ploumanac'h, Trégastel und Trébeurden. Anschluss an überregionale Busse bzw. die Bahn besteht allerdings nur in Lannion.

Wanderungen

Im Bereich des Ortes bieten sich verschiedene, jeweils etwa zweistündige Wanderungen an.

Der **Hafenbereich** (4 km, 1,5 Std.): Vom Bassin du Linkin führt der Weg zunächst zum Musée de Cire. Über die Mole zum Fischerhafen, dem man bis zum Kai Rue Anatole-Le Braz folgt. Über die Rue Ernest-Renan bis zur Kreuzung Tréguier/Lannion. Biegt man rechts ab, kommt man zum Manoir de Pont-Couennec. Hier musste im Mittelalter ein Brückenzoll gezahlt werden. Die Rue du Colombier führt am ehemaligen Taubenschlag des Manoirs vorbei zur Rue Feunteun-Léo, die am Bois d'Amour endet. Wieder zur Rue du Colombier zurück bis zur Rue Laennec und zum Hafen. Von dort aus führt die Rue de Landerval ins Zentrum.

Entlang der Küste (5 km, 2 Std.): Vom Rathausplatz zunächst in die Rue de Pors-Nevez und dann weiter über den Chemin de la Messe. Dieser Weg führt zum Plage de Trestrignel, unterwegs ergeben sich Ausblicke auf die Sept-Iles und Ploumanac'h. Der Weg führt über den Strand zur Rue Maurice-Denis, benannt nach einem Maler, dessen Villa heute in der Mauer von einer Gedenktafel geziert wird. Ein Pfad führt zur Pointe du Château, einem Aussichtspunkt, dessen Name vermutlich an die Befestigungsmauer aus dem 3. Jh. erinnert. Über die Rue Maurice-Denis gelangt man, vorbei am Kreuz von M. Du Pré de Saint-Maur, zur Rue de Trestignel. Über den

Boulevard de la Mer, dann die Rue de Goas An Abat und die Rue Hilda-Gélis-Didot entlang führt der Weg zum Marktplatz, von dort zur Eglise St-Jacques.

Der **Zöllnerpfad** (5 km, 2,5 Std.): Vom Plage de Trestraou zunächst über den Boulevard Joseph-Le Bihan, bis der Sentier des Douaniers abzweigt. Dieser Zöllnerpfad führt entlang der Küste bis nach Ploumanac'h. An vielen Stellen bieten sich herrliche Ausblicke auf die Küste mit ihren bizarr geformten Felsen. Nahe dem Leuchtturm Min-Ru befindet sich das Maison du Littoral, in dem wechselnde Ausstellungen zu unterschiedlichen Themen, hauptsächlich allerdings zum regionalen Küstenschutz, gezeigt werden. Endpunkt ist der Hafen von Ploumanac'h.

Ausflugsfahrten

Vom Hafen in Perros-Guirec bzw. vom Plage de Trestraou aus werden regelmäßig **Schiffstouren zu den Sept-Iles** und deren Vogelschutzkolonien unternommen. Die Touren dauern zwischen 2 und 3 Stunden und kosten zwischen 12 und 17 € (Kinder 9–12 €).

Daneben besteht auch die Möglichkeit zu Fahrten mit **Glasbodenbooten** (11,50 €) und ganztägigen **Angelfahrten** (23/15 €). Auskünfte über die Fahrten der *Vedettes Blanches* erteilt das Office de Tourisme (Tel. 02.96.23.21.15), oder man erhält Informationen direkt am Trestraou-Strand (Tel. 02.96.23.22.47).

Ploumanac'h

↗ VI/A1

Für einige ein touristisches Muss, für andere eher ein Alptraum (zumindest im Sommer). So oder in irgendeiner Schattierung dazwischen erscheint der ehemals kleine Ort, der heute ein touristisches Zentrum für junge Familien geworden ist. Aus Richtung Perros-Guirec bzw. Trégastel kommend, muss man schon aufpassen, um die Stadtgrenzen dieser drei Orte überhaupt noch wahrzunehmen. Immer mehr wachsen sie im Zuge des boomenden Tourismus zusammen.

Sehenswertes

Parc Municipal. Der Stadtpark zwischen Pors-Rolland und Pors-Kamor lohnt unbedingt einen Besuch. Hier sind zahllose Felsformationen mit Namen wie „Hase", „Teufelsschloss" oder „Schildkröte" bezeichnet, die mit etwas Fantasie ihrem Namen alle Ehre machen.

In der Bucht von Ploumanac'h soll *Saint Guirec*, der Schutzpatron von Perros, im 7. Jh. angekommen sein. Zu seinen Ehren wurde im 13. Jh. die **Chapelle St-Guirec** errichtet, die auf einem Sockel aus rosa Granit steht. Nahe der Kapelle befindet sich das Oratorium mit der Statue *Saint Guirecs*. Der Sage nach müssen heiratswillige Mädchen im Jahr der geplanten Hochzeit der Statue eine Nadel in die Nase stecken, um Glück zu haben. Das Ergebnis ist deutlich sichtbar.

Château Costaérès. Leider ist ein Besuch dieses herrlichen Bauwerks

Augenschmaus eines polnischen Architekten: das Schloss Costaérès

vom Ende des 19. Jahrhunderts nicht möglich. Betrachten lässt sich das Schloss, das auf einer Insel vor der Küste steht, aber gut von der Promenade de la Bastille aus. Errichtet wurde es von dem polnischen Architekten *Bruno Abakanowicz,* und 1898 diente es dem Schriftsteller *Sienkiewicz* („Quo vadis") als Aufenthaltsort.

Maison du Littoral. Am Chemin des Douaniers steht dieses Haus des Küstenschutzvereins, in dem Ausstellungen zur Biologie und Geologie stattfinden. Es ist zwischen dem 15.6. und 15.9. täglich 10–19 auf Tel. 02.96.9162.77.

Praktische Hinweise

Information

- **Office de Tourisme,** Rue St-Guirec, 22700 Perros-Guirec-Ploumanac'h, Tel. 02.96.91.40.61. Nur während der Hauptsaison besetzt.

Unterkunft

- **Hôtel des Rochers**€€**,** Chemin de la Pointe, Tel. 02.96.91.44.49. Komfortabel ausgestattet und zentral, aber noch recht preiswert.
- **Hôtel Le Phare**€€**,** Rue Saint-Guirec 39, Tel. 02.96.91.41.19. Komfortabel ausgestattete Zimmer sowie eine schöne Gartenanlage bestimmen das Ambiente des Hauses.
- **Hôtel du Parc**€**,** Parking Ploumanac'h, Tel. 02.96.91.40.80. Das ebenfalls gut ausgestattete Haus, malerisch aus Granit gebaut, liegt nahe der interessanten Ziele.
- **Hôtel de L'Europe**€€**,** Rue St-Guirec 158, Tel. 02.96.91.40.76. Nur 20 m vom Strand

entfernt, gut ausgestattet und durchaus preiswert, eine lohnende Adresse.

- **Camping,** West Camping, Carrefour de Ploumanac'h, Tel. 02.96.91.43.82. Recht einfach ausgestatteter Platz für etwa 50 Einheiten.

Essen und Trinken

- **Restaurant Les Dervinis,** Rue Saint-Guirec 170, Tel. 02.96.91.62.53. Hier gibt es gute Meeresfrüchte, Fischgerichte und Salate.

Sonstiges

- **Tauchen:** *Centre de Plongée Perrosien*, Cale du Bateau de Sauvetage, Tel. 02.96.91.16.07.
- **Tennis:** *Municipaux de Ploumanac'h*, Rue Saint-Guirec, Tel. 02.96.91.60.31.

Les Sept Iles

↗ VI/A1

Irgend jemand muss hier beim Zählen durcheinander gekommen sein (*sept* = sieben). Auf jeden Fall sind es keine sieben Inseln, die hier etwa 6 km nördlich vor Perros-Guirec aus dem Wasser ragen. Bei Hochwasser lassen sich etwa ein Dutzend Inseln und größere Felsen mit einer Gesamtfläche von ca. 60 ha zählen, bei Niedrigwasser sind es mehr als dreimal so viele. Diese Inseln sind Frankreichs bedeutendstes Vogelschutzgebiet.

Die Verwirrung mit der Anzahl geht noch weiter. Werden nur die Inseln, die Vegetation besitzen (Gräser und Farne), berücksichtigt, bleiben sechs übrig: Ile de Bono, Ile-aux-Moines, Ile Malban, Rouzic, Ile Plate und Le Cerf.

Nur **Ile-aux-Moines,** die mit 39 m höchste Insel, kann besucht werden. Alle anderen Inseln sind den etwa 12.000 Vogelpaaren vorbehalten, die hier nisten. Zu ihnen gehören Basstölpel, Trottellummen, Papageientaucher, Kormorane, Austernfischer, Sturmtaucher, Tordalke, Silber-, Sturm- und Dreizehenmöwen.

Eine Besonderheit zeigt sich im Sonnenlicht auf **Rouzic.** Stellenweise erscheint die östlichste Insel wie weißgetüncht. Es handelt sich um den Kot der etwa 6000 Basstölpelpaare, die hier ihre einzige Brutstätte in Frankreich haben und diese im Mai/Juni weidlich nutzen. Papageientaucher leben hier nur noch in geringer Anzahl, nachdem die Ölpest von 1978 (Amoco Cadiz) ihren Bestand sehr stark dezimiert hat.

Die **Geschichte des Vogelschutzgebietes** geht auf die Zeit der Wende vom 19. zum 20. Jahrhundert zurück. Auf Rouzic gab es damals noch derartig viele Papageientaucher, dass die Fischer aus Perros-Guirec und Ploumanac'h um ihren Fang fürchteten und die Vögel zu Hunderten töteten. Eine Gruppe engagierter Ornithologen versuchte, gegen den Vogelmord vorzugehen und forderte eine Schutzzone. 1912 wurde zunächst Rouzic, 1976 wurden dann alle Inseln des Gebietes zum Vogelschutzgebiet erklärt. Der Schutz gilt auch für die Seehunde, die häufig zwischen Ile-aux-Moines und Ile Malban beobachtet werden können.

Heute nutzen die Behörden neueste technische Möglichkeiten, um das Schutzgebiet zu überwachen. Videokameras senden ständig Bilder von den Inseln zur Zentrale, der **Station Ornithologique de l'Ile Grande,** nördlich von Trébeurden. Im Informationszentrum dieser Station (Tel. 02.96.91.91.40) werden neben den Direktaufnahmen per Videokamera Filme und Diavorführungen angeboten, die in das Vogelschutzgebiet einführen. Eine weitere Aufgabe der Station ist die Pflege kranker und ölverschmierter Seevögel.

Besucher des Vogelschutzgebietes können zwischen einer reinen Beobachtungsbootstour und einer Tour mit **Landgang auf Ile-aux-Moines** wählen. Obwohl diese Insel von weniger Arten bewohnt wird als die Nachbarinseln, lohnt ein Landgang. Hier begegnet man noch der reinen Natur, die am Festland so ausgeprägt nicht mehr zu finden ist. Ein schmaler Pfad führt vom Anleger zwischen Felsen und dichtem Farnbewuchs hinauf zum Leuchtturm. Von oben schweift der Blick über das ganze Archipel bis zur Côte de Granit Rose im Süden. Am Südhang stehen noch die Reste einer Festung, die von *Vauban,* dem Spezialisten für militärische Bauwerke *Louis' XIV.*, hier Ende des 17. Jh. errichtet wurde.

Noch älter als die Festung sind die Ruinen eines Klosters, dessen Gründung vermutlich auf das 6. Jahrhundert zurückgeht. *Saint Guirec,* ein Mönch aus Cornwall, der von den Sachsen aus seiner Heimat vertrieben wurde, lebte hier einige Zeit in einer Einsiedelei, bevor er mit anderen aus Britannien stammenden Mönchen die Christianisierung Nordwest-Frankreichs einleitete. Das Kloster gab der Insel ihren Namen Ile-aux-Moines (Insel der Mönche).

Anreise

Zwei Gesellschaften organisieren Touren zu den Sept Iles. Die Abfahrtszeiten hängen von den Gezeiten ab, sind also täglich verschieden.

- **LPO** *(Ligue pour la Protection des Oiseaux)*, Tel. 02.96.91.91.40, bietet mit ihren beiden Booten „L'Oiseau des Iles" und „Ploumanac'h" Beobachtungstouren mit Landgang (14 €/Kinder 9 €, 2,5 Std.) oder ohne (9 €/ Kinder 6 €, 75 Min.) an. An Bord werden Ferngläser zur Verfügung gestellt. Die Begleitung übernehmen Ornithologen. Tickets erhält man am Anleger im Hafen von Ploumanac'h oder am Plage de Trestraou bei Perros-Guirec.
- **Vedettes Blanches,** Tel. 02.96.23.22.47, bieten ein ähnliches Programm (ohne Fernglasverleih), allerdings etwas preiswerter. Die Tour ohne Landgang (75 Min.) kostet 9 € und für Kinder 6 €. Mit Landgang (2,5 Std.) kostet sie 11/7 €. Tickets bekommt man am Anleger am Plage de Trestraou.

Trégastel

↗ VI/A1

Dieser kleine Ort besteht aus zwei Teilen. Direkt an der Küste liegt Trégastel-Plage, der bekannte **Badeort,** etwa 4 km weiter im Landesinneren Trégastel-Bourg, der touristisch weniger bedeutende Ortsteil.

Faszinierend ist auch in diesem Seebad die bizarre Struktur der **Felsformationen,** in denen Fantasiebegabte auch wieder Tiere (z.B. eine Schildkröte) oder Fabelwesen erkennen können.

Le Moulin à Marée

Diese Gezeitenmühle wurde 1375 auf dem Deich zwischen der Gemeinde Trégastel und Perros errichtet. Ursprünglich diente sie zum Mahlen von Weizen, wobei die Kraft von Ebbe und

Flut genutzt wurde. Im Zuge wirtschaftlicher Veränderungen wurde sie 1925 stillgelegt. In den Sommermonaten finden kostenlose Führungen statt.

Öffnungszeiten: Juni/September täglich (außer dienstags) von 15 bis 18.30 Uhr, im Juli/August täglich von 10 bis 19 Uhr. Chaussée du Port, Tel. 02.96.23.47.48.

Wanderungen

Die benachbarte Gezeitenmühle aus dem 19. Jh. kann nicht besichtigt werden. Sie dient allerdings als Ausgangspunkt für Wanderungen in den **Traouiero-Tälern.** In diesen von faszinierender Flora und Fauna gekennzeichneten Tälern leben der Sage nach Kobolde *(Korrigans)* und andere mystische bretonische Gestalten. Wanderungen können individuell oder in Gruppen erfolgen. Geführte Wanderungen beginnen im Sommer mehrfach wöchentlich gegen 9 Uhr. Der Preis beträgt 1,50 €. Festes Schuhwerk ist erforderlich, um die Felslandschaft mit ihrer Moos- und Farnvegetation erkunden zu können.

Aquarium Marin de Trégastel

In den natürlichen **Grottes Du Père Eternel** wurde am Boulevard du Coz-Pors das interessante Meeresaquarium eingerichtet.

Öffnungszeiten: Juli/August täglich von 9–21 Uhr, von Ostern bis Juni und im September täglich 10–12 und 14–18 Uhr, in den Winterferien 14–17 Uhr. Eintritt 7 €, Tel. 02.96.23.48.58, www.aquarium-tregastel.com.

Dolmen und Allée couverte de Kerguntuil

Auch in dieser Region stehen die steinernen Zeugen der Frühgeschichte. Die Anlage ist über die D 11 bis Kerguntuil und von dort zur D 788 zu erreichen. Kurz vor der D 788 zweigt der Weg nach links ab. Beide Monumente stehen auf dem Feld nahe einem Gehöft.

Information

- **Syndicat d'Initiative,** Place St-Anne, 22730 Trégastel, Tel. 02.96.15.38.38, www.ville-tregastel.fr.

Unterkunft

- **Armoric Hôtel**€€**,** Plage du Coz-Pors, Tel. 02.96.23.88.16, Fax 02.96.23.83.75. Größtes Hotel mit 48 Zimmern, direkt am Strand. Komfortabel ausgestattet. Geöffnet vom 1.5. bis 30.9. www.hotels-bretagne.com/armoric
- **Hôtel Beau Séjour**€€**,** Plage du Coz-Pors, Tel. 02.96.23.88.02, www.beausejoursarl.com. Kleines Hotel der Mittelklasse. Gute Zimmerausstattung. Geöffnet vom 1.4. bis 30.10.
- **Hôtel de la Corniche**€-€€**,** Rue Charles le Goffic, Tel. 02.96.23.88.15. Obwohl die Zimmer zum Teil einfach ausgestattet sind, besitzt das Hotel eine nette Atmosphäre. Geöffnet vom 1.5. bis 30.9.
- **Hôtel les Bains**€**,** Rue de Général de Gaulle 11, Tel. 02.96.23.88.09, www.hotelles bains.com. Sehr einfach ausgestattete Zimmer mit Bad/WC. Allerdings recht nah am Strand. Geöffnet vom 1.4. bis 15.10.
- **Camping Tourony,** Tel. 02.96.23.86.61. Recht gut ausgestatteter Platz für 100 Wohneinheiten. Nah am Ortsausgang in Richtung Ploumanac'h. Versorgungseinrichtungen auch für Wohnmobile. Geöffnet vom 1.6. bis 15.9.
- **Camping Le Golven,** Tel. 02.96.33.39.46. Der Platz (160 Einheiten) liegt am Ortsausgang in Richtung Trébeurden. Neben der üblichen 3-Sterne-Ausstattung gehören ein Restaurant und Minigolfplatz zum Gelände. Geöffnet vom 15.5. bis 10.9.

Sonstiges

- **Reiten:** *Ecole d'Equitation de Trégastel*, Crec'h Léo, Tel. 02.96.23.86.14, und *Poney Club de Rulan*, Route de Lannion, Tel. 02.96.23.85.29.
- **Markt**: montags

Anreise/Weiterreise

- **Mit dem Bus:** Die regionalen Busse verkehren mehrfach täglich auf der Strecke Perros-Guirec, Ploumanac'h, Trégastel, Trébeurden, Pleumeur-Bodou und Lannion. Erst in Lannion bestehen Anschlussmöglichkeiten an überregionale Linien.

Ile Grande

↗ VI/A1

Auf dem Weg zwischen Trégastel und Trébeurden besteht bei dem Dorf Penvern die Möglichkeit, über eine Brücke zur vorgelagerten kleinen Insel zu fahren. Erst mit der Flut zeigt sich deutlich, dass Ile Grande, das flache 2 km lange und 1 km breite Stück Land, überhaupt eine Insel ist, denn nur dann ist die Brücke vom Meer unterspült. Ein Ausflug lohnt wegen des **Vogelreservats,** in dem u.a. auch Basstölpel leben. Die *Station Ornithologique* befindet sich nahe dem Ortseingang. Verwaltet wird sie über die Vogelwarte in Pleumeur-Bodou (Tel. 02.96.91.91.40). Von hier aus werden auch ornithologische Wanderungen organisiert.

Trébeurden

↗ VI/A2

Tourismus ist auch hier das einträglichste Geschäft. Statt mit faszinierenden Felsmonumenten lockt Trébeurden aber eher mit **schönen Stränden** in den Sommermonaten scharenweise die Touristen an. Wer nicht nur dem Sonnenbad frönen mag, dem ermöglichen Spaziergänge zur Pointe de Bihit, nach Le Castel und zur Chapelle du Christ eindrucksvolle Blicke über die (Küsten-)Landschaft.

Strände

Plage de Goas-Treiz. Der nördlichste Strand des Ortes verfügt über keinerlei Einrichtungen.

Plage de Pors-Termen. Grünanlagen begrenzen den Sandstrand, der mit dem angrenzenden Plage de Tresmeur den Hauptstrand bildet. Mit Umkleidekabinen, Rettungsdienst, Snack-Bars etc.

Plage de Tresmeur. Der Hauptstrand ist entsprechend gut ausgestattet, allerdings auch meist sehr gut besucht.

Plage de Pors-Mabo. Da der Strand etwas außerhalb liegt, besteht hier eher die Chance, Ruhe zu finden.

Ile Milliau und Ile Molène

Die beiden vorgelagerten Inseln faszinieren Naturliebhaber durch ihre Flora und Fauna, zu der auch seltene Seevögel gehören. Zudem ist das Gebiet geologisch interessant. Informationen zu Führungen, der einzigen Zugangsmöglichkeit zum Gebiet, unter Tel. 02.96.23.68.28.

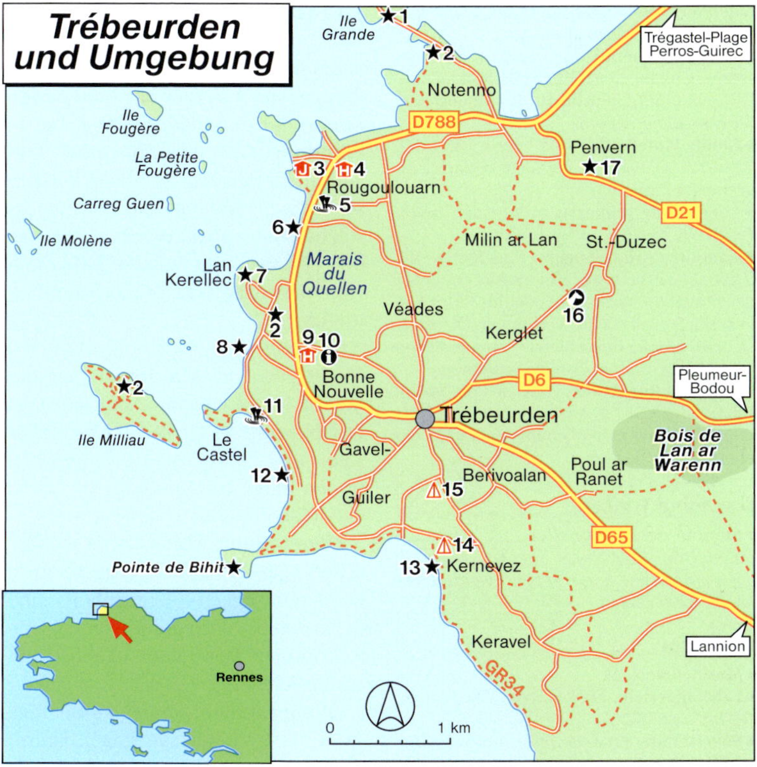

★	1	Vogelschutzstation/ Ile Grande
★	2	Dolmen
J	3	Jugendherberge
H	4	Hôtel du Toeno
	5	Tauchschule
★	6	Plage de Goaz-Treiz
★	7	Manoir de Lan Kerellec
★	8	Plage de Pors-Termen
H	9	Family Hôtel
i	10	Office du Tourisme
	11	Wassersportschule
★	12	Plage de Tresmeur
★	13	Plage de Pors-Mabo
△	14	Camping Roz-Armor
△	15	Camping Armor-Loisirs
	16	Reitschule
★	17	Menhir de St. Duzec

Information

• **Office de Tourisme,** Place de Crec'h Hery, 22560 Trébeurden, Tel. 02.96.23.51.64, www.trebeurden.fr.

Unterkunft

• **Manoir de Lan Kerellec€€€,** Lan Kerellec, Tel. 02.96.15.47.47, Fax 02.96.23.66.88. Exklusives Hotel im Herrenhausstil mit hervorragender Ausstattung. Geöffnet vom 15.3. bis 15.11. www.lankerellec.com

- **Hôtel du Toeno**€-€€, Corniche de Goas Trez, Tel. 02.96.23.68.78, Fax 02.96.15.42.54. Die Ausstattung entspricht der Mittelklasse. www.hoteltoeno.com.
- **Family Hôtel**€, Place de Crec'h Hery, Tel. 02.96.23.50.31. Zum Teil recht einfach ausgestattete Zimmer.
- **Auberge de Jeunesse,** im Ortsteil Toeno, Tel. 02.96.23.52.22, www.fuaj.org.
- **Camping Armor-Loisirs,** Pors-Mabo, Tel. 02.96.23.52.31, www.armorloisirs.com. Auf dem Platz am südlichen Ende des Ortes stehen 172 Stellplätze zur Verfügung. Die Anlage oberhalb der Küste bietet einen herrlichen Überblick. Geöffnet Ostern–September.
- **Camping Roz-Armor,** Plage de Pors-Mabo, Tel. 02.96.23.58.12. Auch dieser kleine Platz (28 Einheiten) mit herrlichem Panorama liegt oberhalb des Strandes.

Essen und Trinken

- **Manoir de Lan Kerellec,** Tel. 02.96.23.50.09. Im besten Hotel am Ort kann man auch am besten essen. Serviert werden hier lokale Spezialitäten.

Sonstiges

- **Markt:** dienstags
- **Fahrradverleih,** *Shell Station*, Guezennec, Tel. 02.96.23.52.61.
- **Segelschule:** *Ecole de Voile*, Tresmeur, Tel. 02.96.23.51.35.
- **Tauchen:** *Centre de plongée*, Corniche de Goas Trez, Tel. 02.96.23.66.71.
- **Kayakverleih:** *Pors-Termen*, Tel. 02.96.23.64.98.
- **Reiten:** *Relais Equestre d'Armor*, Tel. 02.96.23.63.95; und *La Ferme aux poneys*, Kerglet, Tel. 02.96.23.67.13.
- **Tennis:** *Lan-Kerellec*, Tel. 02.96.23.65.37; *Bonne-Nouvelle*, Tel. 02.96.23.57.26; und *Tennis municipaux*, Tel. 02.96.23.58.70.

Anreise/Weiterreise

- **Mit dem Bus:** Das regionale Busnetz verbindet die Orte der Côte de Granit Rose miteinander. Überregionale Verkehrsmittel nur über Lannion.

Pleumeur-Bodou ↗VI/A1

Eigentlich wäre der Ort recht uninteressant, wenn es hier nicht die riesige Kuppel der Fernmeldestation gäbe.

Radom (Cité des Télécoms). Das Fernmeldemuseum schildert die Geschichte der Fernmeldetechnik, wobei solche Themen wie unterseeische Kabel ebenso angemessen behandelt werden wie die aktuelle Satellitenübertragung.

Öffnungszeiten: Juli/August täglich 11–19 Uhr; April, Mai, Juni, September täglich 11–18 Uhr (im April samstags geschlossen); sonst 14–18 Uhr (außer samstags). Eintritt 7/5,60 €. Informationen unter Tel. 96.46.63.80, www.cite-telecoms.com.

Planetarium. Unter einer sphärischen Kuppel haben einige hundert Besucher täglich Gelegenheit, eine Reise durchs All zu unternehmen. Eine Astronomie-Ausstellung gehört mit zur Besichtigung.

Öffnungszeiten: April–Oktober tägl. 11–17 Uhr (außer samstags). Eintritt 7,20 €. Infos unter Tel. 02.96.91.83.78, www.planetarium-bretagne.fr.

Village Gaulois. Nahe dem Planetarium wurde recht naturgetreu ein Dorf der Gallier nachgebaut. Öffnungszeiten: Von Ostern bis Ende September täglich (außer samstags) 14–18 Uhr, Juli und August 10.30–19 Uhr. Eintritt 4 €. Infos unter Tel. 02.96.91.83.95.

Station Ornithologique. Informationen zur Vogelwarte auf Ile Grande mit Dias und Videovorführung.

Öffnungszeiten täglich 10–13 Uhr und 14.30–19 Uhr (samstags und

Wegweiser bei Pleumeur

sonntags vormittags geschlossen). Infos unter Tel. 02.96.91.91.40.

Château de Kerduel. Der Sage nach soll hier im 6. Jh. schon König *Artus* gelebt haben. Das heutige Schloss wurde im 16. bis 18. Jh. erbaut. Es liegt malerisch inmitten eines herrlichen Parks mit Schlossteich. Nur die Außenanlagen können besichtigt werden.

Öffnungszeiten: von Ostern bis September 9.30–13 Uhr, sonst nur sonntags 9–12 Uhr, Tel. 02.96.48.79.72.

Menhir de St-Uzec. Etwa 3,5 km westlich (Richtung Ile Grande) steht einer der bekanntesten Menhire der Bretagne. Nicht imposante Maße zeichnen diesen Stein aus, sondern die Tatsache, dass er vom Christentum vereinnahmt wurde. Auf seiner Spitze errichtete die katholische Kirche ein Kreuz.

Unterkunft

- **Golf Hôtel de Saint-Samson€€,** das Mittelklassehotel liegt einige Kilometer entfernt in Saint-Samson, Tel. 02.96.23.87.34, Fax 02.96.23.84.59, www.golfhotel-saint-samson.com
- **Camping Municipal de Landrellec,** Tel. 02.96.23.87.92. Sehr einfacher Platz für 100 Wohneinheiten. Geöffnet vom 15.6. bis 15.9.

Lannion

↗VI/A2

Die Stadt, die nur wenige Kilometer von der Küste entfernt liegt, steht oft abseits des touristischen Interesses. Meist wird sie nur als **Durchgangsstation** genutzt, da von hier aus Bahn-, Bus- und Flugverbindungen bestehen. Trotz ihrer Lage im Hinterland war und ist die Stadt ein **Hafenort,** der über den Léguer mit dem Meer verbunden ist.

Charme besitzt die Stadt hauptsächlich wegen ihrer vielen erhalten gebliebenen **alten Häuser,** die z.T. noch aus dem 15. und 16. Jh. stammen. Die meisten dieser Häuser, die heute vielfach in neuem Glanz erstrahlen, da sich hier oft Boutiquen und andere exklusive Geschäfte niedergelassen haben, befinden sich im Bereich der Straßen Rue des Chapeliers, Place du Centre und Rue Geoffroy-de-Pont-Blanc. Dem Ritter zu Ehren, der sich hier während der Erbfolgekriege besonders heldenhaft schlug, wurde ein **Kreuz** an der Einmündung der Rue Cie-Roger-de-Barbé in eine Mauer eingebaut.

053br Foto: wk

Bereits im 12. Jh. wurde die **Eglise de Brélévenez** vom Templerorden oberhalb der Stadt errichtet. Über 140 Stufen muss derjenige von der Rue de la Trinité aus erklimmen, der das Gotteshaus zu Fuß besuchen möchte. Von oben schweift dann bei gutem Wetter der Blick über die ganze Region. Im Inneren der Kirche lohnt besonders das Weihwasserbecken einen Blick, da es ursprünglich als Maß für Getreide diente, um die Steuern einzutreiben. Aus dem 17. Jh. stammen die Altaraufsätze, während ein Teil der Krypta ursprünglich romanisch ist.

Information

- **Office de Tourisme**, Quai d'Aiguillon, 22300 Lannion, Tel. 02.96.46.41.00, www.ot-lannion.fr.

Unterkunft

- **Hôtel Climat de France€€,** Place E. Laurent, Tel. 02.96.48.70.18. Das Mittelklassehotel ist mit 47 Zimmern das größte Haus der Stadt. Komfortabel und sauber.
- **Hôtel La Porte de France€€,** Rue Jean Savidan, Tel. 02.96.46.54.81. Kleines Hotel, das sehr zentral liegt. Komfortabel ausgestattet.
- **Auberge de Jeunesse,** Rue du 73e Territorial, Tel. 02.96.37.91.28, www.fuoj.org. Das Haus liegt nahe dem Bahnhof. Hier werden Fahrräder vermietet.
- **Camping Beg Leguer,** Lannion Servel, Tel. 02.96.47.25.00. Der Platz (200 Einheiten) liegt einige Kilometer westlich der Stadt. Hier

054br Foto: wk

findet sich eine komplette und komfortable Campingplatzausstattung.

Essen und Trinken

- **Le Tire-Boucon,** Rue de Keriavily 8. Bretonische und vor allem frische Küche. Menüs ab 20 €.
- **Le Serpolet,** Rue Félix-le-Dantec 1. Herrliche Gemüsegerichte und als Spezialität Jacobsmuscheln. Menüs ab 16,50 €.

Sonstiges

- **Parken:** Am besten am östlichen Ufer des Léguer auf einem der großen Parkplätze.

Taschenkrebse und Hummer

Allerorten Granit als bevorzugtes Baumaterial

Anreise/Weiterreise

- **Mit dem Flugzeug:** Nördlich der Stadt befindet sich der kleine Regionalflughafen mit täglicher Verbindung nach Paris. Tel. 02.96. 48.42.92.
- **Mit der Bahn:** Vom Bahnhof (Tel. 02.96. 37.03.01) der Stadt aus fahren täglich mehrfach Züge über Plouaret nach St-Brieuc und zurück. In Plouaret besteht die Möglichkeit, auf die Hauptstrecke nach Brest bzw. Rennes umzusteigen.
- **Mit dem Bus:** Busse der regionalen CAT (Tel. 02.96.37.02.40) fahren mehrfach täglich zu den Küstenorten der Côte de Granit Rose. Überregionale Busse fahren vom Busbahnhof an der Allée du Palais de la Justice täglich über Guingamp nach St-Brieuc.

Umgebung von Lannion

Manoir de Kerprigent

↗ VI/A2

Der Herrensitz stammt aus dem Mittelalter, als hier die einflussreiche Familie *Kerprigent* lebte. Eine Besichtigung ist nur von außen nach Voranmeldung (Tel. 02.96.48.31.53) möglich. Öffnungszeiten: Juni bis Oktober samstags und sonntags 10–18 Uhr.

- **Anreise:** Das Gebäude befindet sich in Servel, an der D 65 in Richtung Trébeurden.

Château du Cruguil

↗ VI/A1

Der Herrensitz stammte ursprünglich aus dem 16. Jh., wurde aber Mitte des 19. Jh. umgebaut. Aus dieser Zeit stammen auch die französischen Parkanlagen. Heute befindet sich das Anwesen im Besitz der Nachfahren der

Grafen von Lannion. Besichtigung nach Voranmeldung (Tel. 02.96.48. 42.26) zwischen Juli und August von 14–18 Uhr möglich. Eintritt 4,50 €, nur außen: 3 €.

● **Anreise:** Über die D 788 in Richtung Perros-Guirec bis Cruguil.

Chapelle de Kerfons

↗ VI/A2

Noch aus dem 15. Jh. stammt diese Kapelle. Einzige Ausnahme bildet ein Teil des Querschiffes, das aus dem 16. Jh. stammt. Die kleine Kapelle besitzt eine Krypta und einen hölzernen Lettner (Renaissance). Wandtafeln zeigen Magdalena, Barbara und die Apostel. Das Licht fällt durch bunte Fenster aus dem 16. Jh. in den Altarraum.

● **Anreise:** Über die D 11 bis Plouberze. Hier auf die D 31 und der Beschilderung folgen.

Château de Tonquédec

↗ VI/B2

Heute stehen nur noch Ruinen der einst stolzen Burg aus dem 13. Jh. Beteiligt am Werk der Zerstörung war Kardinal *Richelieu*. Die Reste können besichtigt werden.

Öffnungszeiten: Juli/August 10–20 Uhr, April, Mai, Juni und September 15–19 Uhr, Oktober sonntags 14–18 Uhr, die restliche Jahreszeit nur nach Anmeldung (Tel. 02.96.54.60.70). Eintritt: 4 €.

● **Anreise:** Über die D 11 bis Plouberze, dort auf die D 31 und über den Abzweig nach Kerfons der Ausschilderung folgen.

Château de Kergrist

↗ VI/A2

1427 wurde dieses Schloss errichtet, dann aber im 17. und 18. Jh. umgebaut. Aus dem 16. Jh. ist eine hohe Fassade erhalten, die mit einer Lukarne versehen ist. Der Garten wurde im englischen Stil angelegt, was zu jener Zeit gerade in Mode war.

Öffnungszeiten: Ostern, an den Wochenenden im Mai und von Juni bis September täglich 11–18.30 Uhr, Eintritt 10 €. Tel. 02.96. 38.91.44.

● **Anreise:** Über die D 11 in Richtung Plouaret. Etwa 1,5 km vor der Einmündung der D 30 nach links abbiegen.

Château de Rosanbo

↗ VI/A3

Vier Hektar Parklandschaft umgeben das Schloss aus dem 14. Jh., das bis ins 19. Jh. hinein immer wieder umgebaut wurde. Eine Führung im Inneren zeigt die Küchen und Speisesäle, den bretonischen Saal und die Bibliothek *Claude Le Peletiers*, eines Ministers *Louis' XI.* mit über 8000 Büchern.

Öffnungszeiten: Juli/August täglich 11–18.30 Uhr, April und Oktober sonntags 14–17 Uhr, in der übrigen Zeit zwischen Ostern und September täglich 14–17 Uhr. Eintritt 5,50/4 €.

● **Anreise:** Über die D 11 bis Plouaret. Hier auf die D 32 bis Lanvellec und dann weiter in Richtung Plufur. Kurz hinter Lanvellec führt die Straße zum Schloss.

Chapelle des Sept-Saints

Diese Kapelle (18. Jh.), die die Kapelle der Siebenschläfer genannt wird, steht auf einem Dolmen. Eine Tür im Querschiff ermöglicht den Zugang zum Dolmen. Hier befindet sich die Stätte, an der die Siebenschläfer von Ephesos verehrt werden, jene sieben Christen, die in Ephesos (Kleinasien) auf Befehl des römischen Kaisers lebendig eingemauert wurden, einschliefen und erst erwachten, als das Christentum zu einer anerkannten Religion geworden war. Alljährlich am 4. Sonntag im Juli finden deshalb hier Wallfahrten statt.

- **Anreise:** Über die D 11 in Richtung Plouaret. Vor dem Ort auf die D 74 in Richtung Pluzunet abbiegen.

Département Finistère

Von Lannion führt die D 786 direkt zum „Ende der Welt", besser „Ende der Erde", denn hier beginnt das Departement Finistère (bret. „Pen-Ar-Bed"), wo für die frühgeschichtlichen Vorfahren die Erde im Westen endete. Danach kam nur noch das Meer.

Locquirec

↗ IX/D2

Direkt westlich der Grenze zwischen den Départements Côtes-d'Armor und Finistère führt die landschaftlich reizvolle, aber kurvenreiche Küstenstraße Corniche de l'Armorique (D 64) in den im Sommer sehr **lebendigen Badeort** Locquirec. Zweifellos darf man den Ort zu einem der empfehlenswertesten Ferienzentren der Nord-Bretagne zählen. Umgeben von zahlreichen feinen Sandstränden und einem recht waldreichen hügeligen Hinterland bieten sich dem sportlich orientierten Aktivurlauber hier ebenso viele Möglichkeiten wie dem nur Ruhe und Entspannung suchenden Menschen.

Die recht dichte, homogene Bebauung des **Ortszentrums** stammt überwiegend aus der ersten Hälfte des 20. Jahrhunderts und konzentriert sich auf die felsige Halbinsel zwischen den beiden ca. 500 m langen Sandstränden Plage du Fond de la Baie im Osten und Plage des Sables Blancs im Nordwesten. Einige Villen mit zum Teil prächtigen subtropischen Pflanzen in den Vorgärten erinnern daran, dass Locquirec auch schon um die Wende vom 19. zum 20. Jahrhundert ein beliebter Wohnort der Wohlhabenden war.

Während die unmittelbare Umgebung des kleinen Hafens mit den zahlreichen Restaurants, Boutiquen und Wassersportgeschäften recht quirlig erscheint, findet man an den **sechs Stränden** außerhalb des Zentrums etwas mehr Ruhe, allerdings keine Einsamkeit.

Der ruhigste Platz im August ist wohl in der **Eglise Saint-Jacques** im Ortszentrum nahe beim Hafen. Die im 17. Jh. erbaute Kirche besitzt eine beeindruckende holzgeschnitzte Altarwand, die die Passionsgeschichte darstellt. Der kleine Calvaire neben der Kirche wurde im 16. Jh. errichtet. Falls die Kirche verschlossen ist, bekommt man beim Recteur im nahegelegenen Presbytère (Tel. 02.98.67.42.32) den Schlüssel.

Die Umgebung von Locquirec lässt sich gut zu Fuß erschließen. Ein schöner **Küstenwanderweg** beginnt am Südrand des langen Sandstrands Plage du Fond de la Baie, dort über die Brücke (D 42) und dann links ab parallel zum Meer, vorbei an der Chapelle Ste-Barbe bis zum Felskap Pointe de Plestin. Von hier schaut man auf das gesamte Küstenpanorama von Locquirec und Umgebung. Östlich folgt der Rundweg weiter der Küste, bevor wieder die Chapelle Ste-Barbe erreicht (ca. 7 km Länge) wird.

Westlich von Locquirec beginnt ebenfalls ein **Rundweg** (11 km), der an den Stränden Pors-a-Villiec, Les Sables Blancs und Moulin de la Rive nach ca. 3 km landeinwärts in Richtung Süden führt. Hinter dem Dörfchen Trèmedern geht es vorbei an der kleinen Kapelle Notre-Dame-de-la-Joie, die vor allem wegen ihrer hölzernen Kanzel aus dem 16. Jh. sehenswert ist. Der Rundweg erreicht nach weiteren 3 km den Südstrand von Locquirec, Plage du Fond de la Baie.

Information

- **Office de Tourisme,** Place du Port, 29241 Locquirec, Tel. 02.98.67.40.83, Fax 02.98.79.32.50. www.locquirec.com.

Unterkunft

- **Hôtel/Restaurant des Sables Blancs,** am gleichnamigen Strand, Rue Sables Blancs, Tel. 02.98.67.42.07. Ein kleines, gut geführtes Hotel.
- **Hôtel des Bains,** Rue de l'Eglise, Tel. 02.98.67.41.02. Das größte Hotel des Ortes im Ortszentrum in Strandnähe erinnert baulich an die Zeit, als noch die Haute-Bourgeoisie hier Urlaub machte. 62 überwiegend einfach eingerichtete Zimmer. Geöffnet ist von Ostern bis Ende Oktober.
- **Hôtel du Port,** Place du Port, Tel. 02.98.67.42.10. Ein kleines freundliches Haus am Hafen mit 10 ebenfalls einfachen Zimmern z.T. mit Meerblick, geöffnet vom 1.4. bis 30.9.
- **Camping Les Pins-Toul ar Goué,** Tel. 02.98.67.40.85 oder 02.98.67.42.20. 250 Einheiten am Südrand des großen Strandes, wenig Schatten, dafür aber direkt am Meer. Sanitäreinrichtungen in gutem Standard, geöffnet vom 1.4. bis zum 15.9.

Essen und Trinken

- **Brasserie de la Plage,** Place du Port, Tel. 02.98.79.30.70. Mit Blick auf die Hafenmole von der großen Terrasse lässt sich hier mitten im Sommertrubel speisen. Menüs ab 14 €.
- Etwas ruhiger liegt **La Bourriche,** Rue de l'Eglise, Tel. 02.98.67.42.83, Menü ab 13 €.
- Unter den Crêperien empfehlen wir die **Crêperie du Port,** Rue de l'Eglise, Tel. 02.98.67.43.12, nicht zuletzt wegen ihrer verlockenden Eiskarte.

Sonstiges

- **Segeln:** Direkt am Hafen, Place du Port, Tel. 02.98.67.44.57, liegt die Basis der Ecole de Voile, die Kurse auf Surfboards, Optimisten, Jollen und Katamaranen anbieten.
- **Tauchen:** *Guy Larchevêque* leitet die Basis, auf der neben Kursen auch Ausfahrten für ausgebildete Taucher an Bord der Ar Gwella II für maximal 15 Personen angeboten werden.
- **Tennis:** *Tennis Municipal*, Terrain des Sports, Fond de la Baie, Tel. 02.98.67.43.73. *Tennis Club*, Route de Keraloas 16, Tel. 02.98.67.40.78.
- **Fahrradverleih:** *M. Le Scour*, im Ortsteil Kerboulic, Tel. 02.98.67.42.13.
- **Bootsfahrten:** Die Reederei *Vedettes de l'Ile de Batz*, Tel. 02.98.61.78.87, bietet folgende Fahrten an: Von Locquirec nach Südwesten in die Baie de Morlaix, herum um die Gefängnisinsel „Château du Taureau", deren Festung ursprünglich im 16. Jh. zur Verteidigung gegen die Engländer errichtet worden war und weiter zur Ile de Batz. Mehrere Fahrten täglich im Juli und August ab Hafenmole.

Dauer ca. 2,5 Stunden, Preise: 15 € für Erwachsene und 9 € für Kinder. Daneben gibt es die Möglichkeit einer Angelfahrt. Dauer der Fahrt ca. 2,5 Stunden. Die Ausrüstung wird gestellt. Preise: 20 € für Erwachsene und 12 € für Kinder. Tickets bekommt man im Office de Tourisme.

Anreise/Weiterreise

- **Mit dem Bus:** besteht eine Verbindung nach Morlaix und Lannion (Linie 18) mit täglich zwei Abfahrten ab Hafen.

Umgebung von Locquirec

Die geologische Struktur der rotbraunen Felsküste, die im Osten etwa bei Paimpol beginnt, setzt sich nach Westen fort bis zur **Pointe de Primel** am östlichen Rand der Baie de Morlaix. Von Locquirec führt ein reizvoller Wanderweg 12 km weit bis nach Primel. Nahe der Pointe de Primel konkurrieren vier kleinere Orte um die Gunst und die Francs der Urlauber: St-Jean-du-Doigt, Plougasnou, Primel-Trégastel und Le Diben.

Das Dorf **Saint-Jean-du-Doigt** (von Locquirec über die D 64 bis Lanmeur, dann die D 78 ca. 6 km nach Nordwesten) erlangt einmal im Jahr ganz besondere Bedeutung: Am 23. Juni findet das große **Pardon de la Saint-Jean** statt, dessen Ursprung darin begründet ist, dass in der Dorfkirche seit dem 15. Jh. ein Glied des rechten Zeigefingers von *Johannes dem Täufer* als Reliquie aufbewahrt wird. Es heißt, dass der Knochen die Fähigkeit besitzt, Augenleiden zu heilen, und tatsächlich hat im Jahre 1505 hier die Herzogin *Anne de Bretagne* erfolgreich für die Heilung des Augenleidens ihres Gemahls gebetet. Das Pardon wird heutzutage mit einem weltlichen Tanz-Fest verbunden, auf dem am 24. Juni ein riesiges Feuer angezündet wird („Les Feux de la Fête de Saint-Jean“). Der historische Ursprung liegt wohl in rituellen Feierlichkeiten unserer frühen Vorfahren, die zur Sommersonnenwende (21. Juni) mit Feuern und Opfern die Geister der Sonne ehrten.

Der Nachbarort **Plougasnou** lockt ebenfalls mit Weltlichem und Sakralem: Das Weltliche passiert entblößt am ca. 500 m langen Sandstrand am Nordrand des Ortes, das Sakrale in der mehr als 400 Jahre alten Kirche, die architektonisch interessante Elemente aus verschiedenen Jahrhunderten besitzt: drei romanische Bögen an der rechten Seitenwand, ein Renaissance-Gewölbe und ein Tabernakel aus dem 18. Jh. Plougasnou ist für die meisten Sommerurlauber aber vor allem wegen der Einkaufsmöglichkeiten für den täglichen Bedarf interessant.

Das ca. 2 km nördlicher gelegene **Primel-Trégastel** ist ähnlich wie Ploumanac'h bei Perros-Guirec von der wilden rostbraunen bis rosaroten Granitküste geprägt. 48 m hoch ragt die felsige **Halbinsel Pointe de Primel** ins Meer. Archäologische Funde haben bewiesen, dass schon etwa 8000 v. Chr. die Landspitze bewohnt war. Und natürlich haben die Militärstrategen aller Jahrhunderte die günstige La-

055br Foto: wk

ge mit bestem Blick auf die Baie de Morlaix als Ausguck genutzt.

Ein kleiner, aber schattenloser und im Sommer recht dicht belegter **Campingplatz** befindet sich direkt am Ansatz der Halbinsel zwischen felsiger Küste im Westen und einem Kiesstrand im Osten. Der etwa 500 m lange **Sandstrand** im Ort Primel-Trégastel ist nicht sehr empfehlenswert, denn er liegt direkt an der vielbefahrenen Hauptdurchgangsstraße. Bei Hochwasser drängen sich die Sonnenanbeter auf wenigen Metern Breite zwischen Wasser und Straße.

Die bei Westwind (und das ist die Hauptwindrichtung) sehr geschützte Bucht westlich von Primel stellt einen idealen **Naturhafen** dar. Und so überrascht es nicht, dass zahlreiche Fischer dieses Angebot der Natur nutzen.

Die D 46 führt südlich um die Bucht herum in den Fischerort **Le Diben.** Nahe der Betonmole, an der die Boote bei Hochwasser anlegen, ist es möglich, fangfrischen Fisch direkt zu kaufen.

Frischer geht es kaum:
vom Kutter direkt zum Verkauf

Côte du Léon

Morlaix

↗ IX/C2

Einige Kilometer landeinwärts des Rivière de Morlaix oder Dossen liegt diese Handelsstadt. Dank ihrer günstigen Lage gehörte sie früher zu den größten Städten der Bretagne. Hier befand sich ein **wichtiger Seehafen,** der u.a. für die Westindische Companie von großer Bedeutung war.

Über den **Namen der Stadt** gibt es verschiedene Gerüchte. Eines besagt, der Name stehe im Zusammenhang mit einer Begebenheit, die sich 1522 beim Angriff englischer Seeleute zugetragen haben soll. Die Eindringlinge konnten ungehindert an Land gehen, da die Bewohner zu einem großen Fest außerhalb der Stadt versammelt waren. Die Engländer entdeckten die Weinvorräte der Stadt, betranken sich und vergaßen den Rückzug. Als die Bewohner vom Fest zurückkehrten, entdeckten sie die Betrunkenen und vertrieben sie unter dem Motto „S'ils te mordent, mords-les!" (Wenn sie Dich beißen, beiße sie!). Ob es sich bei diesem Wortspiel nun um eine Anspielung auf den Namen Morlaix handelt, der nach anderen Quellen von einer römischen Bezeichnung der Siedlung abgeleitet worden sein soll, oder tatsächlich zu seiner Festigung beigetragen hat, konnte bisher nicht endgültig belegt werden.

Wirtschaftlichen Aufschwung erlebte die Stadt besonders im 18. Jh. Zu dieser Zeit gründete die Westindische Companie hier die „Ferme" genannte **Tabakfabrik,** die das Handelsmonopol besaß. Monopole bedeuten aber

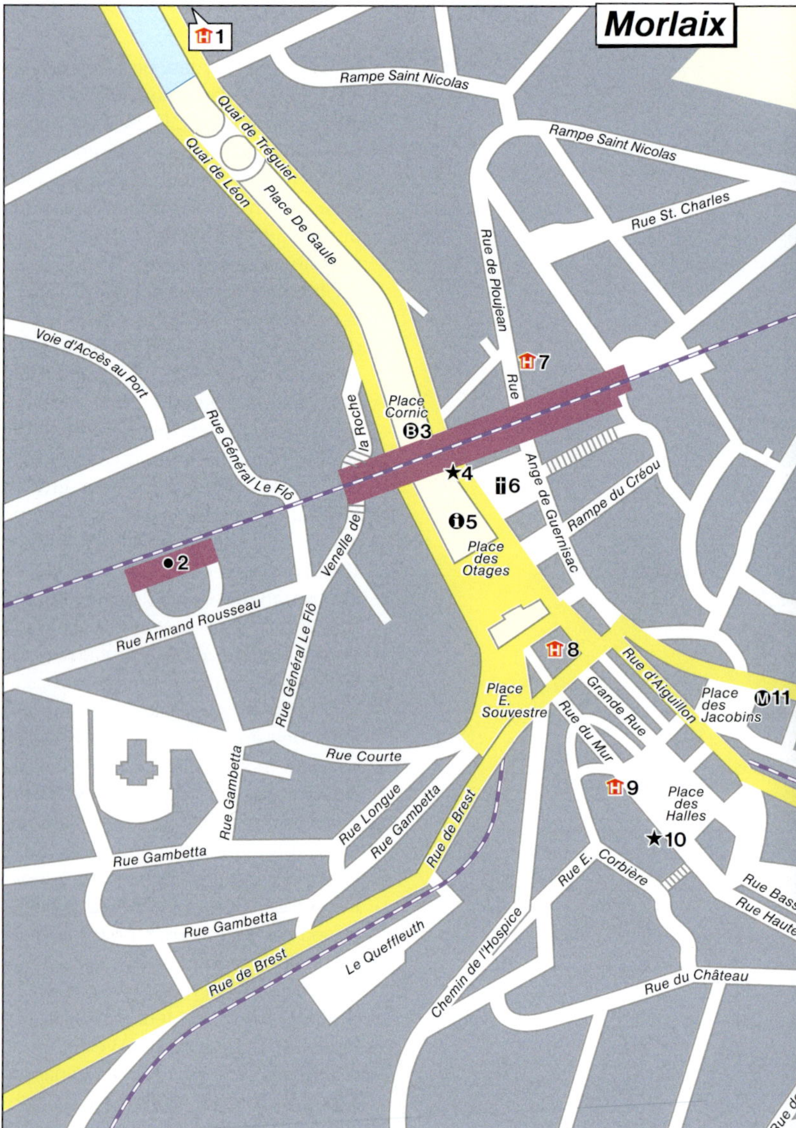
Morlaix
1
Rampe Saint Nicolas
Rampe Saint Nicolas
Quai de Tréguier
Quai de Léon
Place De Gaule
Rue St. Charles
Rue de Ploujean
Voie d'Accès au Port
7
Rue
Place Cornic
3
Rue Général Le Flô
Venelle de la Roche
4
6
Ange de Guernisac
Rampe du Créou
5
Place des Otages
2
Rue Armand Rousseau
Rue Général Le Flô
8
Rue d'Aiguillon
Place des Jacobins
11
Place E. Souvestre
Grande Rue
Rue du Mur
Rue Courte
Rue Gambetta
9
Place des Halles
Rue Longue
Rue Gambetta
Rue de Brest
10
Rue Gambetta
Rue E. Corbière
Rue Bass
Rue Haute
Rue Gambetta
Le Queffleuth
Chemin de l'Hospice
Rue du Château
Rue de Brest
Rue de

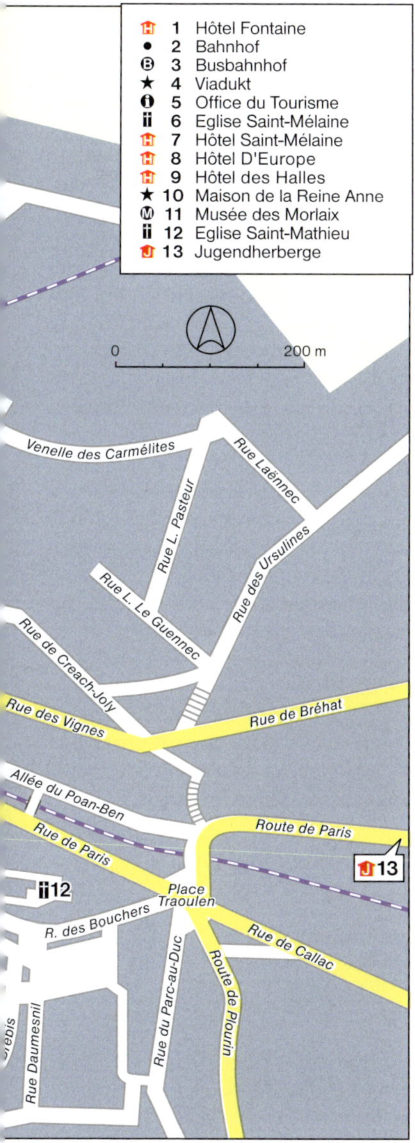

immer recht hohe Verkaufspreise der jeweiligen Ware. So auch hier. Die Bretonen versuchten, dieses Monopol mit Schmuggel zu unterlaufen. Sie kauften meist in England Tabakprodukte aller Art und brachten sie hier an Land, nicht immer mit viel Erfolg, da die Westindische Companie mit ihren Angestellten bemüht war, Schmuggler und deren Waren aufzubringen. Die Tabakmanufakturen existieren heute nicht mehr.

Der bekannteste Mann der Stadt ist **Charles Cornic,** der zunächst als Korsar zur See fuhr und später in der königlichen Marine Dienst tat. Seine bürgerliche Herkunft bereitete ihm jedoch so große Probleme unter den adeligen Offizieren, dass er den Dienst quittierte. Während der Revolution versuchte man, ihm ein neues Kommando zu übertragen, um ihn erneut zu Ehren kommen zu lassen. Sein hohes Alter ließ ihn aber ablehnen.

Sehenswertes

Viaduc. Bereits weithin sichtbar überragt der Viadukt (258 m lang, über 50 m hoch) die Stadt. 1864 wurde diese Eisenbahnbrücke gebaut, um die Bahnverbindung Paris – Brest fertigzustellen. Dem Bauwerk mussten damals viele Gebäude weichen.

Eglise St-Mélaine. Schon 1489 wurde das Gotteshaus im Flamboyantstil errichtet. Vieles mutet recht modern an. Dies liegt am Wiederaufbau nach den Zerstörungen während der Bombardierung durch alliierte Verbände im

2. Weltkrieg. Beeindruckend ist das aus dem 17. Jh. stammende Orgelgehäuse.

Von der Kirche aus führt die Rue Ange-de-Guernisac mit ihren herrlichen alten Häusern, von denen etliche noch mit Erkern versehen sind, zum Place des Viarmes. Vom südöstlichen Ende des Platzes gelangt man über die Rue des Vignes zum Place des Jacobins. Hier befindet sich das ehemalige Jacobinerkloster, das später zur Kaserne umgewandelt wurde und heute das **Musée des Morlaix** beherbergt. Neben einer jährlich wechselnden Themenausstellung sind hier ständig Exponate zur Stadtgeschichte, zur Archäologie, Kunst, Möbel und landwirtschaftliches Gerät ausgestellt.

Öffnungszeiten: Juli/August täglich 10–12.30 Uhr und 14–18.30 Uhr, sonst täglich (außer dienstags) 10–12 Uhr und 14–18 Uhr. Tel. 02.98.88.68.88, Eintritt 5/3 €.

Eglise St-Mathieu. Vom ursprünglichen Gebäude aus dem 16. Jh. ist nur noch der Turm erkennbar. Nach weitgehendem Verfall wurde sie 1824 komplett restauriert und ist heute eher uninteressant. Lohnend ist ein Blick auf eine Marienstatue, die aufgeklappt werden kann und dann die Dreifaltigkeit zeigt.

Maison de la Duchesse Anne. Das dreistöckige Haus in der Rue Du Mur 33 soll 1505 *Anne de Bretagne* bei ihrem Besuch in der Stadt als Wohnsitz gedient haben. Die Obergeschosse ragen vor, sodass der Eindruck einer leicht geneigten Silhouette entsteht. Heiligenstatuen und ornamentale Verzierungen beherrschen die Fassade. Das Gebäude wurde um einen Innenhof herum errichtet, der nach oben hin verglast ist. Diese Bauweise gab den Häusern den Namen „Laternen-Haus", da das Licht durch den Innenhof in alle anderen Räume gelangte. Eine Wendeltreppe im Renaissance-Stil führt im Innenhof zu den einzelnen Stockwerken. Ihr Mittelstück wurde aus einem Stück geschnitzt und mit verschiedenen Figuren verziert.

Geöffnet: Juli/Aug. täglich (außer sonntags) 11–18 Uhr, Eintritt 1,80 €.

Grande Rue und Place des Otages. Die Grande Rue, eine Fußgängerzone, war einst die Hauptstraße des Handelsortes. Heute ist sie mit ihren alten Häusern zu einem Kleinod geworden, wobei uns der Gegensatz von alt und neu in Form moderner Geschäfte und Boutiquen nicht unbedingt nachteilig erscheint. Auch in dieser Straße stehen noch einige Laternen-Häuser (z.B. Nr. 8).

Der der Eglise St-Mélaine gegenüberliegende **Place des Otages** dient dem Gedenken an die von deutschen Soldaten getöteten Bretonen.

Praktische Hinweise

Information

- **Office de Tourisme,** Place des Otages, 29203 Morlaix, Tel. 02.98.62.14.94, Fax 02.98.63.84.87, www.morlaixtourisme.fr.

Unterkunft

- **Hotel Le Shako**€€, Route de Lannion, Tel. 02.98.88.08.44, Fax 02.98.88.80.15, leshako@wanadoo.fr. Das kleine Hotel, von *Gites de*

France empfohlen, besitzt gut ausgestattete Zimmer. Es wird Englisch gesprochen.

- **Hôtel De L'Europe€€,** Rue d'Aiguillon 1, Tel. 02.98.62.11.99, Fax 02.98.88.83.38, www.hotel-europe-com.fr. Es ist das teuerste Haus am Ort. Die Ausstattung entspricht der Mittelklasse.
- **Hôtel Fontaine€€,** Route de Lannion, Tel. 02.98.62.09.55. Außerhalb der Stadt, in der Nähe des Flughafens. Das Hotel ist gut ausgestattet und besitzt einen kleinen Garten.
- **Hôtel Saint-Melaine€,** Rue Ange-de-Guernissac 75/77, Tel. 02.98.88.08.78. Einfache, saubere Zimmer sehr nah am Viadukt.
- **Hôtel des Halles€,** Rue du Mur 23, Tel. 02.98.88.23.11. Einfache Zimmer ohne Bad, dafür im Zentrum der Stadt.
- **Auberge de Jeunesse,** Route de Paris 3, Tel. 02.98.88.13.63.

Essen und Trinken

- **Restaurant de la Reine Anne,** Rue du Mur 45, Tel. 02.98.88.08.29.
- **La Table de Rabelais,** Rue au Fil 9, Tel. 02.98.88.83.73. Traditionell bretonische Küche, Meeresfrüchte.
- **La Cave des Jacobins,** Place des Jacobins 15, Tel. 02.98.88.05.54. Hervorragende Weine.
- **La Marée Bleue,** Rampe St. Melaine 3, Tel. 02.98.63.24.21, gute traditionelle Küche ab 18 €. Montags geschlossen.

Sonstiges

- **Bahnhof,** Tel. 02.98.63.56.24.
- **Flughafen,** Tel. 02.98.88.00.36.
- **Autoverleih:** ABL, Tel. 02.98.88.35.19 (gegenüber dem Bahnhof); *Europcar,* Tel. 02.98.62.11.94, Rue des Lavoirs.
- **Parken:** Beim Viadukt, zwischen dem Place Charles de Gaulle und dem Place des Otages.
- **Fahrradverleih:** *Henri Le Gall,* Rue de Callac 1, Tel. 02.98.88.60.47.

Anreise/Weiterreise

- **Mit dem Flugzeug:** Der kleine Flugplatz außerhalb der Stadt wird meist von Geschäftsleuten genutzt, steht aber auch Urlaubern für regionale Flüge (Morlaix – Brest, Morlaix – Lannion) zur Verfügung. Informationen unter Tel. 02.98.88.00.36.
- **Mit der Bahn:** Morlaix liegt an der Hauptstrecke Paris – Brest. Auf dieser Strecke bestehen täglich Zugverbindungen. Zusätzliche Verbindungen gibt es nach Guingamp und St-Brieuc sowie über Landerneau nach Brest. Eine weniger stark befahrene Strecke führt über St-Pol-de-Léon nach Roscoff. Auskünfte über SNCF, Tel. 02.98.88.55.00.
- **Mit dem Bus:** Es bestehen vom Busbahnhof (am Viadukt) aus täglich **Busverbindungen** über Huelgoat nach Carhaix.

Umgebung von Morlaix

Plougonven

↗ IX/D3

Liebhaber umfriedeter Pfarrbezirke kommen in diesem kleinen Ort südöstlich von Morlaix auf ihre Kosten. Die Kirche stammt aus der Zeit zwischen 1481 und 1532. Bemerkenswert ist der Turm mit seinem Balkon. Ebenfalls von 1532 stammt das Beinhaus. Schlichter im Vergleich zu den anderen Bauwerken ist die Kapelle von 1746 gehalten. Der Calvaire (1554) wird oft als einer der schönsten der Region beschrieben. Leider vergessen einige Autoren, dass alle Gebäude des Pfarrbezirks zwar aus den oben genannten Jahren stammen, zum Teil aber so oft umgebaut oder renoviert wurden, dass Etliches nicht mehr sehr ursprünglich wirkt. Besonders ausgeprägt ist dies am Calvaire zu sehen, der 1898 von Grund auf überarbeitet wurde.

Le Dourduff-en-Mer ↗ IX/C2

Ein Ausflug in den kleinen Hafenort (etwa 6 km nördlich von Morlaix) lohnt vor allem wegen des **Observatoire ornithologique,** einem Vogelbeobachtungshaus, in dem Identifizierungstafeln bereitstehen, um bei der Beobachtung von Wasservögeln einzelne Arten zu erkennen. Morgens und abends besteht die beste Gelegenheit, seltene Vögel im Watt des Rivière de Morlaix zu entdecken. Das Häuschen liegt etwa 300 m nördlich des Hafens und ist 24 Stunden täglich kostenlos geöffnet.

Liebhaber von Muscheln können sie frisch und preiswert direkt vom Fischer im Hafen kaufen.

Schachspieler am Hafen

Cairn de Barnenez

↗ IX/C2

Am Ostufer der Baie de Morlaix befinden sich auf der Halbinsel Kernéléhen zwei etwa 7000 Jahre alte Grabhügel der Megalith-Kultur, sogenannte Cairns, die zu den größten ihrer Art in Europa zählen. Solche Cairns (bret. *carn*) bestehen aus flachen aufeinandergeschichteten Steinplatten über Dolmen.

Zwischen 1955 und 1968 wurde der Cairn freigelegt und genauer untersucht. Unter anderem konnte festgestellt werden, dass das Bauwerk **in zwei Etappen** errichtet wurde, die etwa 500 Jahre auseinanderliegen. Der erste Bauabschnitt begann ca. 4900 v. Chr. Granit aus einem 2 km entfernten Steinbruch wurde dazu verwendet, zunächst 5 Dolmen (G, G', H, I und J) zu bedecken. Später kamen dann die Dolmen A–F hinzu, deren Bedeckung aus dem Dolorit der Umgebung hergestellt wurde. Tonscherben, die mit Hilfe der Radiocarbonmethode untersucht wurden, ließen diese recht genaue Datierung zu. Knochenfunde gab es kaum. Vermutlich ist dies darauf zurückzuführen, dass vom Boden angesäuertes Wasser einsickerte und die Reste zersetzte. Leider konnte der Cairn (75 m lang, etwa 25 m breit und 6 m hoch) nur teilweise restauriert werden, da ein Bauunternehmer bis 1954 die Steine als Straßenbaumaterial abtrug. An der Westseite liegen deshalb vier Gräber frei.

Bei den Kammern C und D lässt sich gut deren Bauweise erkennen. Es handelt sich um eine **Kuppelbauweise,** bei der sich einzelne Steine gegenseitig stützen (auf Gavrinis im Morbihan hingegen wurden große Steinplatten verwendet).

Die Gänge C und D sind für **Besucher** geöffnet. Steinritzereien und andere Verzierungen sind hier nicht zu finden. Andere **Funde,** wie z.B. Tonscherben, Holzkohlenreste, Pfeilspitzen und polierte Äxte können im Musée Préhistorique Finistérien in St-Guénolé-Penmarc'h (Südfinistère) besichtigt werden.

Angeblich sollen die Gänge der Dolmen im Mittelalter Ort mystischer Dämonenbeschwörungen gewesen sein, sicher ist jedoch nur eine Begebenheit aus dem Jahr 1935, als sich eine Kuh in den Dolmen C verirrt hatte, dort steckenblieb und erst von einem Dutzend Männer wieder befreit werden konnte.

Öffnungszeiten: Vom 1.4. bis 30.9. täglich 10–13 Uhr und 14–18.30 Uhr. Stündliche Führungen. Eintritt 5/3 €.

Lanmeur

↗ IX/D2

Hierher lohnt ein Ausflug wegen der romanischen Krypta. Links vom Altar der Dorfkirche befindet sich der Eingang. Sollte die Kirche geschlossen sein, können Sie den Schlüssel im Pfarrhaus neben der Kirche bekommen. Falls die Haushälterin Zeit hat, kann sie recht gute Informationen zur Kirche und Krypta geben.

St-Samson

↗ IX/C2

Rund 15 km nördlich von Morlaix bzw. 1 km nördlich von Térénez liegt der schönste Strand der Umgebung. Der helle Sand in einer von Felsen begrenzten Bucht lockt im August sehr viele Besucher an, obwohl es keine Infrastruktur gibt. Erst in Térénez besteht die Möglichkeit, etwas zu essen oder zu trinken, z.B. in der Bar Les Embruns.

Unterkunft

- **Camping Baie de Térénez,** Tel. 02.98. 67.26.80. Der Platz liegt nahe dem Cairn von Barnenez und etwa 1,5 km vom Strand entfernt. Er gehört zu den besten der Region. Zur Ausstattung des durch Bäume beschatteten Geländes gehören ein Pool, Restaurant und Wohnwagenverleih. Geöffnet von Ostern bis 30.9.

Carantec

↗ IX/C2

Zwischen den Mündungen des Rivière de Morlaix im Osten und des Penzé im Westen streckt sich eine durch felsige Kaps und bogenförmige Sandstrände interessant zergliederte Halbinsel ins Meer, an deren Nordufer der reizvolle Badeort Carantec liegt. Keine klotzigen Hotels, sondern **historisch gewachsene Bebauung** im traditionell bretonischen Stil, keine Durchgangsstraße parallel zum Strand, sondern schmale, kurvenreiche Straßen, die zu den diskret angelegten, meist von Bäumen umgebenen Parkplätzen an die vier Strände des Ortes führen. Zweifellos gibt es auch in Carantec im Sommer zu viele Autos (kein Wunder bei dem Freizeitangebot), aber mit einer hundertjährigen Tourismuserfahrung ist es der Gemeindeverwaltung hier gelungen, eine touristische Infrastruktur zu entwickeln, die **hohe Besucherzahlen** verkraftet, ohne den Eindruck von Menschenmassen entstehen zu lassen. Landschaftsschutz wird hier seit langem ganz groß geschrieben.

Und so gibt es mehrere **kleine Halbinseln,** die nur zu Fuß kennen gelernt werden können. Vor der Küste liegen mehrere **Vogelschutzinseln** und die bei Niedrigwasser über einen schmalen Damm erreichbare **Ile Callot.** Die landschaftliche Perle der Baie de Morlaix darf nur von zwei Dutzend Inselbewohnern mit dem Auto befahren werden.

Ile Callot lässt sich gut zu Fuß innerhalb weniger Stunden umrunden und bietet sich als reizvolle Alternative zum Faulenzen am Strand an. Der bei Niedrigwasser trockenliegende Damm beginnt im Nordwestzipfel des Ortes zwischen den beiden Stränden La Grève Blanche und Plage du Port.

Eine vorgelagerte Insel ganz besonderer Art ist das **Chateau du Taureau,** ca. 2 km nordöstlich des Ortszentrums. Das kleine Felseneiland Le Taureau (der Stier) wurde im Jahre 1544 genutzt, um eine direkt bis an die Hochwasser-Uferlinie reichende Festungsanlage zur Verteidigung vor allem gegen englische Kriegsschiffe zu errichten, eine Konsequenz des englischen Angriffs auf Morlaix einige Jahre zuvor. Die später unter *Ludwig XIV.* verbesserte Festung erfüllte ihren abschreckenden Zweck so gut, dass man sie im 18. Jh. zusätzlich als Gefängnis nutzte. Der aus jüngster Zeit stammende Versuch, hier eine Segelschule einzurichten, scheiterte, und so dient das Château du Taureau heute nur noch den mit Ausflugsbooten um die Insel gefahrenen Urlaubern als schauerlich romantisches Motiv.

Zwischen dem Grève Blanche und dem Plage Kélenn, dem Hauptstrand Carantecs weiter östlich, trägt eine natürliche Felsenplattform den einprägsamen Namen **La Chaise du Curé** (der Stuhl des Priesters). Von hier aus überschaut man wunderbar das Gesamtpanorama der Baie de Morlaix.

Am benachbarten ca. 500 m langen **Plage Kélenn** bieten verschiedene Strandclubs und Surfschulen Animationen für Kinder ebenso wie für ältere Sportbegeisterte. Mehrere Strandbars sorgen für den Flüssigkeitsnachschub.

Praktische Hinweise

Information

- **Office de Tourisme,** Rue Pasteur 4, 29660 Carantec. Tel. 02.98.67.00.43, Fax 02.98.67.07.44, www.carantec-tourisme.com.

Unterkunft

- **Hôtel/Restaurant Le Pors Pol€€,** Rue Surcouff 7, Tel. 02.98.67.00.52. Ruhig gelegenes, seriöses Mittelklassehotel mit 30 geschmackvoll eingerichteten Zimmern, von denen 14 Meerblick besitzen. Geöffnet von Ostern bis September.
- **Hôtel/Restaurant Le Relais€,** Rue Albert Louppe 17, Tel. 02.98.67.00.42. Zentral gelegenes einfaches Haus mit 20 Zimmern; das ganze Jahr über geöffnet.
- **Camping Les Mouettes,** La Grande Grève, Tel. 02.98.67.02.46. Am südwestlichen Ortsrand nahe der Straße nach St-Pol. Sehr komfortabel ausgestatteter Platz für 220 Camper auf mit zahlreichen Bäumen und Hecken unterteiltem Areal; beheiztes Schwimmbecken, hervorragende Sanitäreinrichtungen; geöffnet von Ostern bis 30. September.
- **Camping à la Ferme,** Les Hortensias, ca. 2 km südlich von Carantec im Dorf Kermen, Tel. 02.98.67.08.63. Ein kleiner, familiärer Platz am Bauernhof für 25 Camper mit Liebe zum Landleben. Kinder können sich um die Tiere auf dem Hof kümmern.

Essen und Trinken

- Für Freunde von Fisch und anderen Meerestieren bietet sich an: **Le Pors Pol,** Rue Surcouff 7, mit Fischmenüs ab 13,68 €.
- **Le Cabestan,** Le Port, Tel. 02.98.67.01.87, an der Hafenmole westlich des Zentrums, schöne Speiseterrasse mit Blick auf das Meer, Menüs ab 17 €, dienstags geschlossen.
- **Crêperie Ty Breizh,** an der Kirche, Place de la Libération 5, Tel. 02.98.67.04.93. Traditionelle Crêperie, in der auch einfache Fischgerichte serviert werden. Montags geschlossen.

Sonstiges

- **Segeln/Surfen:** Das *Centre Nautique de Carantec* am Plage du Kélenn, Tel. 02.98.67.01.12, bietet Kurse auf Surfboards, Optimisten, Laser und Katamaranen an.
- **Tauchen:** *Club de Plongée de Carantec*, Plage du Kélenn, Tel. 02.98.67.95.37. Mit zwei Spezialbooten für Taucher werden Ausfahrten für Fortgeschrittene und Ausbildungskurse durchgeführt. 2 Kompressoren und 30 Ausrüstungen stehen zur Verfügung.
- **Tennis:** *Tennis Club des Deux Baies*, Le Ménéyer, Tel. 02.98.67.93.59. *Tennis Club de Pen al Lann*, Allée du Cosmeur 1, Tel. 02.98.67.00.47.
- **Golf:** Südöstlich des Zentrums nahe des Plage du Clouet wurde an der Rue du Kergrist ein 9-Löcher-Gelände mit einer Gesamtlänge von 2.425 m eingerichtet. Rue du Kergrist, Tel. 02.98.67.09.14.
- **Fahrradverleih:** *M. Jacq*, Rue Pasteur 15, Tel. 02.98.67.01.67. Vermietet Fahrräder und MTBs.
- **Reiten:** Das Office de Tourisme vermittelt Ausritte verschiedenster Art.
- **Bootsverleih:** *M. Fauqueux* an der Straße nach Morlaix, Tel. 02.98.67.03.43, vermietet kleinere und größere Motorboote.

- **Bootsausflüge:** Die Reederei *Vedettes de l'Ile de Batz,* Tel. 02.98.61.78.87 oder 02.98.61.79.66, veranstaltet Fahrten durch die Baie de Morlaix (zweistündig) und um die Festungsinsel Château du Taureau sowie Tagesfahrten zur Ile de Batz. Abfahrtzeiten und Tickets im Office de Tourisme.
- **Markttag:** Donnerstags auf dem Place de la Mairie.
- **Einkaufstipp:** Die „Viviers de Carantec" am südlichen Ortseingang bieten Direktverkauf von Fisch, Muscheln und Schalentieren.

Anreise/Weiterreise

- **Bus:** 6x täglich nach Morlaix und Roscoff.

St-Pol-de-Léon

↗ VIII/B2

Es war im 6. Jh., als der gallische Mönch *Pol-Aurélien,* der spätere **Saint Pol,** sein Kloster auf der Ile de Batz verließ, um die in Sünde gefallenen Bewohner der gallo-romanischen Stadt Castellum Leonense Pagus wieder auf den rechten Weg zu bringen. Offensichtlich war er erfolgreich, denn die bekehrte Stadt änderte ihm zu Ehren ihren Namen. St-Pol-de-Léon wurde Bischofssitz und entwickelte sich zu einer bretonischen **Hochburg der katholischen Kirche,** deren Einfluss erst unter *Napoléon Bonaparte* an Bedeutung verlor.

Und so überrascht es nicht, dass hier einer der höchsten Kirchtürme Frankreichs, der höchste der gesamten Bretagne, die Stadt überragt. *Vauban,* zwar kein Kirchenbaumeister, aber als erster Baumeister für Verteidigungsbauten unter Ludwig XIV. zweifelsfrei eine architektonische Kapazität, beurteilte den 78 m hohen **Turm der Notre-Dame du Kreisker** als das „gewagteste Gebäude, das er je gesehen hat". Die im 16. Jh. erbaute Kirche (offiziell wird sie trotz ihrer Größe als „Chapelle" bezeichnet) an der Rue du Général Leclerc im Stadtzentrum kann man nicht verfehlen, denn gleichgültig, aus welcher Richtung man kommt, ob aus

Der „Ceinture Dorée"

Übersetzt „der Goldene Gürtel", beschreibt der Begriff die extrem produktive **Gemüseanbauregion,** die von Morlaix bis Plouescat, westlich von Roscoff, reicht. Mehr als zwei Drittel der französischen Produktion von Blumenkohl, Artischocken und Schalotten werden hier geerntet. Das **milde Klima** macht es möglich. Zwar sind die Sommer nicht sehr warm, doch entscheidender ist, dass die Winter nicht sehr kalt sind. Aufgrund des Golfstromes kommt es nur sehr selten zu Frost. Die Côte du Léon hat zusammen mit der Côte des Abers die geringsten jährlichen Temperaturschwankungen Frankreichs.

Dies bedeutet, dass das Frühjahr eher beginnt und der Herbst später endet. Als Folge können viele Gemüsearten **zweimal im Jahr geerntet** werden. Die im 15. Jh. aus Italien nach Frankreich eingeführte **Artischocke** war lange Zeit Hauptanbaugemüse, solange bis EG-Beschlüsse die Produktion eingrenzten. Heute wachsen auf den Léon-Feldern neben Artischocken in großem Umfang Blumenkohl, Kartoffeln und verschiedene Frühgemüse.

Das Gold des „Ceinture Dorée" liegt heute immer häufiger auf den Bankkonten großer Agrarunternehmen als in den Taschen der Bauern.

den Artischockenfeldern des Léon-Hinterlandes oder aus England mit der Fähre, der im gotischen Flamboyant-Stil erbaute Turm weist den Weg in die Stadt. Mit seinen zahlreichen Fenstern und Öffnungen, mehr als 80 insgesamt, diente er zeitweise auch als Ausguck, um militärische Gegner zu erspähen. Wer sich die 172 Stufen zutraut, erreicht in 40 m Höhe eine Plattform, die einen grandiosen Blick über Roscoff hinweg auf das Meer sowie über die gesamte Baie de Morlaix erlaubt. Der Eingang zur engen Wendeltreppe befindet sich links neben dem ca. 300 Jahre alten Hauptaltar, der nach dem Vorbild des Altars der Basilika von Le Folgoët geschaffen wurde.

Zurück auf der Rue du Général Leclerc, erreicht man nach ca. 500 m, leicht bergauf gehend die **Kathedrale von St-Pol.** Zwar sind ihre Türme im Vergleich zum Kreisker-Turm nicht sehr hoch (55 m), doch besitzt die vom 13. bis zum 16. Jh. auf den Fundamenten einer romanischen Basilika erbauten Kirche in ihrem Innern etliche sehenswerte Kostbarkeiten: Ein kunstvoll in Eiche geschnitztes Chorgestühl aus dem 16. Jh., eine Christusfigur aus dem 15. Jh., eine Orgel aus dem 17. Jh. sowie einen Hauptaltar in schwarzem Marmor. Unter einer ebenfalls aus schwarzem Marmor gearbeiteten Grabplatte in der Chora liegen die sterblichen Überreste des ersten Bischofs und Namensgebers der Stadt, *Saint Pol.* Eine etwas makabre Besonderheit befindet sich in einer Nische rechts vom Altar: Die Schädel von 35 hochgestellten Persönlichkeiten der Stadt aus verschiedenen Jahrhunderten sind in kleinen Kästchen mit Fenstern zur Besichtigung freigegeben.

Wer nach alledem etwas weltliche Zerstreuung benötigt, dem sei ein **Einkaufsbummel** durch die zahlreichen Geschäfte der Altstadt zwischen den beiden Kirchen empfohlen. Hier prägen modern gestaltete Schaufenster in jahrhundertealten Gebäuden das Bild.

Spaziergänge in ruhigerer Umgebung sind möglich östlich des Zentrums entlang der Wasserfront des alten, bei Niedrigwasser trockenfallenden Hafens. Der etwa 1 km lange Wellenbrecher am Nordrand der Bucht führt auf die ehemalige **Insel Rocher Ste-Anne,** von der man in parkähnlicher Umgebung einen wunderbaren Blick auf den Hafen oder nach Nordosten in die Baie de Morlaix hat. Zahlreiche Bänke und ein interessanter Kinderspielplatz machen die Halbinsel zu einem idealen Ort für ein Picknick.

Die modernen Gebäude in der Verlängerung des Wellenbrechers beherbergen die sehr aktive **Segelschule** von St-Pol. Die Aktivitäten sind allerdings durch die Gezeiten auf etwa 3 Stunden vor bis 3 Stunden nach Niedrigwasser stark eingeschränkt.

Wer lediglich einen **Strand** sucht, um im Meer zu schwimmen oder in der Sonne zu liegen, der sollte lieber ins benachbarte Carantec fahren, wo die Strände landschaftlich wesentlich reizvoller liegen als in St-Pol nördlich des Hafens (Plage de Ste-Anne und Plage de Kersaliou).

Information

- **Office de Tourisme,** Place de l'Evêché, 29250 St-Pol-de-Léon, Tel. 02.98.69.05.69, Fax 02.98.69.01.20, www.saintpoldeleon.fr.

Unterkunft

- **Hôtel de France€-€€,** Rue des Minimes, Tel. 02.98.29.14.14, Fax 02.98.29.10.57, www.hoteldefrancebretagne.com. Gepflegtes Hotel der oberen Mittelklasse nahe dem Zentrum, dennoch ruhig gelegen mit großem Garten. 2 Suiten und 24 zum Teil konservativ-luxuriös eingerichtete Zimmer. Ganzjährig geöffnet.
- **Hôtel-Motel Le Kerisnel€,** Route de Plouénan (D 75) südlich außerhalb der Stadt, Tel. 02.98.29.05.60. 21 modern eingerichtete Zimmer, auf mehrere kleine Gebäude verteilt. Ebenfalls ganzjährig geöffnet.
- **Hôtel/Restaurant Le Passiflore€,** La Gare, Tel. 02.98.69.00.52. Einfaches Haus am Bahnhof mit schlichten, aber hellen, sauberen Zimmern. Ganzjährig geöffnet.
- **Camping Ar Kleguer,** Route de Sainte-Anne, Tel. 02.98.69.18.81. Auf einem Hügel nördlich des Hafens von St-Pol in Strandnähe. Eine nach Lage, Gestaltung und Komfort herausragende Anlage. 110 großzügig angelegte, durch zahlreiche Bäume und Büsche voneinander getrennte Einheiten. Ein eigenes Schwimmbecken, ein Restaurant und hervorragende Sanitäreinrichtungen bieten hohen Komfort. Geöffnet 1.4.–30.9.
- Das **Office de Tourisme** gibt eine Liste von Privatvermietern heraus. Empfehlenswert: Mme J. L. Riou in Kerdréveil-Lopréden/bei Plouénan, Tel. 02.98.69.50.59. Auf dem Bauernhof ca. 10 km südlich von St-Pol (D 75) werden zwei einfache, aber saubere Zimmer zu Preisen um 40 € vermietet. Die nette, ältere, aber sehr vitale und gesprächige Bäuerin spricht neben französisch fließend bretonisch. Wer gern alte Geschichten hört, ist hier gut aufgehoben.

Essen und Trinken

- **Le Kreisker,** Rue de Général Leclerc 34, Tel. 02.98.69.01.45. Das Bar-Café-Restaurant direkt gegenüber der Notre-Dame du Kreisker bietet von einfachen Mahlzeiten bis zu Menüs ab 9,90 € viele Variationen.
- **Auberge de Pen ar Prat,** Route de Plouénan, Tel. 02.98.29.07.33. Jean-Paul und Marie Le Gall bieten im rustikalen Rahmen neben verschiedenen Menüs ab 15 € als Spezialität Spanferkel vom Bio-Bauernhof auf dem Holzkohlegrill.
- **Crêperie/Salon de Thé Les Fromentines,** Rue Cadiou 18, Tel. 02.98.69.23.52. Ca. 100 m unterhalb des Kreiskers werden Crêpes, Salate und Eisbecher angeboten. Die Spezialität sind Algencrêpes.
- Einkaufstipp für Kuchenfreunde: Einen wirklich hervorragenden Far breton gibt es in der **Boulangerie du Kreisker,** ca. 50 m unterhalb des Kreiskers in der Rue Cadiou.

Sonstiges

- **Segeln, Surfen, Kayak:** *Centre Nautique de St-Pol-de-Léon,* Rue Ste-Anne, Tel. 02.98.69.07.09. Ein großes Wassersport-Ausbildungszentrum am Ende des Hafendammes (Le Sillon) mit einem Kursangebot für Kinder, Jugendliche und Erwachsene auf Surfbrett, Optimist, Jolle und Sportkatamaran. Ebenfalls Verleih dieser Sportgeräte und Kayaks (auch stundenweise).
- **Markt:** Dienstags auf dem Place de la Mairie.
- **Reiten:** Centre Le Mouster, Tel. 02.98.69.51.48, Ausritte am Strand und ins Inland.

Anreise/Weiterreise

- **Mit dem Bus:** Ein Bus fährt fünfmal täglich nach Morlaix und Roscoff. Die Haltestelle befindet sich direkt am Kreisker.
- **Mit dem Zug:** Eine Zugverbindung gibt es zweimal täglich nach Morlaix und Roscoff.

Umgebung von St-Pol-de-Léon

Château de Kerjean

↗ VIII/B2

Louis XIII. nannte es eines der schönsten Herrenhäuser seines Reiches. Das aus dem späten 16. Jh. stammende Renaissance-Schloss liegt inmitten eines 20 ha großen Parks nahe beim Dorf St-Vougay, ca. 14 km südwestlich von St-Pol-de-Léon (D 788 zuerst in Richtung Landivisiau, dann in Richtung Lesneven; beschildert).

Eine abweisende, quadratisch das Schloss umfassende **Festungsmauer** erinnert daran, dass einst die Religionskriege das Leben unsicher machten. Durch ein mit vielfältiger Ornamentik gestaltetes **Hauptportal** erreicht man einen großen Innenhof, um den herum die drei Flügel des Schlosses angelegt wurden. Der Ostteil des **Hauptgebäudes** zeigt noch die Spuren der Verwüstungen eines Brandes im 18. Jh.

Während der Revolution wurde ein Teil der Nationalgarde hier untergebracht, die Schlossherrin wurde guillotiniert und das Mobiliar versteigert. Seit 1911 sind die Gebäude in staatlichem Besitz.

Die Schlossbesichtigung umfasst mehrere Säle, die Kapelle, die Küche sowie das **Musée du Mobilier régional,** in dem neben traditionellen Möbeln (kein Schlossmobiliar) auch Kleidung und Trachten der letzten drei Jahrhunderte ausgestellt sind. Eine **Diashow** zeigt die Geschichte des Schlosses und seiner Umgebung. Während der Sommermonate wird durch Ausstellungen und Theateraufführungen die Kultur des 17. und 18. Jh. lebendig dargestellt. Besonders eindrucksvoll ist hierbei eine **nächtliche Führung** durch die Gebäude mit einer Theatergruppe, die die historischen Räume originalgetreu mit Leben füllt.

Öffnungszeiten: 13.6.–30.6. und 1.9.–15.9. täglich 10–18 Uhr (dienstags geschlossen). Vom 1.7.–31.8. täglich 10–19 Uhr. Der Eintritt kostet für Erwachsene 3 € und für Kinder 1,50 €. Informationen über Theateraufführungen und Ausstellungen unter Tel. 02.98. 69.93.69.

Château de Kérouzéré

↗ VIII/B2

Ca. 1 km nördlich des kleinen Ortes Sibiril, 5 km westlich von St-Pol (D 10 in Richtung Plouescat), weist eine Allee den Weg zu der märchenhaft erscheinenden Burg aus dem 15. Jh.

Während der Religionskriege wurde die Burg beschädigt, weshalb heute von ursprünglich vier Wehrtürmen der Südwestturm fehlt. Die Besichtigung der Räume und Säle ist in der Saison unter Führung mehrmals täglich möglich, sonst nur zweimal pro Woche. Die Zeiten sind beim Office de Tourisme in St-Pol-de-Léon, Roscoff und Plouescat zu erfahren. Eintritt: Erwachsene 3 €/Kinder 1,50 €.

Roscoff

↗ VIII/B1

Für mehr als 300.000 Durchreisende pro Jahr ist Roscoff nichts weiter als ein **Fährhafen** auf dem Weg nach England oder Irland. Dass Roscoff eine historisch interessante und architektonisch sehenswerte Altstadt besitzt, können die Fährschiffreisenden kaum vermuten, denn der 1973 erbaute, sehr funktionelle, aber ästhetisch wenig ansprechende neue Fährhafen Port du Bloscon ca. 1 km östlich des Altstadtzentrums außerhalb der Stadt ist direkt an die Hauptverkehrsader nach Morlaix (D 58) angebunden, sodass der eilige Autoreisende vom wahren Roscoff nichts sieht.

Und er versäumt etwas, denn Seeräuberei und Kolonialhandel, aber auch Fischerei und ozeanografische Forschung haben dem im 16. Jh. erstmalig mit einer langen Steinmole befestigten Hafen ein markantes Profil gegeben. Der Wohlstand der Reeder, Händler, Juristen, aber auch der Piraten-Kapitäne des 16., 17. und 18. Jh. spiegelt sich wider in aufwendig gebauten **Granit-Häusern,** deren Fassaden mit fantasievollen Steinmetzarbeiten dekoriert sind, wie z.B. in der Rue Armand-Rousseau und am Place Lacazé-Duthiers nahe dem alten Hafen unweit der Kirche.

Das Gotteshaus **Notre-Dame-de-Kroaz-Batz** ist allein schon die Anreise wert, denn kaum eine andere bretonische Kirche besitzt einen so originell gebauten Glockenturm. Auf fünf Etagen verteilt, bilden nach oben hin immer kleiner werdende, teils freistehende Rundtürmchen eine luftige Einheit, in der vier Glocken frei sichtbar den Ton angeben. Finanziert wurde das aufwendige Bauwerk aus dem frühen 16. Jh. von Kaufleuten und Korsaren, deren gewinnbringende Caravellen, in Stein gehauen, die Außenwände der Kirche schmücken.

In der Rue Amiral-Réveillère am alten Hafen befindet sich eines der bekanntesten Häuser der Stadt, das **Maison de Marie Stuart,** von dem es heißt, dass die Prinzessin im Alter von sechs Jahren hier auf der Durchreise übernachtet hat, bevor sie mit François II. verlobt wurde. Leider bestätigen die Stadtarchive die Existenz des Hauses im Jahre 1548, dem Jahr der Verlobung, nicht. Dennoch ist das fast festungsähnliche Gebäude mit seinem von Arkaden umgebenen Innenhof sehenswert.

Zu England hatte Roscoff schon immer bessere Beziehungen als andere bretonische Häfen, denn von hier aus wurde das auf der Insel beliebte französische Gemüse verschifft, insbesondere Zwiebeln, Knoblauch und Artischocken. Die Zwiebel war es schließlich, die in den ersten drei Jahrzehnten des 20. Jahrhunderts auch ärmeren Roscoviten (so nennen sich die Einwohner von Roscoff) ein Auskommen ermöglichte. Eine neue Verkaufsmethode hatte sich durchgesetzt: Etwa 20 Zwiebelbauern taten sich jeweils zusammen, charterten einen kleinen Frachtensegler und brachten ihre in England beliebten Knollen dort selbst zum Endverbraucher. Die **französischen Zwiebelverkäufer,** *Johnnies* ge-

057br Foto: wk

Bretonische Musik auf dem Pier

nannt, zogen mit Fahrrädern, beladen mit Zwiebelsäckchen, in südenglischen Häfen von Portsmouth bis Penzance von Haus zu Haus und strichen so den Verdienst der Zwischenhändler selbst ein. Gegen 1930 zogen so ca. 1300 Johnnies aus Roscoff und Umgebung in England von Tür zu Tür. Nach einigen Jahren Verkaufserfahrung sprachen viele Johnnies so gut englisch, dass sie im Handel zwischen Frankreich und England einträglichere Geschäfte als den Verkauf an der Haustür beginnen konnten.) Im Museum **Maison des Johnies et de l'oignon rosé,** 48 rue Brizeux nahe der Chapelle Saint Nicolas, Tel. 02.98.61.25.48, wird die Geschichte des roscovitischen Seehandels anschaulich dargestellt. Geöffnet von 18.6. bis 16.9., von Montag bis Freitag 11–14 und 15–17 Uhr. Vom 17.9. bis 17.6. dienstags ab 10.30 Uhr und donnerstags ab 14.30 Uhr. Eintritt 4/2,50 €.

Seit 1974 hat der Gemüsehandel, vor allem aber der Personentransport von und nach England und Irland, eine neue Dimension bekommen. Ein Geschäftsmann aus Roscoff gründete da-

mals die Reederei „Brittany-Ferries“, die seitdem mehrmals wöchentlich mit großen **Fährschiffen** die Verbindungen zwischen Roscoff und Plymouth sowie Roscoff – Cork/Südirland herstellt. Die so geschaffenen Arbeitsplätze wurden dringend benötigt, denn die Fischerei konnte schon in den 1970er Jahren nicht mehr allzuviele Familien ernähren. Heute haben sich die verbliebenen **Fischer** von Roscoff (ca. ein Dutzend Schiffe) auf den Fang von Krustentieren, vor allem auf Taschenkrebse, spezialisiert. Der Absatz

- ★ 1 Thalassotherapie-Zentrum Roc Froum
- ★ 2 Institut de Recherche Scientifique Océanographique
- 3 Hôtel d'Angleterre
- 4 Eglise Notre-Dame de Kroaz-Batz
- 5 Hôtel/Restaurant Les Chardons Bleus
- ★ 6 Maison de Maria Stuart
- 7 Fähranleger nach Ile de Batz bei Niedrigwasser
- 8 Fähranleger nach Ile de Batz bei Hochwasser
- 9 Office du Tourisme
- 10 Segelschule
- 11 Hôtel/Restaurant Les Alizés
- 12 Fahrradverleih
- • 13 Bahnhof
- 14 Hôtel/Restaurant Le Brittany
- 15 Chapelle Sainte-Barbe
- 16 Fähren nach England und Irland
- ★ 17 Jardin Exotique

des Fangs ist ganzjährig gesichert, denn neben den zahlreichen Restaurants und zum Teil sehr luxuriösen Hotels gibt es zwei **Thalassotherapie-Zentren,** *Roc Kroum* und *Ker Léna,* die auch in den Wintermonaten nicht über mangelnde Kundschaft klagen können. Im Jahre 1899 wurde in Roscoff von *Dr. Louis Bagot* das erste Thalassotherapie-Zentrum Frankreichs errichtet. Die keimtötende, regenerierende Wirkung des Meerwassers wird in verschiedenen Anwendungen ausgenutzt. Die Ernährung beinhaltet Produkte des Meeres.

Diejenigen, die über meeresbiologische Zusammenhänge mehr erfahren wollen, wenden sich in Roscoff an das **Institut de Recherche Scientifique Océanographique** am Place Georges Teissier (Tel. 02.98.29.23.23). Das meeresbiologische Forschungsinstitut verfügt über ein Informationszentrum mit großem Aquarium, das eine Direktverbindung zum Meer besitzt. In 40 Becken ist die Fauna und Flora des Nordatlantiks zu bewundern: Seepferdchen, Conger, Kraken, Katzenhaie und viele andere Fischarten.

Weitere Sehenswürdigkeiten sind die schlichte, als Navigationshilfe weiß getünchte **Chapelle Ste-Barbe** von 1619 auf einer felsigen Halbinsel östlich des alten Hafens sowie der **Jardin Exotique** südlich des modernen Fährhafens Port du Bloscon, ein botanischer Garten mit einer Vielfalt an außereuropäischen Pflanzen. Der Garten ist ganzjährig geöffnet. Eintritt 5/3 €.

Praktische Hinweise

Information

- **Office de Tourisme,** Rue Gambetta 46, 29681 Roscoff, Tel. 02.98.61.12.13, Fax 02.98.69.75.75, www.roscoff-tourisme.com

Unterkunft

Roscoff verfügt über 15 Hotels, alle in mittlerer bis gehobener Kategorie einzuordnen.

- **Château-Hôtel Le Brittany€€€,** Boulevard Ste-Barbe, Tel. 02.98.69.70.78. Topadresse am Meer östlich des alten Hafens. Das burgähnliche Granitgebäude aus dem 17. Jh. beherbergt 25 Zimmer mit jedem wünschenswerten Komfort. Sauna und Schwimmbad inklusive. Geöffnet von Ostern bis Ende November.
- **Hôtel/Restaurant Les Chardons Bleus€€,** Rue Amiral Réveillère 4, Tel. 02.98.69.72.03. Das sehr gut geführte Haus befindet sich im Zentrum nahe der Kirche. 10 gepflegte Zimmer. Geöffnet ist von April bis Januar.
- **Hôtel d' Angleterre€,** Rue Albert de Mun 28, Tel. 02.98.69.70.42. Ebenfalls zentral gelegenes, in Granit gebautes, burgähnliches Gebäude mit 40 zum Teil sehr komfortablen Zimmern. Geöffnet ist von Ostern bis Mitte Oktober.
- **Hôtel Les Alizés€,** Quai d' Auxerre, Tel. 02.98.69.75.90. Am alten Hafen, nahe der Segelschule, ganzjährig geöffnetes Mittelklassehotel mit 18 gepflegten Zimmern.
- **Camping Penharidy,** Tel. 02.98.69.70.86. Auf der gleichnamigen Halbinsel ca. 2 km westlich der Stadt am Meer. 200 Stellplätze leider fast ohne Vegetation, mittlerer Sanitärstandard.

Essen und Trinken

- **Le Yachtman,** Boulevard Ste-Barbe, Tel. 02.98.69.70.78. Das Spitzenrestaurant gehört zum Hôtel Le Brittany. Im eleganten Speisesaal mit Meerblick werden Menüs ab 35 € angeboten.
- **Les Chardons Bleus** im gleichnamigen Hotel. Regional bekanntes Speiselokal für Fischmenüs und Fruits de Mer, von Einheimischen empfohlen. Preise ab 25 €.
- **Le Surcouf,** Rue A. Réveillère 14, Tel. 02.98.69.71.89. Zentral gelegenes, im Stil der 1920er Jahre eingerichtetes Speiselokal mit variantenreichen Menüs ab 15 €.
- **Crêperie La Chandeleur,** Rue A. Réveillère 34, Tel. 02.98.69.70.23. Nette Crêperie in Hafennähe mit sehr gutem Preis-Leistungsverhältnis. Spezialität: Crème-fraîche-Backapfel, mit Calvados flambiert.

Sonstiges

- **Segeln:** *Centre Nautique*, Quai Charles de Gaulle, Tel. 02.98.69.72.79.
- **Zwiebelmuseum:** La Maison des Johnnies, 48, Rue Brizeux, Tel. 02.98.61.25.48. Interessante Darstellung der Vermarktung der bretonischen Zwiebeln in England durch die „Johnnies".
- **Tennis:** *Club*, Tel. 02.98.61.23.73.
- **Fahrradverleih:** *F. Desbordes*, Rue Brizeux 13, Tel. 02.98.69.72.44; und am SNCF-Bahnhof, Rue R. Morvan, Tel. 02.98.69.70.20.
- **Thalado:** Av. Victor Hugo 5, Tel. 02.98.69.77.05. Ein Algeninformationszentrum mit Film- und Diavorführungen über die Biologie der Algen und deren Nutzen für die Ernährung des Menschen. Verkauf von Algenprodukten.
- **Stadtbesichtigung:** „Le Petit Train". Mit einem Mini-Zug wird in den Sommermonaten eine 40-minütige kommentierte Stadtrundfahrt ab dem Parkplatz am alten Hafen durchgeführt. Insbesondere für Familien mit Kindern empfehlenswert. Für Erwachsene kostet die Fahrt 4 €, Kinder 3 €.
- Besuch der **Fischversteigerungshalle** am neuen Fährhafen, Port de Bloscon.
- **Markt:** Mittwochs am Quai d'Auxerre.

Anreise/Weiterreise

- **Mit dem Zug:** Zweimal täglich gibt es eine Zugverbindung nach Morlaix, Gare SNCF, Tel. 02.98.69.70.20.
- **Mit dem Bus:** Fünfmal täglich gibt es eine Verbindung nach Morlaix. Die Haltestelle befindet sich am Hafen, Quai d'Auxerre.
- **Fähren:** Compagnies Associées de l'Ile de Batz, Tel. 02.98.61.78.87 oder 02.98.61.77.75. Von Ende Juni bis Mitte Sept. immer halbstündlich ab 8 Uhr bis 20 Uhr vom alten Hafen von Roscoff, sonst während der restlichen Zeit 6- bis 10-mal pro Tag, Preise: 7/4 € und 6 € für Fahrräder (siehe auch „Ile de Batz, Anreise/Weiterreise").

Der Anleger befindet sich gezeitenabhängig am Anfang oder Ende der langen Mole am alten Hafen. Die Hin- und Rückfahrt kostet für Erwachsene 4,50 € und für Kinder 2,30 €. Ebenfalls angeboten werden Fahrten durch die Baie de Morlaix.

Die **Reederei Brittany Ferries** mit Sitz im Port du Bloscon (Nouveau Port) ca. 2 km östlich des Zentrums betreibt Fährlinien mit Autotransport täglich nach Plymouth in Südengland und zweimal wöchentlich nach Cork in Südirland und Santander in Nordspanien. Tel. 02.98.29.28.00.

Ile de Batz

↗ VIII/B1

Die 700 Bewohner der kleinen Insel nennen sie lieber *Enez Vaz*, wie ihr bretonischer Name lautet, denn sie sind zuallererst Bretonen und erst an zweiter Stelle Franzosen. Die etwa 3,5 km lange und 1 km breite Insel liegt etwa 2 km nördlich des Hafens von Roscoff.

Batz ist vor allem eine **erholsame Insel,** auf der scheinbar die Uhren langsamer laufen. Autos sind seltener als Traktoren, denn wichtiger als der Personenverkehr ist der Transport von Gemüse und Blumen, einer wichtigen Einnahmequelle der Inselbewohner. Artischocken, Kartoffeln, Blumenkohl, Tomaten, Endivien und Knoblauch gedeihen prächtig, denn das **Klima** wird stark vom Golfstrom bestimmt (durchschnittlich nur zwei Frosttage jährlich). Die Vegetation ist hier in der Regel der des Festlandes um einen Monat voraus. Die Bauern betreiben eine weitgehend **ökologisch orientierte Landwirtschaft,** bei der Meeresalgen zur Düngung verwendet werden. Über zwei Drittel der leicht hügeligen Insel (der Leuchtturm Grand Phare steht auf der mit 26 m höchsten Erhebung) sind mit Gemüsefeldern bedeckt. Schmale Straßen und Wege durchkreuzen die unregelmäßig angelegten Felder und verbinden die Dörfchen der Insel miteinander.

Wie die meisten kleinen Weiler, liegen auch die Hauptorte der Insel, **Porz Kernoc'h und Créac'h-Bolloc'h,** auf der dem Festland zugewandten Südhälfte. Entlang der Nordküste erstreckt sich nur von Schafen genutztes Grasland. Hier befinden sich auch einige **Sandstrände,** die auch im Hochsommer ruhig bleiben. Zu den schönsten gehört der 500 m lange Grève Blanche an der Nordostküste. Daneben gibt es noch etwa 30 felsenumgebene Sandbuchten, gleichmäßig um die Insel verteilt.

Die Ruhe der Insel suchte auch *Georges Delaselle*, der 1897 todkrank aus Paris hierherzog. Seine Ärzte gaben ihm noch zwei Jahre zu leben, die er einem lange gehegten Wunsch widmen wollte, dem Anlegen eines subtropischen Gartens. Freunde besorgten ihm unterschiedlichste Pflanzen

★ 1 Toul ar Sarpent (Schlangenloch)
△ 2 Camping Municipal
H 3 Le Grand Hôtel Morvan
★ 4 Marine-Funkstation
J 5 Jugendherberge
★ 6 Jardin Georges Delaselle
ii 7 Chapelle Sainte-Anne

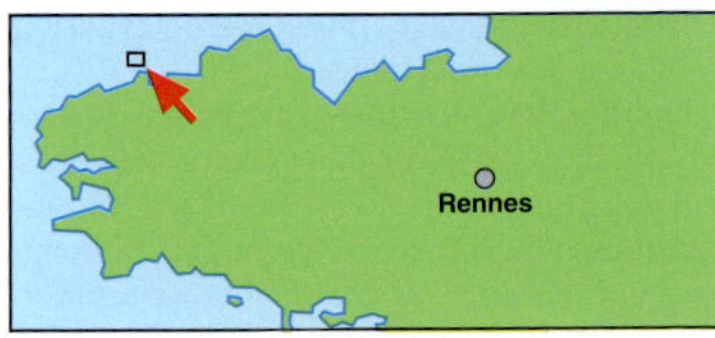

aus subtropischen Regionen der Erde. *Delaselle* gelang es, im milden Klima der Insel einen Garten anzulegen, der seinesgleichen auf dem Kontinent suchte. Offensichtlich schöpfte er aus dieser kreativen Tätigkeit in gesunder Umgebung so viel Kraft, dass er schließlich sogar seine Ärzte überlebte. Der **Jardin Georges Delaselle** (auch *Jardin Colonial* genannt) liegt im äußersten Südosten der Insel. Hier wachsen Palmen, Zypressen, Mimosen, Feigen, Eukalyptus und andere exotische Pflanzen.

Vom 1.4. bis 30.6. und 1.9. bis 1.11. 14–18 Uhr geöffnet, außer dienstags. Juli und August, täglich 13–18.30 Uhr. Stündlich Führungen. Tel. 02.98.61. 75.65. Eintritt 4/2 €.

Im Westen der Insel kann der **Leuchtturm** besichtigt werden. 43 m hoch ragt der Granitturm, der 1836 errichtet wurde, auf. 209 Stufen führen zur Lampenetage, in der, 69 m über dem Meeresspiegel, zwischen Sonnenuntergang und Sonnenaufgang alle 25 Sekunden 4 weiße Blitze die Navigation im westlichen Ärmelkanal erleichtern. Geöffnet Juni bis September auf Anfrage, Tel. 02.98.61.75.70, Eintritt 2/1 €.

Wanderwege führen entlang der Küste rings um die Insel (insgesamt 9 km). Knapp 1 km westlich vom

058br Foto: wk

Der Hafen der Ile de Batz

Leuchtturm führt der Rundweg zu einem länglichen Felsen, dem **Toul ar Sarpent** oder Trou du Serpent (Schlangenloch). Hier besiegte der Legende nach *Saint Pol*, einer der wundertätigen Mönche, die im 5. und 6. Jh. begannen, die Bretagne zu christianisieren, den Inseldrachen, der bis dahin die Bevölkerung terrorisiert hatte. *Saint Pol* (oder *Pol-Aurélien*) gründete im Osten von Batz, in der Nähe des Dörfchens Pen-Baz und des heutigen Jardin Georges Delaselle, im 6. Jh. ein kleines Kloster, auf dessen Grundmauern im 12. Jh. die **Chapelle Sainte-Anne** errichtet wurde. Die heute noch erhaltenen Ruinen stammen von dieser Kapelle.

Praktische Hinweise

Information

- **Office de Tourisme,** 29253 Ile de Batz, Tel. 02.98.61.75.70, Fax 02.98.61.75.85, www.iledebatz.com.

Unterkunft

- **Hôtel-Restaurant Le Grand Hôtel Morvan€,** Porz Kernoc'h, Tel. 02.98.61.78.06. 38 Zimmer, geöffnet vom 1.2. bis 31.11. Sehr schön ist die Terrasse des Restaurants mit Blick auf den Hafen.
- **Auberge de Jeunesse Internationale Marine,** Creac'h Bolloc'h, Tel. 02.98.41.90.41. Neben Schlafgelegenheiten werden hier Wassersportmöglichkeiten für Jugendliche bis zu 18 Jahren angeboten. Zudem gibt es Kurse in traditioneller bretonischer Musik. Geöffnet vom 1.4. bis zum 30.9.
- **Camping Municipal,** Tel. 02.98.61.77.76. Die Anlage ist zwar einfach, dafür aber direkt am Strand, nördlich vom Leuchtturm. Etwa 50 Stellplätze. Anmeldung in der Mairie in Porz Kernoc'h.

Essen und Trinken

- **Restaurant Roch Ar Mor,** Porz Kernoc'h, Tel. 02.98.61.78.28.
- **Crêperie-Restaurant-Salon de Thé Les Couleurs du Temps,** Porz Kernoc'h, Tel. 02.98.61.75.75. Empfehlenswertes Lokal mit schöner Terrasse mit Meerblick. Besonders gut: der bretonische Gemüseeintopf Kig Ha Farz. Geöffnet von Ostern bis zum 30.9.

Sonstiges

- **Fahrradverleih:** *M. Le Saout,* am Fähranleger, Tel. 02.98.61.77.65.
- **Reiten:** *Les Ecuries de Batz,* Tel. 02.98.61.78.91, organisiert Inselrundritte mit Führung.

Anreise/Weiterreise

- Ganzjährig verkehren mindestens 7-mal täglich **Personenfähren** zwischen Roscoff und Porz Kernoc'h. Die Schiffe legen bei Hochwasser von der Mole im alten Hafen Roscoffs, bei Niedrigwasser vom Ende der großen Landungsbrücke (L'Estacade) ab. Die Fahrt dauert 15 bis 20 Minuten. Preise (Hin- und Rückfahrt) 7/4 €.

Auskunft und Tickets bei **Armein,** Tel. 02.98.61.77.75, www.armein.fr; **Armor Excursions,** Tel. 02.98.61.79.66, www.vedettes.armor.ile.de.batz.fr; **CFTM,** Tel. 02.98.61.78.87, www.vedettes-ile-de-batz.com. Vom 15.10. bis 31.3. fahren die Fähren 7-mal täglich alle 1½ Std. in beiden Richtungen. Im April, Juni, September und Oktober 10-mal täglich und im Juli und August jede halbe Stunde. Zum Glück handelt es sich nur um kleine Fähren für Fußgänger.

Ile de Siec

↗ VIII/B1

Etwa 5 km westlich von Roscoff liegt vor dem Küstendorf **Dossen** (auf der D 58 bis St-Pol-de-Léon, dann rechts ab) die kleine, kahle, aber für eine Wanderung reizvolle Insel Siec. Der Ort Dossen, von dem bei Niedrigwasser die Insel zu Fuß über die bei Hochwasser überspülte Sandbank erreichbar ist, lässt sich von Roscoff aus, entlang der Küste wandernd, erreichen.

Ile de Siec, etwa 1 km lang, wird von zwei Familien und einigen Schafen bewohnt. Ein ideales Ziel zur Entspannung, keine Läden, keine Autos, keine Hotels. Man sollte sich allerdings mit den Gezeiten vertraut machen (Gezeitentabelle an der Hafenmeisterei von Roscoff), um auf dem Rückweg nicht schwimmen zu müssen. Spätestens zwei Stunden nach Niedrigwasser muss man wieder am Festland sein. Wenn man etwa zwei Stunden vor Niedrigwasser (frz. *basse mer*) auf die Insel geht, bleiben einem vier Stunden.

Plouescat

↗ VIII/A2

Wer nur auf der Durchreise ist, der wird sich wohl mit einer kurzen Besichtigung der aus dem 15. Jh. stammenden schiefergedeckten **Markthalle** mit ihrem imposanten eichenen Dachgestühl begnügen. Die als „Monument historique" eingestufte Halle, früher im Besitz der Grafen von Kérouzéré, bildet jeden Samstagmorgen das Zentrum eines bunten Marktes.

Fischer im Boot

Zwar bietet die Kleinstadt nicht viel kulturhistorisch Sehenswertes, doch bildet sie einen günstigen Ausgangspunkt, um von einer ruhig gelegenen Basis aus **Ausflüge** zum Beispiel in die umfriedeten Pfarrbezirke (frz. *enclos paroissiaux*) nach Le Folgoët, nach Brest oder Morlaix oder an die Côte des Abers zu machen; alles im Radius von maximal 40 km. Die etwa 4 km vom Ortszentrum gelegenen **Strände** besitzen zwar kein mondänes Flair, dafür aber Natur pur und nur dünne Besiedelung im Hinterland.

Unmittelbar am Meeresufer befindet sich am Strand von Kernic unweit des Plage de Pors Meur eine sehenswerte megalithische Kultstätte aus dem 3. Jahrtausend v. Chr., der Dolmen von **Créac'h-ar-Vren.** Die jungsteinzeitliche Anlage unterscheidet sich von anderen vor allem durch das steinerne Oval, das den zentralen Dolmen umgibt. In der näheren Umgebung stehen die **Menhire von Cam-Louis und Lannerien.** Im kleinen, bei Niedrigwasser trockenfallenden **Fischerhafen Pors-Guen** liegen keine Yachten, und am südlich angrenzenden sehr schönen Sandstrand Pors-Meur gibt es keine Animationsangebote und keine Hot-Dog-Buden. Für manchen Reisenden ein Grund mehr, genau hier ein paar Tage zu verbringen.

Insgesamt 10 **Strände,** manche in winzigen Felsbuchten gelegen, verteilen sich auf etwa 5 km Küstenlinie. Bei Strandseglern besonders bekannt ist die **Baie du Kernic,** wo auf fast 2 km Länge die windgetriebenen Rennmaschinen eine ideale Strandpiste finden. Westlich der Baie du Kernic ändert sich die Küstenlandschaft urplötzlich, keine Felsen mehr, keine Buchten, sondern eine auf ca. 7 km Länge sich hinziehende Dünenlandschaft, genannt **Dunes de Keremma.** Die Chapelle de Keremma am Ufer war lange Zeit von Sand begraben. Der Küstenstreifen wurde zwar zum Naturschutzgebiet erklärt, doch durfte ein Campingplatz in Strandnähe errichtet werden.

Praktische Hinweise

Information

- **Office de Tourisme,** Rue Saint-Julien 3, 29430 Plouescat, Tel. 02.98.69.62.18, www.tourisme-plouescat.com.

Unterkunft

- **Hôtel La Caravelle**€-€€, Rue du Calvaire 20, Tel. 02.98.69.61.75. Das ganzjährig geöffnete Mittelklassehotel im Ortszentrum besitzt 16 geschmackvoll eingerichtete Zimmer.
- **Camping:** Die beiden Plätze nördlich bzw. westlich des Ortes *Camping municipal Poulfoën* und *Camping municipal de la Baie du Kernic* liegen zwar in Strandnähe, bieten aber wenig Schutz oder Schatten. Empfehlenswerter ist der Platz *Camping municipal de Keremma* ca. 6 km westlich von Pluescat (D 10 in Richtung Lesneven) in einer einzigartigen Dünenlandschaft, Tel. 02.98.61.62.79. 250 Stellplätze verteilen sich auf etwa 2 ha Fläche, die durch Bäume und Sträucher aufgelockert ist. Strandnähe, gute Versorgungs- und Sanitäreinrichtungen machen den Platz zur ersten Wahl in der Gegend. Geöffnet ist vom 1.6. bis 15.9.

Essen und Trinken

- **Restaurant L'Azou,** Rue du Général-Leclerc 8b, Tel. 02.98.69.60.16. Das direkt an der Kirche gelegene Restaurant ist die erste Adresse für Fruits de Mer und Fisch-Menüs ab 12,15 **€**.
- **Crêperie La Dentelière,** Rue du Général-Leclerc 20, Tel. 02.98.69.61.84. Nette, einfache und preiswerte Crêperie im Zentrum.
- **Crêperie Ar Porsguen-Chez Mimi,** Am Hafen Pors-Guen, Tel. 02.98.69.68.04. Was die Bar und Crêperie besonders interessant macht, ist der zum Haus gehörige Boules-Platz, der Gästen für das urfranzösische Kugelspiel zur Verfügung steht.

Sonstiges

- **Segeln/Strandsegeln:** Im *Centre Nautique Municipal*, Tel. 02.98.69.63.25, werden unter anderem auch Lehrgänge im Strandsegeln angeboten. Auch die Ausleihe der Sportgeräte ist möglich.
- **Tennis:** 2 Plätze im Zentrum (Tel. 02.98.69.62.18) und 4 Plätze in Pors-Guen am Hafen (Tel. 98 69. 86.36).
- **Fahrradverleih:** *Cycle Le Duff*, Rue de Brest 34, Tel. 02.98.69.88.73.

Umgebung von Plouescat

Château de Maillé

↗ VIII/A2

Ca. 4 km südlich von Plouescat (D 30 in Richtung Mengleuz bzw. Landiviseau) befindet sich das 1550 erbaute Herrenhaus rechts der Straße (beschildert). Die lange Fassade der im 19. Jh. angebauten Wohnräume kontrastiert mit den älteren, im Renaissance-Stil errichteten Gebäudeteilen. Eine Besichtigung lohnt wegen der aufwendigen, großen Wandmalereien, die im 17. Jh. entstanden sind. Öffnungszeiten: 1.7.–15.9. von 10 bis 18 Uhr, montags geschlossen, Tel. 02.98.61.44.68.

Château de Kergornadeac'h

↗ VIII/B2

Ein Besuch kann mit dem von Château de Maillé gut verbunden werden, denn das Château de Kergornadeac'h befindet sich nur ca. 4 km entfernt. Man fährt die D 30 weiter bis kurz vor Mengleuz, dann links ab in Richtung Quéran. Nach etwa 1,5 km erscheint links der Straße das Château, besser gesagt die Ruine des Schlosses, denn das 1630 entstandene Gebäude wurde im Jahre 1760 von seinem Besitzer aufgegeben. Kriege und der Zahn der Zeit haben ihre Spuren hinterlassen. Am besten erhalten sind die vier runden Wehrtürme, die die Ecken der rechteckigen Anlage befestigen. Zwar gibt es keine offizielle Besichtigung, aber auch die Außenansicht lohnt die Anreise.

Enclos Paroissiaux (Die umfriedeten Pfarrbezirke)

Eines der typischen Kunstwerke bretonischer Dörfer ist der umfriedete Pfarrbezirk. In der Zeit des 16. und 17. Jh. wurden besonders im Nordwesten zahlreiche Komplexe dieser Art erschaffen.

Der umfriedete Pfarrbezirk ist eigentlich zunächst nichts anderes als das **Kirchengelände,** zu dem früher auch der Friedhof gehörte, der heute aber häufig an anderer Stelle angelegt wird. Allerdings war der gesamte Bereich von einer Mauer umgeben, also umfriedet.

Vier **charakteristische Bauwerke** kennzeichnen den Enclos paroissial. Der Eingang zum Pfarrbezirk führt durch die *Porte triomphale,* das Triumphtor. Zum Inneren des Enclos gehören dann noch die unübersehbare Kirche (*l'église*), das eher unscheinbare Beinhaus (*l'ossuaire*) und der *Calvaire,* der oft wenig treffend als Kalvarienberg übersetzt wird.

Triumphtore

Das Triumphtor ist meist ein sehr aufwendig gestaltetes monumentales Bauwerk, das dem Besucher des Pfarrbezirks auch heute noch recht deutlich werden lässt, ein besonderes Grundstück zu betreten. Die enge Verbindung der Bevölkerung zum katholischen Glauben wird hier besonders deutlich. Durchquerten die Bretonen einst das Tor, ließen sie den Alltag hin-

155br Foto: wk

ter sich und konnten in Ruhe Gott und verstorbenen Familienmitgliedern gedenken oder Freunden begegnen.

Trotz der Armut spendeten Bretonen oft ihren letzten Franc der Kirche, um ihren Glauben und ihre Hoffnung auf ein besseres Leben in großartiger Architektur zum Ausdruck zu bringen

Beinhäuser

Der Bau von Beinhäusern hatte weniger mit Religiösität als mehr mit praktischen Erwägungen zu tun. Die im Pfarrbezirk integrierten Friedhöfe litten zunehmend unter Platzmangel, sodass bei neuen Bestattungen alte Grabstätten genutzt werden mussten. Vielfach wurden dann aber noch Kno-

chen gefunden, die exhumiert und in einem extra zu diesem Zweck errichteten Gebäude, dem Beinhaus, aufbewahrt wurden. Belüftungsschlitze sorgten für akzeptable Luftverhältnisse. Später erweiterte man diese Gebäude oder baute größere, die, mit Schreinen versehen, zusätzlich als Kapelle dienten. In einigen dieser ehemaligen Beinhäuser sind heute kleine Museen zur lokalen Kirchengeschichte untergebracht.

Calvaires

Die Calvaires sind ein so typisch bretonisches Bauwerk, dass dieser Begriff schwer ins Deutsche übersetzt werden kann. Die übliche **deutsche Übersetzung „Kalvarienberg"** ist eigentlich falsch, zumindest aber irreführend. Von einem Berg ist bei diesen Denkmälern in aller Regel nichts zu finden. Vielmehr entstand der Begriff *calvaire* 1680, abgeleitet vom Wort *couvaire* (Schädel; vom Ende des 12. Jh.) und dem *calvariae locus* (Ort des Schädels) aus dem Kirchenlatein, der gleichbedeutend mit dem hebräischen *Golgatha* (Schädelstätte) ist, an der Jesus ans Kreuz geschlagen wurde.

In Granit gemeißelt oder durch aufgestellte Figuren, immer jedoch vom Kreuz Jesu überragt (oft wird sein Kreuz von den Kreuzen anderer Gekreuzigter flankiert), stellt der Calvaire die **Passionsgeschichte** dar. Calvaires erheben aber keinen Anspruch auf biblische Vollständigkeit, sondern zeigen meist in einfacher, rustikaler, aber sehr detaillierter Form und Gesichtskonturierung einzelne Szenen der langen Geschichte. Je nachdem, welche Episode den Bildhauer besonders beeindruckte, wurde diese stärker akzentuiert, andere dafür ausgelassen. Die Rangposition der Dargestellten ist durch die Figurengröße ersichtlich. Viele Figuren werden interessanterweise in der traditionellen Kleidung ihrer Entstehungszeit und nicht, histo-

061br Foto: eh

Der Calvaire von Pleyben

risch korrekt, in der Kleidung der dargestellten Epoche gezeigt.

Nun zu den fast immer **dargestellten Szenen:** Marias Vermählung, Verkündigung, Heimsuchung, Geburt von Jesus, Anbetung durch die Hirten und die Heiligen Drei Könige, Taufe, Einzug in Jerusalem, Abendmahl, Fußwaschung, der Ölberg, Judaskuss, Gefangennahme Jesu, Jesus vor Kaiphas und Herodes, Pilatus wäscht seine Hände, Geißelung und Dornenkrönung, Tragen des Kreuzes, Jesus stürzt unter der Last, Kreuzabnahme, Salbung und Grablegung, Auferstehung. Bei einigen Calvaires findet sich der Eingang in die Hölle als letzte Szene.

Oft stimmt die dargestellte Abfolge nicht mit der zeitlichen überein. Dies ist vermutlich ebenfalls mit künstlerischer Freiheit erklärbar, die einige Bildhauer dazu bewogen haben mag, bestimmte Szenen ausschließlich unter ästhetischen Gesichtspunkten zu komponieren.

Inmitten jedes Calvaire ragt das **Kreuz Christi** empor. In vielen Fällen wird es von den zwei Kreuzen der Schächer (der Begriff stammt aus dem Althochdeutschen und bedeutet „Räuber"), die mit ihm gekreuzigt wurden, flankiert.

Reiterfiguren als Symbol der Wächter oder Frauen stehen dem Kreuz Jesu nahe. In der Regel folgt dann eine Szene, in der Maria den Toten in ihren Armen hält, die **Pietà.** An einigen Calvaires sind auch Engel dargestellt. Auf dem großen Sockel des Calvaires, der von einer Balustrade umgeben ist, sind dann einzelne **Szenen der Leidensgeschichte** dargestellt. An den Ecken finden sich häufig kleine Nischen mit Statuen der Evangelisten. Ein Altar, der dem jeweiligen Schutzpatron der Kirche geweiht ist, befindet sich am Fuß des Sockels.

Früher wurde am Calvaire der **kirchliche Unterricht** abgehalten. Der Dorfpfarrer konnte seine Predigt sehr plastisch untermauern, indem er bei bestimmten Stellen auf die entsprechende Szene am Calvaire deutete.

Vermutlich lag der **Sinn dieser Calvaires,** die fast ausschließlich in ländlichen Gegenden zu finden sind, darin, der bodenständigen Landbevölkerung, die zur Blütezeit der Calvaires eher kirchenverdrossen war oder zu werden drohte, mit anschaulichen Darstellungen den katholischen Glauben nahezubringen. Dazu dienten sicherlich auch die Darstellungen von Ankou, dem Tod, der am Beinhaus, oft auch am Calvaire, als knöcherner Sensenmann ständig anwesend ist und jedem ins Gedächtnis ruft, wie vergänglich das eigene Leben ist.

Besonders **schöne Calvaires** findet man heute in Pleyben, Guimiliau, Plougastel-Daoulas, Plougonven, Saint-Thégonnec und Guéhenno.

Heute sind die Calvaires und die Enclos Paroissiaux zumindest im Sommer Anziehungspunkte für Tausende von **Touristen,** gleichzeitig aber immer noch Orte der christlichen Besinnung. Rücksichtnahme auf Kirchgänger und Zurückhaltung sollten selbstverständlich sein, werden aber leider oft vermisst.

Die Pracht der Calvaires und Enclos, die heute oft noch durch die flechten- und moosbewachsenen Granitsteine unterstrichen wird, gab Historikern Rätsel auf, da sie besonders in den kleinsten Orten extrem auffällig ist. Die Lösung ist jedoch recht simpel. Lange Zeit lagen viele **Gemeinden im Wettstreit** miteinander, ihren Pfarrbezirk möglichst pompös auszugestalten. Gab es im Ort X ein herrliches Tor, baute man schleunigst im Nachbarort Y einen mächtigen Calvaire und so fort. Besonders schöne Relikte dieser Wettbewerbe sind noch heute die Enclos von Saint-Thégonnec, Guimiliau und Lampaul-Guimiliau. Alle drei Orte liegen recht nahe beieinander, sodass die Möglichkeit besteht, sie an einem Tag zu besuchen. 1999 möglicherweise auch noch länger, werden in etlichen Kirchen umfangreiche Renovierungen durchgeführt. Mit großer Sicherheit sind dann bestimmte Bereiche nicht zu besichtigen bzw. einzelne Kunstwerke werden abgedeckt.

Lampaul-Guimiliau

↗ VIII/B3

Der kleine Ort zwischen Morlaix und Landerneau war im 16. und 17. Jh. wie etliche andere Orte der Umgebung wirtschaftlich von der Leinenverarbeitung abhängig. Märkte für ihre Produkte fanden die Händler vornehmlich in Südeuropa und in England. Im 18. Jh. wurde der Handel mit England gesperrt, und viele Orte versanken im Elend. Die Bürger Lampauls stellten ihre Produktion jedoch sehr rasch auf Gerberei um, sodass dem Wohlstand kein Abbruch getan wurde. Dieser Wohlstand drückte sich im Entstehen eines noch heute vollständig erhaltenen Pfarrbezirks aus, der von reichen Bauern und Händlern initiiert und vom Adel (u.a. den Familien *Cosquer* und *de la Salle*) finanziert wurde.

Der Enclos

Der Zugang zum Pfarrbezirk führt durch ein **Triumphtor,** das 1668 erbaut wurde. Die Besonderheit des Tores besteht in den drei Kreuzen, die (ähnlich einem Calvaire) auf der Oberseite stehen.

Der eigentliche **Calvaire** steht im Hof. Im Gegensatz zu anderen Beispielen dieser Bauwerke besteht er hier nur aus drei Kreuzen. Sie krönen eine Säule, die entfernt an einen Baumstamm erinnert. Jesus und die Schächer hängen an Kreuzen, während Engel wahrscheinlich blutauffangend dargestellt sind. Die Pietà auf der gegenüberliegenden Seite ist nur in Resten erhalten.

Guillaume Kerlezroux (er war auch am Bau des Kirchturmes von Pleyben beteiligt) errichtete 1667 das **Beinhaus,** das auch als Grabkapelle diente. Die Kapelle ist der Dreifaltigkeit geweiht. Im Inneren findet sich ein Auferstehungsaltar mit Heiligen-Statuen.

Die **Kirche** ist das eigentliche Prunkstück dieses Enclos. Markantes äußeres Merkmal der Kirche ist der merkwürdig stumpf endende Glockenturm (1573). Dies ist nicht etwa aufgrund einer besonderen architektonischen Eingebung so konstruiert worden, sondern spiegelt allenfalls die Macht des Himmels wieder. 1809 schlug ein Blitz in den Turm ein und zerstörte dessen Spitze.

1533 wurde im ersten Abschnitt des Baus die südliche Vorhalle errichtet, die noch heute von den 12 Apostelstatuen und einem Weihwasserbecken aus Kersanton-Stein geziert wird. Dieser Stein stammt aus der Gegend von Brest und eignet sich gut für Steinmetzarbeiten.

Im Inneren der Kirche fällt als erstes die relative Helligkeit auf, die sonst in vielen anderen Kirchen fehlt. Besondere Aufmerksamkeit verdient der Passionsaltar (links vom Chor) aus dem 17. Jh., dessen zentrales Hochbild nicht aus der Bretagne, sondern aus Flandern stammt. Rechts des Chores steht ein Altar, der Johannes dem Täufer gewidmet ist. Auch dieses Kunstwerk stammt aus dem 17. Jh. und zeigt Stationen aus dem Leben von Jesus.

Vor dem Hauptaltar im Langschiff befindet sich der Triumphbalken aus dem 16. Jh. Der Balken ist mit Schnitzereien versehen, die das Leben und Leiden Jesu darstellen (Westseite). Gegenüber findet sich eine Darstellung zur Weissagung des Lebens Jesu aus sibyllinischer Sicht.

Riesig erscheint der Taufstein als kleine Kapelle innerhalb der Kirche. Vermutlich durch achteckige italienische Taufkapellen angeregt, entstand um das eigentliche Becken (1651) herum eine hölzerne Umrandung mit beschnitztem Baldachin.

Die Pietà (1530), links vom Taufstein, besteht aus einer sechsköpfigen Figurengruppe, die aus einem Stück geschnitzt wurde.

Schließlich noch ein Blick auf die Grablegung (1676). *Antoine Chavagnac*, ein Bildhauer aus Brest, verwendete Kalkstein von der Loire für die 8 Figuren (von links nach rechts: Joseph von Arimathia, hl. Frau am Grab, Maria Magdalena, Maria, Johannes, hl. Frau am Grab, Gamaliel und Nikodemus), die sich halbkreisförmig um den liegenden Jesus gruppieren.

Die Töpferei direkt neben dem Pfarrbezirk bietet auserlesene Kunsthandwerkserzeugnisse zum praktischen Gebrauch an.

Guimiliau

⇗ VIII/B3

Der Name des kleinen Dorfes mit seinem bemerkenswert gut erhaltenen Enclos setzt sich aus *Gui,* was soviel wie Marktflecken bedeutet, und *Miliau,* gemeint ist der **Heilige Miliau,** zusammen. Dieser Heilige wird entweder als Prinz aus Aleth, einem Gebiet im Ille-et-Vilaine, oder als Missionar beschrieben, der im 5. bzw. 6. Jh. von den Britischen Inseln aufs Festland kam. Die lokale Legende erzählt, *Miliau* sei etwa im 6. Jh. der König von Cornouaille gewesen. Sein eigener Bruder *Rivode* enthauptete ihn, als seine Frau *Haurille* einen Sohn bekam und *Rivode* so um sein Erbe fürchten musste. Angeblich soll *Miliau* dann seinen Kopf in den Händen getragen haben.

Der Bau des Enclos geht auf das günstige Zusammenwirken von gottesfürchtigen Menschen in der Umgebung, wohlhabenden Mäzenen, vor allem unter den Grundbesitzern und Händlern, den Julots oder Tuchwebern, und dem künstlerischen Können der Werkstätten von Morlaix und Landivisiau, deren einzelne Architekten nicht bekannt sind, zurück.

Der Pfarrbezirk ist besonders wegen seines **Calvaires** besuchenswert. Hinter dem Triumphtor steht der Calvaire aus der Zeit 1581–1588. 200 Figuren stellen das Leben und Leiden Jesu dar, allerdings auch hier nicht chronologisch, sondern in einzelnen willkürlich aneinandergereihten Szenen. Beachtenswert ist die Darstellung über dem Abendmahl, die an *Catell-Gollet* erinnern soll. Die Magd Katharina hatte ihren sündigen Lebenswandel bei der Beichte verschwiegen und geriet in ihrem Leben in immer größere Schwierigkeiten. Die verwerflichste Tat war der Diebstahl einer Hostie, die sie ihrem vermeintlichen Liebhaber, tatsächlich war er der Teufel, übergab. Das Ende vom Lied war die Bestrafung der Magd, die nun ewig in der Hölle schmoren muss.

Das **Beinhaus** des Pfarrbezirks stammt aus der Mitte des 17. Jh. Von der Außenkanzel aus konnte der Pfar-

060br Foto: eh

Die Wehrkirche von Guimiliau

rer zu Allerseelen seine Predigt halten und natürlich besonders gebührend an Ankou erinnern.

Die **Kirche** beeindruckt durch ihre von der Gotik und Renaissance beeinflusste Vorhalle und ihre Wölbungen und Reliefs im Inneren. Auch hier wieder zu beiden Seiten der Eingangshalle die 12 Apostel. In der Altarwand ist der mittlere Bereich der Legende um *Miliau* gewidmet.

Insgesamt ist die Kirche recht schlicht gehalten, doch lohnt trotz dieser Schlichtheit vor allem ein Blick auf den Taufstein, der auch hier wieder als fast eigenständige kleine Kapelle erscheint.

Die Kanzel ist an den Ecken mit vier Sibyllen versehen, mystischen Gestalten, die weissagen können.

Saint-Thégonnec ↗ IX/C3

Der Ort trägt den Namen eines Heiligen, der mit dem Heiligen Paulus Aurelianus, dem Gründer des Bistums Léon, übers Land zog. Nach einer anderen Meinung war Saint Thégonnec ein Anhänger des Heiligen Guénolé, dem Abt von Landévennec. Die Bewohner erzielten ihren Wohlstand durch Papiermühlen, Flachs- und Leinenverarbeitung und Pferdezucht. Die Begüterten wollten, zumal sie religiös gefestigt waren, natürlich nicht hinter den Nachbarorten Guimiliau und Lampaul-Guimiliau zurückstehen und begannen ebenfalls mit dem Bau eines Pfarrbezirks.

Der **Triumphbogen** (1587) besteht aus vier mächtigen Pfeilern. Die beiden mittleren sind durch Arkaden verbunden. Sie tragen eine Reihe von Nischen mit muschelförmigem Dach. Unter dem mittleren Giebel sind Gott und die Jungfrau Maria mit Engeln dargestellt. Der Fries zeigt einen bretonischen Vers, der übersetzt „Heilige Maria, Du unsere Zuflucht, steh uns bei, wir flehen zu Dir, Du höchste Fürsprecherin der Sünder" lautet.

Das **Beinhaus** (1676) stammt von *Jean le Bescond*, einem Architekten aus Carhaix. Monumental zeigt sich dieses Meisterwerk bretonischer Baukunst. Lanzettfenster zieren die Apsis. Drei Glockentürmchen geben zusammen mit Laternen dem Ganzen eine herrliche Silhouette. Über der Tür befindet sich eine Statue *Pol de Léons*. Im Fries der beiden Stockwerke findet sich eine lateinische Inschrift, deren Übersetzung lautet: „Oh Sünder, tuet Buße, solange Ihr noch lebt, denn wir Toten haben dazu keine Gelegenheit mehr. Betet für uns Abgeschiedene, denn eines Tages werdet auch ihr gestorben sein. Dann ruhet in Frieden. Es ist ein guter und frommer Gedanke, für die verstorbenen Gläubigen zu beten. Requiescant in pace. Amen. Nodie mihi, cras tibi."

Im Inneren der Kapelle befindet sich ein Altar mit rotgoldener Retabel. Die Grablegung von 1702 stammt von *J. Lespaignol*.

Der **Calvaire** aus dem Jahr 1610 zeigt drei Kreuze. Jesus wird von Reitern flankiert, vier Engel fangen das Blut seiner Wunden mit Kelchen auf. Auf dem Quader unter den Kreuzen wird der Leidensweg Jesu in Figurengruppen dargestellt.

Die **Kirche** wird durch ihren mächtigen Glockenturm sichtbar, dessen Bau 1599 begann und erst 1623 endete. Der ursprüngliche Turm von 1563 verschwindet fast vollständig im Schatten des später errichteten Turmes.

In den Nischen des Turmes befinden sich die Statuen des *Heiligen Thégonnec*, des *Heiligen Nikolaus* und des Apostels *Johannes*. Unter dem Vorbau des Portals finden sich die Apostel *Thomas, Petrus, Jacobus* und *Johannes*.

Die Kanzel (1683) besitzt schönes Schnitzwerk, das die vier Kardinaltugenden darstellt. Auf Tafeln zwischen den Tugenden finden sich die Evangelisten. Geschnitzte Täfelungen weisen auch die Apsis und das Querschiff auf. Der Rosenkranzaltar (1679 und 1734) stammt von *La Falmy*, einem Tischler aus Morlaix, und *Jacques Lespaignol*. In der Mitte sieht man die Übergabe des Rosenkranzes an den *Heiligen Dominicus* und die *Heilige Katharina von Siena*. 15 Medaillons symbolisieren die Geheimnisse des Rosenkranzes. Über allem wacht der *Heilige Pol de Léon*, zu dessen Füßen ruht der Drache, der das Heidentum darstellt. Etwas höher befindet sich eine Darstellung der Errettung einer Seele aus dem Fegefeuer. Am 8. Juni 1998 ist ein Seitenschiff der Pfarrkirche abgebrannt. Der Wiederaufbau ist inzwischen abgeschlossen.

Praktische Hinweise

Unterkunft

- **Hôtel de l'Enclos€€,** Lampaul-Guimiliau, Tel. 02.98.68.77.08, Fax 02.98.68.61.06, 36 gut eingerichtete Zimmer.
- **Auberge St-Thégonnec€-€€,** St-Thégonnec, Tel. 02.98.79.61.18, Fax 02.98.62.71.10. Das kleine, aber saubere Hotel verfügt über 20 komfortable Zimmer. www.aubergesaintthegonnec.com.
- **Gîtes d'étape,** Le Cloître, 29410 Le Plessis, M Jean René Prouff, Tel. 02.98.79.70.78. Bis zu 35 Wanderer finden hier ein Bett.

Essen und Trinken

- In Guimiliau finden sich mehrere Restaurants und Bars, von denen uns das **Restaurant/Crêperie Ar Chupen,** Rue du Calvaire 43 am besten gefiel. Ab 13 €.

Information

- In den Pfarrbezirken steht den Besuchern unterschiedliches, vor allem unterschiedlich gutes **Informationsmaterial** zur Verfügung. Beeindruckt hat uns die gute Organisation in St-Thégonnec, wo man u.a. mehrsprachige Kirchenführer zum Ausleihen für den Rundgang verteilt. Bitte anschließend zurückgeben.
- In Guimiliau stehen im Sommer Studenten zu **Fremdenführungen** zur Verfügung. Man wird auf dem Kirchhof angesprochen. Allerdings sind die Führungen nur französischsprachig.
- Zu allen Pfarrbezirken gibt es sehr übersichtliche **Büchlein** der Edition Jos.

Anreise/Weiterreise

- **Mit der Bahn:** Die Linie 5 der SNCF verkehrt täglich mehrmals zwischen Brest und Morlaix. Auf der Strecke werden bis zu 11 Stopps an Wochentagen und ein Stopp sonntags in St-Thégonnec und Guimiliau eingelegt.

Côte des Abers Überblick

Der äußerste Nordwesten der Bretagne sollte vielleicht eher den Namen Côte des Naufrages (**Küste der Schiffbrüchigen**) tragen, denn kein anderer Küstenstrich ist so vielen Schiffen zum Verhängnis geworden wie dieser. Hunderte von Felsen und Untiefen ziehen sich zwischen Brignogan an der Grenze zur Côte du Léon und Le Conquet westlich von Brest weit ins Meer hinein und warten auf die Schiffe, die es geschafft haben, die gefährlichen Gestade von Ouessant, der wilden, westlichsten aller französischen Inseln, unbeschadet zu passieren.

Die wohl bekannteste Schiffskatastrophe ereignete sich 1978, als an dieser Küste vor dem kleinen Hafen Portsall der 250.000-Tonnen-**Öltanker Amoco Cadiz** nach einem Ruderschaden auf die Felsen trieb und mit seiner Ölladung den größten Teil der bretonischen Nordküste unter einen schwarzen Teppich legte. Die sichtbaren Spuren sind seit vielen Jahren von Mensch und Natur beseitigt worden, aber der Schock sitzt tief im Bewusstsein der Küstenbewohner.

Aber ist ein bretonisch-keltisches Wort und bedeutet Flussmündung. Hier oben im Nordwesten sind diese **Flussmündungen** besonders weit und tief ins Land eingeschnitten, vergleichbar mit Fjorden, deren leicht hügeliges Hinterland für Getreide- und Viehwirtschaft genutzt wird. Die starken **Gezeitenströme** mit einem Tidenhub von bis zu 9 m wirken sich in den drei größten Abers, Aber-Wrac'h, Aber-Benoît und Aber-Ildut bis weit ins Hinterland aus.

Die Côte des Abers ist nichts für Leute, die großartige Kulturdenkmäler besichtigen wollen. Wer hierher kommt, sucht und findet noch eine vom Sommertouristenrummel weitgehend verschonte Landschaft mit einer **wilden Felsküste,** einzelnen atemberaubend schönen Naturstränden, die hier übrigens meist nicht als „Plage", sondern als „Grève" bezeichnet werden und ein ruhiges Inland mit einigen sympathisch provinziellen Kleinstädten.

Brignogan-Plages

↗ VIII/A2

Es ist mehr die Umgebung als der Ort selbst, die Brignogan zu einem interessanten Reiseziel macht. Wie der Namenszusatz „Plage" schon andeutet, dreht sich hier alles um den Strand oder besser gesagt die **Strände,** denn davon besitzt Brignogan ein gutes Dutzend. Kolossale Granitbrocken liegen an den Rändern der halbkreisförmigen Bucht, in deren Scheitel die Häuser der Gemeinde gebaut wurden.

Während die beiden meistbesuchten Strände **Plage du Petit Nice** und **Plage des Crapauds** am Westufer der Bucht von Brignogan mit Strandbars, Kinderspiel- und Sporteinrichtungen recht belebt sind, bieten im Osten der **Plage du Lividic** und im Nordwesten außerhalb der Bucht der **Plage des Chardons Bleus** eine natürliche, zum Teil wildromantische Badekulisse. Besonders der letztgenannte unweit der **Pointe de Pontusval,** einem Kap mit besonders gigantischen Felsformationen, besitzt eine herbe Schönheit.

Auf dem Weg dorthin (beschildert) führt die Straße vorbei an einem christianisierten **Menhir,** genannt **Men-Marz,** der Wunderstein. Der ca. 8 m hohe Hinkelstein trägt ein steinernes Kreuz auf seiner Spitze, von dem es heißt, dass es von evangelisierenden Mönchen im 6. Jh. unter der Anleitung von *Pol-Aurélien*, dem späteren ersten Bischof von St-Pol de Léon, aus dem Granit gemeißelt wurde. Kurz vor der Pointe de Pontusval, dort wo zwischen den Häusern rechts und links der Straße meterhohe rundgeschliffene Granitbuckel wie Riesenkartoffeln in den Gärten liegen, erinnert die kleine **Chapelle Pol** an die Gründung eines Klosters, das *Pol-Aurélien* hier im 6. Jh. errichten ließ. Ein landschaftlich reizvoller Fußweg führt von der Pointe de Pontusval am Meer entlang zurück in die Bucht von Brignogan.

Das **Ladenangebot** reicht für den Einkauf der Grundnahrungsmittel. Wer mehr will, der muss nach Lesneven (8 km südlich, D 770) oder nach Plouguerneau (16 km westlich, D 10) fahren.

Information

- **Office de Tourisme,** Rue de l'Eglise 4/6, 29890 Brignogan-Plages, Tel. 02.98.83.41.08, Fax 02.98.83.40.47.

Unterkunft

- **Hôtel/Restaurant Castel Regis**€€, Pontusval, Tel. 02.98.83.40.22. Sehr schön in parkähnlichem Gelände auf einer kleinen Halbinsel zwischen Hafen und Strand gelegenes

Hotel mit eigenem Schwimmbad, Sauna und Tennis-Platz. 21 sehr gepflegte Zimmer. Geschlossen von Ende Oktober bis Ostern.

- **Hôtel Ar Reder Mor€,** Avenue du Général-de-Gaulle 35, Tel. 02.98.83.40.09. Einfaches Hotel im Ortszentrum mit 26 Zimmern. Geöffnet 1.5.–31.10.
- **Hôtel/Restaurant Le Chaudron d'Argent€** im Nachbarort Plonéour-Trez, Tel. 02.98.83.41.18, südlich des Plage du Lividic. Einfaches, aber sympathisches, ruhig gelegenes Hotel mit 10 Zimmern. Geöffnet 1.6.–31.9.

Essen und Trinken

- Die beste Adresse für gute Menüs ist das **Castel Regis.** Verschiedene Menüs mit und ohne Fisch ab ca. 19 €.
- **Bar/Restaurant La Corniche,** Rue de la Corniche, Tel. 02.98.83.40.04, ein heißer Tipp für Freunde der Fruits de Mer, die mit Meerblick speisen möchten.
- **Grill Les Hespérides,** im Nachbardörfchen Plounéour-Trez, Tel. 02.98.83.52.64. Endlich einmal kein Fisch, werden einige sagen. Verschiedene Fleischgerichte vom Holzkohlegrill werden ab ca. 18 € geboten. Das Lokal, zu dem eine Diskothek gehört, hat nur abends 19.30–24 Uhr geöffnet.
- **Pizzeria La Calzone,** Avenue Général-de-Gaulle 20, Tel. 02.98.83.49.46. Hervorragende Pizzas (auch zum Mitnehmen) werden zu angemessenen Preisen geboten (ab ca. 7 €).

Sonstiges

- **Segeln/Surfen:** *Centre Nautique de Brignogan,* Plage des Crapauds, Tel. 02.98.83.44.76. Die Boote werden auch stundenweise vermietet.
- **Tennis:** *Tennis du Garo,* Tel. 02.98.83.43.11, am Ostufer der Bucht.
- **Fahrradverleih:** *J. B. Castel,* Place de la Liberté, Tel. 02.98.83.45.98.
- **Markttag:** Freitags auf dem Place de la Liberté.

Anreise/Weiterreise

- **Mit dem Bus:** Es besteht eine Verbindung nach Brest über Lesnéven, Le Flogoët und Plabennec mindestens neunmal täglich.

L'Aber-Wrac'h

↗ X/B1

Nur wenige Bretagne-Reisende verlaufen sich hierher. Von Morlaix oder St-Pol de Léon fahren die meisten direkt in Richtung Brest oder nach Crozon und versäumen es, eine der interessantesten bretonischen Landschaftsformen kennen zu lernen, den **Aber.** Die fjordähnlichen, von den Gezeiten stark geprägten Flussmündungen nordwestlich von Brest sind allerdings mit dem Auto nur sehr oberflächlich kennen zu lernen. Einige kleine Fußwege führen hier und da an das zum Teil dichtbewaldete Ufer. Für einen umfassenden Eindruck ist ein kleines Boot unabdinglich. Aber das ist kein Problem, denn auch führerscheinfreie Boote werden verliehen, und seit kurzem gibt es auch einzelne **Ausflugsboote** für Urlauber ohne Skipper-Ambitionen.

Vom Wasser aus erlebt man dann auf ca. 10 km Länge die gesamte Palette **maritim geprägter Landschaftsformen,** angefangen mit der sich grollend brechenden Atlantikdünung im fels- und untiefengespickten Mündungsbereich, vor der Halbinsel Ste-Marguerite bis hin zu friedlicher Flussuferstimmung bei Paluden, wo Wasservögel ihre Nahrung unter bis an die Wasseroberfläche herunterwachsenden Bäumen suchen. Dazwischen kleine Naturhäfen, die neuerdings immer häufiger auch von englischen, holländischen, deutschen und sogar amerikanischen Seglern entdeckt werden.

Und was essen all die Leute? Fisch und Austern. Während in den ruhigeren Uferzonen **Austernkulturen** angelegt sind, haben unternehmerisch denkende Fischer in den strömungsstarken Mündungsbereichen **Fischfarmen** eingerichtet und fangen heute die Meerforelle mit dem Kescher.

Der Ort L'Aber-Wrac'h ↗ X/B1

L'Aber-Wrac'h nennt sich auch das Dorf mit Yachthafen und einigen Fischerbooten am Westufer der Mündung. Zwar wird der Ort überwiegend von Segelschülern und Yachties besucht, aber auch ohne Wassersportambitionen lässt es sich am geschützt gelegenen, 300 m langen Sandstrand der westlich angrenzenden Baie des Anges herrlich entspannen. Die naheliegenden Ruinen sind die Reste eines Klosters, das hier im Jahre 1507 von Cordeliers-Mönchen (Franziskaner) erbaut wurde.

Pont du Diable ↗ X/B1

Haben Sie schon eine Teufelsbrücke aus der Eisenzeit gesehen? Die wohl älteste bretonische Brücke befindet sich nördlich von Lannilis am Fluss. Vermutlich gegen 500 v. Chr. wurde hier aus Steinblöcken ohne Bindemittel eine Überbrückung des Aber Wrac'h geschaffen, die heute nur noch bei Ebbe zu sehen ist (Niedrigwasserzeiten im Hafen von Aber Wrac'h bei der Capitainerie). Bis in die 1950er Jahre wurde hier auf der Brü-

L'Aber-Wrac'h

062br Foto: wk

cke eine Mühle betrieben, die den Gezeitenstrom ausnutzte. Die Reste der Mühle sind verfallen, geblieben ist hingegen ein steinernes Kreuz, das der Teufel persöhnlich hier ungewollt hinterlassen hat: Nach einer keltischen Legende geht der Bau der Brücke auf einen Pakt zwischen dem Müller von Prat Paul und dem Teufel zurück. Demnach habe der Müller – des weiten Umweges nach Ploudiner auf der anderen Flussseite überdrüssig – den Teufel angefleht, eine Brücke über den Fluss zu bauen. Der Satan willigte unter der Voraussetzung ein, dass er die Seele des ersten Brückenbenutzers zu sich holen dürfe. Der Müller war einverstanden und am nächsten Morgen stand die Brücke. Der Müller – ein gerissener Bretone – ging auf die Brücke mit einem Sack, öffnete denselben und jagte seine schwarze Katze vor sich her. Der Teufel, vor Wut schnaubend, warf seinen steinernen Hammer mit einer solchen Gewalt zu Boden, dass sich dieser am Rande der Brücke so tief in die Erde bohrte, dass er wie ein Kreuz darin stehenblieb. Das Kreuz ist noch heute hier zu finden.

Plouguerneau

↗ X/B1

Weitere echte **Traumstrände** liegen gegenüber am Ostufer des Aber bei St-Cava und Lilia, erreichbar über Plouguerneau in Richtung Nordwesten (D 71). Plouguerneau selbst bietet sich als Versorgungszentrum an, sofern man sich entschlossen hat, ein paar Tage in dieser Gegend zu verbringen. An Sehenswürdigkeiten sind zu nennen das kleine, aber interessante **Musée Maritime** an der Route de St-Michel in Plouguerneau (Tel. 02.98. 04.60.30) und der mit 82,5 m höchste Leuchtturm Europas auf der Ile Vierge. Das Museum beschreibt vor allem das Leben der Algenfischer *(goémoniers),* die hier seit Jahrhunderten für landwirtschaftliche Düngung, aber auch für Ernährung und medizinische Zwecke (z.B. Jodgewinnung) dem Meer bestimmte Algenarten entreißen. Daneben sind verschiedene Wrackfunde aus der Umgebung ausgestellt. Öffnungszeiten: Von Ostern bis zum 31. September täglich 14–18 Uhr. Von Oktober bis Ostern nur samstags zur gleichen Zeit. Eintritt: Erwachsene 3,50 €, Kinder 1,50 €.

Der Leuchtturm auf der Ile Vierge

↗ X/B1

Die Besichtigung der buchstäblich größten Attraktion der Gegend, des ganz in Granit gebauten 82,5 m hohen Leuchtturms auf Ile Vierge, erfordert zuvor eine kurze **Bootsfahrt,** denn die kleine, ca. 2 km nördlich von Lilia liegende Insel ist nur bei extremem Springniedrigwasser barfuß erreichbar. In den Ferienzeiten fährt ein Motorboot (30 Pers.) von Port de Perros bei **Aber Wrac'h** zur sagenumwobenen Leuchtturminsel hinüber, von der es heißt, dass hier vor der Küste in grauer Vorzeit (möglicherweise im 5. Jh. v. Chr.) eine Stadt namens Tolente von den Fluten verschlungen wurde. Die Parallele zur Legende um die versunkene Stadt Ys bei Douarnenez

063br Foto: wk

oder in der Baie des Trépassés (vgl. Kap. Sizun-Halbinsel) ist offensichtlich. Das Boot fährt um 10, 12, 14 und 16 Uhr. Preise: 13/8 €.

Bevor der Blick vom **höchsten Leuchtturm Europas** in die Ferne schweifen kann, müssen 365 Stufen erklommen werden. Die Anstrengung lohnt sich allerdings nur an einem Tag mit guter Sicht. An manchen Tagen (im Sommer leider selten) ist es möglich, im Osten bis zur Ile de Batz und im Südwesten bis Ouessant jeweils 40 km weit zu schauen. Bei Nacht erleichtert das alle fünf Sekunden aufblitzende Leuchtfeuer den Schiffen die Standortbestimmung. Der Lichtschein trägt 50 km über das Meer. Bis zum Jahre 1902 sicherte der 33 m hohe kleine Bruder die Schifffahrt. In seinem Sockel wohnen heute die beiden Leuchtturmwärter.

Leuchtturm auf der Ile Vierge

Die **Besichtigung** ist ganzjährig möglich (Tel. 02.98.04.74.94). Falls in Lilia-Port de Perros kein Boot für die Überfahrt am Anleger liegt, kann man unter Tel. 02.98.04.73.09 oder 02.98. 04.75.99 die Passage vereinbaren.

Für Interessenten der bretonischen Heimatgeschichte sehenswert: das **Ecomusée de Plouguerneau,** vielfältige Exponate aus Seefahrt und Bauernleben der Aber-Küste, speziell auch der Algengewinnung und -verarbeitung, im Zentrum von Plouguerneau, Tel. 02.98.37.13.35.

La Grève Blanche ↗X/B1

Ebenfalls an der Küste nördlich von Plouguerneau (D 32 in Richtung St-Michel) befindet sich unweit des Sandstrandes La Grève Blanche eine archäologische Ausgrabungsstätte mit dem Namen **Iliz Koz Tréménac'h** (bret.: *Iliz Koz* = alte Kirche). Im 18. Jh. wurde hier in einer Sturmflut eine im 14. Jh. erbaute Kirche zerstört und bei weiteren Stürmen vom Dünensand langsam begraben. 1970 brachten Ausgrabungen neben den Kirchenfundamenten 63 gravierte Grabplatten aus dem Mittelalter ans Tageslicht. Die Fundstätte ist vom 1.6. bis 31.9. tgl. außer Montags 14–18 Uhr zu besichtigen. Eintritt: ca. 1,50/0,80 €.

Praktische Hinweise

Information

- **Office de Tourisme,** Place Auditoire 1, 29870 Lannilis, Tel. 02.98.04.05.43, Fax 02.98.04.12.47, www.abers-tourisme.com.
- **Office de Tourisme,** Place de l'Europe, 29880 Plouguerneau, Tel. 02.98.04.70.93, Fax 02.98.04.58.75, www.abers-tourisme.com.

Unterkunft

- **Hôtel Baie des Anges€,** L'Aber-Wrac'h, Tel. 02.98.04.90.04. Günstig in Strandnähe gelegenes Mittelklassehotel an der gleichnamigen Bucht mit 17 recht komfortablen Zimmern, geöffnet von Ostern bis 31. Oktober.
- **Hôtel/Restaurant Le Castel Ac'h€,** Tel. 02.98.37.16.16, an der Bucht von Lilia 4 km nordwestlich von Plouguerneau (D 71). Das sehr ordentlich geführte, neue Haus besitzt 29 freundliche Zimmer, zum Teil mit Meerblick. In den 3 Speisesälen mit Blick auf die Bucht werden gute Menüs ab ca. 19 € angeboten.
- **Hôtel L'Auberge des Abers€,** Lannilis, Place de l'Auditoire, Tel. 02.98.04.00.29. Von Plouguerneau ca. 4 km über die D 113 bis in das Marktstädtchen Lannilis. Zentral gelegenes Mittelklassehotel mit 17 netten Zimmern.
- **Camping des Abers** in l'Aber-Wrac'h – Ste-Marguerite, Tel. 02.98.04.93.35, sehr schön in hügeligem Gelände 50 m vom Meer gelegener Platz mit zahlreichen Bäumen und Hecken, 180 Stellplätzen auf 4,5 ha Fläche und sehr guten Sanitäranlagen. Der Platzverwalter spricht deutsch: Geöffnet 1.6.–15.9.
- **Camping La Grève Blanche,** Plouguerneau, St-Michel, Tel. 02.98.04.70.35. Nahe beim gleichnamigen ca. 500 m langen Strand. 100 Plätze in schöner Lage, allerdings ohne Bäume, mittlerer Sanitärstandard, Fahrradverleih, geöffnet 1.6.–15.9.

Essen und Trinken

- **Trouz Ar Mor,** Plouguerneau-Le Correjou, Tel. 02.98.04.71.61. gepflegtes Speiselokal an der Bucht von Le Correjou. Im hellen Speisesaal mit Meerblick werden Menüs ab ca. 19 € serviert.
- **Crêperie Le Lizen,** Plouguerneau, Route de St-Michel (D 32), Tel. 02.98.04.62.23, nette Atmosphäre in einem traditionellen, reetgedeckten Haus.

Sonstiges

- **Segeln/Surfen:** *Club Nautique de Plouguerneau*, Port du Correjou 8, Tel. 02.98.04.50.46; *Centre de Voiles Landéda*, Port de l'Aber-Wrac'h, Tel. 02.98.04.90.94.
- **Tauchen:** *Centre de Plongée Abersub*; Tel. 02.98.04.81.22, Anfängerausbildung und Ausfahrten für erfahrene Taucher.
- **Bootsfahrten:** Das Office de Tourisme in Lannilis organisiert einstündige Bootsausflüge ab Port de Paluden (Anleger zwischen Plouguerneau und Lannilis) über die Gesamtlänge des Aber-Wrac'h mit Erklärungen zur Geografie, Wirtschaft und Geschichte der Region. Die Fahrt kostet 12/6 €. Tickets an Bord oder im Office de Tourisme, Tel. 02.98.04.05.43. Des Weiteren: Vedettes des

Abers, Fahrten durch den Aber, zur Ile Vierge und zur Ile de Stagadon, Tickets am Bootsanleger in Port de Lilia, 13/8 €, Tel. 02.98.04. 74.94.

- **Reiten:** *Les Chevaux de Kervent*, Plouguerneau, Tel. 02.98.04.52.45, 02.98.04.48.12. Der Reitstall am östlichen Ortsrand (Richtung Lilia) organisiert Ausritte entlang der Küste.
- **Fahrradverleih:** *Mécamob*, Rue du Verger 6, Plouguerneau, Tel. 02.98.04.64.67; *Aber Service*, Rue Jean-Baptiste-de-la-Salle, Tel. 02.98.04.15.31.
- **Markt:** Lannilis, mittwochs auf dem Place Leclerc; Plouguerneau, donnerstags auf dem Place de l'Europe.
- **Keltische Tonwaren und Kunsthandwerk,** Atelier Nannick Iliz Koz, Tel. 02.98.37.11.86.

Anreise/Weiterreise

- **Mit dem Bus:** Mindestens achtmal täglich fährt ein Bus zwischen Lilia, Plouguerneau, Lannilis, Landéda, l'Aber-Wrac'h Port, Bourg-Blanc und Brest.

L'Aber-Benoît

↗ X/B1

Der westliche Nachbar-Aber, dessen Mündung nur etwa 5 km von l'Aber-Wrac'h entfernt liegt, wird noch seltener von Landreisenden besucht als sein östlicher Konkurrent. Seefahrern hingegen war er immer schon als ein gut vor Stürmen **geschützter Naturhafen** mit ähnlichem Fjordcharakter wie l'Aber-Wrac'h bekannt. Zwischen hügeligen Wiesen und kleinen Laubwäldern schlängelt sich der 8 km lange Meeresarm schiffbar tief ins Inland der Côte des Abers bis zum Dörfchen Tréglonou, wo die Landstraße von Lannilis nach Ploudalmézeau (D 28) das Wasser überquert.

Menhir de Locmajan

Ca. 3 km weiter westlich (in Richtung Ploudalmézeau) steht direkt an der Straße die kleine **Chapelle de Locmajan** aus dem 17. Jh. und in unmittelbarer Nähe der 5 m hohe Menhir de Locmajan, von dem es heißt, dass er ebenso wie die Tausenden anderen Menhire in der Bretagne bis zur Wende vom 19. zum 20. Jahrhundert für mystische **Fruchbarkeitsriten** genutzt wurde. In vielen Dörfern der gesamten Bretagne erzählen die älteren Leute von dem Brauch ihrer Großeltern, in der Hochzeitsnacht die unbekleideten Körper am Menhir zu reiben. Der Mann erhoffte sich damit, einen Sohn zu zeugen, die Frau hingegen versprach sich von dem Ritus einen positiven Einfluss auf den Ehesegen im Allgemeinen. Vielleicht sollte man angesichts der hohen Scheidungsrate heute wieder neue Menhire aufstellen ...

St-Pabu

↗ X/B1

Noch einen weiteren Kilometer in westlicher Richtung geht es rechts ab nach St-Pabu, einem **ehemaligen Fischerdörfchen** mit einer Kaimauer, die heute mehr von Seglern als von Fischern zum Anlegen genutzt wird. Am gegenüberliegenden Ufer wird das durch die starken Gezeitenströme immer wieder erneuerte Meerwasser für die **Zucht von Austern** genutzt. Die Ruhe des verschlafenen, kleinen Hafens wird nur hin und wieder durch das Knattern eines Außenbordmotors gestört. Das Westufer des Mündungsbereiches ca. 2 km nordwestlich von St-Pabu (Richtung Lampaul-Ploudalmézeau) ist durch eine reizvolle einsame **Dünenlandschaft** gekennzeichnet. Les Dunes de Corn-ar-Gazel, so nennt sich der ökologisch intakte Küstenstreifen mit einem Sandstrand, bei dessen Anblick wohl die Tourismus-Manager anderer Orte vor Neid erblassen würden.

Ploudalmézeau

⇗ X/B2

Der nächstgelegene größere Ort mit **Einkaufsmöglichkeiten,** Post, Banken u.s.w. liegt etwa 5 km landeinwärts: Ploudalmézeau. Die Kleinstadt ist mehr durch die Person ihres **Bürgermeisters** als durch touristische Sehenswürdigkeiten bekannt geworden, denn er war es, der nach der Tankerkatastrophe der Amoco-Cadiz hier 1978 die Initiative ergriff und eine Interessengemeinschaft der geschädigten Küstenbewohner gründete, um ihre juristischen Schritte gegen die *Amoco-Company* zu koordinieren. Im *Ancre An Eor,* einem **Ökologiemuseum** der besonderen Art, wird die Geschichte der Tankerkatastrophen der Bretagne dargestellt, insbesondere der Amoco Cadiz, Tel. 02.98.48.73.19.

Etwa 10 km südlich von Ploudalmézeau lohnt der Besuch des **Château de Kergroadez** aus dem 16. Jh. Besichtigung mit Führung, Eselreiten für die Kinder, nette Spaziergänge in der Umgebung. Anfahrt über Plourin, D 28 und dann 3 km D 68 in Richtung Brest.

Praktische Hinweise

Information

- **Office de Tourisme,** Place Chanoine Grall, 29830 Ploudalmézeau, Tel. 02.98.48.12.88, Fax 02.98.48.01.70, www.ot-ploudalmezeau.com.

Unterkunft

- **Hôtel/Restaurant des Voyageurs€,** Place de l'Eglise in Ploudalmézeau, Tel. 02.98.48.10.13. Das zentral gelegene, seriös geführte Mittelklassehotel verfügt über 9 Zimmer. Das Restaurant hat in der Region einen guten Ruf. Es wird sogar von Gault-Millau empfohlen und bietet dennoch Menüs schon ab ca. 11 €.
- **Camping de l'Aber-Benoît,** Tel. 02.98.89.76.25. Schön gelegener Platz mit 200 Einheiten nahe den Dünen von Corn-ar-Gazel direkt am Meer. Die Sanitärausstattung ist überdurchschnittlich und die Zusatzangebote sind vielseitig: Bungalow-Vermietung, Einkaufsmöglichkeit, Fahrradverleih, verschiedene Sportangebote, Tennisplatz und sogar Konzerte werden geboten. Geöffnet von Ostern bis zum 30.9.
- **Camping Municipal Les Dunes,** Tel. 02.98.48.09.84, ebenfalls nahe der Dünenküste bei Corn-ar-Gazel, allerdings einfacher ausgestattet als Camping de l'Aber-Benoît. Dennoch sind die 100 Stellplätze empfehlenswert.

Essen und Trinken

- **Le Chybeck,** St-Pabu, Tel. 02.98.89.78.94. Restaurant mit raffinierter Küche direkt am Meer bei den Dünen von Corn-ar-Gazel. Gute Menüs ab ca. 12 € im freundlichen Speisesaal mit Meerblick.
- **Crêperie de l'Aber-Benoît,** St-Pabu, Tel. 02.98.89.86.26. Romantisch zwischen hohen Bäumen am Aber gelegenes altes Granithaus (ca. 300 m von der Kirche bergab) mit einer ursprünglichen Crêperie im traditionellen Stil.
- **Crêperie Panoramique du Château d'Eau,** Ploudalmézeau, Tel. 02.98.48.15.88. Keine Schlosscrêperie, sondern sehr originell gelegene Bar-Crêperie in 50 m Höhe auf dem

Wasserturm von Ploudalmézeau mit 360-Grad-Rundblick. Aufstieg wahlweise mit Fahrstuhl oder über 278 Stufen.

Sonstiges

- **Segeln:** *Ecole de Voile*, Corn-ar-Gazel, Tel. 02.98.04.97.03.
- **Fahrradverleih:** Camping de l'Aber-Benoît und Cycles P. Perchoc, Route de Melon 69, Tel. 02.98.89.52.62.
- **Reiten:** *Ranch B*, Tel. 02.98.89.86.09, ca. 2 km nördlich von Ploudalmézeau im Dorf Stréat-Veur. Angeboten werden Ausbildung, aber auch Ausritte zum Strand.
- **Markt:** montags, Place de l'Eglise.
- **Kanu- und Kayakfahrten:** l'Estran, Tel. 02.98.48.68.46.

Portsall

↗ X/A1

Am Ende der Hafenmole liegt ein riesiger, halb zerbrochener Anker. Er stammt von der Amoco-Cadiz. Portsall und Amoco-Cadiz, diese zwei Namen sind seit dem 16. März 1978, dem Tag der bisher **größten Öltankerkatastrophe Europas,** miteinander assoziiert. Der kleine Naturhafen, 4 km nordwestlich von Ploudalmézeau (D 168), wurde als Erster von dem schwarzen Teppich bedeckt, der 230.000 Tonnen Rohöl binnen weniger Tage über 300 km Küstenlinie von der Pointe de St-Mathieu westlich von Brest bis zur Ile de Bréhat bei Paimpol verteilte. Seevögel, Fische, Austernkulturen, Algen, die Fauna und Flora wurde flächendeckend getötet. Die wirtschaftlichen Folgen im Tourismusbereich zerstörten Tausende von Existenzen.

Zusammen mit dem Militär arbeiteten Zigtausende von freiwilligen Helfern an der **Reinigung der Küste,** was sich jedoch oft als Sisyphus-Arbeit erwies. Schließlich erledigten die Winterstürme mehrerer Jahre den Rest der Arbeit, und heute erinnern nur noch einige rostige Stahlplatten auf dem Roche de Men Goulven in den Roches de Portsall, ca. 2 km vor der Küste, an das **Wrack der Amoco-Cadiz.** Bei extremem Springniedrigwasser im Frühjahr und Herbst zur Tag- und Nachtgleiche schauen noch Reste des Wracks aus der Wasseroberfläche heraus.

Die sichtbaren Spuren der Ölverschmutzung der Küste sind glücklicherweise seit vielen Jahren verschwunden. Langfristige Folgen am Meeresboden lassen sich nur schwer beurteilen. Was die **finanziellen Folgen** betrifft, so wurde nach 13-jähriger Prozessführung nach mehreren Berufungen erst 1991 die Amoco-Transport-Company zur Zahlung von 1,3 Milliarden Francs **Schadensersatz** verurteilt (zum Vergleich: 1989 zahlte der Exxon-Konzern nach der Havarie der Exxon-Valdez in Alaska umgerechnet 7,5 Milliarden Francs Schadensersatz ohne großen Prozess). Davon beanspruchte der französische Staat den Löwenanteil von ca. 1 Milliarde, und der Rest ging an die 90 betroffenen Küstengemeinden.

Abgesehen von dem Riesen-Anker auf der Hafenmole erinnert in Portsall nichts mehr an die „marée noire" (schwarze Tide), wie die Katastrophe hier genannt wird. Der kleine, bei Niedrigwasser trockenfallende **Naturhafen** in einer vor den Südweststürmen geschützten Bucht dient nur kleinen Fischerbooten als Heimathafen.

Praktische Hinweise

- Ihren Fang verkaufen die Fischer überwiegend an die wenigen Restaurants im Ort. Hier ist besonders zu empfehlen das **Maison de la Mer** (Tel. 02.98.48.69.77), dessen Speisesaal mit Blick auf die Hafeneinfahrt weniger durch Dekorationen oder Innenarchitektur als vielmehr durch die wirklich imposanten Plateaux de Fruits de Mer auffällt, die hier hochaufgetürmt serviert werden.
- Wer ein einfaches Zimmer sucht, findet es ab 35 € im **Hôtel de Bretagne** (Tel. 02.98.48.63.03) am Ortseingang.
- Zwei kleine Strände am Westufer der Bucht und eine **Segelschule** Club Nautique de Portsall, Rue du Port, Tel. 02.98.48.77.49, ermöglichen Beschäftigung am und auf dem Wasser.

Zwischen Portsall und Lanildut

↗ X/A1-2

Auf dem weiteren Weg nach Südwesten in Richtung Argenton und Lanildut sollte man in Kersaint, dem westlichen Vorort von Portsall, lieber die D 27a entlang der Küste als die kürzere Direktverbindung über die D 27 wählen, denn sonst versäumt man einen der landschaftlich schönsten Küstenabschnitte der Côte des Abers. Doch bevor 2 km nördlich an der Pointe de Trémazan das offene Meer erreicht wird, gibt es einen historisch-architektonischen Leckerbissen.

Direkt hinter der Abzweigung nach rechts auf die D 27a führt links ein kleiner Weg zur **Ruine des Château de Trémazan.** Die ehemalige Burgfestung wurde in der Mitte des 13. Jh. mit Finanzmitteln aus den Kreuzzügen errichtet. Wild wuchert die Natur in den einstigen Wallgräben, und Ginstergebüsch bedeckt große Teile der seit langem eingestürzten Wohngemächer, aber der 30 m hohe Burgfried (Donjon) trotzt bisher noch erfolgreich dem Verfall. Der noch recht gut erhaltene Taubenturm, ca. 300 m östlich der Burgruine, zeugt von der ehemaligen Gesamtausdehnung der Burganlage. Wann die Gebäude dem Verfall preisgegeben wurden, ist nicht genau bekannt, doch weiß man, dass im 18. Jahrhundert noch einige Räumlichkeiten von Bauern als Ställe genutzt wurden. Allerdings ist der Zutritt aus Sicherheitsgründen untersagt.

Im Dörfchen **Trémazan** beginnt der wohl schönste Abschnitt der Küste: Sattgrüne Wiesen (nach einem sonnigen Sommer vielleicht auch etwas bräunlicher) bedecken eine hügelige unbebaute Landschaft, die in gelben Sandstränden zwischen rotbraunen Felsen ihre Grenze im Meer findet. Die langgezogene Atlantikdünung rollt dumpf dröhnend auf diese naturbelassene Küste. Für ein hautnahes Erlebnis empfiehlt es sich, das Auto in Trémazan stehenzulassen und dem schmalen Küstenwanderweg bis Argenton zu Fuß zu folgen.

Mit Meerblick: die Burgruine von Trémazan

Der wie Portsall in einer geschützten Bucht liegende Naturhafen **Argenton** war vermutlich schon von den griechischen Seefahrern der Antike im Rahmen des Zinnhandels mit England als Schutzhafen benutzt worden, denn 1960 wurde hier eine Goldmünze aus Kyrene, einer griechischen Kolonie in Nordafrika gefunden, die sich auf das 4. Jh. v. Chr. datieren ließ. Ansonsten hat das verschlafene Argenton, abgesehen von einem **kleinen Dolmen** neben der Chapelle St-Gonvel am westlichen Ortsausgang, wenig zu bieten. Ein Tipp für eine Crêpe zwischendurch: die niedliche Crêperie Ty Gwechall, Rue de l'Europe 109, Tel. 02.98.89.55.54, in einem urigen Haus aus dem 17. Jh. ebenfalls am Ortsausgang in Richtung Porspoder und Lanildut.

Ab Argenton wieder auf der D 27 angekommen, ändert sich das Landschaftsbild. Zwar behält der Küstenraum mit goldgelben Stränden zwischen rotbraunen Felskaps seine Reize, doch die Bebauung nimmt deutlich zu. Parallel zur Straße ziehen sich auf beiden Seiten Siedlungen und einige reizlose Campingplätze hin bis an die Mündung des Aber-Ildut bei Lanildut. Nur die Halbinsel **St-Laurent** bei **Porspoder** ist einen Zwischenaufenthalt wert mit ihren wunderschönen, im Juli und August aber recht stark besuchten Stränden. Zum kahlen, staubigen Camping Municipal Les Dunes in Porspoder gibt es reizvollere Alternativen bei Lanildut 6 km südlicher.

Sammlern von Megalithkultur-Fotos weist ein kleines Schild am linken

064br Foto: wk

Straßenrand südlich von Porspoder den Weg zu einem Dolmen mit einem sogenannten **Menhir indicateur.** Vielleicht mit einem Grabstein vergleichbar, steht ein etwa 3 m hoher Menhir ca. 50 m vor einem Dolmen. Warum unsere Vorfahren vor ca. 5000 Jahren einige ihrer Dolmen mit einem Menhir dekorierten, andere jedoch ohne Menhir blieben, ist weitgehend unbekannt. Manchmal wird vermutet, es handle sich um die Kennzeichnung einer bedeutungsvollen Himmelsrichtung wie etwa beispielsweise der Sonnenaufgangspeilung am 21.6., dem Tag der Sommersonnenwende. Angesichts der Vielfalt andernorts gemessener Richtungen zwischen Dolmen und zugehörigen Menhiren lässt sich diese These jedoch nicht aufrecht erhalten.

Aber-Ildut

↗ X/A2

Kennen Sie den Obelisken vom Place de la Concorde, den *Napoléon* aus Luxor nach Paris bringen ließ? Er steht auf einem Sockel, dessen Granit aus dem Uferstein des Aber-Ildut stammt. Der **rosarote Granit** aus Lanildut, dem kleinen Fischer- und Yachthafen an der westlichsten der drei Aber-Mündungen, gehörte bis in die 60er Jahre des 20. Jahrhunderts zu den wichtigsten Wirtschaftsgütern des Ortes. Der Abbau wurde inzwischen aus Kostengründen eingestellt.

Landschaftlich unterscheidet sich der Aber-Ildut von den beiden anderen Abers kaum: Hinter einer durch die starken Gezeiten (Tidenhub bis zu 8 m) geprägten **felsigen Uferzone** beginnt eine landwirtschaftlich genutzte Hügellandschaft, die hier und dort von kleinen Wäldchen unterbrochen ist.

Lanildut

↗ X/A2

Lanildut am Nordufer und Brélès am östlichen Ende des Fjordes sind ruhige, historisch gewachsene Orte mit zum Teil sehr alten Granithäusern, deren Erbauer ihr Geld im Seehandel verdient haben. Der Hafen von Lanildut diente seit dem Mittelalter als Umschlagplatz für Holz, Granit, Getreide, Wein, Fisch und Algen. Insbesondere das Anlanden der um die Insel Ouessant und Molène gewonnenen **Algen** ist nach wie vor ein wichtiger Arbeitsbereich im Hafen von Lanildut. Auffällig sind die pontonähnlichen Algenernteboote mit ihren Greifbaggern auf dem Vordeck. Die Algen werden hier vom Frühjahr bis in den Herbst hinein täglich tonnenweise auf Lastwagen verladen, die die jodhaltige Ladung zur chemischen Weiterverarbeitung nach Landerneau bringen. Hauptsächlich werden die Algen dort zur Sodagewinnung verwendet.

Der Aber-Ildut lässt sich gut zu Fuß erkunden. Ein kleiner Weg führt am Wasser entlang bis zum **Rocher du Crapaud** (Krötenfelsen) an der Mündung, wo Angler ihr Glück versuchen.

Lampaul-Plouarzel

↗ X/A2

Das Südufer des Aber besteht vorwiegend aus unbebauter Natur. Lediglich

065br Foto: wk

Phare du Four

im Mündungsbereich gegenüber des Rocher du Crapaud grenzen die Häuser des im Sommer touristisch recht aktiven Orts Lampaul-Plouarzel bis ans Wasser. Lampaul-Plouarzel erstreckt sich auf etwa 4 km Küstenlinie südlich der Aber-Mündung. Leider wurde die Landschaft durch **Hunderte von Ferienhäusern** und Wohnkomplexen in geradezu chaotischer Weise zersiedelt. Zahlreiche, meist reizlose **staubige Campingplätze** liegen in Talmulden zwischen den Bebauungsgebieten und beherbergen im Juli und August Tausende von Campern, die vor allem wegen der zweifellos schönen Badebuchten mit sauberen Sandstränden hierher kommen. Der **Grève de Gouérou** gehört sicherlich zu den schönsten Stränden der Westbretagne.

Praktische Hinweise

Information

- **Office de Tourisme,** Lampaul-Plouarzel, Rue de la Mairie 7, Tel. 02.98.84.04.74, www.lampaul-plouarzel.net.

Unterkunft

- **Hôtel Pen Ar Bed in Porspoder€,** Tel. 02.98.89.90.28. Ein einfaches, preiswertes Haus ca. 4 km nördlich der Aber-Mündung in Küstennähe. 12 ebenso einfache wie saubere Zimmer, geöffnet 1.4.–30.9.
- Wer ein komfortableres Hotel sucht, sollte nach **St-Renan,** (von Lampaul-Plouarzel ca. 10 km östlich über die D 5) oder nach **Conquet** (ca. 11 km südlich über die D 28) fahren.
- **Camping du Tromeur,** Tel. 02.98.04.31.13, ca. 1 km nördlich von Lanidut (beschildert). Sehr großzügig gestaltete Anlage mit 90 großen, durch Bäume und Hecken voneinander getrennten Stellplätzen in hügeligem Gelände. Die Sanitäranlagen sind vorbildlich. Geöffnet ist er von Ostern bis zum 30.9.
- **Aire Naturelle de Camping,** Tel. 02.98.04.33.96. Ein kleiner Zeltplatz im Ortsteil Ruludu bei Lanidut mit 20 Einheiten für Leute, die außer Natur nicht viel brauchen. Geöffnet 1.6.–30.9.
- **Camping Municipal de Porspaul,** Tel. 02.98.8403.56 oder 98.84.01.13 in Lampaul-Plouarzel. Recht großer Platz, in erster Linie für Wohnmobile, mit 200 Einheiten und guter Sanitärausstattung, geöffnet 1.6.–15.9.

Essen und Trinken

- **Restaurant Le Neptune,** Lanildut, Tel. 02.98.04.30.03. Ein sympathisches Speiselokal in Ortsmitte direkt am Wasser, in dem regional bekannt gute Fischmenüs ab ca. 12 € serviert werden.
- **La Chaloupe,** am Hafen von Lampaul-Plouarzel (Porspol), Tel. 02.98.84.01.19. Kleines, einfaches, preiswertes Restaurant mit sehr reichhaltigen Menüs ab ca. 10 €.
- **Crêperie Lambaol,** Lampaul-Plouarzel Le Bourg, Tel. 02.98.48.13.64. Nettes Lokal für eine kleine Zwischenmahlzeit.
- **Le Galway,** Rue de l'Europe 87, Porspoder, Tel. 02.98.89.55.44. Eine gemütliche Bar/ Brasserie mit irischem Touch.

Sonstiges

- **Segeln:** *Base Nautique de Plouarzel,* Tel. 02.98.89.69.46.
- **Tennis:** *Court Municipal,* Tel. 02.98.89.69.46.
- **Fahrradverleih:** Im Office de Tourisme von Lampaul-Plouarzel, Tel. 02.98.89.52.62, oder Perchoc Cycles, Mergouez-Porspoder, Tel. 02.98.89.52.62.
- **Reiten:** *Le Ranch Blue Nash Ruscumunoc,* Plouarzel, Tel. 02.98.89.30.05.
- **Golf:** *Golf des Abers,* Kerhoaden, Plouarzel, Tel. 02.98.89.68.33, 18 Löcher und Putting green.
- **Markt:** Donnerstags.

Zwischen dem Aber-Ildut und Le Conquet

Menhir de Kerloas

↗ X/A3

Wer will ihn nicht sehen, den **größten** noch stehenden **Menhir der Bretagne?** Am Rand eines Getreidefeldes, umgeben von Ginsterbüschen, ragt er 11 m in die Höhe, der Menhir de Kerloas. Von Plouarzel kommend, fährt man ca. 2 km über die D 5 in Richtung St-Renan. Dann rechts ab der Beschilderung „Menhir" noch weitere 2 km folgen.

Umstritten ist nach wie vor, **wann er errichtet wurde.** Tonscherben aus der älteren Bronzezeit, die am Fuß des Kolosses gefunden wurden, weisen auf etwa 1700 v. Chr. Im Vergleich mit anderen Menhiren, die auf ähnliche Art datiert wurden (z.B. Menhir de Kergadiou bei Lanildut und Menhir de Saint-Uzec bei Plomeur-Bodou), ist dieser 1000 Jahre zu jung.

Abgesehen von seiner Höhe unterscheidet sich dieser Menhir in zweierlei Hinsicht von allen anderen: Seine **Spitze** erscheint wie abgeschlagen. Hat hier in geraumer Vorzeit ein Blitz eingeschlagen? Außerdem besitzt er unten in ca. 1,2 m Höhe zwei augenähnliche **Beulen.** Waren dies die Stellen, an denen man sich in der Hochzeitsnacht den Bauch reiben musste, um die Ehe nicht scheitern zu lassen, wie es noch im 19. Jh. Brauch war?

Pointe de Corsen/ Phare de Trézien

↗ X/A3

Finistère – Pen ar Bed – Ende der Erde, hier an der Pointe de Corsen und nicht etwa an der bekannteren Pointe du Raz 40 km weiter südlich, liegt die **westlichste aller bretonischen Felsnasen** am Festland. Bedingt durch den

Ländliche Idylle: an der Côte des Abers

066br Foto: wk

Schutz der vorgelagerten Inseln Ouessant, Molène, Quéménès und einiger weiterer kleiner Eilande rollt die See hier nicht so grandios wie an der exponierteren Pointe du Raz, aber dennoch lohnt der Blick aus 40 m Höhe über den felsigen Abgrund auf den **Chenal du Four** und den **Chenal de la Helle.** Dies sind die Passagen zwischen Ouessant und dem Festland, die vor der Amoco-Cadiz-Katastrophe von der Großschifffahrt häufig als Abkürzung genutzt wurden.

Seit 1978 dürfen nur noch Segler und kleinere Motorschiffe die strömungs- und nebelreichen Gewässer östlich von Ouessant befahren. Der 37 m hohe **Phare de Trézien** etwa 1 km vor der Pointe de Corsen erleichtert bei Nacht mit seinem sektorbegrenzten Leitfeuer die gefährliche Durchfahrt. In den Sommermonaten kann der 100 Jahre alte Turm besichtigt werden (10–12 und 14.30–18 Uhr). Anfahrt über die D 28 bei Plouarzel, von dort in Richtung Trézien, Pointe de Corsen (beschildert).

Grève de Porsmoguer ↗ X/A3

Etwa 1 km südöstlich der Pointe de Corsen (Richtung Ploumoguer) befindet sich in einer tief eingeschnittenen Bucht der wunderschöne Badestrand Grève de Porsmogeur, 200 m reinster gelber Sand, Natur pur, ohne jegliche touristische Angebote. An schönen Tagen muss man allerdings damit rechnen, die Naturschönheit mit vielen anderen Menschen zu teilen.

Richtung Süden

Vom Aber-Ildut weiter nach Süden in Richtung des Fähr- und Fischereihafens Le Conquet führen einige kleine Straßen teilweise an der Küste entlang, z.T. auch durch das hügelige ländliche Hinterland. Camper und Wohnmobilfahrer haben reiche Auswahl zwischen meist kleineren Campings Municipal oder Camping à la Ferme (auf dem Bauernhof), von wo aus die nähere Umgebung Le Conquet, St-Renan, Pointe de St-Mathieu, Plougonvelin und Brest erkundet werden kann.

Ein sehr empfehlenswerter **Wanderweg** folgt der Küste von Lampaul-Plouarzel bis Le Conquet. Bei sehr guter Sicht erkennt man am Horizont von Nordwesten nach Südwesten die Inseln Ouessant, Balanec, Molène, Quéménès und Béniguet in einem Seegebiet, von dem es heißt, dass hier die besten Krustentiere Europas gefangen werden. Tatsache ist, dass vor der europäischen Festlandsküste nirgendwo die **Wasserqualität** besser ist als bei der Ile d'Ouessant. Entlang dieser Küstenstraße liegen zahlreiche Buchten mit sauberen Sandstränden, die zum Baden einladen.

Trockengefallene Boote in Le Conquet

Le Conquet

↗ X/A3

Der wirtschaftlich **blühende Fischerei- und Fährhafen** kurz vor der Einfahrt in die Bucht von Brest hatte schon im Mittelalter eine große Bedeutung im Seehandel zwischen der Iberischen Halbinsel und Nordeuropa. Seine vor Stürmen geschützte Lage an der südlichsten der Aber-Mündungen, dem Croaë, ermöglichte es, dass sein Warenumschlag bis ins 18. Jh. größer war als der von Brest.

Die leichte Erreichbarkeit des Hafens brachte allerdings den militärstrategischen Nachteil mit sich, feindliche Schiffe nicht früh genug abwehren zu können. Wiederholte **Angriffe englischer Kriegsschiffe,** bei denen die Stadt fast vollständig dem Erdboden gleichgemacht wurde, bewegten im 18. Jh. mehr und mehr Geschäftsleute, ihre Kontore im besser zu schützenden Brest einzurichten. Der **wirtschaftliche Niedergang** setzte ein, und erst mit der Entwicklung des Tourismus gegen 1960 begann die Stadt wieder aufzublühen.

Die Schaffung einer regelmäßigen **Fährverbindung** zu den Inseln Molène und Ouessant sowie die Aktivierung der Fischerei für den Fang von teuer zu verkaufenden Schalentieren brachte wachsenden Verdienst. Insbesondere der **Taschenkrebs** (hier nicht *tourteau* oder *crabe*, sondern *dormeur* genannt), der auf keinem Plateau de Fruits de Mer fehlen darf, wird hier täglich tonnenweise angelandet. Heute fischen etwa 40 Boote mit Heimathafen Le Conquet in den Gewässern zwischen Ile d'Ouessant und Ile de Sein, dem Mer d'Iroise. Rund um die Uhr werden hier die Krustentiere (*crustacés*) gefangen. Und was nicht nach Paris verkauft wird, geht in die heimischen Restaurants, von denen es nicht wenige gibt.

Vom Marktplatz nahe der Kirche führen verschiedene schmale Gassen hinunter zum **Hafen,** wo auch der große Parkplatz für die Autos der Reisenden nach Molène oder Ouessant liegt. Der Digue St-Christoph, die Anlegemole der Fischer, begrenzt den Fährhafen flussaufwärts.

Etwa 200 m weiter direkt am Wasser fällt ein sehr altes Fachwerkhaus auf, das **Maison des Seigneurs.** Es ist eines der wenigen Häuser, die die Zerstörung der Stadt durch englische Kriegsschiffe 1558 überstanden haben. Leider ist es nur von außen zu besichtigen.

Nach weiteren 400 m am Wasser entlang flussaufwärts kommt man zur Fußgängerbrücke Passerelle du Croaë, über die das Nordufer erreicht wird. Bei schönem Wetter lockt hier hinter dem Hügel der 2 km lange **Plage des Blancs Sablons,** der auch für kleinere Kinder geeignet ist. Wem mehr nach Wandern ist, der folge links der Brücke nach Westen dem kleinen Küstenwanderweg auf die **Presqu'île de Kermorvan.** Die zum Naturschutzgebiet erklärte Halbinsel mit dem eckigen **Kermorvan-Leuchtturm** an der Spitze lässt sich in etwa einer Stunde umrunden. Vom Fuß des automatisierten Leuchtturms aus eröffnet sich eine be-

067br Foto: wk

eindruckende Perspektive über den Chenal du Four hinüber zu den vorgelagerten Vogelschutzinseln Béniguet und Quéménès sowie zur 12 km entfernten bewohnten Ile Molène.

Falls das Wetter für die Kermorvan-Wanderung zu schlecht ist, bietet sich eine sehenswerte Alternative im **Musée d'Histoire Locale et de Vie Maritime en Iroise.** Das 1990 eröffnete Museum für maritime Lokalgeschichte am Place de Brest (Tel. 02.98.89. 14.41) dokumentiert eindrucksvoll die Arbeit der Krustentierfischer und der Tangfischer. Öffnungszeiten: Juli und August 10–12 Uhr und 14–18 Uhr. Montags wie viele Museen geschlossen.

Praktische Hinweise

Information

- **Office de Tourisme,** Parc de Beauséjour, 29217 Le Conquet, Tel. 02.98.89.11.31, Fax 02.98. 89.08.20, www.leconquet.fr.

Unterkunft

- **Hôtel-Restaurant La Pointe de Saint-Mathieu€€,** Tel. 02.98.89.00.19, am gleichnamigen Leuchtturmkap 4 km südl. von Le Conquet (D 85). Sehr stilvolles Haus nahe der alten Abtei von St-Mathieu mit 15 geschmackvollen Zimmern, ganzjährig geöffnet.
- **Hôtel/Restaurant de la Pointe Sainte-Barbe€,** Pointe Ste-Barbe, Tel. 02.98.89.00.26. Großes Mittelklassehotel direkt am Meer am seeseitigen Rand des Hafens mit 49 recht komfortabel eingerichteten Zimmern. Geöffnet 18.12.–10.11.
- **Camping Municipal Le Théven,** Blancs Sablons, Tel. 02.98.89.06.90. Großzügig angelegte Anlage zwischen dem Plage des Blancs Sablons und der Kermorvan-Halbinsel mit 450 Stellplätzen in mit Büschen und Bäumen schön gestalteter Umgebung. Gute Sanitärausstattung und ein breites Zusatzangebot wie Laden, Tennisplatz, Kinderspielplatz und Wohnwagenverleih lassen den Platz als sehr empfehlenswert erscheinen. Geöffnet von Ostern bis 15. Oktober.
- **Camping de la Presqu'île de Kermorvan,** Les Blancs Sablons, Tel. 02.98.89.06.90. Ebenfalls sehr schön gelegener Platz auf der Kermorvan-Halbinsel mit 66 Stellplätzen und guten Sanitäranlagen, geöffnet 1.4. bis 30.9.

Essen und Trinken

- **La Taverne du Port,** Rue St-Christophe 18, Tel. 02.98.89.10.90. Im Erdgeschoss eine gemütliche Bierkneipe im maritimen Stil und darüber ein kleines sympathisches Restaurant mit verschiedenen Menüs ab ca. 13 €.
- **Crêperie/Grill Les Boucaniers,** Rue Poncelin 3, Tel. 02.98.89.06.25. Wie wir meinen, das interessanteste Lokal der Stadt: In einem urigen Granithaus aus dem 17. Jh. in Ortsmitte ist diese Crêperie mit ihrem historischen Mobiliar, den alten Hafenbildern und etlichen maritimen Sammlungsstücken schon fast ein Museum mit Restaurationsbetrieb. Nicht selten wird abends das alte Klavier zu bretonischen Seefahrtsliedern gespielt. Neben Crêpes werden auch einfache Grillgerichte angeboten.
- **Bar/Café Félix-Au Vieux Logis,** Rue Poncelin 5, Tel. 02.98.89.09.17. Ein gemütliches Café in typisch französischem Sinne, also auch mit Bierausschank.

Sonstiges

- **Tauchen/Angeln:** Das Office de Tourisme, Tel. 02.98.89.11.31, vermittelt Fahrten.
- **Tennis:** Die vier Municipalplätze werden über die Mairie (Tel. 02.98.89.00.07) vermietet.
- **Unterwasserwelt:** Mit dem Semi-U-Boot **Aquafaune-Vision sous Marine,** Tel. 02.98. 89.14.13, werden von April bis Oktober Ausfahrten in die glasklaren Gewässer des Mer d'Iroise gemacht. Die Unterwasserfauna und -flora auf Tuchfühlung ohne Taucheranzug. Preise: 25/15 €.
- **Reiten:** Ausritte entlang der Küste unter Tel. 02.98.89.13.44.

● **Bootsverleih:** *Bleu Soleil-Croaë*, Tel. 02.98. 89.15.75.

● **Bauernhofaktivitäten:** Auf der *Ferme pédagogique de Keringar* in Lochrist, ca. 1 km südlich des Zentrums, Tel. 02.98.89.13.44, können Kinder und Erwachsene jeweils mittwochs in verschiedene bäuerliche Tätigkeiten eingewiesen werden: Tierpflege, Gartenbau, Weben, Kochen unter Anleitung.

● **Einkaufstipp:** Krustentiere direkt vom Fischerboot bei Poissonnerie *„Breiz Izel“*, Cale St-Christoph am Hafen, Tel. 02.98.89.00.01.

● **Markt:** Dienstags neben der Kirche.

● **Wanderungen:** Im Office de Tourisme gibt es eine Liste mit Vorschlägen für Gruppenwanderungen an der Küste und im Inland mit kompetenten Führern.

Anreise/Weiterreise

● **Mit dem Bus:** Täglich verkehrt mindestens fünfmal täglich (samstags dreimal) ein Bus zwischen Le Conquet und Brest sowie zur Pointe de St-Mathieu. Haltestelle im Zentrum nahe der Kirche.

● **Fähren:** Die Reederei *Pen Ar Bed*, Tel. 02.98.80.80.80, verbindet ganzjährig täglich einmal Le Conquet mit den Inseln Molène und Ouessant. Das Schiff kommt morgens von Brest und fährt via Le Conquet, Molène nach Ouessant. Nachmittags dieselbe Strecke zurück bis Brest. Fahrdauer Le Conquet - Ouessant ca. 1 1/4 Stunde. Fahrpreise (einfache Fahrt): Le Conquet - Molène 26/15 €, Le Conquet - Ouessant 30/17 €. Tickets im Fährenbüro am Hafen.

Einbahnstraßen auf dem Meer

Der Ärmelkanal ist die meistbefahrene Wasserstraße der Welt. „Warum sieht man dann niemals große Frachter?“ mag sich der Reisende an der nordbretonischen Küste zum Beispiel bei einem Besuch auf dem Leuchtturm der Ile Vierge fragen.

Bis 1978 sah man hier Frachter und Tanker nahe, zu nahe vor der Küste. Bis dahin wählten die Kapitäne der Großschifffahrt aus Kostengründen den **kürzesten Weg aus der Biskaya** in den Ärmelkanal, haarscharf vorbei an der Insel Ouessant und den Roches de Portsall. Bei technischen Problemen und schwerer See hoffte man leichtfertig auf die effektive Hilfe der Hochseeschlepper aus Brest.

Immer wieder kam es zwar zu Schiffbrüchen, aber Konsequenzen wurden erst gezogen, als 1978 die **Ölkatastrophe der Amoco-Cadiz** schließlich zum Handeln zwang. Noch im selben Jahr wurden die Schifffahrtsvorschriften vor der Nordwestküste der Bretagne deutlich verschärft. Seitdem darf kein Tanker oder Frachter von mehr als 70 m Länge näher als 13 km an die Küste heran. Der zu fahrende Kurs ist durch sogenannte **Verkehrstrennungsgebiete** festgelegt, einer Bahn auf dem Meer, die von den Schiffen wie von einem Auto auf der Autobahn eingehalten werden muss. Von diesen Bahnen gibt es nördlich von Ouessant und Portsall insgesamt drei, zwei im West-Ost-Verkehr und eine im Ost-West-Verkehr, jeweils mit ca. 10 km Breite. Leistungsstarke Radarstationen entlang der Küste kontrollieren die Einhaltung der Vorschriften, und im Falle eines Verstoßes ist binnen weniger Minuten ein Patrouillenboot der französischen Marine beim Verkehrssünder. Die südlichste der „Einbahnstraßen“ liegt mit ca. 35 km Sicherheitsabstand von der Küste so weit entfernt, dass selbst von einem hohen Kap aus keine Schiffe gesehen werden können. Seit Einrichtung dieses Verkehrstrennungsgebietes kam es hier nicht mehr zu gravierenden Havarien.

Brest und Umgebung

Brest

↗ X-XI/B-C3

Brest zählt zu den bedeutendsten Großstädten der Bretagne. Im Unterschied zu anderen Städten beruht seine Bedeutung jedoch nicht so sehr auf wirtschaftlicher Stärke oder reicher kultureller Entwicklung, sondern eher auf einer zweifelhaft-rühmlichen **militärischen Vergangenheit und Gegenwart.**

Archäologische Funde belegen, dass schon die römischen Feldherren die **günstige Lage** der Stadt erkannten und hier Befestigungen und Hafenanlagen errichteten, denn die Stadt am Meer wird nach Norden durch die Léon-Landmasse und nach Süden durch die Crozon-Halbinsel geschützt. Die Einfahrt in die riesige Bucht (150 km^2) vor der Stadt, die Rade de Brest, ließ sich entsprechend leicht schützen.

Während der **Erbfolgekriege** im 14. Jh. verbündete *Jean de Montfort* sich mit den Engländern, ließ sie hier ihren Stützpunkt errichten und konnte mit ihrer Hilfe das Kriegsglück auf seine Seite ziehen. Zu seinem Leidwesen ließen sich die Engländer aber nicht so leicht wieder vertreiben, sondern setzten sich hier etwa 50 Jahre fest.

Richelieu ließ etliche Arsenale in der Stadt errichten, *Colbert* folgte im 17. Jh. seinen Ideen und schuf hier in seiner Eigenschaft als Marineminister eine Schule der Kriegsmarine. Zugleich rüstete er die Kriegsmarine technisch auf, sodass Brest zum **größten Marinestützpunkt Frankreichs** avancierte. Den letzten Schliff erhielten die Befestigungen der Stadt dann

unter *Vauban,* dem berühmten Minister und Bauherren unter *Louis XIV.*

Im Verlauf dieser wechselvollen Geschichte, die im wesentlichen von der Kriegsmaschinerie und ihrer zerstörenden Macht handelt, entstanden einige beeindruckende Bauwerke, die dann aber im Verlauf des **2. Weltkrieges** fast alle vollständig zerstört wurden (welche Ironie des Schicksals). Als die Engländer ihre Stützpunkte an der französischen Küste aufgeben mussten, versuchten sie, die Marineanlagen Brests so weit wie möglich zu vernichten. Die nachrückenden deutschen Truppen erkannten den Wert der Stadt und setzten alles daran, die Anlagen wieder instand zu setzen.

Von da an ging es hin und her. Alliierte Bomber bemühten sich bis zum Ende des Krieges, Brest zu zerstören, die deutschen Soldaten verteidigten die Stadt erbittert. Auch baute die deutsche Marine den Hafen zu einem der größten U-Boot-Stützpunkte aus. Im Spätsommer 1944 konnte die Stadt von den alliierten Verbänden zurückerobert werden, jedoch erst nach über 40 Tagen erbitterter Kämpfe und der damit nahezu völligen Zerstörung der Altstadt.

Nach Kriegsende begann der **Wiederaufbau.** Rasch und kostengünstig

Überstand Jahrhunderte:
das Schloss von Brest

lautete damals die Devise. Das Ergebnis ist heute sichtbar. Gerade, mehrspurige Straßen, Neubauten der 1950er und -60er Jahre und sehr wenig von dem, was fast alle anderen Städte der Bretagne auszeichnet, wie eine Altstadt oder etwa historische Gebäude. Heute ist Brest wieder eine bedeutende Hafenstadt und wird überwiegend militärisch genutzt, auch von französischen **Atom-U-Booten.** Der Handelshafen Brest spielt trotz wachsender Umschlagszahlen (etwa 2 Mio. t/Jahr) eine untergeordnete Rolle.

Der östlich des Zentrums gelegene große Yachthafen „Moulin Blanc" gewinnt mit seinen Serviceeinrichtungen zunehmend an wirtschaftlicher Bedeutung.

069br Foto: eh

Sehenswertes

Infolge der starken Kriegsschäden sind nur wenige historische Gebäude erhalten. Fast alles Sehenswerte der Stadt hat in irgendeiner Form mit dem Meer zu tun.

Le Château. Die Festung der Stadt ist eines der wenigen historischen Gebäude Brests. Schon zur Zeit der Römer wachte hier eine Befestigung über die Einfahrt in das Hafengebiet von „Penfeld". Zwischen dem 12. und 17. Jh. ließen die Baumeister der Könige mächtige Türme errichten. Zeitweilig diente die Anlage als Gefängnis, oder als Hauptquartier der Armee. Auch die Festung litt unter den Bombardements des 2. Weltkrieges. Die Mauer musste an vielen Stellen wiederaufgebaut werden.

Im Inneren der Festung sind die Préfecture Maritime (Seefahrtsamt) und das **Musée National de la Marine** (Marinemuseum) untergebracht. Nur das Museum kann besichtigt werden. Auf dem geschichtsträchtigen Boden werden hier Gemälde, Waffen, Modelle und Ausrüstungsgegenstände der Marine ausgestellt. Hinzu kommen geschichtliche Aspekte der Festung, so z.B. die Kapelle, in der *Anne de Bretagne* betete und die Darstellung des Bagnos der Stadt.

Öffnungszeiten: Täglich, außer dienstags, 10–18 Uhr (April–Sept.), sonst 13.30–8.30 Uhr, Januar geschlossen.

Hier überstand kaum etwas den Krieg: Marinehafen

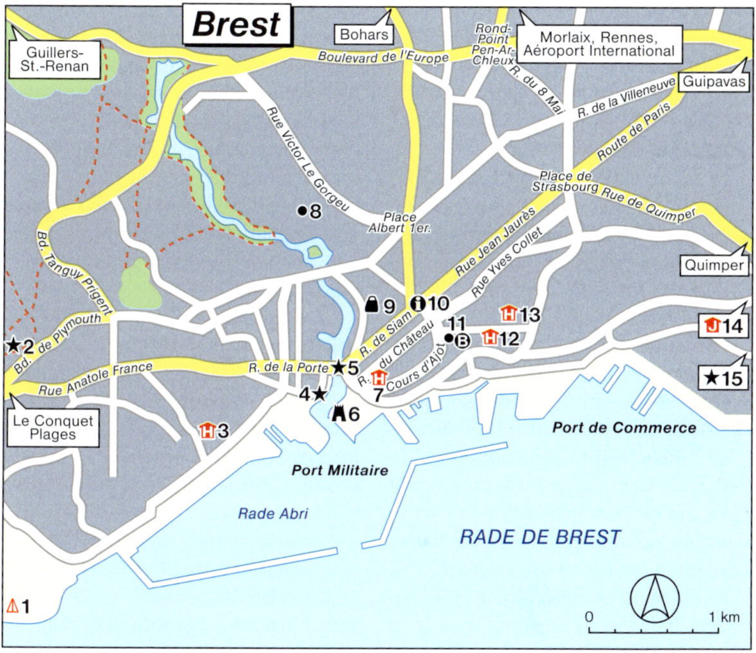

⚠	1	Camping du Goulet	🏨	7	Hôtel de la Rade, Musée des Beaux-Arts	•Ⓑ	11	Bahnhof/Busbahnhof
★	2	Fort Montbarrey	•	8	Konsulat	🏨	12	Hôtel de la Gare
🏨	3	Hôtel la Corniche	🔒	9	Markthallen	🏨	13	Hôtel Bellevue
★	4	Tour Tanguy	ℹ	10	Office du Tourisme/ Place de la Liberté	J	14	Jugendherberge
★	5	Hebebrücke				★	15	Océanapolis, Yachthafen
♜	6	Château						

Eintritt 5/3 €. Tel. 02.98. 22.12.39, www.musee-marine.fr.

Tour Tanguy. Gegenüber der Festung steht ein weiteres historisches Bauwerk. Der Turm wurde 1944 zwar zerstört, jedoch originalgetreu wiederaufgebaut. Er beherbergt ein stadtgeschichtliches Museum, das Brest vor 1939 darstellt.

Öffnungszeiten: Von Juni bis September täglich 10–12 Uhr und 14–19 Uhr. Von Oktober bis Mai mittwochs und donnerstags 14–17 Uhr, samstags und sonntags 14–18 Uhr. Eintritt frei. Square Pierre Péron, Tel. 02.98.00. 88.60.

Musée des Beaux-Arts. Im Museum der schönen Künste werden Werke italienischer, flämischer und französischer Künstler des 17. bis 20. Jh. ausgestellt. Ein Teil der Ausstellung widmet sich der Schule von Pont-Aven. Hinzu kommen zeitgenössische Kunst und Ausstellungen zu wechselnden Themen.

Öffnungszeiten: Täglich, außer dienstags, 10–12 und 14–18 Uhr, sonntags 14–18.45 Uhr. Eintritt 4 €. Rue Traverse 22, Tel. 02.98.00.87.96.

Le Mémorial-Fort Montbarrey. Die schon 1776 erbaute Befestigungsanlage liegt außerhalb des Stadtzentrums an der Straße nach Le Conquet. Heute ist hier ein Museum über den 2. Weltkrieg untergebracht.

Öffnungszeiten: Täglich, außer dienstags 14–18 Uhr. Eintritt 3/ 1,50 €. Allée Bir-Hakeim, Route du Conquet, Tel. 02.98.05.39.46.

Le Cours Dajot. Über 600 m Länge erstreckt sich diese Promenade mit Blick auf die Hafenanlagen der Stadt, die 1769 von Strafgefangenen in harter Fronarbeit erbaut werden musste.

Monument Américain. Mitten im Cours Dajot steht das amerikanische Monument in Pink. Es soll an die Landung der Amerikaner im Jahre 1917 erinnern, wurde am 4. Juli 1941 zerstört und 1958 wiederaufgebaut.

Pont de Recouvrance. Nahe dem Château führt die Straße über die größte Hebebrücke Europas. An 64 m hohen Trägern wird ein 87 m langes Stück Straße in die Höhe gezogen, um Schiffen die Einfahrt in den Hafenbereich Penfeld zu ermöglichen, 530 Tonnen Gewicht müssen dazu bewegt werden.

Océanopolis. Auf 2600 m^2 Fläche finden sich riesige Aquarien, die die Flora und Fauna des Nordatlantiks zeigen, und die Besucher können anhand von Videos, Diaserien und Computern ihre Kenntnisse über ozeanografische und meeresbiologische Themen auf interessante Weise erweitern. Mittlerweile gibt es neben diesen Aquarien auch die Themenbecken „Tropen" und „Polarzone", sodass auch die bunte Unterwasserwelt der Tropen ebenso zu bestaunen ist wie Pinguine und Robben. Für Kinder ist besonders der Bereich mit den „touch pools" attraktiv.

Ökologische Zusammenhänge im Leben von Walen, Delfinen und Seevögeln werden ebenso anschaulich dargestellt wie die Entstehung von Wetter- und Klimaveränderungen. Eine Robbenhöhle und ein Spielbereich für kleinere Kinder ergänzen das Spektakel.

Öffnungszeiten: täglich 9–18 Uhr (April–Sept.), sonst 10–17 Uhr, Eintritt: 15,80 €. Ein Besuch sollte in der Hochsaison nachmittags erfolgen, dann ist es ruhiger. Port de Plaisance du Moulin Blanc, Tel. 02.98.34.40.40, www.oceanopolis.com.

Anreise: Mit dem Bus Nr. 7 in Richtung Port de Plaisance. Abfahrt am Bahnhof und am Château. Mit dem PKW in Richtung Plougastel-Daoulas, dann der Ausschilderung folgen.

Markthallen. Gegenüber der 1957 erbauten St-Louis-Kirche am gleichnamigen Platz befinden sich Hallen, in denen allerlei Ess- und Trinkbares sowie Souvenirs erworben werden können.

Conservatoire botanique national de Brest. Im botanischen Garten werden in einem 1000 m^2 großen Gewächshaus tropische Pflanzen gezeigt.

Im 22 ha großen Freigelände kann man herrlich wandern. Das Freigelände ist ganzjährig tgl. von 9 bis 18 Uhr geöffnet, das Tropenhaus von Juli bis Mitte September sonntags bis donnerstags von 14 bis 17.30 Uhr. Eintritt 3,50 €.

Praktische Hinweise

Information

- **Office de Tourisme de Brest,** Place de la Liberté, 29266 Brest, Tel. 02.98.44.24.96. www.brest-metropole-tourisme.fr.
- **Deutsches Konsulat,** *M. Barsuss*, Square Cdt. l'Herminier 9, Tel. 02.98.44.35.59, Fax 02.98.44.53.73.

Unterkunft

Das Angebot an Zimmern ist groß und preislich recht breit gefächert.

- **Astoria Hôtel€,** Rue de Traverse 9, Tel. 02.98.80.19.10, Fax 02.98.80.52.41, www.hotel-astoria-brest.com. Trotz der Nähe zum Bahnhof und Hafen recht ruhig. Gute Informationen durch die Besitzer. Wer nach Ouessant weiterreist, kann hier Gutscheine für die Fähre bekommen (20 % Ermäßigung).
- **Abalys Hôtel€,** Avenue Georges Clémenceau 7, Tel. 02.98.44.21.86, Fax 02.98.43.68.32, www.abalys.com. Direkt im Zentrum liegt das Hotel der gehobenen Mittelklasse. Gäste parken in der hauseigenen Garage. 23 Zimmer stehen zur Verfügung.
- **Hôtel la Corniche€€,** Rue Amiral Nicol 1, Tel. 02.98.45.12.42, Fax 02.98.49.01.53, www.hotel-la-corniche.com. Komfortabel bis luxuriös zeigt sich das Hotel nahe dem Militärhafen, etwas außerhalb des Zentrums.
- **Citôtel de la Gare€,** Boulevard Gambetta 4, Tel. 02.98.44.47.01, Fax 02.98.43.34.07, www.hotelgare.com. Im Stadtzentrum, nahe dem Bahnhof, befindet sich das gerade renovierte Hotel der Mittelklasse. Die ordentlich eingerichteten Zimmer sind ihren Preis wert.
- **Hôtel Bellevue€,** Rue Victor Hugo 53, Tel. 02.98.80.51.78, Fax 02.98.46.02.84, www.hotelbellevue.fr. Ebenfalls im Zentrum. 27 komfortabel eingerichtete Zimmer. Leider kein eigener Parkplatz.
- **Hôtel de la Rade€-€€,** Rue de Siam 6, Tel. 02.98.44.47.76. Einfach eingerichtete, gute und preiswerte Zimmer.

Außerhalb der Stadt liegen ebenfalls zwei gute Hotels, die sich für Stadtmüde eignen oder denjenigen ansprechen, der nur auf der Durchreise ist:

- **B & B Hôtel€,** Z.I. de Kergaradec, Avenue du Baron Lacrosse, Tel. 02.98.41.25.41. Funktionale saubere Zimmer im Motel-Stil.
- **Relais Confortel€-€€,** Z.A. de Kerjean, Avenue du Gal de Gaulle, Tel. 02.98.28.28.44. Gut ausgestattete Zimmer, bei denen auch vom gesamten Ambiente her kaum Motel-Eindruck entsteht.
- **Auberge de Jeunesse,** Rue de Kerbriant, Tel. 02.98.41.90.41. Die Jugendherberge liegt am Yachthafen (Port de Plaisance). Erreichbar mit Bus Nr. 72 (Innenstadt), 5 und 8.
- **Camping du Goulet,** Ste-Anne-du-Portzic, Tel. 02.98.45.86.84, www.campingdugoulet.com. 6 Kilometer außerhalb des Zentrums liegt der ganzjährig geöffnete, einfache Platz.

Essen und Trinken

- **Crêperie Moderne,** Rue Algésiras 34, Tel. 02.98.44.44.36. Im Angebot sind bretonische Spezialitäten.
- **Crêperie Blé Noir,** Vallon du Stang Alar, Tel. 02.98.41.84.66.
- **Restaurant Le Pré Vert,** Place Maurice Gillet 1, Tel. 02.98.43.19.29. Das Restaurant ist auf Langusten, Fisch und Austern spezialisiert.
- **Restaurant la Jonquière,** Rue de Siam 12, Tel. 02.98.46.05.52.
- **Ma Petite Folie,** Port de Plaisance, Tel. 02.98.42.44.42. Im Rumpf eines Schiffes serviert man sehr gute Fischgerichte.
- **Le Pen-Duick,** direkt am Océanapolis, Tel. 02.98.42.10.88.
- **Disco Arpège,** Rue Neptune 11, Tel. 02.98.00.87.77.

Sonstiges

- **Fahrradverleih:** *S.A. Lennez Viot*, Place Maurice Gillet 10, Tel. 02.98.44.57.18.

●**Wassersport:** U.S.A.M, *Centre Nautique du Moulin Blanc,* Tel. 02.98.02.36.73. Dieser große Yachthafen gewinnt zunehmend an Bedeutung.
●**Tauchen:** *Groupe Manche Atlantique de Plongée,* Port de Commerce, 1er éperon, Basis an der Ile Bertheaume (s. Umgebung); Tel. 02.98.43.15.11.
●**Golf**: *Swin Golf de Brest,* Traon-Bihan, Tel. 02.98.05.27.22.
●**Einkaufen:** *Les Lutins,* Rue de Siam 5. Der Laden für Souvenirs aus der Bretagne und maritimes Outfit.
●**Bootsausflüge:** *Vedettes Armoricaines,* Port de Commerce, 1er Bassin, Tel. 02.98.44.44.04. Die Gesellschaft bietet täglich kürzere und längere Rundfahrten in der Umgebung von Brest an.
●**Mitsegeln:** Der Hauptautor dieses Reiseführers, Wilfried Krusekopf, bietet u.a. ab Brest, Port de Plaisance, terminlich flexibel abzustimmende Yachtsegeltörns auf komfortablen Hochseeyachten mit einheimischem Skipper und kleiner Crew. Näheres dazu unter www.biskaya.de, Tel. 02.97.26.89.48 oder 06.70.77.65.98, sail@biskaya.de.

Auf der **Recouvrance,** dem Nachbau eines Segelschoners aus dem 18. Jh., der von der Marine für Spionagezwecke eingesetzt wurde, kann man ebenfalls mitsegeln. Näheres unter: www.larecouvrance.com.

Anreise/Weiterreise

●**Mit dem Flugzeug:** Der Flughafen Brest-Guipavas liegt nordöstlich der Stadt. Es gibt regelmäßige Flugverbindungen zur Insel Ouessant sowie mit Paris und anderen französischen Städten. www.brest.aeroport.fr.
●**Mit der Bahn:** Vom Bahnhof der Stadt fahren regelmäßig zahlreiche Züge entlang der Nordküste in Richtung Rennes/Paris bzw. Richtung Quimper/Vannes. Hinzu kommen Kurzstrecken zu Orten in der näheren Umgebung.
●**Mit dem Bus:** Busse fahren vom Busbahnhof aus in Richtung Le Conquet, Roscoff, Morlaix, Châteaulin, Quimper, Le Fret und Camaret.
●**Stadtbusse:** Vom Place Liberté aus ist die Stadt mit einem dichten Busnetz überzogen, sodass das Auto meist geparkt bleiben kann. Hilfreich ist der Streckenplan für den Busverkehr, der beim Office de Tourisme erhältlich ist.
●**Fährverbindungen:** Vom Port de Commerce bestehen Fährverbindungen nach Le Conquet, Molène und Ouessant (Auskunft, Tel. 02.98.80.80.80) sowie zur Crozon-Halbinsel nach Le Fret (Auskunft, Tel. 02.98.44.44.04).

Umgebung von Brest

Milizac

↗ X/B2

In dem kleinen Ort locken nicht Menhire oder andere Sehenswürdigkeiten. Dafür steht der Spaß im **Freizeitpark La Récré** an erster Stelle. Achterbahn, Kartbahn, Bootslagune und Streichelzoo lassen zumindest die Kleinen auf ihre Kosten kommen. Der Park befindet sich ca. 8 km nördlich von Brest. Öffnungszeiten im Juli/August sowie in den Schulferien tgl. von 11 bis 19 Uhr, sonst mittwochs und am Wochenende von 11 bis 18.30 Uhr. Tel. 02.98.07.95.59.

Pointe du Petit-Minou

↗ X/B3

Es gibt zwei Möglichkeiten, das felsige am Goulet de Brest, der See-Einfahrt in die Rade de Brest, zu erreichen. Die schlechtere: Mit dem Auto ca. 8 km über die D 789 in Richtung Le Conquet, dann nach Süden auf die D 38

Brest ist auch die Stadt des Schiffbaus

070br Foto: wk

abbiegen, die nach ca. 2 km zur Küste führt. Die bessere: Das Auto am westlichen Stadtrand von Brest, am Leuchtturm von Sainte-Anne du Portzic, abstellen und von dort zu Fuß dem wunderschönen Küstenwanderweg (5 km) bis zur Pointe du Petit-Minou folgen.

An der Pointe du Petit-Minou befindet sich ein **Fort,** welches dem auf der ca. 15 km westlich gelegenen Ile Bertheaume ähnelt. Wie alle Festungen des 17. Jh. am Goulet de Brest wurde auch diese im 1. und 2. Weltkrieg weitergenutzt.

Die Landzunge, die man im Süden sieht, ist die **Pointe des Espagnols,** die Nordspitze der Crozon-Halbinsel. Der Name geht auf die Zeit spanischer Besetzung der Landspitze während der Religionskriege (am Ende des 16. Jh.) zurück.

Saint-Renan

↗ X/B3

Die Bilderbuchkleinstadt liegt 10 Kilometer nordwestlich von Brest. Ein Besuch lohnt vor allem wegen ihres **spätmittelalterlichen Altstadtkerns** am Place de la Mairie und in der Rue de l'Eglise. Imposante Fachwerk- und Granitgebäude aus dem 15., 16. und 17. Jh. demonstrieren den einstigen Wohlstand, der hier im Handel zwischen der Großstadt Brest und den Häfen entlang der Küste erwirtschaftet wurde.

Heute blüht der Handel vor allem am Markttag (samstags). Saint-Renan ist das **Marktzentrum** des Aber-Hinterlandes. Hier lohnt vor allem der Einkauf bäuerlicher Erzeugnisse.

Musée d'Histoire Locale. In der Rue Saint-Mathieu 16, Tel. 02.98.84.22.54, befindet sich das Museum für Regionalgeschichte. Zwischen alten Möbeln des Léon und Trachten von der Aber-Küste wird anhand von historischen Dokumenten und Zeichnungen die Geschichte der Gegend dargestellt. Geöffnet nur im Juli und August 15–18 Uhr, So. geschlossen. Eintritt 1,60/1 €.

Ein Tipp für Crêpes-Liebhaber: La Maison d'Autrefois, eine **vorzügliche Crêperie** in Saint-Renan, Rue de l'Eglise 7, Tel. 02.98.84.22.67, in einem der ältesten Fachwerkhäuser der Stadt.

Menhir de Kerloas ↗X/A3

Vier Kilometer westlich von Saint-Renan steht der **größte noch aufrecht stehende Menhir** der Bretagne.

Zum Menhir de Kerloas siehe auch Kapitel „Aber-Ildot und Le Conquet".

Leuchtturm und Kloster an der Pointe St-Mathieu

Ile Bertheaume

5 Kilometer östlich der Pointe de Saint-Mathieu und 15 Kilometer westlich von Brest liegt der Ort **Plougonvelin.** Während der Ort selbst nichts Außergewöhnliches bietet, locken der 400 m lange **Strand Trez-Hir** und die 600 m südlich liegende Insel Bertheaume Besucher hierher.

Ursprünglich wurde das felsige Eiland militärisch genutzt. Schon im Mittelalter befand sich eine **Burg auf der Insel,** die nur bei Niedrigwasser zu Fuß erreicht werden kann. Strategisch war der Ort gut gewählt, denn 20 Stunden am Tag wird die Insel von der Natur geschützt. Selbstverständlich erkannte auch *Vauban,* der Festungsspezialist *Louis's XIV.,* deren Wert und ließ hier im 17. Jh. eine von dicken Mauern umgebene **Kanonenbatterie** errichten. Ziele waren englische Schiffe, die ihrerseits in regelmäßigen Abständen versuchten, Teile der französischen Küste unter ihre Herrschaft zu bringen. Es galt schließlich, den Weintransport aus den englisch besetzten Gebieten bei Bordeaux nach England zu sichern. Je mehr Inseln und Häfen (wie z.B. Belle-Ile, Groix, Iles de Glénan, Concarneau) besetzt waren, desto sicherer waren auch die Transporte.

Die Batterie wurde im 18. Jh. durch **Kasernen** erweitert, die heute friedlichen Zwecken dienen: Ein Museum für Lokalgeschichte ist geplant, und auf dem ehemaligen Exerzierplatz gibt es im Sommer Musik und Theater.

Öffnungszeiten: 15.6. bis 15.9. täglich 10–12 Uhr und 14–18.30 Uhr,

vom 16.9. bis 15.10. und vom 15.2. bis 14.6. nur mittwochs, donnerstags, samstags und sonntags 14–18 Uhr. Eintritt 3/1,50 €. Auskunft im Office de Tourisme in Plougonvelin, Tel. 02.98.48.30.18.

Wandern

- Von Bertheaume aus führt ein landschaftlich sehr reizvoller Küstenwanderweg oberhalb der Steilküste nach Westen zur Pointe de Saint-Mathieu (etwa 6 km).

Pointe Saint-Mathieu ↗X/A3

Bei den Kelten hieß dieses Kap Penn Ar Bed, der Anfang (nicht das Ende) der Welt.

Etwa 20 Kilometer westlich von Brest, in Richtung Le Conquet, kennzeichnet ein 37 m hoher Leuchtturm, der **Phare de Saint-Mathieu,** in unmittelbarer Nähe einer Klosterruine das Südende der Aber-Küste und zugleich die Westgrenze der Einfahrt in die Bucht von Brest.

Direkt an der 20 m hohen Steilküste wurde hier vermutlich schon im 6. Jh. ein **Kloster** gegründet, in dem der Sage nach der Schädel des Apostels *Matthäus* im Reliquienschrein aufbewahrt wurde. Leider wurde das Kloster im 13. Jh. geplündert und zerstört, sodass sich keine Beweise mehr für die Behauptung finden lassen. Die Mauerreste der heute noch erhaltenen Ruine stammen vom Kloster, das im 16. Jh. von Benediktinermönchen wiederaufgebaut wurde. Sie standen in Verbindung mit der Abtei von Landévennec, dem damaligen kirchlich-kulturellen Zentrum. Außer der kleinen Kirche Notre-Dame-des-Grâces ist davon nichts erhalten geblieben. Während der Revolution wurde das Kloster aufgegeben, die Steine verkaufte man als Baumaterial.

Schon der Turm der Klosterkirche diente seit 1740 als **Leuchtturm.** 1835 wurde dann der heute noch vorhandene rot-weiße Turm errichtet. 167 Stufen führen zur Lampenetage hinauf.

Im Nordwesten kann die 24 Kilometer entfernt liegende Insel Ouessant bei klarer Sicht ausgemacht werden. Davor liegen Molène und nahe der Küste die wegen ihrer starken Strömungen gefährliche Passage des Chenal du Four.

Der Leuchtturmwärter erzählt gerne von der Geschichte des Turmes, dessen Halogen-Optik ihren Lichtblitz 56 Kilometer weit über das Meer schickt. Öffnungszeiten: Juli und August täglich 10.30–12 Uhr und 15–19 Uhr, Eintrittstickets gibt es am Point d'Information an der D 85 gegenüber vom Hotel St. Mathieu für 3,50/2 €.

Presqu'île de Plougastel

↗ XI/C3

Zwischen dem Elorn und dem Rivière de Daoulas strecken sich vor der Haustür Brests fünf Landspitzen wie die Finger einer Hand nach Südwesten in die Rade de Brest. Die autobahnähnliche N 165, die am Hauptort Plougastel-Daoulas vorbeiführt, begrenzt zum Inland hin eine hügelige, von der nahen Großstadt weitgehend **unberührte Halbinsel,** auf der Bauern und Fischer in kleinen Dörfern ein noch provinzielles Leben führen.

Der **Garten von Brest,** wie die Halbinsel gern genannt wird, bekam diesen Beinamen wegen des fruchtbaren Bodens und der klimatisch günstigen Lage, die zusammen Garant für ertragreiche Ernten sind. Vom 16. bis 19. Jh. wurde auf den Feldern überwiegend Flachs zur Herstellung von Leinentüchern angebaut. Im 18. Jh. kam der **Erdbeeranbau** hinzu. Der Verkauf, vor allem nach England, war so gewinnbringend, dass sich Mitte des 19. Jh. die Mehrzahl der Bauern auf den Anbau der beliebten Früchte spezialisierte. Bis heute wird der Name Plougastel mit Erdbeeren assoziiert. In vielen Konditoreien der Bretagne und in allen Spirituosenläden findet man den berühmten Erdbeerlikör „Liqueur de Fraises de Plougastel". Der Höhepunkt der Produktion wurde 1952 mit ca. 6000 t erreicht. Inzwischen haben sich die Erdbeerbauern überwiegend auf Gemüse und Blumen umgestellt, nachdem andere Regionen Süd- und

Westeuropas erfolgreich im Erdbeergeschäft konkurrieren.

Der **Calvaire von Plougastel-Daoulas.** Bereits 1598 wurde beschlossen, einen großen Calvaire zu errichten, um einer großen Pestepidemie Einhalt zu gebieten, die schon über die Hälfte der Stadtbevölkerung hinweggerafft hatte. Spenden aus der Bevölkerung waren fast das einzige Finanzierungsmittel. Diejenigen, die überlebt hatten, gaben aus Freude und in der Hoffnung, mit den christlichen Symbolen künftiges Unheil abzuwenden.

Der Calvaire zeigt das Leben Jesu mit besonderer **Betonung der Passionsgeschichte.** Insgesamt sind 181 Figuren dargestellt, die ursprünglich polychrom bemalt waren. Aufgrund der starken Ähnlichkeiten mit dem berühmten Calvaire von Guimiliau wird angenommen, dass beide vom selben Steinmetz stammen. Im Gegensatz zum Calvaire von Guimiliau wurden hier allerdings **zwei verschiedenen Gesteinsarten** verwendet: gelblicher Granit aus Logonna (südwestlich von Daoulas) für den Sockel und dunkelgrauer Kersanton-Granit für die Figuren. Kersanton ist ein kleines Dorf bei Hôpital-Camfrout, südlich Daoulas, das dem dort gebrochenen Gestein seinen Namen gibt. Die gräuliche Granitart ist durch eine feine Körnung gekennzeichnet, die die Verarbeitung erleichtert. Dennoch ist der Stein sehr alterungsbeständig.

Als im August 1944 amerikanische Flugzeuge die deutschen Stellungen in Brest und Plougastel-Daoulas bombardierten, wurden leider auch die kulturhistorisch bedeutenden Kirchenbauwerke stark beschädigt. Dank amerikanischer Spenden konnten 1948/49 die Pfarrkirche und der **Calvaire restauriert** werden.

Abgesehen von dem berühmten Calvaire in Plougastel-Daoulas bietet die Halbinsel wenig Spektakuläres, dafür aber eine Landschaft, die sich mit ihren kleinen Straßen (wenige Autos) und Küstenwanderwegen für **Radtouren und Wanderungen** anbietet.

Praktische Hinweise

Empfehlenswerte Routen

- Von Plougastel-Daoulas mit dem Auto oder Rad bis **Kernisi** (4 km). Von dort zu Fuß oder mit dem Rad parallel zur Küste bis zum kleinen Fischerhafen **Le Caro**, weiter in südwestlicher Richtung zur **Pointe de Kerdéniel,** mit schönem Blick über das Meer zur Presqu'île de Crozon. Die benachbarte Pointe de l'Armorique ist leider ein militärisches Sperrgebiet. Der Weg führt zurück nach Nordosten, vorbei an drei Menhiren beim Dörfchen **Kerziou** zum Hafen **l'Auberlac'h.** Hier legten im 19. Jahrhundert die englischen Dampfschiffe ab, vollbeladen mit den gerade bei den Briten sehr beliebten Erdbeeren. Von L'Auberlac'h zurück über **Saint-Adrien** (Kapelle aus dem 16. Jh.) und **Sainte-Christine** nach Kernisi (Gesamtlänge 11 km).
- Der Weg lässt sich mit einem Abstecher nach Osten ins Dörfchen **Saint-Guénolé** (auch hier eine schöne Kapelle aus dem 16. Jh.) und dann zum Hafen **Tinduff** erweitern. Hier wird nachmittags (gegen 17 Uhr) Fisch fangfrisch vom Boot aus verkauft. Am Hafen befindet sich eine Zuchtstation für Jakobsmuscheln. Der Rückweg führt dann wieder über St-Guénolé und St-Adrien nach Kernisi.

Information

- **Office de Tourisme,** Place du Calvaire, 29470 Plougastel-Daoulas, Telefon 02.98.40.34.98, Fax 02.98.40.68.85.

Sehenswertes

- **Musée de la Fraise,** Rue Louis Nicole, Tel. 02.98.40.21.18. Ein kleines, aber sehr liebevoll eingerichtetes Regionalmuseum zur Geschichte der Halbinsel, insbesondere zum Anbau und Handel mit Erdbeeren. Geöffnet vom 1. Juni bis 30. Sept. 10 bis 12.30 Uhr und 14 bis 18.30 Uhr, sonst 14 bis 18 Uhr.
- **La Chapelle Saint Jean,** am Ufer des Elorn etwa 4 km nördlich von Plougastel, eine wunderschöne, für die Gegend typische Kapelle mit interessanten Steinmetzarbeiten.

Fahrradverleih

- In Plougastel-Daoulas können Fahrräder beim Office de Tourisme (Tel. 02.98.40.34.98) und bei *Star-Cycles*, Rue Mathurin-Thomas 14 (Tel. 02.98.40.38.44) gemietet werden.

Nicht so groß wie der Ponte-Vecchio: Pont de Rohan

Landerneau

↗ XI/C-D2-3

Träge fließen die Wasser des Elorn dahin, und ähnlich ruhig, zumindest in touristischer Hinsicht, zeigt sich auch die Stadt.

Es erscheint etwas merkwürdig, dass das **verschlafen wirkende Städtchen** am Ufer des Elorn einst die Hauptstadt des Léon gewesen ist. Doch seine geografische Lage nahe der Grenze zwischen Léon und Cornouaille und die Schiffbarkeit des Flusses bis in die Stadt hinein ließen Landerneau bereits seit dem 16. Jh. unter den *Rohans* zu großer Bedeutung gelangen. Ein Besuch lohnt eigentlich nur, wenn der Ort gerade „auf dem Weg" liegt.

072br Foto: eh

Sehenswertes

Pont de Rohan. Die nach den Grafen benannte Brücke stammt aus dem Jahr 1510. Das Besondere an dem Bauwerk ist die Tatsache, dass sie zu den wenigen Brücken Europas zählt, die bewohnt sind. Neben Wohnhäusern befinden sich auf der Brücke, die Léon mit Cournouaille (daher auch die Namen der am rechten und linken Ufer verlaufenden Straßen Quai de Léon und Quai de Cornouaille) verbindet, einige Boutiquen und Souvenirgeschäfte.

Eglise St-Houardon. Diese Kirche, die zum überwiegenden Teil 1860 umgebaut wurde, besitzt von ihrer ursprünglichen Renaissanceanlage noch den Torbogen.

Eglise St-Thomas-de-Cantorbéry. Am südlichen Flussufer befindet sich diese im 16. Jh. errichtete Kirche, die dem Erzbischof von Canterbury geweiht wurde.

Zu beiden Seiten des Ufers, besonders im Bereich der Brücke, stehen auch heute noch hübsche Häuser aus dem 17. Jh. Es lohnt ein Blick auf das **Maison d'Anne** (1668) am Place du Général-de-Gaulle 9, das **Maison de Rohan** (1662) am Place du Marché und den **Brunnen** am Place des 4-Pompers.

Keltischer Ringkampf, genannt „Gouren". In Landerneau ist der Sitz der bretonischen Fédération de Gouren, einer archaischen Form des Ringkampfes, wie er in allen keltischen Ländern praktiziert wird. Im Sommer finden in verschiedenen Orten der Bretagne Gouren-Meisterschaften statt, so auch in Quimper, Monterfil, Le Faouet, Guingamp. Das komplette Programm und das genaue Datum gibt es unter Tel. 02.98.85.40.48, im Internet: www.gouren.com.

Praktische Hinweise

Information

- **Office de Tourisme,** Pont de Rohan, 29800 Landerneau, Tel. 02.98.85.13.09, www.tourisme-landerneau-daoulas.fr.

Unterkunft

- **Hôtel Le Clos du Pontic**€€**,** Rue du Pontic, Tel. 02.98.21.50.91, Fax 02.98.21.34.33. Das 32-Zimmer-Haus bietet angemessenen Komfort. www.clos-pontic.com.

Essen und Trinken

- Neben verschiedenen Möglichkeiten des Einkehrens lohnen vor allem die Crêperien **Gwen Ha Du,** Rue des Boucheries, und **L'Epi d'Or,** Rue de la Liberation, einen Besuch. In beiden Restaurants bekommt man für etwa 10 € gut zusammengestellte Mittagsgerichte.

Anreise/Weiterreise

- **Mit der Bahn:** Landerneau liegt verkehrsgünstig an der Hauptstrecke Paris – Rennes – Brest, sodass regelmäßige Verbindungen bestehen. Eine Zusteigemöglichkeit besteht auch für Züge, die von Brest nach Morlaix bzw. in südlicher Richtung über Quimper, Lorient und Vannes bis Nantes fahren.
- **Mit dem Bus:** Busse fahren von hier aus in alle anderen Orte der Umgebung. Die Haltestelle befindet sich am Bahnhof.

Le Folgoët

↗ XI/C1

Der kleine, verträumte Ort ist seit dem 15. Jh. eine wichtige Wallfahrtsstätte. Wie um so viele heilige Stätten rankt sich auch um Le Folgoët eine **Legende.** Der Name bedeutet in der Übersetzung „Verrückter des Waldes" und soll angeblich auf den Bettler und geistig behinderten *Salomon* hindeuten, der hier einst lebte. Besonders lustig empfand es die Bevölkerung, dass er ständig „Ave Maria" vor sich hin brabbelte. Sein armseliges Leben fristete er im Wald, aus dem er sich nur hervortraute, um zu betteln. Nach seinem Tod und der Beisetzung registrierten die Bewohner plötzlich, dass aus seinem Grab eine wunderschöne Lilie wuchs, die bei genauer Untersuchung in seinem geöffneten Mund wurzelte und zudem eine Aufschrift trug – Ave Maria! Ein Wunder! Dies nahm die Bevölkerung zum Anlass, hier die **Basilika Notre-Dame-du-Folgoët** zu errichten. So hübsch die Geschichte auch sein mag, wahrscheinlich wurde die Basilika aber von *Jean de Montfort* errichtet, da er die Franzosen im Erbfolgekrieg besiegen konnte. Auf jeden Fall lohnt ein Besuch der herrlichen Kirche. An der Fassade stehen mehrere Statuen, eine davon zeigt *Jean de Montfort.* Eindrucksvoll ist auch der Brunnen hinter der Kirche unter einem Flamboyantbogen. Den Innenraum der Kirche zieren fünf Altäre, eine Fensterrose über dem Chor, durch die das Licht im eigentümlichen Glanz die Kirche erhellt, und ein Lettner aus Granit.

Pardon

Pilgerfahrten finden im Frühjahr und Spätsommer statt. Sehr viele Menschen kommen hier am ersten Sonntag im September zusammen.

Anreise/Weiterreise

- **Mit dem Bus:** Le Folgoët bzw. der Nachbarort Lesneven liegen an der häufig frequentierten Strecke Brest – Roscoff.

Lesneven

↗ XI/C1

Nur etwa 2 km von Le Folgoët entfernt liegt der kleine Ort. Hier befindet sich das **Musée du Léon,** das Ausstellungsstücke von der Vorgeschichte bis heute zeigt. Rue de la Marne 12, Tel. 02.98. 21.17.18. Öffnungszeiten: Von April bis Oktober täglich von 14 bis 18 Uhr (außer dienstags), Eintritt 2 €.

Unterkunft

- **Camping Municipal de L'Hippodrome,** Rue de l'Hippodrome, Tel. 02.98.83.00.03. Fax 02.98.83.30.19. Sehr kleiner Platz, der inmitten der Natur liegt. Ideal wenn sonst keine Möglichkeit besteht, sein müdes Haupt zu betten. 15 Stellplätze, ab ca. 6,25 €.

Daoulas

↗ XI/C3

In parkähnlicher Umgebung befindet sich am Ortsrand von Daoulas das einzige romanische Kloster der Bretagne, **l'Abbaye de Daoulas.** Die Abtei besitzt eine interessante Ausstellung sakraler Kunstwerke, sowie den *jardin de plantes médicinales,* in dem etwa 250 Arten von medizinisch nutzbaren

Pflanzen aus Europa gezeigt werden. Sie ist tägl. 11–19 Uhr (Hauptsaison), ansonsten 10–17 Uhr geöffnet. Eintritt 6 €.

Im kleinen Museum **Ecomusée de la Meunerie,** das in einer Mühle aus dem 13. Jahrhundert untergebracht ist, wird mit verschiedenen Animationen u.a. die Veränderung der Industriekultur dargestellt. Öffnungszeiten im Juli und August tgl. von 10 bis 18 Uhr, sonst 10 bis 13 Uhr und 14 bis 18 Uhr, Eintritt 3 €.

Ile d'Ouessant (bret. Enez Eussa)

„Qui voit Ouessant voit son sang." (Wer Ouessant sieht, sieht sein Blut.) ist ein warnender Spruch der bretonischen Fischer. Die westlichste französische Felseninsel ist im Laufe der Jahrhunderte Tausenden von Seefahrern zum Verhängnis geworden. Unzählige Felsen und Untiefen, zwischen denen **tückische Gezeitenströme** mit bis zu 9 Knoten (17 km/h) ein Schiff vom Kurs abbringen, umgeben die von **Stürmen** kahlgefetzte Insel. Windgeschwindigkeiten von bis zu 150 km/h sind an manchen Tagen zwischen Oktober und März durchaus nicht ungewöhnlich. Am 15.10.87 wurde das bisherige Maximum mit 200 km/h gemessen. Der Sommer bringt zwar weniger Stürme, aber dafür macht dann oft der **Nebel** eine Annäherung an die Insel gefährlich. Statistisch hält das Seegebiet zwischen Ouessant und Brest den europäischen Nebelrekord mit etwa 10 Nebeltagen pro Monat während des Hochsommers. Aber keine Sorge: Die 1991 neu in Dienst gestellte Fähre „Enez Eussa III" ist mit zwei Radargeräten ausgerüstet.

Ouessant ähnelt in seinen **Umrissen** der Zange eines Taschenkrebses. Die maximal 60 m hohe Insel ist mit ca. 7 km Länge und 4 km Breite gut per Fahrrad zu erkunden. Zahlreiche **Wanderwege** führen über die Insel und entlang der Küste.

Das leicht hügelige Gras- und Heideland ist mit flachen Steinmauern in Hunderte kleiner Parzellen unterteilt, auf denen ebensoviele **Schafe** weiden, wie Menschen auf der Insel leben (etwa 800).

Der überwiegende Teil der **Bevölkerung** lebt nicht im Hauptort Lampaul im Westen der Insel, sondern recht gleichmäßig über die Insel verteilt in meist bescheidenen, isoliert stehenden Bauernhäusern. Allerdings leben nur noch wenige Familien von der **Landwirtschaft** (Getreide- und Gemüseanbau, Schafzucht), denn das traditionelle Erbrecht auf Ouessant hat die Gehöfte in viele zu kleine Flächen zerteilt. **Fischerei** war zu keiner Zeit eine Haupteinkommensquelle, nicht weil der Fisch fehlte, sondern weil die Insel keinen sicheren Hafen hat. Die Bucht von Lampaul ist den Stürmen schutzlos ausgesetzt, und jeder Bau einer größeren Hafenmole wurde vom nächsten Wintersturm zerstört. Die Bucht von Stiff im Osten, hier legt die Fähre an, hat zu große Wassertiefen für den Bau einer größeren Mole. So blieb den Ouessantins (so nennen sich die Einwohner) nur die Landwirtschaft, der Dienst auf fremden Schiffen und ... die Strandräuberei.

Allerdings ist die Zahl der nachgewiesenen **Hilfeleistungen für havarierte Schiffe** erheblich größer als die der Wrackplünderungen. So lief am 16. Juni 1896 das englische Passagierschiff „Drummond Castle" südlich von Ouessant in dichtem Nebel auf eine Untiefe und sank binnen 5 Minuten. 3 von 251 Passagieren konnten mit Booten von Ouessant am nächsten Tag gerettet werden. Mehr als 200 Ertrunkene wurden auf die Insel gebracht. Die Einheimischen nähten die Leichen in Bettücher ein und bewahrten sie bis zur Bestattung hinter der Kirche von Lampaul auf. Die geborgenen Habseligkeiten wurden später den Hinterbliebenen in England übergeben. Zum Dank für den Einsatz stiftete Queen **Victoria** den Ouessantins Geld zum Bau des Kirchturmes von Lampaul.

Im 20. Jahrhundert wurde die **Navigation entlang der** französischen **Westspitze** durch den vermehrten Bau von Leuchttürmen und die Einrichtung einer zuverlässigen Betonnung der Schifffahrtswege erheblich erleichtert. In Verbindung mit moderner Navigationsausrüstung an Bord führte dies in den letzten 50 Jahren zu einer drastischen Verringerung der Zahl von Havarien.

Der **Schiffsverkehr** wird rund um die Uhr im Radius von 50 sm (90 km) vom auffälligen Radarturm nahe der Baie du Stiff (Fähranleger) aus überwacht. Jedes Schiff ist verpflichtet, Position, Kurs und Ladung über Funk mitzuteilen. Der gesamte Schiffsverkehr (bis zu 100 Schiffe täglich) verläuft autobahnähnlich auf zwei „Fahrbahnen" von jeweils 10 sm Breite. Ein Verlassen der „Fahrbahn" ist nicht gestattet. Schiffe mit gefährlicher Ladung (z.B. Öltanker) müssen einen Sicherheitsabstand von 7 Seemeilen zur Küste einhalten. Werden diese Vorschriften nicht eingehalten, so interveniert ein ständig patrouillierendes Marinefahrzeug. Empfindliche Geldstrafen sind die Folge.

Auf Ouessant herrscht noch die klassische **Rollenverteilung in der Familie.** Während die Männer das Geld für ihre Angehörigen hauptsächlich in der Marine (Brest ist erster Marinehafen Frankreichs) oder in der Handelsschifffahrt verdienen, kümmern sich die Frauen um Haus und Kinder. Es gibt hier etwa doppelt so viele erwachsene Frauen wie Männer, denn der Broterwerb ist auf der Insel schwierig. Nur in den Sommermonaten lässt sich aus dem Tourismus etwas Geld durch Zimmervermietung oder den Verkauf von Inselprodukten, wie Web- und Strickwaren aus Schafwolle, verdienen.

Meist sind die **Inselbesucher** Tagestouristen, doch lässt sich der Reiz der Insel nicht an einem Tage erfassen. Zu Fuß sollte man etwa 3–4 Tage ansetzen, mit dem Rad mindestens 2, um die Insel kennen zu lernen.

Übernachtungsmöglichkeiten gibt es im Sommer bei Einheimischen (Vermittlung über das Office de Tourisme). Dies ist empfehlenswerter als ein Zim-

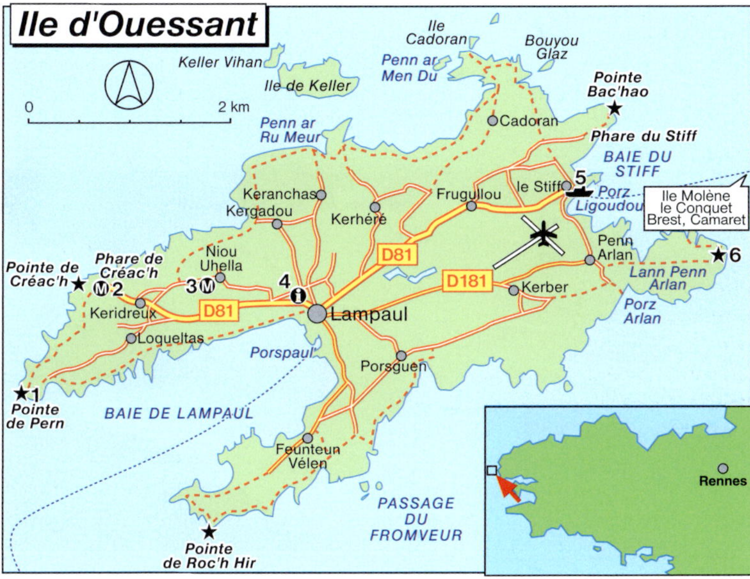

★	1	Villa des Tempêtes
Ⓜ	2	Leuchtturm und Museum
Ⓜ	3	Ecomusée M. d. Niou
ℹ	4	Office du Tourisme
⛴	5	Fähranleger
★	6	Cromlec'h von Penn Arlan

mer in einem der vier nicht übermäßig gepflegten Hotels.

Ouessant ist als westlichster Teil des „Parc Naturel Régional d'Armorique" insbesondere für den naturinteressierten Reisenden ein lohnendes Ziel. Die UNESCO verlieh der Insel 1988 den Titel **„Réserve de la Biosphère"**, was z.B. angesichts einer Seehundkolonie im Nordosten vor der Halbinsel Cadoran und einer Vielzahl selten gewordener Seevögel (wie z.B. Papageientaucher), die hier im Frühjahr und im Frühsommer nisten, sicherlich angemessen ist.

Auch die **Wasserqualität** muss wohl überdurchschnittlich sein, denn nirgendwo sonst werden noch so viele Hummer und Langusten gefangen wie vor den Küsten von Ouessant.

Die Einwohner sind stolz auf ihre Öko-Insel und wissen, was sie zu verteidigen haben. Direkt am Fähranleger machen große Schilder an der Hafenmauer in verschiedenen Sprachen auf die Notwendigkeit aufmerksam, die Natur zu erhalten und als Besucher rücksichtsvoll zu sein.

073br Foto: eh

Sehenswertes

Das **Ecomusée d'Ouessant** (Maison du Niou) in Niou Uhella liegt ca. 1,5 km westlich Lampauls. In zwei für die Insel typischen schiefergedeckten Granithäusern wird die im 19. Jahrhundert übliche Inneneinrichtung gezeigt. Jeweils ein Kamin an den Stirnseiten des Hauses, dazwischen optimal genutzt der kleine Wohn- und Schlafbereich. Blauweiß gestrichene Originalmöbel und Dekorationselemente aus dem 19. Jahrhundert vermitteln die damalige Wohnatmosphäre. Die zahlreichen Gebetssymbole erinnern daran, dass hier die Frau im Haus den größten Teil des Jahres in Sorge um ihren zur See fahrenden Mann oder Sohn verbrachte.

Öffnungszeiten: 1.10.-31.3. von 14-16 Uhr, 1.4.-31.5. 14-18.30 Uhr, 1.6.-30.9. 10.30-18.30 Uhr, montags geschlossen, Eintritt 5/3 €. Tel. 02.98. 48.86.37.

In der Nähe des Ecomusée, ungefähr 500 m südlich, steht eine der letzten kleinen **Windmühlen,** die im 19. Jh. zum Mahlen von Getreide eingesetzt wurden.

Das **Musée des Phares et Balises** befindet sich an der Westküste, ca.

Ouessant's Westküste

2,5 km westlich von Lampaul im Sockelgebäude des Créac'h-Leuchtturms. Im Sockel des stärksten Leuchtturmes Europas (Phare du Créac'h, 34 Seemeilen = 63 km Reichweite) wird die Geschichte der Entwicklung von Leuchttürmen und Seezeichen dargestellt. Anhand von Originalen (Lampen, Linsensystemen und Reflektoren), aber auch mit Modellen, Videofilmen und einer Multivisionsschau wird der Besucher über die technischen Probleme beim Bau von Leuchttürmen informiert. Neben dem technischen Aspekt werden aber auch die schwierigen Lebensbedingungen von Leuchtturmwärtern beschrieben. In einem Nebenraum befindet sich eine besonders interessante Abteilung über Wracktauchen und Wrackfunde. Öffnungszeiten: 1.10.–31.3. 14–16 Uhr, 1.4.–31.5. 14–18.30 Uhr, 1.6.–30.9. 10.30– 18.30 Uhr, Eintritt ca. 5/2,50 €. Tel. 02.98. 48.80.70. Der Leuchtturm selbst ist leider nicht zu besichtigen.

Die **Pointe de Pern** ist die äußerste Westspitze der Insel, etwa 3,5 km westlich von Lampaul. In einer grandios zerklüfteten Küstenlandschaft steht direkt am felsigen Ufer die Ruine einer Kapelle, genannt **„Villa des Tempêtes"** (Villa der Stürme). In ihr befand sich von 1885 bis 1900 ein Nebelhorn, das mit Wasserdampf betrieben wurde. Das Dampfnebelhorn war notwendig geworden, nachdem zuvor der Versuch gescheitert war, den notwendigen Luftdruck durch eine Pumpe zu erzeugen, die ihrerseits von im Kreis laufenden Pferden angetrieben wurde.

Vor der Küste steht der **Leuchtturm Nividic,** der als einziger Leuchtturm Europas über eine Seilbahn erreichbar ist. Deutlich erkennt man die zwei Zwischenpfeiler für das verbindende Stahlseil. Die originelle Einrichtung war im 19. Jahrhundert notwendig, als der Leuchtturm noch bemannt war. Heute arbeitet er automatisch. Die Wassertiefe in seiner Umgebung reicht nicht aus, um ein Versorgungsboot heranfahren zu lassen.

Halbinsel Cadoran. An der Nordspitze von Ouessant, ca. 4 km nordöstlich von Lampaul. Vor der Ostseite der Halbinsel liegt die kleine Insel Bouyou Glaz. Hier sammeln sich im Winter ein gutes Dutzend Seehunde, aber auch im Sommerhalbjahr kann man mit Geduld an dieser Stelle vor der Küste einzelne Seehunde sehen.

Phare du Stiff. Der Leuchtturm auf der Ostseite von Ouessant (ca. 3,5 km nordöstlich von Lampaul) wurde im Jahre 1699 in Betrieb genommen. Damals besaß er eine Petroleumlampe. Fünf Jahre zuvor ließ hier der für seine Befestigungsanlagen berühmte *Vauban* einen Wachturm bauen, von dem aus die strategisch wichtige Passage zwischen Ouessant und dem Festland, der Chenal du Four, überwacht werden konnte.

Wer mehrere Tage auf Ouessant verbringt, sollte sich abends die besonders bei diesigem Wetter eindrucksvolle **Leuchtturmshow** nicht entgehen lassen: Während im Westen der Phare du Créac'h alle 10 Sekunden seine beiden weißen Megastrahlen 34 Seemeilen weit über den Horizont schickt, konkurriert damit im

Osten der Phare du Stiff alle 20 Sekunden mit seinen zwei roten Blitzen, die 24 Seemeilen weit reichen. Erzeugt werden die Blitze durch eine Optik mit zwei Linseneinrichtungen, die um eine ständig leuchtende Lichtquelle rotieren.

Nahe dem Phare du Stiff steht der 1978 erbaute 140 m hohe **Radarturm,** von dem die gesamte Schifffahrt im Radius von 50 Seemeilen überwacht wird. Eine Besichtigung ist leider nicht möglich. Hingegen könnten Sie ihre Überredungskünste bei den Marinesoldaten am Sémaphore, dem kleineren eckigen Beobachtungsturm, 300 m südlich des Phare du Stiff, einsetzen, um von oben einmal über das Meer und auf einen Radarschirm zu schauen. Offiziell darf niemand hoch, aber es werden Ausnahmen gemacht.

Halbinsel Penn Arlan. Auf der eiförmigen Halbinsel im Osten (ca. 4 km von Lampaul) haben Menschen des Neolithikums eindrucksvolle Spuren hinterlassen. Vor etwa 4500 Jahren wurden hier ähnlich wie z.B. in Carnac mehrere Menhire in ovaler Form aufgestellt, ein **Cromlec'h.** Zwar ist seine Bedeutung genauso wie andernorts unbekannt, doch erscheint gerade an diesem Ort, direkt an der Ostküste, die Hypothese des Peilsystems zur Erfassung der wechselnden Richtung des Sonnenaufganges im Laufe der Jahreszeiten als besonders einleuchtend.

In unmittelbarer Nähe des Cromlec'hs befindet sich das kleine Gebetskreuz **Croix de Saint-Paul.** Die Insellegende erzählt, dass die Felsbuckel in der Umgebung angeblich die Kratzspuren der Krallen des flüchtenden Teufels zeigen. Einmal jährlich (am 29. September) findet eine kleine Insel-Wallfahrt (Pardon) hierher statt.

Im südlichen Ansatz der Halbinsel öffnet sich die kleine, bei West- und Nordwind geschützte **Bucht Porz Arlan** zwischen den Felsen. Die kleine Steinmole weist darauf hin, dass hier früher ein kleiner Hafen war. In der Tat legte hier die erste reguläre Inselfähre, die dampfgetriebene „Louise“, 1880 erstmalig an. Bis in die 1930er Jahre blieb Porz Arlan Fähranlegestelle, sofern der Wind und die See es erlaubten.

Vom alten Fähranleger blickt man in Richtung Südosten zum **Kéréon-Leuchtfeuer** mitten in der berüchtigtsten Wasserstraße Europas, dem Fromveur. Die Passage zwischen den Felsen von Molène im Süden und der Südküste von Ouessant zeigt ihren schiffeverschlingenden Charakter immer dann, wenn ein starker Ebbstrom bei Voll- oder Neumond (Springzeit) gegen einen Südweststurm läuft. Dann baut sich eine steile Kreuzsee mit mehr als 15 m hohen Wellen auf. Selbst große Frachter sind hier im hohen Seegang gesunken. Deshalb ist seit den 1960er Jahren die Passage für die Handelsschifffahrt gesperrt.

Lampaul

Der Inselhauptort ist vor allem aus rein praktischen Gründen von Interesse, denn hier befinden sich neben den wenigen Einkaufsmöglichkeiten die Bank, die Post, das Office de Tourisme und vier recht bescheidene Hotels.

Sehenswert ist neben dem von *Queen Victoria* gestifteten Kirchturm (s.o.) der Friedhof und dort speziell das kleine Gebetshäuschen, in dem die **Proëlla-Kreuze** der auf See verschollenen Angehörigen aufbewahrt werden. Die Proëlla war ein bis 1962 üblicher Inselritus, bei dem der auf See Verschollene symbolisch in Form eines Kreuzes aus Kerzenwachs beigesetzt wurde. Etwa 3 bis 4 Tage nach der Benachrichtigung über den Tod des zur See gefahrenen Mannes oder Sohnes versammelte sich die trauernde Familie um ein auf ein weißes Tuch gelegtes Kreuz aus Kerzenwachs und betete von Sonnenunter- bis Sonnenaufgang, um die Seele des Ertrunkenen zurück an Land zu holen. Daher der Name „Proëlla", was soviel wie „Rückkehr an Land" bedeutet (bret. *bro* = Land). Am Morgen nach der durchwachten Nacht kam der Priester und leitete die symbolische Beisetzungszeremonie unter Anteilnahme aller Familien des Dorfes. Das Wachskreuz wurde schließlich in dem kleinen Mausoleum auf dem Friedhof als Ersatz beigesetzt.

Die Inschrift auf dem kleinen Proëlla-Häuschen lautet übersetzt „Hier legen wir die Proëlla-Kreuze nieder im Gedenken an unsere Seeleute, die fern ihrer Heimat durch Kriege, Krankheiten oder Schiffbruch starben."

Praktische Hinweise

Information

- **Office de Tourisme,** 29242 Ouessant-Lampaul, gegenüber der Kirche, Tel. 02.98.48. 85.83, www.ot-ouessant.fr.

Unterkunft

Drei Hotels, alle in Lampaul, 50–200 m westlich der Kirche. Der Komfort und die Sauberkeit entsprechen nicht dem am Festland in der entsprechenden Preisklasse üblichen Niveau.

- **Hôtel/Restaurant Le Fromveur€,** Tel. 02.98.48.81.30.17 einfache, aber akzeptable Zimmer.
- **Hôtel/Restaurant Roc'h Ar Mor€,** Tel. 02.98.48.80.19. Schöne Lage am Hafen, 15 Zimmer, z.T. mit Meerblick. Auf der Terrasse werden im Sommer Speisen serviert. Blick auf die Bucht von Lampaul.
- **Hôtel Ti An Ar C'hafé,** Tel. 02.98.48.82.64. Der Name bedeutet „Zeitloser Stein" und dies trifft genau den Kern: Geschmackvoller Stil auf zeitlos, historischem Hintergrund. Lage an der Straße von Stiff nach Lampaul, etwa 1 km vor dem Ortskern von Lampaul nahe des Campingplatzes. 8 sehr hübsche Doppel-Zimmer ab 54 € plus 7 € fürs Frühstück.
- **Privatzimmer** werden ganzjährig vom Office de Tourisme vermittelt.
- **Centre d'Hébergement Municipal,** La Croix Rouge, Tel. 02.98.48.80.22, eine preiswerte, jugendherbergsähnliche Unterkunft nahe Lampaul.
- **Camping Municipal Pen Ar Bed,** Tel. 02.98.48.84.65 (Gemeindeamt, Mairie) oder 98.48.84.65. Etwas außerhalb von Lampaul in Richtung Süden. Einfacher Platz für ca. 100 Zelte mit dem notwendigsten Komfort. Geöffnet März bis November.

Essen und Trinken

Auf Ouessant kann man, abgesehen von den Schalentieren (sofern sie gut zubereitet sind), nur wenige lukullische Höhepunkte genießen.

- Von den o.g. Hotels/Restaurants beherbergt das **Roc'h Ar Mor** das empfehlenswerteste Speiselokal, nicht zuletzt wegen seiner schönen Terrasse. Übliche Fisch- und Fleischgerichte ab ca. 15 €.
- Ein Tipp für Selbstversorger: Probieren Sie einmal aus der Bäckerei von Lampaul das **„pain aux algues",** eine Brotsorte, die mit Algen angereichert ist.

Sonstiges

- **Segeln:** *Centre Nautique du Kornog*, am Hafen von Lampaul, Tel. 02.98.48.85.81. Ausbildung auf Jollen, Surfboards, Katamaranen.
- **Reiten:** *Ty Crenn Equitation*, Tel. 02.98.48. 83.58. Inselwanderungen auf dem Pferderücken. 1 Stunde ca. 11 €, halbtägig ca. 30 €.
- **Tauchen:** *Club de Plongée Ouessant-Subaqua*, Tel. 02.98.48.83.84. Basen in Lampaul und Baie du Stiff. Mit zwei großen Schlauchbooten werden Untiefen und Wracks angefahren, 30 € pro Fahrt.
- **Fahrradverleih:** SAVINA, in Lampaul und direkt am Fähranleger in der Baie du Stiff, Tel. 02.98.48.80.44.
- **Inselrundfahrt:** Im Minibus, *R. Quantin*, Lampaul, Tel. 02.98.48.85.95.
- **Diskothek:** *Le Keo*, in Lampaul, zwar weniger Show als am Festland, aber heiße Rhythmen bis 4 Uhr morgens.
- **Einkaufstipp:** Web- und Strickwaren aus Schafwolle von der Insel bei *Ti-A-Dreuz*, 300 m vom Ortszentrum Lampauls, nahe der Kirche.

Anreise/Weiterreise

- **Mit dem Flugzeug:** *Finist'air*, 15-minütiger Flug ab Brest-Guipavas, Tel. 02.98.84.64.87. 128 € für Hin- und Rückflug, Kinder von 2 bis 12 Jahren 74 €.
- **Mit dem Schiff:** *Compagnie Penn Ar Bed*, im Gare Maritime de Brest, Tel. 02.98.80. 80.80, im Gare Maritime d'Ouessant, Tel. 02.98.48.80.13. Ab Brest zweistündige Fahrt (30 €, Kinder bis 10 Jahre 20 €, Hin- und Rückfahrt), ab Le Conquet einstündige Fahrt (25 €, Kinder bis 10 Jahre 15 €, Hin- und Rückfahrt). Die Fähre legt auf dem Hin- und Rückweg kurz auf der Insel Molène an. Preis Ouessant - Molène 14 €, Kinder 9 €.

  Weitere Fährverbindung von Camaret mit „Finist'Mer", Tel. 02.98.27.88.44 zu 25/15 €.
- **Transport auf der Insel:** Zwischen dem Fähranleger in Baie du Stiff und dem Hauptort Lampaul verkehrt ein alter Omnibus (1,50 €/einfache Fahrt).

Molène

Die fast kreisrunde Insel mit etwa 1 km Durchmesser und ca. 60 ha Fläche ist nicht nur kahl, sondern heißt auch so. Der Name *Molène* leitet sich vom bretonischen *Moal Enez* ab, das übersetzt **„kahle Insel"** bedeutet. Liebevoll nennen die Einwohner ihre Insel aber auch Ar Skreo, der bretonische Name der Seeschwalbe. Der Wind bläst derart stürmisch vom offenen Atlantik über die Insel, dass sich einzelne kleine Bäume und Sträucher nur im Schutz der etwa 180 Häuser in der nordöstlichen Inselhälfte halten können. Das **Klima** ist allerdings so mild, dass z.B. Narzissen und Gänseblümchen sogar zu Weihnachten in freier Natur blühen.

Etwa im Jahr 500 ging hier der irische Mönch **Saint Ronan** an Land, um die Fischergemeinde zu christianisieren. Noch heute heißt eine kleine Bucht im Norden der Insel Porz-Ronan. Offensichtlich waren die Christianisierungsbemühungen sehr erfolgreich, denn heute gibt es auf der Insel nicht einmal eine Gendarmerie. Bei Bedarf kommt einmal im Monat ein Polizist von Le Conquet herüber. Normalerweise regeln die etwa 280 Einwohner der Insel ihre Probleme untereinander ohne staatliche Polizeikontrolle.

Der sonst in Steuerangelegenheiten nicht bescheidene *Louis XIV.* gewährte den Inselbewohnern das Privileg der **Steuerfreiheit,** doch nicht aus Menschenliebe, weil das Leben auf der Insel so hart war, sondern als Gegenleistung für Lotsendienste, um die königlichen Schiffe sicher durch die navigatorisch extrem schwierigen Gewässer der Westbretagne zu führen. Die Steuererleichterungen haben sich sogar ohne König bis heute gehalten.

„Qui voit Molène voit sa peine". Hier im gefährlichsten Seegebiet Europas hat jede Insel ihren Warnspruch: „Wer Molène sieht, sieht seine Leiden". Genau wie auf Ouessant gehörten **Schiffbruch** und Tod durch Ertrinken schon immer zur Inselgeschichte, nicht zuletzt deshalb, weil die Männer von Molène, im Gegensatz zu denen von Ouessant, immer schon Fischer waren. Molène besitzt einen relativ **geschützten Naturhafen,** der nur bei starkem Nordwind unruhig wird. Doch Nordwind ist hier recht selten, die Stürme kommen in der Regel aus Südwest bis Nordwest.

Die **Lebensgrundlagen** der 80 Insel-Familien bilden der Fischfang, Dienst in der Marine oder der Handelsschifffahrt, Schafzucht und im Sommer ein wenig der Tourismus. Als bürokratiegewohnter Festlandeuropäer wird man nachdenklich, wenn man erfährt, dass es auf Molène keine bürokratisch erfassten Grundstücksgrenzen gibt, keine Grundbucheintragungen und dennoch keinen Streit, wie der Bürgermeister versichert. Das Aufeinanderangewiesensein auf diesem kleinen, sturmgewohnten Eiland hat eine **Sozialgemeinschaft** mit einer starken Solidarität geprägt, die auf dem Festland ihresgleichen sucht.

Ihre Andersartigkeit drückt sich sogar in der Tageszeit aus: Auf Molène geht die **Uhr eine Stunde nach.** Wie in England wird hier die Tageszeit nach der GMT (= U.T.) festgelegt. Die Einwohner nennen dies ihre natürliche Sonnenzeit und erreichen damit, dass die Sonne tatsächlich zur Mittagszeit gegen 12 Uhr im Zenit steht, während dies z.B. in Bonn nach unserer Sommeruhrzeit erst gegen 13.30 Uhr der Fall ist.

Rund um die Insel folgt ein ca. 6 km langer Fußweg der Küste. Mit etwas Geduld und Glück ist es möglich, von einem Uferfelsen an der Westküste aus **Seehunde** oder auch **Delfine** zu sehen. Fernglas nicht vergessen! Leider werden Sie während der Inselumrundung aber auch entdecken, dass der Müll an der Küste verbrannt wird, obwohl die Insel zum Parc Naturel Régional d'Armorique gehört.

Sollten Sie zufällig bei Springzeit (Voll- oder Neumond) auf Molène sein, so ist es möglich, mit einem Führer bei Niedrigwasser zur 2 km südlich gelegenen **Vogelschutzinsel Triélen** zu wandern. Auskunft darüber erteilt das Bürgermeisteramt (Mairie) am Hafen.

Falls die Tide einen solchen Ausflug nicht zulässt, können Sie dennoch einen Blick auf die Molène umgebenden kleinen Inseln (Bannec und Balanec im Nordwesten, Triélen im Süden, Quéménès und Béniguet im Südosten) werfen: Auf dem 25 m hohen Inselgipfel steht der 1980 außer Dienst gestellte **Marinebeobachtungsturm** *(Sémaphore),* von dessen oberer Etage man in 40 m Höhe einen wunderbaren Ausblick über das gesamte Archipel genießt, sofern nicht gerade Nebel herrscht. Im Treppenhaus befindet sich eine kleine Ausstellung über die Einsätze der Seenotrettungsgesellschaft SNSM. Da nur ca. 1,50 € Eintritt genommen werden, ist vielleicht noch eine kleine Spende in das Schiffchen drin. Öffnungszeiten: ganzjährig 11–13 und 15–17. Uhr. (Manchmal muss man klingeln!)

Mitten im Ort unweit der Post befindet sich ein kleines Museum, das **Musée du Drummond Castle.** Das englische Passagierschiff „Drummond Castle“ lief 1896 in dichtem Nebel auf eine Untiefe zwischen Molène und Ouessant. Von den 251 Passagieren wurden nur 3 gerettet (s.u. Ouessant). Im Museum werden Einzelheiten des Schiffbruchs beschrieben und einige Wrackteile ausgestellt. Ferner gibt es interessante Darstellungen zur Flora und Fauna der Insel. Eintritt 1,50 € (Kinder 1 €, geöffnet 15.6. bis 15.9. 10.30–12.30 Uhr und 15–17 Uhr.

Unterkunft

- **Kastell An Doal€,** Tel. 02.98.07.39.11. Das sehr saubere, traditionelle Hotel mit 10 komfortablen Zimmern mit Bad/WC liegt direkt oberhalb des kleinen Hafens an der Klönecke der Fischer.
- **Camping Municipal,** Tel. 02.98.07.39.05 (Mairie). Der sehr einfache Platz für ca. 40 Zelte bietet den nötigsten Komfort.

Essen und Trinken

- Für Selbstversorger gibt es einen kleinen **Selbstbedienungsladen** im Ortszentrum.
- Die Fischer trinken ihren Muscadet oder ihr Bier in der kleinen **Bar L'Iroise,** 40 m unterhalb des Lebensmittelgeschäftes.
- Für eine gute Fischmahlzeit empfehlen wir das **Kastell An Doal** (etwa 300 m vom Hotel entfernt). Das Restaurant 200 m oberhalb der Hafenmole ist besser, als es das wenig attraktive Gebäude vermuten lässt. Eine Top-Adresse für Freunde von Schalentieren. Menü ab ca. 12 €. In der Bar gibt es vier irische Biersorten. Tel. 02.98.07.38.64.

Anreise/Weiterreise

- Es besteht eine **Fährverbindung** von Brest oder Le Conquet aus. *Compagnie Penn Ar Bed,* Tel. 02.98.80.80.80. Ab Brest 1,5 Stunden Fahrzeit (32 €, Kinder 18 €), ab Le Conquet eine halbe Stunde Fahrzeit (29 €, Kinder 17 €).

Presqu'île de Crozon

Überblick

Die in drei Finger zergliederte Halbinsel zwischen der Rade de Brest im Norden und der Baie de Douarnenez im Süden gehört zu den interessantesten, weil vielgestaltigsten Gegenden der Bretagne. Neben den bretagnetypischen **guten Wassersportmöglichkeiten** entlang der Küste bietet die bisher vom Tourismus- und Ferienwohnungsboom **weitgehend unberührte Landschaft** gerade Wanderern und Radfahrern eine breite Palette von Möglichkeiten. Die zurückhaltende, ökologisch orientierte Bebauung erklärt sich dadurch, dass etwa zwei Drittel der Halbinsel zum **Parc Naturel Régional d'Armorique** gehören, zusammen mit den Inseln Ouessant, Molène und Sein sowie den Monts d'Arrée im bergigen Hinterland. **Schöne Badestrände** sind gleichmäßig auf die gesamte Küste verteilt, meist eingerahmt von hohen Felskaps.

Zwischen der grandiosen Steilküste der drei Finger in der Westhälfte und dem alles überragenden Berg Ménez-Hom im Osten erstreckt sich eine hügelige, zum Teil landwirtschaftlich genutzte, zum Teil natürlich belassene **Landschaft:** Dichte Heide bedeckt große Teile der drei Finger im Westen. Nur wenige Bäume und Sträucher trotzen den Winterstürmen. Weiter landeinwärts wird das Vegetationsbild durch einzelne Laubwälder zwischen Viehweiden und kleinen Dörfern aufgelockert.

Größere Orte mit einer touristischen Infrastruktur gibt es nur zwei:

Camaret, der ehemals bedeutungsvolle Langustenfischerhafen im Westen, und Crozon-Morgat, der Hauptort der Halbinsel an der Südküste. Die **strategisch wichtige Lage** an der Einfahrt in die Bucht von Brest (Rade de Brest) machte insbesondere die Nordwest- und Nordküste bei den Militärs aller Jahrhunderte interessant. Die Pointe des Espagnols im Norden erinnert an die spanische Besetzung im späten 16. Jh. *Vauban,* Frankreichs oberster Festungsbaumeister des 17. Jh., hinterließ seine Verteidigungsbauten ebenso wie die Nazi-Wehrmacht, die die Küste mit Betonbunkern bepflasterte. Und so wundert es nicht, wenn heutzutage französische Atom-U-Boote als wichtigstes Element der „Force de Frappe" an der Landzunge Ile Longue gegenüber von Brest stationiert sind. Dies ist natürlich militärisches Sperrgebiet.

Camaret

↗ XIV/B1

Bis in die 30er Jahre des 20. Jahrhunderts war Camaret Frankreichs **Langustenfischerhafen** Nr. 1. Aber auch damals schon mussten die bretonischen Fischer die wertvollen Krustentiere in außereuropäischen Gewässern (Mauretanien, Nordwest-Afrika) fangen, denn die heimatlichen Fangergebnisse konnten die Nachfrage nicht decken. Camaret verlor als Heimathafen und spezialisierter Werftstandort für die Boote der Langustenfischer seine Bedeutung in den 1960er Jahren, als die Langusten in zunehmender Zahl per Flugzeug nach Europa transportiert wurden.

Das heutige Camaret besitzt zwar noch den Charme eines einst aktiven Fischerhafens, ist jedoch zunehmend vom touristischen Kommerz abhängig. Im Schutze eines langen Naturdammes, dem Sillon, liegt heute ein **moderner Yachthafen,** wo noch vor 50 Jahren Langustenfänger ihre Ladung löschten. An der landseitig gegenüberliegenden Hafenpier legen nur noch wenige Fischerboote an, meist sind es sogenannte „Caseyeurs", die mit speziellen Fangkörben auf Taschenkrebsfang gehen.

Parallel zur Pier reihen sich entlang des **Quai Gustave Toudouze** auf fast einem Kilometer Länge zahlreiche Restaurants, Hotels, Bars und Boutiquen dicht aneinander. Mit Blick auf den Hafen lässt es sich hier trotz der vorbeifahrenden Autos recht nett vor einem Café im Freien sitzen, denn die vielen auf der Straße hin- und herlaufenden Leute verhindern schnelles Autofahren.

Seinen historisch größten Tag hatte Camaret **im Jahre 1694,** als eine alliierte Flotte holländischer und englischer Kriegsschiffe den Hafen angriff, um die Stadt zu erobern. Nur fünf Jahre zuvor hatte *Louis XIV.* den strategisch wichtigen Hafen durch seinen Experten für Verteidigungsbauten, *Vauban,* militärisch befestigen lassen. Die Investition lohnte sich, denn die Feinde wurden vernichtend geschlagen. Bei nur 45 Verletzten auf französischer Seite wurden über 1000 Englän-

der und Holländer getötet und mehrere hundert gefangengenommen. Wie damals die Schlacht verlaufen sein mag, lässt sich am besten vom **Tour Vauban** aus vorstellen. Der Festungsturm, von dem die damalige Schlacht geleitet wurde, steht am Ende des Hafendammes Le Sillon und ist in den Sommermonaten zu besichtigen. Das bisher im Turm befindliche Marinemuseum wurde leider vor kurzem geschlossen.

Der typische Langustenfischer war eine Gaffelketsch mit einem Topsegel am Großmast

Nur 100 m neben dem Tour Vauban befindet sich als friedlicher Gegenpol zur Militärfestung die ebenfalls im 17. Jh. erbaute kleine **Chapelle Notre-Dame-de-Rocamadour.** Der Namensursprung ist nicht eindeutig geklärt. Ob er sich vom bretonischen *roc'h am a dour* (Fels mitten im Wasser) ableitet oder ob er zu Ehren der schwarzen *Maria von Rocamadour* (eine Etappe auf dem Pilgerweg nach Santiago de Compostela) gewählt wurde, ist umstritten. Für die zweite Deutung spricht die Tatsache, dass Camaret traditionell von Pilgern Nordeuropas als Zwischenetappe auf dem Seeweg nach Spanien besucht wurde. Sehenswert sind einige Votiv-Schiffe, die gerettete Seeleute gestiftet haben.

Praktische Hinweise

Information

- **Office de Tourisme,** Place Charles-de-Gaulle, 29570 Camaret, Tel. 02.98.27.93.60, Fax 02.98.27.87.22, www.camaret-sur-mer.com.

Unterkunft

- **Hôtel/Restaurant de France€€,** Quai Gustave Toudouse 19, Tel. 02.98.27.93.06. Zentral liegendes, modernes, gut geführtes Haus direkt am Hafen mit 22 Zimmern. Im Restaurant bekommt man neben verschiedenen Menüs ab ca. 14 € auch gegrillte Languste ca. 35 €. Geöffnet ist von Ostern bis zum 4. November.
- **Hôtel/Restaurant Thalassa€€** Quai du Styvel, Tel. 02.98.27.86.44. Größeres Mittelklassehotel am Nordrand des Hafens mit 45 komfortablen Zimmern, zum Teil mit Loggia und Meerblick, eigenes Schwimmbad, geöffnet 1.4.–30.9.
- **Hôtel Vauban€,** ebenfalls am Quai du Styvel, Tel. 02.98.27.91.36, einfaches Haus mit 14 ebenso einfachen Zimmern, geöffnet 1.2.–30.11.
- **Auberge de Jeunesse,** Route de Toulinguet, Tel. 02.98.27.87.95, am westlichen Ortsrand, geöffnet 1.6.–30.9.
- **Camping de Lambézen,** Tel. 02.98.27.91.41. Nahe der D 355 in Richtung Pointe des Espagnols (beschildert). Ca. 2 ha großer, schattenarmer, aber sonst schön gelegener Platz, 500 m vom Meer entfernt mit 88 Stellplätzen. Komfortabel ausgestattete Anlage mit vorbildlichen Sanitäranlagen und eigenem Schwimmbad, geöffnet 1.4.–30.9.
- **Camping de la Plage de Trez Rouz,** Tel. 02.98.27.93.96, ebenfalls nahe der D 355 östlich der Stadt. Etwas niedrigeres Komfortniveau als in Lambézen, dafür aber direkt am Strand, 80 Stellplätze, geöffnet ist von Ostern bis zum 30.9.
- **Camping Les Pieds dans l'Eau St-Fiacre,** Tel. 02.98.27.62.43. Ca. 3 km östlich von Camaret bei Le Fret. Ruhiger Platz mit 90 Einheiten auf ca. 2 ha Fläche in Meeresnähe, gute Sanitäranlagen, geöffnet 15.6.– 15.9.

Essen und Trinken

- **Restaurant/Bar „Chez Philippe",** Quai Toudouse 22, Tel. 02.98.27.90.41. Kleines, nettes Hafenrestaurant mit guten Fischmenüs, verführerische Eiskarte.
- **Restaurant L'Abri du Marin,** oberhalb der Capitainerie am inneren Yachthafen, gutes Fischlokal mit Meerblick, Tel. 02.98.27.93.10.
- **Café de la Marine,** Quai Toudouse 27, Tel. 02.98.27.84.65, kein Familiencafé, aber eine gemütliche Bierkneipe mit 30 Biersorten und viel Folk-Musik, am Hafen neben dem Hôtel de France.
- **Crêperie Rocamadour,** Quai Kleber 11, Tel. 02.98.27.93.17. In rustikaler Umgebung werden wohlschmeckende Crêpes serviert.
- **Pub Le Donegan,** Irish Pub direkt am Hafen.

Sonstiges

- **Bootsausflüge/Angelfahrten:** Auf dem umgebauten Fischkutter „Le Lion" kann die maritime Umgebung erkundet werden. Tel. 02.98.27.98.44, Preise 14/9 €.
- **Segeln, Surfen, Tauchen:** Alles unter einem Dach. Im *Club Léo Lagrange,* Quai Téphanie, Tel. 02.98.27.90.49, einem der größten Wassersportzentren der West-Bretagne, finden Kurse statt. Schwerpunkt ist allerdings das Presslufttauchen. Mit vier ehemaligen Fischkuttern werden Tauchfahrten zu vorgelagerten Wracks und Untiefen durchgeführt. Unterbringung wahlweise im Clubgebäude in 2- oder 4-Bett-Zimmern.

  Wer hingegen den Massenbetrieb von Léo Lagrange meiden möchte und eher in kleiner Gruppe taucht, der sollte sich an den *Club TBAC,* Quai Kleber 4, wenden: Ein deutscher Arzt leitet hier im Sommer eine gut organisierte Tauchbasis direkt am Hafen. Tel. Frankreich 02.98.27.99.73, Tel. Deutschland +49 (0) 62 36 42 50 90. ublalbert@aol.com.
- **Tennis:** *Tennis Club de Camaret,* Stade Municipal, Tel. 02.98.27.84.33.
- **Fahrradverleih:** *Bar La Flibuste,* Quai Toudouze, Tel. 02.98.27.95.42.
- **Nostalgiesegeln,** auf dem origalgetreuen Nachbau eines traditionellen Langustenfischerbootes in Holzplankenbauweise „Belle Etoile", Halbtages – und Tagesausflüge auf dem 15m langen Traditionssegler in die

Wie fängt man einen Hummer?

Schalentiere wie Hummer und Languste, aber vor allem die in größerer Zahl vorkommenden Taschenkrebse, Seespinnen und Krabben, werden an der gesamten europäischen Atlantikküste in Körben gefangen. In Frankreich heißen diese **Körbe „casier“.** Dabei handelt es sich um ein quader-, zylinder-, halbkugel- oder halbzylinderförmiges Fanggerät, dessen Umhüllung eine Gitterstruktur mit einer Öffnung hat, die so konstruiert ist, dass das zu fangende Tier zwar in den Korb hineinkann, aber kaum wieder herausfindet. Der Boden des Casier ist meist mit einer Steinplatte beschwert, auf der der **Köder,** ein Makrelenkopf oder ein Stück von einem zerschnittenen Conger (Seeaal), liegt.

Interessant ist, dass die verschiedenen Schalentierarten nicht etwa mit verschiedenen Ködern, sondern mit **verschieden geformten Körben** gefangen werden. Der Hummer geht nicht in den Taschenkrebskorb, und die Seespinne verirrt sich nur sehr selten in einen Hummerkorb. Die Erfahrung hat gezeigt, welche Form für welches Tier am geeignetsten ist.

Die Casiers werden nicht einzeln gesetzt. Meist sind 15 bis 20 gleichartige Körbe mit je 10 m Abstand durch eine lange Leine miteinander verbunden. An den beiden Enden der Leine befinden sich jeweils ein **Schwimmkörper mit Stange und Fähnchen,** die dem Fischer das Wiederfinden und Anheben des Fanggeschirrs ermöglichen. Diese Fangtechnik wird nur in Küstennähe und dort etwa bei 5 m bis 40 m Wassertiefe eingesetzt. Eine Casier-Leine bleibt in der Regel 2 bis 4 Tage im Wasser, bevor sie zum **Bergen des Fanges** an die Oberfläche geholt wird.

Bucht von Camaret kosten 28/56 €, Tel. 02.98.27.98.44 oder im Office de Tourisme.

Anreise/Weiterreise

- **Mit dem Bus:** Eine Buslinie mit Haltestelle am Hafen verbindet Camaret mit Quimper mindestens 3 x täglich via Crozon, Telgruc, Argol, St-Nic, Locronan. Eine zweite Linie verbindet mindestens 2 x täglich mit Brest via Crozon, Telgruc, Argol und Landévennec.
- **Mit dem Schiff:** Vom Hafen von Camaret und vom kleinen Hafen Le Fret, 7 km östlich von Camaret (D 55), verkehrt zwischen Ostern und Ende Sept. täglich 3 x eine Fußgängerfähre (auch Fahrradtransport) zum gegenüberliegenden Brest. Tickets werden an Bord ausgestellt. Preise: Hin- und Rückfahrt 16 € für Erwachsene und 12 € für Kinder. Einfache Fahrt 9/6 €. Auskunft Tel. 02.98.41.46.23.

Die **Reederei Penn Ar Bed** fährt von Mitte Juli bis Ende August ab Camaret nach le Conquet, Molène und Ouessant. Preise bis Ouessant 30 € für Erwachsene und 17 € für Kinder; Info-Tel. 02.98.80.80.80.

- **Mit dem Zug:** ab Brest. **Fähre** nach Brest s.o.

Umgebung von Camaret

Alignements de Lagatjar

Am südwestlichen Ortsrand an der Straße zur Pointe de Penhir (D 8) befindet sich eine **megalithische Kultstätte,** die vor etwa 5000 Jahren errichtet wurde. 143 Menhire bilden in **drei Reihen eine U-Form,** die nach Nordwesten offen ist. Leider sind seriöse archäologische Auswertungen der heutigen Steinreihen hier nicht mehr möglich, weil in den vergangenen Jahrhunderten zahlreiche Menhire als Baumaterial abtransportiert wurden. Auch die Position der heute das U bildenden 143 Menhire ist vermutlich nicht historisch exakt, denn im Jahre 1928 wurden die schon vor Jahrhunderten **umgefallenen Steine** unter nicht archäologisch kontrollierten Umständen **wieder aufgerichtet.**

Ob, wie von Einheimischen behauptet, eine Beziehung zwischen der Stellung der Menhire und der Auf- oder **Untergangsrichtung des Sternbildes Pleiaden** besteht, kann aufgrund der nicht bekannten Originalstellung der Steine nicht mehr genau geprüft werden. Hinzu kommt, dass sich die Peilungen der Auf- und Untergänge im

074br Foto: wk

Laufe von Jahrhunderten ändern, während sich die Kultur-Epoche des Megalithikums über einen Zeitraum von ca. 1500 Jahren erstreckte und die Reihen wohl kaum nur für einen kurzzeitig sinnvollen Zweck aufgestellt wurden. Es liegen keine gesicherten Kenntnisse darüber vor, zu welchem Zweck die Menhir-Reihen aufgestellt wurden. Alle astronomischen Interpretationsversuche blieben ohne wissenschaftliche Anerkennung. Die am häufigsten vertretene Hypothese lautet, dass es sich um eine Kultstätte im Zusammenhang mit Bestattungsriten gehandelt hat. Näheres dazu siehe Kapitel Megalithen der Bretagne.

Pointe de Penhir

↗ XIV/A1

Die Presqu'île de Crozon besitzt insgesamt sechs weit ins Meer hinausragende Felskaps, von denen die Pointe de Penhir mit Abstand das **eindrucksvollste Panorama** bietet: Aus 70 m Höhe schaut man hinab auf die lange Dünung des Atlantiks. Der zerklüftete Granit der Steilküste setzt sich im Meer in Form einiger Felseninseln fort, den **Tas de Pois** (Erbsenhaufen). Neben der Pointe du Raz und dem Cap-Fréhel gehört die Pointe de Penhir sicherlich zu den **meistbesuchten Kaps** der Bretagne. Im Sommer parken hier an manchen Tagen hunderte von Autos, aber dank der Lage im Parc Naturel Régional d'Armorique durften sich keine Geschäftsleute niederlassen.

Werft in Camaret

Das einzige Bauwerk auf dem Kap ist ein riesiges **Kreuz,** welches für die im 2. Weltkrieg gefallenen französischen Soldaten errichtet wurde.

Bei **guter Sicht,** aber dies ist gerade im Juli und August leider selten der Fall, erkennt man im Nordwesten in 14 km Entfernung die Pointe St-Mathieu und im Südwesten die Pointe du Raz in 26 km Entfernung. Bei diesigem Wetter erscheinen nur noch in südöstlicher Richtung die Pointe de Dinan (5 km) und das Cap de la Chèvre (10 km entfernt). Besonders eindrucksvoll ist der **Ausblick in klarer Nacht,** wenn zu den Reflexionen des Mondlichtes die zahlreichen Leuchttürme und Leuchttonnen blitzen und blinken.

Nur bei Tageslicht hingegen sollte man (mit gutem Schuhwerk) die **Kletterpartie** wagen, die über einen schmalen Pfad hinunter in die Zone der zerstäubenden Gischt führt.

Etwa auf halbem Weg zwischen Camaret und der Pointe de Penhir liegt mahnend nahe der Straße das **Kriegsmuseum** „Mémorial International de la Bataille de l'Atlantique". Untergebracht in einem umgestalteten ehemaligen deutschen Bunker des Atlantikwalls, wird mittels Urkunden und Schiffsmodellen an die Atlantikschlacht erinnert.

Öffnungszeiten: von Ostern bis Ende September täglich 10–19 Uhr. Eintritt: 4 € für Erwachsene und 2 € für Kinder, Tel. 02.98.27.92.58.

Zum Baden und für andere Strandvergnügen bieten sich zwei wunderschöne Strände an: **Les Dunes de Pen Hat,** 1 km westlich der Stadt, und **La**

Plage du Veryac'h, ca. 2 km südlich, beidseitig der Pointe de Penhir.

Pointe des Espagnols ↗ XIV/B1

Nordöstlich von Camaret (D 355) ragt die von Heide und Ginster bedeckte **Landzunge von Roscanvel** mit dem Kap d'Espagnol nach Norden in die Einfahrt zur Rade de Brest. Der Name erinnert an die hier errichteten spanischen Befestigungsanlagen aus dem 16. Jh.

Die Landzunge erkundet man am besten zu Fuß oder mit dem Fahrrad, denn die schönsten Aussichtspunkte mit Blick aufs Meer sind nicht direkt mit dem Auto erreichbar. Vorbei am **Plage du Trez Rouz** (Strand des roten Sandes), dessen Name auf das Blut englischer und holländischer Soldaten hinweist, die hier 1694 von *Vaubans* Truppen geschlagen wurden, erreicht man nach ca. 3 km die **Pointe des Capucins** und nach weiteren 4 km die **Pointe des Espagnols.**

Lediglich 2 km breit ist hier die Passage in die geschützte Ankerbucht von Brest, und dementsprechend war dieser Standort immer schon bei den strategisch denkenden Militärs begehrt. Auch heute noch sind Teile der Halbinsel als **militärische Sperrgebiete** gekennzeichnet. Von der Pointe des Espagnols sieht man nicht nur den Hafen von Brest, sondern in südöstlicher Richtung in 4 km Entfernung die ebenfalls nur für Militärs zugängliche kleine Halbinsel Ile Longue mit dem geheimsten aller französischen Militärgeheimnisse, der Basis der Atom-U-Boote.

Der nahegelegene kleine **Fischerhafen Le Fret** liegt außerhalb des Sperrgebietes und ist vor allem wegen seiner Fährverbindung nach Brest von Interesse.

Crozon-Morgat ↗ XIV/B2

Der Doppelort im Süden der Halbinsel ist im Juli und August **stark touristisch geprägt.** Während Crozon mehr aus praktischen Gründen, wie Einkaufen, von Interesse ist, wird Morgat wegen seiner Strände und seines Hafens mit einem breiten Wassersportangebot sowie wegen seiner vielfältigen Unterkunftsmöglichkeiten aufgesucht.

Wer mit dem Einkauf in Crozon etwas Kultur verbinden möchte, sollte die **Eglise Saint-Pierre** im Ortszentrum besuchen. Zwar ist das von 1900 stammende Gebäude von außen relativ uninteressant, umso sehenswerter ist aber die hölzerne, polychrom bemalte Altarwand aus dem späten 16. Jh. Auf insgesamt 29 geschnitzten Bildern wird die Geschichte der 10.000 Söldner des römischen Kaisers *Hadrian* dargestellt, die gegen den Willen ihres Herrschers zum christlichen Glauben konvertierten und dafür gekreuzigt am Berg Ararat als Märtyrer starben.

Morgat, früher kleiner Fischerhafen, heute überwiegend **Yachthafen und Wassersportzentrum,** liegt an einem schönen, ca. 1 km langen Sandstrand etwa 2 km südlich von Crozon. Die beiden Orte gehen mit ihrer Bebauung fließend ineinander über. Der Sommertourismus hat in Morgat Tradition. Einige Villen aus der Wende vom 19. zum 20. Jahrhundert weisen darauf hin, dass hier schon vor hundert Jahren nicht nur gearbeitet wurde. Entlang des im Sommer mehr als **gut besuchten Strandes** gibt es die üblichen Animations- und Erfrischungsangebote.

Doch nicht nur die ausgezeichneten Bade- und Erholungsmöglichkeiten machten Morgat schon vor im 19. Jahrhundert bekannt. Beliebt war bereits damals ein Besuch der **Meeresgrotten** zu beiden Seiten des großen Strandes. Die kleineren, am Nordrand des großen Strandes am Übergang zum Plage de Porzic, sind bei Niedrigwasser zu Fuß erreichbar, die größeren, südlich des Hafens, mit einem Boot. Am eindrucksvollsten ist die „Grotte de l'Autel" mit ca. 90 m Tiefe und bei Niedrigwasser etwa 15 m Höhe. Der Name der Grotte (frz. *autel* = Altar) rührt von einem altarähnlichen Felsen inmitten des Felsengewölbes, das durch die farbigen Lichtreflexe an den quarzhaltigen Felsen ein dramatisches Bild entwickelt.

Praktische Hinweise

Information

- **Office de Tourisme,** Boulevard de Pralognan, 29160 Crozon, Tel. 02.98.26.17.18, Fax 02.98.26.21.63, www.menezhom.com.

Unterkunft

- **Hôtel Moderne€,** in Crozon, Rue Alsace-Lorraine 61, Tel. 02.98.27.00.10. Unauffälliges Mittelklassehotel mit 37 preisgünstigen Zimmern, ganzjährig geöffnet.
- **Hôtel/Restaurant de la Ville d'Ys€€,** in Morgat, Quai Kador, Tel. 02.98.27.06.49, nahe der großen Hafenmole. 42 recht komfortable, aber wegen der Strandnähe auch recht teure Zimmer. Geöffnet von Ostern bis Ende September.
- **Hôtel/Restaurant la Salicorne,** Boulevard de la Plage 42, Tel. 02.98.27.05.68, im Zentrum von Morgat, direkt am Strand. Das von März bis Dezember geöffnete Mittelklassehotel verfügt über 22 Zimmer ab 56 € und ein eigenes Schwimmbad. In der Saison muss allerdings Halbpension gebucht werden (pro Person ab 50 €).
- **Camping La Plage de Goulien,** Tel. 02.98.26.23.16, im Ortsteil Goulien ca. 3 km westlich von Crozon an der landschaftlich sehr reizvollen Bucht Anse de Dinan mit schönem Sandstrand, 90 Stellplätze, die überwiegend von Bäumen und Büschen umgeben sind, geöffnet 10.6.–20.9.
- **Weitere Campingplätze** siehe Umgebung.

Essen und Trinken

- **Crêperie du Ménez-Gorre,** Rue de Poulpatré 86, Tel. 02.98.27.19.66. Am östlichen Ortseingang von Crozon (D 887). In dem markanten Granitgebäude verbirgt sich mehr als nur eine einfache Crêperie. In gepflegt-rustikaler Atmosphäre werden neben 86 vorzüglichen Crêpes-Variationen auch Fruits de Mer und tolle Desserts serviert.
- **Restaurant Le Mutin Gourmand,** Rue Graveran 1, im Zentrum von Crozon, Tel. 02.98.27.06.51. Traditionelle gute Küche auch für Leute, die keinen Fisch mögen, ab ca. 21 €. Montags geschlossen.
- **Bar Ty Aresketer,** Rue du Cap de la Chèvre 1, in Morgat am Hafen, Tel. 02.98.27.18.49. Urige Bierkneipe mit 16 Biersorten aus aller Welt.

Sonstiges

- **Bootsfahrten:** Zu den Grotten. Drei Veranstalter bieten täglich von Mai bis September eine etwa 45-minütige Fahrt zum Preis von 8 € für Erwachsene und 4 € für Kinder an. Die Abfahrtszeiten variieren gezeitenabhängig. *Vedettes Rosmeur,* Tel. 02.98.27.10.71, *Vedettes Sirènes,* Tel. 02.98.27.22.50, und *Vedet-*

tes Terta, Tel. 02.98.26.26.90. Tickets bekommt man an Bord. Abfahrt am Yachthafen.

- **Segelschule:** *Centre Nautique de Crozon/Morgat*, Port de Morgat, Tel. 02.98.16.00.00. Ausbildung auf Jollen, Sportkatamaranen und Surfboards.
- **Surfboardverleih:** Point-Passion-Plage, Tel. 02.98.26.24.90, direkt am Strand.
- **Tauchen:** *Centre Plongée JSA*, Port de Morgat, Tel. 02.98.27.05.00 oder 98.26.25.77. Die sehr moderne Tauchbasis mit gutem Ruf verfügt über 50 Ausrüstungen und drei Boote, mit denen neben Ausbildung auch Individualtouren in der Baie de Douarnenez durchgeführt werden.
- **Reiten:** *Centre Equestre de Morgat*, Boulevard de la France Libre, Tel. 02.98.27.03.99.
- **Fahrradverleih:** *Nature et Evasion*, 2B Garn an Aod, Tel. 02.98.26.22.11. Verleih von Fahrrädern und Mountainbikes sowie organisierte Gruppenfahrten mit Führer.
- **Tennis:** *Crozon-Morgat Tennis Club*, Route de l'Atlantique, Tel. 02.98.27.24.87.
- **Strandanimation:** *Club des Bélugas* am Plage de Morgat sowie Club du Portzic.
- **Markt:** Am 2. und 4. Mittwoch des Monats auf dem Place de l'Eglise in Crozon.

Anreise/Weiterreise

- **Mit dem Bus:** Ein Bus fährt 3 x täglich nach Quimper über Telgruc, Argol, St-Nic, Locronan sowie 2 x täglich nach Brest über Telgruc, Argol und Landévennec.

Umgebung von Crozon-Morgat

Maison des Minéraux ↗ XIV/B2

Route du Cap de la Chèvre im Dorf St-Hernot, Tel. 02.98.27.19.73, 3 km südwestlich von Morgat (D 225). Ein **Naturkundemuseum,** das eine der bedeutendsten Mineraliensammlungen der Bretagne besitzt. In einem Lehrgarten wird die Flora der Westbretagne erklärt. Die Darstellungsform spricht gerade auch Kinder an.

Öffnungszeiten: 3.9. bis 30.6. 10–12 und 14–17 Uhr. Vom 1.7. bis 3.9. 10–19 Uhr geöffnet. Eintritt: 4/2,50 €.

Château de Dinan ↗ XIV/B2

Ca. 5 km westlich von Crozon erreicht man über die D 308 das Felskap **Pointe de Dinan** mit grandiosem Ausblick auf den Atlantik. Die Pointe de Penhir 4 km im Nordwesten, das Cap de la Chèvre 7 km südlich. Sie suchen die Burg (Château)? Nun, der fotogene Felsen, der vom Meer torähnlich unterspült wurde, trägt diesen Namen.

Cap de la Chèvre ↗ XIV/B2

Über die D 225 erreicht man nach 7 km in südwestlicher Richtung von Morgat das Ziegenkap (*chèvre* = Ziege). Die Straße führt durch eine einzigartige Heidelandschaft, die sich allerdings noch intensiver genießen lässt, wenn man statt mit dem Auto zu fahren zu Fuß geht. Ein **Wanderweg** führt vom Hafen von Morgat parallel zur Küste in etwa 100 m Höhe über dem Meer bis zur Pointe de la Chèvre und von dort weiter nach Norden bis zur Pointe de Dinan. Wem der gesamte Weg zu lang ist, der kann sein Auto z.B. in St-Hernot (s. Maison des Minéraux) stehenlassen, von dort ca. 1 km nach Osten durch die Heide- und Graslandschaft bis ans Meer zur Pointe de St-Hernot gehen. Hier verläuft wieder der Küstenwanderweg zum Cap de la Chèvre. Von dort sind es ca. 4 km.

Am Kap erwartet den Wanderer eine wild zerklüftete ca. 100 m hohe Felsküste mit Blick zur Pointe du Raz, 17 km entfernt im Südwesten. Bei sehr guter **Sicht** (im Sommer leider selten) erkennt man die flache legendenreiche Ile de Sein am Horizont. Die beste Uhrzeit am Kap ist der frühe Morgen oder der Abend, denn dann ist man nicht nur (fast) allein, sondern dann ist auch das Licht am eindrucksvollsten.

Strände östlich von Crozon

Östlich von Crozon-Morgat zeigt die Küste ein wechselndes Landschaftsbild. Felsige Abschnitte wechseln mit zum Teil recht schönen Stränden. Besonders erwähnenswert sind die Strände Plage de l'Aber südwestlich des Ortes **Tal-Ar-Groas,** Plage de Trez-Bellec bei **Telgruc-sur-Mer** und Pentrez-Plage beim kleinen Küstenort **St-Nic** am südlichen Rand der Halbinsel.

Unterkunft

Die genannten Orte selbst sind vor allem wegen der Unterkunftsmöglichkeiten interessant. Neben zahlreichen Ferienwohnungen gibt es viele schön gelegene Campingplätze, von denen wir folgende nennen möchten:

- **Camping de l'Aber,** Tel. 02.98.27.02.96, im ca. 3 km östlich von Crozon liegenden Ortsteil Tal Ar Groas. Ruhig gelegener Platz für Camper, die kein breites Animationsangebot brauchen. 100 Stellplätze auf 1,5 ha Fläche zwischen viel Grün. Sandstrand in ca. 300 m Entfernung, ganzjährig geöffnet.
- **Camping Le Panoramic,** Tel. 02.98.27.78.41, bei Telgruc s. Mer direkt am Strand. Wegen seiner Lage und seines hohen Komforts sehr empfehlenswerte Anlage mit 193 Stellplätzen zum Teil unter Bäumen, geöffnet 15.5.–15.9.
- **Camping de la Plage de Pors Ar Vag,** Tel. 02.98.81.51.42, bei St-Nic-Pentrez. Kleiner, aber sehr schön oberhalb einer Badebucht liegender Platz mit 65 Einheiten auf 1 ha Fläche, geöffnet von Ostern bis zum 31.10.
- **Camping de l'Iroise,** Tel. 02.98.81.52.72, ebenfalls bei St-Nic-Pentrez am Strand Pors Ar Vag. Sehr großzügig angelegter Platz mit guten Sanitäranlagen und breitem Zusatzangebot wie Tennisplatz, Minigolf und Lebensmittelladen. 132 Stellplätze allerdings mit wenig Schatten, geöffnet 1.4.–25.10.

Im Osten der Presqu'île de Crozon

Ménez-Hom

XV/C2

Aus der leicht hügeligen Landschaft zwischen der Baie de Douarnenez im Südwesten und dem Mäandertal der Aulne im Nordosten ragt der vor langer Zeit verloschene Vulkan als kahler, durch Erosion abgerundeter Kegel auf. 330 m Höhe sind für bretonische Verhältnisse beachtlich, und so ist es nicht verwunderlich, dass der Ménez-Hom der **meisterklommene Berg der Bretagne** ist. Allerdings wird die Kletterkraft meist von Automotoren aufgebracht, denn eine breite Straße (D 83) führt von der Hauptstraße zwischen Châteaulin und Crozon (D 887) fast bis hinauf zur Kuppe auf einen großen Parkplatz.

Nach weiteren 300 m Fußmarsch ist das Ziel erreicht, und eine Orientierungstafel erklärt, was man alles in der Ferne sieht (bzw. sehen könnte, wenn nur die Sicht besser wäre). Falls Sie ein paar Tage in der Gegend sind, lohnt es sich, den Tag des Bergbesuches gezielt nach der Wetterlage auszuwählen, um **optimale Fernsicht** zu haben. Die beste Sicht herrscht mit Sicherheit, direkt nachdem ein Tiefdruckgebiet mit seinem Regen durchgezogen ist und der Himmel bei Nordwestwind gerade aufklart, denn dann ist die Luftfeuchtigkeit am geringsten. Die schlechtesten Sichtweiten treten in der Regel bei Südwind auf. Meist reicht die Sicht, um im Südwesten das Cap de la Chèvre (24 km Entfernung) und im Nordwesten die Bucht von Brest (ca. 20 km) zu erkennen. Wenn der Tag gut gewählt wurde, ist es möglich, im Südwesten bis zur Ile de Sein vor der Pointe du Raz (50 km) und im Nordwesten bis zur Pointe Saint-Mathieu (42 km) zu schauen. An einem solchen Tag erkennt man landeinwärts 32 km entfernt im Nordosten den höchsten Berg der Bretagne, den Roc Trévézel (384 m). Mitte August findet jährlich ein gigantisches Fest Noz auf dem Berg statt: Das **Festival du Bout du Monde** mit viel World-Music neben keltischen Höhepunkten. Näheres unter: www.festivalduboutdumonde.com.

Sainte-Marie-du-Ménez-Hom

Das kleine Dorf, 2 km südlich des Ménez-Hom an der D 887, besitzt einen **umfriedeten Pfarrbezirk** *(enclos paroissal),* der, gemessen an der heutigen Bedeutungslosigkeit des Ortes, wegen seiner Größe überrascht. Durch ein hohes bogenförmiges Tor von 1739 betritt man den Innenhof, wo sich der im 16. Jh. erbaute Calvaire befindet. Leider wurde er vor einigen Jahren von einem Winterorkan teilweise beschädigt. In der Kapelle beeindrucken die geschnitzten Altarwände mit Darstellungen von Maria, einigen Aposteln sowie den bretonischen Heiligen *Sainte Barbe* und *Saint Laurent.*

Falls Sie nach dem Kapellenbesuch den leiblichen Bedürfnissen nachkommen möchten, so bietet sich die 50 m entfernt ebenfalls an der Dorfstraße liegende **Crêperie Skeud An Amzer** geradezu an. In einem alten Granit-Bauernhaus gibt es hier nicht nur schmackhafte Crêpes, sondern auch Produkte des Bauernhofes.

Argol

↗ XV/C2

Wie in Sainte-Marie-du-Ménez-Hom auch hier ein **umfriedeter Pfarrbezirk** in einem unscheinbaren Dorf. Am eindrucksvollsten ist hier das monumentale Eingangsportal im bretonischen Renaissance-Stil von 1659. Die Reiterstatue auf der Frontseite stellt **König Gradlon,** den legendären König von Cornouaille aus dem 6. Jh., dar, der hier als weltliche Legendenfigur in einem religiösem Rahmen wiederzufinden ist. Es gibt in der Bretagne nur zwei Darstellungen des sagenumwobenen Königs von Cornouaille. Die zweite befindet sich an der Fassade der Kathedrale Saint-Corentin in Quimper. Der einfache Calvaire im Innenhof trägt die Jahreszahl 1593 an seinem Sockel. In der Kapelle befinden sich zwei sehenswerte Altarwände.

Le Musée du Cidre

↗ XV/C1

Eher weltlichen Genüssen widmet sich das Musée du Cidre, ca. 2 km nördlich von Argol an der D 791 gelegen. Im Gebäude eines traditionellen Bauernhofes wird neben der Herstellungstechnik des Cidre (Cidre Fermier) das gesamte Arbeitsumfeld eines Apfelbauern dargestellt, bis hin zur Bienenzucht, die indirekt (Befruchtung der Blüten) den Cidre erst ermöglicht. In einem verführerisch attraktiven Verkaufsraum werden die Produkte der Ferme angeboten (Dégustation und Verkauf): Apfelsaft, Cidre, Chouchen, Honig, Obst und Gemüse.

Musée du Cidre, Vergers de Kermarzin, Tel. 02.98.27.35.85 oder 02.98.27.73.26. Öffnungszeiten: 1.4. bis 30.9., 10–12 und 14–19 Uhr. Im Juli und August 10–13 und 14–19 Uhr. Eintrittspreise 5 €, unter 18 Jahren frei.

Musée de l'Ecole Rurale-Trégarvan

↗ XV/D2

Im kleinen Dorf Trégarvan am Ufer der Aulne etwa 7 km östlich von Argol (D 60) ist ein Museum ganz besonderer Art zu besichtigen: Ein **Dorfschulmuseum,** in dem mit Originaleinrichtung der 1930er Jahre die Atmosphäre einer Dorf-Grundschule wiedererschaffen wurde. Lange Holzbänke, Schiefertafeln, Tafeltexte, die einen Einblick in die Normen der damaligen Zeit ermöglichen.

Öffnungszeiten: 1.10. bis 15.2. 14–17 Uhr (außer samstags). Vom 15.2. bis 30.6. 14–18 Uhr (außer samstags). Im Juli und August 10.30–19 Uhr und im September 14–18 Uhr. Eintrittpreise 4/2,30 €.

Landévennec

↗ XV/C1

Dort, wo die Aulne zusammen mit dem Rivière du Faou in die Rade de Brest mündet, streckt sich eine Landzunge ins Meer, die schon in gallo-romanischer Zeit wegen ihres windgeschützten Klimas bevorzugtes Siedlungsgebiet war. Urteilt man nach der Vegetation in den Gärten der nicht gerade ärmlichen Häuser könnte man den kleinen Ort Landévennec an der Südostspitze der Halbinsel am Mittelmeer vermuten, würde nicht zwischen Mimosen, Camelien, Palmen, Feigenbäumen und Cypressen immer wieder der Granit als Baumaterial der Häuser auf die Bretagne hinweisen.

Der klimabegünstigte Ort ist aber vor allem durch die 1500-jährige wechselhafte Geschichte seiner neuerdings wieder aktiven Abtei bekannt. Im 5. Jh. existierte am Nordufer der Aulne-Mündung auf der kleinen Insel Tibidy eine klosterähnliche Mönchsgemeinschaft, der auch *Winwaloe,* der spätere **Saint-Guénolé** (= *Gwennolé),* angehörte. Er war der Sohn britischer Auswanderer aus Irland oder Wales. Seine starke christliche Überzeugungskraft, aber auch seine herausragenden medizinischen Fähigkeiten ließen ihn bald zu höheren Würden kommen, und so gründete er zusammen mit 11 weiteren Mönchen im Jahre 485 auf der Tibidy gegenüberliegenden Halbinsel das **Kloster Landévennec.** Das Kloster entwickelte sich zur Abtei und organisierte die weitere Christianisierung Armorikas (was später die Bretagne wurde) nach irisch-keltischen Klosterregeln. *Ludwig der Fromme* veranlasste im Jahre 819, dass die Ordensregeln der Benediktiner übernommen wurden.

Zu Beginn des 10. Jh. wurde die Abtei von plündernden Normannen **niedergebrannt,** und die Mönche flohen in andere Benediktinerklöster Frankreichs. Der Verehrungskult um Saint-Guénolé wurde so auch in das bretonische Inland getragen. Landévennec war vorübergehend aufgegeben, erstrahlte jedoch im 12. Jh. neu als **romanisches Kloster.** Nach einem wechselhaften Schicksal zwischen bretonischem Erbfolgekrieg, englischen Plünderungen und Ausräuberungen der Abtei während der Religionskriege setzte die französische Revolution dem klösterlichen Leben ein Ende. Am 21. Mai 1792 wurden die **Abteigebäude versteigert.** Die Mauern wurden abgetragen und als Baumaterial z.B. für die Arkaden am Pouliguen-Markt in Brest verwendet.

Die von Vegetation zuwuchernde Ruine diente 150 Jahre lang romantischen Malern als Vorlage, bis im Jahre 1950 schließlich eine **junge Benediktinergemeinschaft** beschloss, einen Neuanfang zu wagen. Neben den romanischen und gotischen Gemäuerresten entstand eine neue Abtei, in der heute ca. 40 Benediktiner leben.

Nach umfangreichen archäologischen Grabungen können die zum Teil restaurierten Ruinen der ehemaligen Klostergebäude besichtigt werden. Speziell die **Reste der romanischen Abteikirche** aus dem 11. und 12. Jh. sind besonders interessant. Der Grundriss gleicht dem der Kirchen von St-Gildas de Rhuys und von Loctudy. Im südlichen Querschiff, so konnte nach alten Urkunden rekonstruiert werden, befand sich in der „Ur-Kirche" das Grabmal des Heiligen *Guénolé* und, aber dies ist umstritten, des Königs *Gradlon* aus der sagenumwobenen Stadt Ys.

In einem 1990 eingeweihten **Museum** wird anhand archäologischer Funde und geretteter historischer Relikte die Entwicklung der Abtei dargestellt. Landkarten, Urkunden, Stiche, Manuskripte, alte Handschriften sind ebenso ausgestellt wie ein Reliquienkreuz aus Elfenbein aus dem 8. Jh. und ein Holzsarkophag aus dem 9. Jh.

Öffnungszeiten: 1.4. bis 30.6. und 16.9. bis 30.9. 14–18 Uhr (außer samstags). Außerdem vom 1.7. bis 15.9. 10–19 Uhr.

Information

- **Office de Tourisme** im Sommer unter Tel. 02.98.27.78.46 oder Mairie, Tel. 02.98.27.72.65, Fax 02.98.27.34.79.

Zwischen der Halbinsel von Crozon und den Monts d'Arrée

Châteaulin

↗ XV/D2

Das zentrale Gebiet des **Parc Naturel Régional d'Armorique** lässt sich geografisch durch die Eckpunkte Châteaulin, Pleyben, Brasparts, Commana, Sizun und le Faou eingrenzen.

Schon von weitem erkennt der Autofahrer, dass die Stadt nunmehr recht nahe liegt. Ein riesiger **Viadukt** überspannt die in zahlreichen Schleifen dahinfließende **Aulne,** den mit 145 km längsten Fluss des Finistère. Die Stadt hat sich parallel zu beiden Seiten des Flusses angesiedelt. Am Flussufer verlaufen die Kaianlagen, die auch zum Spaziergang einladen, die übrigen Häuser stehen hangaufwärts.

In der Vergangenheit wurde die Stadt als ein **Zentrum der Lachsfischerei** so bekannt, dass der Lachs sogar ins Stadtwappen aufgenommen wurde. In der Zeit zwischen März und April wandern die Lachse den Fluss aufwärts. Sie müssen dabei die Schnellen nahe der Schleusen überspringen, und hier warten dann die Angler.

Neben der Lachsfischerei hat der Ort durch zwei Männer der neueren Geschichte eher traurigen Ruhm erworben. Nahe dem Flussufer steht die **Statue von Jean Moulin,** einem Resistance-Führer während der deutschen Besetzung Frankreichs, der von dem SS-Offizier *Klaus Barbie* hingerichtet wurde. Die Inschrift auf dem Stein lautet „mourir sans parler" (sterben ohne zu reden).

Auch in Châteaulin lohnt es, Kirchen zu besichtigen. Die **Kirche Saint-Idunet** (1867) besitzt sehr schöne Altaraufsätze aus dem 18. Jh. Durch die Rue Graveran erreicht man die **Chapelle Notre-Dame,** die oberhalb der Stadt als letzter Rest einer ehemaligen Burg der Grafen von Cornouaille steht. Die kleine Kapelle aus dem 15. Jh. liegt in einem kleinen umfriedeten Pfarrbezirk, dessen Beinhaus aus dem 16. Jh. stammt. Von hier oben kann man einen herrlichen Blick über die Aulne genießen.

Praktische Hinweise

Information

- **Office de Tourisme,** 29150 Châteaulin, Tel. 02.98.86.02.11, Fax 02.98.86.38.74.

Unterkunft

- **Hôtel Le Chrismas€,** Rue des Ecoles, Tel. 02.98.86.01.24, saubere Zimmer.
- **Hôtel Au Bon Accueil€,** Port-Launay, Tel. 02.98.86.15.77, Fax 02.98.86.30.25. Gutes Mittelklassehotel mit 53 Zimmern.
- **Château du Bot€€,** M. Le Bihan, 29500 Pont de Buis, Tel. 02.98.26.93.90. Das Haus liegt zwar etwa 8 km nördlich der Stadt, wer es sich jedoch leisten kann, bekommt hier Luxus fürs Geld. Neben zwei großen Zimmern mit geschmackvoll rustikaler Einrichtung gibt es auch zwei Suiten von 80 m². Erreichbar über die N 165 bis Pont de Buis Nord, dann auf die D 47.

Essen und Trinken

- Empfehlenswert ist der **Klonakilty Pub,** zugleich Piano Bar und Irish Pub mit netter Atmosphäre in der Rue de l'Eglise, etwa 50 m von der Kirche entfernt am Fluss.

Sonstiges

- **Angelscheine** sind in den Angelgeschäften der Stadt erhältlich.

Anreise/Weiterreise

- **Mit dem Bus:** Die Buslinie 48 verkehrt bis zu 5-mal täglich zwischen Châteaulin und Carhaix. Auf der Route liegt auch Pleyben. Auf der Strecke Quimper – Brest fährt die Buslinie 54 täglich 6-mal über Châteaulin. Weitere Orte auf dieser Route sind Port Launay und le Faou.
- **Mit der Bahn:** Châteaulin besitzt einen Bahnhof, der über die Zuglinie 17 wochentags 8-mal, sonntags 5-mal mit Brest und Quimper verbunden ist. Der Zug fährt von Quimper aus Richtung Lorient/Vannes weiter. Die Linie 19 verkehrt 8-mal täglich (sonntags 5-mal) zwischen Brest und Quimper.

Umgebung von Châteaulin

Port-Launay

↗ XV/D2

Port-Launay, nur wenige Kilometer nördlich der Stadt, war früher ein bedeutender Hafen. Heute erinnern nur die Kais, die im Frühjahr und Sommer herrlich mit Blumen geschmückt sind, an diese Zeit.

Saint-Ségal

↗ XV/D2

In Saint-Ségal, etwa 5 km nördlich der Stadt, steht die **Chapelle de Saint-Sébastien** aus dem 16. und 17. Jh. mit einem kleinen Calvaire.

Größere **Calvaire-Anlagen** finden sich in St-Vennec (etwa 9 km südlich über die D 770) und im noch einmal 7 km weiter entfernten Quilinen (über die D 770).

Cast

XV/D2

Cast ist ein kleiner Ort, etwa 7 km südwestlich der Stadt, an der D 107. Neben der **Kirche St-Jérome** aus dem 16. Jh. und einem Calvaire lockt hier ein **Denkmal des Schutzpatrons der Jäger,** des Heiligen *Hubertus.* Es stammt wahrscheinlich von 1525. Der Schutzpatron kniet neben seinem Pferd und Hunden vor einem Hirsch mit Kreuz nieder.

Pleyben

XII/A3

Der Ort besitzt nach Meinung etlicher Kenner einen der schönsten **umfriedeten Pfarrbezirke** der Bretagne. Jeden ersten Sonntag im August ist er Schauplatz eines Pardon.

Der Eingang zum Gelände führt durch das Tor aus dem Jahre 1725. Früher diente der innen liegende Platz als Friedhof. Ein echtes Meisterwerk ist der **Calvaire,** der 1555 erbaut wurde. Vermutlich wurde er etwa 200 Jahre später aber erst mit seinem kompletten Schmuck versehen, eventuell stand er sogar ursprünglich an einem anderen Platz des Kirchhofes. Die Darstellung der Fußwaschung und einzelne andere Aspekte wurden 1650 ergänzt. Wer das Leben Jesu hier genau betrachten möchte, beginnt an der Stelle, die die Verkündigung darstellen soll. Von hier aus geht's gegen den Uhrzeigersinn um die Anlage herum.

Im ehemaligen **Beinhaus** (1550), einem der ältesten in der Bretagne, werden heute Ausstellungen gezeigt.

Die **Kirche** wurde 1564 erbaut und im 19. Jh. restauriert. Auffallend sind die beiden sehr unterschiedlichen Türme. Während der linke mit seinen gotischen Verzierungen eher filigran wirkt, ist der im Renaissancestil gebaute Glockenturm massiv und wuchtig. Er wurde zwischen 1588 und 1642 errichtet. Nach seinem Muster entstanden dann etliche weitere bretonische Glockentürme. Die Saint Germain d'Auxerrois geweihte Kirche zeigt seine Statue an der Südseite des großen Turmes.

Praktische Hinweise

Information

- **Syndicat d'Initiative,** Place de Gaulle, 29190 Pleyben, Tel. 02.98.26.71.05.

Unterkunft/ Essen und Trinken

- **Auberge du Poisson Blanc€,** in der Ortsmitte, Tel. 02.98.73.34.76, Fax 02.98.73.31.21. Das kleine Haus mit sechs Zimmern bietet recht komfortable Zimmer. Das Essen ist hier zudem sehr gut und preiswert.
- **Hôtel au Gai Logis€,** hinter der Kirche, Tel. 02.98.26.63.71. Kleines gemütliches Hotel mit nur vier Zimmern.
- **Camping Municipal,** Pont Coblant, etwa 7 km außerhalb des Ortes an der D 785. Der Platz ist vom 15.6. bis 15.9. geöffnet. Es gibt etwa 100 Stellplätze. Tel. 02.98.73.31.22.

Anreise/Weiterreise

- **Mit dem Bus:** Der Ort liegt an der Strecke zwischen Châteaulin und Carhaix, die täglich 3- bis 5-mal (sonntags einmal) von der Linie 48 angefahren wird. Busse der CAT Finistère verkehren 3-mal täglich zwischen Quimper und Morlaix, via Pleyben und Brasparts.

Umgebung von Pleyben

Pont-Coblant

↗ XII/A3

In diesem Ort können **Kanus und Hausboote** gemietet werden. Die Vermittlung erfolgt durch *M. Mercier,* Crabing-Loisirs, Rue de Frout 20, 29000 Quimper, Tel. 02.98.95.14.02, oder direkt vor Ort unter 02.98.73.34.69. In der Moulin de Pont-Coblant, 29190 Pleyben, Tel. 02.98.73.31.22, erhält man genaue Auskünfte. Hier werden nicht nur Boote, sondern auch Betten in der sauberen Jugendherberge vermittelt.

Von Pleyben aus führt die Route nun am westlichen Rand der Monts d'Arrée (s. dort) über die D 785 durch Brasparts, vorbei am Mont St-Michel in Richtung Roc'h Trévezel. 2,5 km nördlich Brasparts lohnt ein Abstecher über die D 30 nach St-Rivoaol mit dem **Maison Cornec.** Über die D 42 erreicht man wieder die D 785. 2,5 km vor Roc'h Trévezel zweigt die D 11 nach Commana ab.

Commana

↗ XII/A1-2

Auch hier, im ehemaligen Hauptort der lumpensammelnden Pilhaourien, befindet sich wieder ein kleiner **umfriedeter Pfarrbezirk.** Allerdings lohnt die zwischen dem 17. und 18. Jh. errichtete Anlage mit ihrer überladen wirkenden Kirche einen Besuch vor allem dann nicht, wenn bereits andere umfriedete Pfarrbezirke besichtigt wurden.

Nahe dem Ort liegt aber ein Ecomusée des Monts d'Arrée, die **Moulins de Kerouat.** In der alten Wassermühle werden altes Mobiliar, Kleidung und Dinge des täglichen Lebens ausgestellt. Öffnungszeiten: täglich (außer samstags) 15.3. bis 30.6. und vom 1.9. bis 31.10. 14–18 Uhr, vom 1.7. bis 31.8. 11–19 Uhr, Eintritt ca. 4/2 €, Tel. 02.98.68.87.76.

Im Rathaus befindet sich ein **Musée d'Art Sacral.** Hier werden Kunstgegenstände und Informationen zur Kirchenkunst ausgestellt. Das Museum ist täglich zu den üblichen Bürozeiten geöffnet, Tel. 02.98.78.00.46.

Praktische Hinweise

Unterkunft

- **Gîte d'étape€,** Mme Bergeron, Place de l'Eglise 3, Tel. 02.98.78.01.80. Einfache, saubere Herberge für bis zu 36 Personen, Doppelzimmer.
- **Chambres d'Hôtes€,** Michel Lesignor in Kerfornedic, Tel. 02.98.78.06.26, vermietet zwei einfach ausgestattete Zimmer.

076br Foto: wk

Umgebung von Commana

Allée Couverte du Mougau-Bihan

↗ XII/A2

Knapp 2 km südlich des Ortes liegt diese 14 m lange Grabkammer. Angeblich soll sie zu den schönsten Anlagen der Bretagne zählen. Wahrscheinlich bedeckte sie ursprünglich ein Tumulus aus Erde, der aber wohl im Laufe der Jahrtausende der Erosion anheimgefallen ist. 18 Granitplatten bilden die Wände der Grabanlage, die im Inneren über 10 m lang und etwa 1,5 m breit ist. Einzelne Platten sind mit Einmeißelungen versehen, die als Axt, Dolche und weibliche Brüste identifiziert werden können. Vor allem die Brüste deuten darauf hin, dass diese Grabanlage unter den Schutz der Muttergöttin gestellt war.

Auch Seespinnen kann man essen!

Sizun

↗ XII/A2

Ein weiteres Dorf mit **Enclos Paroissial,** der allerdings wieder zu den sehenswerten der Region gehört. Der Eingang zum Enclos wird durch ein dreibogiges Tor gebildet, das an einen römischen Triumphbogen erinnert. Das Tor wurde zwischen 1588 und 1590 errichtet. Die Kirche stammt aus dem 16. Jh., wurde allerdings in den folgenden Jahrhunderten umgebaut bzw. ergänzt. Altar und Taufbecken stammen aus dem 17. Jh. Besonders die Decke lohnt einen Blick wegen der geschnitzten Ornamente. Im ehemaligen Beinhaus befindet sich nunmehr eine Kapelle, die heute ein Museum mit recht guten Informationen zum früheren Alltags- und religiösen Leben der Stadt beherbergt.

Maison de la Rivière, de l'Eau et de la Pêche. Dieses Museum ist in der Moulin de Vergraon untergebracht. Angeln, das Leben im Fluss und ökologische Aspekte stehen im Vordergrund der Ausstellung, zu der auch Videovorführungen gehören.

Öffnungszeiten: 1.10. bis 31.3. 14–17.30 Uhr, 1.4. bis 31.5. 14–18 Uhr, 1. bis 30.6. und 1. bis 30.9. 10.30–12.30 Uhr und 13.30–17.30 Uhr, 1.7.–31.8. 10.30–19 Uhr, Tel. 02.98.68.86.33. Ca. 4/2 € Eintritt.

Maison de la Pisciculture – Barrage du Drennec. Am Drennec-Stausee werden dem Besucher die biologischen und technischen Zusammenhänge der Wasserbeschaffenheit und der Fischzucht vermittelt. In den Außenanlagen können Fischzuchten unterschiedlicher Entwicklungsstufen besichtigt werden.

Öffnungszeiten: 1. bis 30.6. und 1. bis 30.9. täglich 13.30–17.30 Uhr, sonntags 10.30–12.30 Uhr und 13.30–18 Uhr, vom 1.7. bis 31.8. 10.30– 12.30 Uhr und 13.30–18 Uhr. Eintritt ca. 4/2 €, Tel. 02.98.68.86.33 oder 98.68.84.07. Der Stausee liegt etwa 4 km südöstlich der Stadt, nahe der D 30, am Elorn.

Praktische Hinweise

Unterkunft

- **Hôtel/Restaurant des Voyageurs€,** Rue de l'Argoat, Tel. 02.98.68.80.35. Das preiswerte Hotel liegt neben der Kirche in Ortsmitte. Ordentliche, aber einfache Zimmer.
- **Hôtel/Restaurant Le Clos des 4 Saisons€,** im Nachbarort Milin-Kerroc'h, Tel. 02.98.68.80.19, Fax 02.98.24.11.93, bietet etwas mehr Komfort, ist aber ebenfalls erschwinglich.
- **Camping Le Gollen.** Der kleine und einfache Platz (29 Einheiten) liegt nahe dem Stausee, Tel. 02.98.68.80.13, Fax 02.98.24.11.43. Geöffnet vom 15.4. bis 30.9. Saubere Sanitärblöcke.

Essen und Trinken

- Wer nicht in den o.g. Restaurants essen möchte, kann schräg gegenüber der Kirche in der **Crêperie/Bar l'Orée des Monts** einkehren oder die **Crêperie/Salon de Thé de l'Argoat** am Eingang zur Kirche aufsuchen.

Schiffswrack am stillen Flussufer

Umgebung von Sizun

In südwestlicher Richtung lohnt nach etwa 2,5 km der Besuch in der täglich geöffneten **Töpferei** direkt an der D 18.

Aussichtspunkt Pen-ar-Hoat

↗ XV/D1

Etwa 8 km südwestlich von Sizun zweigt kurz vor Hanvec die Straße zum Aussichtspunkt Pen-ar-Hoat ab. Der 210 m hohe Punkt kann in etwa 30 Minuten Fußweg ohne große Anstrengung erreicht werden.

Bei gutem Wetter lohnt die Aussicht von oben auf die Hügel der Monts d'Arrée und Montagnes Noires bis hin zur Bucht von Brest. Von hier überblickt man auch den Forêt du Cranou mit seinem dichten Laubbaumbestand.

Domaine de Ménez-Meur

Auf dem Gelände dieses Anwesens in **Hanvec** ist eine Art **Heimattierpark**

077br Foto: wk

078br Foto: wk

untergebracht. Hinzu kommen zahlreiche Wild- und Hausrinder fernerer Länder. Der Park kann vom 1.6. bis 30.9. 10–19 Uhr, vom 1.10. bis 30.4. 10–12 und 13–18 Uhr, vom 1.5. bis 31.5. 13.30–17.30 Uhr besucht werden. Außer zwischen Juni und September ist der Park samstags geschlossen. Tel. 02.98.68.81.71 und 02.98. 21.90.69. Eintritt: ca. 3,50/2,40 €, Kinder unter 8 Jahren frei.

Blühender Ginster

Le Faou

↗ XV/D1

Am Ufer des Faou liegt das gleichnamige Städtchen, das noch heute viele hübsche **Häuser aus dem 16. Jh.** besitzt. Schiefer bedeckt viele Dächer und gibt dem Ort bei gutem Wetter ein sehr malerisches Bild. Oberhalb der Hafenanlagen steht die **Kirche** aus dem 16. Jh. Im Sommer lassen sich viele Maler und Fotografen von der Stimmung in der kleinen Stadt inspirieren.

Praktische Hinweise

Information

- **Office de Tourisme,** 29580 Le Faou, Tel. 02.98.81.06.85 oder 98.81.90.44, Fax 02.98. 81.08.03.

Unterkunft

- **Gîte d'étape,** Melle le Gall, Rue Général de Gaulle 10, Tel. 02.98.81.96.20. Hier können bis zu 10 Personen übernachten.
- **Hôtel Aqualys**€€**,** Tel. 02.98.81.05.01. Gutes Mittelklassehote.
- **Hôtel Le Relais de la Place**€-€€**,** Tel. 02.98. 81.91.19, Fax 02.98.81.92.58. Ebenfalls Mittelklasse, aber etwas preiswerter.

Anreise/Weiterreise

- **Mit dem Bus:** Der Ort liegt an der Strecke Quimper – Brest, die täglich etwa 10-mal von der Linie 54 befahren wird.

Umgebung von Le Faou

Rumengol

↗XV/D1

Rumengol liegt ca. 2 km östlich von Le Faou. Die Kirche des Ortes aus dem 16. Jh. ist Ausgangspunkt der bekanntesten **Pardons** der Bretagne, zu denen jährlich Tausende Gläubige und Schaulustige am Trinitatis-Sonntag zusammenkommen. Am 15. August findet ein weiteres Fest statt, das König *Gradlon* gewidmet ist, der hier die erste Kapelle erbaut haben soll.

Die Corniche

↗XV/C/D1

Diese erhöhte Küstenstraße windet sich in zahlreichen Kurven entlang der Mündung des Faou. Sie ist Teil der D 791, die über die **Pont de Térénez,** die ursprünglich längste Hängebrücke Frankreichs, mit der Crozon-Halbinsel verbunden ist.

Aussichtspunkt bei Quimerch

↗XV/D1

Auf dem Weg in Richtung Châteaulin hat man von hier aus noch einmal einen herrlichen Rundblick über die gesamte Gegend bis weit auf die Crozon-Halbinsel hinaus.

Foto:

Gefahren lauern überall

Côte de Cornouaille

Überblick

Jeder Bretagnereisende hört früher oder später von der bei den Seefahrern aller Jahrhunderte gefürchteten Landspitze **La Pointe du Raz.** Doch das navigatorisch gefährliche Kap bildet lediglich das westliche Ende einer ca. 30 km langen Halbinsel mit dem Namen **Cap Sizun** (nicht verwechseln mit der Stadt Sizun 30 km östlich von Brest). Im Norden wird sie von der Baie de Douarnenez und im Süden von der Baie d'Audierne begrenzt.

Westlich der Pointe du Raz liegt die sturmgeprägte **Ile de Sein** im Meer, umgeben von Hunderten kleinerer und größerer Felsen und Untiefen, die im Laufe der Jahrhunderte unzähligen Schiffen zum Verhängnis geworden sind. Hier bekam der gesamte Westen der Bretagne seinen Namen: **Finistère** *(Finis Terrae, La Fin de la Terre,* das Ende der Welt).

Eine wild zerklüftete, 60–80 m hohe **Felsküste** mit nur wenigen kleinen Sandbuchten erstreckt sich vom sehr aktiven Fischerhafen Douarnenez nach Westen bis zur Pointe du Raz und von dort in südöstlicher Richtung bis nach Audierne, einem Hafen, dessen Aktivitäten sich mehr und mehr weg vom Fischfang, hin zur Freizeitseefahrt entwickeln.

Das leicht hügelige, dünn besiedelte **Inland der Halbinsel** wird überwiegend landwirtschaftlich genutzt. Kleine Ortschaften zwischen Feldern, jede mit ihrer eigenen Kirche oder Kapelle, gehen zum Teil auf keltische, zum Teil auf gallo-romanische Gründungen zurück.

Das Cap Sizun, bei den Römern *Goboerum promontorium* genannt, bildet die Nordgrenze der **Region Cornouaille,** die im Südosten bei Quimperlé bis an den Fluss Laïta reicht. Im Gespräch mit Franzosen kann es schnell zu einer Verwechslung mit der englischen Grafschaft Cornwall kommen, denn auch Cornwall wird in Frankreich Cornouaille genannt. Tatsächlich gibt es hierfür eine historische Begründung: Neben irischen Mönchen waren es auch Ordensbrüder aus Südwestengland, die hier die christliche Missionierung der westfranzösischen Halbinsel begannen. Neben dem christlichen Glauben brachten sie auch ihre Orts- und Regionsnamen mit, so wie es 1200 Jahre später irische Auswanderer in Nordamerika machten.

Douarnenez

↗ XV/C3

Schon die **Römer** ließen sich von hier mit Fischspezialitäten versorgen. Für sie war Douarnenez nicht nur als Schutzhafen südlich der schwierigen Passage über den Ärmelkanal nach Britannien geschätzt, sondern hier ließen sie auch ihr im ganzen Reich hochgeschätztes „Garum" herstellen, eine würzige Fischpaste zum Verfeinern von Speisen.

Die günstige, sturmgeschützte Lage an einem fischreichen Gewässer ließ Douarnenez im Laufe der Jahrhunderte zu **einem der wichtigsten Fischereihäfen Frankreichs** werden (heute auf Platz 6).

Einen Entwicklungshöhepunkt erlebte die Stadt Mitte des 19. Jh., als es nach der Erfindung der Konservendose durch *Nicolas Appert* möglich wurde, Fisch langfristig haltbar zu machen und **Konserven** auch in entferntere Gebiete zu verkaufen. Insbesondere die Sardine, die ab 1836 als Konserve in französischer Monopolstellung weltweit zu hohen Preisen verkauft wurde, brachte den Händlern von Douarnenez Wohlstand und den Fischern und Konservenfabrikarbeitern ein erträgliches Auskommen. Bis zur Jahrhundertmitte hatten sich 35 **Fischfabriken** hier angesiedelt mit Arbeitsplätzen für die halbe Stadtbevölkerung. Um so dramatischer war der Einbruch, als gegen 1880 plötzlich die Sardinenschwärme ausblieben. Nach drei Jahren sehr geringer Fänge waren von 35 Fabriken nur noch ganze acht übriggeblieben. Stadtweite **Massenarbeitslosigkeit und Armut** kennzeichneten die einst beneidete Hafenstadt. Der Zustand änderte sich erst etwa 20 Jahre später mit der langsamen Einführung neuer Fischereitechniken auf größeren Booten. Auch die Sardinenschwärme kamen wieder, ebenso unerwartet, wie sie zuvor ausgeblieben waren. Möglicherweise als Folge der Lebensumstände der vergangenen zwei Jahrzehnte wählte die Bevölkerung von Douarnenez im Jahre 1921 als erste Stadt Frankreichs einen kommunistischen Bürgermeister.

Das **heutige Douarnenez** hat drei Gesichter: Der moderne Fischereihafen mit seinen Hallen und Reparaturbetrieben, die Café, Restaurant- und

Poullan-sur-Mer
Ile Tristan
Baie de Douarnenez
Port de Pêche
1
TREBOUL
2
Rue des Sables Blancs
Rue Maréchal Foch
Quai de l'Yser
Port de Plaisance
Rue Brossolette
Avenue de la Gare
Rue Pen Ar Yir
3
Boulevard Richepin
Rue E. Renan
9
10
11
Rue H. Barbus
Quai du Rosmeur
5
6
Rue du Port Rhy
8
7
Port Musée
Rue Duguay
Rue Jean Jaurès
Quai Port-Rhu
4
Rue L. Pasteur
Rue des Partisans
Rue Jean Moulin
Rue du Commt. Fernand
Boulevard Jean Moulin
Boulevard Général De Gaulle
Rue Louis Pasteur
Poullan-sur-Mer
Pointe du Van
Pointe du Raz
Rue E. Kernous
Rue de la République
Avenue P. Neruda
0
500 m
Pont Croix
Audierne
Pointe du Raz
POULDAVID
Pouldergat
Landudec
Pont l'Abbé

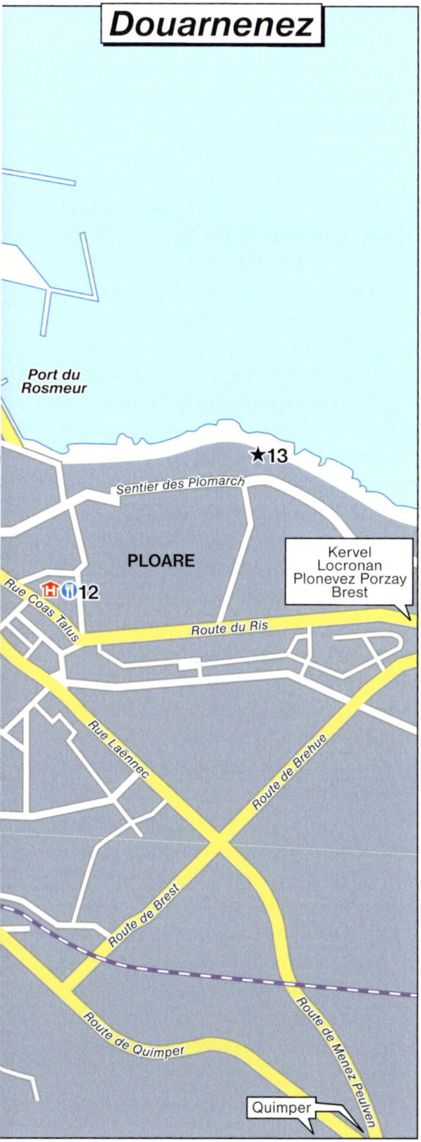

	1	Hôtel/Restaurant de la Plage des Sables Blancs
	2	Camping Municipal Le Bois d'Isis
	3	Fahrradverleih La Bécane
•	4	Bahnhof SNCF
	5	Eingänge zum Museumshafen
	6	Chapelle St.-Michel
	7	Musée du Bateau
	8	Office du Tourisme
	9	Hôtel/Restaurant Le Clos de Vallombreuse
	10	Hôtel/Restaurant de la Rade
★	11	Fischauktionshalle
	12	Hôtel/Restaurant Le Kériolet
★	13	Ausgrabungsgebiet Les Plomarc'h

Kneipenstraßen am alten Port du Rosmeur, dem eigentlichen Zentrum, und der mehr auf Badetourismus orientierte Stadtteil Tréboul mit seinem Renommierstrand Plage des Sables Blancs. Der **neue Hafen** ist, abgesehen von einem Spaziergang entlang der etwa 600 m langen Mole, vor allem ab 23 Uhr interessant, wenn die Hochseefischer ihren Fang anlanden. An welchen Tagen Auktionen (in der Regel gegen 6.30 Uhr) stattfinden, kann man in der Versteigerungshalle (Criée), Tel. 02.98.92.02.40, erfragen.

Der **alte Hafen** Port du Rosmeur am Quai du Grand Port, südlich des neuen Hafens, dient heute nur noch den kleinen Küstenfischerbooten und den Freizeitfischern als Liegeplatz. Hier lagen in der Mitte des 19. Jh. Hunderte von Sardinenfischern.

Um die Kenntnisse für den Bau und den Einsatz der historischen hölzernen Fischerboote nicht in Vergessenheit geraten zu lassen, wurde im Jahre 1981 im ehemaligen Seemannsheim (Abri du Marin) die **Vereinigung „Le Chasse-Marée"** gegründet, mit dem

Ziel, alle erreichbaren Materialien über die historische französische Küstenfischerei zusammenzutragen und zu veröffentlichen. Inzwischen ist daraus ein gut florierender Verlag geworden mit den vierteljährlich erscheinenden Zeitschriften „Chasse-Marée" und „Ar Men", erstere mit rein maritimem Bezug, letztere, um die Geschichte der bäuerlichen Kultur darzustellen (in jedem Zeitschriftenladen erhältlich).

Doch einigen Mitarbeitern war die theoretische Behandlung des Themas nicht genug. Und so entstand die Idee, in Douarnenez ein Freilichtmuseum für restaurierte Holzfischerboote und andere historisch interessante Schiffe aufzubauen. Das Ergebnis jahrelanger Bemühungen kann sich sehen lassen: Der alte Flusshafen Port-Rhu zwischen Douarnenez-Zentrum und dem wohlhabenderen Ortsteil Tréboul im Westen wurde zum 1993 eingeweihten größten **Museumshafen** Europas umgestaltet. Von den ca. 40 an Bojen und Kais liegenden historischen Booten und Schiffen sind fünf dem Besucher zugänglich. An Land wird anhand von weiteren 200 Holzbooten aus ganz Europa die Schiffsbautradition der letzten drei Jahrhunderte vor Augen geführt. In jahrelanger Restaurationsarbeit wurden alte Frachtensegler, Fischerboote, ein außer Dienst gestelltes Feuerschiff, ein alter Dampfschlepper und andere historisch interessante Boote größtenteils wieder in seetüchtigen Zustand gebracht.

Neben einem Hafenbesuch an Bord ist es auch möglich, mit der Sardinenschaluppe „Solveig", der Yawl „Ariane" oder der Galeasse „Anna-Rosa" einen **Tag auf See** zu verbringen. Nähere Auskünfte dazu im Museumsbüro, Quai du Port-Rhu, Tel. 02.98.92.65.20, www.port-musee.org.

An Land wird der Eindruck abgerundet durch maritime Exponate im Gebäude des **Musée du Bateau,** Place de l'Enfer, Tel. 02.98.92.65.20. Das Haus war im 19. Jahrhundert Teil einer Sardinen-Konservenfabrik und beherbergt heute neben französischen Holzbooten u.a. auch irische und portugiesische Kleinboote, an denen dargestellt wird, wie ein Holzboot gebaut ist. Ohnehin bildet die Erklärung des **Bootsbaus** den Schwerpunkt der gesamten Museumshafenanlage. Und für besonders hoch motivierte Besucher wird das Angebot gemacht, den Bootsbau hier selbst zu erlernen. Langfristig beabsichtigt die Museumsleitung, hier am Port-Rhu mehrere Ausbildungsplätze für Bootsbauer, Segelmacher, Mastenbauer, Tischler und Schmiede anzubieten, um so der maritimen Tradition ein professionelles Fundament zu geben. Im Sommer werden am Kai zwischen Mastenbauern, Seilern und Segelmachern Sardinen gegrillt, Makrelen geräuchert und Langustinen gekocht. Eintritt 5/3 €.

Der Museumshafen ist täglich von 10 bis 19 Uhr geöffnet. Eintrittspreise: 4/2,50 €. Die relativ hohen Eintrittspreise sind angesichts der Breite und Einzigartigkeit des Gebotenen angemessen.

Während die Hauptkirche von Douarnenez, **Eglise du Sacré-Coeur** (gebaut

1874), eher uninteressant ist, bieten zwei kleinere Kapellen doch einige sehenswerte Datails: Die **Chapelle Sainte-Hélène** in der Rue Anatole-France (oberhalb des Port du Rosmeur) im gotischen Flamboyant-Stil erbaut, besitzt zwei schöne Fenster mit Glasarbeiten aus dem 16. Jh. An der Rue du Port-Rhu, ca. 100 m entfernt vom Musée du Bateau, steht die 1663 erbaute **Chapelle St-Michel,** die wegen ihres ungewöhnlichen Kuppelturmes auf einem Stadtspaziergang nicht übersehen werden sollte. Im südlichen Vorort Ploaré steht die wegen ihres 85 m hohen gotischen Turmes sehenswerte **Eglise Saint-Herlé** von 1548.

Traditionssegler in voller Fahrt

Wem nach all den Besichtigungen der Sinn eher nach einem Bad im Meer steht, der findet zwei Alternativen: Der beliebteste und belebteste **Sandstrand** befindet sich im **Ortsteil Tréboul,** wo zum Teil recht teure Hotels, stolze Villen unter Pinien und eine gepflegte Uferpromenade dem Ganzen einen leicht mondänen Touch geben. Wer es lieber etwas einfacher mag, der sollte in Hafennähe (keine Angst, das Wasser ist aufgrund des starken Tidenhubs sauber) westlich des Port de Pêche am **Plage des Dames** schwimmen gehen.

Praktische Hinweise

Information

•**Office de Tourisme,** B. P. 216, 29172 Douarnenez, Tel. 02.98.92.13.35, Fax 02.98. 92.70.47, www.douarnenez-tourisme.com.

Unterkunft

•**Hôtel/Restaurant Le Clos de Vallombreuse**€€, Rue E. d'Orves 7, Tel. 02.98.92.63.64. Eines der besten Häuser am Ort, eigenes Schwimmbad, ruhige Lage, 20 sehr komfortable Zimmer, ganzjährig geöffnet.

•**Grand Hôtel de la Plage des Sables Blancs**€-€€, Tréboul, Tel. 02.98.74.00.21, das recht einnehmende Gebäude liegt direkt oberhalb des Sandstrandes, schöne Speiseterrasse. Die 92 zum Teil geradezu luxuriösen Zimmer bieten überwiegend Meerblick. Geöffnet 30.4.–30.9.

•**Hôtel/Restaurant Le Kériolet**€, Rue du Croas Talud 29, Tel. 02.98.92.16.69. Einfaches Stadthotel für Zwischenübernachtungen mit 8 preiswerten Zimmern, ganzjährig geöffnet.

•**Camping Le Pil Koad,** ca. 6 km von Douarnenez beim Ort Poullan-s.-Mer, Tel. 02.98. 74.26.39. Ruhiger, sehr komfortabler Platz, der geeignet ist, um die Gegend von hier aus kennen zu lernen. Sehr gute Sanitäreinrichtung und ein breites Zusatzangebot wie z.B. Schwimmbad, Restaurant, Wohnwagenverleih und Fahrradverleih, Kinderbetreuung. Der Platz ist von Ostern bis Ende September geöffnet.

•**Camping Municipal Le Bois d'Isis, in Tréboul,** Tel. 02.98.74.05.67, ca. 500 m oberhalb des großen Strandes. 150 Stellplätze, schön zwischen Bäumen und Hecken gelegen, gute Sanitäreinrichtung. Außer den üblichen Angeboten auch ein Fahrradverleih, geöffnet von Ostern bis zum 15.9.

Essen und Trinken

•**Restaurant l'Océan,** Quai du Petit Port, Ecke Rue Anatole-France, Tel. 02.98.92. 14.80. Nettes, kleines Fischrestaurant.

•**Bar Aux Loups de Mer,** Quai du Grand Port, Tel. 02.98.92.01.81. Beliebtes Lokal am Port du Rosmeur im Erdgeschoss des Hotels de la Rade. Ob bei Regen drinnen oder bei Sonne draußen auf dem Bürgersteig mit Blick auf den Hafen, für einen Café, eine Limonade oder ein Bier zwischendurch genau der richtige Platz.

•**Pub Le Pourquois-Pas?,** Quai de Port-Rhu, Tel. 02.98.92.76.13. Maritim-rustikales Hafenlokal am Museumshafen mit irischem Bier vom Fass. Hier treffen sich die Holzbootsegler. Mit etwas Glück erleben Sie abends spontan gesungene bretonische oder irische Lieder. Samstags Livemusik.

•Ein Tipp für Kuchenfreunde: **La Maison du Kouign Amann „Le Moing",** Rue Jean-Jaures 5, Tel. 02.98.92.01.40. Eine verführerische Konditorei mit Salon de Thé, die mit Sicherheit den besten Kouign Amann der Sizun-Halbinsel bäckt.

Sonstiges

•**Segelschule:** *Centre Nautique Municipal,* Rue Abbé Le Gall, Tel. 02.98.74.13.79. Auf einer Flotte von insgesamt 120 Wassersportfahrzeugen werden Kurse für Anfänger und Fortgeschrittene angeboten.

•**Segeln:** Die Leitung des Port-Musée in Port-Rhu bietet Halbtagestörns auf alten Gaffelseglern, unter anderem auch auf der Anna-Rosa, einer norwegischen Galeasse aus dem 19. Jahrhundert. Preise: ca. 21,30/13,70 €, Tel. 02.98.74.37.37.

•**Bootsfahrten** in die Bucht von Douarnenez und Crozon, Besichtigung der Grotten von Morgat, Exkursionen zu den Felsen der Vogelschutzgebiete am Cap Sizun und Angelfahrten organisiert *Vedettes Rosmeur* am Fischereihafen, Tel. 02.98.92.83.83.

•**Bootsverleih:** *Iroise Nautique,* Port de Plaisance, Tréboul, Tel. 02.98.74.29.38. Verleih von Segelbooten und Schlauchbooten. Verkauf von Bootsausrüstung.

•**Surfen:** *Le Bihan Surf School,* Plage des Sables Blancs, Tréboul Tel. 02.98.74.22.39. Surfkurse und Verleih von Surfboards.

•**Tauchen:** *Douarnenez Aqua Club,* Plage des Sables Blancs, Tréboul, Tel. 02.98. 74.17.36. Für Anfänger und Fortgeschrittene.

•**Reiten:** *Centre Equestre,* Poney-Club Penfoennec in Tréboul, Tel. 02.98.74.29.72.

- **Tennis:** *Tennis des Sables Blancs,* 6 Plätze an der Rue Sables Blancs, Tréboul, Tel. 02.98.74.08.18.
- **Fahrradverleih:** *La Bécane,* Avenue de la Gare 42, Tel. 02.98.74.20.07.
- **Markt:** Täglich in den Markthallen *(Les Halles),* Rue Anatole-France, dazu montags und freitags unter freiem Himmel in der Rue Henri-Barbusse.
- **Discothek:** *La Frégate* in Tréboul, Les Sables Blancs, Tel. 02.98.74.00.68.
- **Einkaufstipp:** Gute und preiswerte Fischkonserven (Jacobsmuscheln, Makrele, Thun) gibt es im Direktverkauf ab Fabrik bei *Cobreco,* in der Zone Industrielle de Lannugat, Tel. 02.98.92.32.08.
- **Angel- und Fischereiausrüstungen** in großer Auswahl bietet: *Coopérative Maritime,* Port de Pêche, Tel. 02.98.92.14.00, am Fischereihafen, sowie *Comptoir Maritime,* Quai de l'Yser, Tréboul, Tel. 02.98.74.33.68. Hier werden auch Tauchausrüstungen verkauft und Pressluftflaschen gefüllt.

Anreise/Weiterreise

- **Mit dem Bus:** Eine Buslinie verbindet Douarnenez einerseits mit Quimper (mindestens 5 x täglich) und andererseits mit der Pointe du Raz über Audierne, Primelin, Plogoff.
- **Zugverbindungen:** Mindestens 9 x täglich besteht eine Verbindung von/nach Quimper und 3 x täglich zur Pointe du Raz über Pont Croix, Audierne, Plogoff.

Umgebung von Douarnenez

Tréboul

Der etwas mondänere Ort gegenüber von Douarnenez auf der Westseite des Flusses lohnt vor allem einen Besuch wegen der **zwei schönen Badestrände.**

Unterkunft

- **Hotel Ty Mad,** direkt am Meer im Ortsteil Tréboul, Plage Saint Jean, Tel. 02.98.74.00.53, sehr nettes Hotel im Stil der 1920er Jahre. Geschmackvolle Zimmer, moderner Stil in alten Gemäuern, Strandnähe, ruhig gelegen, Garten zum Relaxen im Freien, unser Tipp Nr. 1 im Raum Douarnenez!

Les Plomarc'h

Vom alten Hafen Port du Rosmeur führt der Küstenwanderweg Sentier des Plomarc'h nach Osten ca 2,5 km weit bis zum sehr flach ins Meer abfallenden Plage du Ris. Knapp auf halbem Weg befindet sich die archäologische Fundstätte Les Plomarc'h in einem im 19. Jahrhundert verfallenen, vor kurzem aber als Gîte d'Etape mit Übernachtungsmöglichkeit **restaurierten Fischerdorf.** Bei Ausgrabungen fanden sich neben verschiedenen römischen Gräbern und einzelnen Marmorstatuen auch 16 etwa 4 m große Gefäße, die zur Herstellung von Garum, einer in der Antike zum Würzen von Speisen sehr beliebten Fischpaste, benutzt wurden. Leider haben die Archäologen die Fundstellen nach der Grabung wieder zugeschüttet. Nur wenn das Gras frisch gemäht wird, kann man die Ränder der Gefäße sehen.

Der Ort wurde nachweislich vom 1. bis 4. Jh. von Römern bewohnt. Bis ins 19. Jh. lebten hier Fischer und Handwerker. Von den einst 23 **Wohnhäusern** des 19. Jh. wurden nur drei vollständig restauriert, die heute eine Art kostenloses Freilichtmuseum (nur von außen kostenlos zu besichtigen, innen privat) darstellen.

Dolmen von Lesconil ↗XV/C3

Am Yachthafen von Tréboul beginnt ein markierter Wanderweg von 9 km Länge, der im Ortsteil Le Croaz Men an einem Menhir vorbeiführt und nach etwa 2 km das Dörfchen Lesconil erreicht. Dort befindet sich am nordwestlichen Ortsrand eine megalithische Kultstätte besonderer Art: Ein **Langgrab** (Allée Couverte), bei dem die sonst üblicherweise senkrecht aufgestellten Tragsteine so schräg gegeneinander geneigt sind, dass sie sich gegenseitig halten und so die sonst waagerechten Deckenplatten überflüssig werden. Von hier führt der Wanderweg nach Norden an die Steilküste. Mit Blick auf die Baie de Douarnenez geht es dann parallel zur Küste in östlicher Richtung zurück nach Tréboul.

Die vorgelagerte kleine **Insel Tristan,** die im späten 16. Jh. von dem menschenverachtenden Banditen *La Fontenelle* als Basis für seine Raubzüge genutzt wurde, befindet sich in Privatbesitz und ist nicht zu besichtigen.

Locronan ↗XV/D3

Der wegen seines historischen Stadtbildes interessante, im Sommer aber völlig überlaufene Ort ca. 10 km östlich von Douarnenez (D 7) erscheint, sofern man früh genug aufsteht, wie im 17. Jh. stehengeblieben. Loc-Ronan, der **heilige Ort des Ronan,** der hier im 6. Jh. im nahegelegenen Forêt de Nevet zuerst eine Einsiedelei, dann ein Kloster gegründet hat, um den Bretonen das Evangelium zu bringen.

Die um den Kirchplatz herum gebauten mehrstöckigen Granithäuser aus dem 16., 17. und 18. Jh. zeugen von einer Epoche des Reichtums, der sich vor allem auf die Herstellung und den Verkauf von Leinentuch zur Herstellung von Segeln gründete. **Segeltuch** aus Locronan war das beste Tuch, was Segelmacher zwischen Schottland und Spanien verarbeiteten. Der spanische König orderte Tuch für die Segel seiner Armada hier in Locronan, und selbstverständlich waren die Frachtensegler der berühmten „Compagnie des Indes“ aus Lorient mit Segeln ausgerüstet, deren Tuch aus Locronan stammte.

Doch ausländische Konkurrenz im späten 18. Jh., die industrielle englische Tuchproduktion im 19. Jh. und schließlich die Umstellung der Schifffahrt auf Dampfmaschinenantrieb ließen Locronan langsam verarmen, bis plötzlich nach dem 2. Weltkrieg ein Bürgermeister erkannte, dass sich die eindrucksvolle historisch gewachsene und vor allem gut erhaltene Granit-Bausubstanz im **Fremdenverkehr** vermarkten ließe. Das heute autofreie Ortszentrum um den alten Ziehbrunnen vor der Eglise Saint-Ronan mit seinen kostspielig gebauten Granithäusern der Juristen, Offiziere und Händler aus den goldenen Zeiten wurde mehrfach als **Kulisse** für Kino- und Fernsehfilme genutzt, wie z.B. für die Filme „Chouans“ von *Philippe de Broca* und „Tess“ von *Roman Polanski.* Auch die ZDF-Abenteuerreihe „Silas“ wurde zum Teil hier gedreht.

Die alles überragende **Eglise Saint-Ronan** stammt aus dem 15. Jh. Ihre aufwendige spätgotische Architektur wurde, noch bevor das große Geld im Tuchhandel verdient wurde, durch die finanzielle Unterstützung der Herzöge der Bretagne ermöglicht. Dem heute etwas stumpf erscheinenden Glockenturm fehlt die ehemals außergewöhnlich hohe Spitze, die nach wiederholter Zerstörung durch Blitze im 18. und 19. Jh. schließlich nicht wieder aufgebaut wurde.

Rechts an die Kirche herangesetzt wurde im frühen 16. Jh. die Chapelle du Pénity, die das geradezu dramatisch gebaute **Grab von Saint Ronan** beherbergt. Von sechs etwa lebensgroßen Engeln getragen, liegt das Hochrelief des heiligen Missionars, der mit seinem Bischofsstab in der linken ein Ungeheuer tötet, während er mit seiner rechten Hand die unter ihm knieenden Pilger segnet. Tatsächlich war *Saint Ronan* wohl in seinem irdischen Dasein alles andere als zimperlich, wie verschiedene Legenden über ihn berichten. Seine sterblichen Überreste sind in einem Reliquienschrein aufbewahrt, der sich auf dem Kapellenaltar befindet.

Alle sechs Jahre, das nächste Mal 2007, findet am 2. und 3. Sonntag im Juli eines der bedeutungsvollsten Pardons der Bretagne hier in Locronan statt: **La Grande Troménie** (bret. *trominihy;* frz. *le tour de la montagne;* der Gang um den Berg). Seit dem 11. Jh. wird dieser Wallfahrtsgang von 12 km Länge um den Montagne de Locronan östlich des Ortes abgeschritten, wobei an 12 festgelegten Gebetspunkten aus dem Evangelium gelesen wird. Dass sich auch in der traditionell so verwurzelten Bretagne die Sitten langsam ändern, zeigt sich zum Beispiel daran, dass das noch im 19. Jahrhundert bestehende Verbot, während des Pardons außer zum Gebet zu sprechen, heute nicht mehr beachtet wird. Doch immer noch gilt die Drohung, dass jeder gläubige Bretone, der nicht zu seinen Lebzeiten mindestens einmal die Troménie mitgemacht hat, diese im Tode unter Qualen nachholen muss, denn dann muss er sich mit der Geschwindigkeit einer Sarglänge pro Tag über die 12 km schleppen. Aber wie so oft gibt es auch hier eine Hintertür: Statt einmal an der großen Troménie teilzunehmen, ist es möglich, die Erlösung zu finden, indem man sich dreimal an der jährlich stattfindenden **kleinen Troménie** beteiligt. Die 4 km lange Kurzfassung des Pardon findet ebenfalls am 2. Sonntag im Juli statt. Die Tradition geht auf die Gewohnheiten von *Saint Ronan* selbst zurück, der, wie es heißt, den Tag mit einem Meditationsgang durch den Wald von Nevet begann. Sonntags wählte er die 12 km lange Runde um den Berg, der heute seinen Namen trägt.

Die allermeisten Besucher des Ortes kommen allerdings weniger aus religiösen Motiven. Vielmehr interessieren sie sich für die **Kunsthandwerksläden,** Ateliers und Gemäldeausstellungen in rustikalen Gemäuern. Viele Läden haben sich auf kunsthandwerkliche Webwaren spezialisiert und haben einen ähnlichen Verkaufserfolg wie vor 250 Jahren die französische Ostindienkompagnie mit ihrer Verkaufsniederlassung für Gewürze, Tee, Seide und Parfüm schräg gegenüber der Kirche.

Information

•**Office de Tourisme,** Place de la Mairie, Tel. 02.98.91.70.14, Fax 02.98.51.83.64, Internet: www.locronan.org.

Essen und Trinken

•Eine sehr empfehlenswerte Crêperie befindet sich ebenfalls schräg gegenüber der Eglise St-Ronan am Brunnen: **Bar/Crêperie Ty Coz,** gute Crêpes in stilechter Atmosphäre. Leider ist es hier meist so voll, dass man ohne Reservierung (Tel. 02.98.91.70.79) keinen Platz bekommt.

Anreise

•Eine **Busverbindung** besteht 5 x täglich mit Camaret, Chateaulin, Quimper, Douarnenez.

Rundfahrt auf der Halbinsel Sizun

Zwischen Douarnenez und der Pointe du Raz

Von Douarnenez aus lernt man das Cap Sizun am besten kennen, wenn man statt der Hauptstraße nach Audierne (D 765 über Pont-Croix) die kleinere, nördlicher verlaufende D 7 über Poullan-sur-Mer, Beuzec bis zur Pointe du Van nördlich der Pointe du Raz wählt. Von dieser Straße führen alle 3–4 km kleinere Straßen oder Wege rechts ab in Richtung Meer. Manche enden als Fußweg in winzigen Felsbuchten, andere führen zu Felskaps über der 60–80 m hohen zerklüfteten Steilküste.

Besonders schöne Aussichtsmöglichkeiten auf die Baie de Douarnenez hinüber zur Presquîle de Crozon mit dem ca. 9 km entfernten Cap de la Chèvre (siehe Kap. Crozon) bieten sich bei Lescogan auf der **Pointe du Millier** sowie bei Beuzec auf der **Pointe de Beuzec** und der **Pointe de Luguénés.**

In der Landschaft unregelmäßig verstreut, stößt man auf einzeln stehende **Menhire,** die bezeugen, dass die Halbinsel schon im Neolithikum bewohnt war. Auch mehr oder weniger gut erhaltene **Dolmen** sind vereinzelt zu finden, wie zum Beispiel bei Lescogan in Richtung Kergol Vraz.

Unweit des Ortes Beuzec findet an der Küste bei Kastel-Coz am 2. Sonntag im August alljährlich unter freiem Himmel ein internationales Musik- und Folkfestival statt, das **Fête des Bruyères.** 8000–10.000 Besucher sind keine Seltenheit.

Ca. 5 km westlich von Beuzec führt eine Straße rechts ab in das 25 ha große Vogelschutzgebiet **Réserve Ornithologique Michel-Hervé-Julien** (auch genannt „Reserve Naturelle de Goulien"). Unter Beachtung der Verhaltensregeln, die auf Schildern am Eingang angebracht sind, ist es möglich, vom 15.3. bis 31.8. jeweils 10–12 Uhr und 14–18 Uhr einen Teil des Gebietes ohne Führer zu betreten. Im Juli und August stehen Führer zur Verfügung, mit denen das gesamte Gebiet oberhalb der Steilküste betreten werden kann. Die Führung dauert etwa eine Stunde und kostet ca. 3 € (ca. 1,50 € für Kinder). Etwa ab Januar kommen die Dreizehenmöwen *(Larus tridacty-*

la), ca. 700 Paare, und der Eissturmvogel *(Fulmarus glacialis)*, ca. 20 Paare, von See zurück auf die Felsen. Der Nestbau beginnt im März/April, und im Mai schlüpfen die Jungen. Ähnliche Nistzeiten, manche Arten etwa einen Monat später, haben die am Cap Sizun ebenfalls vorkommenden Trottellummen *(Uria aalge)* und die Tordalken *(Alca torda)*, von denen noch jeweils etwa 50 Paare hier nisten. Die zuletzt 1980 beobachtete Kolonie von Papageientauchern *(Fratercula artica)* existiert leider nicht mehr. Neben den typischen Seevögeln sind auch einige selten gewordene Landvögel zu beobachten, wie Alpenkrähen *(Pyrrhocorax pyrrhocorax)* und Kolkraben *(Corvus corax)*. Die beste Beobachtungszeit liegt zwischen April bis Mitte Juli. Nähere Auskünfte sind zu erhalten bei Réserve Biologique Michel-Hervé-Julien, Chemin de Kérisit, 29770 Goulien, Tel. 02.98.70.13.53.

Zurück auf der D 7, geht es nach 3 km zur **Pointe de Penharn** und nach weiteren 2 km rechts ab zur **Pointe de Brézellec,** beides eindrucksvolle, etwa 80 m über Meeresniveau liegende Felsspitzen mit grandiosem Ausblick und wenig Menschen, denn die meisten fahren in ungeduldiger Erwartung auf den großen Blick nach Westen gleich weiter in Richtung Pointe du Raz.

Ein Zwischenstop mit kleinem Spaziergang sollte allerdings vor der Kletterpartie am Raz eingelegt werden und zwar an der **Pointe du Van.** Nur wenige Meter von der Steilküste entfernt trotzt die kleine Chapelle Saint-They seit etwa 350 Jahren den Atlantikstürmen. Im Nordosten sieht man das Cap de la Chèvre (16 km entfernt) und links davon weiter die Pointe de Pen-Hir bei Camaret mit der vorgelagerten Inselgruppe Le Tas de Pois (22 km entfernt). Ganz im Norden erkennt man bei guter Sicht in 30 km Entfernung die Pointe St-Mathieu, und im Südwesten da liegt sie also, die Pointe du Raz, die Landspitze, bis zu der vor mehr als 4000 Jahren ein uns nur durch Menhire und Dolmen schemenhaft bekanntes Volk der Sonne nach Westen gefolgt ist.

Um die Vegetation vor den zahlreichen Sommerbesuchern zu schützen, wurden Teile des Kaps durch Zäune abgetrennt.

Zwischen der Pointe du Van und der Pointe du Raz versteckt sich ein Traumstrand an einer legendären Bucht: **La Baie des Trépassés** (die Bucht der Verschiedenen). Nach der Legende warten die Seelen der Verstorbenen hier um Mitternacht am Strand auf die Totenbarke, die sie hinausträgt in das Paradies hinter dem Horizont. In keltischer Zeit, so lautet die Überlieferung, wurden die Körper verstorbener Druiden hier am Strand zwischen der Pointe du Van und der Pointe du Raz in ein Boot gebettet und zur 10 km westlich gelegenen Insel Sein hinübergesegelt, um dort in geweihter Erde beigesetzt zu werden.

In Zeiten, als die Seefahrt noch gefährlicher war als heute, wurden hier, bedingt durch die besondere Konstellation der Meeresströmungen am Kap, immer wieder die Leichname ertrunkener Seeleute an den Strand gespült.

080br Foto: mk

Die überwiegend in Armut lebenden Küstenbewohner waren mehr an der Ladung eines im Sturm auf die Felsen gelaufenen Schiffes interessiert als an der Rettung der Überlebenden oder der Bestattung der Ertrunkenen. Ob tatsächlich vor der Einführung von Nacht-Navigationshilfen wie Leuchttürmen und Leuchttonnen die Bewohner der westbretonischen Halbinseln irreführend plazierte Feuer angezündet haben, um Schiffe auf die Felsen zu locken, ist umstritten. Zumindest wurden aber die Stürme als ein gewinnbringendes Geschenk des Himmels angesehen.

Kleine Felsenkapelle an der Pointe Du Van

In verschiedenen bretonischen Sagen wird eine in grauer Vorzeit vom Meer verschlungene **Stadt Ys** erwähnt. Ys könnte man als das bretonische Atlantis bezeichnen, denn es war eine reiche, glückliche Stadt ohne Probleme bis zu dem Tage, als die sensationslüsterne Tochter *Dahut* des Königs *Gradlon* mit dem verbotenen Schlüssel das Deichtor öffnete, das die Stadt bis dahin vor den Meeresfluten geschützt hatte. Wo genau Ys versunken ist, ist ebenso umstritten wie die Frage, ob es die Stadt jemals gegeben hat. Doch es heißt, dass Ys wohl hier an der Baie des Trépassés oder in der Baie de Douarnenez zwischen Tréboul und St-Nic gelegen hat. Vielleicht findet der Reisende sein persönliches Ys: für ein paar Tage in einem der beiden traumhaft gelegenen Hotels am ca. 1 km langen Sandstrand der auch bei Surfern beliebten Bucht.

Südlich der Baie des Trépassés mündet die D 7 im Ort Lescoff auf die D 784, die nach Osten über Plogoff nach Audierne führt und nach 3 km in westlicher Richtung auf einem riesigen Parkplatz endet. Nach Zahlung von ca. 1,50 € Parkgebühr ist es dann endlich soweit.

La Pointe du Raz

↗ XIV/A3

Am Anfang ein Schock: Autos, Autos, Autos. Im Juli und August kommen hier nach 10 Uhr morgens schnell 500 Blechkarossen zusammen. Vom wilden Kap nichts zu sehen. Glücklicherweise hat der Umweltrat des Département Finistère sich durchsetzen können und so wurde das Kap 1994 zum **Landschaftsschutzgebiet** erklärt. Um die Interessen der ortsansässigen Geschäftsleute zu berücksichtigen, wurde ca. 1,5 km vom Kap entfernt bei Lescoff ein neuer Kommerzkomplex errichtet. Hier befinden sich auch die neuen Parkplätze für die Autos und Busse. Der Zugang zum Kap wurde reglementiert, um die aufwendigen Renaturisierungsmaßnahmen der Bodenflora nicht zu gefährden. Inzwischen wachsen wieder Gräser, Moose und Flechten, wo früher nur staubig zertretener Boden zu finden war.

Wenn Sie festes Schuhwerk angezogen haben, kann die **Kletterpartie** über die Felsen beginnen. Anfangs führen noch erkennbare Wege zwischen den Felsen hindurch. Aber bald türmen sich wild zerklüftete Granitbrocken übereinander. Stellenweise ist ein sicherer Gang nur noch dank der stählernen Führungsseile möglich. Je weiter man sich der Westspitze nähert, um so schmaler wird das Kap, und zuletzt schaut man auf beiden Seiten des felsigen Pfades in tiefe Spalten, in denen sich unten die Atlantikdünung grollend bricht. Bei mittelmäßiger Bergsteigerfähigkeit dauert es etwa eine halbe Stunde, bis **der westlichste Punkt** mit Blick auf die Leuchttürme La Vieille und La Plate erreicht ist. Am Horizont zeichnet sich bei klarem Wetter, in 8 km Entfernung die flache, in den letzten hundert Jahren viermal überflutete Ile de Sein ab.

Die **Passage** zwischen der Pointe du Raz und der Insel Sein mit dem Namen **Raz de Sein** ist auch heute noch, im Zeitalter perfektionierter Navigation, eine Herausforderung für den Steuermann, denn es ist nicht möglich, zu beliebiger Zeit die Durchfahrt zu passieren. Solange der Wind schwach weht, sind lediglich die im 6-Stunden-Rhythmus wechselnden, bei Springzeit bis zu 7 Knoten starken Gezeitenströme bei der zeitlichen Planung der Passage zu berücksichtigen. Sobald aber der Wind zunimmt und quer oder gegen den Gezeitenstrom bläst, baut sich eine steile Kreuzsee auf, die schnell 5 m und höher wird. Doch 6 Stunden später, wenn Wind und Strom

081br Foto: wk

in die gleiche Richtung setzen (die Flut setzt nach Norden, die Ebbe nach Süden), stellt die Passage kein Problem mehr dar, es sei denn, dass das Boot in einen der Neerströme (Gegenströmungen in Ufernähe) gerät, in denen dann das Wasser kocht, während es im Hauptstrom ruhig bleibt. Um bei Nacht den Schiffen die Passage zu erleichtern, besitzen die **drei Leuchtfeuer** La Vieille (der eckige Granitturm), La Plate (der kleine gelbschwarze Turm) und Tévennec (der Turm auf dem Felsen im Nordeingang ins Raz)

Pointe du Raz

verschiedenfarbige Leitsektoren, die den richtigen Weg weisen. Im Winter kann das Meer hier derartig toben, dass der 33 m hohe Turm La Vieille mehr als zur Hälfte in den brechenden Wellenkämmen verschwindet. Im Raz sieht man keine großen Schiffe, denn nach den verschiedenen Öltankerkatastrophen im westlichen Ärmelkanal wurden sämtliche gefährlichen Passagen vor der französischen Küste für Schiffe ab 90 m Länge gesperrt.

Anreise/Weiterreise

- Die Pointe du Raz ist als Hauptausflugsziel im Westen sehr gut mit öffentlichen Bussen erreichbar. Es bestehen Verbindungen von Quimper über Pouldreuzic, Plozévet, Plouhinec, Audierne, Primelin, Plogoff (6 x täglich) sowie ebenfalls von Quimper über

Douarnenez, Pont-Croix, Audierne, Primelin, Plogoff (4 x täglich).

Plogoff

↗ XIV/A3

Der Ort mit seiner kleinen Chapelle Notre-Dame-Du-Bon-Voyage aus dem späten 17. Jh. und den Gruppen von eng aneinandergebauten, vor dem Wind geduckten Häuschen ist vor allem den französischen Grünen *(les écologistes)* ein Begriff. Als Ende der 1970er Jahre hier ein **Atomkraftwerk** gebaut werden sollte, kam es sehr schnell zu massivem Widerstand in der Bevölkerung. Zehntausende Bretonen verteidigten mit eisernem Willen und zeitweise auch in Straßenschlachten gegen die CRS *(Compagnie Républicaine de Sécurité),* eine militärisch orientierte Einsatztruppe der französischen Polizei, ihre Pointe du Raz, sicherlich zum Teil auch aus rein finanziellen und nicht nur ökologischen Gründen. *François Mitterrand,* damals noch nicht Präsident, nutzte die Situation für seinen Wahlkampf und versprach, sich für die Pointe du Raz als atomfreie Zone einzusetzen. Nach mehr als vierjährigem Widerstand wurde 1981 das Bauprojekt aufgegeben.

Völlig unspektakulär, dafür aber einfach malerisch sind die beiden winzigen **Miniatur-Naturhäfen** Plogoffs, hineingebaut zwischen günstig gelegene Felsvorsprünge bei Pendreff und Penneac'h.

Östlich des Hafens lohnt ein Spaziergang zur Höhle **L'Enfer de Plogoff,** wo sich donnernd die Atlantikdünung bricht.

Cléden

↗ XIV/A3

Das Pfarrzentrum besitzt eine sehenswerte Kirche aus dem 12. Jh., die **Eglise Saint-Clet.** Ihr 32 m hoher Granitturm ähnelt dem der Kirche von Pont-Croix.

Ganz in der Nähe, ca. 2 km östlich (D 43) im Dörfchen **Langroas** steht die ebenfalls sehenswerte kleine **Chapelle Notre-Dame-de-Pitié** mit einem schlichten Calvaire inmitten einer fast kreisrunden Steinmauer.

Primelin und St-Tugen

↗ XIV/B3

Etwa 6 km vor Audierne führt die D 784 hinunter zum Meer an die außer bei Südwind geschützte **Sandbucht Anse du Loch.** Am ca. 200 m langen Strand parallel zur Straße ist man durch die Autos etwas belästigt, aber am kleineren Strand nahe des Wellenbrechers lässt sich gut eine Badepause einlegen. Die Bucht wird von den Bewohnern von Primelin als Hafen genutzt. Während der Ort Primelin hauptsächlich für Mieter von Ferienwohnungen interessant ist, besitzt das benachbarte St-Tugen (von der D 784 ca. 500 m nach Süden abbiegen) eine kirchengeschichtliche Rarität: **La Chapelle Saint-Tugen.** Die 1535 erbaute und im 17. Jh. erweiterte kleine Kirche im gotischen Flamboyant-Stil steht nach den Überlieferungen am Ort einer ehemals megalithischen, dann später gallo-romanischen Kultstätte. Der Altarstein des Hauptaltars war zuvor vermutlich ein Deckstein des Dolmen, der hier bis ins 16. Jh. stand. Im Chor befindet sich die Statue des *Saint Tugen,* der zu Lebzeiten nicht nur das Christentum verbreitete, sondern gleichzeitig Zahnheilkunde betrieb. Am Sonntag vor dem Johannistag (24. Juni) findet hier das vielbesuchte **Pardon de Saint-Tugen** statt.

Unterkunft auf der Halbinsel Sizun

- **Hôtel/Restaurant Le Relais de la Pointe du Van€€,** Cléden-Cap-Sizun, Tel. 02.98.70.62.79. Modernes Gebäude am legendären Strand der Baie des Trépassés mit 25 komfortabel eingerichteten Zimmern, geöffnet vom 1.4. bis 30.9.
- **Hôtel/Restaurant de la Baie des Trépassés€€,** Plogoff, Tel. 02.98.70.61.34. Das zweite der beiden traumhaft gelegenen, aber fantasielos gebauten Hotels direkt am Strand zwischen Pointe du Van und Pointe du Raz. Ordentliches Haus mit 27 zum Teil einfachen, zum Teil recht großzügigen Zimmern ab 44 €, geöffnet vom 9.2. bis 5.1. Im Juli/August kann das Hotel nur mit Halbpension gebucht werden.
- **Hôtel/Restaurant Ker-Moor€,** Plogoff, Tel. 02.98.70.62.06. Mittelklassehotel am Strand der Bucht Anse du Loch mit 19 nett eingerichteten Zimmern, ganzjährig geöffnet.
- **Camping de Pors Péron,** Beuzec, Tel. 02.98.70.40.24 oder 02.98.70.40.01. Kleiner, einfacher, für die Erkundung der Nordküste des Cap Sizun günstig gelegener Platz auf halbem Wege zwischen Douarnenez und der Pointe du Raz (D 7). 48 Stellplätze auf 2 ha Fläche, gute Sanitäreinrichtung, aber außer Wohnwagenverleih keine weiteren Einrichtungen, geöffnet 1.4.–31.10., 300 m vom Meer entfernt.
- **Camping Municipal Kermalero,** Primelen, Tel. 02.98.74.84.75. Ein kleiner, aber ansprechender Platz mit 60 Einheiten auf halbem Weg zwischen Audierne und der Pointe du Raz (D 784), 300 m zum Strand der Anse du Loch, neben ordentlichen Sanitäreinrichtungen (behindertengerecht) gibt es einen Tennisplatz und einen Spielplatz, geöffnet ist vom 15.4. bis zum 15.9.

Audierne

↗ XIV/B3

Der im 15. Jh. bedeutungsvolle Fischereihafen 10 km östlich der Pointe du Raz lebt heutzutage überwiegend von einem **familienorientierten Sommertourismus.** Seine landschaftlich reizvolle Lage am Westufer des Goyen, zwischen der Felsküste der Sizun-Halbinsel und dem längsten bretonischen Sandstrand, der im Südosten nach 25 km Länge bei Penmarc'h endet, macht den Ort zu einem der beliebtesten Ferienzentren der Cornouaille.

Von den ca. 90 **Fischerbooten,** die Mitte des 19. Jahrhunderts die zahlreichen Konservenfabriken belieferten, sind nur noch ein gutes Dutzend übriggeblieben, die heute auf den Fang von Taschenkrebsen, Seespinnen, Hummer, Langusten und Garnelen spezialisiert sind. Im oberen Hafenteil, nahe des Place de la Liberté und der Brücke über den Goyen (D 784), wo sich heute der Yachthafen befindet, waren früher die Liegeplätze der hölzernen Thunfischerboote, deren Rümpfe inzwischen etwas flussabwärts bei Locqueran auf der Ostseite des Flusses langsam vermodern.

In der Rue du Mole Nr. 1, erreichbar über den Quai Pelletan (Hauptstraße zum Hafen), befinden sich 20 große Seewasserbecken für Schalentiere, die auf den Verkauf warten: Eine Besichtigung ist möglich (Les Grand Viviers, Tel. 02.98.70.10.04.).

Ein Fußweg führt den Fluss entlang zum Meer, wo etwa 2 km südöstlich von Audierne ein schöner, relativ ruhiger Strand, **Plage de Kersiny,** beginnt. Der Hauptstrand von Audierne, **Plage de Ste-Evette,** liegt etwa 2 km südwestlich des Hafens im Hôtel/Restaurant-geprägten Vorort Ste-Evette. Auf ca. 1 km Strandlänge können sich die Sonnenhungrigen verteilen. Segelschulen und Sport-Animationsclubs sorgen für Urlaubsaktivitäten. Die nur langsam zunehmende Wassertiefe macht den Strand auch für kleine Kinder ungefährlich. Ein langer Wellenbrecher am Südende des Strandes schützt im Sommer eine große Zahl an Bojen liegender Segel- und Motorboote vor der unberechenbaren Atlantikdünung.

Hier am Wellenbrecher ist auch die Anlegestelle der **Personenfähren,** die täglich mindestens einmal zur sturmgeprägten **Ile de Sein** vor der Pointe du Raz ablegen. Im Sommer fährt die Fähre häufiger (s.u.).

Bei schlechtem Wetter hat Audierne nicht allzuviel zu bieten. Neben den oben genannten Fischbecken sind an Sehenswürdigkeiten nur noch das kleine **Heimatmuseum La Chaumière** in der Rue de l'Amiral-Guépratte Nr. 5 und die aus dem 17. Jh. stammende **Eglise St-Raymond-Nonna** zu nennen. Das Museum La Chaumière (Tel. 02.98.70.13.20) zeigt hauptsächlich bretonische Möbel und Haushaltsgeräte aus dem 17., 18. und 19. Jh. Es ist zwischen dem 1.6. und 30.9. tägl. 10–12 Uhr und 15–18 Uhr geöffnet. Eintritt: 3/2 €.

Aquarium: Aquashow, Riesenrochen, Haie, Atlantikfische, Taucher im Großfischbecken – ein grandioses Unterwasserschauspiel besonders für Familien mit Kindern. 12/9 €, Tel. 02.98.70.03.03, www.aquarium.fr.

Ein Ausflug ins nahe gelegene Pont Croix ist sehr zu empfehlen.

082br Foto: wk

Praktische Hinweise

Information

- **Office de Tourisme,** Place de la Liberté, 29770 Audierne, Tel. 02.98.70.12.20, Fax 02.98.70.20.20, www.audierne.info und www.audierne-tourisme.com.

Unterkunft

- Schlafen im Schloss: **Chateau de Locquéran**€€€, umgeben von einem 3 ha großen Schlosspark mit Blick auf den Hafen bietet das Schloss Ferienwohnungen und Zimmer mit fürstlichem Luxus. Tel. 02.98.75.05.00.
- **Hôtel/Restaurant Le Goyen**€€, Quai Pelletan, Tel. 02.98.70.08.88. Bestes Haus am Platz, unterhalb des Hafens am Fluss, 29 luxuriös eingerichtete Zimmer, Restaurant der bretonischen Spitzenklasse, ganzjährig geöffnet.
- **Hôtel/Restaurant Au Roi Gradlon**€€, Plage d'Audierne, Tel. 02.98.70.04.51. Gutes Mittelklassehotel direkt am Strand in Richtung Ste-Evette. 19 Zimmer (etwa die Hälfte mit Meerblick) mit zum Teil traditioneller, zum Teil moderner Einrichtung. Ganzjährig geöffnet.
- **Hôtel/Restaurant Le Cabestan**€ im Vorort Esquibien, Tel. 02.98.70.08.82, ca. 2 km westlich vom Zentrum. Ein Mittelklassehaus für Leute, denen Strandnähe nicht so wichtig ist, dafür aber ein günstiges Preis-Leistungsverhältnis. 17 ordentliche Zimmer, ganzjährig geöffnet.
- **Hôtel/Restaurant L'Horizon**€, Rue J.J. Rousseau 40, Tel. 02.98.70.09.91. Größtes und preiswertestes Haus von Audierne nahe der Straße nach Ste-Evette. 50 z.T. einfach eingerichtete Zimmer. Geöffnet 15.3.–30.11.
- **Camping Le Moténo,** Plouhinec, Tel. 02.97. 36.76.63. Ca. 4 km östlich von Audierne, unweit des Plage de Kersiny, sehr schöner, ruhig gelegener Platz der Oberklasse mit 230 Stellplätzen zwischen viel Grün. Sehr gute Sanitärausstattung, dazu Schwimmbad, Wohnwagenverleih, Restaurant und Fahrradverleih, geöffnet von Ostern bis zum 15. Oktober.
- **Camping La Corniche,** Plozévet, Tel. 02.98.91.33.94. Sehr empfehlenswerter Platz, allerdings ca. 10 km südöstlich von Audierne (D 784) beim Dorf Plozévet, 80 mit Büschen begrenzte Stellplätze, ca. 1 km zum Strand, ähnliches Komfort-Angebot wie Le Moténo, geöffnet vom 1.5.–30.9.

Die Campingplätze in Strandnähe von Audierne sind allesamt einfacher ausgestattet und weniger schön gelegen als die der südöstlichen oder nördlichen Umgebung. Am empfehlenswertesten sind:

- **Camping Kerhuon,** Ste-Evette, Tel. 02.98.70.10.91. Kleiner einfacher Platz mit 50 Stellplätzen zum Teil zwischen Hecken, 500 m zum Strand, geöffnet vom 15.6.–15.9.
- **Camping Municipal de Kersiny,** Plouhinec-Kersiny, Tel. 02.98.70.87.33. Am Strand von Kersiny, ca. 2 km südöstlich der Goyen-Mündung, Mittelklasseplatz mit 100 Stellplätzen und ordentlicher Sanitärausstattung, geöffnet 1.6.–15.9.

Essen und Trinken

- **Restaurant „Le Jules Verne",** Rue Amiral Guépratte, direkt am Hafen, Tel. 02.98.70.05. 70. Gute Meeresfrüchteküche, schöner abendlicher Blick auf den Hafen, mit Dachterasse, Menü ab 12 €.
- **Le Bar Breton,** am Hafen, Tel. 02.98.70.10. 95. Einfaches, preiswertes Restaurant mit Bar. Wenn Sie kein fantasievolles Menü wünschen, sondern preiswert satt werden wollen, verlangen Sie das „Menue ouvrier" zu 8 €.
- **Crêperie de la Plage,** am Hauptstrand, Tel. 02.98.70.19.88. Neben Crêpes gibt es Salate und eine gute Eisauswahl.

Sonstiges

- **Surfen/Segeln:** *Centre Nautique Cap Sizun,* Plage de Ste-Evette, Tel. 02.98. 70.21.69. Die Segelschule bietet Ausbildung für Kinder ab 7 Jahre auf Optimisten und Mini-Surfboards und für ältere Interessenten auf Surfboards, Jollen und Sportkatamaranen. Ebenfalls Verleih von Surfboards und Jollen.
- **Angelfahrten mit Nervenkitzel:** Im Haupthafen laufen täglich ein Dutzend hochmotorisierter Fischerboote zur „Pêche au Bar" aus, dem Hochseeangeln auf Wolfsbarsch. In der wilden Strömung vor der Pointe du Raz wird von kleinen, aber PS-starken Booten der begehrte Wolfsbarsch geangelt. Infos beim Office de Tourisme. www.audierne-tourisme.com.
- Am Ostufer des Goyen Flusses im Fischerhafen Poulgoazec werden im Juli und August kostenlose **Führungen durch die Fischhallen** angeboten; Treffpunkt Montags und Donnerstags am Abri du Marin um 14 Uhr am Hafen.

- **Tauchen:** Das Cap Sizun ist ein sehr interessantes Tauchrevier (Untiefen, Wracks), zum Teil allerdings mit starken Strömungen. Les Plongeurs du Cap, Ste-Evette, Tel. 02.98.70.24.10. Anfängerausbildung und Ausfahrten für ausgebildete Taucher mit dem Kutter Le Bass Loc'h für 20 Taucher am nahen Hafen von Esquibien.
- **Strandanimation für Kinder:** *Les Dauphins,* Plage de Ste-Evette, Tel. 02.98.70.12.20.
- **Tennis:** 4 Plätze in Strandnähe bei Ste-Evette, M. Le Cras, Tel. 02.98.70.05.50.
- **Reiten:** In Plogoff, *Centre Equestre de Feunteun Aod,* Tel. 02.98.70.67.40. In Plouhinec, *Centre Equestre de Lambabu,* Tel. 02.98.70.76.00.
- **Fahrradverleih:** *Garage Bosser,* Rue du 14 Juillet, Tel. 02.98.70.10.52.
- **Discothek:** *La Casba,* am Strand in Richtung Ste-Evette.
- **Markt:** Samstags und mittwochs auf dem Place de la Liberté und dem Place de la République.

Anreise/Weiterreise

- **Bootsausflüge:** Die beiden Reedereien *Penn Ar Bed* und *Vedettes Biniou* verkehren ganzjährig zwischen Audierne/Ste-Evette und der Ile de Sein. Die „Enez Sun" von *Penn Ar Bed* ist das größere Schiff (250 Passagiere) und dementsprechend bei schlechtem Wetter zu bevorzugen. *Penn Ar Bed,* Tel. 02.98.70.70.70. Täglich mindestens eine Fahrt, zwischen 8.7. und 6.9. täglich 3 Fahrten. Fahrtdauer 1 Stunde. Preise für die Hin- und Rückfahrt 22 €, Kinder (4–10 J.) 10 €. Tickets und Auskünfte im Fährbüro am Kai in Ste-Evette.

  Vedettes Biniou, Tel. 02.98.70.21.15 oder 02.98.70.13.78, tägliche Fahrten zur Ile de Sein 23.5.- 7.7. 1 x täglich, 8.7.–28.8. 3 x täglich, 29.8.–31.8. 2 x täglich und 1.9–20.9. 1 x täglich. Die Schiffe der *Vedettes Biniou* sind nur halb so groß wie die „Enez Sun" von *Penn Ar Bed.* Entsprechend direkter ist das Erlebnis auf dem Wasser, vor allem bei viel Wind. Fahrpreise, Hin- u. Rückfahrt, 21 €, Kinder/4–10 J. 9 €. Tickets u. Auskunft im Büro am Quai Pelletan o. in Ste-Evette am Kai.
- **Mit dem Bus:** Tägliche Verbindung nach Quimper über Plouhinec, Plozévet, Pouldreuzic mindestens 5 x täglich, sowie zur Pointe du Raz über Esquibien, Primelin und Plogoff mindestens 4 x täglich. Eine andere Linie fährt über Pont-Croix nach Douarnenez 4 x täglich. Die Haltestelle befindet sich am Ende des Hafens, Place de la Liberté.

Pont-Croix

↗ XIV/B3

Der Goyen, heute zwischen Audierne und Pont-Croix, 4 km flussabwärts, stark verlandet, war im Mittelalter unter Ausnutzung der Gezeiten auf diesem Abschnitt schiffbar. Pont-Croix konnte sich dadurch zu einem Handelszentrum entwickeln, dessen Bedeutung noch heute durch die imposante **Eglise Notre-Dame-de-Roscudon** zum Ausdruck kommt. Der im 13. Jh. erbauten Kirche wurde im 15. Jh. der 67 m hohe Turm hinzugefügt, der seinerseits im 19. Jh. als Vorlage für die Türme der Kathedrale von Quimper diente. Besonders schöne gotische Steinmetzarbeiten aus dem 15. Jh. sind über dem Portal an der Südseite zu bewundern.

Unweit der Kirche führt eine mittelalterliche, kopfsteingepflasterte Gasse, **La Grande Rue Chère,** recht steil in langen Stufen hinunter an den Goyen, wo ein schöner Uferweg bis nach Audierne führt. Auf halber Höhe der Grande Rue Chère befindet sich bergab rechts die empfehlenswerte, sehr rustikale **Crêperie de la Grande Rue Chère.**

Am ersten und dritten Donnerstag im Monat ist großer Markt.

- **Office de Tourisme,** in der Altstadt, nur im Sommer geöffnet, Tel. 02.98.70.40.38.

Ile de Sein

Mit der Fähre „Enez Sun", die den keltischen Namen der Insel trägt, dauert es eine gute Stunde, um von Audierne aus das sturmgeplagte Inselchen zu erreichen.

Zunächst geht es 15 km entlang der steilen Südküste der Sizun-Halbinsel bis zur Pointe du Raz. 8 km westlich dieses bei Fischern und Seglern gefürchteten französischen Kap Horns liegt das Inselchen Sein am Ende der Passage Raz de Sein. „Qui voit Sein, voit sa fin" (Wer Sein sieht, sieht sein Ende), hieß es Mitte des 19. Jh., als Leuchttürme und andere Hilfsmittel auf See noch nicht in ausreichender Zahl zur Verfügung standen. Zudem gehört dieses mit Felsen und Untiefen gespickte Seegebiet zu den Gewässern mit den **stärksten Strömungen** und der **größten Nebelhäufigkeit** Europas. Hunderte von Segelschiffen sind im Laufe der Jahrhunderte auf den Untiefen rund um die Insel gestrandet, sehr zur Freude der Sénans (so nennen sich die Inselbewohner), die die Ladungen und das Holz der Planken als Gabe des Himmels ansahen.

Der karge Flecken Land konnte die Bewohner noch nie ernähren. Die **Fischerei,** insbesondere der Hummer-, Langusten- und Taschenkrebsfang war und ist Lebensgrundlage der Sénans. Nicht ohne Grund wurde der **Hummer zum Wappentier** der Insel.

Auf der 2 km langen und nur 50 bis 500 m breiten Insel, die den Nordatlantikstürmen schutzlos ausgeliefert ist, besitzen **Sträucher und Bäume Seltenheitswert.** Nur in Nähe der Häuser gedeihen zwischen Natursteinmauern ein paar Kartoffel- und Gemüsepflanzen. Zum Windschutz wurden die Häuser des Dorfes so nahe aneinander gebaut, dass durch die **schmalen Gassen** gerade ein Fass gerollt werden konnte. Zumindest besagen dies die Annalen der Insel. Autos haben hier keine Chance.

Immer wieder mussten die Sénans ihr durchschnittlich nur 2 Meter hohes Stück Land vor **Sturmfluten** verteidigen. Allein in den letzten hundert Jahren wurde die Insel viermal während der Winterstürme vollständig überflutet, zuletzt 1924, als in einer Novembernacht zahlreiche Häuser zerstört wurden. Im Süden, nahe dem Leuchtturm, sind noch die Grundmauern der Häuser erkennbar, die einst ein Dorf bildeten. Damals flohen die Bewohner in den Kirchturm. Wer keinen Platz mehr darin fand, kletterte auf sein eigenes Dach. Und dennoch, wer hier geboren wurde, möchte hier auch alt werden. Jungen und Mädchen müssen nach der Grundschulzeit die Insel verlassen, um am Festland ihre Schulausbildung abzuschließen und einen Beruf zu erlernen.

Der Sommertourismus bringt einigen Familien ein Zubrot, das zusammen mit den Einkünften aus der Fischerei oder dem Gehalt des zur See fahrenden Mannes ein akzeptables Auskommen ermöglicht. Erleichtert wird das Leben der 400 Bewohner dadurch, dass schon seit 1670 nach einem Gesetz Colberts die **Einkünfte** der Inselbewohner **unversteuert** bleiben. Unversteuert blieben auch die „Gewinne" aus den **Wrackplünderungen,** die zwar schon seit dem 17. Jh. offiziell verboten, aber bis ins 19. Jh. nach dem ungeschriebenen „Gesetz des Meeres" *(la loi de la mer)* üblich waren. Unbewiesen bleibt die Behauptung, die Insulaner hätten bis ins 18. Jh. hinein nachts falsche Navigationsfeuer angezündet, um dem Schicksal der Schiffe nachzuhelfen. Bekannt ist aber, dass sie nach der Christianisierung durch Mönche der Abtei von Landévennec (im 17. Jh.) auch mit Hilfe des Gebetes versuchten, die Zahl gestrandeter Schiffe zu erhöhen.

Schiffbrüchige wurden in der Regel für den Preis der Schiffsladung auf der Insel versorgt und sicher aufs Festland gebracht. 1866 wurde hier eine Station der SNSM (Société Nationale de Sauvetage en Mer) mit einem unsinkbaren Ruderboot (seit 1931 motorisiert) eingerichtet. Seitdem versuchen die Männer von Sein, oft unter Einsatz ihres Lebens, in Not geratenen Seeleuten zu Hilfe zu kommen.

Der **Leuchtturm** der Insel wurde 1945 errichtet, nachdem der bisherige aus dem Jahre 1838 im Krieg zerstört worden war. Zusammen mit dem **Leuchtfeuer von Ar-Men** (westlich der Insel) erleichtert der 49 m hohe Turm die Navigation in der Chaussée de Sein, einem gefürchteten Felsen- und Untiefengebiet, das sich von Sein aus westlich noch ca. 20 km ins Meer hinauszieht.

Ein Fußweg führt vom Dorf zum Leuchtturm, vorbei an der Eglise Saint-Guénolé. Die schlichte Kirche wurde im 19. Jh. erbaut. Unmittelbar benachbart stehen die zwei **Menhire Les Causeurs** (die Schwätzer). Niemand kennt den Ursprung des Namens. Einen Beleg für die Besiedelung der Insel bzw. deren Nutzung zu Kultzwecken liefern archäologische Funde aus dem Neolithikum.

Besondere Bedeutung für die Inselbewohner kommt dem **Bischof Saint Guénolé** (5. Jh.) zu, denn nach einer Legende ist es ihm zu verdanken, dass die Insel heute frei von den Einflüssen des Teufels ist. Polizei und Richter sind somit arbeitslos. Die Sage berichtet, der Teufel traf eines Tages den hochangesehenen *Saint Guénolé* und frag-

141br Foto: wk

Der Leuchtturm von Ile de Sein

083br Foto: wk

te ihn, ob er als einflussreicher Christ den Bewohnern Seins das Leben nicht durch eine Brücke zur Pointe du Raz erleichtern könnte. Der Heilige nahm etwas Seewasser und blies es von seiner Hand über das Meer. Dank Petrus' Hilfe gefror das zerstäubte Wasser zu einer Brücke aus Eis, die bis zum Festland reichte. *Saint Guénolé,* gefolgt vom Teufel, unternahm sofort einen Test der Stabilität des Bauwerks. Des Teufels glühend heiße Füße brachten die Brücke zum Schmelzen, gerade in dem Moment, als der Höllenfürst mitten auf ihr stand. Er stürzte in die brodelnde See des Raz de Sein und flehte um Hilfe. *Saint Guénolé* gewährte diese Hilfe, stellte jedoch als Bedingung, der Teufel dürfe die Insel nie wieder betreten.

Unterkunft

- **Hôtel/Crêperie Les Trois Dauphins€,** Quai des Paimpolais, Tel. 02.98.70.92.09. Das gut geführte Hotel am Hafen hat 7 nette Zimmer, die in der Einrichtung an die Kabinen auf Passagierdampfern erinnern. Im Restaurant werden Crêpes, Salate und Meeresfrüchte serviert. Geöffnet von Ostern bis Pfingsten und während der Schulferien. Anmeldung ist ratsam.
- **Hotel-Restaurant d'Armen€-€€,** Route du Phare, (Fußweg an der Kirche vorbei), Tel. 02.98.70.90.77, neu eingerichtetes Mittelklassehotel mit 10 freundlichen Zimmern, gleichzeitig das beste Insellokal für Freunde von Fisch und Fruits de Mer.
- **Camping,** auf dem Gemeindegelände südlich des Dorfes, einfachste Bedingungen. Anmeldung in der Mairie, Tel. 02.98.70.90.35.

Essen und Trinken

- **Chez Brigitte,** Quai des Paimpolais 14, Tel. 02.98.70.91.83. Vom Speisesaal im 1. Stock gibt es einen herrlicher Blick bis zur Pointe du Raz. Spezialität: Hummerragout, aber 2 Tage vorher bestellen!
- **Hotel-Restaurant d'Armen,** Route du Phare, s. a. unter Hotels.
- **Le Cormoran Borgne**, Hafenkneipe (Bar-Tabac) direkt an der Frontseite, Quai des Français Libres 18, Tel. 02.98.70.93.05, Yvon und Mimi, die Wirte beweisen echte bretonische Gastfreundschaft.
- **Einkaufen:** *La Cambuse de l'Ile,* kleiner aber feiner Laden für alle Insel-Köstlichkeiten, gegenüber der Post.

Einsame Strände des Pays Bigouden

Bretonische Gastfreundschaft
im Le Cormoran Borgne

Anreise/Weiterreise

- Zwei Fährgesellschaften fahren regelmäßig zwischen der Insel und dem Festland. Der Anleger befindet sich in Sainte-Evette, etwa 3 km westlich von Audierne, nahe dem Strand Plage d'Audierne. Näheres siehe unter „Audierne, Anreise/Weiterreise."
- Anreise auch ab Camaret, Brest und Audierne mit PEN AR BED. Tel. 02.98.70.70.70., Preise 20/12 €.

Pays Bigouden

Zwischen dem längsten aller bretonischen Sandstrände an der Baie d'Audierne im Westen und dem Odet im Osten liegt südwestlich von Quimper das Pays Bigouden, dessen Name von den ungewöhnlich hochgezogenen **Festtagshaartrachten** (Coiffe-Bigoudène) übernommen wurde, die hier häufiger als anderswo auch heute noch stolz von vielen alten Frauen zum Kirchgang getragen werden.

Die stolze Fortsetzung bretonischer Traditionen kommt auch darin zum Ausdruck, dass es nirgendwo sonst in der Bretagne so viele ältere, aber auch jüngere Menschen gibt, die noch die keltisch verwurzelte **bretonische Sprache** sprechen. Im nahegelegenen Quimper gibt es Schulen (Lycées), wo das Abitur mit Bretonisch als zweiter Fremdsprache abgelegt wird.

Das Pays Bigouden gilt nach wie vor als einer der vom Sommertourismus am wenigsten beeinflussten Küstenabschnitte der Bretagne. Dies gilt sowohl für die sandige, **weitgehend unbebaute Westküste** als auch für den dichter besiedelten Süden.

084br Foto: wk

Entlang der ca. 20 km langen felsigen Südküste reihen sich die sechs nach der Fläche kleinen, aber wirtschaftlich sehr **aktiven Fischereihäfen** Saint-Guénolé, Kérity, Guilvinec, Léchiagat, Lesconil und Loctudy fast ohne erkennbare Grenzen in der Bebauung aneinander. **Fischerei** wird hier so groß geschrieben, dass für Segelyachten und andere Freizeitboote nur am Rande etwas Raum bleibt.

Die Ansteuerung von See her durch das Labyrinth von Klippen ist so schwierig, dass sich nur selten größere Segelboote hierher trauen. Im Gegensatz zu vielen anderen bretonischen Häfen wurden hier die Fischer nicht durch die expandierende Freizeitflotte mehr und mehr in ihrer Hafennutzung eingeschränkt. Im Gegenteil: Moderne Technik und gut durchorganisierte Hafen-Infrastrukturen ließen hier die traditionellen Fischerhäfen zu effektiven Umschlagplätzen für Fisch und Schalentiere wachsen.

Zwischen St-Guénolé und Loctudy wird jährlich mehr Frischfisch (ungefroren) angelandet als in irgendeinem anderen Hafen Europas. Allerdings schauen die etwa 2000 Fischer und Seeleute, die hier auf mehr als 600 Schiffen ihr Geld verdienen, eher pessimistisch in die Zukunft, denn durch Billigimporte aus dem Ausland verfallen die Preise auf den Auktionen (leider nicht in den Fischgeschäften!). Hinzu kommt, dass durch den Einsatz von immer perfekterer Fangtechnik die Bestände in den letzten Jahren **überfischt** wurden. Für die Fischer entsteht ein Teufelskreis: Wenn die Preise verfallen, muss versucht werden, mit einem neuen, größeren Boot, modernerer Fischortungselektronik und perfektioniertem Fanggeschirr mehr Fisch zu fangen. Doch für den Kauf muss der Fischer in der Regel Schulden machen. Die zusätzliche Zinsbelastung veranlasst ihn, mehr zu fischen, als es aufgrund der natürlichen Fortpflanzung der Fische vertretbar wäre. Also schrumpfen die Fischbestände weiter, was langfristig die **Existenz vieler Fischer bedroht.**

Während die größten Boote (über 12 m Länge) meist als Netzfänger (Chalutier) eingesetzt werden, stellen die kleineren den Meerestieren mit Körben, sogenannten *Casiers,* nach, um Taschenkrebse, Seespinnen, Krabben und (heutzutage seltener) Langusten oder Hummer zu fangen.

Im späten Mittelalter gab es für die Seefahrer des Pays Bigouden eine einträglichere Geldquelle als den Fischfang: Kerity, der kleine Hafen an der Pointe de Penmarc'h, hatte bis ins 16. Jh. hinein die Monopolrechte für den **Transport von Bordeaux- und Loire-Weinen** nach England und Holland. Mehr als 200 Handelsschiffe mit Heimathafen Kerity brachten der Stadt und ihrer Umgebung Reichtum, bis Ende des 16. Jh. mit den Religionskriegen der Handel fast vollständig zum Erliegen kam.

Während an der Südküste in der Fischerei und den angegliederten Hafenbetrieben das Geld verdient wird, hat an der Westküste zwischen Audierne und Pointe de Penmarc'h in letzter Zeit der **Sommertourismus** einige, wenngleich wenige Arbeitsplätze geschaffen.

Mit ca. 25 km Länge erstreckt sich im Westen der **längste Sandstrand der Bretagne.** Nur wenige kleine Küstendörfer wie Pors-Poulhan, Plozévet oder Penhors unterbrechen die natürliche Dünenlandschaft, und selbst im Sommer gibt es, abgesehen von der Umgebung der Campingplätze, noch einsame Strandabschnitte.

Ganz anders allerdings im Süden an der **Pointe de la Torche,** dem absoluten Top-Spot für **Funboardsurfer.** Vor der kleinen, aber wegen ihrer gewaltigen brechenden Seen bekannten Felsnase toben sich Funboard-Fans aus ganz Europa aus, denn nirgendwo lässt es sich besser springen oder vor der rollenden Welle Slalom fahren. Auch außerhalb der Saison, wenn es kälter wird, finden hier Meisterschaften statt.

Im flachen Hinterland wird **Landwirtschaft** betrieben, hauptsächlich Getreide- und Gemüseanbau. Winzige Dörfer, alle mit ihrer eigenen Kapelle, liegen verstreut zwischen den Feldern, ein **ideales Gebiet für Radtouren,** sofern man die Verbindungsstraßen zwischen Audierne, Pont-l'Abbé und den Häfen der Südküste meidet.

Sollten Sie in Ihrem Osterurlaub auf einer Tour westlich von Plomeur plötzlich meinen, Sie seien mitten in Holland, so ist der Eindruck nicht ganz falsch. Vor zwei Jahrzehnten kaufte ein holländischer **Tulpenzüchter** hier Ackerflächen auf und pflanzte Tulpenzwiebeln im großen Stil. Die Idee war für die Bretagne originell und wurde das große Geschäft. Seitdem ist das Pays Bigouden im Frühjahr westlich von Plomeur auf weiten Flächen nicht grün, sondern weiß, rosa oder gelb.

Pont-l'Abbé

↗ XVII/C2

Die kulturelle Hauptstadt des Pays Bigouden 18 km südöstlich von Quimper (D 785) trägt ihren **Namen nach einer Brücke** (frz. *pont),* die die Mönche der Abtei (frz. *abbaye)* von Loctudy hier im 8. Jh. über den Fluss bauten, ein Vorläufer der heutigen Brücke gegenüber vom Château am oberen Ende des Flusshafens. Die freundliche Kleinstadt besitzt **zahlreiche historische Gebäude,** die aus einer Zeit stammen, als Pont-l'Abbé noch politisches Zentrum des Süd-Finistère war (heute Quimper).

Im Juli findet jährlich 4 Tage lang das **Fête des Brodeuses** statt, ein typisch bretonisches Folklorefestival, bei dem nicht einfach alte Tänze mit verstaubten Kostümen getanzt werden, sondern generationsübergreifend mit viel Musik, Elan und Spaß ein gesunder Regionalstolz demonstriert wird.

Sehenswertes

Château und Musée Bigouden. Direkt am Flussufer nahe der Brücke, die der Stadt den Namen gab, bauten im 12. Jh. die Barone du Pont eine Festung, die im Laufe der Jahrhunderte häufiger den Besitzer wechselte. Nach den Religionskriegen in königliche Hand gefallen, wurde sie 1675 im Bauernaufstand der sog. „Bonnets Rouges" (Rotkappen) stark zerstört, und alle Archive wurden verbrannt. Während der französischen Revolution diente das Château als Gefängnis, bevor es zum Volksbesitz erklärt wurde. Während der Restaurierungen und Umbauten im 18. Jh. wurde an den aus dem 13. Jh. stammenden Wehrturm *(donjon)* der Gebäudeteil gesetzt, der seit 1836 vom Stadtrat zu Verwaltungszwecken genutzt wird, das heutige Hôtel de Ville.

Im mittelalterlichen Donjon befindet sich das **Musée Bigouden** (Tel. 02.98. 66.09.09). Im Erdgeschoss wird anhand alter Karten, Dokumente und Modelle die historische Entwicklung des Pays Bigouden und der Stadt Pont-l'Abbé dargestellt. Eine wuchtige Steintreppe führt in die erste Etage, wo altes Mobiliar, Geschirr, Handwerksgeräte und Ähnliches das Leben der Bauern und Handwerker veranschaulicht. Die zweite Etage ist ganz den Bigouden-Trachten gewidmet. Sämtliche Variationen der Coiffe-Bigoudène, der ungewöhnlich hochgezogenen, reich bestickten Spitzenhäubchen sind hier zusammen mit den dazugehörigen Kleidern ausgestellt. Unter dem Dach schließlich wird mit Schiffsmodellen, altem Bordwerkzeug und historischen Navigationsgeräten gezeigt, was Seefahrt bedeutete, als es noch keine Elektronik an Bord gab.

Geöffnet ist von Ostern bis zum 31. Mai 10–12/14–17 Uhr. Vom 1. Juni bis zum 30. September sind die Öffnungszeiten 9–12 Uhr und 14–18.30 Uhr. Eintritt: 2,50 € für Erwachsene und 1,50 € für Kinder. Außer am 2. Sonntag im Juli zum Fête des Brodeuses (Stickerinnenfest) bleibt das Museum an Sonn- und Feiertagen geschlossen.

L'Eglise de Lambour. Ca. 300 m nördlich des Flusshafens (2. Straße rechts nördlich der Brücke) liegt an der Rue de Lambour die interessante Kirchenruine. Ihr Turm wurde zusammen mit denen fünf weiterer Bigouden-Kirchen im Jahre 1675 auf Weisung von *Louis XIV.* zerstört als Antwort auf die Bauernrevolte, die als Révolte des Bonnets Rouges (Rotkappen-Revolte) oder auch Révolte du Papier Timbré (Stempelpapier-Revolte) in die bretonische Geschichte eingegangen ist. Die Kirche stammt aus dem frühen 16. Jh. und besitzt eine auch heute noch trotz allen Verfalls schöne Fassade im Flamboyant-Stil. Altäre und Statuen, die einst die Kirche zierten, sind größtenteils in die auf der anderen Hafenseite gelegene Kirche Notre-Dame-des-Carmes überführt worden.

Eglise Notre-Dame-des-Carmes. Auf die Bitte des Baron du Pont errichteten Karmeliter-Mönche im Jahre 1411 diese vor allem wegen der großen, kunstvoll gearbeiteten Rosette im Chor bekannte Kirche. Der Turm, 1603 aufgesetzt, fällt in seiner fast süddeutsch erscheinenden Form im Vergleich zu den sonst schmalen bretonischen Türmen aus dem Rahmen.

Praktische Hinweise

Information

- **Office de Tourisme,** 13, Rue du Château, 29120 Pont-l'Abbé, Tel. 02.98.82.37.99, Fax 02.98.66.10.82, www.ot-pontlabbe29.fr.

Unterkunft

•**Château de Kernuz**€€, Route de Plomeur (D 785), Tel. 02.98.87.01.59, Fax 02.98.66.02.36. In einem 15 ha großen Park liegt dieses kleine Château/Manoir, 1 km südlich der Stadt. Das Gebäude stammt aus dem 16. Jh. und beherbergt 18 sehr komfortabel eingerichtete Zimmer, die ab 53 € vermietet werden. Ein beheiztes Schwimmbad steht den Gästen zur Verfügung. Geöffnet ist vom 1. April bis zum 30. Oktober.

•**Hôtel/Restaurant de Bretagne**€€, Place de la République 24, Tel. 02.98.87.17.22, Fax 02.98.82.39.31. Ein gepflegtes Mittelklassehotel im Zentrum von Pont-l'Abbé. 20 ordentliche Zimmer. Menüs im Restaurant ab 19 €. Ganzjährig geöffnet.

•**Camping L'Ecureuil,** Route de Bénodet (D 44), Tel. 02.98.87.03.39. Zwar ca. 5 km vom Strand, aber dafür in ruhiger, waldreicher Lage, bietet das großzügig angelegte Areal 100 Stellplätze. Dazu Tennisplatz, Minigolf, Restaurant und Wohnwagenverleih. Geöffnet ist vom 15.6. bis 15.10.

Essen und Trinken

•**Restaurant de la Marine,** Quai St-Laurent 2, Tel. 02.98.87.02.17, nahe des Châteaus an der Brücke. Nettes traditionelles Lokal mit Fisch und Fleisch-Menüs ab 11 €. Montags geschlossen.

•**Crêperie Bigoudène,** Rue du Général-de-Gaulle 33, Tel. 02.98.87.20.41. Stadtbekannt gute, rustikal eingerichtete Crêperie, in der die traditionelle Buchweizencrêpe nicht von modernen Phantasiecrêpes verdrängt wurde.

Sonstiges

•**Fahrradverleih:** *Michel Le Loch,* Place de la République 28, Tel. 02.98.87.12.41; *Albin Scotet,* Rue Lamartine 3, Tel. 02.98.87.32.65.

•**Tauchen:** *Aqua-Club,* Tel. 02.98.82.10.67 oder 02.98.82.06.89 (nach 20 Uhr). Ausbildung und Ausfahrten für Fortgeschrittene.

•**Reiten:** *Club Hippique de Rosquerno,* Tel. 02.98.87.34.62.

•**Einkaufstipp:** *Broderie Le Minor,* Quai Saint-Laurent 5, Tel. 02.98.87.07.22. Hier können Sie geschmackvolle Mitbringsel, wie bretonische Webwaren und Stickereien, kaufen, die für die Region typisch sind.

•**Markttag:** Donnerstags am Place Gambetta und Place de la République.

Anreise/Weiterreise

•**Mit dem Bus:** Mind. 4 x tägl. nach Quimper und nach Loctudy. Die Haltestelle ist an der Südseite der Pont-Neuf (300 m westlich vom Château) und an der Rue Jules Ferry (Seitenstraße der Rue du Général-de-Gaulle).

Umgebung von Pont-l'Abbé

La Maison du Pays Bigouden (Ecomusée)

Die Außenstelle des Musée Bigouden befindet sich an der D 2 in Richtung Loctudy, ca. 3 km südöstlich von Pont-l'Abbé, im zum Museum umgebauten Bauernhof La Ferme de Kervazégan (Tel. 02.98.87.35.63). Das Leben der Bauern um die Wende vom 19. zum 20. Jahrhundert ist hier in authentischer Umgebung mit den dazugehörigen Möbeln und Geräten dokumentiert. Geöffnet ist vom 1.6. bis 30.9. 10–12 Uhr und 14.15–18 Uhr. An Sonn- und Feiertagen ist geschlossen außer in den Schulferien.

Musée de la Musique Mécanique

Das Privatmuseum für mechanische Musikwiedergabegeräte in Combrit-Botforn an der D 44, ca. 3 km nordöstlich von Pont-l'Abbé (Richtung Bénodet), zeigt eine Vielzahl voll funktionsfähiger, zum Teil sehr origineller Musikautomaten von der Spieluhr bis zur mechanischen Musik-Box. Die Führung in französisch, englisch oder deutsch dauert ca. 1 Stunde. Der Eintritt kostet für Erwachsene 5 € und für Kinder 2,50 €. Geöffnet ist vom 1. Mai bis zum 30. September täglich 14–19 Uhr. Vom 1. Oktober bis zum 30. April ist nur sonntags geöffnet. Tel. 02.98.56. 36.03.

La Maison de la Baie d'Audierne-Etang de St-Vio

Erst 1990 wurde in Tréguennec bei Plonéour-Lanvern (von Pont-l'Abbé über die D 2, D 156) dieses **Zentrum für biologische Öffentlichkeitsarbeit** gegründet. Während des Sommers werden von montags bis samstags Führungen durch die botanisch und ornithologisch interessante Umgebung unter sachkundiger Leitung angeboten (Kosten: 5 € pro Führung). Im Haus selbst werden Vorträge zu biologischen Themen gehalten, die die Fauna und Flora des Küstenstreifens entlang der Baie d'Audierne näher beschreiben. Ausstellungen und eine öffentliche Bibliothek ergänzen das Angebot. Anforderung des Sommerprogramms bei: Maison de la Baie d'Audierne, St-Vio, 29720 Tréguennec, Tel. 02.98.82.61.76

Tronoën ↗ XVI/B2

Der **älteste Calvaire der Bretagne** steht hier in einsamer unbebauter Landschaft am Südrand der Baie d'Audierne neben der 500 Jahre alten Kirche Notre-Dame de Tronoën. Zu erreichen von Pont-l'Abbé über Plomeur (D 785), weiter in Richtung Pointe de la Torche, dann nach 3 km rechts ab (beschildert).

Das genaue Erbauungsdatum ist nicht bekannt, aber es wird angenommen, dass der **Calvaire de Notre-Dame de Tronoën** zwischen 1450 und 1460 hier errichtet wurde, wenige Jahre nach Fertigstellung der kleinen Kirche, in deren Hof er steht. In zwei Ebenen sind etwa 100 Personendarstellungen, überwiegend als Relief aus dem quaderförmigen Granitklotz herausgearbeitet worden. Darüber trotzen die drei Kreuze von Golgatha auf granitenen Säulen den atlantischen Winterstürmen. Die Jesusfigur am mittleren Kreuz wurde wohl aus härterem Granit geschlagen als die Basisfigur, denn die anderen, vor allem auf der Süd- und Westseite der Hauptwindrichtung ausgesetzten Darstellungen haben in fünf Jahrhunderten stärker unter den Witterungseinflüssen gelitten. Feinere Details wie Gesichter und Hände sind hier nicht mehr zu erkennen, doch genau dies verleiht dem Calvaire eine ungewöhnliche Ausdruckskraft.

Auch ohne Erklärungen identifizierbare Szenen sind die auf der Ostseite dargestellte nackt im Bett liegende Maria mit Jesuskind und die Fußwaschung Jesu (der heutigen Straße zugewandt).

Die Bauweise der kleinen **Kirche Notre-Dame de Tronoën** ist insofern ungewöhnlich, als der Turm sich auf halber Gebäudelänge befindet und so zusammen mit den beiden rechts und links des Turmes angesetzten Portalen eine Quersymmetrie statt der sonst üblichen Längssymmetrie entsteht.

Saint-Guénolé

↗ XVI/B3

Der westlichste aller Bigouden-Häfen ist zugleich einer der aktivsten. Hinter den jüngst verlängerten Kaianlagen wurde eine moderne Fischauktionshalle (Criée) mit angegliederten riesigen Gefrierhallen vor wenigen Jahren neu errichtet.

Sehenswertes

Les Rochers. Nördlich des Hafens zerschlägt sich die Dünung des Nordatlantiks in wilden Felsformationen mit furchterregenden Namen wie La Roche des Victimes (Fels der Opfer), Le Trou de l'Enfer (Höllenloch), Le Bénitier du Diable (Weihwasserkessel des Teufels). Bei Sturm fliegt die hier zerstäubende Gischt der Wellen bis in die Straßen des Zentrums. Nicht selten werden hier große Wolfsbarsche (frz. *bar)* und Meeräschen (frz. *mulet)* von Freizeitfischern geangelt. Ein Küstenweg führt nördlich zur ca. 2 km entfernten Pointe de la Torche und weitere 25 km am Strand entlang bis Audierne.

Pointe de la Torche. Die kleine Felshalbinsel (bret. Beg an Dorchenn, die Hügelspitze), eingerahmt von den beiden Sandstränden Plage de Pors-Carn und Plage de Tronoën, ist nicht nur bei Fun-Board-Surfern wegen der alljährlich dort stattfindenden Meisterschaften bekannt, sondern auch bei Archäologen, denn auf dem höchsten Punkt haben die neolithischen Vorfahren etwa 3000 v. Chr. zur Ehre ihrer verstorbenen Fürsten einen Tumulus mit heute frei zugänglichem Dolmen errichtet. Verstreut über das Pays Bigouden, wurden über 700 überwiegend einzeln stehende Menhire gefunden.

Eglise Saint-Guénolé. Sehenswert ist der aus dem 15. Jh. stammende Turm der Kirchenruine mit seiner Reliefdarstellung eines Handelsschiffs als Symbol des vom Mittelalter bis ins 16. Jh. durch Seehandel erwirtschafteten Reichtums der Region. Teile des Mauerwerks der alten Kirche wurden zum Bau einer kleinen Kapelle im Château de Kernuz westlich von Pont-l'Abbé benutzt. Die benachbarte neue Kirche stammt von 1954.

Musée de Préhistoire Finistérienne. Östlich der Rochers am Strand Pors-Carn, Tel. 02.98.58.60.35. Es ist nach dem Museum von Carnac wohl das zweitgrößte Museum für Vor- und Frühgeschichte der Bretagne. Neben zahlreichen Funden aus der Alt-, Mittel- und Jungsteinzeit sind auch einige Exponate aus gallischer Zeit bis hinein ins Mittelalter zu sehen. Außerhalb des Gebäudes sind einige Menhire, ein Dolmen sowie römische Stelen in neuer Umgebung aufgerichtet. Geöffnet ist vom 1.6. bis 15.9. täglich (außer dienstags) morgens 10–12 Uhr und 14–18 Uhr.

Anreise/Weiterreise

- Ein Bus fährt mindestens 4 x täglich über Penmarc'h und Plomeur nach Quimper.

Penmarc'h

↗ XVI/B3

Die Großgemeinde am gleichnamigen Kap (Pointe de Penmarc'h) ist vor allem wegen ihres starken, das gesamte Pays Bigouden überstrahlenden **Leuchtturmes Phare de Eckmühl** bekannt. Der 65 m hohe, ganz aus Granit gebaute Turm schickt zwischen Sonnenuntergang und Sonnenaufgang alle 5 Sekunden seinen weißen Strahl ca. 50 km weit über das Meer und das Land.

Der **ungewöhnliche deutsche Name** kam folgendermaßen zustande: Die 1892 in Paris verstorbene *Marquise de Blocvuerille,* Tochter des napoleonischen Generals **Davout,** vermachte dem französischen Staat das damalige Vermögen von 300.000 Francs unter der Bedingung, dass mit dem Geld ein Leuchtturm an einem gefährlichen Kap der französischen Küste gebaut werden sollte, benannt mit dem Namenstitel ihres Vaters. General *Davout* hatte im Jahre 1809 den napoleonischen Truppen in Bayern in der Schlacht von Eckmühl zum Sieg verholfen und war deshalb von *Bonaparte* zum *Prinzen von Eckmühl* ernannt worden. Im Jahre 1897 wurde der Leuchtturm eingeweiht und der viel zu schwache kleine Vorgänger, heute direkt neben der Marinefunkstation (Sémaphore), außer Dienst gestellt.

Wer sich die 307 Stufen zutraut, kann den Leuchtturm vom 1.4. bis 30.9. täglich 10.30–12.30 Uhr und 14–18 Uhr besichtigen. Vom 1.10. bis 31.3. ist der Leuchtturm geschlossen. Die Leuchtturmbesteigung kann mit einem Museumsbesuch, dem **Centre de Découverte Maritime,** kombiniert werden. 2000 Jahre bretonische Seefahrtsgeschichte werden eindrucksvoll dargestellt. Eintritt: nur Leuchtturm 3/1,50 €, Leuchtturm plus Museum 5/2,50 €, Tel. 02.98.58.61.17. Direkt unterhalb der Lampenetage gibt es in ca. 55 m Höhe einen Rundbalkon mit einer **fantastischen Aussicht** über das Meer und das Bigouden-Land.

Der im Osten erkennbare, heute wirtschaftlich bedeutungslose **Hafen Kérity** war bis ins 16. Jh. der wichtigste Warenumschlagsplatz im Pays Bigouden zwischen Land- und Seetransport. Von den Schäden in den Wirren der Religionskriege am Ende des 16. Jh. hatte sich die Region jahrhundertelang nicht erholen können. Und als in den 50er Jahren des 20. Jahrhunderts sich ein Aufschwung abzeichnete, wurden die Häfen von St-Guénolé, Le Guilvinec und Loctudy, in geschützterer Lage als Kérity, ausgebaut. Heute wird Kérity überwiegend von Freizeitfischern für kleine Boote genutzt. Außer dem vielbesuchten Leuchtturm bietet Penmarc'h noch zwei weitere lohnende Ausflugsziele.

Sehenswertes

Eglise Saint-Nonna. 1506 während der wirtschaftlichen Blütezeit im goti-

Eine Stange Granit: Phare de Eckmühl

schen Flamboyant-Stil erbaut, sollte ihr imposanter Bau den Reichtum des Ortes widerspiegeln. Beidseitig des Portals erinnern in Stein gemeißelte Darstellungen von Schiffen an den maritimen Ursprung des Reichtums. Geöffnet 10.30–12 und 14.30–17.30 Uhr.

Chapelle Notre-Dame-de-la-Joie. Die mehr als 500 Jahre alte Kapelle direkt am Meeresufer, ca. 600 m nördlich des Leuchtturmes, ist alljährlich am 15. August Ziel eines Pardon, das auf die Tradition zurückgeht, an diesem Ort als geretteter Schiffbrüchiger der Jungfrau Maria zu danken. Tatsächlich war die Pointe de Penmarc'h vor Errichtung des Phare de Eckmühl nach der Pointe du Raz das zweitgefürchtetste Kap der Westbretagne. Neben der Kapelle steht ein kleiner Calvaire, der stark unter den Winterstürmen gelitten hat.

Im sehr lebhaften **Fischereihafen** von Saint-Guénolé kann von montags bis freitags um 16 und 17 Uhr jeweils das Anlanden der Fische von den Küstenfischereifahrzeugen beobachtet werden, Eintritt 2,50 €. Sonntags bis donnerstag kommen um 20 Uhr die Hochseefischer herein, Eintritt 5 €. Karten im Office de Tourisme.

Für Freunde der bretonischen Geschichte, speziell der Megalithkultur, lohnt sich ein Besuch im Office de Tourisme von Plomeur, Place de l'Eglise, Tel. 02.98.82.09.05, auf dem Weg nach La Torche ca. 10 km nördlich von le Guilvinec, um eine Karte der wichtigsten Dolmen und Menhire der Gegend zu bekommen.

Praktische Hinweise

Information

- **Office de Tourisme,** B.P. Place du Maréchal Davout, B.P. 47, St Pierre, 29760 Penmarc'h, Tel. 02.98.58.81.44, Fax 02.98.58.86.62, www.penmarch.fr.

Unterkunft

- **Hôtel/Restaurant de la Mer€-€€,** Rue Francis-Péron 184, Tel. 02.98.58.62.22, Fax 02.98. 58.53.86. Ein traditionelles, sympathisches Hotel mit 15 Zimmern, zum Teil mit Meerblick. Vom 15.1. bis 28.2. ist das Hotel geschlossen.
- **Hôtel Le Sterenn€€,** Rue de la Joie, Tel. 02.98.58.60.36. Das nahe dem Phare de Eckmühl gelegene, gute Mittelklassehotel besitzt 16 ordentliche Zimmer. Geöffnet vom 5.4. bis 11.10.

Essen und Trinken

- **Restaurant Le Doris,** Quai Lamartine, in Kérity, Tel. 02.98.58.60.92. Ein einfaches, sympathisches Hafenlokal, das vor allem für Fruits de Mer empfohlen werden kann ab ca. 10 €. Vom Speisesaal in der 1. Etage hat man einen schönen Blick auf den Hafen von Kérity. Ganzjährig geöffnet.
- **Crêperie Men Lann Du,** Tel. 02.98. 82.01.06. An der Straße nach Plomeur (D 53/ D 785) liegt diese sowohl hinsichtlich der Qualität der Crêpes als auch der Atmosphäre herausragende Crêperie. Im reetgedeckten, traditionell bretonischen Haus werden hervorragende Crêpes serviert. In der Saison ist eine Reservierung sinnvoll. Der Weg lohnt sich! Ganzjährig geöffnet.

Sonstiges

- **Segeln:** *Cercle de Voile de Penmarc'h-Kérity,* Tel. 02.98.58.60.19. Ausbildung auf Fun-Boards, Optimisten, Jollen und Katamaranen. Dazu werden Touren auf traditionellen Holzbooten angeboten.
- **Surfen:** *Speed-Evasion,* La Torche, Tel. 02.98. 58.56.20. Ausbildung in Wellen- und Fun-Board-Surfen, auch Verleih von Boards und Mountainbikes. Originelles Extra: Strandsegelkurse auf heißen, dreirädrigen Segelflitzern.
- **Reiten:** *Centre Equestre de la Joie Kerzulan,* Tel. 02.98.58.79.60.
- **Tennis:** *Tennis-Club Stade Municipal,* Tel. 02.98.58.52.75, und im *Camping de la Plage,* Tel. 02.98.58.61.90.
- **Fahrradverleih:** *Speed-Evasion La Torche,* Tel. 02.98.58.56.20, und Total-Tankstelle in St-Guenolé, Rue de la Joie.
- **Fischereiartikel:** *Coopérative Maritime,* Terre Plein du Port, Tel. 02.98.58.66.24.
- **Markt:** Freitag am Place Auguste-Dupuy.

Anreise/Weiterreise

- **Mit dem Bus:** Viermal täglich fährt ein Bus nach St-Guénolé und in Gegenrichtung nach Le Guilvinec, Pleumeur und Quimper.

Le Guilvinec

↗ XVI/B3

Der sehr aktive Fischereihafen bildet zusammen mit den Werften, Konservenfabriken und Geschäften etwa seit der Wende vom 19. zum 20. Jahrhundert das neue **wirtschaftliche Zentrum des Pays Bigouden.** Gemessen an der angelandeten Frischfischtonnage liegt Le Guilvinec auf Platz 4 aller bretonischen Häfen. Hier gibt es zwar, abgesehen von ein paar einzeln stehenden Menhiren, keine kulturhistorischen Sehenswürdigkeiten, dafür aber **quirliges Hafenleben.** Ein Spaziergang entlang der Kaianlagen ist besonders am späten Nachmittag ein Erlebnis, wenn die Fischer ihren Fang einbringen. Neben Steinbutt, Seezunge, Conger, Makrele, Seehecht, Seelachs, Seeteufel und Wittling wird in Le Guilvinec in großer Menge die Tiefseegarnele (Langoustine) angelandet.

Die sehenswerte **Fischauktion** in der Criée findet jeweils montags bis freitags ab etwa 16.45 Uhr statt und kann für 5/3 € zusammen mit der hochinteressanten Fischereiaustellung HALIOTIKA, La Cité de la Mer, Tel. 02. 98.58.28.38, besucht werden.

Die **Freizeitschifffahrt** hat sich im südlichen Hafenteil vor dem Nachbar-

086br Foto: mk

ort Léchiagat ihre Liegeplätze gesichert. Ein Tipp für Fotografen: der kleine Schiffsfriedhof am östlichen Hafenrand von Léchiagat.

Zwischen den beiden Häfen Le Guilvinec und Kérity, 4 km weiter westlich, erstreckt sich ein schöner **Sandstrand,** der im August allerdings recht gut besucht ist. Wer mehr Einsamkeit sucht, sollte lieber an die Baie d'Audierne westlich von Plonéour-Lanvern fahren (D 57/D 156).

Im Fischerhafen von Le Guilvinec

Praktische Hinweise

Information

- **Office de Tourisme,** Rue de la Marine, 29730 Le Guilvinec, Tel. 02.98.58.81.44, Fax 02.98.58.86.62, www.penmarch.fr.

Unterkunft

- **Hôtel/Restaurant du Centre**€-€€, Rue du Général-de-Gaulle 16, Tel. 02.98.58.10.44. Ein gutes Mittelklassehaus mit geschmackvoller Einrichtung, 17 freundlich helle Zimmer. Im Restaurant gibt es überwiegend Fischgerichte.
- **Hôtel/Restaurant du Port**€€, Avenue du Port 53, Tel. 02.98.58.10.10. Das empfehlenswerte Mittelklassehotel befindet sich auf der Südseite des Hafens im Nachbarort Léchiagat. 40 komfortable Zimmer. Im Restaurant liegt der Schwerpunkt der angebotenen Speisen auf Fisch und Fruits de Mer (ab 15 €). Geöffnet vom 7.1. bis 30.12.

Im Ortsteil Treffiagat gibt es eine einfache, aber sehr nette und preiswerte Unterkunft:

- **Camping Municipal Toular Ster,** Tel. 02.98.58.86.88 oder 02.98.58.60.19, 200 zwar schattenlose, aber direkt am Meer liegende, große Stellplätze. Großzügige Anlage mit dem üblichen Komfort. Preiswert! Geöffnet Juni–September.
- **Camping Le Grand Bleu,** Plage du Ster, Tel. 02.98.58.53.73, nur 30 m vom Strand entfernt, sehr gut ausgestatteter Platz mit 300 Stellplätzen und guten Sanitäreinrichtungen bei akzeptablen Preisen. Geöffnet Juni–September.

Essen und Trinken

Neben den beiden oben genannten Hotels mit sehr guten Fisch-Restaurants sind ferner empfehlenswert:

- **La Rose du Vent,** Rue du 8. Mai, Tel. 02.98.58.10.56, im Ortsteil Treffiagat, ca. 1 km nordöstlich des Hafens. Wohlschmeckende Menüs ab ca. 10 €, außer Samstag ist das Lokal abends geschlossen.
- Crêperie-Saladerie **AR VAG,** Rustikale Atmosphäre, einfache, preiswerte Speisen, am Ostrand des Hafens in der 2. Parallelstraße, Rue Jean Baudry 17, Tel. 02.98.58. 15.48.

Sonstiges

- **Angelfahrten:** Morgens um 7 Uhr und abends um 19 Uhr fährt die „Yannick" zum Freizeitangeln aufs Meer. Anmeldung im Hôtel du Port, Léchiagat, Tel. 02.98.58.10.10, Fahrpreis 25 €. Nachmittags wird um 14 Uhr und um 16 Uhr eine Spazierfahrt für 12 € angeboten.
- **Segeln:** *Centre Nautique de Léchiagat,* Tel. 02.98.80.08.84 oder 98.58.21.58. Wahlweise mit oder ohne Unterkunft können Segelkurse auf Optimist, Jolle, Katamaran oder Surfboard belegt werden. Ebenfalls angeboten werden einwöchige Ausbildungstörns auf 9–10 m großen Yachten nach Groix und Belle-Ile.
- **Tauchen:** *Bigouden Raniket Ar Mor,* Tel. 02.98.58.04.91.
- **Tennis:** *Stade Municipal,* Tel. 02.98.38. 95.20; *Camping de la Plage,* Tel. 02.98.58.61.90.
- **Fischereifahrten:** Ein echtes Highlight ist die Möglichkeit, auf einem professionellen Fischtrawler einen oder zwei Tage mitzufahren, maximal 2 Personen gleichzeitig! Im Office de Tourisme gibt es Karten für die Teilnahme an diesen Fahrten.
- **Fischereiausrüstung:** *Coopérative Maritime,* Terre-Plein du Port, Tel. 02.98.58.87.56.
- **Fahrradverleih:** *M. Peuziat,* Rue de la Paix, Tel. 02.98.58.20.17.
- **Markt:** Dienstags in der Ortsmitte. Im Juli und August auch am Sonntagmorgen.
- **Fischverkauf:** *Le Dundee,* Rue de la Marine, und *La Marée du Jour,* Rue Jacques de Thézac 1.
- **Einkaufstipp:** In der *Conserverie artisanale Guil-Marée* am Fischereihafen werden direkt an Endverbraucher Fischsuppen, Fischpasteten und Hummersuppen als Konserve verkauft. Geöffnet vom 15.6. bis 15.9.

Anreise/Weiterreise

- Eine Buslinie verbindet Le Guilvinec mindestens 4x täglich mit Penmarc'h-St-Guénolé sowie mit Pleumeur-Quimper.

Lesconil

↗ XVII/C3

Ca. 4 km östlich von Guilvinec-Léchiagat liegt an einer kleinen Flussmündung der von West nach Ost gesehen fünfte Bigouden-Hafen Lesconil, ein selbst im Sommer eher **ruhiger, niedlicher Hafen** für einige Küstenfischer und ein Dutzend Segler. Nur wenn gegen 17 Uhr der Fang der Boote zum Verkauf in die Criée gebracht wird, kommt mehr Leben auf.

Der Ort selbst besteht aus ein paar hundert weißgetünchten **typischen Finistère-Häusern,** vier traditionellen Hotels mit Restaurant und ein paar Läden. In unmittelbarer Nachbarschaft liegen einige **schöne Sandstrände,** die zusammen mit den nahe gelegenen, **gut ausgestatteten Camping-**

plätzen Lesconil zu einem interessanten Ort für Leute machen, die keinen Urlaubsrummel, sondern entspannte Atmosphäre suchen, um von hier aus das Pays Bigouden kennen zu lernen.

Praktische Hinweise

Information

- **Office de Tourisme,** Place de la Résistance, 29740 Plobannalec-Lesconil, Tel. 02.98.87.86.99, Fax 02.98.82.21.14.

Unterkunft/ Essen und Trinken

- **Hôtel/Restaurant de la Plage€€,** Rue Joliot Curie, Tel. 02.98.87.80.05. Gutes Mittelklassehotel mit 28 Zimmern. Fisch-Restaurant mit Menüs ab ca. 13,70 €. Der Wirt vermittelt Angelfahrten mit den Motorbooten „Yannick" und „La Torche", die in der Saison zweimal täglich zum Fischfang ab Le Guilvinec oder Lesconil auslaufen (Preis ca. 21 €). Geöffnet vom 25.4. bis 30.9.
- **Hôtel/Restaurant du Port€,** Rue du Port 2–4, Tel. 02.98.87.81.07. Einfaches, aber ordentliches Haus direkt am Hafen mit 26 Zimmern. Geöffnet ist vom 1.5. bis 30.9.
- **Camping Les Dunes,** schöne Lage, in direkter Strandnähe, gute Ausstattung und vor allem sehr nette Betreuung durch die Platzverwaltung. Rue Paul Langevin 67, Tel. 02.98.87.81.78.
- **Camping de la Grande Plage,** Rue Paul Langevin 23, Tel. 02.98.87.83.64. Ebenfalls sehr großzügig gestaltete Anlage mit 80 Stellplätzen zwischen Hecken und Bäumen, zwar ohne Schwimmbad, dafür aber in Strandnähe (200 m). Sehr gute Sanitäranlagen, dazu Restaurant, Lebensmittelladen, Waschmaschinen u.a. Geöffnet 20.3.–30.9.

Anreise/Weiterreise

- **Mit dem Bus:** Es besteht eine regelmäßige Busverbindung nach Quimper über Loctudy-Pont-l'Abbé, 4 x täglich.

Loctudy

↗ XVII/C2

Der östlichste der Bigouden-Fischereihäfen liegt am Südufer der Mündung des Rivière de Pont-l'Abbé gegenüber der Halbinsel Ile-Tudy. Der Name geht auf den später heiliggesprochenen irischen Mönch **Saint Tudy** zurück, der im 6. Jh. im Rahmen der Christianisierung der Bretagne hier, wie auch auf der Insel Groix, erste Gebetshäuser bauen ließ, die später zu Klöstern erweitert wurden.

Wegen der geschützten Lage wurde hier schon in gallischer Zeit ein **Hafen** angelegt. Die seit den 1950er Jahren stark expandierende Fischereiflotte hat vor ca. 15 Jahren einen neuen, erweiterten Hafen bekommen, inklusive der dazugehörigen Infrastruktur wie Werften, Kühlhäuser, Lagerhallen und Ausrüstungsläden. Direkt daneben wurde vor kurzem ein **Yachthafen** angelegt.

Im westlichen Teil des Ortes befindet sich die zu Anfang des 12. Jh. erbaute **Eglise Saint-Tudy.** Der klare romanische Stil der tragenden Säulen im Inneren der Kirche wird immer wieder bewundert. Interessant sind die symmetrischen Doppelschneckenmuster an den Kapitellen, die sich ganz ähnlich in den Bruststickereien der Bigouden-Trachten wiederfinden. Äußerlich wurde der Stil durch Umbauten im 15. und 18. Jh. stark verändert, insbesondere durch die neue Fassade von 1760 mit dem typisch bretonischen spitzen Glockenturm aus Granit.

Loctudy begann zu Ende des 19. Jahrhunderts, sich zu einem **Erholungsort der Bourgeoisie** von Quimper und Pont-l'Abbé zu entwickeln. Heute sind es eher Mittelstandsfamilien mit Kindern, die hierher nicht zuletzt wegen der **schönen Sandstrände** östlich des Ortes (Plage de Langoz) und 500 m gegenüber des Hafens auf der Halbinsel Ile-Tudy (Plage de l'Anse und Plage du Téven) kommen.

Information

- **Office de Tourisme,** Place de la Mairie, 29750 Loctudy, Tel. 02.98.87.53.78, Fax 02.98.87.57.07, www.loctudy.fr.

Unterkunft

- **Hotel de la Porte des Glénan,** Rue du Port 19, Tel. 02.98.87.40.21, einfaches Hotel der unteren Preisklasse mit 12 Zimmern.
- **Camping Les Mouettes,** Rue Penhador 6, Tel. 02.98.87.43.51. Schöner, durch Hecken unterteilter Platz in Strandnähe zwar ohne Freizeitangebote, aber dafür schön gelegen und mit guten sanitären Einrichtungen. 74 Stellplätze, geöffnet 15.6 bis 31.8.
- **Camping Kergall,** Plage de Langoz, Tel. 02.98.87.45.93. Der Platz mit 100 Einheiten liegt ebenfalls direkt am Meer, einfache, aber saubere Ausstattung. Geöffnet 15.3.–15.9.

Essen und Trinken

- **Restaurant Le Relais de Lodonnec,** Rue des Tulipes 3, Tel. 02.98.87.55.34. Maritim eingerichtetes Speiselokal am Plage de Lodonnec mit Schwerpunkt auf Fisch und Fruits de Mer, nicht billig, aber gut. Menü ab ca. 20 €, montags geschlossen.
- **Le Gwen Ha Du,** gutes Fischlokal und Bierkneipe an der Hauptstraße. Bretonisch einfach. Rue du Port 24, Tel. 02.98.87.95.20.
- **Crêperie La Chouannerie,** Rue S. Guizou 5 b, Tel. 02.98.87.49.52, ebenfalls empfehlenswert.

Sonstiges

- **Bootsausflüge:** Die Reederei *Vedettes de l'Odet* bietet ab Loctudy Fahrten zu den Glénan-Inseln und in den bei Bénodet mündenden Rivière de l'Odet.

  Zu den Glénan-Inseln fährt vom 16.6. bis 18.7. und 29.8. bis 14.9. jeweils mittwochs um 14 Uhr ein Boot. Tägliche Überfahrt in der Zeit vom 19.7. bis 28.8. um 10.15 und 14 Uhr. Die Fahrt dauert ca. 1,5 Stunden und kostet für die Hin- und Rückfahrt 29/15 €.

  In den Odet: April bis September täglich 9.15 oder 10 Uhr sowie 12 Uhr und 15 Uhr; vom 18.7. bis 31.8. sonntags 17.30 Uhr und von Dienstag bis Samstag um 14 und 17 Uhr. Die Hin- und Rückfahrt kostet 24 € für Erwachsene und 15 € für Kinder.
- **Segeln:** *Cercle Nautique de Loctudy,* Plage de Langoz, Tel. 02.98.87.42.84. Ausbildung auf Surfboard, Jolle und Katamaran. Verleih von Jollen und Surfbrettern.
- **Bootsverleih:** *Locamarine,* am Yachthafen, Tel. 02.98.87.95.95. Auskünfte dazu sind auch in der Capitainerie am Yachthafen erhältlich.
- **Fahrradverleih:** *M. Benkellate,* am Yachthafen, Tel. 02.98.87.42.00.
- **Fischereibedarf:** *Coopérative Maritime,* am Fischereihafen, neben den Kühlhallen.
- **Einkaufstipp:** Fisch, Austern und Schalentiere werden am Fischereihafen von Ouest-Océan und Pêcherie des Iles günstig verkauft. Riesige Auswahl.
- **Markt:** Dienstags auf dem Place des Anciens-Combattants.

Weiterreise

- **Fähre nach Ile-Tudy:** Eine kleine Personenfähre *(passeur)* fährt in der Saison stündlich ab Yachthafen von 9 Uhr bis 19 Uhr.

Umgebung von Loctudy

↗ XVII/C2

Château/Manoir de Kerazan

Östlich der Straße nach Pont-l'Abbé (D 2) liegt ca. 2 km außerhalb von Loctudy das Manoir de Kerazan, Residenz der Seigneurs de Kerazan, in einem **weitläufigen Park** mit vielen alten, hohen Bäumen. Von dem ursprünglichen Bau aus dem 16. Jh. existiert nur noch ein Seitenflügel. Die anderen Gebäudeteile stammen aus dem 18. Jh. Der Herrensitz beherbergt unter anderem eine **Gemäldesammlung** mit Werken bretonischer Maler aus dem 16. bis 20. Jh. sowie eine **Sammlung „Faïence de Quimper"** mit seltenen Stücken von *Alfred Beau*, dem Keramik-Meister, der den Quimper-Stil wesentlich geprägt hat.

Geöffnet von April bis Juni 14 bis 18 Uhr und Juli, August und September 10.30 bis 19 Uhr. Montags geschlossen. Eintritt: 6/3 €. Tel. 02.98.87.40.40.

Menhir de Penglaouic

Nicht irgendein Menhir, sondern einer, der die Absenkung des Festlandes der letzten drei Jahrtausende sehr deutlich vor Augen führt, befindet sich am Ufer des Rivière de Pont-l'Abbé et-

Strand bei Loctudy

087br Foto: mk

Côte de Cornouaille

wa auf der Mitte zwischen Loctudy und Pont-l'Abbé (D 2), zwischen Rosquerno und Queffen (von Loctudy aus rechts ab). Man könnte ihn als historischen Gezeitenmesser bezeichnen, denn je nach Tide schaut er mal mehr, mal weniger aus dem Wasser.

Ile-Tudy

↗ XVII/C2

Um zum 500 m entfernten Nachbarort Ile-Tudy zu gelangen, gibt es drei Möglichkeiten: Die erste heißt schwimmen, was aber angesichts der meist starken Strömung im Mündungsbereich des Rivière de Pont-l'Abbé nicht empfehlenswert ist. Die zweite wäre, mit dem Auto ca. 16 km um die binnenseeähnliche Wasserfläche zwischen Loctudy, Pont-l'Abbé und Ile-Tudy herumzufahren, was bei 500 m Luftlinie kaum sinnvoll sein kann. Also wählt man die dritte Möglichkeit: Vom Yachthafen Loctudy fährt während der Saison täglich im stündlichen Rhythmus eine kleine **Fußgängerfähre** *(passeur)* von morgens um 9 Uhr bis abends um 20 Uhr hinüber zu der kleinen Halbinsel, die dicht, aber hübsch bebaut ist.

Der wunderschöne **Plage du Téven** auf der Ostseite erstreckt sich 6 km lang bis an die Mündung des Odet bei Sainte-Marine gegenüber von Bénodet. Ile-Tudy ist auch hinsichtlich der Unterkunftsmöglichkeiten interessant.

Unterkunft

- **Hôtel/Restaurant des Dunes€€,** Avenue de Bretagne 9, Tel. 02.98.56.43.55. Traditionelles Haus mit 12 nett eingerichteten Zimmern. Geöffnet ist vom 1.6. bis 20.9.
- **Hotel Moderne/Restaurant Le Malamok,** direkt am Anleger der Fischer. Place de la Cale 9, Tel. 02.98.56.43.34. Zwar ist der Name fantasielos, dafür sind aber die Zimmer ohne Tadel, und vor allem das Essen im Malamok ist hervorragend.
- **Camping Pen Ar Pallud,** Avenue du Téven, Tel. 02.98.56.39.27. Ein sehr schön gelegener, großzügig gestalteter Platz mit 60 Einheiten nahe des Oststrandes Plage du Téven. Hervorragende sanitäre Einrichtungen (behindertengerecht), Schwimmbad, Restaurant und Wohnwagenverleih. Geöffnet vom 1.6. bis 15.9.; drei weitere einfache Plätze befinden sich ebenfalls auf der Halbinsel.

Sonstiges

- **Segelschule:** Außerdem gibt es eine sehr aktive Segelschule auf Ile-Tudy: *Centre Nautique de l'Ile-Tudy,* Rue des Mousses 1, Tel. 02.98.56.43.10. Von der Wassergewöhnung für 5- bis 7-jährige bis zur Regattaschulung auf Sportkatamaranen für Speed-Freaks wird fast alles geboten.
- **Fahrradverleih:** *Localoisirs,* Avenue des Sports, Tel. 02.98.56.43.54.

Quimper

↗ XVII/C1

15 Kilometer von der bretonischen Südküste entfernt liegt die ehemalige Verwaltungshauptstadt der Cornouaille. Der Name der Stadt stammt vom bretonischen *kemper,* Zusammenfluss, und weist auf die Lage am Zusammenfluss von Odet und Steir. Lange Zeit war die älteste Stadt der Bretagne auch der Sitz des Bischofs.

Der erste Bischof soll der Legende nach **Saint Corentin** gewesen sein (daher auch der ehemalige Name Quimper-Corentin), jener legendäre Heilige, der irgendwann zwischen dem 4. und 7. Jahrhundert über den

Kanal von Cornwall in die Region kam. Er soll sich sein Leben lang ausschließlich von einem einzigen Wunderfisch ernährt haben, den er jeweils tagsüber halb verspeiste und am nächsten Tag vollständig regeneriert vorfand - bereit zur nächsten Mahlzeit. König *Gradlon,* der sagenumwobene bretonische König, soll ihn, den er als Berater schätzte, als Bischof eingesetzt haben.

König Gradlon ist jener legendäre Erbauer von **Ys, der mystischen Stadt** in der Bucht von Douarnenez. Mächtige Wallanlagen schützten die Stadt vor den Fluten des Meeres. Eintritt durch die Schleusentore hatte nur der, der einen Schlüssel besaß, in diesem Fall nur *Gradlon* und seine Tochter. Die Bewohner von Ys gestalteten sich ihr Leben sehr angenehm und freizügig. *Dahut,* die Tochter *Gradlons,* tat sich durch besonders unmoralisches Leben hervor und scheute sich auch nicht vor einer Liaison mit dem Teufel. Der führte Böses im Schilde, erbat als Zeichen ihrer Liebe den Schlüssel zur Stadt von *Dahut* und öffnete gemeinsam mit ihr die Schleusen. Ys versank in den Fluten. *Gradlon* konnte sich auf einem Pferd retten. Zuerst trug das Pferd auch noch *Dahut,* war dann aber zu schwach, der Flut mit beiden zu entkommen. *Gradlon* folgte einer göttlichen Stimme, andere Quellen behaupten, es sei *Saint Corentins* Weisung gewesen, und ließ *Dahut* zurück. Anschließend gründete er dann Quimper mit *Corentin* als Bischof. Der Legende nach soll *Dahut* nun das Leben einer Nixe führen, die Glocken von Ys läuten und Lieder singen, nur um Seefahrer zu betören und Menschen ins Verderben zu locken. Aber Ys soll wieder auftauchen, allerdings erst, wenn das Gegenstück Par-Ys (Paris) untergeht!

Vom Odet durchzogen, liegt Quimper am Fuß des Mont Frugy malerisch im Tal. Zahlreiche **niedrige Brücken** bilden besonders im Sommer mit

088br Foto: mk

Kathedrale von Quimper

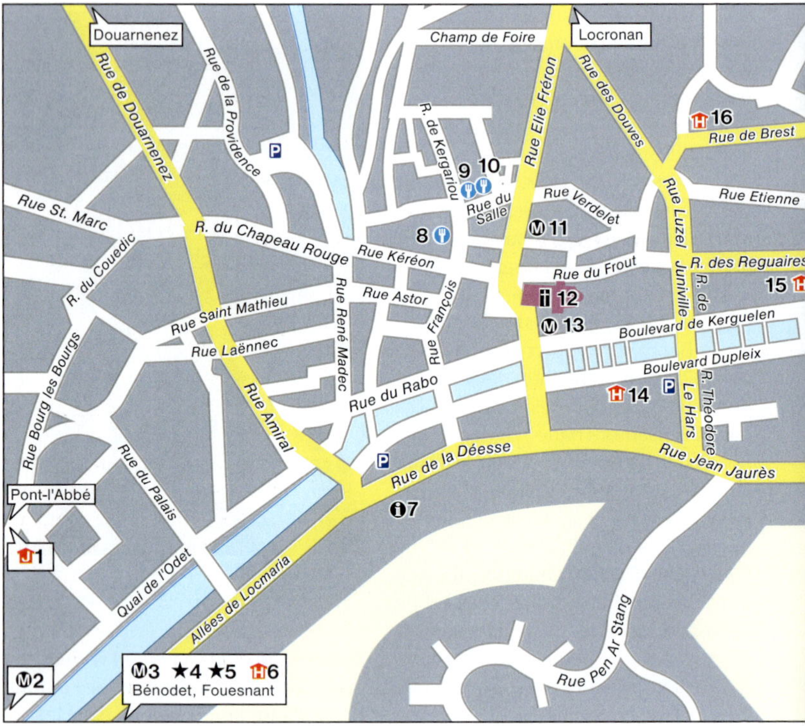

ihren Geranienkästen einen hübschen Blickfang.

So geschäftig sich die Stadt auch gibt, entsteht doch nicht die sonst häufig mit der alltäglichen Geschäftigkeit einhergehende Hast. In der **Altstadt** fehlt der Verkehr oder wurde auf so schmale Straßen verbannt, dass Rasen nicht möglich ist.

Auch heute noch zeigen sich im Bereich der Altstadt bauliche Zeugen der bretonischen Geschichte, allerdings renoviert und frisch bemalt.

Zum Ende des 17. Jh. entwickelte sich in der Stadt ein neuer Geschäftszweig: Die Herstellung von **Fayence-Tonwaren.** Die Produktion genießt heute immer noch bedeutenden Ruf.

In Quimper findet jährlich in der 3. und 4. Juliwoche das Festival de Cornouaille statt, mit keltischer Musik, Tanz, Theater, Folklore und Kunsthandwerk. In diesem Rahmen gibt es ein besonderes Spektakel: Le Gouren, Lutte Bretonne, keltischer Ringkampf in einer besonders archaischen Form,

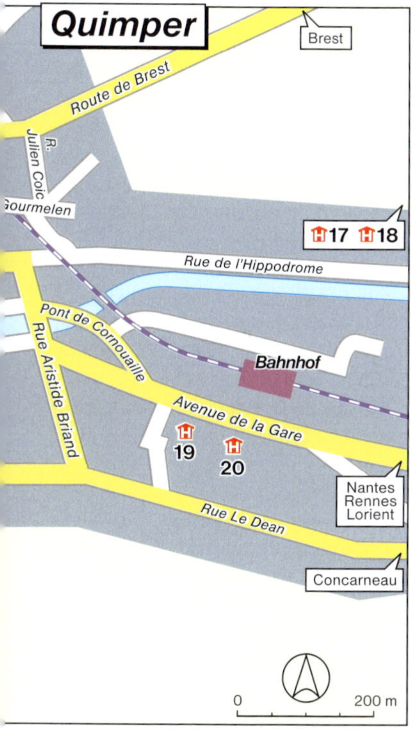

1 Jugendherberge
2 Musée de la Crêpe
3 Musée de la Faïence
4 Faïencewerkstatt HB Henriot
5 Faïencewerkstatt Kéraluc
6 Novotel
7 Office du Tourisme
8 Le Bistro à Lire
9 Le Cosy
10 Crêperie Rue du Sallé
11 Musée des Beaux-Arts
12 Kathedrale Saint-Corentin
13 Musée Breton
14 Hôtel le Dupleix
15 Hôtel La Tour d'Auvergne
16 Hôtel Gradlon
17 Hôtel Ibis
18 Hôtel Les Baladins
19 Hôtel Arcade
20 Hôtel Pascal

wie er schon bei Asterix und Obelix geschätzt war. Termine der Kämpfe über Tel. 02.98.85.40.48 oder beim Office de Tourisme.

Sehenswertes

La Cathédrale Saint-Corentin. Alles beherrschend und weithin sichtbar ragen die spitzen Türme der Kathedrale über Quimper empor. Der Bau begann bereits im Jahre 1240, konnte allerdings erst 1856 mit dem Errichten der Kirchturmspitzen endgültig abgeschlossen werden.

Granit ist das vorherrschende Baumaterial, das der Kirche aber kein wuchtiges Aussehen verleiht. 1424 wurde das Kirchenschiff, in der Achse abweichend vom bereits zuvor fertiggestellten Chor, erbaut. Warum *Bertrand de Rosmadec* diese geometrische Verschiebung vornahm, ist ungeklärt.

1840 musste das gesamte Gebäude restauriert werden. Monseigneur *Graveran* verlangte ab Mitte des 19. Jh. eine Gemeindeabgabe, den „sou de Saint-Corentin“. Mit Hilfe dieses Geldes konnte er den Bau feiner Steinspitzen zwischen 1854 und 1856 initiieren. Da der Zahn der Zeit auch an historischen Gebäuden nagt, sah sich der Bischof 1991 veranlasst, umfangreiche Renovierungsarbeiten in Auftrag zu geben. Die Kathedrale kann besichtigt werden (montags bis samstags 8.30–12 und 13.30–18.30 Uhr, sonntags 8.30–12 und 14–18 Uhr).

Im Inneren finden sich zahlreiche Heiligen-Statuen. Besonders interessant sind die Reliefdarstellungen des Lebens *Saint Corentins* an der Kanzel aus dem 17. Jh.

Eine **Reiterstatue** zwischen den beiden Türmen stellt **König Gradlon** dar. Damit ist Quimper einer der zwei Orte der Bretagne (neben Argol auf der Sizun-Halbinsel) mit einer Darstellung des Königs von Ys. Als älteste Zeugin der Gotik in der Bretagne erscheint die Kathedrale recht schmucklos.

Musée des Beaux Arts. Im Museum der schönen Künste werden bedeutende Werke aus der Zeit vom 16. bis zum 20. Jh. ausgestellt. Besondere Aufmerksamkeit ließ man den Künstlern der Schule von Pont-Aven zukommen, die mit etlichen Werken vertreten sind. Zwei Räume stehen unter dem Titel „Bretonische Malerei" und „Werke von Max Jacob". Neben Zeichnungen und Stichen sind hier auch Manuskripte und Gedichte von *M. Jacob* zu sehen. Zwischen den beiden Weltkriegen beeinflusste er zusammen mit *Cocteau* und *Picasso* die intellektuelle Szene Frankreichs, wurde später von den deutschen Besatzern verhaftet und schließlich 1944 im Konzentrationslager umgebracht.

Öffnungszeiten: Von Mai bis 15. Sept. täglich, außer dienstags, 10–12 Uhr und 14–19.30 Uhr, in der übrigen Zeit nur bis 18 Uhr. Place Saint-Corentin, Tel. 02.98.95.45.20, www.musee-beauxarts.quimper.fr. Eintritt 4,50/2,50 €.

Musée Départemental Breton. Das Volkskundemuseum des Finistère und der Cournouaille konzentriert sich auf die Darstellung der geschichtlichen Entwicklung der Region. Angefangen mit der gallo-römischen Zeit über Menhire und Riten bis hin in unsere Epoche, werden Exponate aus den Bereichen Archäologie, Trachten, Volkskunst und Mobiliar ausgestellt. Eine Sammlung ist eigens dem Thema Fayence gewidmet.

Öffnungszeiten: Von Juni bis September täglich 9–18 Uhr, sonst 9–12 und 14–17 Uhr, außer montags und feiertags. Eintritt ca. 3,80 €. Rue du Roi-Gradlon, Tel. 02.98.95.21.60.

Musée de la Faïence Jules Verlingue. Das Fayencemuseum im Stadtteil Locmaria stellt die Entwicklung und Herstellung von Fayencen dar. Diese Handwerkskunst stammt aus dem 17. Jh. aus Südfrankreich. Später entwickelte sie sich dann auch in Quimper, da u.a. Ton aus dem Odet zur Herstellung verwendet wird.

Öffnungszeiten: Von April bis 30. Oktober montags bis samstags 10–18 Uhr. Eintritt 4 €. Rue J.B. Bousquet 14, Locmaria, Tel. 02.98.90. 12.72.

Fayencewerkstätten. Die Fabriken HB Henriot und Keraluc können ebenfalls besichtigt werden. Alteingesessen ist HB (La Hubaudière-Bousquet). 1968 kam es zum Zusammenschluss mit *Henriot.* 1984 übernahm eine amerikanische Gesellschaft die Anlagen, investierte und verhalf der Fabrik erneut zu Popularität. Bereits 1946

Der König Gradlon in Quimper

hatte sich der damalige Geschäftsführer HB's von der Firma getrennt und seine eigene Werkstatt gegründet: *Kéraluc*. Auch sie ist noch heute am Markt vertreten, wenn auch in geringerem Maße. *HB Henriot,* Rue Haute, Locmaria, Tel. 0800-626-510; Öffnungszeiten ganztägig von montags bis freitags, Eintritt ca. 3,50 €. *Kéraluc,* Rue du Pt. Sadate 71, Créac'h Gwen, Tel. 02.98.53.04.50.

Die Altstadt. Wenig Verkehr, alte Häuser, geschnitzte Fassaden und Figuren zieren den Bereich zwischen der Kathedrale, den Ufern des Odet und des Steir und der Rue Kéréon. Hier locken auch etliche Geschäfte mit Antiquitäten, Mode, Nützlichem und Nippes zum Kauf.

Wer völlig erschöpft von Kultur und Konsum ein gemütliches Plätzchen sucht, dem sei der kleine **Place au Beurre** empfohlen. Hier befinden sich mehrere sehr gute Crêperien, die zum Besuch einladen. Der Name des Platzes stammt übrigens vom Verkauf der gesalzenen Butter, die hier aus großen Gefäßen mit Holzlöffeln geschöpft und gehandelt wurde.

Nur schwer lässt sich heute vorstellen, dass in der Rue des Boucheries, der **Metzgergasse,** früher das Blut geschlachteter Tiere im Rinnstein floss. Im Haus Nr. 14 kann man eine Spezialität der Stadt kaufen, die **Torchette.** Das Krokantgebäck mit Rosinen, Nüssen und Mandeln wird hier bei „Boule de Neige" hergestellt.

089br Foto: mk

Information

- **Office de Tourisme,** Place de la Resistance 7, 29000 Quimper, Tel. 02.98.53.04.05, Fax 02.98.53.31.33. Hier ist auch ein großer Parkplatz. www.quimper-tourisme.com.

Unterkunft

- **Hôtel Pascal**€, Avenue de la Gare 17, Tel. 02.98.90.00.81. Kleines, einfaches Hotel direkt am Bahnhof.
- **Hôtel Arcade**€€, Avenue de la Gare, 21 Bis, Tel. 02.98.90.31.71. Gut ausgestattetes Hotel mit 63 Zimmern. Die Zimmer sind weniger gemütlich eingerichtet. Ab 44 €.
- **La Tour d'Auvergne**€€, Rue des Reguaires 13, Tel. 02.98.95.08.70, Fax 02.98.95.17.31. 43 Zimmer besitzt das Mittelklassehotel, die allesamt recht gut und dem Preis angemessen eingerichtet sind.
- **Hôtel Gradlon**€€, Rue de Brest 30, Tel. 02.98.95.04.39, Fax 02.98.95.61.25, www.hotel-gradlon.com. Gemütlich bis altmodisch, so der Eindruck in diesem Mittelklassehotel, das recht komfortabel eingerichtete Zimmer besitzt. Im Sommer lädt der Garten zum Verweilen ein.
- **Le Dupleix**€€, Quai Dupleix, Tel. 02.98.90.53.35, Fax 02.98.52.05.31, www.hotel-dupleix.com. Gehobene Kategorie verraten schon der Eingangsbereich sowie die komplett eingerichteten Zimmer.
- **Novotel Quimper**€€€, Rue du Poher 2, Tel. 02.96.90.46.26, Fax 02.96.53.01.98, www.hotel-sofibra.com. Mit seinen Preisen liegt das Novotel im oberen Bereich der Skala, bietet dafür aber den bekannt guten Standard der Hotelkette, inklusive Pool.
- Außerhalb des Zentrums liegen noch das **Hôtel Les Baladin**€ (Route de Coray, Tel. 02.98.59.55.00) und das **Hôtel IBIS**€€ (Rue Gustave Eiffel, Tel. 02.98.90.53.80). Beide sind im Motelstil modern und sauber eingerichtete Übernachtungsanlagen.
- **Chateau de Guilguiffin**€€€, M. Philippe Davy, 29710 Landudec, Tel. 02.98.91.52.11, Fax 02.98.91.52.52. Sehr komfortables Schloss aus dem 18. Jh., das auch größeren Familien in seinen Suiten genügend Platz bietet. Anreise: von Quimper etwa 13 km in Richtung Audierne. Das Schloss liegt dann links.
- **Jugendherberge,** Avenue des Oiseaux 6, Tel. 02.98.55.41.67.
- **Camping Orangerie de Lanniron,** Tel. 02.98.90.62.02, Fax 02.98.52.15.56, www.lanniron.com. Auf dem Gelände des Schlosses aus dem 18. Jh. ist ein kompletter und sehr luxuriöser Campingplatz entstanden. Reservierung erforderlich.

Essen und Trinken

- Wie schon erwähnt, befinden sich am Place au Beurre drei Crêperien, die **Crêperie du Sallé,** die **Crêperie La Krampouzerie** und die beste, die **Crêperie de la Place au Beurre.**
- **Le Bistro à Lire,** Rue des Boucheries 18. Sehr gemütliches Bistro mit einem guten Preis-Leistungs-Verhältnis.
- **Le Cosy,** Rue du Sallé. Neben Crêpes, Galettes und Schnellgerichten gibt es hier sehr gute Tartes.

Sonstiges

- **Fayencen** können überall in der Stadt gekauft werden. Besonders groß ist die Auswahl im *Maison A. Breton La Civette,* Tel. 02.98.95.34.13, das links vom Portal der Kathedrale durch die mit Tellern geschmückte Fassade auffällt.
- **Ausflüge** in die Umgebung werden von verschiedenen Veranstaltern angeboten. Bustouren organisieren *Bretagne Voyages Sélectour,* Rue du Parc 20, Tel. 02.98.95.61.24; und *Tourisme Verney,* Boulevard de Kerguélen 5, Tel. 02.98.95.02.36. Mit den *Vedettes de l'Odet* geht's auf das Wasser des Odet. Auskunft beim Office de Tourisme, am Bootsanleger oder unter Tel. 02.98.57.00.58.
- **Stadtrundfahrten** werden mit dem Petit Train (40 Minuten) ab der Rue Kéréon durchgeführt (Tel. 02.98.53.00.16). Die Alternative bietet eine Kutschfahrt ab der Rue Saint-François (Tel. 02.98.55.72.43).
- **Parken:** Großparkplätze befinden sich an der Allées de Locmaria und der Rue de la Providence.
- **Feste:** Alljährlich Ende Juli findet in Quimper das farbenprächtige *Festival de Cornouaille* statt. Tanz, Spiele und Umzüge bilden den Rahmen dieses keltisch geprägten Volksfestes.

Wer sich für moderne bretonische Musik interessiert, sollte unbedingt auch ins Landesinnere nach **Carhaix** fahren, wo Mitte bis Ende Juli das *Festival des Vieilles Charrues* stattfindet, das „bretonische Woodstock", inzwischen das größte Kultur und Musikfestival der Bretagne mit betont innovativem Anspruch. Keine Vermarktung staubiger Tradition, sondern moderne bretonische Musik, aber auch viel World-Music und andere kulturelle Veranstaltungen, jährlich Mitte Juli. Infos unter: www.vieillescharrues.asso.fr.

- Mittwochs und samstags ist **Markt.**

Anreise/Weiterreise

- **Mit dem Flugzeug:** Etwa 7 km außerhalb der Stadt liegt der Flughafen Quimpers, von dem regelmäßig Flüge nach Paris und Brest starten.
- **Mit dem Zug:** Die Stadt liegt an der Hauptstrecke Brest – Nantes – Bordeaux. Daneben gibt es gute Verbindungen über Rennes nach Paris und über Vannes nach Redon.
- **Mit dem Bus:** Hervorragende Verbindungen bestehen in der Umgebung in Richtung Douarnenez, Pointe du Raz, Audierne, Pont-l'Abbé, Concarneau, Quimperlé, Châteaulin, Camaret und Brest. Zusätzlich gibt es über Rosporden und Châteaulin Anschlussmöglichkeiten ins Landesinnere.

Umgebung von Quimper

Site du Stangala

↗ XVII/D1

70 m hoch liegt dieser Aussichtspunkt über dem Odet, den man nach einem schönen halbstündigen Spaziergang vom Parkplatz aus erreicht. Im Hintergrund erscheint der kleine Ort Tréauzon. Ein eindrucksvolles Panorama.

- **Le Gouren,** ein besonderes bretonisches Spektakel: La Lutte Bretonne, keltischer Ringkampf in einer besonders archaischen Form, wie er schon bei Asterix und Obelix geschätzt war. Termine und Orte der Kämpfe über Tel. 02.98.85.40.48 oder beim Office de Tourisme, oft im Sommer in Gouesnac'h südlich von Quimper.

Calvaire St-Venec

↗ XV/D3

1556 wurde der Calvaire St-Venecs errichtet. Interessant ist der dreieckige Grundriss des Bauwerks.

Unterwegs besteht die Möglichkeit, beim **Calvaire de Quilinen** anzuhalten. Auch hier ist der dreieckige Grundriss des 1550 errichteten Calvaires bemerkenswert. Die beiden Schächer sind hier in ihrem Schmerz und mit von Jesus abgewendetem Gesicht dargestellt.

Combrit

Ca. 5 km westlich von Bénodet befindet sich in Combrit eine Töpferwerkstatt **„Ateliers de la Terre",** Tel. 02.98. 51.94.61, wo im Juli und August künstlerische Seminare angeboten werden.

Cidre und **Pommeau:** In Plomelin ca. 10 km südwestlich von Quimper liegt die Distillerie des Menhirs, wohl die beste Einkaufsquelle für guten Cidre und andere bretonische Rauschsäfte. Tel. 02.98.94.23.68.

Bénodet

↗ XVII/C2

Der schon um die Wende vom 19. zum 20. Jahrhundert **beliebte Badeort** liegt an der Mündung des Odet, des schönsten Flusses Frankreichs, wie die Bewohner von Bénodet behaupten. Künstler wie *Emile Zola, Marcel*

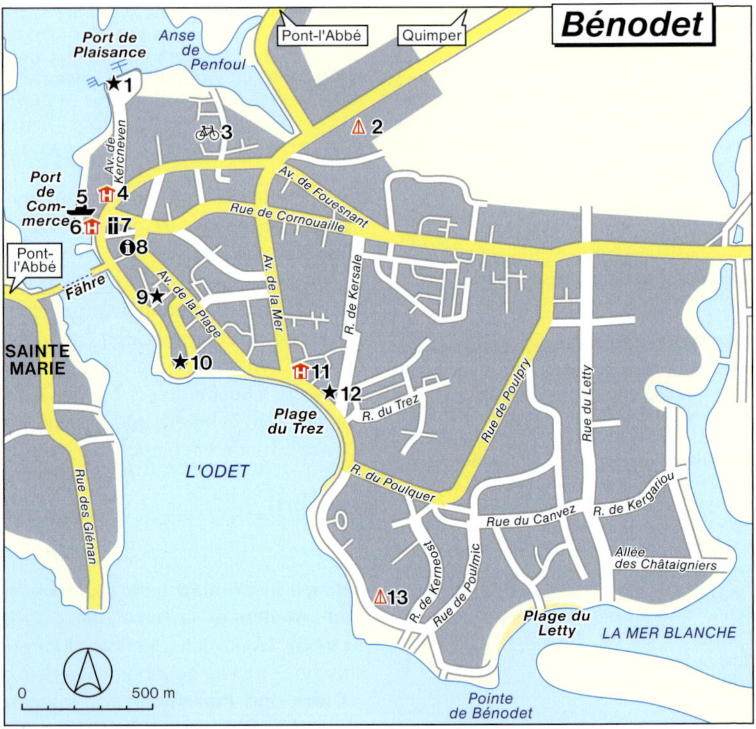

- ★ 1 Yachthafen
- ⚠ 2 Camping Port de Plaisance
- 🚲 3 Fahrradverleih
- H 4 Hôtel à l'Ancre de Marine
- ⛴ 5 Odet-Fähren und Ausflugsboote
- H 6 Hostellerie Abbatiale
- 7 Eglise St. Thomas
- i 8 Office du Tourisme
- ★ 9 Phare de la Pyramide (Leuchtturm)
- ★ 10 Fort du Coq
- H 11 Hôtel/Restaurant Kastel
- ★ 12 Casino
- ⚠ 13 Camping de la Pointe St.-Gilles

Proust und *Sarah Bernhardt* schwärmten von den Qualitäten des Seebades an der Grenze des Pays Bigouden zum Pays Fouesnantais, und zu Beginn des 20. Jh. wurde Bénodet zu einem Mode-Urlaubsort ersten Ranges. Das **mondäne Casino** am beliebten Strand Plage du Trez stammt aus dieser Zeit und betont den kulturellen Abstand zu den rauen Fischerhäfen im Pays Bigouden westlich der Odet-Mündung.

Die zum Teil **subtropische Vegetation** in den Gärten der Villen am Meer beweist, dass das Klima der Südbretagne östlich der Pointe de Penmarc'h deutlich milder ist als weiter im Nordwesten. Magnolien, Palmen, Mimosen und Agaven überstehen hier den Winter im Freien ohne größere Probleme.

Interessante Spazierwege führen nördlich der Stadt vorbei am Yachthafen Port de Penfoul in eine bei Niedrigwasser trockenfallende Bucht, in der verrottende Fischerboote aus Holz langsam wieder zu Natur werden. Südöstlich des Zentrums führt entlang der Küste die Corniche de la Plage zur **Pointe de Bénodet,** einem Felskap mit herrlichem Ausblick hinüber zu den Iles de Glénan, 18 km entfernt im Süden am Horizont. Im Westen sieht man von hier die Halbinsel Ile-Tudy an der Mündung des Rivière de Pont-l'Abbé und im Südosten hinter einer 4 km langen Landzunge, die die Lagune La Mer Blanche vom Ozean trennt, die Pointe de Mousterlin.

Sehenswert ist auch die im 13. Jh. erbaute und im 16. u. 19. Jh. vergrößerte **Eglise Saint-Thomas** unweit des Fähranlegers. Die Kirche wurde in Gedenken an den Erzbischof von Canterbury, *Thomas Becket,* errichtet, der im Jahre 1170 auf Anweisung des englischen Königs *Henry II.* ermordet wurde, weil er sich mit sozialem Engagement dem König entgegengesetzt hatte. Die im Inneren der Kirche befindliche Marienstatue Notre-Dame de Bénodet war bis ins 20. Jahrhundert hinein Zielpunkt eines Pardons, denn es hieß, dass die Statue Kopfkrankheiten heilen könne.

Für Aktivurlauber bietet Bénodet eine Vielzahl an Möglichkeiten. Im Vordergrund steht natürlich der **Wassersport:** Kanu- oder Kayakfahrten auf dem Odet, Surfen vor den kilometerlangen Stränden südöstlich in Richtung Beg-Meil oder auf der Lagune La Mer Blanche, Segeltörns zu den Iles de Glénan oder einfach Schwimmen am Strand vor dem Casino.

Wer sich für maritime Geschichte, insbesondere der Entwicklung des Yachtsports interessiert, sollte unbedingt das **Musée du Bord de Mer** in der Avenue de la Mer 29, Tel. 02.98. 57.00.14, besichtigen. Das neue Museum zeigt Exponate von der königlichen Yachtsegelei bis zum heutigen Hightech-Regattaboot. Nicht zuletzt ist die Yacht des 1998 ertrunkenen französischen Segelhelden *Eric Tabarly* dargestellt.

Geöffnet von Juni bis September täglich 10–13 Uhr und 14–18 Uhr. Eintritt 4/2 €.

Praktische Hinweise

Information

- **Office de Tourisme,** Avenue de la Mer und Place du Général-de-Gaulle, 29950 Bénodet, Tel. 02.98.57.00.14, Fax 02.98.57.23.00. www.benodet.fr

Unterkunft

Bénodet verfügt über ein breit gefächertes Angebot an Hotels und Campingplätzen der Ober- und Mittelklasse. Der gute Ruf des Ortes als Seebad mit Flair wirkt sich natürlich auf die Preise aus.

- **Hostellerie Abbatiale**€€**,** Avenue de l'Odet 4, Tel. 02.98.66.21.66, Fax 02.98.66.21.50. Luxuriöses Oberklassenhotel in Hafennähe. 61 Zimmer mit dem Preisniveau entsprechendem Komfort, zum Teil mit Blick auf den Odet, angegliedertem Spitzenrestaurant La Voile/l'Or und eigenen Tennisplätzen. Ganzjährig geöffnet.

•**Hôtel/Restaurant Kastel**€€€, Avenue de la Plage, Tel. 02.98.57.05.01, Fax 02.98.57. 29.99. Ebenfalls eines der besten Häuser am Platz, 200 m zum Strand, eigene Tennis- und Squash-Plätze, incl. Schwimmbad in parkähnlicher Umgebung zwischen hohen alten Pinien. 22 sehr großzügig ausgestattete Zimmer, zum Teil mit Balkon. Geöffnet ist von Ostern bis Ende Oktober. Das Hotel arbeitet mit dem 150 m entfernten **Hôtel Ker Moor** zusammen.

•**Hôtel Les Bains de Mer**€€, Rue des Kerguelen 11, Tel. 02.98.57.03.41, Fax 02.98.57. 11.07. Preiswertes Mittelklassehotel mit 32 Zimmern in der Ortsmitte mit schönem Kaminzimmer für Frühjahrs- oder Herbstreisende, Schwimmbad und nettem Service. Die Küche ist traditionell.

•**Hôtel à l'Ancre de Marine**€€, Avenue de l'Odet 5, Tel. 02.98.66.29.29, Fax 02.98.66. 29.20. Mittelklassehotel in interessanter Lage direkt am Hafen, 10 ansprechend eingerichtete Zimmer. Im Panorama-Restaurant mit Blick über Hafen und Fluss gibt es Menüs ab ca. 12,90 €, ganzjährig geöffnet.

•**Camping de la Pointe St-Gilles,** Rue Poulmic, Tel. 02.98.57.05.37, ca. 1 km südöstlich vom Zentrum in unmittelbarer Strandnähe, 486 parzellierte Plätze zwischen Hecken und Bäumen, sehr gute Sanitäranlagen, beheiztes Schwimmbad, geöffnet vom 27.4. bis 9.9.

•**Camping Port de Plaisance,** Prat Poullou, Tel. 02.98.57.02.38, nördlich des Ortszentrums am Yachthafen von Penfoul, betont ruhige Lage, aber kein Strand in unmittelbarer Nähe, auf 4 ha Fläche verteilen sich 240 Plätze, zum Teil von hohen Bäumen umgeben. Sanitäranlagen und Freizeitangebote auf höherem Niveau, Schwimmbad, Tennisplatz, Restaurant, Fahrradverleih, Wohnwagenverleih, geöffnet vom 15.5. bis 30.9.

•Drei **weitere Plätze** mit etwas kleinerem Angebot an Freizeitaktivitäten, aber gutem Sanitärstandard befinden sich südöstlich der Stadt am Meer.

Essen und Trinken

Neben den o.g. Restaurants in den Hotels kann besonders empfohlen werden:

•**Cidre-Tipp:** Der im Nachbarort Fouesnant gekelterte Cidre ist einer der besten der Bretagne. Man bekommt ihn in allen Lebensmittelläden der Gegend, auch in Bénodet.

Unter den 14 Crêperien von Bénodet sind besonders empfehlenswert:

•**La Boulange,** Rue de l'Eglise 11, Tel. 02.98. 57.17.71. Zwar dient der alte Backofen im Speiseraum nur noch dekorativen Zwecken, aber die gute bretonische Crêpes-Tradition wird hier auf hohem Niveau bei günstigen Preisen weitergeführt.

•**La Brocéliande,** Rue de l'Eglise 2, nahe der Kirche, netter Rahmen für einen Crêpes-Snack zwischendurch. Tel. 02.98.57.25.71.

•**Le Domino,** Ortszentrum. Sehr empfehlenswerte Crêperie/Pizzeria, Rue de Kerguélen. Tel. 02.98.57.24.71.

•**Chez Mimi,** Moulin du Pont in Pleuven, Tel. 02.98.54.62.02. Die in der Gegend wohlbekannte und gelobte Crêperie liegt leider außerhalb von Bénedot, aber der Weg lohnt sich. Ca. 5 km nach Nordwesten über Clohars-Fouesnant nach Pleuven, dort nah am Kreisverkehr. Hier wird die Kunst der Crêpes-Zubereitung auf höchstem Niveau zelebriert. Eine Reservierung ist im Sommer sinnvoll!

Sonstiges

•Die Rederei *Vedettes de l'Odet,* Avenue de l'Odet 2, Tel. 02.98.57.00.58, bietet **Fahrten zu den Glénan-Inseln** und auf dem Odet bis Quimper an. Preise: 28/14 €. Tickets gibt es am Anleger oder im Office de Tourisme.

•**Flussfahrt auf dem Odet:** Ebenfalls mit *Vedettes de l'Odet,* 16. bis 30.4. montags, mittwochs, donnerstags, freitags und sonntags, 1.5. bis 27.9. täglich. In Abhängigkeit von der Tide ist an manchen Tagen ein Landgang in Quimper möglich. Tickets ebenfalls am Anleger oder im Office de Tourisme. Preise: 21 € für Erwachsene, 13 € für Kinder.

•Falls Sie einen Bootsführerschein besitzen, (Sportbootführerschein-Binnen reicht) können Sie die Odet-Fahrt auch individuell mit einem **gecharterten Motorboot** organisieren. Schlauchboote, Motorboote und kleine Segelboote werden stunden-, tages- und wochenweise auf dem Odet verchartert, Tel. 02.98.51.98.79. Wichtig ist, die Gezeiten zu beachten, d.h. flussaufwärts mit der Flut, flussabwärts mit der Ebbe, denn der Odet fließt bei Springzeit an den Engstellen mit bis zu 10 km/h.

- **Segelschulen:** U.C.P.A. im Ortsteil Le Letty und am Plage du Treiz, Tel. 02.98.57.16.09. Ausbildung für Anfänger und Fortgeschrittene auf Surfboard, Jolle und Sportkatamaran zum Teil in der Lagune La Mer Blanche, zum Teil auf dem offenen Meer. Wahlweise mit Unterkunft und Verpflegung.
- **Kanu- und Kayakfahrten:** *Odet Kayak,* Tel. 02.98.53.19.99.
- **Tauchen:** *Centre International de Plongée* (C.I.P.) Les Glénans mit Basis auf den Iles de Glénans, Ile Saint-Nicolas, Tel. 02.98.97.21.19.
- **Tennis:** Tennis-Club-*Bénodétois* im Ortsteil Le Poulpry, Tel. 02.98.57.16.15.
- **Golf:** *Golf de l'Odet* im 4 km entfernten Clohars-Fouesnant, Tel. 02.98.54.87.88, 130 ha, 18 Löcher. Zur Anlage gehört das sehr moderne und komfortable Hotel-Restaurant Eurogreen, in dem auch Golf-Ausbildung angeboten wird. Tel. 02.98.82.84.86.
- **Reiten:** *Ecuries du Reden,* Route de Kernéost, Tel. 02.98.54.67.07.
- **Fahrradverleih:** *Cycletty,* Rue de Kerhos 20 und Rue Charcot, Tel. 02.98.57.18.32.
- **Casino:** Corniche de la Plage, Tel. 02.98. 66.27.27.
- **Töpferei „La Salamandre"** in Combrit zwischen Bénodet und Pont l'Abbé, neben stilvollen, z.T. maritim inspirierten Töpferwaren weden auch anspruchsvolle Tongestaltungskurse angeboten. Tel. 02.98.51.94.61.

Anreise/Weiterreise

- **Mit dem Bus:** Mindestens 8 x täglich Verbindung nach Quimper über Menez-St-Jean und Ty-Glas (D 34). Freitags fährt ein Bus zum Markt nach Concarneau. Haltestellen im Ortszentrum oberhalb der Kirche.
- **Fähren:** Zu den Iles de Glénan s. unter Sonstiges.
- **Markt:** Montags.

Umgebung von Bénodet

Flussfahrt auf dem Odet

Ob mit den Vedettes de l'Odet oder mit einem gemieteten Boot, auf jeden Fall ist die Fahrt auf dem Fluss ein Reiseerlebnis, das man sich nicht entgehen lassen sollte. Der Odet ist zwar bis Quimper bei Hochwasser schiffbar (abhängig vom Tiefgang des Schiffes, maximal 2 m) doch endet die Fahrt nach Norden meist ca. 3 km südlich von Quimper in der **Bucht von Kérogan,** wo der Odet in einer weiten Kurve einen seeähnlichen Charakter annimmt und bei Nippzeit (s. Kapitel Gezeiten) auch bei Hochwasser sehr flach wird.

Von Bénodet bis hierher sind es etwa 11 km, auf denen der Fluss zum Teil stark mäandrierend durch eine sehr hügelige, **waldreiche Landschaft** fließt. Laubbäume wachsen hinunter bis direkt an das felsige Ufer, und mancherorts stehen kleine Herrensitze (Manoirs), alte Mühlen, Ruinen von Kapellen, Märchenschlösser oder rustikale Granitvillen an **seichten Seitenbuchten.** Am eindrucksvollsten ist die Fahrt sicherlich mit einem Schlauchboot oder einer kleinen Segeljolle, denn dann sind Abstecher in die verträumten flachen Seitenarme möglich. Nur an ganz wenigen Stellen ist der Fluss von Land her zu erreichen, doch auch dort führt der Weg meist nicht sehr weit, denn Fußwege entlang des Ufers wurden nicht angelegt, zumal das Land überwiegend in Privatbesitz ist.

Herrensitz am Ufer des Odet bei Bénodet

Musée de la Musique Mécanique

An der D 44 in Richtung Pont l'Abbé liegt im Ort **Botforn-en-Combrit** das originelle Museum der Musikautomaten. Von alten Spieluhren bis zu Vorläufern der Musicbox wird die historische Entwicklung dieser Technik dargestellt. Die Führung (wahlweise Französisch, Englisch oder Deutsch) dauert etwa 1 Stunde. Eintritt 4,50 € für Erwachsene und 2 € für Kinder. Geöffnet ist vom 1.5. bis 30.9. täglich 14–19 Uhr. Vom 1.10. bis 30.4. ist nur sonntags geöffnet. Tel. 02.98.56.36.03.

Sainte-Marine

↗ XVII/C2

Bénodet gegenüber, auf der anderen Seite des Odet, liegt der kleine Ort Sainte-Marine, der in der Saison stündlich von 8 Uhr bis 20 Uhr mit einer **Fußgängerfähre** *(passeur)* erreichbar ist. Sainte-Marine ist ein hübscher kleiner Edel-Wohnort, der für den Urlauber vor allem wegen seines 6 km **langen Sandstrands** interessant ist. Er erstreckt sich bis Ile-Tudy und ist aufgrund seiner etwas abgelegenen Lage deutlich weniger besucht als die Strände südöstlich von Bénodet. Wer auf sein Auto nicht verzichten kann, muss den Odet auf der D 44 überqueren (Pont de Cornouaille) und nach 1 km südlich abbiegen in Richtung Sainte-Marine/Pointe de Combrit, dann noch etwa 2 km weiter bis ans Meer. Zu Fuß ist es hingegen nur 1 km vom Fähranleger. Eine wirklich empfehlenswerte Adresse zur Übernachtung:

- **Hotel/Restaurant Tri Men**€€€, Rue du Phare 16. Das traditionelle Haus liegt direkt am Hafen, besitzt 17 charmante, moderne Zimmer, und im gepflegten Restaurant werden Gemälde bretonischer Maler ausgestellt und verkauft. Auch das **Café de la Cale** schräg gegenüber verdient einen Besuch.

Clohars-Fouesnant ↗ XVII/C-D2

Der kleine Ort liegt ca. 4 km nordöstlich von Bénodet, erreichbar über Ménez-St-Jean (D 34). Sehenswert sind die **Eglise Saint-Hilaire** aus dem 15. Jh. mit schönen Steinmetzarbeiten ebenfalls aus dem 15. Jh. am Südportal und die **Chapelle Saint-Tudy,** deren Name an die Christianisierung der Südbretagne durch den irischen Mönch *Saint Tudy* erinnert. Das Jahr der Erbauung ist nicht genau bekannt, aber der in seiner schlichten Schönheit beeindruckende Baustil lässt auf das 12. Jh. schließen.

Pointe de Mousterlin ↗ XVII/D2

Das Felskap auf halbem Weg zwischen Bénodet und Beg-Meil zwischen zwei jeweils ca. 5 km langen Sandstränden ist der ideale Ausgangspunkt für **lange Strandspaziergänge,** nach Nordwesten entlang der Lagune La Mer Blanche oder nach Osten entlang einer zum Teil wilden Dünenlandschaft, in deren Hinterland noch einige Sümpfe den Lebensraum für eine Feuchtgebietsfauna und -flora bilden, die aufgrund der Zersiedlung der Landschaft und der landwirtschaftlichen Bodennutzung auch in Frankreich immer seltener wird.

Die Pointe de Mousterlin **in einer klaren Nacht** zu besuchen ist von besonderem Reiz, denn dann leuchten, blitzen und blinken die verschiedenen Leuchttürme, Baken und Tonnen von Loctudy im Westen, den Glénan-Inseln im Süden bis zur Pointe de Trévignon im Südosten über das Meer. Der helle, drehende Lichtstrahl, der im Westen alle 5 Sekunden waagerecht über das Pays Bigouden hinwegfegt, kommt vom Leuchtturm Eckmühl, der 24 km entfernt ist.

Fouesnant ↗ XVII/D2

Der Ort auf halbem Weg zwischen Bénodet und Concarneau (D 44) ist vor allem für die hohe **Qualität seines Cidre** bekannt. Um den Titel „Bester Cidre der Bretagne“ gebührend zu feiern, findet jedes Jahr im Juli das Fête des Pommiers (Fest der Apfelbäume) statt.

Der wenig touristische Ort besitzt eine eindrucksvolle romanische Kirche aus dem 12. Jh., die allerdings im 18. Jh. teilweise verändert wurde. Ne-

091br Foto: wk

ben dem charakteristischen Grundriss zeugen vor allem die tragenden Granitsäulen mit den verzierten Kapitellen von ihren romanischen Erbauern.

Im Nachbarort La Forêt-Fouesnant ist die kleine Kirche **Notre-Dame-d'Izel** aus dem 15. Jh. ein lohnendes Ziel. Markant ist der mit einer Kuppel abgeschlossene Nebenturm über dem Eingangsportal neben dem kunstvoll aus Granit gearbeiteten Hauptturm. Im Kirchhof befindet sich ein Calvaire ebenfalls aus dem 15. Jh.

Am Strand bei Fouesnant

La Forêt-Fouesnant ist der maritime Ableger Fouesnants. Die Bedeutung des alten, bei Niedrigwasser trockenfallenden Hafens am Nordrand der Baie de la Forêt ging allerdings mit dem Bau des neuen **Hafens Port-la-Forêt** deutlich zurück. Port-la-Forêt ist eine moderne Marina mit wenig Ausstrahlung und uninteressanter Umgebung. Wesentlich lohnender ist der etwa 8 km lange Wanderweg am Ufer entlang bis zum **Plage des Sables Blancs** am Nordwestrand von Concarneau. Der Weg führt vorbei an den kleinen Buchten von Saint-Laurent und Saint-Jean, streckenweise gesäumt von dichter Vegetation, die bis direkt ans Ufer reicht.

Praktische Hinweise

Information

- **Office de Tourisme,** 49 Rue de Kérourgué, 29940 La Forêt-Fouesnant, Tel. 02.98.56.00.93, Fax 02.98.56.64.02, www.ot-fouesnant.fr.
- Die Rederei *Vedettes de l'Odet,* Avenue de l'Odet 2, Tel. 02.98.57.00.58, bietet **Fahrten zu den Glénan-Inseln** und auf dem Odet bis Quimper an.

Unterkunft

Abgesehen von seinen Sehenswürdigkeiten, hat Fouesnant zusammen mit seinen Nachbarorten eine Vielzahl von Hotels und Campingplätzen anzubieten. Insbesondere an der landschaftlich reizvollen schmalen Landzunge Cap-Coz liegen zwei empfehlenswerte Hotel-Restaurants:

- **Hôtel de L'Espérance€€,** 6 Rue Charles de Gaulle, 29940 La Foret Fouesnant, Tel. 02.98.56.96.58. Gutes Mittelklassehotel mit 25 klassisch eingerichteten Zimmern im Ortszentrum, ca 1,5 km vom Meer entfernt, geöffnet von April bis Oktober.
- **Hôtel le Celtique€€,** Plage du Cap-Coz, Tel. 02.98.56.01.79, Fax 02.98.56.03.40, klassisches Hotelgebäude direkt am Strand, mit 62 gut ausgestatteten Zimmern. Geöffnet von Ostern bis 30.9.
- **Hôtel de la Pointe du Cap-Coz€-€€,** Avenue de la Pointe 153, Tel. 02.98.56.01.63, Fax 02.98.56.53.20. 19 einfache, aber saubere Zimmer mit Meerblick. Geöffnet vom 14.2.–31.12.
- **Camping Kerscolper,** Descente de Bellevue, Tel. 02.98.56.09.48, am Westrand des Plage de Cap-Coz, 300 m zum Meer, 150 Stellplätze, gute Sanitärausstattung, Fahrradverleih, geöffnet von Ostern bis 30. September.
- **Camping Les Falaises,** Plage de Kerleven, Tel. 02.98.56.91.26, ruhige Lage mit Blick auf die Bucht von Concarneau, 100 Stellplätze z.T. unter Bäumen, geöffnet 1.4.–30.9.

Beg-Meil

↗ XVII/D2

Das Kap der Mühle, so lautet übersetzt der Name des kleinen Urlaubsortes ca. 5 km südlich von Fouesnant (D 45) auf der Westseite der Bucht von Concarneau. Im Winter ist hier jedes nichtbretonische Auto ein Ereignis, aber von Juni bis September gehört Beg-Meil ganz den Urlaubern. Hohe Zypressen und Pinien (zum Teil im Jahrhundert-Orkan von 1987 leider stark beschädigt) säumen die **wunderschönen Sandstrände,** die zwischen kleinen Felsvorsprüngen das Küstenbild prägen. Nach Westen erstreckt sich einer der schönsten bretonischen Dünenstrände 5 km weit bis zur Pointe de Mousterlin. Nach Norden setzt sich die Strandlandschaft in Form aneinandergereihter kleiner Badebuchten etwa 4 km weit fort bis Cap-Coz.

Praktische Hinweise

Unterkunft

Im Hinterland wie auch in Strandnähe wurden zwischen mehr oder weniger fantasiereich gebauten Feriensiedlungen einige Hotels und mehrere Campingplätze errichtet.

- **Hôtel de Bretagne€€,** Rue des Glénan 16, Tel. 02.98.94.98.04, Fax 02.98.94.90.58. Auf einem 1 ha großen Areal gibt es neben 30 geschmackvoll eingerichteten Zimmern in zwei getrennten Gebäuden ein Restaurant mit renommiert guter Küche, dazu ein beheiztes Schwimmbad im Freien. Geöffnet von Ostern bis Ende September.
- **Camping La Roche Percée,** Hent Kerveltrec, Tel. 02.98.94.94.15, am Ortseingang an einer ruhigen Seitenstraße. Sehr gute Sanitäreinrichtungen, breites Freizeitangebot, unter anderem beheiztes Schwimmbad, origineller Spielplatz, Restaurant, Fahrradverleih,

145 durch Hecken begrenzte Stellplätze, geöffnet von Ostern bis Ende September.

Sonstiges

- Die kleine **Personenfähre** Jeanne-Yvonne verkehrt vom 21.6. bis 6.9. täglich mindestens dreimal zwischen Beg-Meil und Concarneau. Tickets (10/6 € für Hin- und Rückfahrt) sind im Büro der Reederei „Glenn" an der Pier oder auch an Bord erhältlich.
- **Golfplatz** (18 Löcher) auf dem parkähnlichen Gelände des Herrensitzes *Manoir de Mesmeur* bei La Forêt-Fouesnant, Tel. 02.98. 56.97.09.

Concarneau

↗ XVII/D2

„Konk-Kerné", so heißt die vielbesuchte Hafenstadt keltisch-bretonisch, was man mit „Schutzhafen von Cornouaille" übersetzen könnte.

Mönche der einflussreichen Abtei von Landévennec von der Crozon-Halbinsel waren es, die hier im 10. Jh. an der Mündung des Flüsschens Moros auf einer Insel ein kleines Kloster errichteten. Die heute im Sommer von Touristenströmen überschwemmte **Altstadt „La Ville Close"** befindet sich auf eben dieser Insel, die allerdings seit dem 12. Jh. dank einer Brücke nur noch eine Halbinsel ist. Die autofreie Ville Close zieht mit ihren überwiegend aus dem 17. Jh. stammenden historischen Gassen und Befestigungsmauern jährlich Hunderttausende von Besuchern an.

Der absolute Eis, Cidre- und Crêpes-Verkaufsrekord wird alljährlich zum **Fête des Filets Bleus** in der dritten Augustwoche erreicht, wenn zwischen den Festungsmauern der Ville Close, rings um den Fischereihafen und auch am Yachthafen das große Sommerspektakel abgeht: Folkloristische Umzüge, bretonische Seemannslieder, Spielgaudi im Hafenbecken und über allem der Duft von gegrillten Sardinen. Der Ursprung dieses Festes liegt im Anfang des 20. Jahrhunderts, als mehrere Jahre aufeinanderfolgend die sonst regelmäßig die Küste entlangzie-

092br Foto: wk

Der Uhrturm im Hafen

henden Sardinenschwärme aus unbekanntem Grund ausblieben. Sardinen waren die Haupteinnahmequelle der etwa 800 Fischer von Concarneau, und so führte das Ausbleiben des Fangs schnell zu Armut, ja Hungersnot. Deshalb wurde im Jahre 1905 von Künstlern der Südbretagne eine Benefiz-Show veranstaltet, deren Erlös an die Familien von Concarneau ging. Die Idee war erfolgreich, und als die Sardinenschwärme wiederkamen, wurde einmal jährlich im August einfach weitergefeiert.

Sehenswertes in der Ville Close

Das klassische Concarneau-Erinnerungsfoto wird üblicherweise am imposanten **Eingang in der wuchtigen Stadtmauer** neben dem Uhrenturm mit altem Anker im Vordergrund gemacht. Doch gerade diese Kulisse ist historisch eher uninteressant, denn der jahrhundertealt erscheinende Turm mit Sonnenuhr stammt von 1906.

Interessanter ist ein **Gang auf der Stadtmauer,** direkt hinter dem Haupttor führt ein Weg links hoch (s. Schild: „A l'Assault des Remparts"). Wahlweise bekommt man auf Deutsch, Französisch, Spanisch oder Englisch per Walkman historische Erklärungen während des Ganges um die von *Vauban,* dem Spezialisten *Louis' XIV.* für Verteidigungsbauten, befestigte Anlage.

Geöffnet ist täglich 10–19Uhr.

Die beiden Wehrtürme, **Tour du Major** im Norden und **Tour du Gouverneur** im Süden nahe dem Haupttor, wurden Ende des 17. Jh. zusammen mit weiteren Befestigungen an die schon vorhandene Mauer angebaut. Leider ist kein vollständiger Rundgang rings um die Ville Close auf der Mauer möglich.

Ein kostenloser Aufgang zu einem anderen Teil der Stadtmauer ist möglich im Osten der Ville Close beim **Tour du Passage,** erreichbar über die Hauptgasse Rue Vauban und weiter bis zum Ende der Rue St-Guénolé. Der schöne Ausblick vom Tour du Passage geht über den Yachthafen hinweg zur felsengesäumten Hafeneinfahrt.

In der **Rue Vauban,** der Hauptstraße der Ville Close, reihen sich Cafés, Kunsthandwerksläden, Crêperien und Souvenirläden aneinander. Hier befindet sich auch gleich hinter dem Stadttor links das Fischereimuseum, **Musée de la Pêche** (Tel. 02.98.97.10.20), im alten Militärarsenal. Im Vordergrund steht die Erklärung der Fischfangtechnik und ihrer geschichtlichen Entwicklung. Die verschiedenen Bootstypen und Fangtechniken werden nicht nur anhand von Modellen und Diavorführungen beschrieben. Im Außenbereich des Museums kann das außer Dienst gestellte Original-Fischerboote aus den 1960er Jahren und die „Hémérica" vom Kommandostand bis zum Maschinenraum besichtigt werden. Geöffnet in der Zeit von 10 bis 12 Uhr und von 14 bis 18 Uhr. Im Juli und August von 9.30 bis 20 Uhr. Montag geschlossen. Der Eintritt beträgt 6/4 €.

Die Rue Vauban endet nach etwa 200 m am **Place-Saint-Guénolé,** der von verschiedenen interessanten Crê-

Concarneau
La Forêt Fouesnant
Quimper, Rosporden
Rue des Sables Blancs
24
Plage des Sables Blancs
Avenue Robert Jan
Rue St. Jacques
Rue Jules Simon
Pont du Moros
R. H. Cevaer
R. M. Jacob
Avenue de la Gar
Avenue Alain Le Lay
Plage de Cornouailles
Boulevard Guillou
Rue E. Renan
R. Malakoff
Quai Carnot
25
Arrière Port
Port de Pêche
Rue de Penzance
CD 783
Rue Courcy
Av. P. Gueguin
26
Route de Kerose
Croissant-Bouillet
Boulevard Katerine Wylie
Boulevard Bougainvi
Rue Bayard
27
28
La Ville Close
R. Jules Ferry
Rue de Tregunc
Plage des Dames
Avant Port
29
Quai Peneroff
Port de Plaisance
31
30
Q. de la Croix
32
Port de la Croix
Rue de Lanriec
Chemin de Pors Gwir
Rue de Tregunc
13
3
17
2
1
5
14
15
16
4
6
11
10
9
18
12
7
8
La Ville Close
22
21
19
20
23
Plage du Porzou
BAIE DE CONCARNEAU
Tregunc Quimperlé
Plage du Cabellou
Pointe du Cabellou
Allée du Fort
Allée des Chaperons
33
Avenue du Cabellou
VC 22
Av. des Glenans
Allée des Filets Bleus
Plage du Large
Avenue des Dunes
Allée du Large
0
300 m
Plage des Dunes

	1	Tour du Major
	2	Port de Pêche
	3	Tour Neuve
	4	WC
	5	Rue Militaire
	6	Musée de la Pêche
	7	Eingang
	8	Tour du Gouverneur
	9	Garten
	10	Rue Théophile Louarn
	11	Rue Vauban
	12	Tour de la Fortune
	13	Tour aux Vins
	14	Place Saint-Guénolé
	15	Rue de l'Eglise
	16	Rue Saint-Guénolé
	17	Tour du Port
	18	Jardin Théâtre
	19	Quai du Passage
	20	Tour du Passage
	21	Zugang zu den Befestigungsanlage
	22	Tour du Hâvre
	23	Le Fer à Cheval
H	24	Hôtel L'Océan
★	25	Fischauktionshalle
i	26	Office du Tourisme
✉	27	Post
	28	Markthalle
	29	Restaurant Chez Armande
	30	Chapelle de la Croix
	31	Jugendherberge
★	32	Laboratoire de Biologie Marine/Marinarium
H	33	Hôtel La Bonne Auberge

perien und Restaurants umgeben ist. Das naheliegende kleine Tor in der Stadtmauer am Anfang der Rue Saint-Guénolé hatte bis ins 18. Jh. eine besonders wichtige Bedeutung, auf die schon der Name hinweist: **La Porte au Vin.** Durch das Weintor wurden regelmäßig die Fässer, gefüllt mit Bordeaux-Wein, in die Ville Close gebracht. Die Weintransporter konnten am angrenzenden Kai direkt anlegen. Die Rue-Saint-Guénolé endet nahe des Wehrturmes **Tour du Passage,** dessen Name darauf hinweist, dass direkt an seinem Sockel die Überfahrt (Passage) quer über den Hafen zum Ostteil der Stadt möglich ist. Eine kleine **Personenfähre** (le passeur) verbindet die Ville Close mit dem gegenüberliegenden Ufer (Preis: ca. 0,50 €). Direkt südlich des Tour du Passage führen Treppen hinauf auf die Stadtmauer (hier kostenlos), von wo der Blick auf den Yachthafen und die Hafeneinfahrt fällt.

Fischereihafen (Port de Pêche)

Der Hafen liegt nördlich der Ville Close und wird durch die beiden Kaianlagen Quai Carnot und Quai d'Aiguillon begrenzt. Ersterer ist Anleger für die großen Hochseetrawler, letzterer für die Küstenschiffe. Erst seit dem Anfang dieses Jh. hat sich Concarneau zu **einem der größten Fischereihäfen Frankreichs** entwickelt. Heute liegt die Stadt, gemessen an der angelandeten Fischtonnage, auf Platz 3 hinter Boulogne und Lorient. Ca. 1800 Seeleute und noch einmal etwa 1000 Beschäftigte an Land finden Arbeit beim Fang, im Verkauf und beim Transport der hier angelandeten Fische. Hinzu kommen die Arbeitsplätze im Bereich der Werften und der Zulieferindustrie. Von den etwa 200 **Fischereifahrzeugen** mit Heimathafen Concarneau (Abkürzung CC auf dem Rumpf) sind etwa 50 Hochseetrawler, die ihre Fanggebiete im Nordatlantik haben, und etwa 40 Thunfischfänger, die überwiegend vor der afrikanischen Westküste und im Indischen Ozean fischen. Die verbleibenden 90 Schiffe

093br Foto: wk

Traditionelle Fischerboote in Concarneau

und Boote werden in der Küstenfischerei eingesetzt, zum Teil als Netzfänger *(chalutier)* für Schwarmfische wie Makrelen und Sardinen, zum Teil als Korbfänger *(caseyeur)*, um Taschenkrebse, Seespinnen, Langusten und (selten) Hummer zu fangen.

Wer das Anlanden des Fanges der Hochseetrawler miterleben will, sollte zwischen Mitternacht und 7 Uhr morgens in die **Fischauktionshalle** (la Criée) am Quai Carnot gehen (Mo. bis Do.). Hier findet auch die Versteigerung statt. Auch das Office de Tourisme am Quai d'Aiguillon (Tel. 02.98. 97.01.44) organisiert Führungen durch die Fischauktionshallen im Juli und August. Sonst unter Tel. 02.98.50.55.18.

Weiteres Sehenswertes

Laboratoire de Biologie Marine/ Marinarium. Am Place de la Croix, ca. 300 m westlich des Yachthafens am Meer mit direkter Seewasserzufuhr für die zahlreichen Aquarien und Zuchtbecken, in denen die Fauna und Flora der französischen Atlantikküste zu bewundern ist. Weitere Erklärungen werden mittels Diavorführungen und Videos gegeben, geöffnet 30.3.–30.9. täglich 10–12 Uhr und 14–18.30 Uhr. Vom 8.7. bis 26.8. ist täglich 10–18.30 Uhr geöffnet. Eintritt: 5/3 €.

Chapelle de la Croix. Quai de la Croix unweit des Marinariums. Die kleine Kapelle aus dem 16. Jh. nahe des Leuchtturmes La Croix direkt am Meer drückt mit ihren maritim-religiösen Dekorationselementen (Votif-Schiff „Saint-Guénolé“ und Bild eines „Pardon de la Mer“) die tief religiöse Haltung der vergangenen Fischergenerationen aus. Eine Gedenkstatue neben der Kapelle erinnert an die im Meer ertrunkenen Fischer.

Strände. Die meisten Concarneau-Besucher kommen in erster Linie, um die Ville Close und den Fischereihafen kennen zu lernen, weniger, um hier Badeurlaub zu machen. Zwar bietet der ca. 500 m lange Plage des Sables Blancs nordwestlich der Stadt sowie der fast ebenso lange Plage du Cabellou südöstlich des Hafens auf der Ostseite der Bucht von Concarneau gute Bademöglichkeiten und die üblichen Animationsangebote, doch landschaftlich reizvoller sind die Strände der Nachbarorte Bénodet, Beg-Meil, Fouesnant und Trégunc.

Praktische Hinweise

Information

- **Office de Tourisme,** B. P. 529, Place Duguesclin, 29185 Concarneau, Tel. 02.98. 97.01.44, Fax 02.98.50.88.81.7, www.ville-concarneau.fr.

Unterkunft

- **Hôtel de L'Océan€€,** am Plage des Sables-Blancs, Tel. 02.98.50.53.50, eines der besten Hotels der Gegend mit Restaurant. 40 sehr komfortable Zimmer zum Teil mit Balkon und Blick auf den Ozean. Ganzjährig geöffnet.
- **Hôtel La Bonne Auberge€,** im Ostteil der Stadt am Plage du Cabellou, Tel. 02.98.97. 04.30, 16 einfach eingerichtete Zimmer z.T. mit Meerblick, geöffnet Mai–September.
- **Jugendherberge** (Auberge de Jeunesse) neben dem Marinarium am Plage de la Croix, Tel. 02.98.97.03.47. Ein großes, gut eingerichtetes Haus am Meer.
- **Camping Les Prés Verts,** Tel. 02.98.97. 09.74. Ca. 3 km nordwestlich des Zentrums am Strand von Kernou, geeignet für einen längeren Aufenthalt, 150 schön angelegte Plätze, Baumbestand, gute Sanitäreinrichtung und Lebensmittelladen, geöffnet von Ostern bis 15. September.
- **Camping Lochrist,** Tel. 02.98.97.25.95, einfacher Platz nahe der Straße nach Quimper (D 783). 100 Plätze in ländlicher Umgebung, ordentliche Sanitäreinrichtung. 15.5.–15.9.
- **Fünf weitere** und für einen längeren Aufenthalt interessante **Campingplätze** liegen in der Umgebung bei Trévignon im Südosten und bei Fouesnant, Beg-Meil und Bénodet im Westen (s. Umgeb. von Concarneau).

Essen und Trinken

Vorbemerkung: Man sollte lieber außerhalb der Ville Close essen gehen, denn innerhalb herrscht vielerorts Touristennepp.

- **Restaurant Croguervol€€,** Rue Alfred Leray 3, Tel 02.98.50.35.80, ca. 500 m vom Yachthafen entfernt. Ein originelles Restaurant im Stil Theatercafé, Kunstausstellungen als Bonbon nebenbei. Preiswerte Grill- und Pfannengerichte. Nette Bedienung.
- **Restaurant Les Gens de Mer€,** 9, Rue du Port am Fischereihafen, preiswerte Fischmenüs, Miesmuscheln, Meeresfrüchte, ganzjährig geöffnet, Tel. 02.98.97.04.01.
- **Restaurant La Coquille€€€,** Quai du Moros, Tel. 02.98.97.08.52, wohl eines der besten, wenngleich nicht billigsten Fischrestaurants der Stadt, auf der Ostseite des Fischereihafens nahe der Brücke.

• **Restaurant La Porte au Vin,** Place Saint-Guénolé 9, Tel. 02.98.97.38.11, das wohl einzige empfehlenswerte Lokal in der Ville Close, schöne Terrasse mit Blick auf historische Fassaden.

• **Restaurant Le Belem,** nahe der Markthalle, Rue Hélène Hascoet 2, Tel. 02.98.97.02.78. Gutes Mittelklasse-Restaurant.

• **Crêperie Ti Clémentine,** Quai de la Croix, Tel. 02.98.97.21.05, nahe der Chapelle de la Croix und dem gleichnahmigen Leuchtturm. Gemütlich eingerichtet mit Riesenauswahl an köstlichen Crêpes. Ganzjährig geöffnet.

• **Irish Pub,** ebenfalls am Quai Peneroff schräg gegenüber der Ville Close, Stammkneipe vieler Segler.

• **Bar/Brasserie Le Vauban,** in der Ville Close, Rue Vauban 10, Tel. 02.98.97.34.93, rustikal gemütliche Atmosphäre.

Sonstiges

• Die **Markthallen** (Les Halles) direkt gegenüber der Ville Close bieten täglich eine sehr praktische, zentral gelegene Einkaufsmöglichkeit für alle wichtigen Lebensmittel, besonders natürlich Fisch.

• **La Poissonnerie Héliès,** direkter Fischverkauf in den Markthallen vor der Ville Close, frisch und preiswert.

• Ein Tipp für Freunde von Krustentieren: **„Les Viviers de Concarneau"** hinter dem Marinarium am Place de la Croix verkaufen täglich lebende Langusten, Hummer, Taschenkrebse und Seespinnen zu niedrigen Preisen, geöffnet 8–12 Uhr und 15–19 Uhr. Sonntags 9–12 Uhr.

• Hummer, lebend und preiswert bei: **MCD Marée** im Fischereihafen, Tel. 02.98.97.06.31.

• Die Hauptstraße für Einkäufe verschiedenster Art ist die **Rue Dumont d'Urville** oberhalb der Markthalle.

• **Markt** ist mo. und fr. am Place Jean Jaures.

• **Segelschulen:** *Centre Nautique des Glénan,* Place Phillippe Vianney, B.P. 504, Tel. 02.98.97.14.84. Die bekannteste und, wie viele meinen, auch beste französische Segelschule mit Ausbildungsangeboten auf verschiedenen Bootstypen von der Jolle über den Sportkatamaran bis zur Hochseeyacht. Basis auf den Iles des Glénan (s. u. Ausflüge).

• **Mitsegeln:** Der Hauptautor dieses Reiseführers, *Wilfried Krusekopf,* bietet u.a. ab St-Malo, Port de Plaisance, terminlich flexibel abzustimmende Yachtsegeltörns auf komfortablen Hochseeyachten mit einheimischem Skipper und kleiner Crew. Näheres dazu unter www.biskaya.de, Tel. 02.97.26.89.48 oder 06.70.77.65.98, sail@biskaya.de.

• **Mitsegeln auf einem Traditionssegler:** Gouelia, Tel. 02.98.65.10.00, bietet Tagestörns auf zwei historischen Dreimastern. Der Törn kostet 40/30 €, www.gouelia.com.

• **Bootsverleih:** *Locabellou,* Rue J. M. Le Scour 13, Tel. 02.98.90.58.52, mit Surfboard, Jollen und Sportkatamaranen am Plage du Cabellou; *Locabato,* Avenue du Docteur Nicolas 17, Tel. 02.98.97.04.77. Segelyachten und Motorboote ab 8 m Länge.

• **Tauchen:** *Centre International de Plongée* (C.I.P.), Les Glénans, Tel. 02.98.50.57.02, mit Basis auf der Glénan-Insel Saint-Nicolas. Ausbildung und Exkursionen für erfahrene Taucher, Wracktauchgänge; *Aqua Club Concarnois,* Tel. 02.98.97.24.36; *Grolleau,* Avenue de la Gare 133, Tel. 02.98.97.49.54. Verleih und Reparatur von Tauchausrüstungen, Kompressor zum Füllen; *Club Concarnois de Plongée* mit Basis direkt vor der Fischauktionshalle (Criée), Quai d'Aiguillon.

• **Tennis:** Mehrere Plätze in der Rue Duperré 1, Tel. 02.98.97.13.45.

• **Fahrradverleih:** *Cycletty,* Avenue du Doctuer Nicolas 12, gegenüber der Ville Close, Tel. 02.98.50.60.66.

• **Angelfahrten:** *Pêche en Mer* mit der Santa-Maria (15 m lang) ab Yachthafen, Tel. 06.62.88.00.87. Täglich vom 1.4. bis 30.9. Preis 35 €.

• **Biologische Exkursionen** werden vom Office de Tourisme organisiert mit den Zielen: Iles de Glénan, Rivière d'Aven, Trévignon.

• **Discothek:** *„Les Korrigans",* direkt gegenüber vom Yachthafen.

• Besuch der **Fischauktion,** 6.30 bis 8.30 Uhr und 17.30 bis 10 Uhr Ankunft der Küstenfischer, Tickets für die Auktion beim Office de Tourisme.

• **Einkaufen:** Konk Kerné, keltische Musik, keltische Musikinstrumente und keltische Literatur, nahe der Markthalle, 12 Rue Dumont d'Urville, Tel. 02.98.50.82.82.

Bootsausflüge

- Mitsegeln auf alten **Traditionsseglern:** Corentin, Dalh Mad, Belle-Angèle, ab Fischereihafen, Tagestörn ab 37 €, bei Gouelia, Tel. 02.98.65.10.00.
- Die Reederei *Vedettes Glenn,* Tel. 02.98.57.00.58 oder 02.98.50.72.12, bietet Fahrten zwischen Concarneau und den **Glénan-Inseln** von April bis September mindestens zweimal wöchentlich (dienstags, donnerstags oder samstags), vom 10.7. bis 6.9. täglich, an. Das turbinengetriebene Boot „Hydrojet" hat seinen Anleger am Yachthafen. Auskunft und Tickets an Bord oder im Office de Tourisme. Preise: 26/14 €.
- Auf den Glénan-Inseln angekommen, besteht die Gelegenheit, mit dem **Halb-U-Boot „Capitaine Némo"** der gleichen Reederei die Unterwasserwelt der Inseln kennen zu lernen. Das 27 m lange Doppelrumpfschiff hat unter der Wasserlinie hinter dicken Glasscheiben 52 Sitzplätze mit Blick in die Tiefe. Auskunft siehe oben. Preise: 18/6 €.
- Weiterhin bieten die *Vedettes de l'Odet* **Flussfahrten auf dem Odet** von Concarneau aus. Vom 1.5. bis 9.7. und 7.9. bis 20.9. legt dreimal wöchentlich (Mo./Mi./Fr.) und vom 10.7. bis 6.9. täglich um 14 Uhr ein Schiff vom Yachthafen ab. Die 4-stündige Fahrt kostet 26/14 €, Tickets bekommt man an Bord oder im Office de Tourisme. Auskünfte Tel. 02.98.57.00.58.
- Die Konkurrenz-Reederei Vedettes Glenn bietet ebenfalls **Fahrten auf dem Odet** ab Concarneau an. Vom 7.6. bis 9.7. Di., Do., Sa. um 14.30 Uhr, 15.7.–30.8. tgl. um 14.30 Uhr, 1.9.–26.9. Di., Do., Sa. um 14.30 Uhr. Auskünfte im Büro am Yachthafen, Tel. 02.98.97.10.31, oder im Office de Tourisme.
- **Personenfähre von Concarneau nach Beg-Meil:** Das kleine Fährboot „Jeanne-Yvonne" der Reederei *Vedettes Glenn* bringt täglich dreimal vom 21.6. bis 9.7. und 31.8. bis 6.9. und vom 10.6. bis 30.8. (täglich 6-mal) maximal 30 Personen von Concarneau zu den wunderschönen Badestränden von Beg-Meil, ca. 6 km westlich von Concarneau. Fahrtdauer ca. 30 Minuten. Preise: 12/8 €, Hin- und Rückfahrt. Anleger am Yachthafen, Tickets an Bord, Tel. 02.98.97.10.31.
- **Angelfahrten:** Mit dem umgbauten Fischereifahrzeug Santa Maria fahren Sie zum Küsten- und Hochseeangeln, Haie nicht ausgeschlossen, Preis 30/15 €, ab Fischereihafen, Tel. 02.98.50.69.01 oder 06.62.88.00.87.

Anreise/Weiterreise

- **Mit dem Bus:** Haupthaltestelle der Linie Concarneau-Rosporden am Quai d'Aiguillon, 6mal täglich, Tel. 02.98.93.06.98. Linie Quimper – Concarneau – Quimperlé über Forêt-Fouesnant nach Quimper bzw. über Trégunc, Pont-Aven, Riec-s.-Bélon, Moelan nach Quimperlé 7 x täglich, Tel. 02.98.56.96.72. Freitags, am Markttag, fährt ein Bus nach Bénodet.
- **Mit dem Zug:** Der nächste Bahnhof ist in Rosporden an der Linie Vannes – Quimper, SNCF, Tel. 02.98.59.20.15.

Baies de Saint-Jean und Saint-Laurent

Am Plage des Sables Blancs von Concarneau beginnt ein sehr schöner Wanderweg von ca. 8 km Länge, der am Meer entlang zu den malerischen Buchten von Saint-Jean und Saint-Laurent führt. Die zum Teil sehr dicht stehenden Bäume reichen meist bis ans Ufer heran. Der Weg endet in La Forêt-Fouesnant.

Umgebung von Concarneau

Iles de Glénan ↗XVII/D3

Etwa 10 Seemeilen (18 km) südwestlich von Concarneau und ebensoweit südöstlich von Bénodet liegt das flache Archipel vor der Küste von Cornouaille. Neben den **acht Hauptinseln** Penfret, Ile du Loc'h, Ile Cigogne, Bananec, Saint-Nicolas, Drénec, Brunec und Quignénec gibt es noch ein gutes Dutzend kleinerer, bei Hochwasser nur knapp über die Wasseroberfläche hinausragender Inselchen, meist kaum größer als ein Dorfplatz. Gemeinsam ist allen die für Schiffe **risikoreiche Anfahrt** wegen der vielen Felsen und Untiefen in Inselnähe. Doch die fantastisch sauberen **Strände mit glasklarem Wasser** sind das Risiko wert. Und so ankern bei gutem Wetter vor Penfret oder zwischen Bananec und Saint-Nicolas viele Segel- und Motorboote.

Saint-Nicolas

↗ XVII/D3

Die kleinen Passagierschiffe hingegen steuern meist den Anleger von Saint-Nicolas an, der einzigen Insel mit einem **Restaurant** (**Castric,** Tel. 98.50.68.90, frischer geht's nicht ... Meeresfrüchte auf der Terrasse mit Blick auf den Archipel der Glénan-Inseln. Allerdings muss das Essen 24 Std. vorher bestellt werden, denn die Versorgung ist hier problematisch). Interessant ist das große **Hummer- und Langustenbecken** vor dem Lokal, in dem den Krustentieren eine letzte Galgenfrist gewährt wird, bevor sie einen Feinschmeckergaumen beglücken. Auf St-Nicolas befindet sich auch die Basis der bekannten **Tauchschule** „Centre International de Plongée Les Glénans" (Tel. Concarneau 02.98.50.57.02 oder Beg Meil Fouesnant 02.98.94.49.00), die im interessantesten Tauchgebiet der Südbretagne Kurse für Anfänger und Wracktauchgänge für Fortgeschrittene anbietet.

Wem es reicht, an der Wasseroberfläche zu bleiben, der findet eine traumhaft schöne Sandbucht mit sauberem, gelbem Sand am Ostufer. Bei Niedrigwasser ist es möglich, über eine Barre zu der Nachbarinsel Bananec hinüberzugehen.

Im Inneren unterscheidet sich St-Nicolas kaum von allen anderen Inseln: Eine von Winterstürmen kurz gehaltene Grasnarbe, Heideflächen, Ginster und Brombeergestrüpp. Allerdings gibt es für Botaniker einen besonderen Grund, die Insel aufzusuchen: die **Narcisse de Glénan** (Narcissus triandrus), eine blassgelbe, fast weiße Narzissenart, die in Frankreich nur hier vorkommt, und von der es heißt, dass die Phönizier sie hierher gebracht haben. Sie blüht im April/Mai.

Penfret

Ca. 2 Seemeilen (3,5 km) östlich von St-Nicolas liegt die größte der Glénan-Inseln, Penfret. An ihrem Nordwestufer gibt es einen Strand, dessen Beschaffenheit in ganz Europa einzigartig ist, denn der „Sand" besteht zum großen Teil aus im Laufe von Jahrmillionen **zermahlenen Korallenblöcken,** die hier zu einer Zeit im Meer wuchsen, als die Bretagne in den Tropen lag. Unmöglich? Keineswegs, denn die Stellung der Drehachse der Erde hat sich im Laufe von Jahrmillionen geändert, und mit ihr die Klimazonen.

Auf Penfret wurde im Jahre 1947 Frankreichs **bekannteste Segelschule** gegründet, das „Centre Nautique des

Glénans". Vom Surfen bis zur Hochseenavigation wird auf allen Niveaus seriöse Ausbildung angeboten. Die verschiedenen Bootsgruppen sind auf vier Inseln verteilt. Neben Penfret gibt es Basen auf Drennec, Cigogne und Bananec. Die spartanische Unterbringung der Segelschüler gehört mit zur Ausbildungsphilosophie, denn Segeln wird hier als Auseinandersetzung mit der maritimen Natur verstanden.

Adresse: Centre Nautique des Glénans, Rue Alfred Le Ray 4, 29900 Concarneau, Tel. 02.98.97.14.84.

Ile du Loc'h

Die südlichste der Glénan-Inseln ist die Ile du Loc'h, deren Name sich von einem lagunenähnlichen **See im Inselinneren** ableitet (Loc'h = keltisch: See).

Die langsam verfallenden Gemäuer im Westen stammen von einer ehemaligen Fabrik, in der aus Meeresalgen Soda gewonnen wurde. **Algen** werden überall in der Bretagne wirtschaftlich in verschiedener Weise genutzt. Neben der Nutzung als Dünger und zur Gewinnung von Jod (Rotalgen) werden seit kurzem spezielle Arten als Nahrungsmittel angeboten.

Ile Cigogne

Auf der Ile Cigogne, einer der kleineren Inseln, die etwa in der Mitte des Archipels liegt, sieht man schon von weitem eine **Festung,** die fast die halbe Inselfläche bedeckt. Es sind die heute vom Centre Nautique (s.o.) als Unterkunft für Segelschüler genutzten Gemäuer einer Garnison, die hier im 18. Jh. englische Piraten vertreiben sollte.

Anreise

- Es gibt verschiedene Verbindungen mit kleinen **Personenfähren.** Die *Vedettes de l'Odet* bieten von April bis September täglich mehrere Überfahrten von Bénodet, Beg-Meil, Loctudy, Concarneau, Port-La-Forêt und Quimper aus an. Die Preise: je nach Abfahrtshafen etwa 25 € für Erwachsene und 14 € für Kinder, von Quimper etwa 30 €, für Kinder ca. 15 €, *Vedettes de l'Odet*, Bénodet, Tel. 02.98.57.00.58.
- Auf den Glénans angekommen, bietet *Capitaine Némo* eine **Unterwasserreise** an: Mit einem 27 m langen Passagierkatamaran, dessen Rümpfe unter der Wasserlinie mit Bullaugen versehen sind, kann der Glénan-Reisende, dem das Tauchen mit Pressluftgerät zu schwierig erscheint, die Unterwasserwelt trocken aus der U-Boot-Perspektive erleben. 52 Plätze, Preise: ca. 20/10 € „Capitaine Némo", *Vedettes de l'Odet,* Tel. 02.98.57.00.58. Am eindrucksvollsten ist die Bootsfahrt mit Start in Quimper, dann den Odet hinunter via Bénodet und weiter über die hohe See zu den Glénan Inseln. Dauer ca. 2 Std.

Unterkunft

- Es gibt **weder Hotels noch Campingplätze.** Nur den Schülern der Segel- oder Tauchschule wird eine (sehr einfache) Unterkunft angeboten.

Trégunc

↗ XVIII/A1

Zu einem Besuch lädt weniger der Ort selbst (über die D 783 ca. 6 km südöstlich von Concarneau), als vielmehr der zur Gemeinde gehörende wunderschöne feine Sandstrand zwischen den beiden Kaps Pointe de la Jument und Pointe de Trévignon ein, der sich über insgesamt ca. 7 km Länge hinzieht. Wenn es nicht gerade sehr diesig ist, sieht man vom Strand aus die Glénan-

Inseln Penfret und dahinter Saint-Nicolas am Horizont. Im Hinterland der Strände bieten zahlreiche Sumpfgebiete und einige flache Seen vielen zum Teil selten gewordenen Vogelarten einen Lebensraum, den die Strandbesucher respektieren sollten. Für Menhirfotosammler gibt es am nördlichen Ortsausgang in Richtung Croissant-Bouillet etwas Besonderes. Hinter dem Café du Menhir zweigt links ein schmaler Weg ab, der nach ca. 50 m zu einem Tor führt. 30 m weiter steht rechts versteckt im Gebüsch ein 7 m hoher **Menhir,** der im frühen Mittelalter mit einem steinernen Kreuz versehen wurde, um die Macht der christlichen Kirche über die Götter der Vorzeit zu demonstrieren.

Trévignon

↗ XVIII/A2

Über Trégunc (D 783) auf die D 1, dann ca. 8 km nach Süden. Sehenswert ist der kleine, bei Niedrigwasser trockenfallende **Fischerhafen** nahe dem Felsenkap Pointe de Trévignon mit seiner eigenen kleinen Fischauktionshalle *(Criée),* in der frühmorgens v.a. Krustentiere angeboten werden. Am Nordrand des kleinen Ortes befindet sich die in ihrer Schlichtheit schöne **Chapelle Saint-Philibert** aus dem 16. Jh. Etwa 1 km nördlich des Hafens liegt das **Maison du Littoral,** in dem kostenlos biologische Ausstellungen besucht werden können.

Pont-Aven

↗ XVIII/A1

Östlich von Concarneau ist der nächste interessante Ort die im doppelten Sinne **malerische Kleinstadt** Pont-Aven. Malerisch nicht nur wegen der Lage oder der Bauten, sondern vor allem, weil **Paul Gauguin und Emile Bernard** den Ort berühmt gemacht haben. *Gauguin* kam 1886, frustriert vom Leben in Paris, nach Pont-Aven, um in natürlicher Umgebung und unter materiell einfacheren Verhältnissen im Kreise von Gleichgesinnten nach neuen Wegen zu suchen.

Auch heute noch wird in Pont-Aven viel gemalt. Keine andere bretonische Stadt besitzt so viele Galerien wie Pont-Aven.

Die **Stadt der 14 Mühlen,** wie sie früher genannt wurde, als die Wassermühlen noch arbeiteten, liegt ca. 8 km vom Meer entfernt und dennoch am Meer, denn der Aven ist ab etwa halber Flut bis nach Pont-Aven schiffbar. Die alten Kaianlagen aus Granit am Südrand der Stadt, heute machen hier die Yachten fest, dienten bis in die 1930er Jahre zum Laden von Getreide, Mehl, Cidre und Bausteinen.

Sehenswertes

Das **Museum** am Place de L'Hôtel de Ville wurde erst 1985 eröffnet und ist dementsprechend modern gestaltet. Neben einer Dauerausstellung von Bildern verschiedener Künstler der Ecole de Pont-Aven wird ein Teilbereich für wechselnde Ausstellungen genutzt. Wer hier nach Originalen von *Gau-*

guin sucht, wird enttäuscht sein. Der Kunstetat der Stadtkasse reicht nicht aus, um ein Original *Gauguins* in die Dauerausstellung aufzunehmen. Leider nur Kopien, die allerdings sehr gut sind. Manchmal gelingt es dem Konservator, einen „Gauguin" vorübergehend in die Wechselausstellung zu bekommen.

In der 1. Etage befindet sich ein Dokumentationszentrum über bretonische Maler von 1860 bis 1940. Die „Schule von Pont-Aven", in der sich von 1886 bis 1896 ca. 20 Maler um *Paul Gauguin* und *Emile Bernard* sammelten, wird in einer vertonten Diaschau präsentiert. Jährlich wechselnd werden ebenfalls in der ersten Etage unterschiedliche Epochen der Malerei im Umkreis der Schule von Pont Aven dargestellt.

Öffnungszeiten: Febr., März, Nov. Dez. 10–12.30 und 14–18 Uhr, April, Mai, Juni, Sept., Okt. 10–12.30 und 14–18.30 Uhr, Juli, August 10–19 Uhr, Tel. 02.98.06. 14.43, Eintritt 5/3 €. Wer die Spuren *Gauguins* verfolgt, sollte auch nach Le Pouldu fahren (s. Umgebung von Moelan). Im Maison de Marie Henry wird eine weitere Epoche seines Lebens in der Bretagne gezeigt.

Am Place P. Gauguin befindet sich eine Gedenktafel für den Künstler. Heute steht hier das **Maison de la Presse** (Zeitschriften und Schreibwaren) an der Stelle der ehemaligen Gaststätte von Marie-Jeanne Gloanec, in der *Gauguin* und seine Freunde so manche Flasche geleert haben. Bei knapper Kasse wurde die Zeche mit einem Bild bezahlt, und es heißt, es seien bei der Umgestaltung der Kneipe in einen Laden in den 1940er Jahren einige vergessene Zeichnungen *Gauguins* in einem Hinterzimmer gefunden worden.

Die **Biscuiterie „Traou Mad"** ist eine bekannte bretonische Galettes-Fabrik, in der Führungen möglich sind. Tel. 02.98.06.01.03. Die Fabrik liegt in der Zone Industrielle de Kergazuel.

Chapelle de Trémalo. Die Kapelle aus dem 16. Jh. steht oberhalb des Bois d'Amour. Man erreicht sie über einen kleinen Weg, der außerhalb des Ortes von der D 24 (in Richtung Quimper) abzweigt. Der Weg ist ausgeschildert. Hier befindet sich das Original der hölzernen Jesus-Figur, nach der *Gauguin* den „Gelben Jesus" malte.

Praktische Hinweise

Information

- **Office de Tourisme,** Place de l'Hôtel-de-Ville 5, 29930 Pont-Aven, Tel. 02.98.06.04. 70, Fax 02.98.06.17.25. www.pontaven.com

Unterkunft

- **Hostellerie Moulin de Rosmadec**€€€, Venelle de Rosmadec, Tel. 02.98.06.00.22. Im Stadtzentrum, aber dennoch in ruhiger, geradezu idyllischer Lage direkt am Aven. Schönste Unterkunft am Ort, allerdings nur vier Zimmer und nicht billig, aber, gemessen am Gebotenen, ihren Preis wert. Im Februar geschlossen.
- **Hôtel des Ajoncs d'Or**€€, Place de l'Hôtel-de-Ville 1, Tel. 02.98.06.02.06. Ebenfalls im Zentrum mit angegliedertem traditionellem Restaurant.
- **Camping Domaine de Kerlann,** Siblu, Land Rosted, Tel. 02.98.06.01.77. Alle üblichen Serviceeinrichtungen, Schwimmbad, Tennis etc. Geöffnet vom 31.3. bis 3.11.

Essen und Trinken

- **Moulin de Rosmadec.** Die Qualität der Küche entspricht der Lage und Atmosphäre des Hauses: hervorragend! Spezialitäten sind gegrillter Hummer und Steinbutt *(turbot)* im Ofen. Menü ab ca. 27 €, Tel. 02.98.06.00.22.
- Im Zentrum und am Hafen finden sich viele kleine Cafés, Bars und Crêperien, in denen leider je nach Andrang, und der ist in der Hauptsaison sehr groß, oft der Service zu wünschen übrig lässt.

Sonstiges

- **Tennis:** Stade des 4 Vents, Rue Louis Lomenech, Tel. 02.98.06.04.70.
- **Kanu-Kayak-Kurse:** *La Pagaie des Aven,* Tel. 06.11.97.53.94, Kanu- und Kayakkurse auf dem Aven, Ausbildung und Exkursionen. *Kayak-Découverte,* Tel. 06.80.46.88.29, gleiches Angebot wie oben, dazu auch Kayakverleih, 14 €/Std. und 35 €/Tag.
- **Bootsverleih:** *Cardinale Sud,* Aven Plaisance Loisirs, Z.A. de Kervic, Tel. 02.98.06.71.98. Hier werden Kanus, Kayaks, Surfboards, Jollen und Sportkatamarane vermietet und verkauft.
- **Segelkurse** organisiert die *Ecole de Voile de Port Manec'h* an der Mündung des Aven am Strand von Port Manec'h. Trainiert wird auf Optimisten und Jollen sowie Surfboards. Tel. 02.98.06.71.98 und www.apl.fr
- **Surfen:** Locawind, *Club Nautique de Port Manec'h,* Tel. 02.98.06.71.98.
- **Reiten:** *Les Ecuries de Pont Aven,* Tel. 02.98. 09.17.28, Ausbildung für Jung und Alt, genauso wie Exkursionen entlang der Ufer des Aven und durch die angrenzenden Wälder.
- **Fahrradverleih:** *J. Limbour,* Rue Emile Bernard 56, Tel. 02.98.06.02.77. Der Verleih wird von der Tankstelle aus organisiert.
- **Centre d'Initiative Artistique,** Rue Saint-Guénolé 6, Tel. 02.98.06.18.11. Seminarzentrum für Einführungen in künstlerische Gestaltung, Kurse für Malerei, Töpferei und Drucken, u.a. mit internationalem Publikum. Auf Wunsch mit Unterkunft.
- **Markt:** jeden Dienstag am Hafen.
- Am 1. Samstag im August findet die **Fête des Fleurs d'Ajoncs** (Ginsterblütenfest) statt, ein bretonisches Stadtfest mit folkloristischem Charakter. Bretonische Musikgruppen spielen am Hafen. Dazu wird viel getanzt. Stimmung ist bei Crêpes und Cidre unter freiem Himmel garantiert.

Anreise/Weiterreise

- **Mit dem Bus:** Mehrmals täglich bestehen Busverbindungen nach Moëlan, Quimperlé, Concarneau und Quimper.
- **Mit dem Boot:** Mit der *Le Trémalo* können Touren unterschiedlicher Dauer auf dem Fluss organisiert werden. Die Abfahrtszeiten sind variabel, sie richten sich nach den Gezeiten. Auskünfte unter Tel. 02.98.71.14.59 oder 02.98.27.12.89. Drei Touren werden regelmäßig angeboten: 1. Ab Port du Bélon in der Mündung des Aven und des Bélon, ca. 1 Stunde. 2. Von Pont-Aven bis hinunter zum Meer und zurück, ca. 1¼ Stunden. 3. Wie 2., jedoch Abfahrt ab Port Bélon mit Aufenthalt in Pont-Aven, ca. 2¼ Stunden. Fahrpreis 12/8,50 €.

Umgebung von Pont-Aven

Wanderungen

Pont-Aven liegt im Tal zwischen zwei bewaldeten Hügelketten. Verschiedene Spazierwege (Plan im Office de Tourisme erhältlich) ermöglichen lohnende Wanderungen durch die Umgebung mit schönen Blicken hinunter ins Tal des Aven. Insbesondere zwei (beschilderte) Wege gehören in das Programm einer **Gauguin-Wallfahrt:** Der Promenade Xavier-Grall folgend entlang dem Flusslauf, an dem noch die Reste der ehemals 14 Wassermühlen zu finden sind. Daran anschließend der Weg durch den Bois d'Amour (Liebeswald), in dem *Gauguin,*

094br Foto: wk

aber auch viele andere Maler des 19. Jh., Inspirationen für ihre Bilder fanden.

Nizon

↗ XVIII/A1

Der Ort liegt 2 km nordwestlich von Pont-Aven an der D 24 in Richtung Quimper/Rosporden.

Romantische Herrensitze sind keine Seltenheit

Im Ortszentrum steht eine kleine Kirche aus dem 16. Jh., die vor allem durch ihren **Calvaire** bekannt wurde. *Gauguin* wählte 1889 diese Figurengruppe mit Christus im Mittelpunkt als Modell für sein Bild „Grüner Christus", dessen Hintergrund eine Dünenlandschaft aus Le Pouldu darstellt.

Névez

↗ XVIII/A2

Von der D 783 Richtung Concarneau nach etwa 2 km links auf die D 77 abbiegen. Im Ortsteil Le Hénant am Aven liegt eine der besterhaltenen **Gezeiten-Wassermühlen** aus dem 15. Jh. Die Moulin à Marée de Névez war ursprünglich eine Dépendance des Herrensitzes Manoir du Hénan.

Eine sehr schöne, aber nicht ganz billige Übernachtungsmöglichkeit bietet sich im **Chateau de Kerminaouet** in Trégunc, Tel. 02.98.50.19.68. www.kerminaouet.com

Eine Radtour lohnt das Dörfchen **Kerascoet,** wo sich noch authentische, alte bretonische Bauweise findet. Am urigen *Café Ile Verte* sollte man nicht ohne einzukehren vorbeifahren.

Raguenès-Plage ⇗ XVIII/A2

Der Ort liegt ca. 4 km südlich von Névez am Meer und ist idealer Ausgangspunkt für **Angelfahrten** in die küstennahen fischreichen Gewässer um Ile Raguenès und Ile Verte. Hier kann auch das eigene Schlauchboot ohne größere Diebstahlgefahr am Strand gelassen werden.

Ein schöner Wanderweg führt die Küste entlang zur Mündung des Aven nach **Port Manec'h,** einem kleinen Badeort mit 200 m langem Strand. Wer hier eine Jolle, einen Katamaran oder ein Surfboard mieten möchte, ist bei *Espace Océan Loisirs,* Tel. 02.98.06.76.97, oder bei *Skiff Aven,* Tel. 02.98.06.76.29, an der richtigen Adresse. Im Ort befindet sich der Anleger der Aven-Fähre „Le Trémalo" (s. Pont-Aven).

Riec-sur-Bélon ⇗ XVIII/B1

Der Ort liegt etwa 4 km südöstlich von Pont-Aven an der D 783. Der Ortskern selbst bietet nicht allzuviel, aber entlang des Flusses Aven gibt es eine Vielzahl wunderschöner Wanderwege. Insbesondere ist der allen Buchten folgende Küstenpfad am Westufer zu empfehlen. Start z.B. in Le Henant nördlich von Kerdruc.

Kerdruc und Rosbraz ⇗ XVIII/A2

Eine malerische **Engstelle des Aven** findet man 5 km westlich von Riec (1 km bergab von der Crêperie Ty Couz, s.o.). Die Dörfchen Kerdruc und Rosbraz liegen sich am Flussufer gegenüber. Die **Bar de Rosbraz** am

095br Foto: mk

Jede Hafenmole trägt ein Leuchtfeuer

Ostufer ist der geeignete Platz für eine Pause. Der nette Wirt vermietet auch zwei Ferienwohnungen (s. Unterkunft) und bietet Bootsausflüge an.

Port-Bélon

Oberhalb dieser Engstelle des Rivière Bélon, an der eine kleine Fähre für zwei Autos die Verbindung zum anderen Ufer aufrechterhält, liegt das bedeutende **Austernzuchtgebiet** der Huître plate *(ostrea edulis)*. Die flache Auster, deren nussartiger Geschmack sie besonders begehrt macht, (schon Nero soll sie sich aus der Bretagne nach Rom bringen lassen haben) wird als einjährige „Jungauster" aus der Baie de St-Brieuc von der bretonischen Nordküste hierhergebracht, um dann, nach dreijähriger Aufzucht im Wasser des Bélon, teuer verkauft zu werden. Bis zur Wende vom 19. zum 20. Jahrhundert vermehrte sich die Huître plate auch hier an der Südküste, doch eine Krankheit zerstörte die Bestände. Die heutigen Huîtres plates im Bélon gehen auf die Zuchterfolge der letzten drei Jahrzehnte zurück.

Ein 9 km langer **Küstenwanderweg** verbindet Port-Bélon mit Rosbraz am Aven. Zum Teil führt der Weg durch Wälder, z.T. geht man zwischen Farn und Brombeergestrüpp am Rand des felsigen Ufersaumes mit freiem Blick auf den Ozean.

Information

- **Office de Tourisme,** Place de l'Eglise, 29340 Riec-sur-Bélon, Tel. 02.98.06.97.65, Fax 02.98.06.93.73.

Unterkunft

- **Hôtel/Restaurant Ty Ru€,** Tel. 02.98.06.94.61. Einfaches Hotel mit 14 Zimmern in der Rue François Cadoret. Im Restaurant traditionelle Küche.
- **Bar de Rosbraz,** Tel. 02.98.06.92.00, direkt am Fluss, zwei großzügig eingerichtete Ferienwohnungen für je 4–5 Pers. mit Blick auf den Aven, ab 350 € pro Woche. Der Wirt reißt sich Arme und Beine aus, um die Wünsche der Gäste zu erfüllen.
- **Camping Château du Bélon,** ca. 500 m vor Port-Bélon, Tel. 02.98.06.41.43. 150 Stellplätze in ruhiger Lage unter hohen, alten Eichen und Kastanien bei mittlerem Komfort. Geöffnet vom 1.3. bis zum 15.11.

Essen und Trinken

- Das Austern-Restaurant Nr. 1 ist **Chez Jacky,** Tel. 02.98.06.90.32, direkt am Bélon. Mit Blick auf den Fluss und seine bewaldeten Ufer findet der Austernfreund hier sämtliche Sorten und Größen, dazu passend beste Weißweine. Wer lieber die Austern selber öffnet, kann sie bei Jacky auch zum Mitnehmen bekommen *(huîtres à emporter)*. Die Preise liegen je nach Art und Größe zwischen 5/12 € ein Dutzend. Montags geschlossen.
- **Le Bistrot de L'Ecailler,** Austern, Meeresfrüchte, Fisch, alles topfrisch und auf einer bei schlechtem Wetter beheizten offenen Terrasse mit Blick auf den Fluss serviert. Gute Weinkarte. Geöffnet von Mai bis September, dienstags und mittwochs geschlossen. Tel. 02.98.06.78.60.
- **Bar de Rosbraz,** Tel. 02.98.06.92.00 (s.o.).

Sonstiges

- **Reiterhof:** *Ferme Equestre de Kersperche,* Tel. 02.98.06.50.22.
- **Fahrradverleih:** *M. Perron,* Kerco, Tel. 02.98.06.92.94. Es gibt Tourenräder und Mountainbikes.
- **Bootstouren:** Mit der Vedette „Le Trémalo" von Port-Bélon nach Pont-Aven, etwa 2 Std. mit Rückfahrt (von Mai bis September), Tel. 02.98.71.14.59. Abfahrtszeiten sind gezeitenabhängig. Info: Office de Tourisme in Rieuc-sur-Bélon oder Pont-Aven.

Paul Gauguin

Die wohl bekanntesten Werke *Gaugins* stammen aus seinen letzten Lebensjahren, die er in der Südsee verbrachte. Doch zum unverwechselbaren Stil, in dem er seine Südseemädchen malte, fand er in der Bretagne.

Im Alter von 38 Jahren kommt *Gauguin* 1886 das **erste Mal nach Pont-Aven.** Hinter sich lässt er eine ihm zu bürgerliche Familie in Paris, die er bis dahin mehr schlecht als recht als Gehilfe eines Börsenmaklers ernährte. Zwar hatte er schon seit 1874 in Paris mit bekannten Impressionisten wie *Pisarro* und *Cézanne* gemalt und mit mäßigem Erfolg an verschiedenen Ausstellungen teilgenommen, doch quälte ihn die bürgerliche Enge eines Stadtlebens unter gesellschaftlichen Normen. Er **verlässt schließlich seine Familie,** hält sich wirtschaftlich zunächst als Vertreter, später als Plakatkleber knapp über Wasser und hört 1886 von einem Malerkreis in der Bretagne, wo das Leben spottbillig, die Menschen einfach, das Land ursprünglich und die Farben grandios sind.

Er zieht nach **Pont-Aven.** Hier wird er rasch zum Mittelpunkt einer Gruppe junger Künstler, zu der auch der wesentlich jüngere *Emile Bernard* gehört. Zusammen mit *Paul Sérusier, Charles Filiger, Maxime Maufra, Emile Schuffenecker, Roderic O'-Connor, Ernest de Chamaillard, Mogens Ballin, Jan Verkade, Jacob Meyer de Haan, Maurice Denis, Cuno Amiet, Wladyslaw Seguin, Henri Delavallée, Ferdinand du Puigaudeau, Emile Jourdan, Louis Roy, Charles Laval* und *J.F. Willumsen* bilden sie die sogenannte **„Schule von Pont-Aven".** Wenn sie nicht malen, und das kommt nur selten vor, sitzen sie im Gasthaus von Madame *Gloannec,* um, vom Wein angeregt, ihre Bilder zu diskutieren.

Anfangs zeigen sich noch deutlich die impressionistischen Wurzeln wie z.B. im Bild „Bretonischer Bauernhof" oder „Tanz der vier bretonischen Bäuerinnen". Doch spätestens mit „La Belle Angèle" (1889) wird deutlich, dass *Gauguin* einen völlig neuen Weg geht.

Die impressionistischen Schatten und Lichtvariationen verschwinden. Einzelheiten werden bewusst zugunsten des Wesentlichen ausgelassen. Dreidimensionales wird z.T. plakativ flächig, und die Farben werden eher expressiv als naturalistisch eingesetzt: Es entsteht der **synthetische Symbolismus.** Als charakteristische Werke dieser Stilrichtung entstehen 1888 „Die Vision nach der Predigt" oder „Jacobs Kampf mit dem Engel".

Während eines vorübergehenden Aufenthalts in Paris lernt *Gauguin Theo* und *Vincent van Gogh* kennen. Mit *Vincent* verbringt er den Herbst 1888 in der Gegend von Arles in Südfrankreich. Hier wird die **bewusste Abkehr vom Impressionismus** deutlich. Allerdings endet die in künstlerischer Hinsicht so innovativ befruchtende Beziehung in Streitigkeiten und gegenseitiger Ablehnung.

Nach erfolglosen Ausstellungen in Paris und Brüssel kehrt *Gauguin* 1889 **nach Pont-Aven zurück,** zieht aber weiter ins benachbarte Le Pouldu ans Meer, denn seine ehemalige Herberge ist ihm inzwischen zu teuer geworden. In Le Pouldu malt er u.a. „Der gelbe Christus" und das „Selbstbildnis mit Heiligenschein". Zusammen mit *Jacob Meyer de Haan* wohnt *Gauguin* in den Hinterzimmern der Strandkneipe von Madame *Marie Henri,* die die Mietzahlungen nicht selten in Form von Bildern bekommt.

Nicht zuletzt wegen finanzieller Schwierigkeiten denkt *Gauguin* immer ernsthafter über eine **Auswanderung** nach, Polynesien erscheint ihm als die ideale Umgebung. Geringe Kosten für den Lebensunterhalt, ursprünglichste Einfachheit des Lebens und viel Farbe.

Nach 30 verkauften Bildern hat er das Geld zusammen, um sich 1891 **nach Tahiti** einzuschiffen. Im Sommer trifft er auf der Insel ein und beginnt seine autobiografische Erzählung „Noa Noa". Hier entstehen

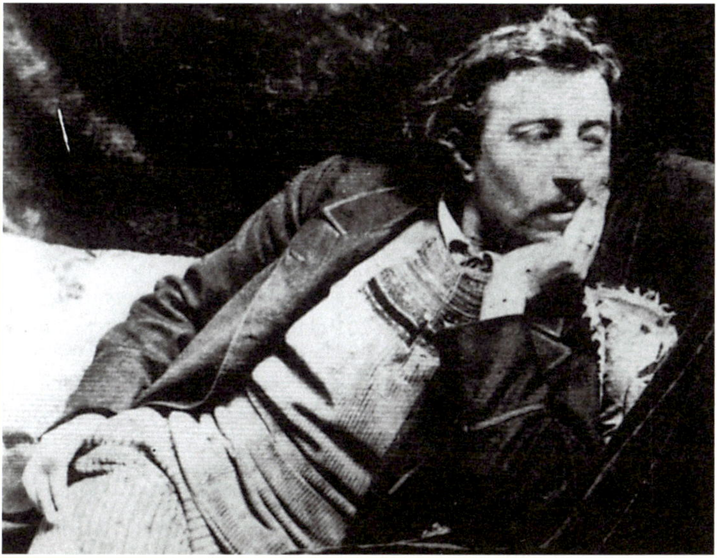

von 1891 bis 1893 die ersten seiner bekannten „Vahiné"-Bilder: „Te Aa no Areois" (Die Früchte der Areois), „Nafea Faa Ipoipo" (Wann heiratest Du?), „Fatata te Miti" (Am Meer), „Parau Api" (Was gibt's Neues?) und „Vahiné no te Vi" (Frau mit Mango).

Nach enttäuschenden Eindrücken in Papeete, der Hauptstadt von Tahiti, zieht er sich mit der jungen Maori-Frau *Tehura* in die **Einsamkeit des Inlandes** zurück. Das „wilde" Leben beflügelt seine Malerei, aber er ruiniert seine Gesundheit, nicht zuletzt mit Alkohol, und ist schließlich im Sommer 1893 gezwungen, auf einem Truppentransporter, das Geld reicht nicht für ein Passagierschiff, **nach Frankreich zurückzufahren,** um sich einer Augenoperation zu unterziehen.

Paul Gauguin um 1891

Während eines Besuches in Pont Aven wird er in eine Schlägerei verwickelt und bricht sich ein Bein. Madame *Gloannec* führt inzwischen ein teures Hotel, und in Le Pouldu kennt ihn niemand mehr. *Marie Henri* hat ihre Kneipe aufgegeben und alle Bilder mitgenommen. Um zu Geld zu kommen, lässt *Gauguin* **49 Bilder und Zeichnungen versteigern,** doch trotz des Engagements von Freunden wie *Degas,* der das Bild „Vahiné no te Vi" für 450 Francs ersteigert, bleibt der Erlös ein Misserfolg.

1895 finanziert schließlich eine kleine Erbschaft die **Rückkehr in die Südsee.** In Punaania baut er ein Atelierhaus und malt farbenreiche Szenen aus dem Leben der Ureinwohner. Alkohol und Syphilis schwächen ihn weiter, und nach Problemen mit dem Polizeikommandanten zieht er auf die Marquesas-Inseln, auf denen er 1903 **unter elenden Bedingungen stirbt.**

Als Vorlage für sein letztes Bild wählt er eine bretonische Winterlandschaft!

• **Gilles Lozac'hmeur,** der Nachbar von Ty Couz (s. „Essen und Trinken"), **produziert** in einem uralten Bauernhof verschiedene **bretonische und andere keltische Musiker.** Gilles ist die wohl beste Informationsquelle für traditionelle und moderne bretonische Musik. Uns als Bonbon verkauft er vor Ort auch direkt seine CD's. Keine Sorge, Gilles freut sich über Besuch aus Deutschland – und nach den Crêpes bei Ty Couz gibt's dann Bretonisches vom CD-Bauernhof. Productions L'OZ, 1, Route des Chaumieres, 29340 Riec sur Belon, Tel. 02.98.06.50.55, www.loz-production.com.

Moëlan-sur-Mer

↗ XVIII/B2

Von Pont-Aven über die D 783 nach Rieuc-sur-Belon, dann über die D 24 noch etwa 7 km weiter bis zum Ort.

Die bis ans Meer ausgedehnte Großgemeinde, in der verschiedene kleine Dörfer mit dem kleinstädtischen Ortszentrum zusammengefasst sind, ist landschaftlich vor allem aufgrund der drei **malerischen Flussmündungen** von Brigneau, Merrien und Doëlan reizvoll. Moëlan ist auch im Hochsommer ein ruhiger Ort, der mit dem Rad oder zu Fuß besser entdeckt werden kann als mit dem Auto.

Ein gut ausgeschildertes Netz von **Wanderwegen** führt ca. 60 km durch die Gemeinde, davon 45 km auf Küstenwegen oder an Flussufern entlang.

Nahe des Ortszentrums liegt die imposante **Chapelle Saint-Philibert-et-Saint-Roch** aus dem 16. Jh., die von Leprakranken als Wallfahrtsort gewählt wurde. Der nahegelegenen, mit Granit ummauerten Quelle, Fontaine de St-Roch, wurde besondere Heilkraft nachgesagt. Ein schlichter Calvaire befindet sich auf dem Vorhof der Kapelle. Öffnungszeiten: 15.6.–15.9. 10–12 Uhr und 15–19 Uhr.

Ca. 3 km südwestlich an der D 216 in Richtung Brigneau befindet sich ein sehenswerter Dolmen mit Menhir, die **Allée Couverte de Kercordonner.** Der 11 m lange Gangdolmen aus dem 3. Jahrtausend v. Chr. besteht aus 17 Tragesteinen und 3 Deckenplatten. Wie bei manchen anderen Dolmen steht auch hier in unmittelbarer Nähe ein 3 m hoher Menhir, dessen ursprüngliche Bedeutung allerdings nicht bekannt ist. In der Neuzeit hingegen, und dies war bis 1947 nach Aussage des Bürgermeisters Brauch, pflegten Jungvermählte sich nachts am Menhir die Bäuche zu reiben, er, um mit der Kraft des Menhirs einen Sohn zu zeugen, und sie in der Hoffnung, genug Kraft zu haben, um auch in schwierigen Zeiten den Haushalt gut zu führen.

Praktische Hinweise

Information

• **Office de Tourisme,** Place de L'église, 29350 Moëlan-sur-Mer, Tel. 02.98.39.67.28, Fax 02.98.39.63.93, www.paysdegauguin.com.

Unterkunft

• **Manoir de Kertalg**€€€, Tel. 02.98.39.77.77. Schlossähnliches Hotel im Wald am Oberlauf des Bélon auf halbem Weg zwischen Moëlan und Riec-sur-Bélon, oberhalb der D 24. 10 sehr komfortable Zimmer.

• **Ferienwohnungen**€€, Castel Beach, direkt am Strand von Kerfany les Pins, sehr schön gelegene Anlage mit Ferienwohnungen aller Größen, Tel. 02.98.71.17.20, Fax 02.98.71.17.21.

•**Hôtel/Restaurant Le Kerfany€,** Blorimond-en-Moëlan, Tel. 02.98.71.00.46. Einfaches Hotel mit 53 sauberen Zimmern. Mit Tennisplatz und schöner Gartenanlage.
•**Camping Tal ar Moor,** Plage de Kerfany, Tel. 02.98.71.11.98, Direkt am Meer mit allen üblichen Serviceeinrichtungen, dazu Fahrrad- und Surfboardverleih. Geöffnet von Ostern bis Oktober.
•**Camping de la Grande Lande,** Tel. 02.98.71.00.39, etwa 1,5 km vom Strand von Kerfany entfernt. Großzügiger, baumbestandener Platz mit 100 Stellplätzen, üblicher Komfort, Minigolf, behindertenfreundlich. Geöffnet von Ostern bis 30.9.

Sonstiges

•Gutes **Fischrestaurant** *Auberge de la Mer,* Tischreservierung empfehlenswert, Tel. 02.98.71.11.87.
•**Fahrradverleih:** *Maison du Cyclisme,* Rue du Cimetière, Tel. 02.98.39.67.69, und *M. Gouyec,* Rue du Guilly 12, Tel. 02.98.39.69.09.
•**Reiten:** *Ecuries de Quilimar,* an der Route de Quilimar, Tel. 02.98.39. 68.75, gut geführter Reitstall mit Möglichkeit von Ausritten unter Führung.

Ferme Equestre de Kersperche, Tel. 02.98.06.50.22, zwischen Moelan und Riec s. Belon werden 5-tägige Gruppenausritte angeboten.
•**Angeln:** Gute Informationen und Karten für die besten Fischgründe bei Presse-Diffusion, Rue du Guilly, Tel. 02.98.39.60.08.
•**Radwandern:** *Cyclo Sports* organisiert sonntags Rundfahrten (60–100 km), Rue du Cimetière, Tel. 02.98.39.67.69.
•**Tauchen:** *Club de Plongée des Avens* in Brigneau, Tel. 02.98.71.17.98.
•**Segeln:** *Centre Nautique de Brigneau,* Tel. 02.98.71.07.06. Hier werden Segelkurse für Jugendliche auf Caravelle-Jollen, auf Wunsch mit Unterkunft, angeboten.
•**Segeln und Kayak:** *Domaine de Beg Porz,* Kerfany les Pins, Tel. 02.98.71.07.98, Einführung in Jollensegeln und Kayakfahren.
•**Maler-Ateliers:** *Atelier de Kerjean,* Route de Quilimar, Tel. 02.98.39.67.49. Impressionistische und zeitgenössische Bilder.
•**Markt:** Jeweils dienstags.

Umgebung von Moëlan-sur-Mer

Brigneau

↗ XVIII/B2

Brigneau ist ein winziger Fischerhafen ca. 4 km südwestlich von Moëlan, dessen Aktivitäten heute mehr von Jollenseglern als von Fischern geprägt sind. Geschmackvoll **restaurierte Fischerhäuser** zieren die beiden Ufer. Oberhalb der Hafeneinfahrt am westlichen Ufer steht die **Ruine einer Fischkonservenfabrik** aus der Zeit der Wende vom 19. zum 20. Jahrhundert.

Auf beiden Seiten des Fjordes beginnt ein **Küstenwanderweg,** der im Westen nach Kerglouanou führt. Im Osten läuft man bis Merrien (ca. 2,5 km).

Port-Merrien

↗ XVIII/B2

Ähnlich wie Brigneau liegt auch Port-Merrien an einem kleinen Fjord der Felsküste. Oberhalb des Küstenbereiches steht dichter Mischwald (Naturschutzgebiet). Nur sehr kleine Fischer- und Segelboote finden hier Schutz, denn die Einfahrt in den Fjord ist recht flach und folglich nur gezeitenabhängig passierbar. Ganzjährig sind hier etwa ein Dutzend Häuser bewohnt, deren Bewohner sich nur noch schlecht vom Fischfang ernähren können. Austernzucht hat in den letzten zwei Jahrzehnten die Einkünfte aufgebessert.

Clohars-Carnoët

↗ XVIII/B2

Ähnlich Moëlan-sur-Mer ist Clohars-Carnoët eine ruhige **ländliche Groß-**

gemeinde mit Kleinstadtkern. Selbst in den Sommermonaten gibt es hier trotz sehenswerter Details kaum Tourismus-Stress. Dies gilt besonders für den felsig **zerklüfteten Küstenstreifen** in der Umgebung von Doëlan. Die von Sandstränden und kleineren Felsnasen gekennzeichnete Küste bei Le Pouldu ist im Sommer etwas lebendiger. Nördlich des Ortskerns liegt der **Forêt de Carnoët,** ein ca. 8 km^2 großes Waldgebiet, das wegen der seltenen Pflanzenarten unter Naturschutz steht. Der Jahrhundertorkan von 1987 hat große Teile des Waldes beschädigt. Aufforstungen sind im Gange. Der Wald ist von Wanderwegen durchzogen, die sich z.T. am Ufer des Flusses Laïta entlangschlängeln. Am Südrand des Waldes, unweit der Brücke Pont St-Maurice (D 224), liegt die **Ruine der Abtei von Saint-Maurice,** eine Zisterziensergründung von 1177.

Information

- **Office de Tourisme,** 29360 Clohars-Carnoët, Tel. 02.98.39.93.42, Fax 02.98.96.90.99, www.cloharscarnoettourisme.com. Zuständig für Clohars-Carnoët, Doëlan und Le Pouldu.

Doëlan

↗ XVIII/B2

Doëlan ist ein kleiner ruhiger Fischerhafen in einer Flussmündung ca. 4 km südwestlich vom Ortskern Clohars-Carnoët. Der Ort ist in zwei Ortsteile westlich und östlich des Wassers geteilt (rive droite und rive gauche).

Der **Küstenwanderweg,** der auf beiden Seiten des Hafens entlangführt, war früher den Zöllnern im wenig erfolgreichen Kampf gegen den Schmuggel von Tabak, Kaffee und Alkohol vorbehalten (chemin des douaniers).

Mit etwas Glück kann man im Sommer im Hafen das Anlanden von Thunfisch von den Azoren miterleben. **Direktverkauf vom Boot** aus ist immer noch üblich. Täglich legen Küstenfischer am neuen Betonkai an, um frischen bretonischen Fisch direkt an Urlauber und Einheimische zu günstigen Preisen zu verkaufen.

Oberhalb der Hafeneinfahrt liegt am Ostufer die **Fischkonservenfabrik** „Capitaine Cook", die sich auf Makrelen- und Sardinenkonserven spezialisiert hat. Auch hier gibt es Direktverkauf an Endverbraucher.

Nahe dem unteren Leuchtturm (Phare aval) befindet sich ein kleines Künstlerzentrum, das **Atelier du Phare.** Hier werden neben Gemälden auch Tonwaren und Buddelschiffe ausgestellt und angeboten (Tel. 02.98.71.61.52).

Für Cidre-Liebhaber gibt es in Doëlan eine besonders empfehlenswerte Adresse, die **Cidrerie Les Vergers de Pen Ar Ster** am nördlichen Ortsausgang. Hunderte von Apfelbäumen fallen hier sofort auf. Die Cidre-Kellerei verarbeitet jährlich ca. 5 Millionen Äpfel zu Cidre brut, demi-sec und doux. Sämtliche Sorten sind „bouché", also nach der Champagner-Methode in der Flasche fermentiert und mit Korken und Drahtkapsel verschlossen.

Der Cidre Pen Ar Ster wurde in den vergangenen Jahren mehrfach bei Landwirtschafts- und Lebensmittelausstellungen in Paris preisgekrönt. Tel.

096br Foto: wk

... und in 6 Stunden ist hier alles trocken.

02.98.71.57.76. Übrigens: „Prost" heißt auf bretonisch „Yec'hed mat"! Aussprache: *ja – mad!*

Sonstiges

- **Angel- und Fischereiausrüstung,** aber auch maritime Kleidung verkauft die Fischereigenossenschaft COOP-Martime, 100 m oberhalb des Kais, sehr günstig.
- **Tipp zum Crêpes-Essen:** *Crêperie La Doellannaise,* am Hafen, Rive droite.

Le Pouldu

↗ XVIII/B2

Vom Zentrum Chlohars-Carnoët aus etwa 5 km auf der D 24 nach Südosten oder besser von Doëlan aus über den schönen Wanderweg entlang der Küste nach Le Pouldu.

Der Ortsteil Le Pouldu, unterteilt in Le Pouldu-Plage und Le Pouldu-Port, hat sich in den letzten Jahren, bedingt durch den stetig **wachsenden Sommertourismus,** an den Stränden stark verselbstständigt. Zwischen der Bélon-Mündung, 15 km im Westen, und der Laïta-Mündung, 2 km im Osten, hat nur Le Pouldu Sandstrände zu bieten. Eine Tatsache, die seit etwa 10 Jahren einen Bauboom hervorgerufen hat. Der bretonische Charakter hat darunter leider sehr gelitten. Die drei jeweils 300 m langen **Strände,** Plage des Grands Sables, Plage de Bellangenet und Plage du Kérou laufen sanft ins Meer aus. Nach Starkwind oder gar Sturm bricht sich allerdings die hoch rollende Dünung zur Freude der Wellensurfer.

Im Gegensatz zu Le Pouldu-Plage konnte Le Pouldu-Port den traditionellen Charakter eines **Flusshafens** bewahren. Landschaftlich reizvoll ist ein Wanderweg entlang dem Ufer der Laïta. Der noch sehr natürliche Fluss ist für kleine Boote bis Quimperlé befahrbar. Besonders schön ist die obere Hälfte. Hier reicht der Wald von Carnoët direkt bis ans Ufer. (Näheres zu Flussfahrten auf der Laïta s. Quimperlé)

Auch in Le Pouldu trifft man wieder auf die **Spuren Gauguins.** Das heutige Café de la Plage wurde 1888 von *Marie Henri* als kleine Strandkneipe „Buvette" gebaut. In den Hinterzimmern wohnten *Paul Gauguin* und *Jacob Meyer de Haan* von 1889 bis 1893. *Paul Sérusier, Armand Seguin, Maxime Maufra* u.a. arbeiteten zusammen mit *Gauguin* und *Meyer de Haan* an der dekorativen Ausgestaltung der „Buvette". Im heutigen **„Maison Marie-Henri",** Rue des Grands Sables 10, Tel. 02.98.39. 98.51, ist diese Künstlerkneipe mit dem Wohnbereich der Maler authentisch rekonstruiert. Leider sind auch hier die Bilder nur Kopien.

Etwas im Hinterland, oberhalb des Plage des Grands Sables, befindet sich die **Kapelle Notre-Dame-de-la-Paix.** Im 15. Jh. wurde sie zunächst in Nizon bei Pont-Aven errichtet, stand dort bis 1957 und war stark vom Verfall bedroht. Um das historisch wertvolle Gebäude zu retten, wurde sie Stein für Stein zerlegt und in Le Pouldu wieder aufgebaut. Heute wird sie auch „Chapelle des Artistes" (Kapelle der Künstler) genannt. Ein Stein mit den Unterschriften der Maler des Kreises von Le Pouldu steht in unmittelbarer Nähe.

Unterkunft

- **Hôtel/Restaurant Armen€€,** Route du Port, Tel. 02.98.39.90.44. Komfortables Haus mit gehobenem Niveau in Le Pouldu-Port. 38 neu eingerichtete Zimmer. Sehr nette Hotelleitung, ortsbekannt gute Küche.
- **Auberge du Kérou€-€€,** am westlichen Ortsrand in Strandnähe, Tel. 02.98.39.92.69. Kleines aber feines Haus. Ganzjährig geöffnet.
- **Hôtel Le Panoramique€€**, neues Haus am Plage du Kérou, Tel. 02.98.39.93.49. Es verfügt über 26 sehr sauber und komfortabel eingerichtete Zimmer.
- **Camping du Quinquis,** Tel. 02.98.39. 92.40. Ein Platz für den Komfort gewohnten Camper. Etwa 2 km vom Strand entfernt liegt das 5 ha große Gelände mit 130 Stellplätzen, teilweise unter großen Bäumen. Neben gutem allgemeinem Service gehören Schwimmbad und Fahrradverleih zum Angebot. Geöffnet 15.3. bis 30.9.
- **Camping Le Vieux Four,** am nördlichen Ortsausgang an der D 49 in bäuerlicher Umgebung, Tel. 02.98.39.94.34. Ein kleiner Platz für Leute, denen ruhige Lage in schöner Umgebung wichtiger ist als hoher Komfort. 50 Stellplätze, geöffnet von Ostern bis 15.9.
- Zahlreiche **weitere Campingplätze** in der Umgebung.

Essen und Trinken

- **Restaurant Armen,** Tel. 02.98.39.90.44, ortsbekannt gute Küche. In sehr geschmackvoll eingerichtetem Speisesaal.
- **Crêperie Ty Annick,** Rue du Philosophe-Alain, Tel. 02.98.39.93.04. Neben dem Camping des Grands Sables. Kleines, aber gut geführtes Lokal, wo die Crêpes wirklich ihr Geld wert sind.

Sonstiges

- **Fähre über die Laita:** Von Ostern bis September verkehrt die kleine Fußgängerfähre zwischen Guidel-Plage und dem Port de Plaisance (Yachthafen) von Le Pouldu. Die 2-minütige Passage kostet 1 €.
- **Surfbrettverleih:** *M. Fontaine,* Tel. 02.98. 39.90.08, und auf dem Campingplatz du Quinquis.
- **Fahrradverleih:** Auf den Campingplätzen von Quinquis und Les Embruns, Rue du Philosophe-Alain, Tel. 02.98.39.91.07.
- **Fontaine Sport,** Rue des Grands Sables, Tel. 02.98.39.90.08.

Parc Animalier du Quinquis

Ein 14 ha großer Freigehege-Tierpark-Bauernhof an der Straße nach Le Pouldu. Die für die Region kennzeichnenden Lebensbereiche Wiese, Wald, Moor und Teich sind hier in der Umgebung eines Bauernhofes mit ihren heimischen Tierarten kennen zu lernen. Öffnungszeiten: Juni bis 15.9. täglich 10–19 Uhr. Im Mai täglich 14–18.30 Uhr. März, April, Oktober und November: mittwochs und sonntags 14–18.30 Uhr, Tel. 02.98.39.94.13, Eintritt 6/3,50 €.

Reiten

Cheval à la Ferme, Ferme de Cotonard an der D 224 Richtung Corieuf, Tel. 02.98.39.98.65.

Quimperlé

↗ XVIII/B1

Dort, wo sich die **Flüsschen Ellé und Isole** vereinigen, um danach als Laïta weiterzufließen, wurde im 6. Jh. von Mönchen der Ort Anaurot, das heutige Quimperlé, gegründet. Der heutige Name stammt von den keltisch-bretonischen Begriffen *kemper* (Zusammenfluss) und *lec'h* (Ort). 400 m nördlich des Zusammenflusses wurde die Ellé mit der Isole durch einen Kanal verbunden, sodass eine Insel entstand, die das **historische Stadtzentrum** der Gründung darstellt. Die Flüsse dienten so als natürliche Verteidigungsgräben. Die heutige Altstadt gliedert sich in die Unterstadt (ville basse) auf der Insel und die Oberstadt (ville haute) direkt westlich des Isole-Ufers auf dem Hügel. Beide Teile zeigen mit ihren mittelalterlichen Gassen ein historisch gewachsenes Stadtbild.

Sehenswertes

Eglise Sainte-Croix

Der romanische Rundbau mitten in der Unterstadt entstand im 11. Jh. nach dem Vorbild der Kreuzkirche von Jerusalem und ist eines der schönsten Beispiele bretonisch-romanischer Architektur. Zwar wurde im Jahre 1862 durch den Einsturz des Glockenturms ein Teil der Kirche zerstört, doch die besonders sehenswerte Krypta blieb weitgehend unbeschädigt. Eindrucksvoll sind die beiden Gräber von *Henri de Lespervez,* Abt von Sainte-Croix im 15. Jh., und vom *Saint Gurloes,* dem ersten Abt der Abtei Sainte-Croix. Das ungewöhnliche Loch auf der Längsseite im Grabsockel von *Saint Gurloes* hat eine religiös-medizinische Bedeutung: Kopfschmerzen und Kopfkrankheiten werden geheilt, wenn man den Kopf nur lange genug hineinsteckt.

Rue de Brémond d'Ars und Rue Dom-Maurice

Die wegen ihrer zahlreichen Granit- und Fachwerkhäuser aus dem 17. Jh. sehenswerte Altstadtstraße beginnt direkt vor der Eglise-Ste-Croix. Hinter den herrschaftlichen Häusern der Juristen und Offiziere (Nr. 8 bis 12) befindet sich beim Haus Nr. 15b eine alte Doppeltreppe des ehemaligen Gerichts, „le Présidial" von 1680. Im Gebäude hinter dieser Treppe sind in der Galerie du Présidial Gemälde verschiedener bretonischer Künstler ausgestellt. Reste der im 8. Jh. begonnenen Eglise Saint-Colomban sieht man beim Haus Nr. 16, bevor in der naheliegenden Seitenstraße Rue Dom-Maurice als Nummer 5 eines der ältesten Häuser der Stadt erscheint: La Maison des Archers (Haus der Bogenschützen). In dem schönen, etwas schrägen Fachwerkgebäude aus dem 16. Jh. befindet sich das sehenswerte Museum für lokale Geschichte und bretonische Traditionen.

Öffnungszeiten: Täglich von 10.30 bis 18.30 Uhr, vom 15.9. bis 15.6. ist das Museum geschlossen. Eintritt: ca. 2,50/1,20 €, Tel. 02.98.96.04.32.

Eglise Notre-Dame-de-l'Assomption

Die vom 13.–15. Jh. erbaute Kirche beherrscht architektonisch die Oberstadt. Der ursprünglich eher festungsähnliche Bau wurde im 15., 17. und 18. Jh. erweitert, sodass verschiedene Stilelemente aus Romanik, Gotik und Renaissance nebeneinander auftreten. Vor allem am Nordeingang kann man diese Stilmischung deutlich erkennen.

Praktische Hinweise

Information

- **Office de Tourisme,** Place St-Michel 45, 29300 Quimperlé, Tel. 02.98.96. 04.32, Fax 02.98.96.16.12, www.quimperletourisme.com.

Unterkunft

- **Hotel Le Brizeux€,** Tel. 02.98.96.19.25, einfaches aber nettes Haus mit 11 Zimmern direkt am Fluss im Stadtzentrum.
- **Camping Municipal Kerbertrand,** Tel. 02.98.39.31.30, am Ortsrand nach Concarneau (D 787). Einfacher Platz mit 45 ruhigen Stellplätzen im Grünen, übliche Sanitärausstattung, geöffnet vom 15.6. bis 15.9.

Essen und Trinken

Restaurants in der Unterstadt:

- **Le Bistrot de la Tour,** Rue Dom-Maurice 2, Tel. 02.98.39.29.58, Menü ab 13,70 €, sehr gute Weinkarte, montags geschlossen.
- **Crêperie Ty Gwechall,** Innenstadt, Rue Mellac, Tel. 02.98.96.30.63., mit Abstand die beste Crêperie am Ort und von Einheimischen empfohlen.

Sonstiges

- **Fahrradverleih:** *M. Fontaine,* Rue de Pont-Aven 3, Tel. 02.98.96.05.30; *M. Nicolas,* Rue de la Tour d'Auvergne 5, Tel. 02.98.96.05.18.
- **Kanu und Kayakverleih:** *Club de Canoës,* am Flusshafen, Quai Surcouf, vom 1.7. bis 30.8. geöffnet, Tel. 02.98.39.39.06.
- **Tennis:** *Tennis Club Quimperlois,* Tel. 02.98.39.10.24 (2 überdachte und 3 offene Plätze).

- **Angeln:** *M. Le Stum,* Rue Brémond d'Ars 21, Tel. 02.98.39.34.02.
- **Diskotheken:** *Le Courlis,* Trélivalaire, Tel. 02.98.96.10.50.; *Tiffany Club,* außerhalb in Kercadoret, Route de Moëlan-s.-Mer, Tel. 02.98.96.24.05.
- **Markt:** Freitags auf dem Place St-Michel in der Oberstadt.
- **Cidre-Einkaufstipp:** Les Vergers de Pen Ar Ster. *Guy Le Grévellec* keltert den wohl besten Cidre der Region in Clohars-Carnoet. Direktverkauf, Tel. 02.98.71.57.76.

Anreise/Weiterreise

- **Mit dem Zug:** Züge auf der Strecke Quimper - Lorient - Vannes - Rennes verkehren 7-mal täglich, Tel. 02.98.39.24.24.
- **Mit dem Bus:** In Richtung Concarneau - Quimper, 7-mal täglich über Moëlan, Riec-s.-Bélon, Pont-Aven, Trégunc, Sarl, Caoudal, Tel. 02.98.97.35.31; Haltestelle in Stadtmitte (Unterstadt) am Quai Brizeux 2.

Umgebung von Quimperlé

Manoir de Kernault

↗ XVIII/B1

Ca. 5 km nordwestlich außerhalb der Stadt liegt nahe der D 765 beim Dorf Mellac der ehemalige Herrensitz „Manoir de Kernault". In dem gut restaurierten Gebäude aus dem 15. Jh., das sicherlich eines der schönsten Beispiele für ein typisch bretonisches „Manoir" darstellt, finden während des Sommers verschiedene kulturelle Veranstaltungen statt; Tel. 02.98.71.90.60.

Wanderungen entlang dem Fluss Laïta und im Wald von Carnoët 5 km südlich der Stadt (siehe dazu Kapitel Moëlan-sur-Mer).

Le Faouët

Chapelle Sainte Barbe

Die 1489 im gotischen Flamboyant-Stil gebaute Kapelle befindet sich etwa 2 km nördöstlich von Le Faouët und ist nur über eine Brücke zu erreichen. Völlig überraschend in eine **felsige Schlucht** hineingebaut, umgeben von uralten Kastanienbäumen und Eichen, beeindruckt sie durch ihre Lage als auch durch die großartige Architektur.

Über eine monumentale Treppe im Stil *Louis XIII.* steigt man den Hang hinab zum Eingang. *Sainte Barbe,* die Heilige der Seefahrer, der Schützen und der Feuerwehr, ist in Form einer Statue in einem kleinen Turm verewigt, der sich links der Kapelle befindet. In den **Glasmalereien** der Fenster ist das Leben der Schutzheiligen wiedergegeben. Geöffnet: April bis Mitte November täglich 10–12 Uhr und 14–18 Uhr. Auskünfte unter Tel. 02.97.23.23.23.

Côte des Mégalithes

Lorient

↗ XIX/C2

Die **Stadt der fünf Häfen,** so wird Lorient auch genannt. Neben „Keroman", dem zweitgrößten Fischereihafen Frankreichs, und dem vor etwa 200 Jahren angelegten Marinehafen verfügt die Stadt über einen bedeutenden Handelshafen; ferner gibt es einen Fährhafen und natürlich auch mehrere Yachthäfen.

Ursprünglich schrieb sich der Name der Stadt L'Orient, was darauf hinweist, dass hier einmal das französische **Tor in den Orient** war. Die 1664 unter *Louis XIV.* auf das Drängen seines Finanzministers *Colbert* gegründete **Compagnie des Indes Orientales** (Ostindien-Kompanie) wählte den Mündungsbereich der Flüsse Scorff und Blavet in der Südbretagne als Basis ihrer Handelsflotte, nachdem sich das bis dahin bevorzugte Le Havre in der Normandie aufgrund der holländischen Konkurrenz als zu risikoreich erwiesen hatte. Neben dem Handel mit Gewürzen, Tee, Seide und Porzellan brachte der Verkauf von „Ebenholz" astronomische Gewinne. Unter Geschäftsleuten der damaligen Zeit war es üblich, den Sklavenhandel mit diesem sarkastisch kaschierenden Begriff zu umschreiben. Die Compagnie besaß das französische Handelsmonopol vom Kap der Guten Hoffnung in Südafrika bis Canton in China, was bedeutete, dass unerwünschte Konkurrenten mit Waffengewalt ausgeschaltet wurden. Wichtige Handelsstützpunkte waren Fort-Dauphin im Süden von Madagascar, die Insel Réunion (damals Ile Bourbon genannt) und Mauritius (damals Ile de France), Mokka im südlichen Arabien, Surate, Karikal, Pondichery und Chandernagor in Indien, Aceh im Norden Sumatras und Canton im Südosten Chinas.

Die österreichischen Successionskiege (1744–1763) und der Siebenjährige Krieg (1756–1763) **ruinierten die Handelsgesellschaft,** und L'Orient verlor an Bedeutung. Doch im Jahre 1770 übernahm der französische König die Werften und Lagerhäuser der ehemaligen Compagnie und veranlasste den Bau eines **Kriegshafens** mit entsprechender Infrastruktur.

Nach über 250-jähriger intensiver Nutzung des Hafens für koloniale Zwecke verschafften ihm im Jahre 1941 die deutschen Truppen einen neuen Verwendungszweck. Mit 900.000 Tonnen Beton wurde ein **U-Boot-Bunker** angelegt, dessen Stabilität ausreichte, um die alliierten Bombenangriffe von 1944 zu überstehen, die fast die gesamte Stadt in Schutt und Asche legten. Die U-Boot-Bunker können besichtigt werden: Base des Sous-marins, Anmeldung beim Maison de la Mer, Office de Tourisme, Tel. 02.97.21.07.84, contact@lorient-tourisme.com, Preis 5/3 €.

Auch für Besucher freigegeben ist ein Tauchturm der Marinetaucher: *La Tour Davis,* wo Tauchtechnik der Marine Nationale erklärt wird. Öffnungs-

097br Foto: wk

zeiten: Juli und August täglich 14–18 Uhr, sonst nur sonntags 14–18 Uhr, 2,50/5 €.

In der Nähe am Rand der U-Boot-Bunker befinden sich Liegeplätze einiger Hightech-Segelrenner, Transozean-Trimarane, Americas-Cupper, alles was schnell und teuer ist.

Cité de la Voile Eric Tabarly. Segeln Sie einen Transozean-Trimaran am Computer. In dem neu errichteten futuristisch anmutenden Gebäude direkt neben den U-Boot-Bunkern befindet sich ein Segel-Dokumentationszentrum ganz besonderer Art. Mit modernen Medien wird die Geschichte des Segelsports in Frankreich nicht nur historisch dargestellt, sondern es werden auch neueste Hightech-Entwicklungen anschaulich beschrieben. Ein echtes Highlight nicht nur für Kinder. www.citevoile-tabarly.com.

Museumsschiff La Thalassa (Quai de Rohan, Tel. 02.97.35.13.00, www.sellor.com, ein ehemaliges ozeanografisch orientiertes Forschungsschiff, liegt an der Außenmole des Fischereihafens und bietet Besuchern die Möglichkeit, auf drei Decks das Leben und die Arbeit der Seeleute, Biologen und Ozeanografen kennen zu lernen. Der Besuch wird durch eine Ausstellung an Land ergänzt, in der besonders Kinder auf ihre Kosten kommen.

Der **Fischereihafen Keroman** mit seinen insgesamt 2 km langen Kaianlagen ist ebenfalls sehenswert. Ein Besuch (kostenlos) lohnt sich vor allem für Frühaufsteher, denn gegen 4 Uhr beginnen in den 600 m langen Auktionshallen die Fischversteigerungen. Zwar ist die Tonnage an gefangenem Fisch aufgrund Überfischung und wachsender ausländischer Konkurrenz zurückgegangen, doch werden immer noch 2- bis 3-mal pro Woche Hunderte von Tonnen Fisch, überwiegend aus dem Nordatlantik, an die Großhändler versteigert.

Wundern Sie sich nicht, wenn Sie auch mit guten Französischkenntnissen kein Wort verstehen, die Auktionssprache ist ein wirbelnd schnell gesprochenes Gemisch aus historisch gewachsenen Abkürzungen und Fachbegriffen, die nur Insider verstehen können.

Die riesigen Auktionshallen erfüllen einmal im Jahr einen ganz anderen Zweck. In der zweiten Augustwoche eines jeden Jahres findet in Lorient das **Festival Interceltique** statt, ein keltisches Kulturfestival ersten Ranges mit Darbietungen aus Musik, Tanz, Literatur und Theater, bei dem Gruppen aus Schottland, Irland, Wales, Galizien und natürlich der Bretagne in Zelten, auf Sportplätzen, auf Straßenplätzen und in Kneipen auftreten.

Im Rahmen dieser grandiosen Kelten-Fete wird an einem Abend der Woche in den mit Feuerwehrschläuchen gereinigten Auktionshallen ein **bombastisches Fischessen** für 3000 hungrige Mäuler organisiert. Natürlich sind die Eintrittskarten schnell verkauft, denn auf der Fisch-Fete geht mit bretonischer und irischer Musik und entsprechenden Mengen von Muscadet und Guinness gewaltig die Post ab. Karten gibt es während der Festwoche an verschiedenen Verkaufsständen im Stadtzentrum zwischen dem Yacht-Schleusenhafen (Port de Plaisance, Centre) und dem Sportzentrum (Parc des Sports). Karten unbedingt vorher beim Office de Tourisme bestellen! Bedauerlich ist, dass in den letzten Jahren spontane Musiksessions an den Straßenecken fast völlig verschwunden sind. Stattdessen hat sich eine Art Kirmesrummelatmosphäre um den Yachthafen breit gemacht. Nach wie vor interessant sind allerdings die Konzerte und Ausstellungen in den Hallen und Festzelten.

Das komplette Programm der Woche bekommt man ab Ende Juni beim Office de Tourisme oder im Organisationsbüro in der Rue Paul Bert Nr. 2, Tel. 02.97.21.24.29, im Stadtzentrum.

Wer sich für moderne bretonische Musik interessiert, sollte unbedingt auch ins Landesinnere nach Carhaix fahren, wo Mitte bis Ende Juli das Festival des Vieilles Charrues stattfindet. (Siehe im Kapitel „Gesellschaft und Kultur“ unter „Musik und Tänze“.) Auch das *Festival de Cornouaille* in Quimper ist in diesem Zusammenhang hochinteressant!

Aufgrund der flächendeckenden Bombardierung im 2. Weltkrieg hat die Stadt **architektonisch nur wenig Interessantes** zu bieten. Der Wiederaufbau in den 1950er und 1960er Jahren erfolgte primär zweckorientiert mit wenig architektonisch-künstlerischem Anspruch.

Sehenswert aus dieser Zeit ist eigentlich nur die im Jahre 1954 gebaute **Eglise Notre-Dame-de-Victoire,** am Place Alsace-Lorraine. Die aus Beton und Granit gebaute Kirche mit einer abgeflachten Kuppel als Dach ist betont schlicht gestaltet. Ein Fresko von **Untersteller,** 1959 hier entstanden, stellt die Jungfrau Maria dar.

Eine Sehenswürdigkeit, die weniger den Geist als vielmehr den Gaumen und Magen anspricht, befindet sich im Stadtteil Merville an der Avenue Anatole-France, ca. 300 m westlich des kleinen Stadtparks „Jardins Jules Ferry“: Die riesige **kreisrunde Markthalle** „Halles Merville“. Täglich ist hier vormittags ein Fischangebot zu finden, das an Vielfalt, Qualität und Menge in der Südbretagne seinesgleichen sucht. Mittwochs und samstags gibt es einen großen Obst- und Blumenmarkt.

Praktische Hinweise

Information

- **Office de Tourisme:** Quai de Rohan, 56100 Lorient, Tel. 02.97.21.07.84, Fax 02.97.21.99.44. www.lorient-tourisme.fr.

Unterkunft

- **Hôtel Mercure**€€-€€€**,** Place Jules Ferry 31, Tel. 02.97.21.35.73, Fax 02.97.64.48.62. Ein modernes, komfortables Hotel der bekannten Mercure-Kette in sehr günstiger zentraler Lage. Es bietet 58 sehr gepflegte Zimmer mit allem Komfort und ist ganzjährig geöffnet.
- **Hôtel Victor Hugo**€-€€**,** Rue Lazare-Carnot 36, Tel. 02.97.21.16.24, Fax 02.97.84.95.13. Das Hotel hat 30 Zimmer mit unterschiedlicher Sanitärausstattung und liegt ca. 1 km südlich des Stadtzentrums. Es ist ein gepflegtes Haus mit einer netten, englisch sprechenden Wirtin.
- **Hôtel du Square**€**,** Place Jules Ferry 5, Tel. 02.97.21.06.36. Ein recht einfaches Hotel in sehr günstiger Lage im Zentrum mit 13 unterschiedlichen Zimmern, ganzjährig geöffnet.

•**Auberge de Jeunesse** (Jugendherberge), Rue Victor-Schoelcher 41, Tel. 02.97.37.11.65, Fax 02.97.84.95.49, an der Straße nach Larmor-Plage am Ufer des Etang du Ter, ca. 3 km südwestlich des Stadtzentrums. Ein relativ neues Gebäude mit 104 Betten in 2- bis 5-Bett-Zimmern. Eine Campingmöglichkeit gibt es im Garten für 20 Zelte. Geöffnet ist vom 1. Februar bis zum 22. Dezember.

Essen und Trinken

•**Le Poisson d'Or** (der Goldene Fisch), Rue Maître-Esvelin 1, Tel. 02.97.21.57.06, Fax 02.97.64.65.42. Das Restaurant liegt im Zentrum nahe des Yachthafens und ist eines der besten Restaurants der Stadt hinsichtlich Fisch und Fruits de Mer. Die Weinkarte ist ebenfalls sehr gut. Sonntags geschlossen.

•**Le Pic,** Rue Georges Collier 32, Tel. 02.97.21.26.99. Eine gute Alternative zum „Poisson d'Or". Die Speisekarte bietet auch dem Nicht-Fisch-Esser ein reichhaltiges Angebot. Der Chef wurde 1986 als bester bretonischer Kellermeister ausgezeichnet. Ein Menü bekommt man von ca. 11 € bis 30 €. Samstagmittag und Sonntagmittag geschlossen.

•**Bar de la Criée** (Bar-Hotel-Restaurant), Av de la Perrière 35, Tel. 02.97.37.14.34. Gutes einfaches Menü für ca. 10 €, nette Bedienung, Arbeiterlokal im Hafenviertel, maritime Atmosphäre.

•**Restaurant Le Terre Neuvas**€€, das, wie wir meinen, interessanteste Lokal in Lorient, am Yachthafen Kernevel im alten Offizierskasino unweit der U-Boot-Bunker, Tel. 02.97.88.01.93, Fisch in allen Variationen, maritimes Ambiente, große Terrasse mit Blick auf den Hafen.

•**Restaurant/Bar de la Liberté,** Rue Poissonnière 26, Tel. 02.97.21.07.05. Ein bei den Einheimischen sehr beliebtes Lokal (was immer ein gutes Zeichen ist) nicht weit vom Yachthafen. Gute Menüs in unverfälschter französischer Atmosphäre.

•**Bar Admiral Benbow,** Place Jules-Ferry 10, Tel. 02.97.21.44.30. Musikkneipe auf zwei Etagen mit irischem Touch, geöffnet 10–1 Uhr.

•Ein Tipp für Guinness-Fans: **Galway Inn,** Rue de Belgique 18, Tel. 02.97.64.50.77. Ein urig-irischer Pub am nördlichen Stadtrand.

Sonstiges

•**Hafenrundfahrt** mit *Vedettes Jaunes,* Tel. 02.97.21.00.55, ab Quai des Indes um 14.30 Uhr. Die Fahrt dauert 95 Minuten und kostet 12 € für Erwachsene und 6 € für Kinder.

•**Flussrundfahrt** auf dem Blavet bis Hennebont: Ebenfalls mit *Vedettes Jaunes* ab Quai des Indes um 14.30 Uhr. Diese Fahrt dauert 3 Stunden mit einstündigem Pausenaufenthalt in Hennebont. Der Fahrpreis beträgt für Erwachsene 16 € und für Kinder 10 €.

•**Hafenfähre** (*Passeur*) zwischen West- und Ostufer: Le Transrade, ebenfalls über das Büro von *Vedettes Jaunes* organisiert. Tel. 02.97.21.00.55 oder 02.97.33.40.55. Halbstündige Verbindungen zwischen Lorient, Quai des Indes und Locmiquelic, Pen Mané sowie zwischen Lorient/Port de Pêche (Fischereihafen) und Port-Louis. Täglich 6–20, am Wochenende 10–18 Uhr.

•**Angel- und Fischereiartikel:** Coop Maritime im Fischereihafen (Kéroman), Rue Alphonse Rio 8, Tel. 02.97.37.07.91.

•**Musée de la Mer,** Quai de Rohan (am Yachthafen), Tel. 02.97.84.87.37. Ein modernes Hafen- und Fischereimuseum, das 1987 gegründet wurde. Im Gegensatz zum historisch orientierten Seefahrtsmuseum in Port-Louis (Compagnie des Indes) wird hier die heutige Situation des Handels- und Fischereihafens erläutert. Geöffnet 9–12 Uhr und 14–18 Uhr, dienstags ist geschlossen.

•**Museums-Fischtrawler Victor Pleven,** ehemaliger Kabeljaufänger, der seine alten Tage im Fischereihafen Keroman nahe der U-Boot Station als Museumsschiff verbringt. Tel. 02.97.88.15.12. Ein Muss für Familien mit Kindern! Öffnungszeiten: Juni, Juli und August 9–19 Uhr und vom 1. September bis Ende Mai 9–12.30 Uhr und 13.30–18 Uhr, Eintritt: 9,50 € für Erwachsene, 6 € für Kinder.

•**Musée de la Compagnie des Indes** (s. Port-Louis).

•**Mitsegeln:** Der Hauptautor dieses Reiseführers, Wilfried Krusekopf, bietet u.a. ab Lorient, Port de Plaisance, Yachtsegeltörns auf komfortablen Hochseeyachten mit Skipper und kleiner Crew an, www.biskaya.de, Tel. 02.97.26.89.48 oder 06.70.77.65.98.

•**Tauchen:** *Evasion,* Rue Monistrol 55, Tel. 02.97.21.77.76. Es werden Tauchfahrten vor der Küste organisiert; *Club Scuba-Lorient,* Tel. 02.97.21.65.82. Gleiches Angebot.

- **Yachtcharter:** SPI, im Yachthafen Kernevel bei Larmor Plage. 35 Yachten von 6 m bis 13 m Länge werden mit oder ohne Skipper verchartert. Tel. 02.97.84.60.80.
- **Segeln:** *Club Nautique de Lorient,* Boulevard Adolphe-Pierre, Tel. 02.97.84.81.30 (Ausbildung und Ausfahrten).
- **Fahrradverleih:** *L'Orientis,* Cours de Chazelles, Tel. 02.97.21.28.29 und beim Office de Tourisme am Yachthafen in der Innenstadt.
- **Plouay:** Die Welt des Rades verspricht der *Véloparc* dem Besucher. Im Herrensitz Domaine de Menehouarne zeigt eine Ausstellung Wissenswertes zum Thema „Fahrrad". Auf dem, Gelände gibt es zahlreiche Radwege und zudem die Möglichkeit in gut ausgestatteten, behaglichen Räumlichkeiten zu übernachten. Tel. 02.97.33.15.15, Fax 02.97. 33.05.32.

Anreise/Weiterreise

- **Mit dem Zug:** Regelmäßige Zugverbindungen von/nach Rennes, Vannes, Quimperlé, Quimper, Brest und Paris. SNCF, Rue de Beauvais, Tel. 02.97.42.50.50.
- **Mit dem Bus:** Täglich 4–6 Fahrten nach Plouay, Le Faouët u. Gourin. Abfahrt ab Gare Routière, neben dem SNCF Zug-Bahnhof. Ebenfalls tgl. 5–8 Fahrten nach Baud u. Pontivy.
- **Mit dem Flugzeug:** Aéroport de Lann Bihoué (8 km nordwestlich des Zentrums). 4 Flüge von und nach Paris täglich mit Air Inter, Tel. 02.97.87.21.50 oder 02.98.84.73.33 (Reservierung in Brest).
- **Mit dem Schiff nach Ile de Groix** mit der *Compagnie Morbihannaise et Nantaise de Navigation.* Personen- u. PKW-Transport; ganzjährig täglich mind. vier Fahrten (im Sommer bis zu acht) ab Gare Maritime (nahe dem Fischereihafen Kéroman). Fahrtdauer ca. 45 Min. Hin- und Rückfahrt 20 € für Erwachsene und 13 € für Kinder. Für Autos je nach Länge ab 76 €. Büro, Boulevard Adolphe-Pierre, Tel. 02.97.64.77.64, Fax 02.97.64.77.69.

Ile de Groix

098br Foto: wk

•Personenfähre nach Belle-Ile/Sauzon ebenfalls mit *Compagnie Morbihannaise et Nantase de Navigation.* Diese Fähre fährt nur von April bis September ab Gare Maritime. Fahrtdauer ca. 95 Min. Der Fahrpreis beträgt 29 € für Erwachsene und 14 € für Kinder.

Ile de Groix

↗ XIX/C3

„Vor der Haustür" von Lorient, nur 8 km von Port Louis entfernt, liegt die interessante Insel, deren Leuchtfeuer den aus der Biskaya kommenden Schiffen als Navigationshilfe dient.

Auf der Kirchturmspitze im Ortszentrum kann es jeder schon von weitem sehen: Der **Thunfisch** hat auf dieser Insel lange Zeit eine große Rolle gespielt. Wo andernorts ein Wetterhahn die Spitze des Kirchturmes ziert, wurde hier ein metallener Thunfisch befestigt. Um die Wende vom 19. zum 20. Jahrhundert hatten von insgesamt 270 bretonischen Thunfischfangbooten mehr als zwei Drittel, genau 198, Groix als Heimathafen. Schon immer hatte der Fischfang hier die Inselbewohner ernährt, doch etwa ab 1870 brachte der Fisch, insbesondere der Thunfisch, der Insel sogar gewissen Wohlstand. Dies lag vor allem an der Entwicklung von Fischereigenossenschaften und zusätzlich am Aufbau einer wirtschaftlich erfolgreichen **Konservenindustrie.**

Die **Thunfischfangtechnik** war hier immer ausgesprochen delfinfreundlich, denn es wurde nur mit Angelleinen an langen Auslegern gefischt. Auf die mit Ködern versehenen Haken bissen wirklich nur die Thunfische. Die heute vor allem im Pazifik übliche und aus ökologischer Sicht zu kritisierende Netzfangmethode wurde von den einheimischen Fischern nicht eingesetzt.

Als in den 1930er Jahren immer mehr Fischerboote motorisiert wurden und die fischverarbeitende Industrie sich am Festland als erfolgreichere Konkurrenz entwickelte, verlor Groix seine Bedeutung als Thunfischfang-Zentrum. Die Groisillonais (so nennen sich die Bewohner der Insel) mussten sich Arbeit am Festland oder auf fremden Schiffen suchen, bis nach dem 2. Weltkrieg der **Tourismus als neuer** Wirtschaftszweig entstand. Heute lebt die Bevölkerung von Groix von der Heuer der zur See fahrenden Männer, z.T. auch von ein wenig Getreide- und Gemüseanbau und vor allem aber auch von den Urlaubern. Die Steuern für die in den letzten Jahren gewachsene Zahl an Ferienhäusern bilden die Haupteinnahmequelle der Gemeindekasse.

Landschaftlich könnte man Groix als kleine Schwester von Belle-Ile bezeichnen. Vor 400 Millionen Jahren durch das Übereinanderschieben zweier Erdplatten entstanden, zeigt Groix wie Belle-Ile ein leichtes Gefälle von der ca. 40 m hohen, felsig **zerklüfteten Westküste** hinüber zur nur etwa 20 m hohen **buchtenreicheren Ostküste.** Das Inland ist leicht hügelig. Hier liegen drei größere und etwa ein Dutzend kleinere **Ortschaften,** die sich recht gleichmäßig auf die etwa 7 km lange und 2 bis 3 km breite Insel verteilen.

Während in Küstennähe oberhalb des felsigen Ufers Heide- und Gras-

land oder Ginstergebüsche das Bild prägen, wird das **Inland** überwiegend landwirtschaftlich genutzt. Kleine Getreidefelder wechseln sich mit Viehweiden und Baumgruppen in der Nähe der meist weißgetünchten kleinen Häuser ab.

Port-Tudy, der an der Nordküste liegende Haupthafen der Insel, ist Yacht-, Fischerei- und Fährhafen zugleich.

Obwohl die Fähre auch Autos transportiert, ist es für einen Kurzaufenthalt auf Groix weder sinnvoll noch notwendig, den eigenen PKW mitzunehmen, denn kein Punkt der Insel liegt weiter als 4 km vom Hafen entfernt. Zudem werden in Port-Tudy Fahrräder und Kleinwagen zum Verleih angeboten.

Leuchtfeuer auf der Ile de Groix

Oberhalb des Hafens wurde 1984 im Gebäude einer ehemaligen Fischkonservenfabrik ein sehenswertes Inselmuseum eingerichtet, das **Ecomusée de l'Ile de Groix.** In mehreren Abteilungen werden die geologische Entstehung, Flora und Fauna, die geschichtliche Entwicklung und das alltägliche Leben der Fischer und ihrer Familien dargestellt. Altes Mobiliar und Geräte aus dem Alltag der Fischer werden durch Modelle ergänzt. Hier nimmt die Darstellung des Thunfischfangs hier besonderen Raum ein. Interessant ist auch die Ausstellung über Seerettung mit einem 10 m langen Boot von 1950. Daneben gibt es Exponate zu örtlichen Riten und Bräuchen.

Öffnungszeiten: Von dienstags bis sonntags im Juli und August 9.30–12.30 Uhr und 15–19 Uhr. Sept., Okt., Nov., April, Mai und Juni 10–12.30

und 14–17 Uhr. Von Dezember bis März, mittwochs, samstags und sonntags von 10–12.30 Uhr und 14–17 Uhr, Tel. 02.97.86.84.60. Eintritt: 4,30/ 2,50 €.

Von Port-Tudy führt die Inselhauptstraße 1 km bergauf in den **Hauptort Le Bourg,** in dessen Zentrum die thunfischgekrönte Eglise Saint-Tudy steht. Le Bourg ist, außer im August, ein verschlafenes Inselzentrum mit einem kleinen Marktplatz, an dem man im Sommer im Schatten einiger großer Bäume nach der Radtour genüsslich sein Bier trinken kann.

Die Leitung des Ecomusée in Port-Tudy organisiert von Juni bis September mehrmals wöchentlich Führungen in zwei **Naturschutzgebiete** der Insel, die unter dem Namen Reserve Naturelle François Le Bail zusammengefasst sind.

An der Nordwestküste, unweit des Leuchtturmes Pen Men, befindet sich ein **ornithologisches und botanisches Schutzgebiet,** in dem etwa 400 Paare verschiedener Seevögel nisten, u.a. auch die selten gewordenen Dreizehenmöwen.

An der entgegengesetzten Küste im Südosten der Insel kommen geologisch interessierte Besucher voll auf ihre Kosten. Südlich und südöstlich des Ortes Locmaria, des zweitgrößten der Insel, nahe des Kaps Pointe des Chats befindet sich das **Réserve Naturelle Minéralogique.** Vor etwa 400 Millionen Jahren ließen Plattenverschiebungen der Erdkruste Mineralien entstehen, die normalerweise nur in tieferen Erdschichten gefunden werden, hier auf Groix hingegen auch an der Oberfläche vorkommen. Insbesondere das Glaukophan, eine blaugrüne Variante der Alkalihornblende, lässt die Küste bei Locmaria zu einem beliebten Exkursionsziel für Geologen werden.

Nähere Informationen über Führungen erhält man an der Kasse des Ecomusée. Am Ortsrand von Locmaria wurde 1906 ein **Wikingergrab** mit einem Wikingerschiff als Sarg ausgegraben, das in etwa auf das Jahr 900 datiert werden konnte. Die Funde sind ebenfalls im Ecomusée ausgestellt.

Entlang der Küste sind, von Port-Tudy aus im Uhrzeigersinn gesehen, folgende Orte sehenswert:

Port-Mélite, ca. 1 km östlich von Port-Tudy, nahe der Ortschaft Le Méné. Hier liegt eine kleine Badebucht mit schönem Sandstrand, die auch gern von Seglern als Ankerbucht genutzt wird. Ein kleiner Dolmen (Méni-Gori), der auf die neolithische Besiedelung von Groix hinweist, steht in unmittelbarer Nähe des Strandes (ca. 200 m südöstlich).

Plage des Grands Sables. Der feinsandige, ca. 500 m lange Strand mit seiner ungewöhnlich konvexen, fast halbinselähnlichen Formung ist nicht nur zum Schwimmen und Sonnenbaden ideal. Gelegentlich kommt es vor, dass im Sand buddelnde Kinder auf rote Silicatkristalle stoßen, die als „Granat“ in Schmuckstücken Verwendung finden. Das wertvolle Kristall wird u.a. in Schichten von Glimmerschiefer gefunden; und Groix besteht aus genau diesem Gestein, das, als kleine Plättchen im Wasser gelöst, oft ein silbriges Glitzern erzeugt.

Etwa 500 m südlich des Strandes steht der kleine Leuchtturm **Phare de la Pointe des Chats** einsam in der Landschaft. Schön ist hier der Längsverlauf der Gesteinsschichten zu erkennen, die sich ins Meer ziehen. In der seewärtigen Verlängerung gibt es einige Untiefen im Meer (*Les Chats* = die Katzen), die auch noch heute manchmal unvorsichtigen Navigatoren durchaus zum Verhängnis werden können.

Von der Pointe des Chats führt der die gesamte Küste umrundende Küstenwanderweg nach ca. 3 km zum Eingang in die Hölle, dem **Trou de l'Enfer.** Besonders bei Südweststurm lohnt sich der Weg hierher, denn dann zerstäuben meterhohe Wellen in dieser 40 m tiefen, aber sehr schmalen Felsschlucht in gewaltigen Gischtfontänen.

Weitere 2 km nordwestlich des Höllenschlundes erreicht man den bei Fischern und Seglern gleichermaßen beliebten fjordähnlichen Naturhafen **Port St-Nicolas.** Hier ist die ideale Stelle, transportable Boote für eine Fahrt entlang der sonst unzugänglichen rauen Westküste zu Wasser zu lassen.

Vor Port St-Nicolas führt der Küstenweg nach ca. 3 km zur Nordwestspitze der Insel, nach **Pen Men.** Der gleichnamige Leuchtturm ist leider nicht zu besichtigen.

Zurück nach Port-Tudy lohnt der Weg über die Straße durch die inseltypischen **Dörfchen Quelhuit und Kerlivio.** Eine Pause sollte für den Ort **Port-Lay,** etwa 1 km westlich von Port-Tudy, eingeplant werden, denn dieser malerische Miniaturhafen war der erste befestigte Fischerhafen der Insel. Hier fanden im 19. Jahrhundert zeitweise bis zu 140 Thunfischfangboote gleichzeitig Platz. Oberhalb des Hafens steht das Gebäude der ersten Fischerei- und Navigationsschule Frankreichs (gegründet 1903), die heute ihren Sitz in Brest hat.

Praktische Hinweise

Information

- **Office de Tourisme,** 56590 Port-Tudy/Ile de Groix, Tel. 02.97.86.54.96 (Saison) oder 02.97.86.53.08 (September bis Mai), Fax 02.97.86.81.98, Internet: www.groix.com

Unterkunft

- **Hôtel l'Escale€€,** Port-Tudy, Tel. 02.97.86.80.04. Direkt oberhalb des Hafens, 8 Zimmer mit gutem Komfort, z.T. mit schönem Blick auf den Hafen, inkl. amerikanischem Frühstück.
- **Hôtel/Restaurant de la Marine€,** Rue du Général de Gaulle 7, im Ortszentrum Le Bourg, Tel. 02.97.86.80.05. 22 traditionell eingerichtete Zimmer mit Dusche/Bad/WC. Gutes Restaurant. Geschlossen vom 3.1. bis 1.2.
- **Hôtel/Restaurant Ty Mad€,** Port-Tudy, Tel. 02.97.86.80.19. Traditionelles, gepflegtes Haus oberhalb des Hafens, 32 gut eingerichtete Zimmer, davon 20 luxuriös ausgestattet, geöffnet von Ostern bis Ende September.
- **La Grek ar Vag€€,** Place du Leurhe 3, Tel. 06.09.71.01.91. In einem alten Kapitänshaus werden 5 stilvoll eingerichtete Zimmer angeboten, ganzjährig geöffnet.
- **Auberge de Jeunesse,** Tel. 02.97.86.81.38, am Ortsrand von Le Bourg. Die Jugendherberge ist nur von März bis Oktober geöffnet.
- **Camping des Sables Rouges,** Tel. 02.97.86.81.32 (Sommer) oder 02.97.64.13.14 (in der übrigen Zeit), direkt am Meer an der Ostküste südlich des Plage des Grands Sables. Ruhige Lage, 120 Stellplätze zwischen Hecken, gute Sanitärausstattung, geöffnet vom 1.6. bis 12.9.

Essen und Trinken

- **Auberge du Pêcheur,** Tel. 02.97.86.56.92. Gutes Fischrestaurant direkt oberhalb des Hafens gegenüber von „Ty Beudeff", schöne Terrasse, maritime Atmosphäre.
- Brasserie-Bar **Le Thon Bleu,** Rue Général de Gaulle 52, etwa 300 m bergauf oberhalb des Hafens in Richtung Ortszentrum. Ein kleines nettes Insellokal mit einfachen, preiswerten Gerichten, Tel. 02.97.86.58.86.
- **Ty Beudeff,** Tel. 02.97.86.80.73. Auf halbem Weg zwischen Port-Tudy und Le Bourg rechts an der Straße. Urige Bierkneipe mit keltischem Charakter (Guinness vom Fass) und viel Stimmung. Geöffnet ab 18 Uhr.
- **Crêperie Chez Paule,** Rue de Port Mélite 6, Tel. 02.97.86.89.72. Gute Crêpes in familiärer Atmosphäre.
- **La Taverne Irlandaise,** in Keranpoulo an der D 202 auf halbem Weg zwischen Le Bourg und Locmaria, Tel. 02.97.86.89.34. Wie der Name schon sagt, Kneipe mit betont keltischem Charakter und irischem Bier vom Fass. Abends wird gern gesungen, bretonisch, versteht sich, und laut.

Sonstiges

- **Fahrradverleih:** *Cycles Tristan,* Port-Tudy, Tel. 02.97.86.80.03, und *Cycles Martin,* Tel. 02.97.86.84.17.
- **Disco:** *Le Ty Mad,* Port-Tudy, Tel. 02.97.86.80.19, ganzjährig sonntags, während der Saison täglich geöffnet.
- **Reiten:** *Centre Equestre Mez Groes,* in Kerlobras auf halbem Weg nach Pen Men, Tel. 02.97.86.56.81.
- **Angelfahrten:** Auskunft beim Office de Tourisme.
- **Surfen:** *Club Nautique de Groix,* Tel. 02.97.86.82.64. Verleih von Boards und Ausbildung von Anfängern bis zum Funboard-Fan, am Plage des Grands Sables.
- **Tauchen:** *Club Scubagrec,* Tel. 02.97.86.82.23. Anmeldung für Tauchfahrten oder für die Ausbildung am Kompressorhaus in Port Tudy neben der Tiefkühlhalle.
- **Segeln:** *Jeunesse et Marine,* Port-Lay, Tel. 02.97.86.82.97. Ausbildung auf Jollen und Sportkatamaranen, kein Verleih. *Club Nautique de Groix* (s.o.), Plage des Grands Sables. Neben Ausbildung auf Jollen und Katamaranen auch Verleih dieser Boote.
- **Tennis:** *Tennis Club Groisillon,* Tel. 02.97.86.88.59. 3 Plätze.
- **Einkaufstipp:** Cooperative Maritime, in Port-Tudy am Hafen, Tel. 02.97.86.80.03. Angelgerät, Wassersportbekleidung, Pullover, Seekarten.

Anreise/Weiterreise

- **Mit dem Schiff:** Groix ist mit verschiedenen Fährlinien von Lorient oder Port-Louis aus zu erreichen. *Societe Morbihannaise et Nantaise de Navigation,* Boulevard Adolphe-Pierre, 56323 Lorient, Tel. 02.97.64.77.64. Täglich vier Fahrten (im Sommer bis zu acht), Preise fürs Rückfahrtticket 20 €, Kinder 13 €, Autos ab 90 €, Fahrtdauer 45 Minuten. *Vedettes Jaunes,* Tel. 02.97.33.40.55 oder 02.97.21.00.55, nur im Juli/August, kein Autotransport, ab Lorient oder Port-Louis, täglich zwei Fahrten, Preise wie bei der C.M.N.N. Die Reederei führt auch Inselumrundungen durch.
- **Mit dem Flugzeug:** Eine einmotorige sechssitzige Maschine fliegt täglich ab Lorient-Lann Bihoué, Tel. 02.97.31.41.14.

Ausflüge

- Das Ecomusée in Port-Tudy vermittelt während der Saison vom 1.5. bis 30.9. **Tagesfahrten auf dem Gaffelsegler Kenavo.** Höchstens vier Personen können täglich teilnehmen. Preis: ca. 26 €, Tel. 02.97.86.84.60.
- **Fahrten nach Lorient, Inselumrundungen** und gelegentlich **Angelfahrten** werden mit dem Katamaran Stereden Va Bro organisiert. Auskunft im Port Tudy oder unter Tel. 02.97.86.54.44.

Larmor-Plage

↗ XIX/C3

4 km südlich von Lorient (D 29) am Westufer der Mündung von Blavet und Scorff liegt der beliebte Badeort direkt gegenüber von Port-Louis. Vor allem die **vier schönen Sandstrände,** Plage de Nourriguel im Osten (400 m

Länge), Plage de Toulhars am alten Fischerhafen (ca. 400 m Länge), Plage de l'Armor bei Port-Maria (ca. 200 m Länge) und der Plage de Kerguelen westlich des Ortszentrums (ca. 1 km Länge) erklären die hohe Zahl von Gästen zwischen Juli und August.

Am Plage de Kerguelen befindet sich ein regelrechtes **Wassersportdorf** mit einem sehr breiten Ausbildungsangebot für Segler, Surfer und Taucher. Mehrere hundert Sportkatamarane, Jollen und Surfboards stehen für Ausbildungszwecke und zum Teil auch für den Verleih zur Verfügung. Tauchern bieten 60 Ausrüstungen und drei Spezialboote beste Voraussetzungen für Tauchgänge vor der Küste und an der Insel Groix. Wahlweise werden Tages- und Wochenkurse angeboten. Eigene modern eingerichtete Unterkünfte können in Kombination mit den Kursen gebucht werden. Centre Nautique de Kerguelen, Tel. 02.97.84.27.27, www.kerguelen-plongée.com, www.kerguelen-nautisme.com.

Neben den Wassersportprogrammen gibt es neuerdings auch ein Angebot für Reiter im **Parc Océanique de Kerguelen,** der dem Wassersportzentrum direkt angegliedert ist. Auf 82 ha Fläche gibt es neben den Ställen und Ausbildungsgebäuden viel Platz für sportliche Aktivitäten. Kerguelen Equitation, Tel. 02.97.33.60.56.

Auch für kulturhistorisch interessierte Besucher bietet die Stadt ein lohnendes Ziel: die im 15. und 16. Jh. erbaute Kirche **Notre-Dame-de-la-Clarté,** auch genannt Notre-Dame-de-Larmor, am Marktplatz im Ortszentrum. Durch verschiedene Anbauten und Veränderungen bis ins 17. Jh. entstand hier ein schönes Beispiel bretonischer Gotik. Bereits im 6. Jh. stand hier eine hölzerne Kapelle, die von dem aus England stammenden Mönch *Saint Gildas* erbaut worden war. (St-Gildas starb gegen 570 auf der Insel Houat.) Die hölzerne Kapelle wurde schließlich im 9. Jh. von Wikingern abgebrannt. Der Baubeginn der heutigen Granitkirche ist nicht überliefert, doch lassen sich die vier Hauptpfeiler der Vierung (Schnittfläche von Lang- und Querhaus) auf das 15. Jh. datieren. Der Kirchturm besaß bis 1666 keine Spitze und hatte die Funktion einer Schutzfestung. Erst im Gründungsjahr der Stadt L'Orient (heute: Lorient) wurde die Spitze aufgesetzt. Das Eingangsportal ist entgegen der damaligen Bautradition nicht nach Süden, sondern nach Norden ausgerichtet. Es heißt, dass dies aus Gründen des Schutzes vor den hier dominierenden starken Südwestwinden geschehen sei. Eigenartigerweise findet man dieses Detail aber unter Hunderten von Kirchen und Kapellen sonst nur noch in Carnac und Gouezec/Fin. Rechts und links in der Eingangshalle stehen die Abbildungen der 12 Apostel, die hier zwischen 1518 und 1552 in Stein gehauen wurden. Verschiedene Heiligenstatuen (Sainte Barbe, Saint Efflam, Saint Roch u.a.) aus dem 16. Jh. sowie die 5 Altäre sind ebenfalls sehenswert. Das Gemälde über dem Hauptaltar zeigt Maria und Jesus über dem Meer schwebend und weist darauf hin, dass dem Schutz der Seefahrer hier besondere Bedeutung zukommt. Vom 16. bis 19. Jh. war es üblich, dass aus Lorient auslaufende Kriegsschiffe beim Passieren der Kirche von Larmor-Plage mit drei Kanonenschüssen salutierten und ihnen als Antwort mit läutenden Kirchenglocken gute Fahrt und eine glückliche Heimkehr gewünscht wurde. Diese Tradition findet sich auch noch in der Inschrift des Stadtwappens wieder: „Bon vent à qui me salue" (Guten Wind dem, der mich grüßt).

Praktische Hinweise

Information

- **Office de Tourisme,** Place Notre-Dame, 56260 Larmor-Plage, Tel. 02.97.33.70.02, Fax 02.97.84.26.27.

Unterkunft

- **Hôtel/Restaurant Les Mouettes€€,** Plage de Kerguélen, Tel. 02.97.65.50.30. Betont modernes, neues Hotel direkt am Strand, 21 freundliche Zimmer, alle mit Bad und WC, Kabelfernsehen und Telefon.
- **Camping:** Von den drei vorhandenen Plätzen empfehlen wir Camping de la Fontaine im Ortsteil Kerderff, Tel. 02.97.33.71.28. Dieser Platz hat eine ruhigere Lage als die zwei anderen Plätze, ca. 700 m zum Strand, 140 Stellplätze, sehr gute Sanitärausstattung, Lebensmittelladen, Fahrradverleih.

Essen und Trinken

- **Les Mouettes** (s. o.), Menüs für Fisch-, Fleisch- u. Gemüseliebhaber ab ca. 15 €. Ein freundlich heller Speisesaal mit Meerblick und Strandterrasse wirkt einladend.
- **Asia-Restaurant Dai Long,** Rue de la Marine, Tel. 02.97.33.76.97, garantiert „echter" als deutsche China-Restaurants. Menüs gibt es ab 14 €.
- **Crêperie Anna Maria,** Promenade Port Maria 3, Tel. 02.97.33.70.59.

Sonstiges

- **Fahrradverleih:** *Camping de la Fontaine* (s.o.); *Sport-Océan,* Place Notre-Dame, Tel. 02.97.33.71.28.
- **Segeln, Surfen, Tauchen, Reiten:** *Centre Nautique de Kerguélen* (s.o. im Text).
- **Tennis:** *Stade André-Cheval,* Tel. 02.97.33.62.74.
- **Golf:** *Golf Ploemeur Océan,* St-Jude-Kerham, Tel. 02.97.32.81.82. Über die D 152 ca. 5 km westlich vom Ortszentrum, direkt am Meer, 18 Löcher auf 6 km Länge.
- **Markttag:** Sonntags vor der Kirche.

Anreise/Weiterreise

- **Mit dem Bus:** Nach Lorient 8–20 Uhr halbstündig. Nach Westen zu verschiedenen kleinen Orten am Strand bis Fort-Bloqué dreimal täglich, Tel. 02.97.21.28.29.
- **Fähre:** zwischen Yachthafen Larmor-Plage (Kernevel) u. Port-Louis sowie nach Lorient-Quai des Indes 4-mal tgl. vom 27.6. bis 30.8.

Port-Louis

↗ XIX/C3

Die vor allem wegen ihrer mächtigen Zitadelle besuchte Kleinstadt am Ostufer der Scorff- und Blavet-Mündung erreicht man **mit dem Auto,** aus Lorient kommend, über die D 781, nachdem man östlich von Lanester den Blavet über die D 194 überquert hat. Die Fahrt lohnt sich mit dem Auto aber nur, wenn man ohnehin östlich des Blavet bleiben will. Sonst ist es sinnvoll, direkt von Lorient, Quai des Indes oder Port de Pêche, mit der **Hafenfähre** (Passeur) als Fußgänger überzusetzen (siehe weiter oben).

Im 16. Jh. wurde der an der Mündung von Scorff/Blavet strategisch günstig gelegene Fischerort unter spanischer Besatzung durch *Don Juan del*

Aguila **mit einer Zitadelle befestigt,** die Anfang des 17. Jh. unter *Louis XII.* auf Anordnung von *Richelieu* weiter ausgebaut wurde.

Heute befinden sich in den historischen Gemäuern drei verschiedene Museen: Das Musée de l'Arsenal, das Musée des Armes Navales und das Musée de la Compagnie des Indes. Im **Musée de l'Arsenal,** das sich im ehemaligen Waffenarsenal befindet, wird anhand zahlreicher Modelle von zivilen und militärischen Schiffen ein Stück französischer Seefahrtsgeschichte beschrieben. Der ehemalige Pulverturm beherbergt das **Musée des Armes Navales.** Hier zeigen Minen, Torpedos und andere Seewaffen, was der Mensch sich zwischen dem 17. und 20. Jh. einfallen ließ, um auch auf See sein zerstörerisches Handwerk fortzusetzen. In einem Nachbargebäude ist ein **Museum für Seenotrettung** untergebracht. Verschiedene Dokumente beschreiben die harten Einsätze der Männer auf ihren zum Teil bis in die 1950er Jahre motorlosen Booten. Übrigens: Das französische Gegenstück zur DGzRS (Deutsche Gesellschaft zur Rettung Schiffbrüchiger), ist die SNSM (*Société Nationale de Sauvetage en Mer),* die zu 100 % von Spenden finanziert wird. In einem zweiten Teil dieses Museums befindet sich eine Abteilung für **Unterwasserarchäologie** mit Exponaten aus verschiedenen Wracks, u.a. mit Vasen aus dem Chinesischen Meer.

Das dritte und nach dem historischem Informationswert wohl wichtigste Museum der Zitadelle befindet sich in der Nordwesthälfte der um den quadratischen Exerzierplatz angelegten Kaserne, das **Musée de la Compagnie des Indes.** Verschiedene Pariser Museen haben mit der Stadt Lorient zusammengearbeitet, um 1984 dieses einzigartige Museum für orientalische und asiatische Handelsbeziehungen hier einweihen zu können. Am Eingang geben große Tafeln eine Übersicht über die Aufeinanderfolge der verschiedenen Handelsgesellschaften seit 1604. In den beiden Gebäudeteilen rechts und links vom Eingang geben Originaldokumente, Wandteppiche, alte Seekarten und eine Vielzahl kostbarer Sammlungsstücke, wie Chi-

100br Foto: eh

Frau in bretonischer Tracht

na-Porzellan, Gold- und Elfenbeinfiguren, Möbel und Werkzeuge, einen detaillierten Einblick in die damalige Welt des Handels mit Afrika, Indien und China. Während im rechten Gebäudeteil historisches Material, geografisch geordnet, ausgestellt ist, werden im hinteren Teil die verschiedenen Aspekte des Lebens auf einem Handelsschiff im 17./18. Jh. dargestellt. Ein ganzer Saal ist Handelswaren gewidmet: Porzellan, Tee, Kaffee, Seide, Gewürze, Edelsteine, Edelhölzer und Teppiche. Man stelle sich vor, dass im frühen 17. Jh. Gewürznelken von den Molukken in Europa nach ihrem Gewicht in Gold aufgewogen wurden.

Zitadelle de Port-Louis, Tel. 02.97.82.56.72 oder 02.97.12.10.37, geöffnet ganzjährig von 10 bis 12 und von 14 bis 18 Uhr. Dienstags geschlossen. Der Eintritt kostet 6 € für Erwachsene, Kinder frei.

Die Stadt Port-Louis wurde wie Lorient 1941–1944 weitgehend zerstört und bietet deshalb nur noch **wenige historisch interessante Gebäude.** Häuser aus der Zeit *Louis XIII.* und *Louis XIV.* stehen noch in der Rue Driasker 6 und in der Rue de la Citadelle 26. Und das im Jahre 1770 erbaute **Rathaus** (Hôtel de Ville) am Place Notre-Dame hat ebenfalls die Kriegsjahre überdauert.

Eine Sehenswürdigkeit, die gleichzeitig körperliche Entspannung bietet, findet man hinter einem Stahltor in der Festungsmauer ca. 200 m vor der Zitadelle. Der einzige **Badestrand** der Südbretagne, der von einer 400 Jahre alten Festungsmauer begrenzt wird.

Praktische Hinweise

Information

- **Office de Tourisme,** Grande Rue 47, 56290 Port-Louis, Tel. 02.97.82.52.93, Fax 02.97.82.43.66.

Unterkunft/ Essen und Trinken

- **Hôtel/Restaurant du Commerce€,** Place du Marché, Tel. 02.97.82.46.05. Ein ordentliches Haus nahe der Zitadellle mit 40 durchschnittlichen Zimmern. Ganzjährig geöffnet.
- **Hôtel/Restaurant/Bar Belle-Vue€,** Rue de la Pointe 1, Tel. 02.97.82.46.03. Ein einfaches Haus nahe des Yachthafens mit 10 Zimmern. Ebenfalls ganzjährig geöffnet.
- **Restaurant „Le Jardin de la Mer“,** oberhalb des Yachthafens ein maritim eingerichtetes Restaurant mit breitem Angebot von Fisch bis Pizza (riesig), Spezialität Miesmuschelgerichte mit z.T. exotischen Saucen, guter Rumpunsch als Apéritiv, 9, Rue de la Pointe, Tel. 02.97.82.46.69. Mittwochs geschlossen.
- **Bar-Restaurant Les Pieds dans l'Eau,** gegenüber vom Yachthafen, leckerer gegrillter Fisch, Port de la Pointe, Tel. 06.08.71.60.24.
- **Patisserie des Remparts,** Place Notre-Dame, Tel. 02.97.82.47.70. Ein netter Salon de Thé mit einer hervorragenden Konditorei.

Sonstiges

- **Tauchen:** *Club Nautique de Port-Louis,* Quai de la Pointe, Tel. 02.97.82.18.60 oder 02.97.36.68.82. Liegt direkt am Fähranleger.
- **Segeln:** (Adresse: s. Tauchen).

  Mitsegeln auf einem ehemaligen Langustenfischer: *Bro Warok,* Auskünfte unter Tel. 02.97.28.80.57 oder mobil 06.09.96.26.84.
- **Fahrradverleih:** Am Hafen, Tel. 02.97.82.40.58.
- **Rundflüge:** *Aéroclub de Lorient,* Lann-Bihoué, Tel. 02.97.86.00.34.
- **Markttag:** Samstag
- **Hafenrundfahrt:** durch alle Häfen von Lorient mit *Vedettes Jaunes,* Tel. 02.97.33.40.55. Abfahrt vom Yachthafen um 14 Uhr. Die Fahrt dauert 95 Min. und kostet ca. 11/7 €.

Anreise/ Weiterreise

- **Personenfähre (Passeur) von und nach Lorient/Port de Pêche** (Fischereihafen) halbstündig 7–19 Uhr (am Wochenende 10–18 Uhr) mit „Le Transade" *(Vedettes Jaunes)*, Tel. 02.97.33.40.55.
- **Fähre zur Ile de Groix:** Die *Vedettes Jaunes* bietet neben den Blavet-Fähren eine Tour zur Ile de Groix mit Inselumrundung an. Jeden Montag vom 6.7. bis 31.8. um 9.30 Uhr und 14.30 Uhr ab Port-Louis-Yachthafen. Erwachsene ca. 14 €, Kinder ca. 9 €. Die Tickets sind auch im Office de Tourisme erhältlich.

Gâvres

↗ XIX/C3

Das kleine Fischerdorf 1 km südlich von Port-Louis ist aufgrund seiner ungewöhnlichen Lage bisher wenig von touristischen Einflüssen berührt worden. Es liegt am Ende einer extrem schmalen, streckenweise nur 100 m breiten Landzunge, die auf ca. 6 km Länge den Meeresarm Petite Mer de Gâvres vom offenen Atlantik trennt. Zu erreichen ist Gâvres entweder mit der kleinen **Fußgängerfähre** im Süden von Port-Louis (Embarcadère Bac Piétons). Fährbetrieb ist werktags 6.30–18.30 Uhr und sonntags 8.30–12.30 Uhr (halbstündig bei 5 Min. Fahrtdauer). Oder **mit dem Auto** auf der D 781 über Port-Louis, Riantec bis Plouhinec; dort auf die D 158 nach Westen fahren.

Ca. 6 km weit führt die Straße parallel zur Küste entlang **schöner Sandstrände,** die aber nur am Wochenende zugänglich sind, denn sie gehören zu einem **militärischen Sperrgebiet,** auf dem manchmal (selten) während der Woche Schießübungen durchgeführt werden.

Aber genau dieser Umstand hat es paradoxerweise ermöglicht, dass sich hier die **atlantische Küstenflora und -fauna** besser erhalten konnte als in frei zugänglichen Gebieten. Im Winter finden sich hier Zugvögel aus Skandinavien und Nordrussland ein, um auf ihrem Weg nach Südspanien oder Nordwestafrika Nahrung aufzunehmen.

Der Ort Gâvres lohnt einen Besuch, vor allem wegen seiner **beschaulichen Atmosphäre.** Trinken Sie einen Café oder ein Bier im Lokal an der kleinen Hafenmole, oder essen Sie eine Crêpe in der Crêperie du Men Gwen (Place du Général de Gaulle 13) und freuen Sie sich, dass es noch so ruhige Orte am Meer gibt.

Für historisch Interessierte gibt es einen Leckerbissen: am Nordrand des Strandes von Goerem (extreme Westseite der Halbinsel) befindet sich zwischen Häusern ein **Tumulus mit einem Grabgang** (Allée Couverte), der ca. 2500 v. Chr. angelegt wurde. Ungewöhnlich ist, dass der Gang rechtwinklig abgeknickt ist. Am Ende dieses Ganges liegt die ca. 10 m² große Grabkammer (Taschenlampe notwendig!).

Unterkunft

Zwei einfache, aber ruhig gelegene Campingplätze, beide mit ca. 200 Stellplätzen, stehen zur Auswahl. Beide liegen direkt am Meer und haben gute Sanitäreinrichtungen.

- **Camping Municipal La Lande,** Tel. 02.97.82.48.61.
- **Camping Municipal Les Joncs,** Tel. 02.97.82.46.88.

Hennebont

↗ XIX/D2

Die am Blavet gelegene geschichtsträchtige Kleinstadt (ca. 13.000 Einwohner) erreicht man von Lorient nordöstlich über die N 24 nach ca. 10 km.

Durch die günstige Lage am Fluss war Hennebont schon in römischer Zeit ein wichtiger Warenumschlagplatz. Im Mittelalter, gegen 1250, wurde die Stadt mit einer **Verteidigungsmauer** umgeben, die zum großen Teil noch heute steht. Das trutzige Eingangstor, Porte Broerec, mit seinen zwei Festungstürmen diente im 18. und 19. Jh. vorübergehend als Gefängnis. Nach einer aufwendigen Restaurierung (deutsche Truppen zerstörten die Stadt auf ihrem Rückzug von Lorient) wurden die ehemaligen Gefängnisgemäuer zu Ausstellungszwecken umgebaut. Heute ist hier die Stadtgeschichte mit alten Dokumenten und Bildern, historischen Möbeln und bretonischen Trachten dargestellt (geöffnet 1.6. bis 30.9. 10–18 Uhr, Eintritt ca. 2,50 €).

Ein anderes historisches Gebäude, das nach dem Krieg restauriert werden konnte, ist die **Basilique Notre-Dame-de-Paradis.** In der in nur einem Jahrzehnt (1514–1524) gebauten Kirche befindet sich u.a. die älteste Orgel des Morbihan (von 1652). Im Office de Tourisme (s.u.) kann man für 2,50 € eine Führung durch die Basilika und auf die Stadtmauer reservieren.

Weitere Sehenswürdigkeiten sind der **botanische Garten von Kerbihan** in der Stadtmitte mit Pflanzen von fünf verschiedenen Kontinenten und das **Museum für Metallverarbeitung** (Ecomusée des Forges d'Hennebont, Tel. 02.97.36.98.21) etwas außerhalb der Stadt, ca. 2 km flussabwärts (D 23) in Lochrist. Am Nordufer des Blavet wird in einem ehemaligen Fabrikgebäude die Geschichte der Eisenerzverhüttung sowie das Leben der Arbeiter veranschaulicht. 1860 war hier wegen der sprunghaft gestiegenen Nachfrage nach Weißblech durch die Konservenindustrie (Fischkonserven von Groix, Belle-Ile, Quiberon) eine Eisenhütte errichtet worden, die schnell zu einem bekannten Eisenerzverarbeitungszentrum wuchs. Arbeitersiedlungen wie Kerglaw und Langroix entstanden in unmittelbarer Nähe. Doch seit 1966 brennt hier kein Schmelzofen mehr, denn die Konkurrenz der Stahlindustrie in Lothringen und im Norden war zu stark.

Öffnungszeiten: ganzjährig Montag bis Freitag 10–12 und 14–18 Uhr, So 14–18 Uhr. Eintritt ca. 4,50/2,30 €.

Zum Musée des Forges gehört ein **Museum für Wasserwirtschaft** (Musée de l'Eau), das über die Entwicklung der Flussschiffahrt auf dem Blavet und deren Beziehung zur Eisenhütte informiert. Öffnungszeiten und Preise wie beim Musée des Forges.

Hennebont ist insbesondere ein bei französischen Reitern bekannter Ort. Das **Nationalgestüt** (*Haras Nationaux*) wurde 1857 in der während der Revolution zerstörten Zisterzienser-Abtei Abbaye de la Joie untergebracht, und heute kommen Frankreichs teuerste Zuchtpferde aus diesem Gestüt. Die Ställe, die Sattlerei und ein Kutschenmuseum können besichtigt werden. Eine 1½-stündige französischsprachige Führung durch die Ställe gibt Einblicke in die Pferdezucht seit *Napoleon Bonaparte,* von Mai bis September täglich geöffnet, aber Samstag, Sonntag und Montag vormittags geschlossen, 10–13 und 14–18 Uhr. Juli und August täglich geöffnet 10–19.30 Uhr. Preise: 7/5 €, Tel. 02.97.89.40.30.

Tipp für Familien mit Kindern: Ca. 10 km westlich von Hennebont (D 26) liegt einer der größten bretonischen **Zoos** in Pont Scorff. Von Elefanten und Löwen bis zu heimischen Tieren sind praktisch alle interessanten Spezies vertreten. Über 700 Tiere lohnen den Besuch. Man sollte 4–5 Stunden einplanen. Geöffnet April bis Oktober 9.30 bis 19 Uhr, November bis März 9.30 bis 17 Uhr. Eintritt 12/7 €, Tel. 02.97.32.60.86.

Ca. 20 km nördlich von Hennebont liegt der kleine Ort **Kernascléden,** der einen Besuch lohnt, um die *Chapelle de Kernascléden* am Scorff zu besichtigen. Im 15. Jh. erbaut ist die Kapelle eine der sehenswertesten Beispiele der Flamboyant-Gotik.

Praktische Hinweise

Information

- **Office de Tourisme,** Place Foch 9, 56700 Hennebont, Tel. 02.97.36.24.52, Fax 02.97. 36.21.91.

Unterkunft

- **Château de Locguénolé**€€-€€€, Route de Port-Louis, Tel. 02.97.76.76.76. Der Name sagt es: Schlosshotel mit eigenem Park, 34 sehr luxuriöse Zimmer (auch Suiten). Außerdem gibt es ein Schwimmbad, eine Sauna und Tennisplätze.
- **Camping Municipal Saint-Caradec** (am Ostufer des Blavet nördlich der Stadt), Tel. 02.97.36.21.73. Der Platz bietet 150 Stellplätze in ruhiger, grüner Lage. Er ist vom 1.6. bis 15.9. geöffnet.
- **La Ferme du Gorée,** Jugendherberge in Inzinzac-Lochrist, Tel. 02.97.36.08.08. In einem umgebauten Bauernhof, mit eigenem alten Brotofen. Der Preis beträgt 7 € pro Nacht.

Sonstiges

- **Fahrradverleih:** *Rosuarho,* Rue Maréchal Joffre 87, Tel. 02.97.36.21.87.; *Marcarini,* Av. de la République 5, Tel. 02.97.36.16.00.
- **Markttag:** Donnerstag, im Bereich der Kirche.
- **Öffentliche Reitschule:** *Haras Nationaux,* Rue Victor Hugo, Tel. 02.97.89.40.30 oder 02.97.36.16.34 (M. Manceron). Besichtigungen sind nur montags bis samstags vom 14.7. bis 31.8. 10–11 Uhr, 14.15–16.15 Uhr, und vom 2.9. bis 28.2. 15.15–16.15 Uhr möglich.

Anreise/Weiterreise

- **Mit dem Bus:** Nach Lorient und nach Pontivy (über Baud, Guenin) 5–7-mal täglich.
- **Mit dem Zug:** Zugverbindung über Lorient in Richtung Quimper bzw. über Vannes in Richtung Redon 6-mal täglich.
- **Mit dem Schiff:** Das Office de Tourisme in Hennebont vermittelt ganztägige Fahrten von Hennebont, den Blavet hinunter bis Lorient und weiter bis Ile de Groix. Dauer 9 Std. Preis 27/18 €.

Poul-Fétan/ Quistinic

↗ XIX/D1

Etwa 12 km nordöstlich von Hennebont (D 23) erreicht man über Lochrist, Sebrevet (hier auf die D 159) das Dörfchen Quistinic mit seinem

Museumsdorf Poul-Fétan (Tel. 02.97. 39.79.73). Ein Bauerndorf aus dem 16. Jh. bildet die reale Kulisse für einen Zeitsprung 400 Jahre zurück. In reetgedeckten, kleinen Granithäusern ist bäuerliches Leben mit zum Teil lebensgroßen Puppen zwischen Originalmöbeln, Hausrat und Werkzeugen dargestellt. Einer der Bauernhöfe dient als Gaststätte, wo bretonische Spezialitäten angeboten werden. Sonntagnachmittag gibt's bretonische Musik live, *Kouign-Amann,* Kuchenessen und Kühemelken. Seit Kurzem gibt es hier auch eine Wanderherberge. Täglich geöffnet im April und Mai 14–18.30 Uhr, im Juni und September 11–18.30 Uhr und im Juli und August 10.45–19 Uhr, Eintritt 7/3 €.

Baud

↗ XIII/D3

Etwa 25 km nordöstlich von Lorient am nordwestlichen Ende der Landes de Lanvaux, einer ehemals reich bewaldeten plateauartigen Landschaft, liegt der Ort nahe der Flüsse Blavet, Evel und Tarun.

Der Ort selbst ist für sein **Pardon** bekannt, das alljährlich am ersten Sonntag im Juli stattfindet. Das Pardon wird zu Ehren Marias zelebriert, deren Statue in der Notre-Dame-de-la-Clarté heilsame Kräfte bei Augenleiden zugeschrieben wird. Die Statue wird in der Kapelle (16. Jh.) aufbewahrt, die von der Kirche aus erreichbar ist. Die Kirche selbst wurde 1927 erbaut, nachdem das ursprüngliche Gebäude 1922 zusammengefallen war. Es gelang, einige Bauelemente aus dem 16. Jh. und die Kapelle in den Neubau zu integrieren.

Fontaine-de-la-Clarté. 300 m von der Kirche entfernt an der Straße nach Locminé befindet sich dieser Brunnen, dessen Wasser ebenfalls heilende Wirkung bei Augenerkrankungen zugesprochen wird.

Unterkunft

- **Hôtel Le Relais de la Forêt€,** Tel. 02.97. 51. 01.77.17 gutbürgerlich eingerichtete Zimmer.
- **Gîte Rural€-€€,** Alice Robic, Kersommer, Tel. 02.97.51.08.02. Fünf Zimmer mit Bad/ WC, Gemeinschaftsess- und Wohnzimmer mit TV, Garten und Gartenmöbeln. Nach Vorbestellung werden abends Mahlzeiten serviert.
- **Camping de Pont-Augan,** Route de Bubry, Tel. 02.97.51.04.74. Am Ufer des Blavet liegt die kleine Anlage mit 32 Stellplätzen. Der 3-Sterne-Platz ist auch für Wohnmobile geeignet. Geöffnet vom 15.6. bis 15.9.

Vénus de Quinipily

↗ XIII/D3

Im Innenhof des ehemaligen Schlosses von Quinipily, ca. 1,5 km östlich von Baud, steht auf einem monumentalen Brunnen die 2,2 m große **Granitstatue der Venus.** Das Brunnenbecken aus Granit hat einen Inhalt von etwa 3500 Liter. Die Statue stand bis zum 17. Jh. auf dem Hügel von Castennec, ca. 12 km nördlich des heutigen Standorts, bei der **römischen Siedlung Sulim.** Ursprünglich wurde sie *Ar Gwreg houarn* (eiserne Frau) genannt.

Jahrhundertelang verehrten die Bauern der Umgebung sie als **Kultfigur,** eine Art Fruchtbarkeitssymbol. Die Riten beunruhigten die Kirche. Der Bischof von Vannes, *Charles de Rosmadec,* ließ die Statue deshalb 1661 in den Blavet werfen. Drei Jahre später holten die Bauern sie wieder aus dem Fluss heraus und begannen ihren Kult aufs Neue. Wegen des unchristlichen Tuns der Bevölkerung stark erbost, befahl der Bischof 1670, die Statue zu zerschlagen. Die Handwerker gingen ans Werk, verstümmelten einen Arm und eine Brust, doch plötzlich bekamen sie aus unerklärlichen Gründen so große Furcht, dass sie ihr Tun beendeten und die Figur erneut im Fluss versenkten.

1696 ließ der Graf *Pierre de Lannion,* Schlossherr von Quinipily, die Statue bergen, wiederherstellen und an der heutigen Stelle über dem Brunnen aufrichten. Die Bauern von Castennec sahen sich um ihre Figur betrogen, protestierten und baten ihren Lehnsherrn, den Herzog von Rohan, um Intervention. Der Herzog strengte ein Gerichtsverfahren an, verlor den Prozess jedoch 1701 gegen den Grafen. So blieb die Statue im Schlosshof. 1795 fiel das Schloss den Wirren der Revolution zum Opfer, die Statue jedoch blieb erhalten.

Nach wie vor ist der **Ursprung der Figur geheimnisumwittert.** Das Stirnband trägt die bis heute nicht erklärbare Inschrift „TIT". Eine Art Schal liegt um ihren Hals und hängt zwischen den Brüsten bis herab zum Schoß. Dieser Schal erinnert vage an Darstellungen von Figuren altägyptischer Gottheiten. Sicher ist, dass die Römer einen Isis-Kult pflegten und dass in der Siedlung Sulim maurische und lybische Soldaten untergebracht waren. Der Sockel trägt reliefartige lateinische Inschriften, die allerdings schwer entzifferbar sind. Einige scheinen sich auf die Zeit der römischen Besatzung zurückführen zu lassen, andere stammen aus dem 17. Jh. Diese Unterschiede ließen sich so erklären, dass die Handwerker Pierre de Lannions bei den Restaurierungsarbeiten scheiterten und eine völlig neue Figur erstellten. Von Gegnern dieser These wird jedoch die Frage aufgeworfen, warum sogar der Herzog von Rohan einen Prozess anstrengte, obwohl er doch nur eine Kopie erhalten hätte.

Rivière d'Etel

↗ XIX/D3

Der wegen seiner ehemaligen Thunfischerflotte bekannte, heutzutage jedoch recht ruhige kleine Hafen Etel liegt im Mündungsbereich des gleichnamigen Flusses, oder sollte man besser Meeresarm sagen? Die Einheimischen sprechen gern von ihrer **„Ria" d'Etel.** Mit dem spanischen Wort für Bucht meinen sie eine Wasserlandschaftsform, die für die Südbretagne kennzeichnend ist; auch der Golf du Morbihan hat diese Gestalt. Kein Fluss, kein See, kein Meeresarm, aber von allem ein bisschen. Zwar münden fünf kleine Bäche in die äußersten Seitenarme der durch zahlreiche Inseln und Halbinseln stark zergliederten Wasserfläche von über 20 km², doch fließt das Wasser vor allem wegen der **Gezeiten.** Zweimal täglich zwängen sich mit der Flut Millionen Kubikmeter Atlantikwasser durch die nur ca. 300 m schmale Engstelle südlich des Hafens Etel in die eher einem buchtenreichen Binnensee ähnelnde Wasserfläche.

Bei Ebbe und auflandigem Wind steht vor der Passage über einer flachen Sandbarre eine grobe, rollende See. Bei Sturm sind hier schon zahlreiche Fischer- und Segelboote vollgeschlagen und gesunken. Das Phänomen der zeitweise **gefährlich hoch brechenden See** schon bei relativ wenig Wind ist in allen Gezeitengewässern bekannt. Es entsteht überall dort, wo starke Strömungen gegen die Windrichtung setzen. Hierfür berühmt-berüchtigt sind viele Flussmündungsbereiche der West- und Südbretagne. Gerade die Barre von Etel ist bei allen französischen Seefahrern deshalb gefürchtet. Um das Naturschauspiel zu erleben, sollte man einen Tag mit starkem Südwest- oder Westwind abwarten und dann bei etwa halber Ebbe (ca. 3 Std. nach Hochwasser, s. Tidentabelle beim Hafenbüro) am Ufer der Ria entlang bis zur Mündungsengstelle gehen (ca. 2 km von Etel). Je nach Windstärke und Mondphase (bei Voll- oder Neumond maximale Gezeiten) können die Brecher hier bis zu 6 m hoch rollen. Bei sommerlicher Flaute hingegen und bei schwachem Gezeitenstrom werden Sie es nicht für möglich halten, dass sich diese ruhige, zwischen 2 Sandstränden malerisch gelegene Wasserfläche in einen schiffeverschlingenden Hexenkessel verwandeln kann.

Egal bei welcher Wetterlage, die **kilometerlangen Sandstrände** beidseitig der Mündung sind immer gut für einen langen Spaziergang am Meer oder für einen faulen Badenachmittag. Selbst im Juli und August kommen bisher nur wenige Menschen hierher.

In den vielen, mit insgesamt ca. 130 km Küstenlinie tief verzweigten Seitenarmen der Ria gibt es eine noch überwiegend **intakte Naturlandschaft.** Ganzjährig leben hier Seidenreiher, Graureiher, Austernfischer, Kormorane, Krähenscharben, Seeschwalben und natürlich verschiedene Möwenarten. Ohne ein starkes Fernglas wird man sie allerdings nur schlecht beobachten können, denn in diese ökologisch sensiblen Gebiete führen bewusst keine Wege. Mit einem Boot ist eine Annäherung bis auf einen respektvollen Abstand möglich. Das Office de Tourisme organisiert im Sommer Ria-Exkursionen mit Führung.

Der **Ort Etel,** ca. 2 km nördlich des Mündungsbereiches der Ria, war um die Wende vom 19. zum 20. Jahrhundert zusammen mit Port-Tudy auf Groix einer der größten Thunfischerhäfen Frankreichs. Mehr als 2000 Einheimische lebten damals allein vom Thunfischfang. Zwar gibt es auch heute noch eine Handvoll Fischer, die in der äußeren Biskaya und bei den Azoren Thunfisch fangen, doch lebt der Hafen heutzutage zunehmend von der Freizeitschiffahrt und vom Sommertourismus (der sich jedoch in Grenzen hält).

Sehenswert ist das Musée des Thoniers in der Impasse Jean Bart 3, in dem die traditionelle Thunfischerei anhand zahlreicher Bilder, Modelle, Do-

101br Foto: wk

Côte des Mégalithes

kumente und Videos dargestellt wird. Tel. 02.97.55.26.67, täglich 10–12 und 14–18 Uhr, außer samstags und sonntags vormittags. Preise: 5/2 €, www.museedesthoniers.fr. Am zweiten Sonntag im August wird die *Fête du Thon* gefeiert: Seefahrtslieder, Crêpes, gegrillter Thunfisch und viel Spaß um den Hafen herum.

Information

- **Office de Tourisme,** Place des Thoniers, 56410 Etel, Tel. 02.97.55.23.80, Fax 02.97.55.44.42, www.etel-tourisme.com.

Unterkunft

- **Hôtel/Restaurant Le Trianon€,** Etel, Rue du Général-Leclerc 14, Tel. 02.97.55.32.41. Traditionelles Haus mit 16 Zimmern, alle mit WC und Dusche oder Bad.

Der Calvaire auf der Insel St-Cado

- **Camping** nur im benachbarten Erdeven, verschiedene Plätze, z.B. Camping Les 7 Saints (Die 7 Heiligen), Tel. 02.97.55.52.65, sehr schön im Hinterland gelegener Platz für 200 Camper. Sehr gute Sanitäreinrichtungen, Schwimmbad, Spielangebote, Waschmaschinen, Lebensmittelladen.

Essen und Trinken

- **Restaurant La Chaloupe,** am Hafen, Tel. 02.97.55.32.13. Großer Speisesaal mit Blick auf den Hafen, Menü ab ca. 16 €.
- **Bar-Crêperie Les Algues Marines** auf der Halbinsel St-Cado, ca. 4 km nördlich von Etel. Einfaches Lokal, aber hervorragende Crêpes und Fruits de Mer zu relativ niedrigen Preisen.

Sonstiges

- **Bootsrundfahrt** auf der Ria, *Compagnie des Îles,* Place des Thoniers, Tel. 02.97.55.45.77. Vom Hafen in Etel fährt das Boot nach Süden in den Mündungsbereich (evtl. Barre) und dann nach Norden bis zur Halbinsel Locoal. Vom 28.6. bis 12.9. fährt viermal täglich ein Boot. Die Fahrt dauert 95 Minuten und kostet für Erwachsene 13,50 € und für Kinder 4 €.

- Die **kulturhistorische Ausstellung** Autrefois Etel, Salles des Fêtes, ist im Sommer zu besichtigen.
- **Einkaufstipp:** COOP Maritime d'Etel, Cours des Quais, Tel. 02.97.55.30.76. Angel- und Fischereibedarf, Pullover, Schlechtwetterbekleidung und Seekarten.
- **Markttag:** Dienstag.

Anreise/Weiterreise

- Von Lorient über Lanester (D 194) oder Hennebont (D 9) ca. 20 km nach Südosten.
- Es gibt weder Zug- noch Busverbindung!

Ausflugsziele rund um den Rivière d'Etel

Insel Saint-Cado. Vom Ort Belz, 4 km nordöstlich von Etel, über eine kleine Brücke erreichbar. Hübsche kleine Kapelle, die die Benediktiner von Quimperlé im 11. Jh. bauten. Der Calvaire mit Treppenaufgang neben der Kapelle stammt von 1832. Am Ufer findet man Austernkulturen.

Brücke Pont-Lorois bei Kergo. 2 km westlich von Belz überquert die D 781 die Ria, guter Standort für Fotos (zu Fuß!).

Halbinsel Nestadio, über die Pont-Lorois zum Westufer, dort bei der Abzweigung auf die D 9 (rechts), nach ca. 2 km wieder rechts ab in Richtung St-Guillaume-Nestadio. Kleine alte Häuser zum Teil aus dem 16. Jh. und eine winzige Kapelle aus dem 18. Jh. direkt am Wasser. Nahe der Kapelle werden im Sommer Austern direkt vom Ostréiculteur verkauft (man achte auf das Schild „Dégustation"). Bei Jacques Nicolas in der Nähe (s. Schilder) werden neben Austern auch andere Muscheln verkauft.

Nostang. Kleiner, schon von den Venetern bewohnter Ort am Nordrande der Ria. Von der D 9 (Westufer) bei Merlevez rechts ab auf die D 33, dann noch 2 km. Interessante Küstenwanderwege mit reicher Flora und Fauna. Die Chapelle Notre-Dame-de-la-Joie de Legeven stammt aus dem 16. Jh.

Pointe de Manéhéllec, auch Pointe de la Vieille Chapelle genannt. Ca. 6 km südlich von Nostang ausgedehnte Austernkulturen (Parcs à huîtres). Die Patronne (Chefin), Mme *Le Creff,* verkauft nicht nur ihre vorzüglichen Austern und verschiedene andere Muscheln direkt an Interessenten, sondern führt bei Interesse auch durch den Betrieb. Tel. 02.97.36.65.72.

In **Sainte-Hélène** befindet sich ein als historisches Monument klassifizierter Brunnen, la Fontaine de Ste-Hélène, der bis ins 19. Jahrhundert Etappe auf einem Pardon war. Jeder hatte einen Wunsch frei. Die Legende erzählt, dass die Fischerfrauen bei Sturm Brotstücke in den Brunnen warfen. Blieben sie oben und schwammen, bedeutete es eine gute Heimkehr des Mannes.

Halbinsel Locoal am Ostufer, am östlichen Ortsausgang von Belz nach Norden auf die D 16 bis Locoal-Mendon, dann links ab (nach Westen) auf die Halbinsel über die kleine Brücke Pen Pont, von der man nach links (im Süden) auf eine Vogelkolonie schaut. Direkt hinter der Brücke, etwas versteckt hinter Bäumen, steht die in ihrer Schlichtheit schöne Chapelle Saint-Jean. Die Eglise Saint-Goal im Ort Locoal trägt den Namen eines englischen Mönches, der gegen 620 hierher kam, um in den Fußstapfen von *Saint Gildas* die Christianisierung der Bretonen fortzusetzen. Von der Westspitze der Halbinsel, Pointe de la Forêt, genießt man einen schönen Blick auf die Ria. Es heißt, dass *Georges Cadoudal* sich hier nach der gescheiterten Schlacht von Quiberon die eine Zeitlang versteckt gehalten hat.

Presqu'île de Quiberon

↗ XX/B1

Schon um die Wende vom 19. zum 20. Jahrhundert wurde auf der bekannten Halbinsel mit dem **Sommertourismus** mehr Geld verdient als mit der Fischerei. Der Fremdenverkehr führt heutzutage dazu, dass auf der 14 km langen und im Mittel ca. 2 km breiten Landzunge im Sommer zu den 4600 ständig dort wohnenden Menschen etwa 80.000 dazukommen, mit allen vorstellbaren Konsequenzen. Zwar besitzt die Halbinsel auch heute noch (trotz weitgehender Zersiedelung) landschaftlich reizvolle Abschnitte, doch sollte der ruhesuchende Bretagne-Reisende hierher lieber zu Ostern als im Hochsommer kommen.

Besonders bei **Surfern** ist die Halbinsel beliebt, denn je nach Anspruchsniveau findet jeder einen geeigneten Küstenabschnitt. Vom Funboard-Surfen in der hohen Welle an der Westküste über Speed-racing bei Penthièvre bis zu ruhigeren, anfängergeeigneten Buchten an der Ostküste ist alles möglich.

Die Westküste, die sogenannte **Côte Sauvage** (Wilde Küste), beeindruckt durch ihre teilweise grandios zerklüfteten Felsformationen, an denen sich die Atlantikdünung bricht. Entlang der **Ost- und Südküste** reihen sich hingegen zahlreiche Sandstrände, von kleinen Felsvorsprüngen unterbrochen, aneinander. Dort, wo zwischen Ferienhaussiedlungen und Hotelkomplexen noch größere Flächen unbebaut blieben, wachsen Kiefern auf dem Sand. Im Hinterland der Côte Sauvage lassen die Winterstürme keine höhere Vegetation entstehen; kahle Heide und Gras prägen hier das Bild.

Von Auray kommend, führt die D 768 bei Plouharnel auf die schmale Landzunge. Kilometerlange Sandstrände, im Osten Les Sables Blancs, im

102br Foto: wk

Sturm auf der Halbinsel Quiberon

Presqu'île de Quiberon
Rennes
1
2
3
4
5
6
7
8
9
10
11
12
13
14
15
16
17
18
19
20
Fort de Pennthièvre
Avenue de St. Malo
Avenue de St. Pierre
KERHOSTIN
Plage de St. Pierre
PORTIVY
Beg-en-Aud
Route de Portivy
St.-Pierre-Quiberon
Pointe du Percho
KERMAHÉ
KERGROIX
KERDAVID
KERIDENVEL
BAIE DE QUIBERON
Route de Quiberon
KERVIHAN
LE GRAND ROHU
Plage de St. Julien
CD-186
LE PETIT ROHU
KERNAVEST
ST. JULIEN
KERNÉ
Port Kerné
KERHIHUEL
Rue de la Gare
KERGALLO
Route de Kerné
Rue des 4 Vents
Port Haliguen
CÔTE SAUVAGE
Quiberon
KERMOVAN
LE MANÉMEUR
R. du Port Haliguen
Boulevard de la Côte Sauvage
Rue du Port de Pêche
Bd. A. France
Boulevard de la Teignouse
Plage du Conguel
Rue de Lille
Bd. Chanard
Port Maria
Grande Plage
CD-200
Plage du Goviro
Pointe du Conguel
Beg-er-Lan
0
1500 m

🍴	1	Auberge du Petit Matelot
Ⓜ	2	Muschelmuseum Le Galion
Ⓜ	3	Musée de la Chouannerie
⚠	4	Camping de Kerhostin
H	5	Hôtel Le Bretagne
H	6	Hôtel de la Plage
★	7	Comlec'h und Alignements
	8	Segelschule
⚠	9	Camping Do.Mi.Si.La.Mi.
H	10	Navirôtel
H	11	Hôtel Men Er Vro
H	12	Hôtel Europa
⚠	13	Camping du Bois d'Amour
⚠	14	Camping du Conguel
H	15	Hôtel Sofitel Thallassa, Hôtel Sofitel Diététique
i	16	Office du Tourisme
H	17	Hôtel Le Guerveur
H	18	Hôtel des Druides
	19	Autofähren nach Belle-Ile
	20	Château Turpault

Westen La Plage des Grands Sables, verlaufen parallel zur Straße.

Südlich von Penthièvre, einem Ort, der überwiegend aus Ferienhäusern besteht, erreicht man die schmalste Stelle der Halbinsel. Nur einen Steinwurf voneinander entfernt liegen hier die Bucht von Quiberon im Osten und der offene Atlantik im Westen. Verständlich, dass an dieser strategisch wichtigen Stelle eine militärische Befestigungsanlage errichtet wurde. Das **Fort Penthièvre,** eine Gründung des Grafen von Penthièvre aus dem frühen 18. Jh., wurde im 19. Jh. erweitert und in die heutige Form gebracht. Es spielte eine wichtige Rolle in der Schlacht von Quiberon im Jahre 1795 zwischen den Republikanern und den royalistischen Chouans. Auch die deutschen Besatzungstruppen nutzten das Fort. 1944 wurden hier 59 Mitglieder der Resistance von der deutschen Wehrmacht bei lebendigem Leib begraben.

Südlich der Engstelle von Penthièvre gehen die beiden Hauptortschaften **Saint-Pierre-Quiberon,** mit dem Hafenzentrum an der Ostküste, und **Quiberon-Centre,** im Süden der Halbinsel mit den Häfen Port-Maria und Port-Haliguen, fließend ineinander über.

Saint-Pierre-Quiberon ↗XX/B1

Im Gegensatz zu Quiberon-Centre ist der Ort eher von der ganzjährig dort lebenden Bevölkerung geprägt. Hotelbauten und Ferienhäuser dominieren weniger das Bild wie in der Südhälfte.

Mitten im Ort befindet sich zwischen den Gärten einer Wohnsiedlung ein Cromlec'h aus 37 im Halbkreis aufgestellten Menhiren, der **Cromlec'h de Kerbourgnec.** Zufahrt von der Hauptstraße (D 768), am Schild „Kerbourgnec Plage" nach Osten abbiegen, dann den Schildern „Alignements et Cromlec'h St-Pierre" folgen. Vom Cromlec'h führt ein kleiner Fußweg nach ca. 50 m zu den Alignements. 23 Menhire stehen in vier nicht mehr vollständigen Reihen zwischen einem Bauernhof und kleinen Gärten.

Das historisch gewachsene Dorfzentrum liegt direkt am kleinen Hafen **Port d'Orange,** der allerdings nur für Jollen und kleinere Fischerboote benutzbar ist, weil er bei Niedrigwasser trockenfällt. Etwa 1 km nördlich des Hafens liegt ein schöner Sandstrand mit weniger Animationsangeboten als am relativ lebendigen **Plage Saint-Julien,** der ca. 1,5 km südlich des Hafens beginnt. Beide Strände sind etwa 1 km lang und laufen seicht ins Meer.

Information

•**Office de Tourisme,** B.P. 97, 56170 Quiberon, Rue de Verdun 14, Tel. 08.25.13.56.00, Fax 02.97.30.58.22, www.quiberon.com. St-Pierre-Quiberon hat kein eigenes Infobüro. Alle touristischen Angelegenheiten der Halbinsel werden in Quiberon-Centre koordiniert.

Unterkunft/ Essen und Trinken

•**Hôtel de la Plage**€€**,** Quai d'Orange 25, Tel. 02.97.30.92.10, Fax 02.97.30.99.61. Direkt am Strand, unweit des Jollenhafens. 41 moderne Zimmer, z.T. mit Balkon und Meerblick. Geöffnet von Ostern bis Oktober.

•**Auberge du Petit Matelot**€**,** Plage de Penthièvre, Tel. 02.97.52.31.21, Fax 02.97.52.41.38. 100 m vom längsten Sandstrand der Halbinsel entfernt, Strandseglershow gratis, 25 traditionell eingerichtete Zimmer, für Rollstuhlfahrer geeignet. Geöffnet Ende Juni bis Anfang Oktober.

•**Hôtel Le Bretagne**€-€€**,** Rue du Général de Gaulle, Tel. 02.97.30.91.47, Fax 02.97.30.89.78. Schönes, traditionelles Granitgebäude in der Ortsmitte. 20 Zimmer. Gute Fischmenüs ab 15 €.

•**Camping Municipal de Kerhostin,** Tel. 02.97.30.95.25. Ca. 2 km nördlich von St-Pierre-Quiberon im Ortsteil Kerhostin. Einfacher Platz mit 150 Stellplätzen an der Baie de Quiberon. Wenige Freizeitangebote, aber dafür in Strandnähe.

•**Camping Municipal de Penthièvre,** Tel. 02.97.52.33.86. Ca. 1 km nördlich der Engstelle am Fort, großes, etwas ungeschütztes Gelände für 670 Camper. Neben dem üblichen Komfort Tennisplatz, Fahrradverleih, Supermarkt, Disco. Beliebt bei Surfern!

•**Sechs weitere Campingplätze** befinden sich südlich der Segelschule bei Beg-Rohu und nördlich des Ortsteils Saint-Julien auf halbem Weg bis Quiberon-Centre.

Sonstiges

•**Segeln:** Auf der Landspitze Beg-Rohu liegt die Basis der bekanntesten Segelschule der Halbinsel, *Ecole Nationale de Voile.* Segeln auf Jollen und Katamaranen. Tel. 02.97. 30.30.30.

•**Strandsegeln:** *Club de Char à Voile,* Tel. 02.97.30.92.06, veranstaltet am Plage de Penthièvre (Westküste) Strandsegelregatten. Auch wenn Sie nicht selbst teilnehmen, ist es ein Erlebnis, die dreirädrigen Segelfahrzeuge mit bis zu 120 km/h über den Strand jagen zu sehen.

•**Surfboard-Verleih:** *Top Surf Cheret Voiles,* Avenue de Bretagne, Tel. 02.97.30.96.56; *Surf Shop Penthièvre,* Tel. 02.97.52.33.16.

•**Tennis:** *Tennis Club de St-Pierre-Quiberon,* Tel. 02.97.30.93.49, Complex Sportif de Kerbourgnec.

•**Golf:** *Golf des Menhirs,* Rue de Menhirs 2, Tel. 02.97.30.94.54.

•**Reiten:** *Eperon de Quiberon,* Rue J. Le Calloc'h 38, Tel. 02.97.50.28.32. Strandreiten auch an der Côte Sauvage.

•**Radtouren mit Führung:** *M. Evanno Daniel,* Tel. 02.97.50.31.50.

•**Fahrradverleih:** *Cat!Cycles* in St-Pierre de Quiberon an der Tankstelle der Hauptstraße, Tel. 02.97.30.83.28. S.a. Camping Penthièvre.

Museum

•Das **Musée de la Chouannerie et des Guerres de l'Ouest,** ca. 300 m nördlich des Fort de Penthièvre an der Engstelle der Halbinsel, veranschaulicht im Betonbau eines Hitler-Bunkers die Geschichte der Halbinsel und der westlichen Bretagne zwischen 1789 und 1815. Geöffnet vom April bis September 10–12 Uhr und 14–18 Uhr. Eintritt ca. 5 €, Kinder unter 16 Jahre kostenlos.

Weiterreise

•**Mit dem Bus:** Die Linien 23 und 24 verkehren 8-mal täglich zwischen dem Bahnhof von Auray und Quiberon-Port Maria mit 13 Zwischenstops, u.a. in St-Pierre Quiberon-Centre, Kerhostin, Penthièvre, Carnac, La Trinité-sur-Mer und Croc'h. Die Fahrzeiten sind an die Ankunfts- und Abfahrtszeiten der Fähren von und nach Belle-Ile angepasst.

•**Mit dem Zug:** Der Regionalverkehrszug zwischen Quiberon-Centre und Auray hält auf der Halbinsel in St-Pierre-Quiberon, Place de la Gare, westlich des Hafens (über Rue Clémenceau).

Côte Sauvage (Wilde Küste)

Etwa 8 km lang schlängelt sich die kurvenreiche Nebenstraße von Portivy im Norden bis Port-Maria im Süden die raue, zerklüftete Westküste entlang. Doch das Auto ist nicht das optimale Transportmittel, um diese wilde Naturlandschaft zu erkunden, denn direkt von der Straße aus ist es nicht möglich, die interessantesten Küstenabschnitte zu sehen. Falls Sie dennoch, trotz des guten Angebots an Leih-Fahrrädern (auch MTBs) in Quiberon-Centre, das Auto bevorzugen, so ermöglichen zahlreiche Parkplätze wenigstens ein vernünftiges Parken. Der Ausflug entlang der Küste sollte im Norden am Hafen von Portivy oder im Süden in Port-Maria beginnen, denn zwischen diesen Orten erstreckt sich die sturmgeprägte Küste.

Am kleinen, durch die Mole bei Weststurm nur unzureichend geschützten Hafen von Portivy, führt die Promenade des Isles nach Westen zu einem eindrucksvollen hohen Felskap mit zwei Vorsprüngen: Im Norden **Beg en Aud,** von wo man auf die Landenge von Penthièvre mit dem Fort und die vorgelagerte kleine Felseninsel Ile Théviec schaut, im Süden die **Pointe du Percho,** die einen herrlichen Blick entlang der Côte Sauvage und weiter zu den Inseln Belle-Ile und Groix erlaubt.

Entlang der gesamten Côte Sauvage machen zahlreiche Schilder auf das **Badeverbot** aufmerksam, das hier nicht unberechtigt ist, denn selbst wenn in der Südbretagne gutes Wetter herrscht, kann ein Sturmtief weit draußen im Nordatlantik eine Dünung erzeugen, die bis in die Biskaya läuft und sich dann in hohen rollenden Seen an der Küste bricht. Diese rollenden Brecher sind hier an der Côte Sauvage deshalb so gefährlich, weil gleichzeitig, insbesondere bei Springzeit, starke Strömungen einsetzen und ein unsicherer Schwimmer hier schnell in Schwierigkeiten gerät.

Apropos Springzeit: Die **Gezeitensituation** mit Hoch- und Niedrigwasserzeiten findet man bei jeder Capitainerie eines Yachthafens in einem Schaukasten (z.B. in Port Haliguen), oder man kauft sich im Maison de la Presse einen Gezeitenkalender *(tables des marées)*.

Auf dem Weg nach Süden schlängelt sich die Straße durch eine kahle Heide-, Gras- oder Sandlandschaft. Streckenweise verhindern **hohe Dünen** den Blick aufs Meer, also runter vom Rad und zu Fuß weiter. Kleinere Sandbuchten wechseln mit Felsvorsprüngen, Klippen und Felsspalten, in denen die Energie der Atlantikdünung mancherorts hohe Gischtfontänen entstehen lässt. Aber erst **bei Sturm** wird dieses Naturschauspiel richtig beeindruckend. Was hier los ist, wenn es richtig fetzt, lässt sich daran ablesen, dass noch einen halben Kilometer im Hinterland Algen und kleine Muscheln im Gras zu finden sind.

Unterhöhlte **Felsen und Grotten,** wie z.B. bei Port-Bara oder das Trou du Souffleur, sind beliebte Fotomotive. Ebenso der Felsbogen von Port-Blanc und die Schluchten von Port-Pigeon,

103r Foto: wk

Portz-Kerné oder Port-Guibell. Das Wort *port* bedeutet in diesem Zusammenhang nicht Hafen, sondern leitet sich vom bretonischen *portz* (kleine Bucht) ab.

Am südlichen Ende der Côte Sauvage gibt es eine von Menschenhand geschaffene Kuriosität: Auf der Felsspitze Beg er Lan steht einsam, direkt am rauen Meeresufer, das Märchenschloss eines Zauberers (so könnte man meinen), das **Château Turpault,** mit hohen, spitzen Türmen und einer Feenschlosssilhouette. Tatsächlich handelt es sich um das 1904 erbaute eigenwillige Wohnhaus eines noch eigenwilligeren Bretonen.

Noch ein paar Pedaltritte, und der geschäftige Fährhafen Port-Maria ist erreicht.

Château Turpault

Quiberon

↗ XX/B1

Die Stadt Quiberon, Namensgeberin der Halbinsel, besteht aus den Teilen Quiberon-Centre, Port-Maria und Port-Haliguen. Bekanntgeworden ist Quiberon nicht zuletzt durch die Kureinrichtungen des Zentrums für Thalassotherapie, in dem die gesundheitsfördernden Wirkungen des Seewassers besondere Anwendung finden.

Quiberon-Centre ist ein durch zahlreiche Geschäfte im Zentrum geprägter Ort. Modeboutiquen, Wassersportausrüster, Musikläden, Friseure, Lebensmittel-, Souvenir- und Fotogeschäfte, kurz, alles ist hier zu finden. Im Sommer stören allerdings die vielen Autos beim Einkaufsbummel. Die relativ moderne Architektur lässt kaum vermuten, dass man sich in der Bretagne befindet.

Auch **Port-Maria,** der Fährhafen südlich des Zentrums, ist nicht gerade ein Ort für Ruhe suchende Urlauber. Lange Autokolonnen warten im Juli und August darauf, auf eine der zahlreichen Belle-Ile-Fähren (13 Passagen täglich) verladen zu werden. Der Hafen wird ebenfalls von mittelgroßen Fischerbooten angelaufen. Segelboote und Yachten hingegen sind hier nicht gern gesehen, denn der professionelle Schiffsverkehr würde zu sehr behindert.

Um die Wende vom 19. zum 20. Jahrhundert war Port-Maria einer der größten **Umschlagplätze für Sardinen.** Die im 19. Jahrhundert gegründete Fischkonservenfabrik „La Quiberonnaise" im Ortszentrum war in ganz Frankreich für ihre Sardinenkonserven bekannt. Die Firma wurde in den 80er Jahren unter dem geänderten Namen „La Belle-Iloise" neu gegründet. Im Hafen spielen die Fischer heutzutage allerdings nur eine untergeordnete Rolle; der Fährverkehr nach Belle-Ile, Houat und Hoedic steht im Vordergrund.

In der Verlängerung der mit Restaurants und Hotels dichtbebauten Hafenpromenade beginnt der **Grande Plage,** ein etwa 1 km langer und auch bei Hochwasser immer noch 50 m breiter Sandstrand, der wie alle anderen Strände in der südlichen Hälfte der Halbinsel regelmäßig gereinigt wird. Nein, keine Sorge, Ölverschmutzungen sind hier äußerst selten. Probleme gibt es hier vielmehr mit dem Müll, den der Tourismus mit sich bringt.

Östlich des großen Strandes lockert die Bebauung immer mehr auf. Kleinere Felskaps wechseln mit schmalen Sandbuchten ab. In dieser reizvollen Landschaft wurde 1964 von *Louis Bobet* das **Institut für Thalassotherapie** gegründet. Am 100 m südlich liegenden kleinen Strand von Goviro gehören die teuersten Badeanzüge der Pariser Haute-Couture zum täglichen Bild.

Über den Boulevard du Conguel erreicht man nach einem weiteren Kilometer in Richtung Südosten ein landschaftliches Juwel der Halbinsel: die **Pointe de Conguel.** Ein Bebauungsverbot ermöglichte hier den Erhalt einer zwar kahlen, aber wegen ihrer Reinheit wunderschönen Küstenlandschaft mit Dünen und kleinen Sandstränden zwischen einzelnen Felsvorsprüngen.

Von hier aus sind es nur 14 km hinüber nach Le Palais, dem Haupthafen von Belle-Ile, und ebensoweit zum Hafen der Insel Houat im Südosten. Die vielen vorgelagerten kleinen Inseln und Felsen bilden die geologische Verlängerung von Quiberon und weisen darauf hin, dass in prähistorischer Zeit Houat und Hoedic zum Festland gehörten.

Es gibt nur eine schmale **Tiefwasserfahrrinne,** durch die größere Schiffe, von Westen kommend, in die Baie de

Quiberon einlaufen können. Sie ist durch den weiß-roten Leuchtturm La Teignouse gekennzeichnet.

Port-Haliguen. Hier dreht sich alles um den Wassersport. Der ca. 1,5 km östlich von Quiberon-Centre liegende Ort ist vor allem von seinem großen Yachthafen geprägt. Mehr als 1000 Motor- und Segelboote liegen hier an zahlreichen Schwimmstegen. Vergleichbar mit La-Trinité-sur-Mer und Port-Crouesty ist Port-Haliguen ein idealer Ausgangspunkt für einen Chartertörn entlang der südbretonischen Küste. Verschiedene Charterunternehmen stehen zur Wahl.

Information

- **Office de Tourisme,** Rue de Verdun 14, 56170 Quiberon, Tel. 08.25.13.56.00, Fax 02.97.30.58.22, www.quiberon.com.

Unterkunft

Alle genannten Hotels besitzen ein Restaurant.

- **Hôtel Sofitel Thalassa€€€,** Pointe de Goulvars, Tel. 02.97.50.20.00, Fax 02.97.30.46.32. Absolutes Spitzenhotel des Thalassotherapiezentrums am ruhigen Ortsstrand, moderner Luxus in 133 Zimmern mit Blick über das Meer nach Belle-Ile, großer Garten. Geöffnet vom 1.2. bis 31.12.
- **Hôtel des Druides€€,** Rue de Port Maria 6, Tel. 02.97.50.14.74, Fax 02.97.50.35.72. Sehr gepflegtes, modernes Hotel mit 31 Zimmern, z.T. mit Balkon. 300 m vom Fährhafen, 100 m zum Strand.
- **Hôtel Europa€€,** Boulevard de la Teignouse, Tel. 02.97.50.25.00. Etwas fantasieloses Gebäude, aber in guter Lage. 100 m zum Strand an der Baie de Quiberon, 1 km südlich des Yachthafens. 56 sehr gut eingerichtete Zimmer, überwiegend mit Meerblick, eigener Swimmingpool und Sauna. Für Selbstversorger stehen 12 kleine Appartements (Studios) zur Verfügung. Geöffnet vom 1.4. bis 15.11.
- **Navirotel€-€€,** Tel. 02.97.50.16.52, direkt am Hafen von Port-Haliguen. Traditionelles Haus mit 21 gerade renovierten Zimmern. Geöffnet von Ostern bis Mitte November.
- **Hôtel Le Guerveur€,** Tel. 02.97.50.15.79, einfaches, aber sauberes Hotel in der Rue de Port-Maria nahe dem Fährhafen. 16 Zimmer stehen zur Verfügung.
- **Hotel Au Bon Acceuil€,** Quai de Houat 6, Tel. 02.97.50.07.92, einfaches, kleines Hotel direkt am Hafen.

Camping

Von den insgesamt 11 Plätzen südlich von St-Pierre-Quiberon empfehlen wir folgende (von Norden nach Süden geordnet):

- **Do.Mi.Si.La.Mi.,** der originelle Name ist eine Tonfolge, Tel. 02.97.50.22.52, Fax 02.97.50.26.69. Direkt am Strand nördlich vom Ortsteil St-Julien. Freundlicher Platz mit 170 Einheiten. Zahlreiche Hecken und Bäume trennen die Flächen untereinander. Wohnwagenverleih, vorbildliche Sanitäreinrichtungen, Lebensmittelladen, Fahrradverleih. Geöffnet: 1.4. bis 31.10.
- **Camping du Bois d'Amour,** Rue de St-Clément, Tel./Fax 02.97.50.13.52. Wenig Baumbewuchs, aber dafür Strandnähe und ruhige Lage, ca. 500 m östlich des Grande Plage, 100 m nördlich vom Plage du Goviro. 280 Stellplätze auf festem Sandboden, gute Komfort- und Serviceeinrichtungen, Disko, Tennis, Fahrradverleih.
- **Camping du Conguel,** Boulevard de la Teignouse, Tel. 02.97.50.19.11, Fax 02.97.30.46.66. Sicherlich einer der besten Plätze von Quiberon. 250 Stellplätze zum großen Teil auf Grasboden zwischen zahlreichen Bäumen und Hecken. Gute Sanitäreinrichtungen, breites Freizeitangebot incl. Tennis und Pool, 200 m zum Strand.

Essen und Trinken

Wer nicht in einem der genannten Hotels speisen möchte, hat zahlreiche andere Möglichkeiten.

- **L'Ile Verte,** Tel. 02.97.50.19.99. Gepflegtes Restaurant direkt am Hafen Port-Maria. Freundliche Bedienung, ansprechende Einrichtung, originelle Fischmenüs von 7,50 bis 18 €.

●**L'Huîtrière,** direkt am Grande Plage von Port Maria. Sympathisches, helles Restaurant mit breiter Fensterfront zum Meer. Sehr gute Fischgerichte von 10 bis 24 €.
●**L'Ancienne Forge** (Alte Schmiede), Rue de Verdun 20, Tel. 02.97.50.18.64. In ruhiger Lage, traditionelle Atmosphäre. Von der Crêpes bis zum Grillmenü bei angemessenen Preisen, Menü ab ca. 13,50 €.
●**Crêperie „La Ferme bretonne",** Rue du Manoir in St-Pierre-Quiberon, 200 m neben dem Rathaus (Mairie). Preiswerte, gute Crêpes in rustikalem Rahmen. Tipp für Preisbewusste: Ein Crêpes-Menü für ca. 9 bis 11 € (drei Crêpes).
●**La Pêcherie,** traditionelles Fischlokal in Port Haliguen am großen Platz am Yachthafen mit guter Speisekarte, Tel. 02.97.50.11.59.

Einkaufstipps

●**La Belle-Iloise,** Rue de Kervozes 10, 200 m nördlich des Fährhafens. Gute Adresse für Selbstversorger, die Fisch mögen. Fischsuppen und Konserven im Direktverkauf ab Hersteller. Nach Gourmet-Führer Gault-Millau die besten Sardinenkonserven Frankreichs.
●**Maison Riguidel,** Rue de Port-Maria 38. Trad. bretonische Backwaren, Riesenangebot.
●**C.O.O.P. Maritime „Le Comptoir du Pêcheur".** Wassersportbekleidung, maritime Pullover, aber auch Angelausrüstung zu günstigen Preisen, 200 m westlich vom Hafen Port-Maria.
●**Markt:** Samstags am Place Varquez.

Sonstiges

●**Bootcharter:** *Loc-Evasion,* Tel. 02.97.50. 08.91, direkt am Hafen von Port-Haliguen. Vercharterung von Yachten zwischen 8 und 12 m. Preisbeispiel: 10 m Segelyacht, 6 Kojen, 1420 € pro Woche; *Loc-Haliguen-Marine,* Tel. 02.97.30.40.81, in Port-Haliguen, *Sambala,* Rue du Port de Pêche, Tel. 02.97. 50.07.93. Tagesausflüge mit 9-m-Segelboot.
●**Segelschulen:** *Cercle Nautique de Port-Haliguen,* Club House, Tel. 02.97.30.49.51; *Ecole Nationale de Voile,* Tel. 02.97.30.30.30, St-Pierre-Quiberon. Unübersehbar auf der Landspitze Beg Rohu. International anerkannt gute Ausbildung.
●**Tauchen:** *Ecole Francaise de Plongée „Ar Gliz Mor",* Tel. 02.97.50.00.98, Port-Maria, Quai Houat 3.
●**Surfen:** *Loc-Haliguen,* Tel. 02.97.50.25.03, Port-Haliguen, Rue des Courlis 16; *Top Surf Cheret Voiles,* Tel. 02.97.30.96.56, in St-Pierre-Quiberon; und *Surf-Avenue,* Tel. 02.97. 30.59.66, Rue de Port-Haliguen 36.
●**Strandanimation für Kinder:** *Club des Bélugas,* am Grande Plage.
●**Reiten:** *L'Eperon,* Rue J.P. Calloch 38, Tel. 02.97.50.28.32.
●**Golf:** *Golf des Menhirs,* Rue des Menhirs 2, Tel. 02.97.30.94.54.
●**Tennis:** *Tennis Club de St-Pierre Quiberon,* Tel. 02.97.30.93.49, Complex Sportif de Kerbourguec; *Tennis Club Quiberonnais,* Club House, Rue St-Clément, Tel. 02.97.50.10.44.
●**Fliegen:** *Quiberon Air Club,* Tel. 02.97.50. 11.05, Rue de l'Aérodrome, südlich von Port-Haliguen.
●**Mountainbiking:** *Daniel Evanno,* organisiert Gruppenausflüge mit MTBs, Tel. 02.97. 50.31.50.
●**Angeln:** Pêche-en-Mer auf der „Cap'tain Carlos" von M. Hedon, Tel. 02.97.50.25.92.
●**Fahrradverleih:** *Cyclomar,* Quiberon-Centre, Place Hoche, Tel. 02.97.50.26.00, und Penthièvre, Avenue de St-Malo; *Cyclos Loisirs,* Rue Victor Golvan 3, Quiberon-Centre, Tel. 02.97.50.10.69.
●**Casino:** Am Ortsrand des Grande Plage in Port-Maria, Automaten und Roulette. Geöffnet: 15–19.30 Uhr und 21.30–3 Uhr.
●**Disco:** *Carnaby Street,* Place Hoche, Quiberon-Centre, Tel. 02.97.30.40.52, 18.30–4 Uhr; *Excalibur,* Rue du Port-Maria, Tel. 02.97. 50.07.86, im Sommer auch Live-Programm, 18–2 Uhr. *Le Fool,* direkt neben dem Casino, Edeldisco am Grande Plage.

Anreise/Weiterreise

●**Mit dem Zug:** Bahnlinie bis Quiberon-Centre. Im Sommer Direktverbindung von und nach Paris, sonst nur Anbindung bis Auray. Auskunft SNCF, Tel. 02.97.50.07.07.
●**Mit dem Bus:** Die Linien 23 und 24 verbinden Port-Maria mit Auray über 13 Stationen, u.a. in Quiberon-Centre, St-Pierre-Quiberon, Penthièvre, Carnac, La Tinité und Crac'h.

- **Mit dem Flugzeug:** Sportflugzeuge können auf dem Aérodrome, südlich von Port-Haliguen, starten und landen, keine Linienflüge, aber Vereinbarungen über den *Quiberon Air Club* möglich, Tel. 02.97.50.11.05.
- **Mit dem Schiff:** Die *Compagnie Morbihannaise et Nantaise de Navigation* (Tel. 02.97.50.06.90) unterhält mehrere Fährverbindungen nach Belle-Ile, Houat und Hoëdic. Ausgangshafen ist Port-Maria. Details unter www.smn-navigation.fr, Tel. 02.97.35.02.00 oder 08.20.05.60.00.
- **Nach Belle-Ile, Le Palais** (Autofähre). April bis September, mindestens 6 Fahrten täglich, Juli und August 13 Fahrten täglich, Fahrtdauer 45 Minuten. Für den Sommer ist eine halbjährige Voranmeldung ratsam. Preise (Hin- und Rückfahrt): 20/14 €, PKW je nach Länge ab 90 €.
- **Nach Belle-Ile, Sauzon,** kein Autotransport, jetgetriebener Speed-Katamaran (der C.M.N.N.) für 150 Personen. Dauer 25 Minuten, 2-mal täglich. Preise: 21 €, Kinder 11 €.
- **Nach Houat/Hoedic,** nur Passagierverkehr. Ganzjährig mindestens einmal täglich, im Sommer bis zu 6 Fahrten täglich bis Houat und 2 Fahrten bis Hoedic. Dauer ca. 1 Stunde bis Houat, 1,5 Stunden bis Hoedic. Preise: Quiberon – Houat/Hoedic (Hin- und Rückfahrt) 18,50/10 €; Houat – Hoedic 10/7 €.

Die Schlacht von Quiberon

Man schreibt das Jahr 1795. Die **Bretonen,** vor der Revolution niemals zum Wehrdienst außerhalb der Bretagne eingezogen, sehen sich von den Republikanern ab 1793 **zunehmend unterdrückt.** Ein Zitat von *Georges Cadoudal,* einem patriotischen Bretonen aus Auray, der engagiert für die Eigenständigkeit der Bretagne eintrat, beschreibt die Position der Bevölkerung: „Wenn die Bretagne dem Zentralismus der Monarchie standgehalten hat, so wird sie sich nicht den Machtansprüchen der Republik beugen." Die im Rahmen der westfranzösischen Widerstandsbewegung La Chouannerie kämpfenden Bretonen gehen nur ungern, aber notgedrungen ein **Bündnis mit den königstreuen Adeligen** ein, die überwiegend im Exil in Belgien, Holland, Deutschland und vor allem in England leben.

Am 27. Juni 1795 **landen ca. 5000 Adelige,** aus dem Exil in England kommend, unter der Führung der Grafen *de Puisaye* und *d'Hervilly,* am Plage St-Colomban bei Carnac, unterstützt von der englischen Marine. 10.000 Chouans unter der Führung von *Georges Cadoudal* erwarteten sie dort, um gemeinsam die republikanischen Truppen, die von Général *Hoche* angeführt werden, zu schlagen.

Doch sehr schnell kommt es unter den Königstreuen zu **Kompetenzgerangel** und Führungsstreitigkeiten. Der geplante Angriff verzögert sich um ca. 2 Wochen. Général *Hoche,* mit nur 3000 Mann dem Gegner unterlegen, nutzt den Zeitgewinn und rekrutiert weitere 13.000 Kämpfer aus der Westbretagne.

Währenddessen sammeln sich die Royalisten unter dem Hurra-Geschrei Tausender Zivilisten im Fort Penthièvre. Dies erweist sich sehr bald als folgenschwerer taktischer Fehler. Als am 16. Juli die Königstreuen den **Angriff** beginnen, ist *Hoche* durch Verräter längst informiert und kann mit seinen Truppen am Ansatz der Halbinsel den Gegner mit einem gewaltigen Geschosshagel empfangen. Schon bei Penthièvre fällt so die Hälfte der königstreuen Truppen. Die Überlebenden ziehen sich ins Fort zurück, doch am 21. Juli wird die Festung von *Hoche* gestürmt, und ein **vernichtendes Massaker** beginnt. Einigen Chouans gelingt die Flucht zum Meer. Hier liegen noch die englischen Kriegsschiffe, mit denen sie gekommen waren, vor Anker. Doch bevor sie zu den Schiffen gelangen, fallen die Chouans unter den republikanischen Bajonetten. Die royalistische Armee ist geschlagen. Von 15.000 Mann überleben nur 3000 die Schlacht, doch werden auch die meisten von ihnen entgegen anderslautender Zusagen später in Vannes und Auray erschossen.

Belle-Ile-en-Mer ↗ XX/A2

15 Kilometer südwestlich vor der Küste Quiberons liegt Belle-Ile, die **größte aller bretonischen Inseln,** als 18 km langer natürlicher Wellenbrecher vor dem Festland.

Die 84 km² große Insel konnte sich bisher vor der Zersiedelung durch Ferienhäuser, Campingplätze und Hotels dank einer behutsamen Tourismus-Politik weitgehend schützen. Zwar kommen zu den etwa 4500 ganzjährig auf der Insel lebenden Menschen im August noch einmal doppelt so viele Urlauber, doch abgesehen vom Hauptort und Fährhafen Le Palais, verkraftet die Insel diese vorübergehende Bevölkerungsexplosion bisher, ohne an ihrem historisch gewachsenen Charakter Schaden zu nehmen. Die etwa 10.000 **Sommergäste** wohnen überwiegend bei Einheimischen oder in Ferienhäusern, verteilt über die Insel. Allerdings verkraften die schmalen Straßen der Insel immer schlechter, die aufgrund des **intensivierten Autofährverkehrs** in den letzten Jahren stark gewachsene Zahl von Autos.

Wer die **Insel per Fahrrad kennen lernen** möchte, und dies ist sicherlich die empfehlenswerteste Art, sollte nicht im August hierher kommen. Trekking-Freunden stehen ca. 100 km Wanderwege zur Verfügung. Es ist möglich, die Insel direkt an der Küste vollständig zu umrunden (etwa 70 km).

Landschaftlich bietet Belle-Ile eine **Vielfalt,** wie sie auf keiner anderen bretonischen Insel vorkommt: wild zerklüftete Steilküste im Westen (Côte Sauvage), lange Sandstrände zwischen hohen Felsnasen im Osten, dazwischen ein leicht hügeliges, etwa 50–60 m hohes Inland, wo Gras- und Heideflächen ebenso vorkommen wie kleine Kiefernwäldchen oder auch Getreideäcker.

Kleinere **Ortschaften,** oft nur aus einem Dutzend Häusern bestehend, verteilen sich über die ganze Insel.

An „größeren" Orten gibt es neben Le Palais, dem Fährhafen an der Nordostküste, und Sauzon, einem kleinen Fischerei- und Yachthafen im Norden, nur noch Bangor, ein 600-Seelen-Dorf in der Inselmitte, und Locmaria mit etwa 570 Einwohnern im Südosten.

Eine bewegte Insel-Geschichte

Nach dem Sieg der **Römer** über die Veneter (s. Kap. Rhuys) im Jahre 56 v. Chr. wird Vindilis (so heißt Belle-Ile bei den Galliern) für drei Jahrhunderte römisch. Es schließen sich sieben düstere Jahrhunderte an, während derer anfangs die **Sachsen,** später die **Normannen** die Insel immer wieder überfallen und plündern.

Im Jahre 1006 übernimmt die **Abtei von Redon** die Insel und versucht, oft ohne Erfolg, die Inselbewohner gegen die Angriffe von Piraten und anderen Plünderern zu schützen. Erst 1549 wird unter *Henri II.* eine erste Befestigung über dem Hafen von Le Palais angelegt, die jedoch schon 1572 von den Engländern eingenommen werden kann. Während einer dreiwöchigen Plünderung wird die Insel verwüstet.

Charles IX., inzwischen König von Frankreich, erkennt, dass die Mönche von Redon unfähig sind, die Insel zu verteidigen. Er veranlasst die Übergabe an den Herzog von Retz aus der **Familie Gondi,** der die Festung von Le Palais weiter ausbaut. Doch nur ein halbes Jahrhundert bleibt Belle-Ile im Besitz der Familie *Gondi,* denn zu hohe Schulden zwingen zum Verkauf. 1658 wird **Nicolas Fouquet,** als Schatzmeister *Louis' XIV.* zu Reichtum gekommen, Seigneur de Belle-Ile. Mit 200 Kanonen und einer eigenen Flotte wird der Schutz der Insel weiter verbessert, sodass auch die Inselbevölkerung einen bescheidenen Wohlstand entwickeln kann. Doch der erfolgreiche und beim Volk beliebte *Fouquet* erregt den Neid *Colberts,* der schließlich mittels eines bösen Intrigenspiels veranlasst, dass *Louis XIV. Fouquet* 1661 verhaften lässt. Die Festung von Le Palais wird einige Jahre vernachlässigt, und schon kommen feindliche Kriegsschiffe, diesmal **Holländer.** Sie plündern die gesamte Insel und brennen schließlich die Hafenstadt völlig nieder.

Angesichts der strategisch wichtigen Lage der Insel entschließt sich *Louis XIV.*, die Festung Le Palais uneinnehmbar zu machen und beauftragt 1674 *Vauban* mit dem **Ausbau der Militäranlagen.** Tatsächlich wiedersteht die Zitadelle fast 100 Jahre lang den wiederholten Angriffen englischer und holländischer Truppen, die unter anderem von 1696 bis 1704 die Insel acht Jahre lang von See her belagern.

1761 schließlich wollen die **Engländer** Nägel mit Köpfen machen: Sie schicken 130 Kriegsschiffe vor die Ostküste der Insel und gehen mit Tausenden Soldaten an den großen Sandstränden an Land. Am 11. Juni **fällt die Zitadelle** von Le Palais nach 30-tägigem Angriff, und die englische Flagge wird über der Stadt gehisst.

Doch sie weht nur zwei Jahre lang, denn am 11. April 1763 unterzeichnen Engländer und Franzosen einen **Vertrag,** in dem u.a. Belle-Ile im Tausch gegen die Insel Menorca zurück unter französische Hoheitsgewalt geht. Derselbe Vertrag legt fest, welche Teile Kanadas in französischem Besitz bleiben, und so werden 1765 78 französische Familien aus Acadien vertrieben. Sie siedeln als sogenannte **„Acadiens"** auf Belle-Ile (Heute erinnert der Name einer der drei Autofähren „l'Acadie" an diese Siedler.) Sie waren es, die die Kartoffel als Grundnahrungsmittel in Frankreich einführten.

Das **19. Jahrhundert** ist für die Inselbewohner ein glückliches, denn die Insel wird weitgehend von Angriffen verschont, und der Fischfang mit verbesserter Technik ermöglicht einen gewissen Wohlstand.

Im 1. Weltkrieg dient die Zitadelle als Gefängnis für Kriegsgefangene. Ab Juli 1940 wird die Insel von 10.000 **deutschen Soldaten besetzt,** und erst am 8. Mai 1945 weht wieder die Trikolore über der Zitadelle von Le Palais.

Le Palais

↗ XX/A2

Schon weit von See aus fällt auf, dass der Hafen geschichtlich von Bedeutung gewesen sein muss, denn die **alles beherrschende Zitadelle** mit ihren von *Vauban* im 17. Jh. perfektionierten Befestigungsanlagen ist auch ohne Fernglas weithin sichtbar. Bereits die griechischen Seefahrer nutzten die **geschützte Ostküste** von Belle-Ile **mit ihren Naturhäfen** zum Ankern auf dem Weg nach England. Römische Galeeren lagen hier ebenso auf Reede wie die Kriegsschiffe von *Louis XIV.* Holländische Ostindienfahrer verproviantierten sich hier genauso wie englische Fregatten auf dem Weg nach Westindien. Natürlich ging das alles nicht immer sehr friedlich zu.

Der **heutige Hafen** besteht aus drei Bereichen, dem großen Vorhafen mit dem Fähranleger und einigen Bojen für Yachten, dem bei Niedrigwasser trockenfallenden Mittelhafen für die Fischer und dem durch ein Schleusentor abgetrennten Innenhafen für Yachten und Fischer. Die steilen Mauern der Zitadelle grenzen direkt an die nördlichen Hafenmauern, während sich die Häuser der 2700 Bewohner der Stadt entlang der südlichen Kaimauern aneinanderreihen.

104br Foto: wk

Zwischen dem Fähranleger und dem Schleusenhafen bieten viele kleine Geschäfte **Einkaufsmöglichkeiten** aller Art. Fisch kann nach wie vor morgens direkt vom Fischerboot am Mittelhafen gekauft werden.

Absolut sehenswert ist die **Citadelle-Vauban** und das dort untergebrachte Musée historique. Der Weg zur Zitadelle beginnt oberhalb des Schleusentores am Innenhafen. Ein ausgeschilderter Rundgang führt durch Kasematten, Ställe, Geschützräume und Gefängniszellen. Über die äußeren Verteidigungsmauern gelangt man in die Westspitze der sternförmig angelegten Festung. Hier oben weht neben der Trikolore ganzjährig auch die bretonische Flagge. Es bietet sich ein herrlicher Ausblick über den Hafen und die Stadt.

Sicherer Hafen: unterhalb der Zitadelle von Le Palais

Im **Musée historique,** das in einem der ehemaligen Wohngebäude der Zitadelle untergebracht ist, wird sehr eindrucksvoll anhand von historischen Relikten, Dokumenten, Bildern, Wrackfunden u.Ä. die Inselgeschichte der letzten zwei Jahrtausende mit Betonung der letzten 400 Jahre dargestellt. Dokumente über das Leben der Inselbewohner sowie zum Aufenthalt von *Claude Monet*, *Sarah Bernhardt* und *Albert Roussel* vervollständigen die Ausstellung.

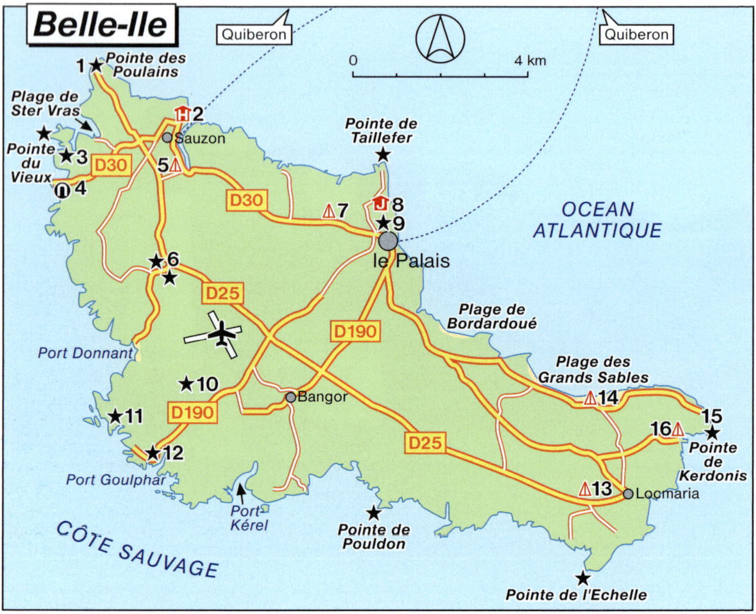

★	1	Leuchtturm Les Poulains	★	9	Zitadelle von Le Palais
H	2	Hôtel Le Cardinal	★	10	Leuchtturm Goulphar
★	3	Fort Sarah Bernhardt	★	11	Port-Coton
ⓘ	4	Grotte de L'Apothicairerie	★	12	Castel Clara, Thalassotherapie
⚠	5	Camping à la Source	⚠	13	Camping Lannivrec
★	6	Menhire Jean et Jeanne	⚠	14	Camping Les Grands Sables
⚠	7	Camping Bordénéo	★	15	Leuchtturm Kerdonis
J	8	Jugendherberge	⚠	16	Camping Port Andro

Öffnungszeiten: 1.4. bis 30.6. und 1.9. bis 31.10. 9.30–18 Uhr, Juli und August 9–19 Uhr, im Winter 10–12 und 14–17 Uhr. Eintritt 6/3 €.

Strände in der Nähe von Le Palais: Der nächstgelegene Strand ist der ca. 500 m südlich des Hafens von Felskaps eingerahmte Plage de Ramonette. Vormittags ist es hier wegen des günstigeren Sonnenstandes empfehlenswerter als nachmittags (Schattenbildung durch das Hinterland). Etwa 2 km weiter im Südosten liegt der ca. 1 km lange sehr schöne Plage de Bordardoué. Er bietet gute Surfmöglichkeiten für Anfänger. Vorsicht ist bei ablandigem Wind geboten.

Information

• **Office de Tourisme,** Quai Bonelle, 56360 Le Palais, Tel. 02.97.31.81.93, Fax 02.97.31.56.17, www.belle-ile.com.

Unterkunft

- **Le Clos Fleuri€€€,** Bellevue, Route de Sauzon, Tel. 02.97.31.45.45. Sehr gut eingerichtete und wunderschön gelegene B&B-Pension von hohem Niveau. 20 Zimmer.
- **Hôtel/Restaurant Atlantique€€,** Quai de l'Acadie, Tel. 02.97.31.80.11, Fax 02.97.31.81.46, direkt am Fähranleger. 33 komfortable Zimmer (z.T. mit Hafenblick), Sauna im Haus. Geschlossen vom 6.1. bis 12.2.
- **Hotel Le Saint Amant€€,** am Schleusenhafen, ca. 500 m vom Fähranleger, Avenue Carnot 14, Tel. 02.97.31.36.71, nette, traditionell eingerichtete Zimmer z.T. mit Blick auf den Hafen.
- **Hotel Vauban€,** Rue des Remparts 1, Tel. 02.97.31.45.42, Fax 02.97.31.42.82, etwa 1 km östlich von Le Palais am Hang mit Blick aufs Meer, neues freundliches Haus mit 13 schönen Zimmern.
- **Jugendherberge,** Haute Boulogne, Tel. 02.97.31.81.33. Oberhalb der Stadt, nahe der Zitadelle.
- **Camping Bordénéo,** Tel. 02.97.31.88.96. Etwa 1 km nordwestlich vom Stadtzentrum auf dem Weg nach Sauzon (D 30). Der ruhigste und komfortabelste der drei Plätze um Le Palais, mit Tennisplatz und Fahrradverleih. 165 Stellplätze zwischen Bäumen und Hecken.

Essen und Trinken

Ungewöhnlicherweise gibt es in diesem historischen Fischerhafen keine ausgesprochen guten und preiswerten Fischrestaurants. Die Menüs sind mittlerer Standard zu relativ hohen Preisen.

- **Restaurant L'Annexe€€,** Le Palais, Quai de l'Yser 3, Tel. 02.97.31.81.53. Gute Grillgerichte, Fisch und Fleisch mit tollen Soßen.
- **Crêperie Traou Mad,** Rue Willaumez, Tel. 02.97.31.84.84. Gute Crêpes zu akzeptablen Preisen. Gemütlich ist die kleine Terrasse.
- **Crêperie La Sarrasine,** Rue de l'Eglise 1, nette kleine Crêperie „wie bei Oma".
- **La Chaloupe,** Crêperie-Glacier-Snack Avenue Carnot 8, Tel. 02.97.31.88.27. Oberhalb des Mittelhafens. Sehr gute, fantasiereich gemischte Salate, nette Atmosphäre und freundliche Bedienung.
- **L'Etoile du Port,** am Mittelhafen gegenüber dem Fischeranleger, Tel. 02.97.31.80.25, Hafenkneipe, in der die Fischer nach dem Fang ihren Muscadet trinken.

Sonstiges

- **Fahrradverleih:** *Cyclo Tour*, Tel. 02.97. 31.80.68, und *D. Banet*, Quai de l'Acadie, Tel. 02.97.31.84.74, am Fähranleger. Verleih von Touren-, MTBs und Kinderrädern. *Vélos Reversade*, Rue de l'Eglise 14, Tel. 02.97.31.84.19.
- **Fahrradverleih:** Au Cheval de Fer, am oberen Ende des Schleusenhafens, Quai Gambetta, Tel. 02.97.31.50.70, besser gewartete Räder und Scooter als direkt am Fähranleger.
- **Busrundfahrten:** *Les Cars Bleus*, Quai Bonnelle, Tel. 02.97.31.83.56. Tagesfahrten über die gesamte Insel mit Besichtigung aller Sehenswürdigkeiten.
- **Busfahrten:** ab Parkplatz gegenüber vom Office de Tourisme am Hafen. Fahrten über die Insel, ohne touristische Betreuung wie bei *Les Cars Bleus,* dafür aber billiger mit *TAOL MOR,* Tel. 02.97.31.32.32.
- **Leihwagen:** Ökologisch auf der Insel sinnvoll: Elektroautos von *Europcar,* direkt am Office de Tourisme, Tel. 02.97.31.46.46. Vom Roller bis zum Kleinbus, alles was mobil macht für die Inselerkundung bei *Locatourisle,* direkt gegenüber vom Fähranleger, Quai Bonnelle, 56360 Le Palais, Tel. 02.97.31.83. 56, Fax: 02.97.31.55.38, contact@locatourisle.com.
- **Tennis:** *Du Gouerc'h*, Tel. 02.97.31.83.87, 8 Plätze am westlichen Stadtrand.
- **Reiten:** *Domaine des Chevaliers de Bangor*, Tel. 02.97.31.52.28. Am Flugplatz, in der Inselmitte. Tagesausritte und Ausbildung. *La ferme du Poney Bleu*, Tel. 02.97.31.64.32.
- **Tauchen:** *Angélus Plongée,* Anfängertauchen und Exkursionen für Fortgeschrittene ab 35 €, Tel. 06.85.13.83.76.
- **Segeltörns:** Auf der *NOROIT*, einer 11 m langen Hochseeyacht, bietet Profiskipper *Loic* ein- oder mehrtägige Segeltörns an. Näheres unter www.biskaya.de oder Tel. 02.97.26.89.48.
- **Segelschule:** *Jeunesse et Marine*, Plage de Bordardoué, 1 km südlich von Le Palais. Oder: Sportkatamarane und Jollen bei *Hori-*

105br Foto: wk

zon am Plage des Grands Sables, Locmaria, Tel. 02.97.31.54.71.

- **Surfen:** *Les Grands Sables,* Tel. 02.97.31.54.71, am längsten Sandstrand der Insel, 4 km südöstlich von Le Palais.
- **Fliegen:** *Aéro-Club*, Aérodrome de Bangor, Tel. 02.97.31.53.19, individuelle Rundflüge.

Anreise/Weiterreise

Die Hauptfährverbindung geht von Quiberon aus, www.smn-navigation.fr, Tel. 02.97.35.02.00. Details s. Kap. „Quiberon-Port Maria". Auch von Lorient kommen Fähren. In den Sommermonaten ist eine frühzeitige Reservierung notwendig!

- **Mit dem Schiff:** Neben der Autofähre von Lorient (s. dort) gibt es noch Fährverbindungen ohne Autotransport von Vannes, Port-Navalo, Lorient, La-Trinité und La Turballe zwischen dem 1. April und dem 15. Oktober mit der Reederei *Navix*, Tel. 02.97.46.60.00. Preis 36 €, Kinder 19 €.
- **Mit dem Bus:** Von der Haltestelle am Anleger fährt mehrmals täglich ein Bus auf verschiedenen Linien über die Insel.

Die Hafeneinfahrt von Sauzon

Sauzon

Etwa 6 km nordwestlich von Le Palais liegt der zweitgrößte und wohl auch der **schönste Hafen der Insel.**

Die Häuser von Sauzon sind entlang des **Naturhafens** gebaut, der am Ende eines langen Tales liegt. Hier wurden Mitte des 20. Jahrhunderts die ersten Konservenfabriken für Sardinen errichtet, von denen allerdings heute nichts mehr geblieben ist. An der nördlichen

Hafenmole legen täglich Fischerboote an, die den Bedarf der Restaurants decken.

Der Name Sauzon geht zurück auf die „Saxons“, die **Sachsen,** wie die Bretonen die aus dem Norden kommenden Piraten nannten. Seit dem 4. Jahrhundert zogen die „Saxons“ von hier aus raubend über die Insel.

Mehr und mehr Yachtbesitzer suchen seit einigen Jahren im Hafen einen Liegeplatz, und die einheimischen Fischer beginnen über Platzmangel zu klagen.

Sauzon strahlt mit seinen verschachtelt gebauten weißen Häusern eine beinahe **mediterrane Atmosphäre** aus. Kleine Boutiquen, Bars und Restaurants ziehen zwar im Sommer viele Urlauber an, aber das Leben verläuft hier dennoch entspannter als im geschäftigen Le Palais. Nur die **Hochgeschwindigkeitsfähre** von Quiberon sorgt hier für Wirbel, wenn sie im Hafen angelegt und ihre 200 Passagiere ausspuckt. Zum Glück transportiert sie keine Autos.

Unterkunft

- **Hôtel/Restaurant du Phare**€€, direkt an der Hafenmole, Tel. 02.97.31.60.36, Fax 02.97.31.63.94. Einfaches, aber sehr schön liegendes Haus mit 14 traditionell eingerichteten Zimmern. Geöffnet von Ostern bis Ende Oktober. Die Küche ist mäßig, aber wer optimale Lage sucht, ist hier richtig.
- **Hôtel/Restaurant Le Cardinal**€€€, Tel. 02.97.31.61.60, Fax 02.97.31.66.87. 300 m oberhalb des Hafens. Das moderne, ansprechende Gebäude ist deutlich luxuriöser. 80 sehr großzügig eingerichtete Zimmer mit Balkon und Meerblick (Doppelzimmer, nur Halb- und Vollpension). Geöffnet vom 15.4. bis 15.10.
- **Auberge La Touline**€€, 5 Privatzimmer mit maritimem Charme in altem Fischerhaus: Annick und Gilles zeigen herzliche Gastfreundschaft. Frühstück auf der schönen Terrasse, Rue du Port Vihan, Tel. 02.97.31.69.69. www.hostellerielatouline.com
- **Camping à la Source,** Tel. 02.97.31.60.95. 200 m oberhalb des Hafens an der Straße nach Le Palais. 65 Stellplätze z.T. unter Bäumen, einfache Einrichtungen. Geöffnet vom 01.4. bis 30.9.

Essen und Trinken

- **Restaurant Le Phare,** Tel. 02.97.31.60.36. Direkt an der Hafenmole. Vier verschiedene variationsreiche Menüs ab ca. 15 €, wahlweise auf der großen Terrasse oder im Speisesaal mit Blick auf den Vorhafen.
- **Le Roz Avel,** bestes Restaurant am Ort, oberhalb der Kirche. Unbedingt vorher reservieren! Tel. 02.97.31.61.48.
- **Le Contre-Quai,** Tel. 02.97.31.60.60, oberhalb des Leuchtturms. *Arlette* und *Bill* sind inselweit für ihre originelle Küche bekannt, klein aber nett.
- **Café de la Cale,** Quai Guerveur, Tel. 02.97.31.65.74. Der Name täuscht, handelt es sich doch nicht um ein Café, sondern um die Top-Adresse für Fruits de mer (ab ca. 15 €).
- **Crêperie-Glacier Les Embruns,** Rue du Lieutenant Riou, Tel. 02.97.31.64.78. Einfache, preiswerte Crêperie, grandiose Eisbecher. Man beachte auch nebenbei die höhlenähnlich in den Fels geschlagene Toilette.
- **Crêperie „La Mère Michèle“,** nette Adresse am Westrand des Ortes für gute Crêpes mit schöner Aussicht auf das Tal, Tel. 02.97.31. 62.70.

Sonstiges

- **Tauchen:** *Guédel Sub-Armor,* Chemin de Port-Puce, Tel. 02.97.31.64.69. Ein umgebautes Fischerboot und zwei Schlauchboote stehen 30 Tauchern zur Verfügung.
- **Segeln:** Mit dem Katamaran *La Sterne* kann man Tagestörns um Belle-Ile und nach Houat machen. Kosten pro Tag 80/50 €. Auskunft dazu direkt am Anleger der Fischer.

- **Golf:** *Golf de Sauzon*, Tel. 02.97.31.64.65. Sehr schön oberhalb der Küste liegender Platz mit 18 Löchern.
- **Tennis:** *Aux Poulains*, Tel. 02.97.31.64.65. Direkt am Golfplatz.
- **Reiten:** *La Ferme du Poney Bleu* „Landes de Borgroix", Tel. 02.97.31.64.32.

Anreise/Weiterreise

- **Mit dem Schiff:** Die *Compagnie Morbihannaise et Nantaise de Navigation* unterhält drei Autofähren, die täglich 6-mal zwischen der Insel und Quiberon verkehren (im Sommer 13-mal). Tel. 02.97.50.06.90 und 02.97.64.77.54. Ticketverkauf in Quiberon/Port Maria und Le Palais. Preise (Hin- und Rückfahrt): 18/11 €, PKW je nach Länge ab 62 €.

  Von Lorient aus fährt die „Gourinis" derselben Reederei zwischen dem 1.7. und 6.9. tägl. einmal hin und zurück. Kein Autotransport! Der Preis für die 90-minütige Fahrt beträgt 20 €, für Kinder 10 €.

  Von Port Navalo aus geht ebenfalls eine Fähre ohne Autotransport nach Le Palais in den Monaten Juni, Juli, August. Preise: 28/18 €.
- **Mit dem Bus:** Auf der Strecke Sauzon – Le Palais verkehrt zweimal täglich ein Bus. Haltestelle an der Kirche.

Pointe des Poulains

Sauzon ist der ideale Ausgangspunkt für eine Wanderung zur Nordspitze von Belle-Ile, der Pointe des Poulains (ca. 3 km). Ein kurvenreicher Küstenwanderweg führt zwischen dichtem Ginster- und Farngestrüpp oberhalb der zerklüfteten Uferfelsen nach Nordwesten zum Leuchtturm auf der vorgelagerten, aber bei Niedrigwasser erreichbaren Insel Ile des Poulains. Die verbindende Sandbarre bildet bei Ebbe einen schönen Badestrand.

Die Ruine des **Fort Sarah Bernhardt,** in dem die berühmte Schauspielerin mit ihrer Vorliebe für tragische Rollen 30 Jahre lang den Sommer verbrachte, liegt am steilen Westufer der Pointe des Poulains in wildgrandioser Umgebung. Die lange, aus der Ferne heranrollende Atlantikdünung bricht sich donnernd in den grob zerklüfteten Felsen.

Das einst im Stil der Belle-Epoque großzügig gestaltete Gebäude wurde leider im 2. Weltkrieg von deutschen Truppen weitgehend zerstört. Inzwischen sind Bauarbeiten im Gange, um die Ruine in ein Kulturzentrum zu verwandeln. Im Anschluss sind hier Ausstellungen über große Maler und Schauspieler geplant, die häufiger Belle-Ile besucht haben.

Pointe du Vieux Château

Ein Fußweg entlang der Steilküste führt 2 km südlich zu der von Seglern besonders bei Ostwind geschätzten **Ankerbucht Ster Vras.** Der fjordartige Einschnitt bietet Natur pur. Auf dem nahen Felskap Pointe du Vieux Château brüten im Frühjahr Tausende von Seevögeln (Dreizehen-, Silber-, Sturmmöwe, Austernfischer, Eissturmvogel, Alpenkrähe, Felsentaube und Krähenscharbe) in einem **Vogelschutzgebiet.** Nur mit einem Biologen der Station als Führer ist das Betreten des Schutzgebietes gestattet. Auskunft unter Tel. 02.98.49.07.18.

Grotte de l'Apothicairerie

Ca. 3,5 km westlich von Sauzon befindet sich diese imposante Felsgrotte

Leuchtturm Goulphar

in der 50 m hohen Steilküste, in der sich die Dünung türkisgrün bricht. Nachdem in den letzten Jahren auf den durch Algenbewuchs glitschigen Felsstufen, die in die Grotte führen, etliche Besucher ausgerutscht und in der brechenden See ertrunken sind, wurde der Zugang leider gesperrt. Man kann aber von einem nahegelegenen Felskap in den Schlund hinunterschauen. Bei ruhiger See ist hier eines der interessantesten Reviere für die Anhänger des Sporttauchens.

106br Foto: wk

Jean et Jeanne

An der D 25, ca. 3 km südlich von Sauzon stehen zwei Menhire, die allerdings mit 5000-jähriger Verspätung aufgestellt wurden. 1852 ließ der Bürgermeister von Le Palais die Steine als Ersatz aufrichten, nachdem dort zuvor die tatsächlich megalithischen Steine gestohlen und als Baumaterial zerschlagen worden waren.

Bangor und Umgebung

Der Name der drittgrößten Ortschaft von Belle-Ile, etwa 4 km landeinwärts von Le Palais, klingt nicht zufällig englisch. Im 6. Jahrhundert gründeten hier Mönche aus Bangor in Nord-Wales ein Kloster. Alte historische Karten zeigen drei Kapellen, die allerdings 1761 paradoxerweise wieder von Engländern zerstört wurden.

Der Ortskern mit seinen etwa fünfzig Häusern ist recht uninteressant. Heute zu Ferienhäusern umgebaute Bauernhöfe stehen zwischen noch bäuerlich genutzten Höfen.

Im Umkreis von 4 km liegen allerdings einige sehenswerte Insel-Highlights.

Le Grand Phare, Goulphar

Der 50 m hohe Leuchtturm schickt nachts seine zwei weißen Blitze alle 10 Sekunden 26 sm weit hinaus auf den Atlantik. Nach 250 Stufen erreicht der Besucher die Lampenetage, in der eine eindrucksvolle Messingmechanik die Linsen zwischen Sonnenuntergang und Sonnenaufgang dreht. Hier wurden 1835 erstmalig die von *Augustin Fresnel* entwickelten Linsen zur Lichtkonzentration in Leuchttürmen eingesetzt. Bei guter Sicht blickt man von hier oben aus 92 m Höhe nach Norden bis Lorient und Groix und nach Westen fast bis ... Amerika.

Eintritt 1,50 €, geöffnet von Ostern bis Ende September 10–12 und 15–18 Uhr.

Port Goulphar

Der kleine Fjordhafen unweit des Leuchtturms ist bei Fischern und Seglern gleichermaßen beliebt. Trailerbare Boote können hier gut zu Wasser gelassen werden.

Die beiden Edelherbergen oberhalb des kleinen Strandes gehören zum Besten, was Belle-Ile an Hotels zu bieten hat (s.u.).

Port-Coton

Eine Gruppe von steilen Felsspitzen vor der 50 m hohen Steilküste, 500 m westlich des Leuchtturmes, trägt diesen etwas unpassenden Namen (*coton* = Baumwolle). *Claude Monet* malte 1886 diese wilde Küstenlandschaft gleich mehrmals („Les Aiguilles de Port-Coton", die Originale befinden sich im Pariser Musée d'Orsay). Im nahegelegenen kleinen Dorf Kervilahouen verbrachte er mehrere Monate, um sich von dieser Küste inspirieren zu lassen.

Kervilahouen

In diesem kleinen Dörfchen ca. 1 km östlich der Bucht von Goulphar wohnte der Impressionist *Claude Monet* im Herbst 1886 zwei Monate lang und malte etwa 30 Bilder der Küstenlandschaft von Goulphar in allen Wetterlagen. Sein Wohnhaus befindet sich direkt hinter dem Dorfbrunnen. Es ist allerdings nicht als solches ausgeschildert. Ein heißer Tipp für Monet-Pilgerer: Sie können in Kervilahouen im Haus seiner damaligen Wirtin übernachten; Tel. 02.97.31.52.10.

Port Donnant

Über den Küstenwanderweg ca. 3 km nördlich von Port-Coton. Drei landschaftlich **einzigartige Sandstrände** begrenzen die in drei Arme zergliederte, tiefeingeschnittene Bucht mitten in der sonst steilen Westküste. Wer mit dem Auto ankommt, muss schon ca. 800 m vom Strand entfernt parken, denn hohe Sanddünen versperren (glücklicherweise) den Weg zum Meer.

Port Donnant ist das **Eldorado der Wellensurfer.** Wenn bei Irland ein Sturm die See aufwühlt, rollt hier zwei Tage später eine Dünung, die mit 2 bis 3 m hohen Brechern auf den Strand läuft: Hawaii auf Belle-Ile.

Port-Kérel und Plage d'Herlin

Ca. 2 km südlich von Bangor liegen diese beiden Badestrände, eingerahmt in einer grandiosen Felskulisse.

Unterkunft

- **Castel Clara** (Castel Thalassa)€€€, in Port Goulphar, Tel. 02.97.31.84.21, Fax 02.97.31.51.69. Das absolute Top-Hotel der Insel. Das traditionell mondäne Gebäude liegt einzigartig oberhalb der felsigen Bucht von Goulphar. *François Mitterand* ließ sich hier von Zeit zu Zeit pflegen. 43 Zimmer, überwiegend mit Balkon zum Meer. Ab 180 €.
- **Le Manoir de Goulphar**€€€, Tel. 02.97.31.80.10, Fax 02.97.31.80.05. Ebenfalls ein sehr lu-

107br Foto: wk

xuriöses Hotel an der Bucht von Goulphar. 58 sehr komfortable Zimmer ab 100 €. Zwei Tennisplätze. Auch dieses Haus arbeitet mit dem Thalassotherapiezentrum zusammen. Geöffnet vom 15.3. bis 1.11.

- **Hotel/Restaurant La Désirade**€€, ein familiär gestaltetes kleines Hotel in ruhiger und dennoch günstiger Lage nur etwa 1,5, km von Port Donnant entfernt: Le Cosquet, Tel. 02.97.31.70.70. Näheres unter www.hotel-la-desirade.com/descriptif.htm.
- **Camping Municipal Kernest,** Tel. 02.97.31. 84.06. Ca. 1 km westlich vom Ortszentrum. Gepflegter Platz mit 90 Standflächen zwischen Hecken. Tennisplatz, Fahrradverleih.

Port Coton auf Belle-Ile – ein Monet-Motiv

Sonstiges

- **Fahrradverleih:** *Pro-Chaine*, Kervilahouen, Tel. 02.97.31.53.16.
- **Reiten:** Domaine des Chevaliers de Bangor, Tel. 02.97.31.52.28.

Locmaria

Zur Gemeinde mit ca. 560 Einwohnern im äußersten Südosten der Insel (etwa 10 km südöstlich von Bangor, zu erreichen über die D 25) gehören 33 kleinere Dörfchen mit jeweils nur einer Handvoll Häusern. Locmaria besitzt eine in ihrer Schlichtheit schöne weißgetünchte Kirche: **Notre-Dame de l'Assomption,** 1714 erbaut.

Die Bevölkerung hat hier in allen Jahrhunderten unter Plünderungen

108br Foto: eh

am meisten gelitten, denn die Eindringlinge kamen meist am flachen, fast 2 km langen **Plage des Grands Sables** an Land, 4 km nordwestlich des heutigen Ortszentrums. Die parallel zur Küste verlaufenden Befestigungsanlagen stammen zum großen Teil von *Vauban* (vgl. Zitadelle). Heute finden hier nur noch sportliche Materialschlachten statt: Wer hat die modernste Surfausrüstung? Wer besitzt den schnellsten Katamaran? Verleih bei *Blue Quan Océan*, Tel. 02.91.31.80.80 oder 01.45.39.89.08.

Hier gedeihen subtropische Pflanzen

Ein nicht ganz so schneller Segler machte einen unerwünschten Landfall an der Steilküste südwestlich von Locmaria, nahe der kleinen Bucht Port Locat: 1746 strandete hier die 600-Tonnen-**Fregatte „Prince de Conti"**, ein Schiff der französischen Ostindienkompanie aus Lorient, und wurde an den Felsen zerschlagen. Nur 2 der 240 Mann Besatzung überlebten den Schiffbruch. Von China mit kostbarer Porzellan- und Tuchladung kommend, war das bewaffnete Handelsschiff bereits mehrfach von Piraten angegriffen worden. 20 Seemeilen vom Heimathafen Lorient entfernt, endete die lange Handelsreise im Sturm. China-Porzellan, Ballen chinesischer Seide, Gewürze und mehrere Kisten mit Gold- und Silbermünzen versanken im Meer. Was damals geborgen werden konnte, ist unbekannt. Tauchexpeditionen in den Jahren 1975 und 1985 brachten allerdings Hunderte von Gold- und Silbermünzen sowie viel zerschlagenes Porzellan zurück an die Oberfläche. Fischer aus Le Palais erzählen, dass noch einige der alten Kanonen am Meeresboden liegen. Nur Kanonen???

Im Museum der Zitadelle von Le Palais sind einzelne Wrackfunde aus dem Schiff zu bewundern.

Unterkunft

In Locmaria gibt es keine Hotels, aber drei Campingplätze.

- **Camping Lannivrec**, Tel. 02.97.31.70.92. 500 m östlich der Kirche nahe der höchsten Erhebung von Belle-Ile (71 m). Mit 120 Stellplätzen in ruhiger grüner Lage, Tennisplatz, Fahrradverleih, gute Sanitäranlagen, geöffnet vom 1.6. bis 15.9.

- **Camping Port Andro,** Tel. 02.97.31.70.92. Sehr einfacher Platz mit 80 Stellplätzen. Vorteil: direkt am Strand. Geöffnet vom 1.6. bis 15.9.
- **Camping Les Grands Sables,** Tel. 02.97.31.84.46. Am großen Strand im Norden, ebenfalls sehr einfacher Platz ohne viel Komfort, aber in Strandnähe.

Sonstiges

- **Tennis:** Zwei Plätze im Ortsteil Lannivrec, Tel. 02.97.31.73.75.
- **Fahrradverleih:** *Locmaria Cycle*, D. Lucas, Tel. 02.97.31.72.90.

Ile d'Houat

↗ XX/B2

In der seewärtigen Verlängerung der Halbinsel Quiberon liegen auf halber Entfernung zwischen Belle Ile und dem Festland die beiden kleinen Inseln Houat (die Ente) und Hoëdic (das Entchen), die noch im Mesolithikum (vor ca. 10.000 Jahren) ein Teil des Festlandes waren.

Die etwa 5 km lange und fast autofreie Insel ist nichts für Leute, die Unterhaltung und Komfort suchen. Houat ist einfach, aber vielleicht gerade deshalb sehr hübsch. Die 300 Einwohner tolerieren zwar die etwa 1000 **Sommergäste,** die z.T. als Tagestouristen, z.T. als Camper und Segler im Sommer den ursprünglichen Charakter der Insel verändern, aber erwünscht sind die Gäste nur in dem kleinen „Hôtel des Iles" und den Bars, Crêperien und Restaurants.

Die **Einwohner** leben überwiegend vom Fang der ca. 40 Fischerboote, die allabendlich an der Mole von Port-Saint-Gildas festmachen. Gefangen werden überwiegend Schalentiere. Ganzjährig Taschenkrebse *(tourteaux/crabes)* und Strandkrabben *(étrilles)*, im Frühjahr Seespinnen *(araignées de mer)* und mit etwas Glück Hummer und Langusten *(homards et langoustes)*.

Insbesondere im 17. und 18. Jh. wurde das kleine Dorf Saint-Gildas mehrfach von Engländern, Spaniern und Holländern **ausgeplündert und niedergebrannt.** 1795 konnten sich etwa 2000 Offiziere und Soldaten der Chouannerie nach der verlorenen Schlacht von Quiberon hier vorübergehend verstecken. Unter ihnen auch *Georges Cadoudal*.

Seitdem es keine Piratenüberfälle mehr gibt und auch keine feindlichen Engländer mehr über die Insel herfallen, wurden die **neuen Häuser** nahe des Hafens gebaut. Bis ins 19. Jahrhundert hingegen baute man die kleinen Häuser nahe der Kirche auf dem höchsten Punkt der Insel (31 m).

Houat lockt heute vor allem mit seiner Landschaft. Schmale **Wanderwege** führen quer über die Insel und die Küste entlang. Stellenweise durch dichtes Brombeergestrüpp, durch Farne und Ginster. Immer wieder tauchen dann kleine Buchten zwischen den Felsen auf, deren Sandstrände einer kinderreichen Familie gerade genug Platz bieten. Seevögel, darunter etliche Kormorane, bilden eine herrliche Kulisse für das Bad im Meer. Bei den Wanderungen ist es notwendig, auf den Wegen zu bleiben, da der z.T. recht starke Wind an vielen Stellen nur eine spärliche Vegetation aufkommen lässt. Sie dient dem Erosionsschutz und sollte möglichst nicht zertreten werden. Besonders hübsche Farbtupfer bringen die weiß- und rosablühenden **Leimkräuter** (Nelkengewächse) in die Landschaft hinein. Auf den Wegen des Inselplateaus können bei Sonnenschein leuchtend-grün gefärbte Smaragdeidechsen beobachtet werden, die im Sonnenlicht Wärme „auftanken".

Entlang der gesamten Ostküste verläuft ein ca. 2 km langer **Traumstrand** mit dem keltischen Namen **Treac'h er Goured.** Am nördlichen Ende dieser auch bei Seglern beliebten Sandbucht zeugen Ruinen einer ehemaligen Hafenanlage von der zerstörerischen Kraft der Winterstürme der Biskaya. Bis 1954 befand sich hier der Haupthafen der Insel, bis er in einer Winternacht vollständig zerstört wurde.

Im Hinterland des Strandes ist **Camping** gestattet, allerdings beschränken sich die Sanitäreinrichtungen auf zwei Wasserhähne und vier Müllcontainer. Apropos **Müll:** Es sind nicht die Camper, die hier Probleme verursachen, sondern in erster Linie die Tagestouristen, die mit verschiedenen Schiffen vom Festland herüberkommen.

Unterkunft

- **Hôtel/Restaurant des Iles€€,** Tel. 02.97.30.68.02. 300 m oberhalb des Hafens an der Nordküste, sieben einfache Zimmer mit Frühstück. Schöner Blick vom Speisesaal.
- **Résidence de Pen er Sablen€-€€,** Tel. 02.97.30.68.85. Einige gemütliche Zimmer und möblierte Studios.
- **Camping** ohne jeglichen Komfort aber mit viel Natur am Strand „Treac'h er Goured" (s.o.).

109br Foto: wk

Essen und Trinken

- **Restaurant des Iles,** Tel. 02.97.30.68.02. Meeresgerichte, Spezialität: gegrillter Hummer.
- **Crêperie Chez Loulou,** Tel. 02.97.30.67.88, mitten im Ort, einfaches, sehr nettes kleines Lokal, angemessene Preise.

Sonstiges

- **Fahrradverleih:** *Houat vélos,* 300 m vom Hafen, Tel. 02.97.30.68.74.
- **Bank:** gehört zum Rathaus, ist allerdings nur unregelmäßig in einem etwa dreitägigen Abstand geöffnet.
- An der Südküste am Wanderweg, der die kleinen Felsbuchten miteinander verbindet, liegt das kleine **Inselmuseum Eclosarium,** Tel. 02.97.30.68.19, mit einer Abteilung zu der Inselgeschichte mit Betonung der Fischerei und einem zweiten Teil zu meeresbiologische Themen.

Anreise/Weiterreise

- **Fährverbindungen:** Die *Compagnie Morbihannaise et Nantaise de Navigation* bietet täglich Fahrten (ganzjährig zweimal täglich, im Juli/August bis sechsmal) zur Insel (kein PKW-Transport) **von Quiberon** aus an. Information und Ticketverkauf in Quiberon-Port Maria, Tel. 02.97.50.06.90. Preise (Hin- und Rückfahrt) ca. 15/10 €. Fahrtdauer etwa 60 Minuten.

Die Reederei bietet auch den Weitertransport **von Houat zur Nachbarinsel Hoëdic** (ganzjährig 1-mal täglich, im Sommer 3-mal täglich) an. Preise für die 30-minütige Fahrt ca. 7/3,50 €.

NAVIX läuft Houat im Sommer **von Port-Navalo** (Tel. 02.97.53.74.12), **La-Trinité-sur-Mer** (Tel. 02.97.55.81.00) und **Vannes** (Tel. 02.97.46.60.00) aus an. Preise für Hin- und Rückfahrt ca. 22/14 €, 3. Kind ist frei.

Die Küste von Houat

Ile de Hoëdic

↗ XX/B3

7 km südöstlich von Houat liegt die von zahlreichen Untiefen und Felsen umgebene und nur 2 km lange Nachbarinsel. Die Fähre braucht von Houat aus ca. 30 Minuten bis zum winzigen Hafen Port d'Algol an der Nordküste.

Das einfache Leben der etwa 170 **Inselbewohner** erfuhr 1963 eine plötzliche Wendung, als die Insel zusammen mit Houat an das Stromnetz angeschlossen wurde. Auch die Telefonverbindung wurde im selben Jahr eingerichtet. Die Lebensgrundlage der Menschen ist wie auf Houat die Fischerei. Überhaupt unterscheidet sich Hoëdic von Houat, abgesehen von der Größe, nur unwesentlich. Baumlose, von Winterstürmen kurzgehaltene **Vegetation;** an der Küste vereinzelte kleine Sandstrände zwischen Felsvorsprüngen. Oberhalb des felsigen Ufers dichte Farnflächen, die weiter landeinwärts in Ginster- und Brombeergestrüpp übergehen. Kahles Gras- und Heideland findet sich im Inselinneren.

Inmitten der Insel liegt das **kleine Dorf,** dessen alte Fischerhäuser allerdings heute teilweise nur noch als Ferienhaus benutzt werden.

Die Insel war schon in der Mittelsteinzeit besiedelt, wie Skelettfunde beweisen. 1933 wurden im Westen nahe der Pointe du Vieux Château neun **megalithische Gräber** unter dem Sand einer Düne entdeckt. Vermutlich aus dem Neolithikum (ca. 3500 v. Chr.) stammt der **alleinstehende Menhir,** ca. 400 m östlich der Festung in der Inselmitte. Das **Fort** wurde 1846 zur Verteidigung gegen die Engländer gebaut, die jedoch danach nicht mehr kamen – Fehlinvestition. Vorübergehend wurde hier die Dorfjugend kaserniert, denn ab 1881 dienten die finsteren Gemäuer der ersten staatlichen Inselschule. Heute wird das Gebäude zum Teil von einer Segelschule, zum Teil für Ausstellungszwecke genutzt.

Auch auf See hat das Militär seine Spuren hinterlassen. Dort allerdings auf dem Meeresboden, denn die Wracks der etwa 20 **gesunkenen Kriegsschiffe** aus der Schlacht von 1759 (Combat des Cardinaux) zwischen der Flotte von *Louis XV.* und dem englischen Verband unter Admiral *Hawke* liegen immer noch zwischen den Felsen und dem Leuchtturm Les Grands Cardinaux, 2 sm südöstlich.

Im Siebenjährigen Krieg hatte *Louis XV.* ursprünglich die Absicht, mittels seiner Flotte 5000 Soldaten nach England überzusetzen. Doch schon kurz nachdem die Soldaten im Golfe du Morbihan an Bord genommen worden waren und sich die Flotte in der Bucht von Quiberon zur Reise nach England formiert hatte, wurde sie von den Schiffen des Admirals *Hawke* abgefangen. Ein großer Teil der französischen Flotte konnte unter einem aufziehenden Sturm in Richtung Nantes fliehen, aber viele Schiffe, die nicht zerschossen worden waren, liefen im Eifer des Gefechtes auf Untiefen vor Hoëdic und wurden auf den Felsen vom Sturm zerschlagen.

Die **Sporttaucher** von Le Croisic, St-Nazaire und Vannes werden im Gebiet der Grands Cardinaux jeden Sommer aufs neue fündig, und so manche Kriegsschiffskanone des 18. Jh. steht heute mitten in einem Blumengarten. So z.B. im Vorgarten des Rathauses von Le Croisic.

Unterkunft

- Das einzige Hotel der Insel ist das **Hôtel/Restaurant des Cardinaux**€€, Tel. 02.97.52.37.27. 10 recht hübsche, komfortable Zimmer mit Bad/WC. Aus dem gepflegten Speisesaal im Louis-XV.-Stil schaut man weit über die Insel. Der Wirt vermittelt auch Angelausfahrten. Die Ausrüstung wird zur Verfügung gestellt. Ganzjährig geöffnet.
- **Camping:** Im Inselinneren befindet sich ein einfacher Platz für ca. 100 Zelte. Im Gegensatz zu Houat gibt es hier aber recht gute Sanitäranlagen mit dem nötigsten Komfort. Auskunft unter Tel. 02.97.30.63.32 (Mairie) oder 02.97.30.68.34.

Anreise/Weiterreise

- **Fährverbindungen:** Hoëdic kann nur von Houat aus erreicht werden. Zwischen den Inseln fahren Fähren der *Compagnie Morbihannaise et Nantaise de Navigation* ganzjährig einmal täglich, im Sommer dreimal täglich. Das Büro befindet sich in Quiberon-Port Maria, Tel. 02.97.50.06.90. Die 30-minütige Hin- und Rückfahrt kostet 8,50 €; 4,50 € ab Houat.

Carnac

↗ XXI/C1

Carnac verdankt seine Bekanntheit und seine wirtschaftliche Blüte einerseits den neolithischen Steinreihen, die insgesamt aus etwa 2800 Menhiren bestehen, und andererseits seinen besonders schönen Stränden.

Der Ort besteht aus zwei Teilen: **Carnac-Ville,** das 1 km von der Küste entfernte Ortszentrum und **Carnac-Plage,** ein moderner Badeort mit gepflegtem Flair, der allerdings im August sehr stark unter der Flut von Urlaubern und Autos leidet.

Sehenswertes

Alignements du Ménec, de Kermario und de Kerlescan. Zurzeit sind umfangreiche Restaurierungs- und Umbauarbeiten im Gange und der Zugang zu einzelnen Bereichen kann vorübergehend eingeschränkt sein. Direkt nördlich von Carnac-Ville (gut beschildert) beginnen an der bäuerlichen Siedlung von Le Ménec die mysteriösen Reihen von insgesamt **2792 Menhiren,** die sich, zum Teil durch Straßen und Kiefernwäldchen unterbrochen, über insgesamt etwa 3 km Länge erstrecken. Hunderttausende von Besuchern haben in den letzten Jahren die **Heidelandschaft** derartig **ruiniert,** dass einzelne Steine aufgrund der Bodenerosion umgefallen sind. Aus diesem Grund entschloss sich die Gemeinde 1992, große Teilbereiche der Alignements durch Zäune vor der wachsenden Besuchermenge zu schützen. Für 4 € kann man an einer Gruppenführung durch die Steinreihen von Kermario teilnehmen. Die Erklärungen sind mehrsprachig. Führungen beginnen am Maison des Mégalithes im Sommer alle 2 Std., Tel. 02.97.52.29.81. Die Reservierung ist in der Sommersaison empfehlenswert. Vom 1.10. bis 31.3. ist der Besuch frei.

Der Turm einer alten Windmühle in zentraler Lage zwischen den Steinen wurde zu einem **Aussichtsturm** umgebaut. Inzwischen gibt es allerdings immer mehr Widerstand in der regionalen Bevölkerung gegen die Eingrenzungen um die Menhirfelder. Es wird – nicht zu Unrecht – vermutet, dass die Eingrenzungen nicht zuletzt dazu dienen, den historischen Ort planmäßig zu vermarkten und die Touristenströme kommerziell zu kanalisieren. Näheres unter www.menhirslibres.org.

Das Kleine Dorf **Le Ménec** steht buchstäblich auf historischem Boden. Der **Cromlec'h** wurde von den Vorfahren der Bauern zum Teil als Gartendekoration in die Bebauung integriert, sodass der Steinring in seiner Einheit von 70 Steinen nicht zu erkennen ist.

Die **Alignements von Le Ménec** schließen sich auch direkt an den Cromlec'h an. Es handelt sich um 12 z.T. unvollständige Reihen mit einer Breite von 116 m im Westen (höchste Menhire ca. 4 m) und 63 m Breite im Osten.

Direkt gegenüber der Steinreihen von **Le Ménec** bekommt der geschichtsinteressierte Besucher im **Maison des Megalithes,** Tel. 02.97.52.29.81, eine umfassende Einführung in die historische Entwicklung und Bedeutung der Kultstätte. Anhand von Schautafeln, Fotoshows und zahlreichen Texten (auch auf deutsch) wird auf die Besichtigung vorbereitet. Ticketverkauf für Einzelbesuche ebenso wie für Gruppenführungen. Es ist sehr zu empfehlen, sich einer **Führung** „Visite Conférence" anzuschließen. Die Steinreihen von Le Ménec sind von April bis September nicht ohne Führer zugänglich. Hingegen kann

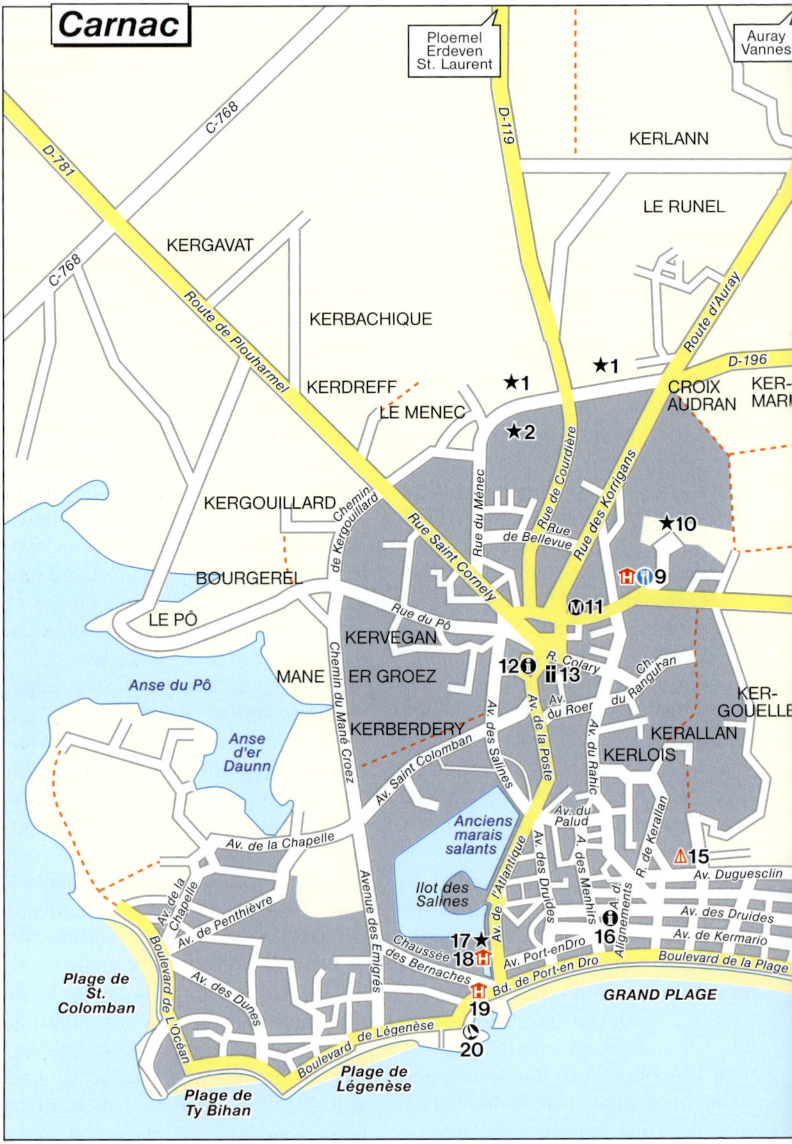
Carnac
Ploemel
Erdeven
St. Laurent
Auray
Vannes
D-119
D-781
C-768
C-768
D-196
KERLANN
LE RUNEL
KERGAVAT
KERBACHIQUE
KERDREFF
LE MENEC
Route de Plouharmel
Route d'Auray
★1
★1
★2
CROIX AUDRAN
KER-MAR
KERGOUILLARD
Chemin de Kergouillard
Rue Saint Cornely
Rue du Ménec
Rue de Courdière
Rue de Bellevue
Rue des Korrigans
★10
9
BOURGEREL
LE PÔ
Rue du Pô
M 11
KERVEGAN
MANE
ER GROEZ
12
13
R. Colary
Ch. du Ranguran
Av. du Roer
KER-GOUELLE
Anse du Pô
Anse d'er Daunn
Chemin du Mané Croez
KERBERDERY
Av. des Salines
Av. de la Poste
Av. du Rahic
KERALLAN
KERLOIS
Av. Saint Colomban
Av. du Palud
Anciens marais salants
Av. de la Chapelle
Av. de l'Atlantique
Av. des Druides
A. des Menhirs
R. de Kerallan
15
Av. Duguesclin
Ilot des Salines
Av. de la Chapelle
Av. de Penthièvre
Avenue des Emigrés
A. d. Alignements
16
17 ★
18
Chaussée des Bernaches
Av. Port-enDro
Av. des Druides
Av. de Kermario
Boulevard de la Plage
Bd. de Port-en Dro
19
20
GRAND PLAGE
Plage de St. Colomban
Boulevard de L'Océan
Av. des Dunes
Boulevard de Légenèse
Plage de Légenèse
Plage de Ty Bihan

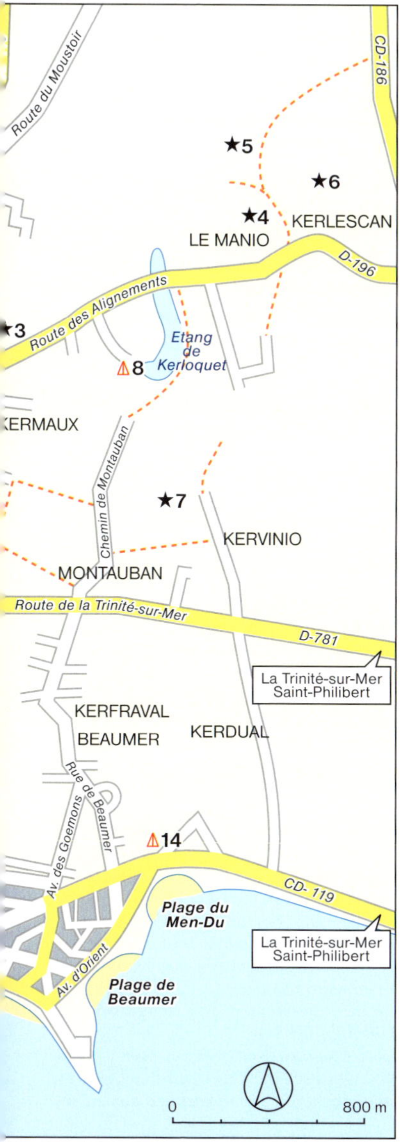

- ★ 1 Alignements du Ménec
- ★ 2 Maison des Mégalithes
- ★ 3 Alignements deKermario
- ★ 4 Grabhügel von Le Manio Schlangenmenhir
- ★ 5 Le Géant de Manio
- ★ 6 Alignements de Kerlescan
- ★ 7 Tumulus de Kercado
- 8 Camping La Grande Métairie
- 9 Hôtel/Restaurant du Tumulus
- ★ 10 Tumulus Saint-Michel
- 11 Musée de la Préhistoire
- 12 Office du Tourisme (Nordteil)
- 13 Eglise Saint-Cornély
- 14 Camping L'Océan
- 15 Camping Les Menhirs
- 16 Office du Tourisme (Südteil)
- ★ 17 Thalassothérapie-Zentrum
- 18 Novotel
- 19 Hôtel Les Rochers
- 20 Segelschule u. Bootsverleih

man weiter östlich in Kermario ganzjährig auch ohne Führer einige Menhire auf Tuchfühlung besichtigen. Preise: Erwachsene 4 €, Kinder 3 €. Öffnungszeiten: 10–17 Uhr außer im Juli und August 9–20 Uhr.

Ca. 1 km weiter auf der D 196 (Route des Alignements) erreicht man die **Alignements von Kermario.** Etwa die Hälfte der Menhire ist ebenfalls eingezäunt, um weitere Erosionsschäden zu vermeiden. 10 Reihen von insgesamt 982 Menhiren (andere Zählungen sprechen von 1029 Steinen) erstrecken sich über eine Länge von 1120 m. Abschnittsweise fällt es schwer, Reihen zu erkennen, da viele Menhire fehlen. Es ist bekannt, dass bis ins Ende des 19. Jahrhunderts Menhire zerschlagen und als Baumaterial verwendet wurden. Unzweifelhaft steht aufgrund archäologischer Funde von Fundamentgruben aber fest, dass hier tatsächlich einmal mehr Steine gestanden haben müssen.

Der sich neben dem Aussichtsgebäude befindende **Dolmen** ist ca. 1000 Jahre älter als die Steinreihen, die etwa 3000 v. Chr. errichtet wurden. Die Datierung wurde durch Untersuchungen von Knochen- und Tonwarenfunden sowie Holzkohleresten möglich!

Statt der Straße nach Osten zu folgen, in diesem Fall entfernt man sich von den Steinreihen, ist es interessanter, parallel zu den hier nicht eingezäunten Menhiren (vorbei am Teich von Kerloquet) ca. 1 km bis zum **Grabhügel von Le Manio** zu wandern. In der östlichen Hälfte des Hügels, auf dem 1922 *Z. Le Rouzic* (s. Museum) etwa 20 neolithische Gräber (ca. 3500 v. Chr.) zum Teil in Form kleiner Dolmen ausgraben konnte, weist ein interessanter 3 m hoher Menhir auf die Besonderheit des Ortes hin: Im unteren Teil des Menhirs sind fünf **Schlangensymbole** eingemeißelt. Ausgrabungen förderten am Fuß des Menhirs fünf polierte Steinbeile zuta-

Vermutungen zur Bedeutung der Megalithbauten von Carnac

Die vielen Deutungsversuche stützen sich nur selten auf gesicherte Fakten, das meiste ist hypothetisch, teilweise geradezu fantastisch (s.a. Kap. „Die Megalithen").

Gesichert ist, dass die Dolmen zum Teil **Beisetzungsstätten** für herausragende Personen der Sippe, zum Teil regelrechte Massengräber waren, die über mehrere Generationen genutzt wurden. Sicher ist auch, dass sie zwischen 4000 und 2000 v. Chr. errichtet wurden, also nicht keltischen Ursprungs sind, wie noch im 19. Jahrhundert angenommen wurde.

Zu den Steinreihen (Alignements) gibt es folgende Interpretationen, von denen jedoch keine als gesichert angesehen werden kann, ja manche erscheinen sehr fragwürdig:

1. Astronomische Deutung: Einzelne Teilstücke bestimmter Steinreihen weisen in die Richtung des Sonnenauf- oder -unterganges zur Tagundnachtgleiche (Äquinoktium) am 21.3. bzw. 23.9. Dies hätte eine Kalendereinteilung ermöglicht. Kritik: Die Auswahl der Steine erscheint heutzutage willkürlich angesichts der Vielzahl verschiedener Möglichkeiten an Peilrichtungen. Hinzu kommt, dass nur etwa 36 % noch an ihrem alten Platz stehen.

Nach einer anderen These dienten die Steinsetzungen der Vorhersage von Mondfinsternissen. Die Peilungen sollten möglicherweise nach dem Kimme-Korn-Prinzip über den großen Menhir von Locmariaquer (Grand Menhir Brisé oder Feenstein) erfolgen. Kritik: Es existiert keine einzige konkrete anerkannte mathematische Berechnung, die diese Vermutung stützt. Die Auswahl der Steine als „Kimme" ist angesichts der großen Auswahlmöglichkeiten willkürlich.

2. Die Abstände der Steine bzw. der Reihen untereinander haben eine **megalithische Längenmaßeinheit** definiert. Kritik: Wie bei der astronomischen Deutung muss auch hier die Auswahl der Steine willkürlich bleiben, angesichts der Unterschiede in den Abständen.

3. Es handelt sich um ein **Gräberfeld** mit ritueller Bedeutung. Kritik: Es wurden nur an wenigen Menhiren Knochen gefunden, was allerdings bei dem größtenteils sauren Boden nicht verwunderlich ist, da Knochen hier einen Zeitraum von 5000 Jahren nicht überdauern können.

4. Die Steinreihen sind **navigatorische Peilhilfen für Schiffe.** Kritik: Der Meeresspiegel war vor 4000–5000 Jahren ca. 7 m niedriger als heute. Doch selbst heute ist es unmöglich, die Steine von See aus zu sege, die mit der Schneide nach oben zu den fünf Schlangen zeigten. Die Beile sind im Museum von Carnac, Saal 2, Vitrine 9, ausgestellt. Die Funde beweisen, dass das Gebiet von Carnac schon mindestens 500 Jahre vor Errichtung der Alignements zu Begräbniszwecken genutzt wurde.

Vom Schlangenmenhir *(Menhir aux Serpents)* sind es noch einmal ca. 500 m zum Teil durch Kiefernwald, bis man den größten Menhir von Carnac erreicht. **Le Géant du Manio** (Der Riese von Manio) ist ca. 6,5 m hoch und steht unweit von einem viereckigen Cromlec'h, einem sogenannten **Quadrilatère.** Während andernorts (auch außerhalb Frankreichs) die runde Form des Cromlec'hs vorherrscht, sind in der Gegend nordöstlich von Carnac insgesamt drei Quadrilatères zu finden; hingegen nur die eine runde Anordnung von Le Ménec. Der Quadrilatère du Manio wurde im 19. Jahrhundert unter der Anleitung des archäologisch interessierten Bürgermeisters

hen, somit erst recht nicht vor 5 Jahrtausenden. Hinzu kommt, dass für Peilungen zwei Steine ausgereicht hätten.

5. Die Menhire sind die verwitterten **Reste versteinerter römischer Soldaten,** die *Saint Cornely* (s. Eglise St-Cornely) verfolgten. Er hatte sich im 3. Jahrhundert als Papst in Rom gegen die Götzenverehrung im Allgemeinen und speziell gegen das Tieropfer engagiert. Nach seiner Weigerung, Mars ein Tieropfer zu bringen, wurde er vom römischen Kaiser entmachtet und verbannt. *Cornely* musste fliehen und kam schließlich in die Bretagne nach Carnac. Hier spürten ihn römische Soldaten auf und verfolgten ihn. Im letzten Moment schickte der Heilige *Cornelius* ein Stoßgebet gen Himmel, um vor den Soldaten Schutz zu finden, und tatsächlich erstarrten die heidnischen Legionäre zu Steinsäulen. Soweit die bretonische Legende. Es existieren mindestens drei weitere Versionen. Kritik überflüssig!

Unabhängig von den ursprünglichen Gründen zur Errichtung dieser geheimnisvollen Steinreihen glaubten kinderlose Ehepaare bis ins 20. Jahrhundert hinein an eine **fruchtbarkeitsfördernde Wirkung** der Menhire. Die körperliche Vereinigung in unmittelbarer Nähe des Géant du Manio sollte die Kinderlosigkeit beseitigen.

110br Foto: mk

restauriert, da ca. ¾ aller Steine umgefallen waren. Leider war das Wunschdenken des Restaurators größer als sein Bemühen um eine originalgetreue Rekonstruktion. Dies führte dazu, dass zwar heute die Diagonalen des Vierecks exakt in Richtung der Frühlings- und Herbst-Tagundnachtgleichen (Äquinoktien) zeigen, dies aber vor der Restaurierung nicht so genau der Fall war, wie neuere Grabungen ergaben. Ähnliches gilt auch für den Quadrilatère von Crucuno auf halbem Weg zwischen Plouharnel und Erdeven unweit der N 781.

Ebenfalls zu Fuß sind die **Alignements de Kerlescan** zu erreichen. Die 13 von Nordost nach Südwest verlaufenden Steinreihen sind 880 m lang und bestehen aus 594 Menhiren, davon 39 in einer halbkreisförmigen Begrenzung im Südwesten. Der Fußmarsch lohnt sich aber vor allem wegen des einzigartigen **Cromlec'hs** nördlich der Steinreihen. Ein aus 43 Menhiren bestehender, 277 m umfassender Steinkreis hält den europäischen Cromlec'h-Größenrekord. Allerdings fehlen im Osten viele Steine. Auch hier gilt, wie in Kermario, dass der nebenanliegende **Dolmen** ungefähr 1000 Jahre vor den Menhiren errichtet wurde.

Tumulus von Kercado. Bei den Alignements de Kermario östlich des Teichs von Kerloquet rechts in Rich-

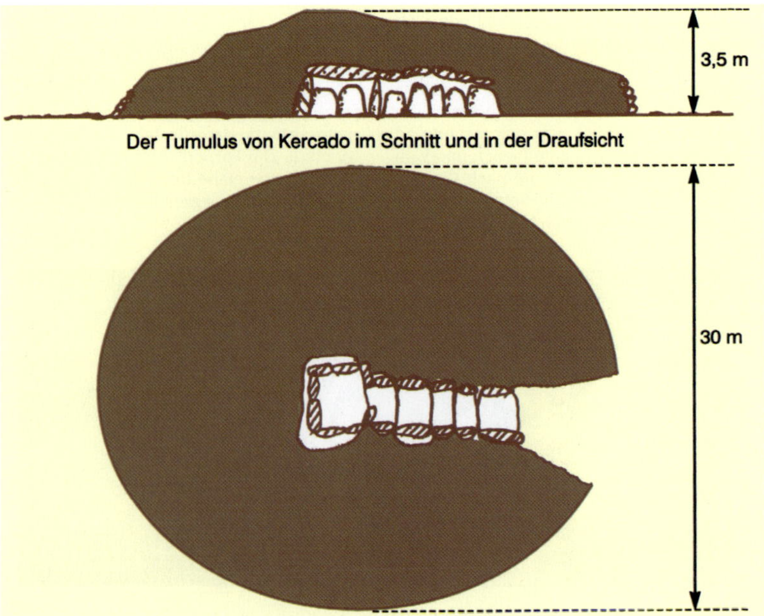

Der Tumulus von Kercado im Schnitt und in der Draufsicht

tung Château de Kercado abbiegen. Vom Château aus führt ein Fußweg zum Tumulus, dem ältesten bekannten Grabhügel des Morbihan. Die Untersuchung von Tongefäßen ermöglichte eine relativ genaue Datierung auf ca. 4700 v. Chr.

Der ca. 3,5 m hohe, kreisrunde Hügel mit 30 m Durchmesser bedeckt einen Dolmen mit den Innenmaßen von 2,9 m Länge, 3,2 m Breite und 2,5 m Höhe. Der durch seine Grabungen im Raum Carnac bekannt gewordene Historiker und Archäologe Z. *Le Rouzic* konnte hier neben menschlichen Skelettresten, Töpferwaren, Pfeilspitzen, polierte Steinbeile sowie eine sehr schöne Halskette ausgraben (zu sehen im Museum von Carnac, Saal 2, Vitrine 5). Sehr ungewöhnlich für Tumuli ist der Menhir auf dem höchsten Punkt des Hügels. Rings um Carnac gibt es eine große Zahl weiterer Dolmen oder einzeln stehender Menhire.

Musée J. Miln – Z. Le Rouzic (Musée de la Préhistoire). Der schottische Archäologe *James Miln* begann Mitte des 19. Jh. mit Ausgrabungen und Messungen in Carnac und Umgebung. Als Gehilfen engagierte er den einheimischen Historiker *Zacharie Le Rouzic*. Ihre erstaunlichen Funde führten gegen Ende des 19. Jh. zur Gründung des ersten archäologischen Museums. 1985 wurde es nach mehrjähriger Umgestaltung als Musée J. Miln – Z. Le Rouzic neu eingeweiht. Mitten im Zentrum Carnacs beherbergt es die reichhaltigste Sammlung an megalithischen Funden der Welt. Hinsichtlich der Vor- und Frühgeschichte ist es europaweit als drittgrößtes Museum eingestuft.

Die Sammlung beschreibt in ansprechender Darstellungsform die Zeitspanne von 450.000 v. Chr. (Paläolithikum) bis ins frühe Mittelalter (8. Jh.).

Im Erdgeschoss beginnt der Rundgang mit einer interessanten Tonbildschau, die auch verschiedene Deutungen der Megalithbauten beschreibt. Auf zwei Etagen schließen sich Vitrinen mit Exponaten aus den Epochen Alt-, Mittel- und Jungsteinzeit (1 Million bis 1000 v. Chr.), Bronze- und Eisenzeit sowie römisches Reich und frühes Mittelalter an.

Natürlich nehmen die Fundstücke aus dem Megalithikum (4000–2000 v. Chr.) den breitesten Raum ein. Zahlreiche Steinwerkzeuge, Schmuckstücke und Haushaltsgegenstände aus Ton oder Knochen sind mit Beschreibungen der Fundorte ausgestellt.

Rekonstruierte Gräber aus der mittleren Steinzeit und der Eisenzeit sind zu sehen sowie Gebrauchsgegenstände aus der keltischen und römischen Epoche. Leider sind die Erklärungstafeln nur in Französisch abgefasst.

Place de la Chapelle 10, Tel. 02.97. 52.22.04, www.museedecarnac.com, geöffnet 10–12.30 und 13.30–18 Uhr, im Juli und August täglich von 10 bis 18 Uhr, von Oktober bis Mai dienstags geschlossen. Preise: 5/2,50.

Eglise Saint-Cornély, im Stadtzentrum von Carnac-Ville. *Saint Cornély* kämpfte im 3. Jh. als Papst in Rom entschlossen gegen die Götzenverehrung, insbesondere verdammte er das Tieropfer. Dies machte ihn später zum

Schutzheiligen des Hornviehs. Konflikte mit dem römischen Kaiser führten jedoch zu seiner Entmachtung und Verbannung. Noch um die Wende vom 19. zum 20. Jahrhundert führten die Bauern ihre Herden am 13. September in einer Prozession durch die Steinreihen von Kermario und Le Ménec, um die Gunst des Heiligen für die Gesundheit ihrer Tiere zu erbitten.

1639 begann der Bau der in der gesamten Bretagne bekannten Renaissance-Kirche. *Saint Cornély* segnet als Statue über dem Haupteingang, eingerahmt zwischen den Bildern zweier Ochsen auf megalithischem Hintergrund, alle vorbeiziehenden Rindviecher. Die Vorhalle hinter dem nördlichen Eingang, deren Säulen im 19. Jh. aus Menhiren gearbeitet wurden, ist von einem außergewöhnlichen, kronenförmigen Baldachin geschmückt. Dies war im 19. Jh. der Eingang der Pilger, die zuvor die Alignements abgeschritten hatten. Sehenswerte Details sind die schmiedeeiserne Kanzel, die Altäre aus dem 17. und 18. Jahrhundert sowie die vergoldete hölzerne Reliquienstatue Saint Cornéys aus dem 18. Jh.

Tumulus Saint-Michel. Am östlichen Ortseingang von Carnac-Ville nahe der D 781 in Richtung La Trinité-sur-Mer befindet sich der Tumulus Saint-Michel. Über den heidnischen Glauben triumphierend, ließ die katholische Kirche im 17. Jh. eine Kapelle auf dem megalithischen Grabhügel errichten. Der 125 m lange, 60 m breite und 12 m hohe Hügel wurde erstmalig 1862–64 wissenschaftlich erforscht. Man fand im Zentrum zwei verschlossene Hauptgewölbe sowie 13 weitere Steinkammern, die anhand der Funde (menschliche und tierische Knochenreste, Halsketten, Ohrringe, polierte Äxte und Tongefäße; im Museum von Carnac, Saal 2, Vitrine 11) eindeutig als Gräber identifiziert werden konnten. Aufgrund der Übereinstimmung der Funde mit denen in den ältesten Dolmen konnte die Errichtung des Tumulus auf das 4. Jahrtausend v. Chr. datiert werden.

Die Strände

Carnacs Reputation geht nicht zuletzt auf seine schönen Strände zurück. Zwar sind im Hochsommer manche davon recht dicht belegt, doch gibt es auch ruhigere Strandgebiete. Hierzu zählen, speziell bei niedrigem Wasserstand, die Sandwattgebiete im Osten in Richtung La Trinité-sur-Mer, **Plage du Men-Du.**

Der Hauptstrand, **la Grande Plage,** ca. 1,5 km lang, bietet viele Zerstreuungen, besonders für Kinder. Der *Club des Goélands* und der *Club des Ecureuils* sind die ideale Adresse für Eltern, die ihre Kinder in einer Gruppe Gleichaltriger sportlich beschäftigen möchten.Weiter im Westen liegen die beiden Strände **Plage de Légenèse** und **Plage de Ty Bihan.** Am ersteren herrscht Wassersport total: Windsurfschulen mit Board-Verleih, Katamaransegeln, Tretboote, Sprungturm. Der zweite ist etwas ruhiger.

Ganz im Westen mit Blick zur Presqu'île de Quiberon liegt der ca. 500 m lange **Plage de St-Colomban,** vergleichbar mit dem Grande Plage, nur alles eine Nummer kleiner und ruhiger. Hier landeten am 27. Juni 1795 5000 königstreue Chouans, unter ihnen auch *George Cadoudal*, dem man in Auray ein kleines Museum gewidmet hat. In der Schlacht gegen die Revolutionstreuen unter Général *Hoche* erlitten die Chouans hier eine vernichtende Niederlage.

Information

- **Office de Tourisme,** Avenue des Druides 74, B.P. 65, 56342 Carnac Cedex, Tel. 02.97.52.13.52, Fax 02.97.52.86.10 (ganzjährig), www.ot-carnac.fr. Filialen in Carnac-Ville, Place de l'Eglise, Ostern bis September.

Unterkunft

- **Hôtel Le Diana**€€€€**,** Bd. de la Plage 21, Tel. 02.97.52.05.38, luxuriöses Hotel in Strandnähe mit Schwimmbad, Hamam, Fahrradverleih, Minigolf. Geöffnet vom 06.4. bis 4.11.
- **Novotel**€€€**,** Avenue de l'Atlantique, Tel. 02.97.52.53.00. Exklusives, modernes Hotel, das an das Thalassotherapie-Zentrum in Carnac-Plage angeschlossen ist. 300 m vom Yachtclub und Strand. 110 sehr komfortable Zimmer mit Bad und WC. Geöffnet ganzjährig außer vom 6.1. bis 4.2.
- **Hôtel/Restaurant du Tumulus**€€**,** Rue du Tumulus 31, Tel. 02.97.52.08.21. In ruhiger Lage nahe des Tumulus von St-Michel am östlichen Ortsrand von Carnac-Ville. 25 gepflegte Zimmer in klassisch-bretonischem Gebäude, beheiztes Schwimmbad im schönen Garten. Geöffnet vom 17.2. bis 31.12.
- **Hôtel Les Rochers**€€**,** Boulevard de la Base Nautique 6, Tel. 02.97.52.10.09. Direkt am Segelhafen. Haus mit betont sportlicher Note, 2 Tennisplätze, eigener Wassersportservice für Wasserski, Paragliding (hinter Motorboot), Surfen. 50 m vom Thalassotherapie-Zentrum und Meerwasserschwimmbad entfernt. 14 Zimmer mit Meerblick. Geöffnet von April bis November.
- **Hôtel An Ti Gwenn**€€**,** Rue de Poul Person 4, Tel. 02.97.52.00.73, sehr schön gelegenes Hotel im bretonisch traditionellen Stil mit 12 Zimmern zu erschwinglichen Preisen.
- Heißer Tipp für Leute, die auf dem **Bauernhof** wohnen möchten: Am Nordostende der Alignements in Kerlescan bieten Monsieur et Madame Le Pevedic auf ihrem Bauernhof direkt am Rand der Menhirfelder Zimmer und eine Ferienwohnung günstig ab 30 €.

Camping

Leider gibt es keine Plätze in unmittelbarer Strandnähe. Allerdings liegen am Nordostrand von Carnac-Plage vier Anlagen in etwa 500 m Entfernung zum Plage du Men-Du. Alle anderen, vor allem diejenigen mit breitem Freizeitangebot und besonders gutem Service, liegen in der Nähe der Alignements. Im Juli und August sollte grundsätzlich eine Reservierung erfolgen!

Von den über 20 Plätzen hier eine kleine, gezielte Auswahl.

- **La Grande Métairie,** Tel. 02.97.52.24.01, ca. 400 m südlich der Alignements de Kermario. 3 km zum Strand, aber direkt am Teich von Kerloquet. 352 Stellplätze, z.T. unter Bäumen, großzügig angelegt mit breitem Freizeitangebot, Tennis, Reiten, Minigolf, Schwimmbecken, Kinderspielplatz, Fahrradverleih. Sehr gute Sanitäranlagen. Geöffnet vom 31.3. bis 8.9.
- **Les Menhirs,** Tel. 02.97.52.94.67, ca. 300 m nördlich der Mitte des Grande Plage, am Nordrand von Carnac-Plage. Sämtliche Angebote eines modernen Campingplatzes, großes Schwimmbecken mit Riesenrutsche. Fahrradverleih, behindertenfreundliche Einrichtung. 350 Plätze zwischen kleinen Bäumen. Geöffnet vom 6.4. bis 30.9.
- **L'Océan,** Tel. 02.97.52.03.98. Einfacher, ruhiger Platz am östlichen Ortsausgang von Carnac-Plage. Der dem Meer nächstgelegene Platz. Keine Sportangebote, wenig Komfort, aber interessante Natur am Plage du Men-Du bei Niedrigwasser. 49 Einheiten, geöffnet vom 15.6. bis 8.9.

Essen und Trinken

Hier nur ein kleiner Auszug. Die Preise liegen hier über dem sonst üblichen Niveau.

●**Restaurant La Côte de Boeuf,** Tel. 02.97. 52.02.80. In der Nähe der Steinreihen von Kermario. In dem bewusst bäuerlich gehaltenen Lokal kommt der Liebhaber von gegrilltem Fleisch auf seine Kosten. Verlangen Sie „Côte de Boeuf" mit Cidre maison ca. 25 €.
●**Club-Bar-Restaurant Le Petit Bedon,** an der großen Strandpromenade von Carnac-Plage, Avenue des Druides 106, Tel. 02.97.52.74.24. *Die* In-Bar des Ortes mit karibischem Flair.
●**Crêperie Chez Marie,** Place de l'Eglise 3, Tel. 02.97.52.07.93. 30 m neben der Eglise St-Cornély in Carnac-Ville. Trad. Bauerneinrichtung, man sitzt auf Melkschemeln. Empfehlenswert: *Galette au chèvre chaud* (Galette mit warmem Ziegenkäse) und *Crêpe pomme caramel* (Apfel-Crêpe mit Karamel-Sauce).
●**Crêperie du Pressoir,** Tel. 02.97.52.01.86. Im Ortsteil Le Ménec am westlichen Ende der Alignements. Crêpes im Urstil mit Cidre fermier in einem alten Bauernhaus. Hinter dem Haus erkennt man die Reste eines Cromlec'h als Teil der Gartenmauern. Geöffnet von Ostern bis Ende August.

Musiklokale

●**Le Latino Café,** Avenue des Druides 62, Passage de la Fontaine, Carnac-Plage.
●**L'Appaloza,** Route de Haron, Tel. 02.97.52. 16.17.
●**Le Stirwen,** Chemin Mané Brizil, Tel. 02.97.56.80.80.

Sonstiges

●**Yachtclub de Carnac,** Y.C.C., Port An-Dro, B.P. 30, 56341 Carnac-Cedex, Tel. 02.97.52. 10.98. Der Name hat unter französischen Seglern einen guten Ruf. Es handelt sich jedoch nicht um einen Club für Yachtbesitzer, sondern mehr für sportliche Jollensegler, Katamaranfreunde und Surfer. Für Urlauber ist von Interesse, dass hier für 300 Segelbegeisterte eine Ausbildung auf verschiedenen Jollen, Katamaranen und Surfboards angeboten wird, deren Qualität allgemein anerkannt ist.
●**Thalassotherapie de Carnac,** Avenue de l'Atlantique, Tel. 02.97.52.52.00, www.thalasso-carnac.com. Bekanntes Kurzentrum mit einem Schwerpunkt in der Anwendung der heilenden Kräfte des Meerwassers.
●**Bootsverleih:** *Point Passion Plage,* Port An Dro, Carnac-Plage, Tel. 02.97.52.10.98.
●**Reiten:** *Centre Equestre des Menhirs,* Le Manio, Tel. 02.97.55.73.45 (ganzjährig), und Camping de la Grande Métairie (s.o).
●**Fahrradverleih:** *Cyclo-Hiss,* Carnac-Plage, Avenue des Druides 93, Tel. 02.97.52.75.08; *Le Randonneur,* Carnac-Plage, Avenue des Druides 20, Tel. 02.97.52.02.55.
●**Golf:** *Parc de Loisirs de St-Laurent* bei Ploëmel (ca. 6 km nördlich von Carnac-Ville), Tel. 02.97.56.85.18. Öffentliche 18-Loch-Anlage.
●**Strandsegeln:** „Les Passagers du Vents", Tel. 02.97.24.71.24.
●**Tennis:** *Club de Carnac,* Avenue d'Orient, Tel. 02.97.52.93.53, 10 Plätze. *Tennis Kerabus,* Route d'Auray, Tel. 02.97.52.07.74, 15 Pl.
●**Tauchen:** *Explorasub,* Boulevard de la Plage 12, Tel. 02.97.52.62.80, im Hotel *Le Plancton.*
●**Markt:** mittwochs und samstags.
●**Bootsfahrten** zu den vorgelagerten Inseln s. Ortsbeschreibung „La Trinité-sur-Mer".
●Gegenüber befindet sich das **Musée de la Chovannerie et des Guerres de l'Ouest,** in dem die bretonische Geschichte zwischen 1789 und 1815 dargestellt wird. Insbesondere wird ausführlich die Schlacht von Quiberon beschrieben, in der am 21.7.1795 die Chouans von den Republikanern vernichtend geschlagen wurden.
●**Einkaufstipp:** Chez Céline, Töpferwaren, Bilder, Skulpturen, bei den Alignements in La Petite Métarie.

Anreise/Weiterreise

●**Mit dem Bus:** Busse fahren von den zentralen Haltestellen in Carnac-Ville, an der Kirche St-Cornély (Avenue de la Porte) und in Carnac-Plage, am Office de Tourisme (Avenue des Druides 74) nach Auray, Vannes, La Trinité-sur-Mer, Quiberon und Lorient.

Erdeven

↗ XIX/D3

Von Carnac über die D 781 via Plouarnel ca. 8 km nach Nordwesten. Während im August zwischen den Megalithen von Carnac mehr Menschen als

Steine zu zählen sind, findet man in den weniger bekannten **Alignements von Kerzerho** bei Erdeven etwas mehr Ruhe. Zwar grenzen die äußeren Steine der in mehreren Reihen errichteten Alignements an die Landstraße (zum Bau der Straße wurden hier in den 1930er Jahren viele Menhire beseitigt), doch ziehen sich die Reihen mit mehr als 1000 zum Teil bis zu 6 m hohen Menhiren tief in die größtenteils natürlich belassene Landschaft hinein. Nur ein Teil dieser Reihen ist begehbar. Die meisten Steine befinden sich in wildwachsendem Gestrüpp.

Die Alignements de Kerzerho müssen im Zusammenhang gesehen werden mit denen von Carnac sowie mit den Megalithbauten von Locmariaquer, 20 km entfernt im Südosten. Die archäologischen Funde belegen, dass zwischen dem Golfe du Morbihan und der Ria d'Etel im 4., 3. und 2. Jahrtausend v. Chr. hier in der Bretagne das Zentrum einer Kultur lag, die nach ganz Westeuropa ausstrahlte.

Wie in Carnac gibt es auch hier neben den Menhirreihen zahlreiche Dolmen. Sehenswert sind der **Dolmen von Crucuno** im kleinen Bauerndorf gleichen Namens und der von Mané-Croch (auch Mané-Groh genannt). Die Zufahrt ist von der D 781 beschildert (gleiche Straße wie zum Golfplatz von St-Laurent). In Crucuno wird architektonisch deutlich, was literarisch in den bretonischen Legenden zum Ausdruck kommt: eine lebendige, fantasiereiche, oft mystische Verbindung zwischen geschichtlichen Begebenheiten und dem Leben der Bauern. Direkt neben dem Dolmen von Crucuno wurde ein Bauernhaus gebaut, sodass der Dolmen als Annex vom Haus erscheint.

500 m weiter befindet sich am hinteren Straßenrand der **Dolmen von Mané-Croch** (Mané-Groh), der ein schönes Beispiel für einen Gangdolmen mit Seitenkammern darstellt.

Unterkunft

Für **Camper** bietet Erdeven eine Vielzahl von unterschiedlich komfortablen Plätzen, teils am schönen Sandstrand, teils im Inland.
- Direkt bei den Alignements de Kerzerho liegt auf der gegenüberliegenden Straßenseite einer der in jeder Hinsicht besten Campingplätze der Region: **Airotel Kerzeroh,** Tel. 02.97.55.63.17, 250 Plätze, mit eigenem beheiztem Schwimmbad, verschiedenen Unterhaltungseinrichtungen, u.a. Reitmöglichkeit und ein Restaurant. Der Platz zeichnet sich durch eine schöne Lage mit viel Grün aus.

La Trinité-sur-Mer

↗ XXI/C1

Jeder Franzose hat schon einmal von diesem Ort gehört, denn La Trinité-sur-Mer ist der Heimatort eines Nationalhelden ersten Ranges: **Eric Tabarly.** In Deutschland ist er eher unbekannt. Dies liegt daran, dass Hochseeregatten hier, im Gegensatz zu Frankreich, kein großes Interesse finden. La Trinité ist Frankreichs **Hochsee-Segler-Mekka,** und *Eric Tabarly* ist die nationale Segelautorität Nr. 1, denn es gelang ihm als erstem Franzosen, das englische Top-Transatlantik-Segelrennen OSTAR gleich zweimal (1964 und 1976) zu gewinnen. Im jahrhundertealten Streit um die Seeherrschaft zwischen England und Frankreich erreichte er auf sportlicher Ebene, was die Marine Nationale lange zum Ziel hatte: die englische Flotte auf den zweiten Platz der europäischen Seestreitkräfte zu verweisen.

In *Tabarlys* Heimathafen treffen sich alljährlich zwei Wochen nach Ostern die schnellsten Mehrrumpfsegelboote (Katamarane, Trimarane) der Welt zur **Trophée des Multicoques.** 20 m lange Segelrennmaschinen mit 35 m hohen Masten werden dann drei Tage lang mit Rekordgeschwindigkeiten über einen Regattaparcours vor der Küste gejagt.

Bis 1860 war der Ort mit seinem **sehr geschützten Hafen** vor der Mündung des Rivière de Crac'h lediglich Hafen von Carnac. Heute hat La Trinité durch sein maritimes Image, aber auch durch seine **Austernkulturen** (vor allem zur Zucht des Nachwuchses) eine solide wirtschaftliche Stabilität und Eigenständigkeit entwickelt.

Entlang der ca. 1 km langen **Hafenpromenade** reihen sich Cafés, Restaurants, Bootsausrüster, Modeboutiquen, Zeitungsläden, Immobilienhändler, Bäckereien und Surfshops aneinander.

Die Wasserfläche ist von einem Wald von Masten bedeckt. Ca. 1200 **Liegeplätze** für überwiegend seegehende Yachten verteilen sich auf acht Schwimmstege. Sehenswert ist der Blick von der südlichen Hafenbegrenzungsmole Mole Loïc Caradec, denn von hier schaut man auf die Liegeplätze der **schnellsten Segelboote der Welt:** Katamarane und Trimarane aus Frankreichs High-Tech-Werften, gesponsert von Autofirmen, Würstchenherstellern oder Schnelltransportunternehmen. Sie warten hier, an der Boje liegend, auf eine neue Rekordfahrt über den Nordatlantik. Das härteste Rennen, die **Route du Rhum,** wird im November von St-Malo in die Karibik gesegelt, und, man glaubt es kaum, diese riesigen High-Tech-Boote mit Segelflächen von über 200 m² werden einhand (d.h. von einem Mann allein) mit Spitzengeschwindigkeiten von bis zu 30 Knoten (= 55,6 km/h) im Winter nonstop quer über den Nordatlantik gesegelt.

Auch bei **Freizeitseglern** wird der Ort immer beliebter. Etwa 200 Boote liegen an den Stegen zur Vercharterung bereit (hauptsächlich Ostern, Pfingsten und im Sommer).

Im neuen Hafengebäude am Ansatz der Mole Loïc Caradec befinden sich u.a.: Die **Capitainerie** (Hafenmeister), Tel. 02.97.55.71.49. Hier wird, auch für Nichtsegler zugänglich, täglich ein ausführlicher Wetterbericht ausgehängt. In der **Criée (Fischhalle)** wird täglich frisch die komplette Auswahl an Atlantik-Fisch angeboten. Der **Fotoladen** von *Philippe Plisson*, Frankreichs erfolgreichstem (und wohl bestem) Bootsfotografen, dessen schwimmende Fotoplattform ein Unikum ist: Ein Motorboot mit dem Namen „Pêcheur d'Images" (Bilderfischer) trägt eine Aussichtsplattform, die etwa doppelt so hoch wie die Bootslänge ist. Von dort oben bekommt *Plisson* seine künstlerisch und dokumentarisch herausragenden Aufnahmen von Regatta-Szenen, die er in seiner Galerie am Office de Tourisme an der Fischhalle verkauft. Leider wurde *Plissons* Hauptgalerie inzwischen nach Pont Aven verlegt. Ein Muss für Freunde der maritimen Fotografie! Das **Office de Tourisme** liegt an der Fischhalle.

Hinsichtlich der Strände kann La Trinité mit Carnac kaum konkurrieren. Über die D 186 erreicht man am westlichen Ortsausgang den **Plage de Poulbert** gegenüber dem Plage du Men-Du. Südlich des Zentrums liegt die **Halbinsel Kerbihan,** die von relativ wenig besuchten Stränden umgeben ist.

Information

- **Office de Tourisme,** Mole Loïc Caradec, B.P. 56, 56470 La Trinité-sur-Mer, Tel. 02.97. 55.72.21, Fax 02.97.55.78.07, www.ot-trinite-sur-mer.fr.

Unterkunft

- **Hotel L'Ostréa€€,** Cours des Quais 34, Tel. 02.97.55.73.23, Fax 02.97.55.86.43, am Nordrand des Hafens, 13 nette, modern eingerichtete Zimmer, geöffnet Ostern bis Ende September.
- **Camping de la Plage,** Tel. 02.97.55.73.28. Am Strand von Kervillen, südlich des Ortes. 200 Stellplätze, von Bäumen und Sträuchern begrenzt. Wohnwagenvermietung, Tennis, Minigolf, Surfboard/Fahrradverleih, Schwimmbad, sämtliche Serviceeinrichtungen, behindertengerecht. Geöffnet: Mai–September.
- **Camping de la Baie,** Tel. 02.97.55.73.42. Ebenfalls am Strand von Kervillen. 170 schön gelegene Stellplätze zwischen Bäumen. Die Ausstattung und der Service sowie die Sporteinrichtungen entsprechen denen des Camping de la Plage. Zusätzlich Reitmöglichkeit und Angelfahrten.
- **Camping de Kervilor,** Tel. 02.97.55.76.75. Am nördlichen Ortsausgang Richtung Auray. Sehr gepflegter und vor allem ruhiger Platz mit 200 Einheiten in grüner Lage, Schwimmbad, Tennis, Minigolf, Fahrradverleih, Einrichtungen für Behinderte.

Essen und Trinken

- **Ostréa,** Cours des Quais 34, Tel. 02.97. 55.73.23. Erste Adresse für eine Fruits-de-Mer-Orgie, gute Fischgerichte ab ca. 29 €.
- **L'Azimut,** Rue du Men-Du 1, Tel. 02.97. 55.71.88. Gepflegtes Restaurant in typisch bretonischer Granitbauweise mit schöner Terrasse, von der man den gesamten Hafen überblickt. Bei gutem Wetter wohl der beste PLatz, um draußen zu speisen. Neben hervorragenden Fischgerichten auch große Auswahl an Speisen aus dem Inland. Ab ca. 20 €.
- **Crêperie du Bourg,** unweit der Kirche oberhalb des Hafens, ein guter Querschnitt durch alles was die Bretagne an Crêpes zu bieten hat, Rue des Frères Kermorvant, Tel. 02.97.55.73.26.
- **Restaurant Le Quai,** Cours des Quais 8, Tel. 02.97.55.80.26, gute meeresorientierte Gerichte zu akzeptablen Preisen.

Sonstiges

- **Fahrradverleih:** *B. Gouzerh*, Cours des Quais 20, Tel. 02.97.55.73.15
- **Bootscharter:** *Bretagne Location*, Cours des Quais 36, Tel. 02.97.55.81.01. Segel- und Motorboote. *Locata Atlantique*, Res. Les Voiliers II, Tel. 02.97.55.80.13. Spezialisiert auf bewohnbare Katamarane (8–12 m) *Vent Libre*, Tel. 02.97.55.75.00. Segel- und Motorboote von 8–16 m. Eine 10-Meter-Yacht mit 6 Kojen kostet im Sommer etwa 1800 €/Woche.
- **Mitsegeln:** Es gibt verschiedene wechselnde Möglichkeiten. Details dazu im Office de Tourisme am Hafen. Auch ab Le Crouesty, www.biskaya.de.
- **Segelschulen:** *Société Nautique de la Trinité sur Mer,* Cours des Quais, Tel. 02.97.55. 73.48, am südlichen Ende des Hafens. Ausbildung auf Optimisten, Jollen und Yachten *C.F.C. Philippe Faque*, Cours des Quais 18, Tel. 02.97.55.74.84. Ausbildung im Fahrtensegeln auf kleinen und größeren Yachten.
- **Tennis:** *Tennis de Kerdoual,* Tel. 02.97.55. 79.51. An der Küstenstraße nach Carnac. *Tennis Club de Quéhan,* Tel. 02.97.55.07.91. In St-Philibert am Meer.
- **Strandanimation:** *Club de Plage „Plein Air“*, Plage du Men-Du in Richtung Carnac.
- **Markt:** dienstags und freitags.

• **Bootsfahrten:** *Le Trinitain*, einstündige Fahrten auf dem Rivière de Crac'h. Tickets am Office de Tourisme, Tel. 02.97.55.85.67. *Navix*, Fahrten durch den Golfe du Morbihan, nach Houat und Belle-Ile (nur Juli und August). Abfahrt am Office de Tourisme, Tel. 02.97.55.81.00 oder 02.97.46.60.00. Preise: Houat 18/12 €, Golftouren 24/16 €.
• **Angelfahrten: Acti Nautic,** am Office de Tourisme, Tel. 02.97.55.80.85.
• **Nautische Antiquitäten,** ein guter Tipp für Freunde alter Seefahrtsromantik: direkt am Kirchplatz liegt das kleine Atelier de Jules Verne von Michel Trenit, einem alten Seefahrer, der im Keller alles aus Holz und Messing anbietet, was auf den alten Großseglern an Ausrüstung gebraucht wurde. Eine Adresse, die auch für ein maritimes Schwätzchen gut ist. 2, Rue Er Velin, Place de L'Eglise, Tel. 02.97.30.15.90.
• **Maritime Fotografie,** *Philip Plisson,* Cours des Quais, Tel. 02.97.30.12.12, am Hafen neben der Fischhalle, Frankreichs erfolgreichster Yachtfotograf gibt sich die Ehre – atemberaubende Bilder von Yachten und bretonischen Küstenlandschaften, ausgestellt in einem modernen Atelier, ein Muss für Fotofans.

Anreise/Weiterreise

• **Mit dem Bus:** Nach Vannes fahren Busse mindestens achtmal täglich, über St-Philibert, Crac'h, Auray und Ste-Anne d'Auray. In Richtung Quiberon führt die Strecke (ebenfalls 8 Fahrten/Tag) über Carnac, Penthièvre und St-Pierre. Die Haltestelle ist direkt am Office de Tourisme.

Umgebung von La Trinité-sur-Mer

Crac'h, Fort Espagnol ↗ XXI/C1

Zu erreichen über die D 28 (in Richtung Auray) bis Crac'h, dort etwa 3,5 km nach Osten bis zur Küste. Der Ausflug führt zu den **Austernkulturen** und Fundamenten aus römischer Zeit.

St-Philibert ↗ XXI/C1

Statt direkt über die D 781 zu fahren, empfiehlt es sich, hinter der Brücke von Kerisper (schöner Blick auf den Hafen) rechts abzubiegen (La Côte). Weiter geht es entlang der Küste nach Süden bis zur Südspitze der Halbinsel. Von hier aus weiter in nördlicher Richtung, vorbei an einer Kapelle aus dem 17./18. Jh. am Ortseingang, direkt am Wasser stehend.

Eine schöne **Wanderung** *(Chemin piétonnier*, ca. 5 km*)* führt **entlang der Küste** vom Hafen südwärts zum offenen Meer an die Spitze der Halbinsel Kerbihan. Entlang dem Strand von Ty Guard, weiter am Ufer vorbei an den Campingplätzen zum Plage de Kervillen, nordwärts über die D 186 (Rue du Men-Du) am Wasser entlang in den Ortsteil Kerdrobihan. Von hier quer durch den Ort zurück zum Hafen.

Locmariaquer ↗ XXI/C2

Unweit des Fischerortes befinden sich an der D781 besonders große und stark gravierte megalithische Monumente, darunter der größte bekannte Menhir des Neolithikums, **Le Grand Menhir Brisé,** ausführlich beschrieben im Abschnitt „Golfe du Morbihan".

Golfe du Morbihan

Überblick

Morbihan, das kleine Meer (bret. *mor* = Meer; *bihan* = klein), hat dem Departement seinen bretonischen Namen gegeben. Das Gegenstück zum Mor-bihan ist das Mor-braz, das große Meer, der Atlantik. Eine **bretonische Legende** erzählt von der wundersamen Entstehung der zahlreichen Inseln des Golfes vor langer Zeit: Als der Mensch in gottloser Weise den heiligen Wald von Rhuys abholzte, vertrieb er auch die Feen (sie sind in allen bretonischen Legenden wiederzufinden), die fliegend das Weite suchten. Unterwegs verteilten sie goldenen Staub über das Wasser des Golfes, der sich in Hunderte von wunderschönen Inseln verwandelte, praktisch für jeden Tag des Jahres eine andere.

Tatsächlich gibt es ca. **60 Inseln und Inselchen** (zum großen Teil in Privatbesitz), von denen etwa 20 ganzjährig bewohnt sind. Hinzu kommen Hunderte von Felsen und Untiefen, die von den Gezeiten zweimal täglich überspült werden.

Die bei hohem Wasserstand etwa 130 km^2 große **Wasserfläche** des Golfes (bei Niedrigwasser nur 50 km^2) gliedert sich in zahlreiche Buchten, Passagen zwischen den Inseln und Flussmündungen (Rivière d'Auray, Rivière de Vannes, Rivière de Noyalo).

Durch die Presqu'île de Rhuys vor den Wogen des Atlantiks geschützt, erweckt der Golfe eher den Eindruck eines Binnenmeeres. Nur die **starken Gezeitenströme,** insbesondere in der Verbindungspassage zum Ozean bei

Die Sinagot – Wiedergeburt eines Fischerbootes

Gegen 1900 wurde auf dem Golfe du Morbihan während der Fischerei-Saison an manchen Tagen mit Hunderten von Sinagots gleichzeitig gefischt. Heute dagegen gibt es nur noch vier Exemplare.

Die Sinagot ist ein aus Eichenplanken gebautes offenes Fischerboot, dessen **Typbezeichnung** sich von seinem Ursprungshafen Séné, einem Vorort von Vannes, ableitet. Die offene **Rumpfform** mit spitzem und recht flachem Heck (Spitzgatter) ist für bretonische Boote ungewöhnlich, denn im ungeschützten Küstenbereich könnte das Boot in grober See von achtern vollschlagen. Allerdings wurde die Sinagot bewusst für den geringen Seegang im Golfe du Morbihan und die relativ geschützte Bucht von Quiberon konstruiert. Es heißt, dass *Colbert,* Finanzminister von *Louis XIV.*, den Bau dieser speziellen Boote anordnete, um die Austernfischerei im Golfe du Morbihan zu intensivieren. Genau dieser spezielle Einsatzbereich, die **Schleppfischerei** der damals noch sehr zahlreichen wildwachsenden Austern in flachen Gewässern, erforderte ein flaches Heck, geringen Tiefgang des Rumpfes und eine besonders große Segelfläche, um das über den Meeresboden schleifende Fanggeschirr auch bei wenig Wind ziehen zu können.

Die ursprünglich 6,5 bis 8,5 m langen Sinagots trugen zwei unverstagte Masten mit je einem Luggersegel (s. Zeichnung) von insgesamt ca. 50 m² Segelfläche bei 4 bis 6 t Verdrängung, incl. Steinballast. Als etwa ab 1930 die wilden Austernbestände zurückgingen, wurde die Sinagot vergrößert, um auch für den Fischfang vor der Küste eingesetzt werden zu können.

Die **Austernfischerei** beschränkte sich ab dem 20. Jh. auf ein bis zwei Monate im Jahr, um die Bestände zu sichern. Die Fangdisziplin wurde zwar durch Fischerei-Gendarmen *(gardes-pêche)* überwacht, doch gelang es schlitzohrigen Austernfängern immer wieder, die Gendarmen zu überlisten, indem illegal gefischte wilde Austern nicht an Bord geholt, sondern über den künstlich angelegten und ganzjährig bewirtschafteten Austernzuchtgebieten *(parcs à huîtres)* fallengelassen wurden. Mit den Züchtern wurde dann der Gewinn geteilt.

Die **Besatzung** bestand aus zwei Personen, dem Fischer, der auch der Besitzer des Bootes war, und einem Matrosen. Die Frau des Fischers übernahm den Verkauf des Fanges an Land. Besonders arme Fischer arbeiteten an Bord zusammen mit ihrer Frau und lebten ganzjährig auf dem offenen Boot. Ihre Schlafstätte war der mit Strohsäcken ausgelegte Vorschiffsstauraum.

Mit der Verbreitung von Schiffsmotoren in den 1930er und -40er Jahren und der Anlage großer Austernzuchten im direkten Uferbereich verloren die Sinagots ihren Einsatzbereich und endeten größtenteils als langsam verrottendes Spantenskelett in einer schlammigen Hafenecke. Doch als schließlich in den 1970er Jahren nur noch ganze zwei Sinagots in kaum seetüchtigem Zustand existierten, bildete sich in Séné der Verein *Les Amis du Sinagot* mit dem Ziel, das maritime Erbe des Golfes nicht verlorengehen zu lassen. Sie restaurierten in ihrer Freizeit die beiden letzten Boote „Les Trois Frères" und „Vainqueur des Jaloux", sammelten Spenden auf Bootsausstellungen und Hafenfesten und finanzierten schließlich den Neubau zweier weiterer Sinagots, der „Nicolas-Benoit" und der „Souvenir". Weitere Boote zur Wiederbelebung des traditionellen bretonischen Holzbootsbaues sind in Auftrag gegeben. Eine Werft, die sich in diesem Zusammenhang einen Namen gemacht hat, ist die „Chantier du Guip" auf der Ile aux Moines.

An einem Wochenende im August findet in fast jedem bretonischen Hafen ein **Hafenfest** *(Fête de la Mer)* statt. In wieder aufblühender alter Seefahrtstradition zeigen sich dann in Port- Anna bei Séné, in Le Bono bei Auray oder in La Trinité-sur-Mer die alten und neuen Sinagots einer an maritimer Kultur immer stärker interessierten Öffentlichkeit.

Port-Navalo, zeigen, dass es sich um einen Teil des Atlantiks handelt. Zwar ist der Tidenhub im Inneren des Golfes, verglichen mit Küstenwerten, relativ gering (ca. 3,5 m bei Voll- und Neumond), doch erreicht die Strömung in den **engen Passagen** bei Port-Navalo und an der Nordwestspitze der Ile aux Moines Geschwindigkeiten bis zu 17 km/h (9 Knoten).

Die Einwohner der Inseln betonen gerne, dass der Golfe du Morbihan durch ein **Mikroklima mit fast subtropischem Charakter** geprägt ist. Tatsächlich werden im Jahr etwa 2000 Sonnenstunden gemessen (im Vergleich dazu 2400 in Bordeaux, 2600 in Cannes und 600 in Dortmund). Zusammen mit der winterlichen Milde, die durch den Golfstrom bedingt ist, ermöglicht dies auf den Inseln subtropische Vegetation. Die **Wassertemperaturen** schwanken zwischen 20 °C im August und 10 °C im Januar.

Neben vielfältigen Betätigungsmöglichkeiten für Wassersportler (Segeln, Surfen, Angeln, Tauchen, Schwimmen) bietet der Golf insbesondere dem ornithologisch interessierten Reisenden hervorragende Beobachtungsmöglichkeiten. An den weitläufigen, zum Teil vom Menschen wenig beeinflussten Uferzonen im Nordosten zwischen Séné, St-Armel und St-Colombier lassen sich ganzjährig viele **Wasservögel** beobachten, die sonst bereits selten geworden sind. Im Winter kommen weitere Vogelarten hinzu, die am Golf überwintern oder hier auf dem Weg Richtung Süden eine Ruhepause einlegen.

Auch geschichtlich hat der Golf Interessantes zu bieten. Die organisierte Besiedelung begann hier etwa 3000 v. Chr. (Megalithkultur). Entlang des Festlandufers (z.B. bei Locmariaquer) und auf den Inseln (z.B. auf Gavrinis) sind **zahlreiche Steinmonumente** (Menhire, Dolmen etc.) aus dem Neolithikum erhalten.

Der **keltische Stamm der Veneter** siedelte hier etwa ab dem 5. Jh. v. Chr. und entwickelte einen blühenden Land- und Seehandel mit anderen Volksgruppen Westeuropas. Archäologische Funde aus dieser Zeit (aber auch aus anderen Epochen) sind im Château Gaillard in Vannes zu besichtigen.

Vannes (Gwened) ↗ XXI/D2

Geschichte

Am Nordrand des Golfe du Morbihan liegt die **ehemalige Hauptstadt der Veneter.** Nachdem sie 56 v. Chr. von *Cäsar* in einer Seeschlacht südlich von Port-Navalo besiegt worden waren, ließ er ihre Oberhäupter hinrichten und versklavte einen großen Teil der Bevölkerung. Die **Römer** nannten die Stadt nach ihrem Sieg Darioritum. Aufgrund der günstigen Lage als Knotenpunkt zwischen Handelsrouten auf See und an Land, kam es zu einer raschen wirtschaftlichen Entwicklung. Die Stadt konzentrierte sich um ein Forum herum, das sich im heutigen Viertel St-Patern befand. (Dies konnte erst durch Ausgrabungen in den Jahren 1990/91 belegt werden.)

Im 3. Jahrhundert floh die Bevölkerung angesichts der drohenden Invasion der Barbaren auf den Hügel Mein-Guievr (heute: Méné). Hier entstand ein von einer Befestigungsmauer umgebenes **Castrum,** das sich in der Folgezeit immer weiter ausdehnte.

Im 5. Jahrhundert gründete *Saint Patern,* ein Mönch der Abtei von St-Gildas-de-Rhuys, in Vannes **eines der sieben Bistümer** der Bretagne.

Im 6. Jahrhundert diente Vannes dem bretonischen Führer *Waroch* als **Hauptstadt** seines Reiches.

Im 9. Jahrhundert wurde *Nominoë,* ein Bretone einfacher Herkunft, von *Karl dem Großen* zum Grafen von Vannes ernannt, 826 von *Louis le Pieux* (Ludwig der Fromme) zum Herzog der Bretagne. Unter seiner Herrschaft wurde die Bretagne zu einem **unabhängigen Herzogtum.** 851 gründete sein Sohn Erispoë ein **bretonisches Reich,** er selbst wurde König. Das Reich wurde von Vannes aus regiert und konnte in seinen Grenzen bis zur französischen Revolution bestehen.

Zu Beginn des 10. Jahrhunderts brandschatzten die **Normannen** die Stadt. Den Bretonen gelang es jedoch rasch, Vannes wieder aufzubauen und der Hafenstadt zu neuer Blüte zu verhelfen.

Im 12./13. Jahrhundert residierten hier die **Herzöge der Bretagne.**

Während der Ära von *Anne de Bretagne,* die durch ihre Ehe mit den französischen Königen *Charles VIII.* und *Louis XII.* selbst Königin von Frankreich wurde, blieb das Herzogtum trotzdem unabhängig. Erst ihre Tochter *Claude* konnte 1532 dem Druck ihres Mannes, *François I.,* nicht mehr standhalten und übertrug die **Bretagne an das französische Reich.**

Die Stadt entwickelte sich im 16. und 17. Jahrhundert vor allem, nachdem *Louis XIV.* das **bretonische Parlament** nach der „Revolte des Stempelpapiers" (1675) hierher ins Exil schickte.

Die Verlandung des Hafens und der Bau der Hafenanlagen von Lorient bedeuteten eine ernste Gefahr für den Handelsort Vannes. Bedeutung erlangte die Stadt erst wieder zum Ende des 18. Jahrhunderts, als sie zum Hauptort (chef-lieu) des **Départements Morbihan** wurde. Zur gleichen Zeit kam es wegen den Massenhinrichtungen während der Revolution und der Landung der Royalisten an der Südküste (1795) zu Unruhen.

Im 19. Jahrhundert **verfiel der Hafen Vannes,** allerdings führte die Anbindung an die Eisenbahnlinie Paris - Quimper zur Modernisierung.

Heute ist die Stadt, die etwa 45.500 Einwohner zählt, **Präfektur des Départements Morbihan.**

Sehenswertes

Die Besichtigung der Altstadt erfolgt am besten zu Fuß, am Hafen, vom **Place Gambetta** aus. Der halbkreisförmige Platz ist von Gebäuden aus dem 19. Jahrhundert umgeben, die sich zu beiden Seiten an das alte Stadttor **Porte St-Vincent** anschließen. Das Tor mit seinen Säulen, Bögen und Nischen stammt aus dem Jahr 1704. Es wurde auf der ehemaligen Stadtmauer aus dem 14. bis 16. Jahrhundert errichtet. Am Kopf des Torbogens wurden die Wappen von Vannes Ende des 19. Jahrhunderts eingemeißelt. In der Mittelnische befindet sich eine Statue des Dominikaners *Vincent Ferrier,* der hier im 15. Jahrhundert starb.

- • 1 Gare SNCF (Bahnhof)
- ★ 2 Hôtel de Ville
- ★ 3 La Cohue
- • 4 Place Saint-Pierre
- 5 Cathédrale Saint-Pierre
- 7 Château-Gaillard (Musée archéologique)
- ★ 6 Porte Prison
- ★ 8 Tour du Connétable
- ★ 9 Vieux Lavoirs
- ★ 10 Jardins de la Garenne
- ★ 11 Porte Poterne
- 12 Château de l'Hermine
- ★ 13 Porte Calmont
- ★ 14 Porte Saint-Vincent
- 15 Office du Tourisme
- ★ 16 Parc du Golfe

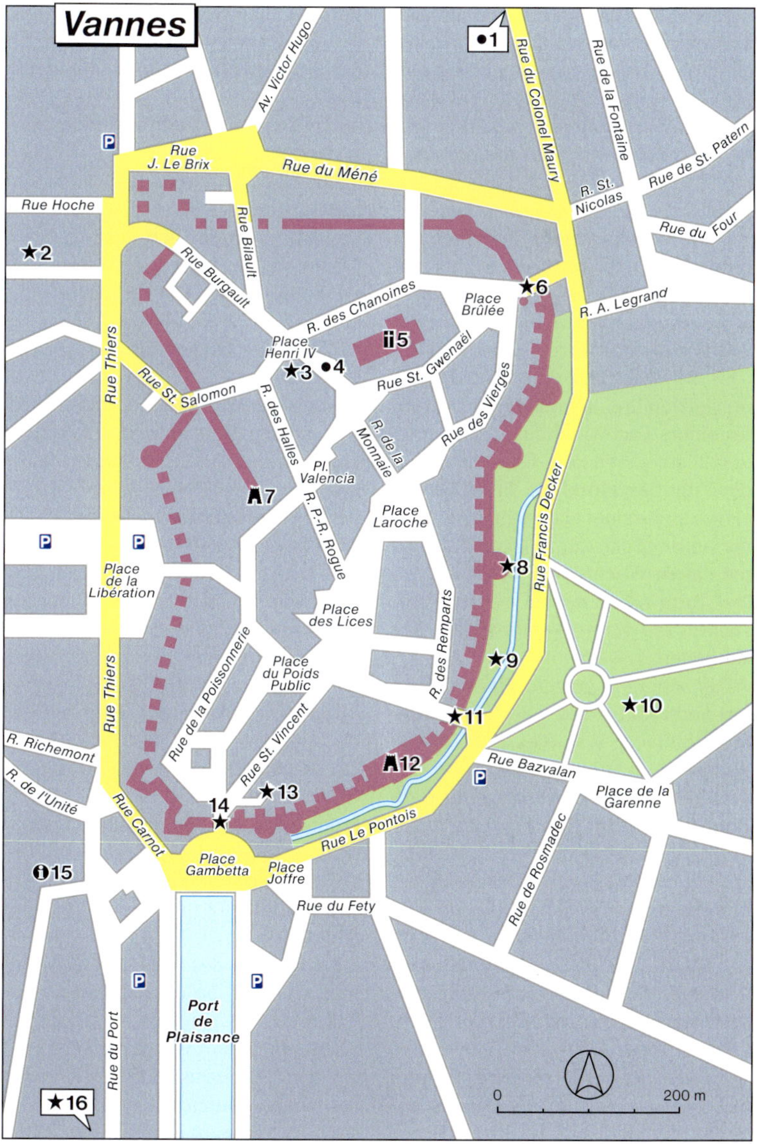
Vannes
•1
Rue du Colonel Maury
Rue de la Fontaine
Av. Victor Hugo
Rue de St. Patern
Rue J. Le Brix
Rue du Méné
R. St. Nicolas
Rue du Four
Rue Hoche
Rue Bilault
★2
Rue Burgault
★6
Place Brûlée
R. A. Legrand
R. des Chanoines
Place Henri IV
i5
Rue Thiers
★3
•4
Rue St. Gwenaël
Rue St. Salomon
R. des Halles
R. de la Monnaie
Rue des Vierges
Pl. Valencia
7
Place Laroche
Rue Francis Decker
R. P.-R. Rogue
★8
Place de la Libération
Place des Lices
R. des Remparts
Rue de la Poissonnerie
Place du Poids Public
★9
Rue Thiers
★10
Rue St. Vincent
★11
R. Richemont
12
Rue Bazvalan
R. de l'Unité
★13
Place de la Garenne
Rue Carnot
14
Rue Le Pontois
Rue de Rosmadec
15
Place Gambetta
Place Joffre
Rue du Fety
Port de Plaisance
Rue du Port
★16
0
200 m

Am Place Gambetta beginnt die kopfsteingepflasterte **Rue St-Vincent.** Ein großer Teil der Häuser entlang dieser Straße stammt aus dem 17. Jahrhundert. Sie dienten den hierher verbannten Mitgliedern des bretonischen Parlaments (1675–1689) als Unterkunft.

Der sich anschließende **Place du Poids-Public** verweist mit seinem Namen auf den Sitz des Steuer- und Eichamtes (*poids* = Gewicht). Vor der Revolution hieß er Place du Poids du Roi (des Königs). Hübsche Häuser aus den letzten drei Jahrhunderten, darunter einige Fachwerkhäuser, verleihen dem Platz seinen Reiz. Dies gilt besonders für das **Hôtel de Francheville** (17. Jh.) mit seiner klassischen Fassade, die an der Ecke zum Place des Lices mit einem Wachturm geschmückt ist. Der Turm ruht auf zwei weißen Tragsteinen mit schneckenförmigen Verzierungen.

Der schräg angelegte **Place des Lices** verbindet Ober- und Unterstadt. Im Mittelalter war dies der Austragungsort für Turniere. 1418/19 versammelte sich die Menge, um dem **Prediger Vincent Ferrier** zu lauschen. In einer Häusernische weist eine Statue auf das Wirken des Dominikaners hin. Später fanden hier die großen Feste der Herzöge der Bretagne statt. Am Rande des Platzes befinden sich die neuen **Markthallen** mit verlockenden Angeboten von Fisch, Fleisch, Obst, Gemüse, Backwaren, Gewürzen.

An der **Rue Pierre-René Rogue,** nach einem Priester aus Vannes benannt, der während des Revolutionsterrors guillotiniert wurde, stehen viele sehenswerte Fachwerkhäuser. An der Ecke zur Rue Noé hängen die mehrfarbigen Holzbüsten von „Vannes et sa femme“ mit lachenden Gesichtern.

Am **Place Valencia,** nach dem Geburtsort des Heiligen *Vincent Ferrier* benannt, befindet sich das Haus (Nr. 17), in dem er 1419 starb. Typisch für die Bauweise der Häuser ist, dass das Erdgeschoss aus Stein und die darüberliegenden Etagen aus Fachwerk errichtet wurden.

Nur wenige Meter entfernt befindet sich an der Rue Noé das **Château Gaillard,** das im 15. Jahrhundert Parlamentssitz war. Heute beherbergt es das **Archäologische Museum** *(Musée archéologique)* der Société Polymathique du Morbihan. Hier werden vornehmlich prähistorische Exponate (Schmuck, Beile etc.) der ersten Ausgrabungen der Umgebung ausgestellt. Aus galloromanischer Zeit stammen Münzen, Urnen und Lanzenspitzen. Kunstgegenstände aus dem 13. bis 18. Jh. und Gemälde des 18. Jh., im Cabinet des Pères du Désert (2. Etage), runden das Bild ab. Das Museum ist vom 1.6. bis 30.9. täglich von 10–18 Uhr geöffnet, sonst Montags bis Samstags 10–12 und 15–18 Uhr. Der Eintritt beträgt ca. 4/2 €.

An der Rue des Halles steht **la Cohue,** das sind die ehemaligen Markthallen des 13. Jh., die allerdings im 17. Jh. umgebaut wurden. Diese Hallen dienten bis ins 19. Jh. als Markt, heutzutage befinden sich hier Museen. Im **Museum der schönen Küns-**

112br Foto: mk

te *(Musée des Beaux-Arts)* werden vornehmlich Gemälde regionaler Künstler, wie *Flavien Peslin, Félix Bouchor, Jules Noël* und *Henri Moret*, ausgestellt. Daneben finden sich hier viele volkstümliche Holzskulpturen.

Das **Museum des Golfes und des Meeres** *(Musée du golfe et de la mer)* zeigt Exponate zum Leben am Golfe du Morbihan. Dazu gehören neben Fischfang und Bootsbau auch die Austernzucht. Einzelne Aspekte werden mit Hilfe audiovisueller Technik vermittelt.

In der Altstadt von Vannes

Durch die Markthallen gelangt man zum Place St-Pierre gegenüber der **Kathedrale St-Pierre.** 600 Jahre lang (vom 13. bis 19. Jh.) wurde die Kirche immer wieder umgebaut, sodass in der Architektur unterschiedliche Einflüsse sichtbar sind. Beachtenswert sind Formen der Renaissance, z.B. die Rundkapelle von 1537, und der Spätgotik im Querschiffportal. Hier befindet sich ein Gemälde, das den Tod *Saint Vincent Ferriers* darstellt. Gemälde und ein Wandteppich zeigen verschiedene Stationen seines Lebens. In der zweiten Rundkapelle hat der Heilige seine letzte Ruhestätte gefunden. Sehenswert ist der Kirchenschatz, der im ehemaligen Kapitelsaal bewundert werden kann. Verzierte Truhen aus dem 12. und 13. Jahrhundert, Kreuze,

Kelche und Bücher sind im Juli und August 10–12.30 Uhr und 14–17.30 Uhr zu besichtigen. Der Schatzraum ist sonntags, am 14. Juli und am 15. August geschlossen. Der Eintritt beträgt ca. 1,20 €.

Ein interessanter Blickwinkel auf die Kirche eröffnet sich vom Place Henri IV. zwischen hübschen Giebelhäusern des 16. Jh. hindurch.

In der **Rue St-Salomon** lohnt sich ein Blick auf das Haus Nr. 10 aus dem Jahr 1560. Bemerkenswert ist die lateinische Inschrift. Das Haus Nr. 13 zeigt an der Vorderseite fantastische Tierdekorationen aus Holz.

Rechts der Kathedrale führt die **Rue St-Gwenaël** entlang alter Fachwerkhäuser. Einige besitzen auch heute noch die traditionellen Brunnen, z.B. im Untergeschoss der Crêperie St-Gwenaël. Die Straße führt zur **Porte Prison** hinunter, die aus dem 14./15. Jh. stammt. Während der Revolution diente das Gebäude als Gefängnis für Verdächtigte und zum Tode Verurteilte: Priester und die Anführer der in Quiberon gelandeten Royalisten.

Entlang der Rue Francis Decker erstrecken sich die **Wälle der Festung** (Remparts), die typisch französisch, d.h. geometrisch angelegt sind. Der Blick fällt auf den **Tour du Connétable** (benannt nach dem Connétable de Richemont), das alte Waschhaus mit seinem Schieferdach, die **Porte Poterne** aus dem 17. Jh. und das **Château de l'Hermine,** das ehemalige Herzogschloss, das ursprünglich im 14. Jh. erbaut und nach seiner Zerstörung erst 1785 wiederaufgebaut wurde.

Neben dem Château de l'Hermine diente im 14. und 15. Jh. die **Porte Calmont** als Haupteingang zum Süden der Stadt. Vor dem Tor begrenzt eine kleine Mauer das Flüsschen Marle. Eine marmorne Gedenktafel erinnert hier an den Anschluss der Bretagne an Frankreich, der am 7. August 1532 in Vannes besiegelt wurde (Traité d'Union du Duché de Bretagne au Royaume de France). Über eine Holzbrücke führt der Weg zur Gasse Venelle de la Tour Trompette und von hier zurück zur Rue St-Vincent oberhalb des gleichnamigen Tores.

Vom Place Gambetta unterhalb des Tores blickt man auf den **Yachthafen.** Eine Schleuse hält die Tiefe des Hafenbeckens trotz der Gezeiten auf ständig gleichem Niveau. Heute dient der Hafen hauptsächlich als Liegeplatz für Freizeitsegler.

Auch außerhalb der Altstadt hat Vannes einiges zu bieten. Erwähnenswert ist das **Rathaus** (Hôtel de Ville) aus dem 19. Jh. Auf dem Vorplatz befindet sich eine Statue des *Connétable de Richemont*. Er begleitete *Jeanne d'Arc* bei ihrem Feldzug gegen die Engländer, wurde 1457 Herzog der Bretagne, starb aber schon 1458.

Außerhalb des Zentrums, ca. 2 km südlich des alten Hafens in Richtung Conleau, liegt ein neues Freizeitzentrum, der **Parc du Golfe.** Hier befindet sich das **Aquarium** (Aquarium océanographique et tropical). Neben der reichhaltigen Ausstellung buntester Meerestiere faszinieren besonders das 80.000 Liter Wasser fassende Becken, in dem Haie umherschwimmen, und

ein 35.000-Liter-Becken mit einem lebenden Korallenriff. Die Beschreibungen sind in Französisch und Englisch. Das Aquarium (Tel. 02.97.40.67.40) ist täglich von 10 bis 12.30 Uhr und von 14 bis 18 Uhr geöffnet.

Eine **Freiflughalle** (Serre des papillons vivants) beherbergt in einem künstlichen Dschungel eine Vielzahl farbenprächtiger Schmetterlinge und exotischer Vögel. Die Halle (Tel. 02.97.46.01.02) ist im Juli/August täglich von 10 bis 18 Uhr, außerhalb der Saison von 10 bis 12 und von 14 bis 18 Uhr geöffnet. Der Eintritt beträgt ca. 3,50 €.

Waschhäuser aus dem Mittelalter

Im **Palais des Automates** (Tel. 02.97.40.40.39) findet sich eine Spielzeugausstellung mit 200 mechanischen Puppen vom 19. und 20. Jh. Die Ausstellung ist im Juli/August 10–19 Uhr, von September bis November und Februar bis Juni 10–12 und 14–18.30 Uhr geöffnet. Der Eintritt beträgt ca. 4 €.

Praktische Hinweise

Information

- **Office de Tourisme du Pays de Vannes,** Rue Thiers 1, 5600 Vannes, Tel. 08.25.13.56.10, Fax 02.97.47.29.49, www.tourisme-vannes.com.

Unterkunft

Innerhalb der Stadt gibt es ein reichhaltiges Hotelangebot je nach Geschmack und Geldbeutel.

- **Hôtel/Restaurant Le Roof**€€€**,** Tel. 02.97.63.47.47. Die Top-Adresse hinsichtlich der Lage, direkt am Golf auf der Halbinsel Conleau am südlichen Stadtrand, und der Qualität des Restaurants. 42 Zimmer, meist mit Blick zum Golf.
- **Mercure Hôtel**€€€**,** Vannes Aquarium, Le Parc du Golfe, Tel. 02.97.40.44.52, liegt außerhalb der Stadt, ist aber mit seinem Service das beste am Ort. 48 Zimmer mit Seeblick stehen zur Verfügung.
- **La Marébaudière**€-€€**,** Rue A. Briand 4, Tel. 02.97.47.34.29, liegt im Stadtzentrum in ruhiger Lage. Auch hier wird hervorragender Service geboten. 41 Zimmer werden vermietet.
- Preiswerter ist das **Hôtel Au Relais du Golfe**€**,** Place du Général-de-Gaulle, Tel. 02.97.47.14.74. Das Hotel liegt am Fuß der Stadtmauer im alten Viertel St-Patern. Angenehm ist die typisch bretonische Bar.
- **Hôtel Marina**€**,** Place Gambetta 4, Tel. 02.97.47.22.81, direkt gegenüber dem Hafen. Die Zimmer sind gut ausgestattet. Hier dürfen Hunde mitgebracht werden.

Essen und Trinken

- **Le Sinagot,** Rue St-Vincent, Tel. 02.97.54.19.17, direkt hinter dem Stadttor am Hafen, typisches Hafenlokal mit preiswerten ortsüblichen Gerichten, auch Bierkneipe.
- **Restaurant La Mère 6 Sous,** Rue Burgaud, originelle Dekoration, neben Pizza und guten Salaten gute französische Küche, insbesondere die Dessert-Karte ist einen Besuch wert. Der Wirt, etwas bohème, leitet sein Lokal mit Fantasie und Gelassenheit.
- **Restaurant La Morgate,** Rue de la Fontaine 21, Tel. 02.97.42.42.39. Im Stadtteil Saint-Patern befindet sich in einem Gebäude aus dem 17. Jh. das stadtbekannte, gepflegte Lokal, wo neben ausgesuchten Meeresprodukten auch typische Speisen des bretonischen Inlandes serviert werden.
- **Restaurant de l'Épé,** Rue Joseph Le Brix 2, Tel. 02.97.47.10.11, gutes Mittelklasselokal, wo auch Einheimische gern essen. Menüs ab 15 €.
- **Crêperie de la Trompette,** direkt in der Stadtmauer hinter der Porte St.Vincent am Hafen, Tel. 02.97.47.15.12, ein mittelalterlich rustikal eingerichtetes Lokal mit breitem Angebot an guten Crêpes und Grillgerichten auf mittlerem Preisniveau, Dienstag geschlossen.
- **Crêperie La Métarie de Kérozer,** liegt außerhalb der Stadt, ca. 4 km nördlich von Vannes, im Forêt de Kérozer, am nördlichen Ortsrand von St-Avé. Sehr gute Crêperie in einem traditionellen Landhaus. Der Weg lohnt auch für einen schönen Waldspaziergang. Tel. 02.97.61. 88.45.
- **Crêperie La Cave Saint-Gwenaël,** Rue Saint-Gwenaël 23, Tel. 02.97.47.47.94. Direkt neben der Cathédrale Saint-Pierre in der Altstadt befindet sich in einem mittelalterlichen Fachwerkhaus die nach unserem Eindruck empfehlenswerteste Crêperie der Stadt. Bestellen Sie unbedingt den Saint-Gwenaël-Cidre zu den Crêpes und wählen Sie einen Tisch im granitenen Keller mit eigener Quelle (kein Cidre, sondern Wasser!).
- **Restaurant Au Bon Couscous,** zwar eher nordafrikanisch als bretonisch, aber dennoch empfehlenswert. Av. Maréchal Leclerc 51, Tel. 02.97.54.34.00.
- Für ein Eis, einen Café oder ein Erfrischungsgetränk bieten sich die einladenden **Lokale mit Terrassentischen** am Place Gam-

betta an, direkt am alten Stadttor am Nordrand des Hafens.

Sonstiges

- **Segeln:** *Woody Location,* Vannes, Place Gambetta 14, Tel. 02.97.47.10.30. Kleine und größere Yachten im Port de Plaisance.
- **Mitsegeln:** Der Hauptautor dieses Reiseführers, Wilfried Krusekopf, bietet u.a. ab Vannes und Le Crouesty (s. Port Navalo), Port de Plaisance, terminlich flexibel abzustimmende Yachtsegeltörns auf komfortablen Hochseeyachten mit einheimischem Skipper und kleiner Crew. Näheres dazu unter www.biskaya.de, sail@biskaya.de, Tel. 02.97.26.89.48 oder 06.70.77.65.98.

Anreise/Weiterreise

- **Mit dem Bus:** Verschiedene Gesellschaften verkehren zwischen den Orten der Region. TTO *(Transport et Tourisme de l'Ouest)*, Rue du 116 RI 16, Tel. 02.97.47.29.64, fährt regelmäßig von Rennes, Josselin, Larmor-Baden, Arradon, Quiberon, Carnac, Auray, Nantes u. La Roche-Bernard nach Vannes. *CTM Tourisme Verney* (Compagnie de Transport du Morbihan), Place de la Gare, Tel. 02.97.01.22.01, fährt regelmäßig nach Arzon, Sarzeau, Gourin, Pontivy, Ploërmel u. Malestroit. *Transports Cautru,* Rue Hoche 16, Tel. 02.97.47.22.86, fährt regelmäßig nach Port-Blanc, zur Anlegestelle für die Schiffe zur Ile aux Moines.
- **Mit der Bahn:** Täglich 6–7 TGV-Züge in nur 3 Stunden von und nach Paris. Außerdem von und nach Lyon, Bordeaux, Toulouse, Marseille und Nizza, jeweils über Nantes. Zugauskünfte und Reservierungen sind direkt am Bahnhof oder unter Tel. 02.97.42.50.50 und 02.97.54.11.48 möglich.
- **Mit dem Flugzeug:** 13 Kilometer nördlich von Vannes liegt der Flughafen Monterblanc-Meucon. Flugauskünfte erhält man unter Tel. 02.97.60.78.69. Zwischen Lorient und Vannes gibt es mit dem sogenannten *Air-Inter-Bus* (Informationen Tel. 02.97.54.05.64) Anschlüsse. Diese Busverbindung besteht aber nur im Zusammenhang mit einem Flug Paris – Lorient. Hubschrauberflüge der *Heli-Bretagne* (Tel. 02.97.60.62.60) werden am Aérodrome de Vannes-Meucon organisiert.
- **Mit dem Schiff:** An der Wasserfront des Parc du Golfe befinden sich die Kaianlagen der Ausflugsschiffe für Fahrten im Golfe du Morbihan und zu den vorgelagerten Inseln Belle-Ile, Houat und Hoëdic. *Compagnie des Iles* (Tel. 02.97.46.18.19), Fahrten zur Ile aux Moines und Ile d'Arz. *Navix* (Tel. 02.97.46.60.00), Fahrten zur Ile d'Arz, Ile aux Moines, Port-Navalo, Locmariaquer, Le Bono, Belle-Ile und Auray. Fähre nach Ile d'Arz : Ab Conleau am Südrand der Stadt (Beschilderung folgen) gibt es eine preiswerte Fähre zur Ile d'Arz für 5,50/3,20 € Mit „Le Passeur de l'Ile d'Arz" bis zu 12-mal täglich.

Château du Plessis-Josso

Etwa 15km östlich von Vannes unweit von Theix in der Nähe des Dörfchens Le Gorvello liegt der **Herrensitz** (franz. *Manoir*) inmitten grüner Landschaft an einem kleinen See. Der Gebäudekomplex besteht aus drei Trakten, die im 14., 15. und 16. Jh. errichtet wurden. Ein Besuch der Gebäude und der **Ausstellung** ist sehr reizvoll, da hier ein guter Einblick in das tägliche Leben jener Zeit vermittelt wird. Besonders eindrucksvoll ist die Ausstattung der Küche. Hier sind neben dem üblichen Mobiliar auch zahlreiche Küchenutensilien ausgestellt. Ein Besuch ist täglich (zwischen Juli und September) von 14 bis 19 Uhr möglich. Führungen dauern etwa 40 Minuten und kosten 5/4 €, Tel. 02.97.43.16.16.

Unterwegs lohnt ein Blick in das **Dorf Le Gorvello,** das schon etliche Male mit dem Preis „Village fleuri" ausgezeichnet wurde, da hier die Granithäuser ein besonders pittoreskes Bild durch die vielfältige Blumenpracht erhalten.

Von Vannes nach Auray

Arradon

↗ XXI/D2

Statt von Vannes aus über die N 165 direkt nach Auray zu fahren, empfehlen wir den längeren, aber lohnenden Weg über die D 101 in Richtung Arradon und Baden. Biegen Sie nach etwa 4 km links ab. Durch den Ort Arradon führt die Straße weiter zur Pointe d'Arradon. Von hier hat man einen wunderschönen Blick über den Golf und die Inseln.

Unterkunft

- **Hôtel Beau Rivage€,** Tel. 02.97.44.01.42.
- **Hôtel Le Stivell€,** Rue Plessis d'Arradon, Tel. 02.97.44.03.15.
- **Hôtel/Restaurant Les Vénètes€€,** Tel. 02.97.44.03.11, Zimmer des gehobenen Niveaus.
- **Camping Pen Boch,** Route de Roguédas, Tel. 02.97.44.01.98. Der Platz liegt etwa 200 m vom Wasser entfernt. Schwimmbecken, Tennisplatz, Minigolfanlage gehören zum Service des 175 Einheiten Raum bietenden Platzes. Wassersportler finden hier günstige Voraussetzungen. Geöffnet vom 31.4. bis 21.9.

Essen und Trinken

- **Les Vénètes,** gepflegtes Restaurant der Oberklasse im gleichnamigen Hotel. Menüs ab ca. 15 €. Es ist in der Zeit von Ostern bis September geöffnet, dienstags Ruhetag.

Sonstiges

- **Segelschule:** *Ecole de Croisière Alain Delaunnay*, B.P. 10, 56610 Arradon, Tel. 02.97.44.08.12.

Moulin de Pomper

Zunächst zurück auf die D 101. In Richtung Larmor-Baden links abbiegen. Nach etwa 2 km führt die D 316 nach Le Moustoir. Über einen kleinen Seitenarm des Golfs gelangt man zur Gezeitenmühle „Moulin de Pomper", die links nahe eines kleinen Wehres steht. Die Mühle wurde hier gebaut, um die Kraft des Gezeitenstromes zum Mahlen des Getreides auszunutzen. Heute dient das Gebäude einem Antiquitätenhändler als historische Kulisse.

Port-Blanc

↗ XXI/D2

Die D 316 a führt etwa 2 km hinter der Mühle nach Port-Blanc zum **Fähranleger zur Ile aux Moines.** Die tägliche Verbindung (alle 30 Minuten zwischen 7 und 19.30 Uhr, im Sommer bis 22 Uhr) besteht ganzjährig. Für die fünfminütige Fahrt zahlen Erwachsene 2 €, Kinder 1 €. Tel. 02.97.26.31.45. Autotransport ist nicht möglich.

Sonstiges

- Von hier werden ebenfalls **Golfrundfahrten** (*Tour du Golfe*) unterschiedlicher Länge angeboten. Die Dauer liegt zwischen 1 und 2,5 Stunden, Preise ab 10/6 €. Tel. 02.97.26.31.45.
- In der Bar „Le Rouf" (Tel. 02.97.57.13.19), nahe dem Fähranleger, werden Fahrräder vermietet.
- Den **Verleih von kleineren Motorbooten,** auch ohne Führerschein, bietet *Le Blanc Marine* (Tel. 02.97.44.06.90). Der sympathische Chef erklärt dem Neuling jedes Detail.

114br Foto: mk

Larmor-Baden

↗ XXI/C2

Zurück auf der D 316, erreicht man nach etwa 3 km den kleinen von Austernzuchten umgebenen **Hafen- und Badeort** Larmor-Baden.

Der freundliche Ort bietet sich als Ausgangspunkt zur Erkundung des Golfs mit Schiffen aufgrund seiner günstigen Lage an. Die wichtigste Verbindung führt zur historisch interessanten **Insel Gavrinis** mit ihrem megalithischen Cairn und den einzigartigen Dolmen.

Am Ufer des Golfe du Morbihan

Vom kleinen Hafen Pen Lannic gibt es eine **Fußgängerfähre** nach Port-Navalo und zu den Inseln Tibiden, Ile d'Arz und Er Lannic.

Östlich des Ortes liegt das ausgedehnte **Austernzuchtgebiet von Pen En Toal.** Die Bucht bietet auch vielen Vogelarten wie Reihern, Kormoranen, Wildenten und -gänsen natürlichen Lebensraum.

Südöstlich vom Ortskern führt eine bei hohem Wasserstand überflutete Straße zur kleinen, dicht bewaldeten (Halb-)**Insel Berder,** die ein bekannter französischer Kosmetikfabrikant 1991 mitsamt dem dort stehenden Schloss für 2.736.000 € gekauft hat. Das Schloss wird als Ferienheim für Schulklassen genutzt.

Unterkunft

- **Hôtel Le Gavrinis€,** Toul-Broche, Tel. 02.97.57.00.82. Das sehr komfortable Hotel bietet 22 Zimmer.
- **Hôtel du Centre€,** Route de Vannes 3, Tel. 02.97.57.04.68. Gutbürgerliches Haus mit Zimmer-Telefon, TV und der Möglichkeit, Hunde mitzubringen.
- **Hostellerie des Iles€-€€,** Rue Berder 32, Tel. 02.97.57.03.31. Schönes Hotel, direkt am Ufer. Zimmer mit und ohne Meerblick.
- **Camping An-Le-Diben** (Tel. 02.97.57.05.36), einfacher Platz mit nur 25 Stellplätzen in Strandnähe. Fahrradverleih. Der Platz ist vom 1.6. bis zum 30.9. geöffnet.

Essen und Trinken

- **Crêperie Ty Fétan,** Rue Pen Lannic 15, Tel. 02.97.05.71.65.
- **Restaurant Pilitrinic,** an der Mühle von Pomper (an der D 101), Tel. 02.97.57.06.85. Das Haus bietet neben Hummer-Spezialitäten einen schönen Blick auf den Golf. Menüs zwischen ca. 13 und 34 €.

Sonstiges

- **Fahrrad- und Kanuverleih:** *M. Le Villain*, Route d'Auray 3, Tel. 02.97.57.05.65.
- **Segelschulen:** *Centre Nautique de Larmor-Baden*, Hameau du Numer 13. *Cata School*, Mairie, Tel. 02.97.57.05.38.
- **Bootsverleih:** *Larmor Location*, Route d'Auray 3, Tel. 02.97.57.05.65

Schiffsverbindungen

- **Vedettes Blanches Armor,** Quai de Pen Lannic, Tel. 02.97.57.15.27. Fahrten nach Gavrinis, Reservierung bei SAGEMOR, Tel. 02.97.42.63.44 (in der Saison dringend empfohlen). Abfahrt von Juni bis September zwischen 10 und 12 Uhr sowie 14 und 18 Uhr halbstündlich. Von März bis Mai und im Oktober nur an Sonn- und Feiertagen zu den o.g. Zeiten. Von November bis März an Sonn- und Feiertagen zwischen 14 und 18 Uhr. Das Hin-und Rückfahrtticket kostet 10 € inkl. Eintrittsgebühr für den Cairn auf Qavrinir.
- **Rundfahrten** im Golfe du Morbihan, 1,5- oder 6-stündig mit Aufenthalt (4 Stunden) auf Ile aux Moines, ab ca. 7,50 €.

Le Bono

↗ XXI/C1

Der kleine ehemalige Fischerort liegt etwa 4 km südlich Aurays an der Mündung des Rivière de Bono in den Rivière d'Auray. Vor dem Ort führt die Straße zunächst über eine neue Brücke. Danach links abbiegen und mit Vertrauen auf die Konstruktion von 1840 über die alte, mit Holzplanken belegte **Hängebrücke** in den Ort hineingehen. Stilistisch erinnert sie an Konstruktionsformen des Eiffelturmes. Dies ist kein Zufall, da sie von *Gustav Eiffel* entworfen wurde.

Der verschlafene kleine Hafen scheint sich in den letzten 50 Jahren kaum verändert zu haben. Wer am **traditionellen Holzschiffsbau** interessiert ist, findet im Vorhafen an einer Boje oder trockengefallen an der Hafenmole den imposanten Nachbau einer „Forban du Bono", einen 11,2 m langen Zweimaster, der auf den Namen „Notre-Dame-de-Becquerel" getauft wurde. Es handelt sich um ein typisches Küstenfischerboot aus dem 19. Jh., von dem einst 100 Boote Le Bono als Heimathafen hatten.

Außerhalb des Ortes liegt abseits der D 101 der **Tumulus de Kernours.** Vor der großen Brücke in Richtung Auray links in einen kleinen Weg abbiegen. Nach ca. 200 m sieht man rechts den Tumulus. Ein nur 1 m hoher und 10 m langer Gang führt in den Dolmen, der einem neolithischen

Stamm als Begräbnisstätte diente. In verschiedene Tragesteine sind tintenfischähnliche Zeichen eingraviert. Da der Eintritt frei ist, gibt es auch keine Führung. Also die Taschenlampe nicht vergessen.

Unterkunft

- **Hostellerie Abbatiale**€€, Tel. 02.97.57.84.00, sehr gepflegtes Hotel und Restaurant der Oberklasse. Swimming-pool, Tennis und Gartenanlagen gehören ebenso zum Service wie TV und Telefon.

Essen und Trinken

- Etwa 200 m oberhalb des kleinen Hafens lohnt ein Besuch in der **Crêperie Au Matefaim,** Rue du Port 9, Tel. 02.97.57.84.16. Die Crêperie trägt das Qualitätssiegel „Harpe Noir", was darauf hinweist, dass hier nur Buchweizen aus ökologischem Anbau verwendet wird.

Auray

↗ XXI/C1

Der bis zur Wende vom 19. zum 20. Jahrhundert bedeutende Flusshandelshafen am Loch, der hier Rivière d'Auray heißt, besitzt einen der **besterhaltenen mittelalterlichen Stadtkerne** der Bretagne. Geschichtlich ist der Ort durch die **„Schlacht von Auray"** bekannt geworden. 1364 wurde hier der bretonische Erbfolgekrieg beendet, aus dem die Bretagne unter *Jean de Montfort* zwar vereinigt, aber wirtschaftlich ruiniert hervorging.

Die Stadt lässt sich in einen mittelalterlichen, heute touristischen Teil am Fluss, Saint-Goustan, und den neuen, geschäftlich lebendigen Teil oberhalb des Flusses am Berg gliedern.

Sehenswertes

Saint-Goustan. Die Gezeiten lassen Schiffsverkehr bis hierher zu. Folglich bot sich der Ort als Warenumschlagsplatz für den Land-See-Handel an. Der Handel mit Getreide, Kohle, Wein und Holz ließ die Stadt aufblühen. Die zum Teil aus dem 15. Jh. stammenden **Fachwerkhäuser am Quai Franklin** und im Bereich des Place St-Sauveur zeugen von diesem durch Handel erwirtschafteten Wohlstand. Im 16. und 17. Jh. war Auray sogar der drittgrößte Hafen der Bretagne. Frachtensegler aus Bristol brachten Kohle und luden im Gegenzug Wein, Cidre und Getreide für England.

Am Quai Martin, kurz vor der steinernen, 1295 erbauten und 1752 weiter befestigten Brücke, liegt der 1991 restaurierte 30 m lange Topsegelschoner „Saint Sauveur", der als **Museumsschiff** Einblick in den Seehandel der Wende vom 19. zum 20. Jahrhundert ermöglicht. Geöffnet: zwischen Ostern und 30. September täglich 10.30–12.30 Uhr und 14.30–19 Uhr, im Oktober nur an den Wochenenden 14.30–19 Uhr. Tel. 02.97.56.63.38. Eintritt Erwachsene 5 €, Kinder 3 €.

Der Name Quai Franklin soll an den Besuch des amerikanischen Kongressabgeordneten **Benjamin Franklin** erinnern, der hier 1776 während einer Reise zum königlichen Hof eine Zwischenstation einlegte. *Franklin* hatte damals das Ziel, im Rahmen der amerikanischen Unabhängigkeitsbestrebungen mit Frankreich Wirtschaftsverträge auszuhandeln.

115br Foto: wk

Vom kopfsteingepflasterten Place Saint-Sauveur führt eine mittelalterliche Treppenstraße zur 1434 erbauten **Kirche Saint-Sauveur** hinauf. Nur der Portalvorbau sowie der Calvaire davor sind aus dem 15. Jahrhundert im Original erhalten geblieben.

Auf der anderen Flussseite beginnt jenseits der alten Brücke ein lohnender Spaziergang hinauf zu den Resten der schon 1558 **zerstörten Burg von Auray.** Der Weg, La Promenade du Loch, führt in Serpentinen unter alten Bäumen auf den Berg hinauf. Hier finden im Juli und August zwischen den Resten der Grundmauern der Burg Musik- oder Theateraufführungen statt.

Im 19. Jh. bedeutend: der Hafen von Auray

Wenige Schritte bergab in Richtung Nordwesten erreicht man den von zahlreichen Geschäften umgebenen Place de la République. Hier wird morgens ein Fischmarkt mit konkurrenzloser Auswahl aufgebaut. Die Rue du Lait führt zur kunstgeschichtlich interessanten **Eglise Saint-Gildas,** in der gotische Grundformen mit Bauelementen aus der Renaissance und sogar dem Barock fortgesetzt wurden. Nichts für Stil-Puristen.

Etwa 1 km südwestlich des Stadtzentrums liegt im Ortsteil Kerléano das **Mausolée de Cadoudal,** letzte Ruhestätte des im Kampf gegen die französische Revolution engagierten Royalisten, direkt gegenüber seinem Geburtshaus. *Georges Cadoudal*, 1771 in Auray geboren, kämpfte seit 1793 der Chouannerie-Bewegung für die Wiederherstellung der Monarchie. Er überlebte die für seine Bewegung erfolglosen Kämpfe in der Vendée und auf Quiberon, scheiterte aber schließlich an einem misslungenen Attentat auf *Napoléon Bonaparte*. Am 23. Juni 1804 wurde er als „Letzter Chouan" guillotiniert. In diesem Zusammenhang sei auf den Film „Les Chouans" von *Philippe de Broca* hingewisen, der z.T. auf historisch authentischem Boden hier in Auray/St-Goustan gedreht wurde.

Praktische Hinweise

Information

- **Office de Tourisme,** 56400 Auray, Rue du Lait 20, Tel. 02.97.24.09.75, Fax 02.97.50. 80.75, www.auray-tourisme.com.

Unterkunft

- **Hôtel du Loch€€,** Rue F. Guhur 2, La Foret, Tel. 02.97.56.48.33, Fax 02.97.56.63.55. Das ganzjährig geöffnete, sehr moderne Haus gehört zur gehobenen Klasse. Der gute Ruf und die ruhige Lage am Stadtrand kosten dann aber auch etwas mehr.
- **Hôtel Le Cadoudal€,** Place Notre Dame 9, Tel. 02.97.24.14.65, Fax 02.97.50.78.51. Ebenfalls ganzjährig geöffnet, liegt dieses einfache, aber saubere Hotel sehr zentral.
- **Camping du Fort Espagnol,** Tel. 02.97. 55.14.88, Fax 02.97.24.89.89. 5 km südlich von Auray nahe der D 28 im Ort Crac'h. Ruhige Lage unter Bäumen, Schwimmbad, Wohnwagenverleih (4 Pers. 20 €/Nacht). Geöffnet von April bis September.
- **Gîte Rural,** Paul Muet, Les Evocelles, Rue du Pont-Neuf, Tel. 02.97.56.42.03. Ab 15 €/ Nacht.

Essen und Trinken

- **La Closerie de Kerdrain,** Rue Louis-Billet 20, Tel. 02.97.56.61.27. Spitzenlokal im Stadtzentrum für Feinschmecker im historischen Gebäude aus dem 16. Jh. Menüs zwischen ca. 16 und 61 €.
- **Restaurant Au Feu de Bois,** Rue du Jeu de Paume 16, Tel. 02.97.56.63.60. In rustikal gepflegter Atmosphäre werden Fisch- und Fleischgrillspezialitäten serviert. Menüs zwischen ca. 13 und 23 €.
- Besonders am Abend lohnt ein Besuch im **La Licorne, L'Armoric** oder im **L'Eglantine.** Am historischen Hafen in St-Goustan befinden sich diese drei empfehlenswerten Lokale, in denen man Menüs zwischen ca. 9 und 18 € erhält. Der Reiz der Lokale liegt bereits in der besonderen Atmosphäre.
- Freunde keltischer Trinkkultur sollten einmal das **Le Donégal,** Place du Général Leclerc (im Zentrum), Tel. 02.97.24.81.10, aufsuchen. In diesem Bierlokal mit irischem Touch treffen sich die Skipper der nostalgischen Holz-Segelboote. Geöffnet von 18 bis 2 Uhr.

Sonstiges

- **Fahrradverleih,** *Gare SNCF*, Place Raoul-Dautry, Tel. 02.97.24.44.63 und Rue Barré 32.
- **Reiterferien:** *Centre Equestre de Treulan*, 56400 Pluneret, Tel. 02.97.57.60.10.
- **Kanu-Kajak-Kurse:** *M. Dewit*, Lot. Kerousse 5, 56400 Pluneret, Tel. 02.97.57.78.11.
- **Golf:** *Golf de Baden*, Kernic, 56870 Baden, Tel. 02.97.57.18.96. *Golf de St-Laurent* in Ploermel, 56400 Auray, Tel. 02.97.56.85.18.

Anreise/Weiterreise

- **Mit dem Bus:** Regelmäßige Busverbindungen bestehen mit Pontivy und Loudéac (Linie 69) sowie Vannes und Quiberon (Linie 64).
- **Mit der Bahn:** Auray liegt an der Hauptstrecke Vannes – Quimper bzw. Brest – Nantes. Zudem gibt es im Sommer Zugverbindungen nach Quiberon.

Sainte-Anne d'Auray

⇗ XXI/D1

Der kleine Ort 4 km nordöstlich von Auray (in St-Goustan auf die D 17) wäre wohl ohne jede Bedeutung geblieben, wenn nicht im Jahre 1623 dem Bauern *Yves Nicolazic* die **Heilige Anna,** Mutter Marias, im Traum mehrfach erschienen wäre, um ihn aufzufordern, auf einer genau bezeichneten Stelle seines Ackers eine Kapelle zu errichten. Der Bauer gehorchte, und schon nach wenigen Spatenstichen stieß er auf eine hölzerne Figur, die nach Ansicht der Mönche des Klosters von Auray die Mutter Marias darstellte.

Das Wunder beschleunigte die Bauarbeiten und im Jahre 1625 stand die Kapelle. Von Jahr zu Jahr stieg die Zahl der **Pilger** derart, dass schließlich im Jahre 1872 eine größere Kirche, die heutige Basilika, gebaut wurde. Der im Renaissancestil errichtete Bau zieht heutzutage jährlich am 25. und 26. Juli (Pardon de Sainte-Anne) etwa 20-30.000 Wallfahrer und etwa zehnmal soviel Besucher während des restlichen Jahres an. Somit ist Sainte-Anne d'Auray der **meistbesuchte Wallfahrtsort** der gesamten Bretagne.

Ziel der Wallfahrt ist die vergoldete **Holzstatue der Heiligen Anna,** der Schutzheiligen aller Bretonen, in deren Sockel sich ein Teil der ursprünglich vom Bauern *Nicolazic* auf dem Feld gefundenen Holzfigur befinden soll. Der Leichnam von *Yves Nicolazic* befindet sich im rechten Kapellenanbau der Basilika. Die **Basilika** ist im Juli und August täglich 7–21 Uhr geöffnet, sonst 7–12 Uhr und 14–19 Uhr. Messe: Mo.–Fr. 7.15, 9, 11 und 18 Uhr, Sa. um 18.30 Uhr und am So. um 9.30, 11 und 12.15 Uhr. Um 11 Uhr findet die sogenannte *Messe des Pèlerins* (Pilgermesse) statt.

Auf dem parkähnlichen Gelände vor der Basilika stechen zwei Gebäude besonders ins Auge. Eine Wallfahrtstreppe, die **Scala Sancta,** und der spitzkuppelgedeckte Rundbau Le Mémorial. Die Scala Sancta, 1872 neben der Fontaine des Apparitions (Brunnen der Erscheinungen) erbaut, wird alljährlich im Rahmen der Prozession am 25. Juli überschritten. Die aus dem 19. Jahrhundert stammende Tradition, die Brückentreppe auf Knien zu ersteigen, wird heute nicht mehr von allen Pilgern praktiziert. Das **Mémorial,** auch genannt „Monument aux Morts", stammt von 1932 und gedenkt der im 1. Weltkrieg gefallenen Bretonen.

Das hinter der Basilika befindliche Kloster beherbergt, für die Öffentlichkeit zugänglich, drei kleine Museen und den **Kirchenschatz Le Trésor,** dessen wertvollstes Stück ein mit Goldfäden besticktes Messgewand ist, das die französische Königin *Anne d'Autriche* anlässlich der Geburt ihres Sohnes, des späteren Sonnenkönigs *Louis XIV.*, dem Kloster vermachte.

Im kleinen Kirchenmuseum **Galerie d'Art populaire** neben dem Trésor sind ca. 150 Statuen aus der katholischen Kirchengeschichte des 15. bis 19. Jh. ausgestellt.

Das **Musée du Costume Breton** zeigt etwa 150 verschiedene Trachten,

Anzüge und Spitzenhäubchen *(coiffes)*, die in den zwanziger Jahren hier erstmalig ausgestellt wurden. Schließlich wird im **Historial** die gesamte Geschichte des Wallfahrtszentrums seit 1623 anhand von Dokumenten und Bildern zusammengefasst.

Im Kloster ist ein **Informationszentrum,** Service des Pèlerinages, unter Tel. 02.97.57.68.80 erreichbar. Öffnungszeiten: 7.3.–20.10. 10–12 und 14–18 Uhr, Eintritt 2/1 € .

Unterkunft

- **Hôtel-Restaurant La Croix Blanche**€-€€, Tel. 02.97.57.64.44, Fax 02.97.57.50.60. Sehr gepflegtes Mittelklassehotel am Ortsrand an der D 19 in Richtung Vannes mit eigenem kleinem Park. 24 geschmackvoll eingerichtete Zimmer, ganzjährig geöffnet.
- **Camping Municipal Le Motten,** Allée des Pins, Tel. 02.97.57.60.27. Sehr ruhig gelegener Platz mit vielen Bäumen und Büschen auf 3 ha Gesamtfläche. Gute Sanitäranlagen, aber außer einem Tennisplatz wenig Zusatzangebote, geöffnet vom 1. Juni bis 30. September.

Locmariaquer

↗ XXI/C2

Bereits die Veneter nutzten die geschützte Lage der Bucht von Locmariaquer gegenüber von Port-Navalo an der Mündung des Rivière d'Auray als Stützpunkt für ihre Flotte (Seeschlacht gegen die Flotte *Caesars,* s.a. Arzon/Tumulus de Tumiac). Im 19. Jh. wollte *Ferdinand de Lesseps,* der Erbauer des Suez-Kanals, hier einen der größten Seehäfen der Welt entstehen lassen. Es fehlten jedoch (glücklicherweise) die Investoren.

Der Ort lebt seit etwa 200 Jahren von seinen Austernkulturen. Selbst der sommerliche Tourismus mit zahlreichen Campingplätzen in der Umgebung konnte dem kleinen Küstenort bisher nicht seine bretonische Ruhe nehmen. Im Süden des Ortes prägt ein ca. 2 km langer Sandstrand die Landschaft.

1944 war hier, im Falle des Scheiterns der alliierten Streitkräfte in der Normandie, die Landung amerikanischer, englischer und kanadischer Truppen vorgesehen.

Locmariaquer bietet sich ganz ähnlich wie Port-Navalo, als **Ausgangspunkt für Bootsfahrten in den Golf** und zu den drei vorgelagerten Inseln Houat, Hoëdic und Belle-Ile an.

Besondere Aufmerksamkeit verdient der Ort allerdings wegen seiner **megalithischen Monumente,** die zwischen 4000 und 2000 v. Chr. entstanden sind. Aufgrund der zahlreichen besonders großen und z.T. aufwendig gravierten Steinmonumente wird angenommen, dass hier zusammen mit Carnac das Zentrum der europaweit verbreiteten Megalith-Kultur lag.

Sehenswertes

Dolmen du Mané Lud. Etwa 1 km vor dem Ortseingang rechts abbiegen. Über einen Fußweg (50 m) gelangt man zum stark von Erosion und Menschenhand veränderten Tumulus. Der Dolmen ragt mit seiner Deckplatte nur knapp aus der grasbedeckten Oberfläche heraus. Direkt daneben steht ein kleines Bauernhaus. Auf dem hintersten Tragestein des Dolmen erkennt man eine Gravur, die möglicherweise zwei Brüste als Fruchtbarkeitssymbol darstellt. Es gibt keine Führungen, der Eintritt ist frei.

Ausgrabungsgebiet der SAGEMOR. Hinweisschild „Site Mégalithique". Die Zufahrt führt nördlich des Ortes über die D 781, von hier aus rechts ab, der Beschilderung folgen.

Im wesentlichen handelt es sich um drei archäologische Objekte, den Grand Menhir Brisé, Table des Marchand und Tumulus Er-Grah.

Das gesamte Grabungsgebiet ist seit kurzem eingezäunt und nur noch durch ein sogenanntes Informationszentrum (in dem sich auch die Kasse befindet) zu betreten. Im August 1992 detonierte hier an der Kasse nachts eine kleine Bombe, die vermutlich von Dorfbewohnern aus Locmariaquer gezündet worden war, um gegen die Einzäunung und Vermarktung ihrer Megalithen zu protestieren.

Le Grand Menhir Brisé (bret. *Mener-grah* = der Feenstein). Viergeteilt liegt der mit 20 m Länge und 350 t Gewicht **größte bekannte Menhir** des Neolithikums heute am Boden. Auf dem größten Mittelteil kann man bei tiefstehender Sonne die Gravur eines Pfluges (Hache-Charrue) erkennen. Es wird angenommen, dass der Menhir schon im Neolithikum, vermutlich gegen 3000 v. Chr., im Rahmen eines kulturellen Umbruches bewusst umgestürzt wurde. Archäologen konnten 1984 zeigen, dass ein anderer Menhir im Neolithikum zerschlagen und für den Bau dreier verschiedener Dolmen in dieser Region weiter verwendet wurde.

Die **Frage nach der Bedeutung** dieses gewaltigen Menhirs, der vermutlich über mehrere Kilometer von Quiberon hierher transportiert wurde, bleibt bis heute unbeantwortet. Die Deutung, er sei als navigatorisch wichtiger Peilpunkt für die megalithischen Seefahrer zur Ansteuerung der strömungsreichen Einfahrt in den Golfe du Morbihan aufgerichtet worden, erscheint ebenso fragwürdig wie die Behauptung, es handele sich um das Zentrum eines astronomischen Peilsystems. Im optisch überschaubaren Radius um Locmariaquer stehen oder standen Hunderte von Menhiren, mit denen eine Peillinie zum großen Menhir hätte gezogen werden können. Mehr als 95 % dieser möglichen Verbindungslinien weisen keinen Zusammenhang zu besonderen Sonnenständen (Frühjahrs- und Herbstäquinoctien, Winter- und Sommersonnenwende) auf. Die verbleibenden 5 % erscheinen eher zufällig passend.

Nach der Meinung heutiger Archäologen, war der Menhir Zentrum eines rituell genutzten Bereiches.

Table des Marchand. Etwa 3500 v. Chr. wurde dieser Gangdolmen errichtet. Er diente als Begräbnisstätte vermutlich für hierarchisch höhergestellte Mitglieder der Sippe. Erst 1986 wurde durch Ausgrabungen festgestellt, dass der Dolmen ursprünglich von einem Cairn (s. Kap. „Die Megalithen") bedeckt war. Durch einen ca. 6 m langen Gang erreicht man gebückt die etwa 10 m² große Grabkammer, in der zwei Steine von besonderem Interesse sind. Die Rückwand der Kammer wird durch einen ca. 2 m hohen, fast dreieckigen Stein gebildet, der mit 54 Krummstäben graviert ist (der Krummstab war ein Ackerbaugerät). Der eingeritzte Name „Gazelle" stammt von einer Schiffsbesatzung aus dem 19. Jh., die hier den Namen ihres Schiffes verewigte.

An der Deckplatte im Hauptkammereingang erkennt man die gravierten Abbildungen einer Axt, eines Krummstabes und eines gehörnten Tieres, wobei die Hörner nicht zufällig direkt an der Bruchkante des Steines enden. Vielmehr findet sich die Fortsetzung der Abbildungen interessanterweise 4 km entfernt auf der Deckplatte des Dolmen von Gavrinis, einer kleinen Insel im Golfe du Morbihan. Zusammen mit einem dritten Teilstück, das sich als Deckplatte im nahegelegenen Tumulus Er-Grah (Er Vinglé) befindet, bildeten diese beiden Decksteine vor mehr als 5000 Jahren einen ca. 14 m langen Menhir, der vermutlich bewusst zerschlagen wurde.

Öffnungszeiten des Site Mégalithique: Oktober bis Mai 10–13 Uhr und 14–19 Uhr, Juni bis September 10–19 Uhr, Eintritt Erwachsene 5, Kinder 3 €, Tel. 02.97.57.37.59.

Les Pierres Plates, ein ca. 23 m langer Gangdolmen, mit abgewinkeltem Gang, der besonders wegen seiner wappenähnlichen Gravur sehenswert ist, befindet sich in Strandnähe südwestlich des Ortes.

Nicht weit entfernt liegt als Aussichtspunkt über der Einfahrt in den Golfe du Morbihan die Pointe de Kerpenhir. Die Marienstatue namens **Notre-Dame-de-Kerdro** (Gute Heimkehr) steht hier als religiöses Gegenstück zum weltlichen Leuchtturm von Port-Navalo am anderen Ufer. Leider erinnert auch hier, an einem strategisch wichtigen Punkt, das Fundament einer Kanone an die unrühmliche deutsche Geschichte.

116br Foto: wk

Das Kreuz am Meer
steht für die verschollenen Seeleute

Pointe de Kerpenhir heißt die Südostspitze der Halbinsel, von wo aus man einen wirklich wunderschönen Blick auf die Einfahrt in den Golfe du Morbihan hat. Ein Spaziergang zur Marienstatue am Ufer und zu den Pierres Plates, einem megalithischen Dolmen in der Nähe, lohnt sich allemal.

Besuch einer **Austernfarm:** Beim Office de Tourisme (s.u.) können Sie sich zur Besichtigung und Führung in einer Austernfarm *(chantier ostréicole)* mit anschließender Kostprobe *(Dégustation d'Huîtres)* anmelden.

Praktische Hinweise

Information

- **Office de Tourisme,** 56740 Locmariaquer, Rue de la Victoire, Tel. 02.97.57.33.05, Fax 02.97.57.44.30, www.ot-locmariaquer.com.

Unterkunft

- **Hôtel/Restaurant L'Escale**€-€€**,** direkt am Hafen, Tel. 02.97.57.32.51, Fax 02.97.57.38.87. Nettes Mittelklassehotel mit schönem Blick auf den Golf. 12 Zimmer werden vermietet. Geöffnet von April bis September. Im Restaurant werden schmackhafte Fischgerichte angeboten.
- Von den fünf Campingplätzen der Umgebung empfehlen wir **Camping Municipal de la Falaise** (Tel. 02.97.57.31.59). Der Platz liegt ruhig in Strandnähe. 313 Stellplätze, z.T. unter Bäumen, Tennis, Minigolf, Fahrradverleih und ein Laden gehören zum Service. Geöffnet von Mai bis September, im Juli/August ist eine Reservierung sinnvoll.

Sonstiges

- **La Trinitaine,** die bretonische Keksfabrik Nr. 1. Auf etwa halbem Weg von Auray nach Locmariaquer liegt die Großbäckerei an der D 28. Dazu gehört ein Spezialitätensupermarkt, in dem neben Galettes bretonnes und anderen Kuchen inzwischen alles angeboten wird, was die Bretagne an Gaumenfreuden zu bieten hat. Tel. 02.97.55.02.04. (Filialen befinden sich übrigens in La Trinité-sur-Mer und Port-du-Crouesty.)
- **Kayak-Touren:** Am Camping de la Falaise (s.o.) können Kayaks für geführte Touren durch den Golfe du Morbihan ausgeliehen werden. Auch Ausbildung. Tel. 02.97.57.39.56.
- **Fahrradverleih:** *Camping Municipal de la Falaise,* Tel. 02.97.57.31.59 und an der Renault-Werkstatt am Ortseingang.
- **Segelschule:** *Ecole de Voile Le Roley,* Tel. 02.97.57.32.90.

Anreise/Weiterreise

- **Mit dem Schiff:** *Thalassa* und *Navix,* Rundfahrten durch den Golf und zu den Inseln Houat und Belle-Ile. Während der Saison vier Abfahrten täglich, ca. 24/16 €. Tel. 02.97.53.70.25. *Vedettes Les V*, stündliche Verbindung nach Port-Navalo zwischen 10 und 19 Uhr. Mitnahme von Fahrrädern möglich. Tel. 02.97.53.99.25.
- **Mit dem Bus:** Zweimal täglich nach Auray.

Ile aux Moines

↗ XXI/C2

Die Insel, auch **la Perle du Golfe** genannt, ist maximal 7 km lang und 5 km breit. Ihre Form ähnelt einem Kreuz.

Man findet Zeugnisse der prähistorischen Geschichte: die **Dolmen von Boglieux und Penhap.**

Bis 52 v. Chr. lebten hier die Veneter. 854 übertrug König *Erispoë* die Insel den Mönchen der Abtei von Redon. Deren Anwesenheit wird noch heute im Namen „Mönchsinsel" deutlich. Im 11. Jh. wurde die Insel *Enest Manah* genannt. Dieser Begriff findet sich auch heute noch in ihrem bretonischen Namen *Izenah*.

Der besondere Reiz der Ile aux Moines liegt in der **leicht hügeligen Landschaft** mit herrlichen Ausblicken auf den Golf, den schönen Sandstränden und kleinen Wäldchen. Hinzu kommt die besondere Vegetation, zu der auch viele **subtropische Gewächse,** wie z.B. Palmen, Mimosen, Kamelien, Orangen-, Zitronen-, und Feigenbäume gehören, die hier, vom milden Klima begünstigt, besonders gut gedeihen. Lorbeerbäume und Hortensien runden das bunte Bild ab.

Der **Hauptort Le Bourg** ist von schmalen Gässchen, bescheidenen Fischerhäusern und größeren Kapitänshäusern aus Granit gekennzeichnet.

Rundwege

Zur Erkundung der Insel gibt es zahlreiche Rundwege für Wanderungen und Fahrradtouren vom Hafen aus. Die Rundwege führen über Entfernungen von 300 m bis 5,3 km, vom Hafen aus gerechnet:

La Grande Plage (300 m), der Weg führt durch den Bois d'Amour mit Aussicht auf Port-Blanc und die Einfahrt zum Golf bei Port-Navalo.

Le Bourg (800 m), mit seinen kleinen Geschäften, Restaurants, der Kirche und dem Strand von Port-Miquel.

Pointe du Trech' (1,8 km), mit der Kapelle St-Michel, dem Calvaire du Trech' und Aussicht auf Arradon und die Insel Olavre.

Pointe de Brouel (2,5 km), Brunnen und Kapelle von Guéric, Uferstreifen von Brouel, Aussicht auf Ile d'Arz und die Brouel-Inseln.

Plage du Goret (2,5 km), Aussicht auf die Insel Creizic und die Golfeinfahrt.

Pen-Hap (4,4 km), Dolmen und Kreuz von Pen-Hap, Aussicht auf die Presqu'île de Rhuys (Le Logeo). Eine kleine Werft (Chantier de Guip) baut hier Holzsegelboote, u.a. die Sinagots, nach alten Plänen aus dem 19. Jahrhundert.

Pointe de Nioul (5,3 km), Dolmen, Heidelandschaft, Aussicht auf die Presqu'île de Rhuys und die Einfahrt zum Golf.

Praktische Hinweise

Information

- **Syndicat d'Initiative,** 56780 Ile aux Moines, Tel. 02.97.26.32.45, www.ileauxmoines.fr.

Essen und Trinken

Im Bereich von Le Bourg und am Hafen gibt es zahlreiche Restaurants, Cafés und Bars.

- **Chez Marie Claire,** am Place du Rue Vras, hier kann sogar eigenes Essen mitgebracht werden.
- Direkt gegenüber die **Bar de la Place** mit Blick auf eine Metzgerei in einem herrlichen alten Haus.
- Das **Restaurant L'Huitrière** in Le Bourg (Tel. 02.97.26.38.53) ist auf Meerestiere spezialisiert.
- Für Freunde von Crêpes empfiehlt sich ein Besuch der **Crêperie du Ponant,** Rue de l'Eglise (Tel. 02.97.26.30.70).
- Spezialisten für Meeresfrüchte sind die Restaurants **Le Cap Horn** (Tel. 02.97.26.31.12) und das **Chez Charlemagne,** wo es auch gute Crêpes gibt, ein besonders gemütliches Restaurant (Tel. 02.97.26.32.43). Beide liegen in unmittelbarer Nähe des Hafens.

Unterkunft

Es gibt nur zwei kleine Hotels auf der Insel.

- Das **Hôtel San Francisco**€€ (Tel. 02.97.26.31.52) liegt direkt am Hafen. Die 8 Zimmer werden ganzjährig vermietet.
- Guten Komfort bietet auch das **Hôtel de l'Ile**€ (Tel. 02.97.26.32.50), das direkt in Le Bourg liegt.
- Interessant ist es, bei den Einwohnern der Insel **Privatzimmer** zu mieten. Auskünfte erteilt das Syndicat d'Initiative.
- Auf dem **Camping Municipal le Vieux Moulin** stehen etwa 40 Stellplätze zur Verfügung.

Sonstiges

- Ein **Fahrradverleih** gehört zur Bar Le Cap Horn (Tel. 02.97.26.31.12), direkt am Hafen. Räder kosten ca. 3 €/Stunde, ca. 4,50 € für 3 Stunden und ca. 12 €/Tag.

Privates Eiland: Insel Govéan südlich der Ile aux Moines

117br Foto: wk

Anreise/Weiterreise

- **Schiffe** von und nach Ile aux Moines verkehren regelmäßig von Vannes, Port-Navalo, Locmariaquer, Port-Blanc und Larmor-Baden aus. Die Abfahrtszeiten der mehrmals täglich verkehrenden Fähren richten sich nach den Gezeiten und Strömungen im Golf. Regelrechte Passagierschiffe fahren ab Port-Blanc, im Sommer von 7 bis 22 Uhr jede halbe Stunde, in der Nebensaison von 7 bis 19.30 Uhr alle halbe Stunde. Der Preis beträgt für Erwachsene 2 € für Kinder 1 €, Tel. 02.97.26.31.45. Bei Schiffen anderen Abfahrtshäfen handelt es sich oft nur um Kreuzfahrten mit Kurzaufenthalt.

Izenah Croisières bietet Golf-Kreuzfahrten ab Port Blanc nach Locmariaquer und zurück für 12/6,50 € an. Die große Tour bis Vannes kostet 16/8 €, Tel. 02.97.57.23.24.

Ile Gavrinis

↗ XXI/C2

Inmitten des Golfe du Morbihan liegt die etwa 14 ha große, überwiegend mit Farnen, Brombeeren und Pinien bewachsene Insel Gavrinis. Hier befindet sich der durch seine reichhaltigen Steingravuren **interessanteste Gangdolmen mit Cairn.**

Der Dolmen wurde ca. 3500 v. Chr. angelegt. Zu dieser Zeit lag der Meeresspiegel des Golfs noch etwa 7 m niedriger als heute, sodass Gavrinis damals Teil des Festlandes war. Von der gegenüberliegenden Insel Er Lannic war es durch ein Flusstal (Rivière de Vannes) getrennt.

Unter dem schon von weitem auffallenden Hügel von ca. 50 m Durchmesser befindet sich ein auf der Südseite freigelegter und restaurierter **Cairn,** den man durch einen schmalen, nur 1,5 m hohen Gang betritt. Der 14 m lange Gang (couloir), errichtet aus 23 senkrechten Steinplatten, auf denen 9 größere Deckplatten ruhen, führt in die Grabkammer, die etwa 2,5 m breit und 1,8 m hoch ist. Sowohl die Steine des Ganges als auch die der Grabkammer sind auf insgesamt ca. 60 m² mit reichhaltigen Gravuren, wie Bögen, Kreisen, Halbkreisen, Schlangenlinien, Sparren, Beilen und Pfeilen, vermutlich mit Symbolcharakter, bedeckt.

Von besonderem Interesse ist die 17 t schwere **Deckplatte** des Dolmen. 1984 fanden Archäologen heraus, dass sich auf der Oberseite dieser Platte Gravuren eines Pfluges, die Gestalt eines Horntieres sowie die Hörner eines zweiten Tieres befinden. Das Überraschende ist nun, dass sich die Platte mit ihren Gravuren nahtlos in zwei andere Plattenteile einfügt, die allerdings 4 km entfernt bei Locmariaquer gefunden wurden. Dort dient eine als Deckplatte des Table des Marchand, die andere stammt aus der Grabkammer von Er Vinglé.

Möglicherweise hören Sie während der Führung die Behauptung, der Gang zeige in Richtung des Sonnenaufganges zur Wintersonnenwende (21.12.). Tatsache ist, dass der Gang nach Südosten zeigt, und zwar genau in Richtung 135 Grad, die Sonne geht jedoch am 21.12., von Gavrinis aus gesehen, auf einer Peilung von 126 Grad auf. 9 Grad Differenz kann kein Peilfehler der Menschen des Neolithikums gewesen sein und ist auch nicht durch die Präzession der Erdachse zu erklären.

Anreise

- Man erreicht die Insel mit dem **Motorboot** von Larmor-Baden nach etwa 15 Minuten. Während der Monate Juli/August ist eine Reservierung unter Tel. 02.97.57.19.38 (SAGEMOR) empfehlenswert. Besichtigungen finden von April bis Oktober täglich 10–12 und 14–18 Uhr statt. Der Eintritt beträgt 10 € inkl. Fähre. Vorher anrufen! Dienstags geschlossen.

Er Lannic

↗ XXI/C2

Bei günstigem Gezeitenstrom fährt das Motorboot von Larmor-Baden aus auf dem Hin- oder Rückweg nach/von Gavrinis an der gegenüberliegenden Insel Er Lannic vorbei. Hier befinden sich die **Reste eines Cromlec'hs,** zum Teil über Wasser, zum Teil unter der Wasseroberfläche. Seit dem Neolithikum hat sich das Land etwa 10 m abgesenkt, sodass heute ein Teil des Cromlec'hs unter Wasser liegt. Oft wird der Cromlec'h von Er Lannic als Doppelkreis in Form einer 8 beschrieben. Dies ist jedoch nicht sehr exakt. Vielmehr handelt es sich um einen je nach Tide etwa zur Hälfte unter Wasser liegenden Steinkreis, an den sich ein offener halbkreisförmiger Bogen aus 33 Steinen anschließt. Auch dieser Bogen liegt heute unter der Wasseroberfläche. Zwischen 1923 und 1926 fand der Archäologe *Z. le Rouzic* hier ca. 800 kg Tonwaren, Tausende von Feuerstein-Pfeilspitzen und Hunderte von polierten Äxten (Näheres zur Bedeutung dieser Kultstätten s. auch Kap. „Die Megalithen").

118br Foto: wk

Ile d'Arz

↗ XXI/D2

Die L-förmige Insel ist etwa 5 km lang. Sie liegt östlich von Ile aux Moines in einem von zahlreichen Strömungen durchzogenen Teil des Golfes, der **für Segler reizvolle Törn-Möglichkeiten** bietet. Die Insel ist vom Tourismus nicht so sehr geprägt wie die Nachbarinsel, obwohl sie einige lohnende Ziele bietet. Im Volksmund wird die Insel auch **l'Ile des Capitaines** genannt, weil im 19. Jahrhundert zahlreiche Kapitäne der Kriegsmarine (Marine Nationale) und der Handelsmarine (Marine Marchande) in ihren Dörfern groß geworden sind.

Schöne, blumengesäumte Spazierwege, Rundwanderwege entlang der Uferzone mit herrlichen Aussichten auf den Golf, Sandstrände und ein malerisches Dorfzentrum bestimmen das Bild der Insel. Die Küstenlandschaft ist zum Teil durch Austernkulturen geprägt.

Im Zentrum bilden die alte Kirche, das Bürgermeisterhaus, die Dorfschule und auch ein kleines Kloster eine harmonische Einheit.

Unterkunft/ Essen und Trinken

- Das **Hôtel/Restaurant L'Escale€** (Tel. 02.97.44.32.15) ist vom 15.4. bis 15.11 geöffnet. Dem Hotel ist ein Panoramarestaurant mit Blick auf den Golf angegliedert.
- In der **Résidence Kervio-Le Lan€** (Tel. 02.97.44.33.84) werden ganzjährig Zimmer vermietet. Es zeichnet sich durch eine sehr ruhige Lage aus.
- Der **Camping Municipal les Tamaris** (Tel. 02.97.44.33.97) bietet 70 gut erschlossene Stellplätze. Der Platz ist vom 1. Juni bis zum 30. September geöffnet.

Sonstiges

- **Taxi und Fahrräder** (direkt am Bootsanleger) 02.97.44.31.83.
- Angesichts der guten Segelmöglichkeiten haben sich auf der Insel **Segelschulen** niedergelassen, u.a. die *Ecole de Voile des Glénan* (Tel. 02.97.44.31.16), eine sehr bekannte Segelschule.

Anreise/Weiterreise

- Von Conleau aus fahren Fähren tagsüber stündlich, ganzjährig zur Insel. Auskunft gibt es unter Tel. 02.97.66.92.06/02.97.66.94.98.
- Von Vannes, Port-Navalo, Locmariaquer, Auray und Le Bono fährt man zwischen Ostern und Oktober mit der Navix-Fähre (Tel. 02.97.63.79.99).

Sarzeau

↗ XXI/C2

Die **Halbinsel von Rhuys** (Presqu'île de Rhuys) begrenzt den Golfe du Morbihan im Süden und trennt ihn vom Atlantik (Baie de Quiberon). Die etwa 20 km lange Landzunge zeigt zwei **Landschaftsformen:** Die Nordküste gliedert sich in zahlreiche kleine, flache Buchten mit vielen Austernkulturen, während der Süden durch einen Wechsel zwischen Felsküste und kilometerlangen Sandstränden gekennzeichnet ist.

Die Kleinstadt Sarzeau ist als **Zentrum der Halbinsel** in den Monaten Juli/August sehr belebt. In der Nähe der Kirche gibt es zahlreiche **gute Ein-**

kaufsmöglichkeiten. An Markttagen (donnerstags) wird das Stadtzentrum zur Fußgängerzone. Ein Besuch auf dem Markt ist wegen des breiten Angebotes an bretonischen Spezialitäten empfehlenswert.

Praktische Hinweise

Information

- **Office de Tourisme,** 56370 Sarzeau, Tel. 02.97.41.82.37, Fax 02.97.41.74.95.

Unterkunft

- Die Hotels bieten alle recht guten Komfort. Empfehlenswert ist das **Hôtel du Port**€€ in St-Jacques, Tel. 02.97.41.93.51. Das ganzjährig geöffnete Hotel ist auch für Rollstuhlfahrer geeignet.
- **Hotel-Restaurant La Rose des Vents**€-€€**,** Rue St. Vincent 5, Tel. 02.97.41.93.77, nahe der Kirche im Zentrum von Sarzeau, gutes Mittelklassehotel mit hervorragender, typisch bretonischer Küche im traditionellen Stil.
- **Hôtel, Restaurant La Chaumière de la mer**€**,** Penvins en Sarzeau, Tel. 02.97.67.35.75.
- Absoluter Geheimtipp für Camper mit Kindern und Romantiker: **Camping au Manoir** am Ortseingang von Surzur. Die parkähnliche Anlage liegt direkt an einem Manoir, das an ein Märchenschloss erinnert, unter uralten Bäumen. Der adlige, ausgesprochen nette Gutsherr *Patrick Garaby* reißt sich Arme und Beine aus, um Deutsch zu sprechen und seine Gäste zufrieden zu stellen. Ca. 20 Stellplätze, auch feste Wohnwagen werden angeboten. Anreise über D 720/D 80 von Sarzeau in Richtung Muzillac, ca. 12 km. Reservierung empfohlen: Tel. 02.97.42.19.88, camp.manoir@free.fr, www.nieuwsbronnen.com/camping-manoir-surzur.
- **Camping les Genêts,** Port St-Jacques-Sarzeau, Tel. 02.97.41.87.22. Der 3-Sterne-Platz liegt etwa 500 m vom Strand und 900 m vom Hafen entfernt. Reservierungen sind erforderlich.
- 3-Sterne-Plätze sind ferner der **Camping de la Madonne** in Penvins, Tel. 02.97.67.33.30, der **Camping de Kersial** an der Route St-Jacques, Tel. 02.97.41.75.59, und der **Camping le Bohat,** der etwa 2 km außerhalb der Stadt in Richtung Port-Navalo an der D 780 liegt. Er ist vom 20. Mai bis zum 15. September geöffnet. Spiele, gesellige Abende, ein Swimming-pool u. Lebensmittelgeschäfte gehören zu diesem Platz in angenehm ruhiger Lage.
- **Camping municipal de Penvins,** La Grée Penvins, Tel. 02.97.67.33.96.
- **Camping municipal de St-Jacques,** La Grée, St-Jacques, Tel. 02.97.41.79.29.

Essen und Trinken

- **Restaurant Les Poissons Rouges,** 200 m neben der Kirche. Originelle Gerichte auf biologischer Basis, gutes Preis-Leistungs-Verhältnis.
- **Austern:** Die Umgebung von Sarzeau am Golfe du Morbihan ist eines der wichtigsten Austernzuchtgebiete Frankreichs. **La Route de L'Huître** führt zwischen Sarzeau und Arzon an verschiedenen Austernzuchten (frz. *ostreicultures*) entlang. Ein kleiner, aber wegen seiner hervorragenden Austernqualität zu empfehlender Betrieb ist die Zucht von *Pierrick Le Thiec,* **Les Huîtres de Bénanze,** an der Pointe de Bénanze, Tel. 02.97.41.89.21, von Sarzeau über die kleine Straße am Golfe entlang bis zur Bucht von Bénanze. Nach ca. 1 km Fahrt am Ufer entlang liegt rechts der kleine Zuchtbetrieb. Hervorragende Austern zu günstigen Preisen.

Sonstiges

- **Angelausrüstung und Kleinboote:** Breizh-Avel, Tel. 02.97.26.83.36, am westlichen Ortsrand von Sarzeau an der D 780, auch Vermietung von kleinen Motorbooten in Le Logeo am Golfe du Morbihan.
- **Reitschule und Ausritte:** *Centre Equestre de Kerblanquet,* Tel. 02.97.41.84.90, ganzjährig geöffnet, Ausritte in kleineren Gruppen mit Führung zum Golfe du Morbihan und auch am Meer entlang, unterschiedliche Niveaus, Anfänger und Fortgeschrittene, Ponyreiten für Kinder, auch mehrtägige Ausritte möglich, Preise ab 15 €/Stunde. Zufahrt hin-

ter dem Casino-Supermarkt nahe der Hauptstraße.

- **Reiten:** *Les Highlands,* in St. Gildas de Rhuys, La Saline, Tel. 02.97.45.31.71.
- **Segeln und Französisch lernen:** Auf der Hochseeyacht „Gwenavel" von Wilfried Krusekopf, dem Hauptautor dieses Buches, kann man nicht nur Segeltörns vor der bretonischen Küste buchen, sondern auch sein Französisch verbessern. An Bord im Rahmen von Segeltörns und an Land bietet er ganzjährig Französisch-Konversationstrainingskurse an. Die Segel- und Sprachtörns werden mit kulturellen Exkursionen verbunden. Näheres auf der Website www.biskaya.de oder direkt in Kerhouët-St-Maur, 56370 Sarzeau, Tel. 00.33.29.72.68.94.8 oder 06.70.77.65.98, sail@biskaya.de.
- **Musée du Cidre,** in Le Hézo an der D 780 in Richtung Vannes, Tel. 02.97.26.47.40. Sehr umfangreiche Darstellung der Cidre-Produktion mit Degustation. Eintritt 5/3 €. Geöffnet April, Mai, Juni und September montags bis samstags von 14.30 bis 18.30, Juli/ August täglich 10 bis 19 Uhr.

119br Foto: eh

Umgebung von Sarzeau

Château de Suscino ↗XXI/C3

Die Schlossruine liegt an der D 198, ca. 3 km südöstlich von Sarzeau, nur wenige hundert Meter vom Meer entfernt.

Bereits im 13. Jh. erbaut, diente das Schloss im 15. Jh. den Herzögen der Bretagne als Sommerresidenz und Jagdsitz mit direkt angrenzendem Jagdforst. *François I.* konfiszierte das Schloss im 16. Jh. und stellte es seinen Favoritinnen zur Verfügung. Während der französischen Revolution wurde das Gebäude, insbesondere die Wohnräume der adligen Bewohner, zum großen Teil zerstört. 1966 kaufte die Départementverwaltung des Morbihan die Gemäuer aus privater Hand, sodass die Restaurierung auf gesichertem finanziellen Hintergrund begonnen werden konnte.

Heute befindet sich im Eingangsbereich des Schlosses das **Museum für bretonische Geschichte.** In der Eingangshalle ist ein Fußbodenmosaik von 1330 zu besichtigen, dass bei Aus-

Die Mauern des Château de Suscino mit dem Burggraben

grabungen in den Resten der kleinen Schlosskapelle südlich des Schlosses gefunden wurde. Da in großen Teilen die Zwischendecken und Dächer zerstört wurden, schaut der Besucher vom Innenhof aus auf grandiose Kamine in den Seitenmauern, in denen heutzutage Vögel nisten.

Seit 1981 findet hier jährlich im August das **„Festival de Suscino"** statt, ein kultureller Sommerhöhepunkt. Zu sehen gibt es Musik-, Tanz- und Theaterdarbietungen, zum Teil unter freiem Himmel am Wassergraben des Schlosses. Auskünfte direkt beim Schloss, unter Tel. 02.97.41.91.91 oder im Office de Tourisme in Sarzeau, Tel. 02.97.41.82.37.

Öffnungszeiten: 1.4.–30.9. 10–12 Uhr (außer Mi.) und 14–19 Uhr. In der übrigen Zeit Di., Sa., So. und feiertags 10–12 Uhr u. 14–18 Uhr. Preise 6/2 €. www. patrimoine-morbihan.com.

Im Juli und August gibt es jeden Montag ab 17 Uhr einen Markt gegenüber vom Schloss mit vielen leckeren Regionalprodukten zum Teil aus biologischem Anbau.

Musée des Arts et Métiers

Zwischen Sarzeau und Arzon (an der D 780, in Richtung Château de Suscinio) befindet sich das neue, originelle **Musée des Vieux Métiers et du Commerce.** In einem Herrensitz aus dem 17. Jh. sind bis ins kleinste Detail originalgetreu die Werkstätten traditioneller Handwerks- und Handelsberufe aufgebaut worden. Tischlerei mit Holzschuhherstellung, Sattlerei, Schmiede, Schuh- und Hutmacherei im Stil der Wende vom 19. zum 20. Jahrhundert, dazu eine Apotheke, ein Kolonialwarenladen und ein Frisiersalon von 1926 in Marmor und Mahagoni. Hinzu kommt eine Nähmaschinensammlung mit mehr als 30 Exemplaren, die zum Teil über 100 Jahre alt sind. In einer Bar gibt es alkoholfreie Erfrischungen.

Öffnungszeiten: 10 bis 12 und 14 bis 19 Uhr, montags geschlossen. Eintritt 5/2,50 €.

Austernzuchtgebiete

Nördlich der Stadt erreicht man über die C 201 die Austernzuchtgebiete *(ostréiculture)* am Golf: Benance, Le Ruault und Le Scluze. Weiter westlich liegen die Austernzuchten von Le Piniel (bei Brillac), Bréhuidic und Le Logeo.

Alle Austernzüchter *(ostréiculteurs)* verkaufen direkt an die Kunden. Ein Besuch lohnt auch wegen der Besichtigungsmöglichkeiten der Austernparks *(parcs à huîtres)* und der Reinigungs-, Sortier- und Verpackungsanlagen.

Besonders empfehlenswert ist ein Besuch beim Ostréiculteur *Y. Chalm* (Les Parcs de l'Ile aux Moines) in Le Logeo direkt am Hafen, Tel. 02.97.26. 85.79, der neben Austern auch andere Schalentiere frisch und preiswert verkauft. Nach Vereinbarung Fahrten zu den Austern-Bänken.

Menhir orné de Kermaillard

Etwa 5 km hinter Sarzeau, in Richtung Arzon, befindet sich nahe der D 780 der Menhir. Beim Ortsschild Le Net verlässt man die D 780 in Richtung Le

Net und gelangt direkt zum 5,2 m hohen Menhir, der in einer umzäunten Wiese steht. Erst 1985 wurde der Stein wieder aufgerichtet. Er weist 2 Gravuren auf, deren Sinn nicht bekannt ist. Die sichelförmige Darstellung könnte ein Boot oder eine Mondsichel sein, kaum wohl eine Banane, auch wenn es so aussieht.

St-Gildas de Rhuys

↗ XXI/C2

Der in den letzten Jahren durch Feriensiedlungen umwucherte Ort am Felsufer des Ozeans geht auf eine Klostergründung im 6. Jh. durch den **Mönch Saint Gildas** zurück. Von Irland ausgehend, begann hier die Christianisierung der Südbretagne und breitete sich schließlich auf ganz Gallien aus. Die Abtei von St-Gildas bildete bis ins späte Mittelalter ein intellektuelles Zentrum Galliens.Der durch seine literarischen Werke bekannte **Philosoph Pierre Abélard** leitete das Kloster einige Jahre während des 12. Jh., nachdem er Paris wegen einer Liebesaffäre verlassen musste. Er hatte eine seiner Privatschülerinnen, die schöne *Héloise,* verführt und floh schließlich vor den Verfolgungen des Vaters in das Kloster von St-Gildas. Doch statt des ersehnten Seelenfriedens fand er nur sittlichen Verfall unter den Mönchen. So schrieb er an *Héloise:* „Ich lebe in einem barbarischen Land und habe nur mit grausamen Menschen zu tun ... Meine Mönche haben nur die eine Lebensregel, nämlich keine zu haben. Mein Heim würdet Ihr niemals für eine Abtei halten. Blutige Jagdtrophäen von Rehen, Wölfen, Bären und Wildschweinen zieren die Türen. Täglich bin ich neuen Gefahren ausgesetzt." In ihrem vergnüglichen Lebenswandel durch *Abélard* gestört, versuchten die Mönche, ihren Abt zu vergiften. Nur knapp entging dieser dem Mordanschlag.

Die Reste **des romanischen Klosters** bilden die Gemäuer einer sozialen Ferieneinrichtung. Sehenswert ist die im Chor und Querschiff romanische Kirche, deren Bau im 11. Jh. begonnen und die im 16. und 17. Jh. erweitert wurde. Hinter dem Hochaltar befindet sich die Grabplatte von *Saint Gildas.* Im Chorumgang liegen die Grabstätten der Äbte. Man achte auf die romanischen Kapitelle, die mit keltischen Ornamenten versehen, heute als Weihwasserbecken dienen.

Die **Schatzkammer der Kirche** *(trésor)* enthält wertvolle Reliquienschreine aus dem 16. und 17. Jh., ein mit Smaragden besetztes Kreuz sowie eine goldbestickte Mitra.

Die Küste bei St-Gildas ist felsig, wird jedoch im Westen durch den ca. 2 km langen Strand **Plage des Govelins** und im Osten durch den kleinen Fischerei- und Yachthafen St-Jacques sowie den Plage de Rohaliguen begrenzt.

Ca. 1 km westlich des Ortszentrums bietet sich 33 m über dem Meer von der **Pointe du Grand Mont** eine schöne Aussicht auf den Ozean und den Plage des Govelins.

120br Foto: mk

„Butte de César"

Unterkunft

- **Camping du Menhir,** Tel. 02.97.45.22.88. Von der D 780 ca. 5 km westlich von Sarzeau links ab auf die D 198 in Richtung St-Gildas. Nach 500 m liegt der Platz auf der rechten Seite. Die Anlage ist sehr gepflegt. Viel Vegetation, Läden, Sportmöglichkeiten, beheiztes Schwimmbecken und die Nähe zum Meer (1 km) zeichnen den Platz aus.
- **Camping Municipal du Kervert,** Tel. 02.97. 45.21.21. Liegt ca. 4 km nordwestlich von St-Gildas im Ortsteil Kervert. Leider schattenlos, dafür aber direkt am Strand.

Essen und Trinken

- **Mor Braz,** Tel. 02.97.45.21.47, ca. 3 km außerhalb des Ortes direkt am Meer bei Le Kervert. Das Restaurant ist in der Umgebung wohl das beliebteste bei den Einheimischen, was als Qualitätsbeweis gelten darf. Die Küche bietet für Fisch und Fleisch ein breites Spektrum zu angemessenen Preisen.

Arzon

↗ XXI/C2

Kommunalpolitisch gehören zu Arzon die Ortsteile Port-Navalo, Le Crouesty, Kerjouanno, Kerners und Tumiac.

Durch die steigende Anzahl von Ferienhäusern verwächst der Ort langsam mit seinen Nachbargemeinden.

Gut 1 Kilometer vor dem Ortseingang aus Richtung Sarzeau liegt rechts der D 780 inmitten von Feldern der **Tumulus von Tumiac,** auch *Butte de César* genannt. Über einen kleinen Fußweg steigt man zwischen Ginsterbüschen auf den Grabhügel, der bereits im 19. Jh. archäologisch erforscht wurde. Die Funde sind heute im archäologischen Museum von Vannes, Château Gaillard, zu besichtigen.

Es heißt, *Julius Cäsar* habe im Jahr 56 v. Chr. von diesem Hügel aus die **Seeschlacht** zwischen den Venetern und den Römern verfolgt. Die schweren, schlecht manövrierbaren Segelboote der Veneter hatten gegen die leichten, wendigen römischen Galeeren bei dem (wie die Geschichtsschreibung erwähnt) leichten Wind keine Chance. Der Sieg der römischen Flotte über die Veneter in dieser Schlacht führte zur völligen Besetzung Armorikas durch die Römer. Die Schlacht fand nicht, wie mancherorts zu lesen ist, im Golfe du Morbihan statt (die Wassertiefe hätte kaum ausgereicht), sondern in der Bucht von Quiberon vor Port-Navalo. Ob *Cäsar* wirklich auf dem Tumulus gestanden hat, ist zweifelhaft, denn er hätte zwar gute Sicht auf die Bucht gehabt, der Abstand zu seinen Schiffen wäre aber zu groß gewesen (etwa 2 km), um die Schlacht verfolgen zu können. Die Dorflegende von Tumiac geht noch weiter, so wird behauptet, *Cäsar* sei hier begraben!

Etwa 1 km nördlich des Ortszentrums liegt der **Dolmen von Grah Niol** (bret. *Grah en Eol,* Sonnenhügel).

Im **Dorfzentrum von Kerners** finden sich pittoreske alte Granithäuser vor der kleinen Kirche, mit Boule-Bahn im Hof. An der Straße nach Pencastel steht ein typisch bretonischer Treppenbrunnen.

In **Pencastel** steht eine Wassermühle, mit der die Mönche von Sarzeau bereits im 12. Jh. den Gezeitenstrom im Golfe du Morbihan zum Mahlen des Kornes ausnutzten *(Moulin à marée)*. Das heutige Gebäude stammt aus dem 17. Jh. Von Pencastel aus führt die Straße östlich des Tumulus von Tumiac zurück auf die Hauptstraße der Halbinsel (D 780).

Praktische Hinweise

Information

- **Office de Tourisme,** 56640 Arzon, Port du Crouesty, Tel. 02.97.53.69.69, Fax 02.97.53.76.10, Internet: www.crouesty.com.
- **Markttag:** Dienstag.

Unterkunft/ Essen und Trinken

- **Hôtel-Restaurant l'Etoile de la Mer**€-€€, Le Rédo, Tel. 02.97.53.84.46. Das ganzjährig geöffnete Haus verfügt über 13 Zimmer.
- **Hôtel Le Crouesty**€€, direkt am Yachthafen, an der Straße nach Port Navalo, Tel. 02.97.53.87.91. 26 modern eingerichtete Zimmer, z.T. mit Blick auf den Hafen, geöffnet von Februar bis November.
- **Camping municipal Bilouris,** gute Lage mit schönem Baumbestand. Pointe de Kerners, Tel. 02.97.53.70.55.
- Eine Crêperie, für die der Umweg sich wirklich lohnt, **Le Fournil in Ambon,** ca. 17 km östlich von Sarzeau, an der D 20 in Richtung Muszillac. In einem alten Granitgebäude nahe der Kirche werden – wie wir meinen – die besten Crêpes und Galettes der Rhuys-Halbinsel angeboten, kein Touristennepp, sondern traditionelle, hervorragende Qualität, die auch von den Einheimischen geschätzt wird. Place de l'eglise, Tel. 02.97.41.02.05.

Port-Navalo

↗ XXI/C2

Port-Navalo ist ein kleiner Fischerei- und Freizeithafen an der strömungsreichen **Eingangspassage des Golfe du Morbihan.** Zur Springzeit ist der Blick auf die Passage in den Golfe besonders eindrucksvoll, denn dann setzt ein ca. 15 km/h starker Gezeitenstrom ein, in den Golfe hinein (bei Flut) bzw. aus dem Golfe heraus (bei Ebbe).

An der Hafenmole befindet sich die **Anlegestelle der Ausflugsschiffe** für Fahrten in den Golf und die Rivière d'Auray (Locmariaquer) sowie nach Belle-Ile, Houat und Hoëdic.

Von der Mole aus führt ein **Rundweg** oberhalb der Uferfelsen die Küste entlang, vorbei am Leuchtturm. Am Strand entlang führt der Weg zurück in den Ort. Es ist aber auch möglich, den Spaziergang entlang der Küste zum Hafen von Le Crouesty über den Chemins des Douaniers (Zöllnerweg) fortzusetzen. Auf halbem Weg liegt romantisch oberhalb des felsigen Ufers das Grab des Petit Mousse (des kleinen Matrosen), der hier 1859 ertrunken aufgefunden wurde.

In der ehemaligen Fischauktionshalle (Criée) finden im Sommer Ausstellungen zu maritimen Themen statt (www.crouesty.com).

Unterkunft

- **Hôtel Glan Ar Mor€,** 8 Zimmer, Tel. 02.97.53.88.30.
- **Hôtel de la Plage€,** Avenue du Général de Gaulle, Tel. 02.97.53.75.92.
- **Camping municipal de Port-Navalo,** 2-Sterne-Platz, Tel. 02.97.53.71.98, mit eigenem kleinen Sandstrand.

Essen und Trinken

- **Restaurant Le Boucanier,** Rue du Général de Gaulle, Tel. 02.97.53.89.22, unweit des

Port Navalo

121br Foto: wk

kleinen Strandes im Ortszentrum, ein im maritimen Stil gemütlich eingerichtetes Lokal mit breitem Angebot an Fisch, Fruits de Mer, aber auch Grillgerichten, Menu ab 13 €.

- **Le Cherokee,** nahe am Hafen liegt der Pub (englische u. irische Biere) im britischen Stil.
- **Markttag:** Freitag

Ausflugsschiffe

- Die *Passeurs Vedettes LEZV* fährt stündlich zwischen 9.30 und 18.30 Uhr **nach Locmariaquer** (Tel. 02.97.53.99.25).
- **Rundfahrten** durch den Golfe du Morbihan bieten die Gesellschaften *Navix* und *Compagnie des Iles* an. Letztere fährt im Sommer viermal täglich ab 9.30 Uhr. Die Fahrten beinhalten einen Zwischenaufenthalt auf Ile aux Moines. Preise: 24 € Kinder 16 € (Tel. 08.25.16.21.00). *Navix* organisiert Fahrten zwischen April und Oktober. Die Fahrten führen nach Vannes über Locmariaquer, Ile aux Moines und Ile d'Arz. Daneben gibt es Fahrten nach Le Bono und Auray (Tel. 08.25.13.21.20 oder 08.25.13.41.20).
- Ferner werden **Fahrten** zu den der Küste vorgelagerten Inseln Houat und Belle-Ile angeboten: Mai und September von Mittwoch bis Sonntag, Juni bis August täglich. Preise: Hin und zurück Houat 24/16 € und Belle-Ile 38/27 €, Tel. 08.25.13.21.00, www.navix.fr.

Port-Crouesty

↗ XXI/C2

Port-Crouesty oder auch *Le Crouesty* ist ein **moderner Yachthafen** mit Cafés, Restaurants, Läden und Ferienwohnungen. Leider fehlt hier die bretonische Ausstrahlung. In den 1970er Jahren wurde das einst vorhandene Sumpfgebiet ausgebaggert, um zu einem der größten Yachthäfen mit kompletter Infrastruktur für Segler und Motorbootfahrer ausgebaut zu werden.

Lohnend ist ein Blick ins **Maison du Port.** In diesem Veranstaltungsgebäude finden Ausstellungen, Konzerte, Theateraufführungen, Vorträge und auch Tanzabende statt.

In der Nähe der Hafeneinfahrt steht die auf den ersten Blick unscheinbare, in ihrer Geschichte aber interessante kleine **Kapelle Notre-Dame du Crouesty.** Bereits im 6. Jh. stand hier ein kleines Gebetshaus, das später zu einer Kapelle vergrößert wurde. Der Name *le Crouesty* geht auf die bretonische Bezeichnung *Croues-ty* zurück, zu übersetzen als „Haus des Kreuzes". Im Jahre 665 soll an dieser Stelle der Küste der Leichnam des *Saint Gildas*, eines der führenden Missionare in der frühen Christianisierung der Bretagne, in einem kleinen Holzboot angetrieben worden sein, nachdem er auf der Insel Houat gestorben war.

Bis ins 19. Jahrhundert war es daher noch üblich, dass die Besatzungen der aus Port-Navalo auslaufenden Schiffe beim Passieren der Kapelle ihre Kopfbedeckungen abnahmen und die Heckflagge senkten.

Aufgrund der Nähe zum Meer wurde die Kapelle mehrfach durch Unwetter zerstört. Das heutige Gebäude, in dem regelmäßig Messen gelesen werden (Do 18 Uhr), stammt aus dem Jahr 1826. Eine Besichtigung ist täglich von 17 bis 19 Uhr möglich.

Von der Kapelle aus führt ein schmaler Wanderweg entlang der Felsküste zum **Petit Mont,** einem mit Brombeergestrüpp, Heide und Farnen dicht bewachsenen Hügel. Auf der Kuppe wurde im Neolithikum ein Cairn mit Tumulus errichtet. Geschichtlicher Wahnsinn hat hier seine Spuren hinterlassen. Ein ehemaliger Hitler-Bunker des Atlantikwalls steht mitten auf dem Cairn, der inzwischen zu einem Museum für Frühgeschichte umfunktioniert wurde. Vermutlich gehörte der Cairn zusammen mit den Bauten von *Gavrinis* und *Er Llannic* zum kulturellen Zentrum der megalithischen Zivilisation in Europa. Möglicherweise waren die Verbindungslinien der drei Kultstätten von astronomischer Bedeutung. Die Führung durch die Gänge und Schächte ist kompetent und interessant gemacht. Besichtigung von Juni bis September, tgl. 10–12 und 14–18 Uhr.

Unterkunft

- Bestes Hotel am Ort ist das **Miramar€€,** Tel. 97.67.68.00. Das 4-Sterne-Hotel ist auf die Thalassotherapie spezialisiert. Interessant ist die moderne Architektur des Hauses, die sich an der Form eines Passagierschiffes orientiert.
- Preiswerter ist das **Au Vieux Safran€,** Tel. 02.97.53.87.91. 26 Zimmer.
- **Ferienwohnungen** bieten *Pierre et Vacances* (Tel. 02.97.53.85.35) und ganzjährig auch *Les Jardins du Crouesty*, in Port du Crouesty (Tel. 02.97.53.92.88).

Essen und Trinken

- Aus der Vielzahl der Cafés, Bars und Restaurants, die besonders im Bereich des Hafens konzentriert sind, ist besonders das Restaurant **Le P'tit Crabe** am Quai des Voiliers mit seinem guten Angebot an Fisch und Meeresfrüchten empfehlenswert. Eine nette Bar/Brasserie mit maritimer Atmosphäre ist **La Marina** und **Le Cap Horn** nahe der Capitainerie.
- Freunde der Crêpes kommen sicherlich in der **Crêperie du Grosseno,** Quai des Voiliers 7, Tel. 02.97.53.84.03, oder in der **Crêperie de l'Epidor,** Place des Timoniers (gleiche Wirtin), auf ihre Kosten. Es heißt, hier gäbe es die besten Crêpes der Rhuys-Halbinsel.

Sonstiges

- **Segeln und Französisch lernen:** siehe Kapitel „Sarzeau".
- **Bootscharter** bei *Nautiloc,* Quai des Voiliers (Tel. 02.97.53.76.57). Segelyachten und Motorboote von 6–14 m.
- **Yachtcharter:** *Crouesty Location,* Tel. 02.97.53.76.00, chemin du croisty 11, www.crouesty-location.com, chartern von Motorbooten und Segelyachten von 6–16 m.
- **Segelschule, Kleinboote, Verleih:** *Ecole de Voile du Fogeo,* am großen Strand von Fogeo-Kerjouanno, Tel. 02.97.53.84.01, Verleih von Surfbrettern, Jollen, Sportkatamaranen, auch Einführungskurse werden geboten.
- **Angelfahrten:** *Pêche en Mer du Crouesty, Jean Claude Nicol,* Tel. 02.97.41.85.58.
- **Fahrradverleih:** *Abbis Location,* Tel. 02.97.53.64.64, am Yachthafen in Crouesty.
- **Golf:** *Domaine de Kerver,* an der Straße nach Vannes, Tel. 02.97.45.30.09.

Vogelschutzgebiete im Golfe du Morbihan

Der Bereich des Golfs ist für Ornithologen von großem Interesse. Etwa zwei Drittel aller europäischen Vogelarten können hier im Laufe des Jahres beobachtet werden. Neben zahlreichen ganzjährig hier lebenden Arten, den sogenannten **Standvögeln,** zu denen die Brandgänse, Grau- und Seidenreiher, Stockenten, Kormorane, Strandläufer, verschiedene Möwenarten und Säbelschnäbler gehören, kommen noch all diejenigen Arten hinzu, die in den Ufer- und Wattgebieten des Golfs überwintern oder hier eine Zwischenstation auf ihrem weiteren Weg nach Süden einlegen, die Zugvögel.

Für die Nahrungsaufnahme ist besonders der östliche Teil des Golfs mit seinen **Salzwiesen** ideal. Auch im Februar liegen die Durchschnittstemperaturen hier noch bei 6 Grad, Frost kommt nur sehr selten vor. Seegräser, Krebse und Garnelen stehen somit ganzjährig als Nahrungsquelle zur Verfügung.

Über 100.000 Vögel nutzen den Golf als **Überwinterungsgebiet.** Zu ihnen gehören Ringelgänse, Pfeif-, Spieß- und Löffelenten sowie der Große Brachvogel.

Besonders eindrucksvoll ist die Ankunft der ca. 20.000 **Ringelgänse** (immerhin etwa 40 % der Gesamtpopulation), die aus Sibirien und Skandinavien im Oktober hierher kommen. Ganze Wolken dieser Gänse lassen sich nach bis zu 6000 km langem Flug am Westufer der **Ile Tascon** (bei St-Armel) nieder. Unabhängig von der Tageszeit wird bei Niedrigwasser gefressen, bei Hochwasser geschlafen. In der Zeit zwischen Februar und März beginnt der Rückflug der Gänse.

Eine Beobachtung der Ringelgänse ist ohne Führung möglich, da Ile Tascon bewohnt und nur Landschaftsschutzgebiet ist. Obwohl es bei Niedrigwasser möglich ist, mit dem Wagen zur Insel zu gelangen, bitten wir, Rücksicht zu nehmen und den kurzen Weg zu laufen!

Auf der Wasserfläche zwischen Tascon und den Vogelschutzinseln Bailleron, Trohennec und Pladic, zu denen der Zutritt verboten ist, können Tausende von Vögeln sogar ohne Fernglas beobachtet werden. Zur zweifelsfreien Bestimmung einzelner Tiere ist ein Fernglas jedoch unerlässlich.

Mit angemessenem Abstand zu den Tieren können an folgenden **Stellen Vögel beobachtet** werden: im Uferbereich von St-Colombier (ca. 3 km südwestlich von St-Armel), im Brückenbereich von Noyalo (ca. 4 km nördlich von St-Armel), in der Anse de Baden bei Locmariaquer und südlich von Vannes, bei der Pointe des Emigrés.

Neben diesen Möglichkeiten gibt es **ornithologisch geführte Exkursionen** in der Réserve Biologique de Séné-Falguérec, nahe des kleinen Ortes Séné, der etwa 5 km südöstlich von Vannes liegt. Die SEPNB, *Société pour l'Etude et la Protection de la Nature en Bretagne,* ist seit über 30 Jahren bemüht, hier den Lebensraum selten gewordener Arten zu schützen. Vom 1. April bis zum 31. August leitet *Jean David* Interessenten zu den Reihern, Austernfischern, Seeschwalben, Rotschenkeln, Brandgänsen und Säbelschnäblern.

Führungen: Vom 1. April bis zum 30. Juni an Wochenenden und Feiertagen 14–19 Uhr, vom 1. Juli bis zum 31. August täglich 10–13 Uhr und 14–19 Uhr. Preise: 6/4 €. Nach Absprache sind auch Führungen außerhalb der Saison möglich. Auskunft durch *Jean David,* SEPNB, Vannes, Tel. 02.97.42. 76.79 oder 02.97.40. 92.95.

Elven, Forteresse de Largoët

Das kleine Städtchen Elven liegt an der N 166, unweit von Vannes. Der Ort selber besitzt außer seinen hübschen Granithäusern keinerlei touristische Anziehungspunkte, während etwa 2 km südwestlich die Forteresse de Largoët, auch Tours d'Elven genannt, malerisch inmitten dichter Wälder zum Himmel aufragt.

Die **Festung** wurde ursprünglich im 13. Jh. erbaut. Im 14. Jh. fanden hier während der Erbfolgekriege schwere Kämpfe statt. Die Anlage gelangte dann in den Besitz von *Maréchal de Rieux*, der rechten Hand *François II.*, dem damaligen Herzog der Bretagne. Ende des 15. Jh. wurde die Burg vom französischen König *Charles VIII.* weitgehend zerstört. Im 15. Jh. wurde in ihren Mauern *Henry Tudor*, der später als *Henry VII.* Englands in die Geschichte einging, kurzzeitig gefangengehalten.

Im Rahmen der touristischen Entwicklung der Bretagne lebte das Interesse für die Ruinen in den 70er Jahren des 20. Jahrhunderts auf.

Im Park von etwa 180 ha gelangt man zunächst zu einem kleinen ehemaligen **Jagdhaus.** Hier befindet sich ein kleiner Parkplatz und, wie üblich bei touristisch interessanten Zielen, die Kasse. Durch ein Tor gelangt man in den zur Festung gehörenden Wald. Ein Fußmarsch von etwa 1 km führt zu den erhaltenen Resten des ursprünglich sicherlich mächtigen Bauwerks.

Erhalten geblieben ist das **Torhaus** aus dem 15. Jh. Hinter diesem kompakten Gebäude ragt der fünfstöckige, 44 m hohe, achteckige Hauptturm imposant gen Himmel. Dieser Turm ist im Übrigen der **höchste Bergfried** (frz. *donjon*) **Frankreichs.** Es lohnt sich, in den Turm hineinzugehen. Über fast 200 Stufen kann man bis zur obersten Balustrade aufsteigen. Eine Taschenlampe ist hilfreich auf den zum Teil recht glitschigen Treppenstufen.

Zu der Burg gehört noch ein **zweiter Turm,** der allerdings nur drei Stockwerke hoch ist und einen runden Grundriss hat. Dieser Turm ist nicht für die Öffentlichkeit zugänglich.

Nahe des Turmes befindet sich eine **Freilichtbühne,** auf der im Juli und August jeweils freitags und samstags um 22.30 Uhr im Rahmen der sogenannten *Spectacle Féérique – Son et Lumière* „Tristan und Isolde" aufgeführt wird. Reservierungen unter Tel. 02.97.53.35.96. Eintritt: 4 €; Öffnungszeiten: Im Mai Samstag und Sonntag 14.20–18.30 Uhr. Im Juni und September 10.30–12.10 und 14.20–18.30 Uhr außer dienstags. Im Juli und August 10.30–12.10 und 14.20–18.30 Uhr.

Callac

Der Ort ist in der ganzen Bretagne durch seinen **Kreuzweg** bekannt, der alljährlich am Palmsonntag zum Schauplatz einer großen Wallfahrt wird. Der Kreuzweg liegt in landschaftlich schöner Umgebung, etwa 800 m außerhalb des Dorfzentrums. 12 Stationen mit insgesamt 48 mannshohen Granitstatuen säumen den Weg.

In der Nähe des Ortes Muzillac, 20 km südöstlich von Vannes nahe der N 165 nach Nantes, liegt an einem malerischen kleinen See (Etang de Pen Mur) eine alte **Wassermühle,** die seit Jahrhunderten als Papiermühle dient. Das historisch sehenswerte Gebäude ist im Zustand des 18.Jh. erhalten. Die handwerkliche Fabrikation von bestem Büttenpapier aus Naturfaserstoffen ist in allen Arbeitsgängen dargestellt. Verschiedene Papier-Handwerkserzeugnisse werden zum Verkauf angeboten. Die Anreise ist ab Muzillac beschildert. Geöffnet vom 1.4. bis 30.9. täglich von 10–12 Uhr und 14–18 Uhr, sonst nur am Wochenende. Tel. 02.97. 41.43.79.

Malestroit

Bereits im 10. Jh. befand sich auf einer kleinen Insel im Oust eine Burg. Die Besatzung der Befestigung hatte die Aufgabe, die Übergänge über den Fluss zu kontrollieren. Mit dem Bau eines **Benediktinerklosters** (12. Jh.) am linken Flussufer kamen etliche Handwerker und Händler hierher. Langsam entwickelte sich am gegenüberliegenden Ufer der Ort um die Kirche St-Gilles herum.

Im Jahre 1451 erhielt die Stadt den Status einer Baronie der Bretagne. Von nun an schritt die wirtschaftliche Entwicklung besonders dank des Flusshandels stark voran. Während der **Religionskriege** im 16. Jh. kam es zu langen Belagerungen der Stadt. Um 1790 war Malestroit ein Zentrum der Chouannerie.

Der **erhaltene Altstadtkern** mit schönen Fachwerkhäusern (15. und 17. Jh.), besonders im Bereich des Place du Bouffay, lockt mit zahlreichen Holzskulpturen an den Fassaden, z.B. ein dudelsackspielender Hase, alljährlich viele Touristen an.

Eine weitere Sehenswürdigkeit ist die **Kirche St-Gilles,** die bereits im 12. Jh. ihre Ursprünge hat. Im 16. Jh. wurde das Gebäude, das zuvor durch einen Brand zerstört worden war, erneut aufgebaut. Bei diesem Neubau wurde ein zweites Kirchenschiff ergänzt. Das Schiff aus dem 16. Jh. besitzt eine sehr hübsche Kanzel, die von zwei Sirenen geschmückt wird.

An der Fassade des Südportals befinden sich einige **Skulpturen,** u.a. ein Stier und ein Adler. Gegen 15 Uhr, allerdings bei Sonnenschein, gelingt es, im Schattenbild des Stieres an der Kirchenmauer das Profil *Voltaires* zu erkennen.

Im Sommer gibt es jeden Freitagabend eine große Stadtparty am Fluss: „les Vendredis du Canal".

Information

- **Syndicat d'Initiative,** 56140 Malestroit, Place du Bouffay 17, www.malestroit.com, tourisme@malestroit.com, Tel. 02.97.75.14.57.

Unterkunft

- **Hôtel Le Cap Horn**€€**,** Faubourg St. Michel 1, Tel. 02.97.75.13.01, Monsieur Leblanc, der Chef versteht es, seinen Gästen einen netten Aufenthalt zu gestalten. 8 einfache, preiswerte, aber saubere Zimmer.

- **Camping Municipal la Daufresne,** Tel. 02.97.75.13.33, am Ufer des Oust, in der Nähe der Stadt. 50 Stellplätze, der Platz ist geöffnet vom 1. Mai bis 15. September.

Essen und Trinken

- **Le Canotier,** Place du Doctor Queinnec, Tel. 02.97.75.08.69. Das Lokal ist überregional bekannt für seine hervorragende, klassisch französische Küche zu angemessenen Preisen. Menü ab ca 12 €. Montags geschlossen.

Sonstiges

- **Kanutouren** auf dem Oust-Fluss mit dem *Club du Canoe,* La Daufresne, Tel. 02.97.75.29.86.

Anreise/Weiterreise

- Busverbindungen nach Vannes u. Ploërmel.

Umgebung von Malestroit

Musée de la Résistance Bretonne

Auf dem etwa 6 ha großen Gelände ist die Geschichte der Bretagne im 2. Weltkrieg dargestellt. Bunkereinrichtungen, Waffen, alte Kriegsfahrzeuge, Uniformen und viele andere historische Relikte veranschaulichen diesen historischen Abschnitt eindrucksvoll. Videovorführungen runden das Programm ab, das zudem dreisprachig gehalten ist. Das Museum befindet sich in St-Marcel, etwa 3 km südwestlich von Malestroit. Zunächst über die D 776, dann auf die D 321 bis St-Marcel. Ganzjährig geöffnet vom 16.9. bis 14.6. 10–12 Uhr und 14–18 Uhr. Vom 15.6. bis 15.9. von 10–19 Uhr. Tel. 02.97.75.16.90, www. resistance-bretonne.com. Eintritt: 6,60 €.

Die Megalithen von Monteneuf

Direkt an der D 776 zwischen Monténeuf und Guer befindet sich die Ausgrabungsstelle **Pierres Droites,** ein Alignement aus schieferähnlichen Steinen. Etwa 200 Menhire auf 2 ha Fläche wurden im Neolithikum in parallelen Reihen errichtet. Das Meißeln, der Transport und das Errichten der Steine weist auf eine gut funktionierende soziale Struktur hin, die bereits vor 5000 Jahren existiert haben muss. Vermutlich hat sich hier eine Kult- und Versammlungsstelle befunden. Im Juli und August Führungen von 10–12.30 und 14.30–18.30 Uhr. Preise: 3,50 € oder 7 € für Familien.

An den Pierres Droites beginnt ein etwa 9 km langer Wanderweg. Er führt zu den **Bordués** (in diesem Allée Couverte wurden viele Äxte und Töpfe gefunden), vorbei am Teich von Quéhéon, zum **Loge Morinais** (steinernes Massengrab), weiter zum **Chomet de Coeplan** und über le Rocher Maheux zum **Pierre Tremblante.**

Informationen gibt es bei der *Association Les Landes,* Rue des Menhirs, 56380 Monteneuf, Tel. 02.97.93.26.74, www.guer-coetquidan-tourisme.com sowie beim *Office de Tourisme,* Place de la Gare, 56380 Guer-Coëtquidan, Tel. 02.97.22.04.78.

Ploërmel

Der Name des im 6. Jh. gegründeten Städtchens leitet sich von den Worten *Plou* (= Kirchengemeinde) und *Armel* (= englischer Mönch u. Stadtgründer) ab.

Die Stadt bietet heute nicht allzuviel Sehenswertes, liegt aber an einem zentralen Verkehrsknotenpunkt, sodass kurze Abstecher durchaus lohnend sein können. Insbesondere ist Ploërmel der ideale Ausgangspunkt für Ausflüge in den sagenumwobenen Wald von Brocéliande. Im Office de Tourisme gibt es zahlreiche Infos zu Führungen und Ausstellungen (s.a. Kasten „Brocéliande"). Für echte Wanderfreunde gibt es einen 17 km langen Rundgang ab Ronsouze am südlichen Ortsrand von Ploërmel, der durch die Heidelandschaft hindurch etwa ein Dutzend kleiner Kapellen und Calvaires verbindet. Eine Vielzahl anderer Rundwege von 3 bis 15 km Länge sind ebenfalls reizvoll und führen zum Teil zu megalithischen Kultstätten. Dazu s.a. „Tour de Brocéliande".

Eglise St-Armel. Benannt nach dem Stadtgründer und Schutzheiligen *Armel,* wurde die Kirche im 16. Jh. erbaut. Interessant ist das doppeltorige Nordportal, das Elemente der Spätgotik und Renaissance vereinigt. Skulpturen verzieren die Türen (z.B. die Darstellung der Tugenden). Das einzige Kirchenfenster, das die Bomben des letzten Krieges überstanden hat, stammt von 1552. In einer Kapelle befinden sich weiße Marmorfiguren, die zwei der bretonischen Herzöge, *Jean II.* und *III.,* darstellen sollen.

Maison des Marmousets. In der Rue Beaumanoir (Nr. 7) steht dieses hübsche Gebäude aus dem 16. Jh. mit einer fantasievoll geschnitzten Holzfassade.

Gegenüber steht das ebenfalls aus dem 16. Jh. stammende **Maison des Ducs de Bretagne.**

Horloge astronomique. Im Innenhof des Gebäudes der Bruderschaft von Ploërmel (*Collège de la Mennais,* Rue du Général Dubreton) befindet sich eine astronomische Uhr, die zwischen 1850 und 1855 von *Bernardin* gebaut wurde. Heute ist sie in einem gläsernen Kasten zu bewundern. 10 Zifferblätter geben Informationen über unser Sonnensystem.

Das Gebäude der Bruderschaft geht auf den Zusammenschluss von einigen Mönchen zurück, die hier 1817 unter Federführung von *Jean-Marie de La Mennais* zusammenkamen, um der wenig gebildeten Bevölkerung der Region elementares Wissen zu vermitteln.

Information

- **Office de Tourisme,** Rue du Val, 56800 Ploërmel, Tel. 02.97.74.02.70, www.ploermel.com.

Unterkunft/ Essen und Trinken

- **Hôtel/Restaurant Le Cobh€,** Rue des Forges 10, Tel. 02.97.74.00.49. Sieben gemütliche Zimmer im Zentrum der Stadt.
- **Hôtel/Restaurant du Commerce€,** Rue de la Gare 70, Tel. 02.97.74.05.32. Das Hotel vermietet 19 saubere und durchaus akzeptable Zimmer. Geöffnet vom 14.1. bis 20.12.

Sonstiges

- **Wanderungen**: *Le Circuit des Hortensias*, ein in verschiedene Streckenlängen (3–8 km) aufgeteilter, gekennzeichneter Wanderweg, nicht nur für Botaniker, der entlang des Flüsschens Yvel zum Lac au Duc führt. Karten im Office de Tourisme.
- **Markt:** im Stadtzentrum am Morgen des 1. und 3. Montags des Monats.
- **Fahrradverleih:** *Location de Vélos*, M. Miloux, Rue des Forges 19, Tel. 02.97.74. 06.96.
- **Reiten:** *L'Etrier de Brocéliande* in Tréhorenteuc, Tel. 02.97.93.01.05, Ausritte unter Führung durch den Wald von Brocéliande.

Anreise/Weiterreise

- **Mit dem Zug:** Täglich verkehren mehrere Züge auf der Strecke Rennes – Vannes.
- **Mit dem Bus:** Auf der Strecke Rennes – Pontivy fahren Busse täglich sechsmal Richtung Pontivy und viermal Richtung Rennes. Sonn- und feiertags zweimal in jeder Richtung.

Umgebung von Ploërmel

Etang du Duc

Der ca. 250 ha große See wurde 1257 vom Herzog *Jean I.* erworben. Das gesamte Gelände blieb bis zum 18. Jh. im adeligen Privatbesitz. Heute zieht das Gebiet Wassersportler und Spaziergänger an. Am künstlichen Strand findet auch der Schwimmer und Sonnenbadende sein Element.

- **La Ferme du Patis,** Kinderspaß auf dem Bauernhof. *Sylvie, Jean-François und Noël* zeigen auf ihrem ökologisch orientierten Bauernhof das Landleben mit heimischen Tieren und Pflanzen. Zahlreiche Aktivitäten für Kinder. Tel. 02.97.74.62.37, Preis 4,50 €.

Josselin

Geschichte

Die Geschichte des Ortes ist eng mit dem Schloss verknüpft, das hier im 11. Jh. der *Vicomte de Porhoët* bauen ließ. Das nahe Dorf wurde nach seinem Sohn *Josselin* genannt.

1370 erwarb **Olivier de Clisson,** ein hoher Militär unter dem französischen König, das Schloss. Er lebte hier mit seiner Frau *Marguerite de Rohan* und unterstützt von hier den König. Seine Macht an der Spitze der Truppen verdankte er dem guten Verhältnis zum König *Charles VI.*, der später dem Wahnsinn anheimfiel. Alle direkten Gefolgsleute fielen in Ungnade, so auch *de Clisson*, der nach Josselin floh. Hier starb er 1407. Das Schloss fiel an die Familie *Rohan*, in deren Besitz es sich auch heute noch befindet.

Die ehemalige Königstreue führte schon immer zu **Konflikten mit den Herzögen der Bretagne.** 1488 ließ *François II.,* Herzog der Bretagne, das Schloss erobern und schleifen. Unter *Charles VIII.* und seiner Frau *Anne de Bretagne* erhielt *Jean II. de Rohan* die Erlaubnis, das Schloss erneut aufzubauen. 20 Jahre dauerte das Entstehen des prächtigen Bauwerkes, getreu dem Familienmotto: „Roi ne puis, prince ne daigne, Rohan suis (König kann ich nicht sein, Prinz ist meiner unwürdig, denn ich bin ein Rohan)".

Etwa 100 Jahre später (1629) kämpfte Herzog **Henri de Rohan** als Befehlshaber der Hugenotten **gegen Richelieu.** Dieser eroberte die Festung und ließ sie erneut schleifen. Die drei an der Wasserseite stehenden Wehrtürme erinnerten (auch heute noch) an aufgereihte Kegel, was *Richelieu* nach der Zerstörung zu dem ironischen Satz veranlasste: „Mein Herr, ich habe gerade einen guten Treffer in ihrem Kegelspiel getan!" (Monsieur le duc, je viens de jeter une bonne boule dans votre jeu de quilles!)

Sehenswertes

Le Château. Besonders eindrucksvoll ist der Blick auf das Schloss von der

Pont Ste-Croix aus. Drei 60 m hohen Türme und eine zinnenbewehrte Mauer zeichnen das mächtige Bauwerk aus.

Der Innenhof wird geprägt von der **reich dekorierten Schlossfassade** im gotischen Stil. Stammen die Pechnasen und Schießscharten noch aus den kriegerischen Zeiten, in denen das gesamte Schloss von einer Mauer umgeben war, so gehen die eher verspielt wirkenden Fenster und Vorbauten auf die Zeit von *Jean II.* zurück. Selten sieht man an Schlössern zweigeschossige Vorbauten wie im Schloss von Josselin. Die hübschen Vorbauten, insgesamt zehn, sind alle unterschiedlich dekoriert.

Von der ursprünglichen Umfriedung steht außer der Mauer zur Flussseite hin heute nur noch ein einzelner Turm, der **Tour Prison,** in dem früher Gefangene untergebracht wurden.

Im Inneren des Schlosses, im 19. Jh. restauriert, kann das **Erdgeschoss** besichtigt werden. In einem Raum steht ein Reiterstandbild *Olivier de Clissons* (s. „Geschichte). Es lohnt ein Blick auf die Ahnengalerie der Familie *Rohan* und den verzierten Kamin im Salon. Hier ist u.a. das Familienmotto (A Plus = Ich bin der Größte) eingraviert.

Öffnungszeiten: April, Mai und Oktober nur am Wochenende und in den Schulferien 14–18 Uhr. Vom 1.6. bis 13.7. und 1.9. bis 30.9. täglich 14–18 Uhr, in der Hochsaison vom 14.7. bis 31.8. 10 bis 18 Uhr. Preise: 7,20 €.

Musée des Poupées. Rue des Trente 3, Tel. 02.97.22.36.45. Hunderte alter Puppen aus den letzten Jahrhunderten sind im ehemaligen Stallgebäude des Schlosses untergebracht. Die Puppen aus den unterschiedlichsten Materialien (Porzellan, Wachs und Holz) sind jeweils mit Accessoires ausgestellt.

Öffnungszeiten: vom 1.4 bis 13.7. und 1.9. bis 30.9. täglich 14–18 Uhr, in der Saison vom 14.7. bis 31.8. 10–18 Uhr. Eintritt 6,30/4,50 €.

Château Josselin

Notre-Dame-du-Roncier. Um 800 fand der Legende zufolge ein Bauer bei Rodungsarbeiten im Dornengestrüpp *(Ronce)* eine Marienstatue. Er brachte die Figur heim, hier verschwand sie auf wundersame Art und Weise. Wenige Tage später entdeckte er die Figur erneut in den Büschen. Er verstand dies als Wink, hier eine Kapelle zu Ehren der Mutter Gottes zu errichten. So entstand eine Gebetsstätte, die um 1000 zur Kapelle erweitert wurde. Im 12. Jh. wurde das Gebäude weiter ausgebaut, wovon heute nur noch ein Teil erhalten ist, u.a. das Kreuzrippengewölbe des Chores. Das Schiff wurde im 15. Jh. restauriert. Aus dieser Zeit stammt das Grabmal *Olivier de Clissons* und *Marguerite de Rohans*. In der Kapelle befindet sich eine neuere Marienstatue, nachdem die ursprüngliche 1793 in den Wirren der Revolution verbrannte. Ein kleines Stück dieser Figur wurde gerettet und in einem Reliquienschrein aufbewahrt.

Vom Place Anne-de-Rohan aus kann der Kirchturm bestiegen werden. Von oben schweift der Blick über den Innenhof des Schlosses und das Umland. Öffnungszeiten: Von Juni bis September 10–12 Uhr und 14–18 Uhr (mittwochs geschlossen).

Alljährlich ist am 8. September die Kirche Ausgangspunkt eines **Pardon des Aboyeuses** (Pardon der bellenden Frauen). Dies erinnert nach einer Legende an die Heilung von drei epileptischen Mädchen (1528). Eine andere Geschichte erzählt, dass eine ärmlich aussehende Frau hier vorbeikam und Waschweiber um Wasser bat. Die Frauen hetzten ihre Hunde auf die Bettlerin, die daraufhin einen Fluch ausstieß. Demnach sollten diese Frauen von nun an bellen wie ihre Hunde. Außerdem heißt es, die Bettlerin sei Maria gewesen.

Die Altstadt. Im Bereich der Straßen Rue des Vierges, Place Notre-Dame und Rue des Trente stehen noch viele alte Fachwerkhäuser. Zum Teil sind sie mit sehenswerten Holzskulpturen verziert.

Chapelle Ste-Croix. Am gegenüberliegenden Flussufer liegt diese Kapelle, die noch über ein Schiff aus dem 11. Jh. verfügt. Ein Umbau erfolgte im 16. und 17. Jahrhundert. Der Calvaire stammt aus dem 16. Jahrhundert.

Information

- **Office de Tourisme,** 56120 Josselin, Place de la Congrégation, Tel. 02.97.22.36.43, Fax 02.97.22.20.44, www.paysdejosselin-tourisme.com.

Unterkunft/ Essen und Trinken

- **Hôtel/Restaurant du Château**€€**,** Rue du Général de Gaulle 1, Tel. 02.97.22.20.11, www.hotel-chateau.com. Das beste Haus am Platz, gegenüber dem Schloss mit Blick auf den Fluss.
- **Hôtel/Restaurant au Relais de l'Oust**€-€€**,** 2 km vor Josselin, Richtung Pontivy, Tel. 02.97.75.63.06. Komfortables Haus am Ufer des Oust.
- **Hôtel/Restaurant du Commerce**€**,** Rue Glatinier 9, Tel. 02.97.22.22.08.

Sonstiges

- **Bootsvermietung:** am Fuß des Schlosses, Tel. 02.97.75.60.98. *Le Ray Loisirs*, Rue Caradec. Hier werden Hausboote für Flusstouren vermietet.

Anreise/Weiterreise

- **Mit dem Bus:** Busse der Linie 19 (Rennes – Pontivy) fahren 5-mal täglich in Richtung Rennes und in Richtung Pontivy, mit je einem Stop in Josselin. Sonn- und feiertags 2-mal. Die Linie 16 fährt 6-mal täglich nach Vannes.

Umgebung von Josselin

Lizio

Der kleine Ort Lizio an der D 174 zwischen Josselin und Malestroit verdient einen Abstecher wegen seines alt-bretonisch-authentischen Ortskerns und auch für sein „Ecomusée des Vieux Métiers“ 4 km östlich des Ortes in Richtung Ploërmel, wo anhand von etwa 20.000 Exponaten alte Handwerksberufe ebenso eindrucksvoll dargestellt werden wie das traditionelle Leben in der bretonischen Familie. Geöffnet vom 1.4. bis 30.9. 10–12 Uhr und 14–19 Uhr. Oktober, Februar, März 14–18 Uhr. Eintritt 6/4 €.

Die kleine **Chapelle Sainte Cathérine** im Ortszentrum, erbaut im Jahre 1655, war lange Zeit eine Pilgerstätte auf dem Weg nach Santiago de Compostela.

- **Cidre:** Nahe der Chapelle Sainte Cathérine liegt die Cidre-Produktionsstätte *La Cidrerie du Terroir*, wo nach einer Führung der gekelterte Apfelsaft verkostet werden kann. Führungen vom 1.7. bis 31.8. 14 bis 18 Uhr, Tel. 02.97.74.95.34.

La Colonne des Trente

5 km östlich von Josselin an der N 24 steht ein Granitobelisk zur Erinnerung an die **„Schlacht der Dreißig“.** Mitte des 14. Jh. tobte der Erbfolgekrieg zwischen *Jean de Beaumanoir*, der ein ergebener Anhänger *Charles de Blois*, des Neffen des französischen Königs war, und *Sir Bemborough*, der zu den Getreuen *Jean de Montforts* gehörte. 1351 kamen die beiden Gegner überein, das stete Gemetzel mit einem letzten endgültigen Kampf beizulegen. Je 30 Ritter beider Parteien sollten um Sieg und Niederlage kämpfen. Den bretonischen Recken *Beaumanoirs* standen auf Seiten *Sir Bemboroughs* 20 Engländer, 6 Deutsche und 4 Bretonen gegenüber. Am 27. März 1351 kam es zum Kampf, der den ganzen Tag über dauerte. Am Ende des Tages hatte *Beaumanoir* gesiegt.

Viele Geschichten (z.B. des Chronisten *Froissart*, 14. Jh.) und Balladen (z.B. von *La Villemarqué*, in seinem Werk „Barzaz Breiz“, 19. Jh.) ranken sich um das Gemetzel, die alle folgende Begegenheit erwähnen. Irgendwann bekam der verletzte *Beaumanoir* vom heftigen Kampf Durst und schrie nach Wasser. Die Antwort seines rauen Gefährten *Geoffroy du Bouays* war ebenso einfach wie rücksichtslos: „Bois ton sang, Beaumanoir, la soif te passera – Trink Dein Blut, Beaumanoir, und Dein Durst wird vergehen!“

Chapelle St-Maudé

Die Kapelle wurde 1431 von *Alain IX. de Rohan* zur Erinnerung an den Kampf der Dreißig gebaut. In ihr werden die Grabsteine einiger Ritter, die in der Schlacht getötet wurden, aufbewahrt.

Bemerkenswert ist die steinerne Rosette über dem Westportal. Man erreicht den Ort vom Obelisken aus über die D 169 nach Norden bis zum Abzweig nach La Croix-Helléan. Hier links abbiegen, dann noch etwa 1 km.

Eglise Saint-Pierre-et-Saint-Paul

Im Ort Guégon steht diese hübsche Kirche aus dem 12. Jh. Sie wurde im 16. Jh. renoviert. Ein Blick auf die Westfassade mit ihrer erhaltenen romanischen Bausubstanz ist besonders lohnend. Im Inneren sind das alte Taufbecken aus Granit und ein Kirchenfenster aus dem Jahre 1563 mit einer Darstellung der 12 Apostel besonders bemerkenswert.

Die Kirche befindet sich im Ort Guegan, etwa 2 km südwestlich von Josselin, an der D 126.

Calvaire de Guéhenno

Der Calvaire von Guéhenno ist einzigartig im Morbihan. Ähnlich der umfriedeten Pfarrbezirke im Finistère findet man hier im Bereich der Kirche neben dem Calvaire auch ein Beinhaus. Der **Calvaire** stammt aus dem Jahre 1550, er wurde während der Revolution 1794 zerstört und später wieder aufgebaut. Einige Dorfbewohner hatten beschädigte Statuen gerettet, sodass sie 1853 wieder zusammengefügt werden konnten. Fehlende Stücke wurden durch Neuanfertigungen so sorgfältig ersetzt, dass heute (auch aufgrund der Witterungseinflüsse) kein Unterschied mehr feststellbar ist. Neben dem Leidensweg Christi werden auch Maria, Johannes und Jesse, der Sohn Davids, dargestellt. Die vier Statuen an den Seiten des Calvaires stammen aus dem 19. Jh. Vor dem Calvaire wurde eine Säule errichtet, in die Folterwerkzeuge eingemeißelt sind, mit denen Jesus gepeinigt wurde. Die Darstellung des Hahns soll den Verrat Petrus' symbolisieren.

Im **Beinhaus** aus dem 19. Jh. befindet sich eine Darstellung des Grabes Jesu, das von zwei römischen Soldaten bewacht wird. Ein Engel wacht über dem Toten mit der Inschrift: „Cras resurget" – Morgen wird er wieder leben! Sinn dieser Darstellung war wohl, die unbelesene Bevölkerung vom ewigen Leben zu überzeugen.

Guéhenno liegt etwa 10 km südwestlich Josselins an der D 778.

Côte d'Amour Von Vannes nach La Roche-Bernard

Moulin de Pen Mur

XXIII/C2

Die Mühle liegt bei der kleinen Stadt Muzillac, etwa 25 km südöstlich von Vannes. Mühle und Mühlenteich befinden sich im Parc de Pen Mur. Heute wird hier Papier nach einem **Verfahren aus dem 18. Jh.** produziert. Das Papier dient als Dekorpapier, z.B. für literarische Texte, und wird hier auch direkt bedruckt.

Während einer **Führung** erfährt man alles Wissenswerte. Die Mühle kann von Ende Juni bis Sept. täglich 14.30–18.30 Uhr (außer sonntags) besichtigt werden. Im Juli und August täglich 10–12.30 und 14–19 Uhr. Der Eintritt beträgt 5,50 €, Tel. 02.97.41.43.79.

Le Guerno

XXIII/C2

Schon im 12. Jh. diente dieser Ort als Zwischenstation auf der Pilgerfahrt nach Compostela (Spanien). Im Zentrum befinden sich alte Häuser, die mittlerweile sehr hübsch restauriert wurden.

Interessant ist ein Besuch der **Kirche Notre-Dame,** die auf das 16. Jh. zurückreicht. Sie wurde seinerzeit vom Templerorden gegründet. Die nach außen gebaute Kanzel bietet einen seltsamen Anblick, hatte jedoch ihren Sinn, wenn man bedenkt, dass die vielen Pilger oft nur im Kirchhof Platz fanden.

Parc de Branféré

↗ XXIII/C2

Auf dem Gelände (etwa 50 ha) des Parks befinden sich ein **zoologischer und botanischer Garten.** Der Park gehört zum Schloss aus dem 17. Jh., das im 19. Jh. restauriert wurde.

Sechs große Teiche, seltene Baumarten und **große Freianlagen für 2000 Tiere,** darunter auch bedrohte Arten (z.B. Lemuren, Maras, Känguruhs, Flamingos, Heilige Ibisse, Tapire und Nandus) bilden den Rahmen.

Öffnungszeiten: Von April bis Sept. 10–18, übrige Zeit 13.30–16 Uhr, Tel. 02.97.42.94.66. Eintritt: Erwachsene 12 €, Kinder 8 €.

Billiers

↗ XXIII/C1

Etwa 2 km vom Ort entfernt liegt die felsige Landzunge **Pointe de Pen-Lan.** Ein kleiner Fischerhafen wird vom Leuchtturm überragt, der die Einfahrt der Vilaine markiert. Von hier aus beginnt ein Küstenwanderweg, der entlang der Klippen und dem Strand zum 5 km entfernten Moustoir führt. Am Weg steht der **Dolmen du Crapaud** (Krötendolmen).

Unterkunft/ Essen und Trinken

Die kleinen Orte werden oft nur kurz besucht, sodass es nicht lohnt, Hotels jeweils an einem Ort zu nennen. Viele Übernachtungsmöglichkeiten befinden sich innerhalb des Großraumes dieses Ausflugsgebietes.

- **Hôtel-Restaurant Les Genêts d'Or€,** Rue du Couvent 5, Muzillac, Tel. 02.97.41.68.49. Saubere Zimmer. Das Restaurant bietet einfache, aber gute Menüs ab ca. 18 €.
- **Auberge de Pen-Mur€,** Route de Vannes, am Ortseingang, Muzillac, Tel. 02.97.41.67.58. Gute, komfortable Zimmer. Der Aufenthaltsraum ist im Stil der Passagierdampfer der 30er Jahre eingerichtet. Menüs ab ca. 19 €.
- **Hôtel-Restaurant Les Glycines€,** Billiers, Tel. 02.97.41.64.63. Saubere, nette Räume. Günstige Tagesgerichte ab ca. 10 €.
- **Domaine de Rochevilaine€€-€€€,** auf der Landzunge von Pen-Lan, Tel. 02.97.41.69.27. Hotel und Restaurant der Spitzenklasse, im ehemaligen Zöllnerhaus mit Nebengebäuden. Luxuriöse Zimmer, Menüs ab ca. 60 €. Für diese Preise werden auch Swimmingpool, eine prächtige Gartenanlage, absolute Ruhe und ein herrlicher Blick über die Vilaine geboten.
- **Camping Municipal Muzillac,** Tel. 02.97.41.67.01. Schattiger Platz in der Nähe des Meeres.
- **Camping La Blanche Hermine,** Muzillac, Tel. 02.97.41.52.47. Kleiner, ruhiger Platz mit Stellplätzen für Wohnmobile.
- **Camping Le Guerno,** Tel. 02.97.42.94.76. Ruhiger 2-Sterne-Platz.

La Roche-Bernard

↗ XXIII/C2

Bereits von der Brücke der N 165, die bei La Roche-Bernhard über die Vilaine führt, hat man einen ersten Eindruck über den kleinen Ort. Die Einstufung der Stadt als sog. „Petite Cité de Charactère" weist auf den historisch, architektonisch interessanten Charakter der Stadt hin.

Bereits 920 wurde vom **Wikingerfürst Bernhardt** eine mächtige Befestigungsanlage an strategisch günstiger Position über der Vilaine errichtet. Der Einfluss seiner Nachfahren verbreitete sich über ein Territorium, das später zur **Baronie Roche-Bernard** wurde.

Unter den Feudalherren kam es zur wirtschaftlichen Entwicklung, die ohne die Vilaine nicht denkbar gewesen wäre. Hier wurden u.a. Wein, Salz und Holz umgeschlagen. Im 17. Jh. wurde der Ort durch den **Schiffsbau** in seiner Werft bekannt. Zwischen 1793 und 1802 nannte sich der Ort **La Roche-Sauveur,** in Erinnerung an den Bürgermeister *Sauveur,* der sich während der Revolution gegen die Royalisten auflehnte und deshalb getötet wurde. Heute ist der Ort für Touristen und Freizeitsegler von Bedeutung. Die hübschen Häuser des Ortes locken zu manchem Spaziergang.

Sehenswertes

In der Ortsmitte steht am Place Bouffay die **Mairie,** das Bürgermeisterhaus aus dem Jahr 1599. Der Renaissancestil ist unverkennbar. Das Haus trägt den Beinamen „Maison du Canon“, weil an einer Gebäudeecke eine Kanone des Schiffes „Inflexible“ aufgebaut ist, das im November 1759 in die Seeschlacht (Bataille des Cardinaux) zwischen Franzosen und Engländern vor Le Croisic verwickelt war und in der Vilaine Schutz suchte. Weiterer Schmuck des Hauses ist eine Sonnenuhr mit der Inschrift: ME, SOL, VOS, UMBRA, REGIT (Mich regiert die Sonne, Euch mein Schatten).

An der Rue Haute Notre-Dame steht die kleine **Kapelle Notre-Dame** aus dem 11. Jh. Im 16. Jh. erfolgten einige Umbauten, weitere im 19. Jh. In den Wirren der Revolution wurde das Gotteshaus als Scheune genutzt.

Oberhalb des Yachthafens befindet sich ein **mit Kanonen bewehrter Felsen,** der einen guten Ausblick über die Vilaine ermöglicht. Auch diese Kanonen stammen von einem Schiff, das an der Bataille des Cardinaux beteiligt war. Eine Inschrift am Fels erinnert an das Schiff „La Couronne“, das erste Schiff mit drei Decks, das hier 1634 vom Stapel lief. Ein Spaziergang bietet sich entlang der **Promenade du Ruicard** an. Oberhalb des Hafens erstreckt sich ein Gewirr kleiner Gassen, an denen hübsche alte Häuser stehen. Einige sind sehr gut restauriert worden. In letzter Zeit haben sich hier zahlreiche Künstler und Kunsthandwerker niedergelassen. Viele der Ateliers verdienen einen Besuch.

Über die Promenade gelangt man auch zum **Marinemuseum** *(Musée de la Vilaine maritime).* Das Gebäude aus dem 16. Jh. besitzt eine schöne alte Eingangstür aus Eiche mit einem bemerkenswerten Rahmen aus Granit. Das Haus ist das ehemalige Château des Basses-Fosses, das an der Stelle der ersten Befestigungsanlagen der Wikinger von örtlichen Kaufleuten errichtet wurde. Zu den Exponaten zählen Modelle des alten Hafens, Schiffe und Darstellungen zur maritimen Technologie vom 17. bis 19. Jh. Besonders interessant ist die Diorama-Show. Im Obergeschoss befindet sich eine Ausstellung zum ländlichen Leben der Region mit traditionellen Trachten und Werkzeugen.

Öffnungszeiten: Mitte Juni bis Mitte September, täglich 10.30 bis 12.30 Uhr und 14.30 bis 18.30 Uhr. Anfang

123br Foto: eh

Der Brunnen vor dem Tore

Juni und Ende September nur nachmittags. Oktober bis Mai geschlossen. Der Eintritt beträgt für Erwachsene 3,50 €, für Kinder 2 €.

Information

- **Office du Tourisme,** Rue du Docteur-Cornudet, Tel. 02.99.90.67.98 (Sommer), 02.99.90.60.51 (Winter), www.cc-pays-la-roche-bernard.fr.

Unterkunft

- **Hôtel-Restaurant les Deux Magots€€,** Place Bouffay 3, Tel. 02.99.90.60.75. Dem Namen entsprechend, wird die hübsche Fassade von zwei Berberaffenstatuen geziert. 15 gut eingerichtete Zimmer werden vermietet. Im Restaurant serviert man schmackhafte Menüs ab ca. 16,70 €.
- **Auberge bretonne€€,** Place Du Guesclin, Tel. 02.99.90.60.28. Zu den 13 Zimmern gehören 6 sehr luxuriös eingerichtete Räume. Sehr empfehlenswert ist das Restaurant, in dem die Menüs von ca. 18 € aufwärts kosten.
- **Ferme Auberge du Portal,** in Nivillac, Tel. 02.99.90.64.79. Das Haus der Familie Savourel liegt etwa 3,5 km außerhalb des Ortes an der D 176.
- **Camping Le Patis,** Tel. 02.99.90.60.13. Der 3-Sterne-Platz mit 60 Stellplätzen, u.a. für Wohnmobile, ist recht gut ausgestattet. Der Platz liegt direkt am Ufer der Vilaine.

Essen und Trinken

- Neben den Restaurants der o. g. Hotels ist besonders die **Crêperie von Madame Gatin,** Rue de la Saulnerie 14, zu erwähnen. Tel. 02.99.90.63.60. Allein schon das alte Fachwerkhaus aus dem 15. Jh. lohnt den Besuch. Gute Bedienung und ebenso gute Crêpes lassen den Besuch zum Erlebnis werden.
- **Hôtel-Restaurant L'Auberge Bretonne€€,** Place Duguesclin 12, Tel. 02.99.90.60.28. Bei Solange und Jacques Thorel sind die Zimmer ebenso empfehlenswert wie die Menüs und die Weine, wenngleich alles nicht ganz billig.

Sonstiges

- Vom Ort aus besteht die Möglichkeit zu **Fahrten auf der Vilaine** m. d. Passagierschiff „Anne de Bretagne". An manchen Tagen kann die Fahrt mit einem Menü an Bord kombiniert werden. Preis ab ca. 30 € (incl. Menü).
- **Nivillac:** *Coetarlann Aventures* nennt sich die Anlage, in der Mutige sich unter Beweis stellen können. Klettern, balancieren und abseilen gehören auf den Parcours zu den Proben. Trévineuc 56, Tel. 02.99.90.97.03, Öffnungszeiten tgl von 9–18 Uhr, Preise von 12 bis 23 €/3 bis 9 €.

Von Vannes nach Redon

La Vraie-Croix

↗ XXIII/D1

Der Name dieses kleinen Dorfes stammt, wie so vieles in der Region, aus dem Reich der Legenden. Ein Kreuzritter brachte bei seiner Rückkehr angeblich ein Stückchen des „wahren Kreuzes" *(vraie croix)* mit in die Heimat. Er hatte sich angewöhnt, jeden Morgen das Holzstück zu küssen, bis er eines schönen Tages dessen Verlust feststellte. Suchend gelangte er zu einem Baum, der ein Elsternnest trug. Hier fand er sein Stück des Kreuzes wieder und interpretierte dies als Fingerzeig Gottes, an dieser Stelle eine Kapelle bauen zu lassen. Die dort entstandene Kapelle heißt **Notre-Dame-de-Bon-Secours.** Das Holzstück soll in einer goldglänzenden Kreuzreliquie aus dem 13. Jh. eingearbeitet sein.

- **La Maison de l'Abeille,** Einführung in die Bienenzucht, Darstellung der *apiculture* von der Steinzeit bis heute. Rue du Passage 8, Tel. 02.99.90.79.50.

Questembert

↗ XXIII/D1

Der kleine Ort gehört zu den bekanntesten der Bretagne, da hier **eine der ältesten Markthallen Frankreichs** steht. Der Name des Ortes leitet sich vom bretonischen *kisten* = Kastanienbaum und *ber* = Hof ab.

Im Jahre 888 besiegte *Alain III.* der Bretagne die Normannen im 6 km entfernten Nachbardorf Coët-Bihan. 1418 predigte hier *Saint Vincent Ferrier* und bewirkte der Sage nach einige Wunder.

Die **Markthallen** wurden 1552 erbaut. Bereits 1675 restauriert, stehen sie heute unter Denkmalschutz. Das Flair der Vergangenheit strahlen auch die Häuser aus dem 15. und 16. Jh. aus, die im Bereich der Markthallen zu finden sind.

Auf dem Gelände des Friedhofes befindet sich die **Chapelle Saint-Michel** aus dem 16. Jh. Bemerkenswert sind das Portal und die Skulpturen der *Sainte Marguerite* mit einem Drachen.

Das älteste Gebäude der Stadt, die **Hostellerie de Jehan Le Guenedo,** stammt aus dem Jahr 1450. Das Haus steht neben dem Büro der Touristeninformation.

Information

- **Syndicat d'Initiative,** Rue des Halles 15, 56230 Questembert, Tel. 02.97.26.56.00, www.questembert.com.

Unterkunft/ Essen und Trinken

- **Hôtel/Restaurant Le Bretagne**€€-€€€, Rue Saint-Michel 13, Tel. 02.97.26.11.12. Sehr gutes Hotel mit allem Komfort. Das Restaurant im Hause (Spezialität: der geröstete Hummer) genießt einen sehr guten Ruf.
- **Auberge Bretonne**€, Place du 8. Mai 6, Tel. 02.97.26.60.76. Einfache Zimmer. Das Restaurant bereitet schmackhafte, aber nicht unbedingt einfallsreiche Speisen zu akzeptablen Preisen zu.
- **Camping Municipal de Celac,** Tel. 02.97.26.11.24. Der 2-Sterne-Platz liegt in unmittelbarer Nähe des Wassers, sodass auch Wassersportler auf ihre Kosten kommen. Schwimmer werden sich am Pool erfreuen. Es sind Stellplätze für Wohnmobile vorhanden.

Weiterreise

- Entlang des Weiteren Weges nach Redon befinden sich einige interessante Punkte, die von Questembert aus auf mehreren Straßen erreicht werden können. Eine Möglichkeit besteht darin, auf der D 5 zurück zur D 775 zu fahren und von hier jeweils zu den Orten abzubiegen.
- Wir empfehlen hingegen, über kleinere Straßen zunächst den kleinen Ort Limerzel anzufahren. Der Weg führt dann über die D 1 bis Coët-Bihan und von hier über die D 153 bis Limerzel.

Limerzel

↗ XXIII/D2

Der kleine Ort blickt auf eine **lange Geschichte** zurück. Bereits 1272 wird der bretonische Ortsname Ilis-Merzer erwähnt. Während der Revolution wurde Limerzel zu einem der wichtigsten Stützpunkte der Chouannerie. Der Ortskern besteht aus historischen Gebäuden des 17. und 18. Jh. Bereits im 15. Jh. wurde die **Chapelle Saint-Laurent** erbaut, während die benachbarte Kirche aus dem 19. Jh. stammt.

Weiterreise

- Von hier aus geht es über die D 774 Richtung Rochefort-en-Terre. Nach etwa 2,5 km liegt rechts der Straße sehr malerisch die **Chapelle Saint-Clair** in einem kleinen Tal. Ein holpriger befahrbarer Weg führt hinab, vorbei an einem Brunnen mit Heiligenfigur aus dem Jahre 1729. Die kleine Kapelle erreicht man, nachdem ein kleiner Bach, der durch die Wiesen plätschert, überquert wurde. Das Gebäude stammt aus dem 16. Jh. und wurde im 19. Jh. umgebaut.

Rochefort-en-Terre

↗ XXIII/D2

Der malerische, kleine Ort ist in der ganzen Bretagne wegen seiner **Blumenpracht** berühmt. Um diese Pracht aufrechtzuerhalten, bauten die Stadtväter deshalb Gewächshäuser, die im Winter die Blumen aufnehmen und vor Frost schützen.

Bereits die römischen Besatzungstruppen nutzten die strategisch günstige Lage des Ortes auf einem Hügel oberhalb des Gueuzon-Tales. Im 12. Jh. begann die Familie *Rochefort,* hier eine **Burg** zu errichten, um die Straße zwischen Malestroit und La Roche-Bernard zu überwachen. Die Burg war über lange Zeiträume Ort kriegerischer Auseinandersetzungen, unter denen sie stark litt. Zur Zeit der Religionskriege (16. Jh.) wurde sie ein Opfer der Flammen. Im 17. Jh. erfolgte eine Restaurierung, die den alten Glanz aber nur bis 1793, dem Datum ihrer endgültigen Zerstörung, wieder aufleben ließ. 1908 begann der amerikanische Künstler *Alfred Klots,* die ehemaligen Gesindeunterkünfte im Renaissancestil wiederaufzubauen. Einzelne Elemente des Bauwerkes, z.B. einige Türen, Türmchen und Dachluken, stammen aus dem Schloss Kéralio bei Muzillac. Seit 1976 befindet sich das Gebäude im Besitz des *Conseil général du Morbihan,* das einen Teil der Öffentlichkeit zugänglich gemacht hat. Die Ausstellung mit einem **Museum** zur Heimatgeschichte zeigt auch Gemälde, Möbel, Kunstgegenstände aus dem Privatbesitz der Familie *Klots.* Öffnungszeiten: im Juli und August täglich 10–18.30 Uhr. Eintritt ca. 4 €. Tel. 02.97.43.31.56.

Im Stadtkern befinden sich einige **besonders hübsche Häuser** aus dem

16. und 17. Jh., denen man noch heute den Reichtum ihrer damaligen Besitzer ansieht. Hier wohnten ursprünglich die hohen Vertreter der Verwaltung der Fürsten. Ecktürmchen und Granitfassaden zieren diese Gebäude. Besonders viele dieser Häuser stehen im Bereich des **Place du Puits,** so z.B. das ehemalige Gerichtsgebäude, erkennbar an der in Stein gemeißelten Waage. Ein Blick lohnt der blumengeschmückte Brunnen des Platzes.

Der Bau der Kirche **Notre-Dame-de-la-Tronchaye** wurde bereits im 12. Jh. begonnen und erst im 16./17. Jh. vollendet. In ihrem Inneren wird eine Statue der Maria Notre-Dame-de-la-Tronchaye aufbewahrt, die jährlich am Sonntag nach dem 15. August Ziel einer Wallfahrt ist. Auf dem Kirchplatz befindet sich ein Calvaire, der Anfang des 16. Jh. errichtet wurde.

Information

- **Office de Tourisme,** 56220 Rochefort-en-Terre, Place du Puits, Tel. 02.97.43.33.57/02.97.43.32.81, www.rochefort-en-terre.com.

Unterkunft

- Nur wenige Kilometer entfernt liegt das **Château de Talhouet**€€€ in Pluherlin, Tel. 02.97.43.34.72. Im Gebäude aus dem 16./17. Jh. werden luxuriöse Zimmer angeboten.
- Etwas preiswerter, aber ebenfalls luxuriös sind die Zim. im **Manoir Le Saint-Fiacre**€€-€€€ bei Joel Mounier, einem schönen Herrensitz aus dem 18. Jh. Tel. 02.97.43.33.16.

Essen und Trinken

- Im Bereich des Place du Puits befinden sich einige Crêperien und Bars. Gut ist das **Le Lion d'Or,** Rue Candré, Tel. 02.97.43.32.80. Neben gutem Essen haben auch die Architektur und das Mobiliar einiges zu bieten.
- **Le Vieux Logis,** Rue Saint-Michel, Tel. 02.97.43.31.71. Menüs zwischen ca. 15 € und 46 € im Gebäude aus dem 16. Jh.
- **Crêperie La Sarrazine,** Rue du Porche. Sehr gemütlich und mit Preisen ab 3 € auch sehr günstig.

Sonstiges

- **Parken:** Die engen Straßen des Ortes lassen kaum Parkraum frei. Sowohl am östlichen Stadtrand (nahe der Chapelle Saint-Michel) als auch am westlichen Stadtrand (am Monument aux Morts) wurden große Parkplätze eingerichtet.

Parc de Préhistoire – Malansac

↗ XXIII/D2

2 km südöstlich von Rochefort-en-Terre liegt der 1988 eröffnete Park in einem 20 ha großen Gelände. 17 Alltagsszenen aus der Zeit zwischen Paläilithikum und Neolithikum wurden hier mit **Tier- und Menschenfiguren in Lebensgröße** dargestellt. Zu den Szenen gehören u.a. Jagd und Fischfang, Zeltlager und die Herstellung von Werkzeugen. Besonders eindrucksvoll sind die Saurier. Die Beschilderung ist sechssprachig, u.a. in Blindenschrift. Öffnungszeiten: Von April bis 15. Oktober täglich 10–18.30 Uhr, vom 15.10. bis 1.12. 13.30–18 Uhr. 56220 Malansac, Tel. 02.97.43.34.17. Preis 9 €.

Jardin Exotique von St-Jacut-les-Pins

↗ XXIII/D3

In St-Jacut-les-Pins befindet sich ein botanischer Garten mit vornehmlich tropischen Gewächsen. Zum 3 ha großen Areal gehören insgesamt 1000 m² Gewächshausfläche. Orchideen, Kakteen, Mineralien und exotische Vögel lohnen einen Besuch. Öffnungszeiten: von April bis Okt. tgl. 10–19 Uhr. Außer im Juli/August ist montags Ruhetag. Tel. 02.99.71.91.98. Eintritt: 9,50 €.

Redon

↗ XXIII/D3

Das Städtchen am Schnittpunkt der Vilaine und des Nantes-Brest-Kanals überragt die Sumpfgebiete der Umgebung. Hier berühren sich die drei Départements Ille-et-Vilaine, Morbihan und Loire-Atlantique. Durch seinen Flusshafen erlangte Redon bereits im 18. Jh. wirtschaftliche Bedeutung, die sich im 19. Jh. durch den Bau des Nantes-Brest-Kanals weiter festigte.

Die **Altstadt** Redons besitzt auch heute noch einigen Charme dank ihrer hübschen Häuser, die im 15. bis 18. Jh. errichtet wurden. Viele dieser Schmuckstücke stehen entlang der Grande-Rue bzw. in deren Seitenstraßen.

In südlicher Richtung gelangt man über den Kanal in die **Rue du Port.** Hier stehen noch heute drei Häuser, in denen früher das Salz gelagert wurde, gegenüber dem Hôtel Carmois aus dem Jahr 1681. Bemerkenswert ist die Verbindung so unterschiedlicher Materialien wie Sandstein und Granit.

Weiterhin lohnt ein Gang entlang des **Quai Duguay-Trouin** mit sehr schön erhaltenen Häusern der ehemaligen Reeder. Die Häuser Nr. 6 und 7 waren damals die Kontore der Compagnie des Indes, des bedeutenden überseeischen Handelsunternehmens. Die Straße geht am gegenüberliegenden Ufer des Kanals in den Quai St-Jacques über, an dem noch einige Überbleibsel der Stadtmauer aus dem 14. Jh. erkennbar sind.

Eglise Saint-Sauveur. Bereits 832 wurde hier eine Abtei von *Conwoion* gegründet. Bis ins 17. Jh. war der Ort als Wallfahrtsstätte von großer Bedeutung. Bis zu dieser Zeit reicht auch die wechselvolle Geschichte der Abtei, die von Normannen zerstört wurde, dann aber schon 939 von Mönchen erneut errichtet werden konnte. 1780 wurde ein großer Teil der Kirche durch ein Feuer vernichtet. Beim Wiederaufbau fehlte es an finanziellen Mitteln, sodass der 57 m hohe Glockenturm aus dem 14. Jh. nicht in den Neubau integriert werden konnte. Der romanische Turm aus Sandstein und Granit aus dem 12. Jh. ist einzigartig für die Bretagne.

Information

- **Office du Tourisme,** Place de la République, 35600 Redon, Tel. 02.99.71.06.04, Fax 02.99.71.06.04, www.tourisme-pays-redon.com.

Unterkunft

- **Hôtel le France€,** Rue Du Guesclin 30, Tel. 02.99.71.06.11. Im malerischen Hafenviertel erhält man hier saubere, nette Zimmer.
- **Asther Hotel€,** Rue des Douves 14, Tel. 02.99.71.10.91. Gehobenes Niveau, zentral gelegen; 18 Zimmer werden vermietet.
- **Hôtel de Bretagne€,** Place de la Gare, Tel. 02.99.71.00.42. Das Haus wird vom Logis de France empfohlen. Einfache Zimmer.
- **Hôtel de la Gare€,** Rue de la Gare 10, Tel. 02.99.71.02.04. Kleines Haus, das vor allem wegen der zentralen Lage interessant ist. Im Restaurant kann man gut und preiswert essen.

124br Foto: wk

Nostalgie-Segler

Côte d'Amour

Essen und Trinken

- **Lavomagic,** Rue du Port 18, Tel. 02.99. 72.21.08. Das vegetarische Restaurant ist eine Seltenheit in der Bretagne.
- **Le Trombone à Coulisse,** Rue du Plessis 14. Netter Musik-Pub mit Atmosphäre.

Sonstiges

- **Fahrradverleih:** *Cycles Gicquel,* Place St-Sauveur, Tel. 02.99.71.02.82, und *Cycles Chesnais,* Rue des Doves 21, Tel. 02.99.71.29.17.
- **Bootsverleih:** *Bretagne Plaisance,* Quai Jean Bart 12, Tel. 02.99.72.15.80/02.99.72.29.56. Die Boote werden für ein Wochenende oder die ganze Woche vermietet.
- **Bootstouren** werden auf der Vilaine und auf den Kanälen angeboten. In der Regel handelt es sich um mehrstündige Rundfahrten. Genaue Auskünfte erhält man beim Office du Tourisme, hier gibt es auch die Tickets.
- Son et Lumière, **historisches Schauspiel,** das ein Jahrzehnt der Stadt zwischen 835 und 845 darstellt. Freitags und samstags im Juni und Juli.

Anreise/Weiterreise

- **Mit der Bahn:** Redon liegt an der Hauptstrecke von Paris über Rennes nach Quimper und Brest. Eine weitere Verbindung führt von Bordeaux über Nantes in Richtung Brest. Täglich mehrere Anschlüsse.
- **Mit dem Bus:** Regelmäßige Verbindungen bestehen zwischen Redon und Nantes, St-

Nazaire, La Baule, Châteaubriant und Rennes. Abfahrt am Bahnhofsplatz. Reservierungen und Fahrauskünfte unter Tel. 02.99.40.72.88.

La Gacilly

Ca. 10 km nördlich von Redon (D 873) hat das Dörfchen La Gacilly durch die Bio-Körperpflege von *Yves Rocher* Berühmtheit erlangt. Im Pflanzenmuseum **Le Végétarium** werden die Grundlagen seines Produktionsgedankens beschrieben. Tel. 02.99.08.35.84.

St-Just

Eine archäologisch noch nicht vollständig erforschte, aber hochinteressante **megalithische Kultstätte** von etwa 4500 v. Chr. befindet sich nahe der kleinen Ortschaft St-Just, ca. 16 km nordöstlich von Redon (D 177 in Richtung Rennes). Von St-Just folgt man, am besten zu Fuß, dem Wanderweg GR. 39 durch die Heide von Cojoux nach Westen. Nach etwa 2 km stößt man auf zahlreiche, in Reihen aufgestellte Menhire *(Alignements de Cojoux)* und nach ca. einem Kilometer folgen verschiedene Dolmen, einer davon auf einem Tumulus *(Le Four Sarrazin)*. Die Gegend bietet sich für eine Tageswanderung an, denn zahlreiche Dolmen und Menhire liegen am weiteren Weg durch die Heide.

Blain

Im kleinen Ort Blain befindet sich die **Ferme de l'Orme,** ein kleiner Bauernhof, auf dem neben einer Ausstellung zur regionalen bäuerlichen Kultur auch exotische Vögel und eine Mineralienschau auf den Besucher warten. Tel. 02.40.79.19.83. Öffnungszeiten von April bis Oktober tgl. 10–18 Uhr, sonst an Wochenenden 10–18 Uhr. Eintritt Tierpark 6/4 €, Museum 6/4 €, zusammen 10/6 €.

Loheac

Im **Manoir de l'Automobile** fühlt sich der Autoliebhaber daheim. Geschichtliches und PS-Starkes zeigt die Ausstellung, darunter auch Formel-1-Fahrzeuge und Dioramen, die die Welt früher platisch verdeutlichen. Route de Lieuron, Tel. 02.99.34.02.32. Öffnungszeiten tgl. 10–13 und. 14–19 Uhr (außer montags). Eintritt 8,50 €.

Die Halbinsel von Guérande

Überblick

Die Halbinsel besteht im Wesentlichen aus **sumpfigem Marschland,** zerklüfteten Klippen und kilometerlangen Stränden. Wahrscheinlich bildeten die vorgelagerten Bereiche ursprünglich eine Insel, die durch Veränderungen im Meeresspiegel und damit einhergehender Verlandung Verbindung zum Festland bekamen. Diese Verbindung ist allerdings nicht vollständig, sodass bei Flut immer noch Meerwasser bei Le Croisic ins Marschland gelangt. Das Ergebnis ist eine sehr flache, z.T. **austrocknende Wasserfläche,** die ideale Voraussetzungen für die Zucht von Muscheln und Schnecken bietet.

Das eindringende Meerwasser wird in dieser Region auch wirtschaftlich genutzt. In weitflächigen Arealen wird hier **Salz gewonnen.** Über kleine Kanäle wird das Wasser in Rückhaltebecken geleitet. Weitere Kanäle führen das Wasser in flacher werdende Becken. Nun beginnt die Arbeit der Sonne. Das erwärmte Wasser verdunstet, das Salz bleibt zurück und kristallisiert aus. Die oberflächige weiße Salzschicht wird mit Schaufeln abgetragen. Auf Plattformen vollständig getrocknet, wird es anschließend fein gemahlen und eingelagert. Die Salzgewinnung hat eine lange Tradition. Handel und Transport unterlagen weder der Steuer noch dem Zoll, sodass hier mit großen Verdienstspannen gerechnet werden konnte. Die Revolution beendete diesen Zustand. Heute wird noch etwa eine Fläche von knapp 2000 ha zur Salzgewinnung genutzt, die jährlich ca. 10.000 t Salz abwirft.

Direkt an der Küste begegnen dem Besucher zwei sehr extreme Küstenformen, die **Klippen** von Le Croisic und der Pointe de Penchateau und der kilometerlange **Sandstrand** bei La Baule. Die zerklüfteten Klippen sind die ursprünglichere Küstenformation, die aber 1779 von einem gewaltigen Sturm verändert wurde. Der Wind trug Loire-Sand mit sich, der den gesamten Ort Escoublac weitgehend verschüttete.

Die Einwohner legten den Ort einige Kilometer entfernt landeinwärts neu an. Zum Schutz vor neuerlichen Verschüttungen pflanzten sie eine Reihe von Nadelhölzern, die heute den Liebeswald (Bois d'Amour) von La Baule bilden.

Guérande

↗ XXII/A-B1

Inmitten der **Salzgärten** liegt dieses Städtchen, dessen bretonischer Name „weißes Land" schon auf diesen wichtigen Wirtschaftszweig hinweist. Die etwa 8500 Einwohner leben wohlbehütet von der auch heute noch die gesamte Altstadt umgebenden **Stadtmauer.** Die Remparts (Stadtmauer) aus dem 15.Jh., vor der z.T. noch der Wassergraben erhalten ist, besitzt sechs Türme und vier Tore. Im 18. Jh. wurden auf Wunsch des Herzogs große Teile der Wassergräben zugeschüttet, um eine Straße anzulegen, die den Grundstock für die heutigen Fahrbahnen rund um die Altstadt bildete.

Innerhalb der Altstadt bestimmen schmale Gässchen, malerische Häuser und Geschäfte mit allerlei Auswahl das Bild. **Tourismus** wird hier großgeschrieben, zumal er in immer stärkerem Maße zum bestimmenden Wirtschaftsfaktor wird. Die Nachbarschaft zu den touristisch erschlossenen Küstenorten, wie La Baule und Le Croisic, ermöglicht es Guérande aufgrund der langen (Salz-)Geschichte, wieder zu einem bedeutenden Ort aufzusteigen. Und in diesem Sinne wird einiges getan. Angefangen von knappen Parkplätzen innerhalb der Stadtmauer und damit recht geringem PKW-Aufkommen, über restaurierte Fassaden, hübsche Hinweisschilder, romantische Restaurants und Cafés, Geschäfte mit Bretagne-typischen Artikeln bis hin zu wandernden Musikanten reicht das Ambiente der Altstadt.

Fast im Zentrum befindet sich die **Stiftskirche St-Aubin** (Collégiale St-Aubin), die hier im 12. bis 16. Jh. erbaut wurde. Die lange Bauzeit bedingte unterschiedlichste Stile, die ein interessantes Sammelsurium abgeben. So findet sich im Chor aus dem 15. Jh. ein Buntglasfenster aus dem 18. Jh. mit dem Motiv der Himmelfahrt. Beeindruckend sind die Kapitelle, auf denen neben Ornamenten auch einige kleine Teufel dabei sind, Menschen in der Hölle zu malträtieren. In der Kapelle ist ein Sarkophag aus dem 6. Jh. aufgebahrt, der hier gefunden wurde. In der Kirche finden im Juli/August regelmäßig Führungen statt (Tel. 02.40.24.90.68). Im Sommer werden freitags um 21.30 Uhr Orgelkonzerte organisiert ca. 7 €.

Musée de la Poupée et du Jonet ancien. Das Museum, das Kinderspielzeug von 1830 bis heute ausstellt, ist in der Chapelle St-Michel (Rue de Saillé) untergebracht. Im 13. Jh. gehörte die Kapelle zu einem Leprakrankenhaus, deshalb befindet sie sich auch außerhalb der Stadt am Haupteingang, nahe dem Priesterseminar und dem Felsen. Eintritt: ca. 4 €. Ganzjährig geöffnet von 10–13 und 14.30–19 Uhr.

Beim Rundgang durch die ansehnliche Stadt sollte man auf jeden Fall einen Blick durch die beeindruckende **Porte St-Michel** werfen. Zwei mächtige Wehrtürme umrahmen das eher unscheinbare Tor in der Stadtmauer. Im 15. Jh. diente das Gebäude dem Gouverneur als Wohnsitz. Heute ist hier das **Musée du Chateau de Guérande** untergebracht. Vornehmlich Hausrat, Möbel und Trachten der Region sind hier auf drei Etagen ausgestellt. Besonders interessant ist das Modell zu den Salzgärten und der Salzgewinnung. Das Museum (Tel. 02.28.55.05.05) ist von 10–12 und 14.30–19 Uhr geöffnet. Der Eintritt beträgt 3,50/2 €.

Über die Rue Bizienne gelangt man zum **Westtor** der Stadt, durch das man in eine herrliche blumengeschmückte **Parkanlage** hindurchgeht, die sich auf dem ehemaligen Wassergraben nach Süden erstreckt.

Information

- **Office de Tourisme,** Place du Marché au Bois, 44350 Guérande, Tel. 02.40.24.96.71, www.ot-guerande.fr.

Essen und Trinken

- Innnerhalb der Altstadt finden sich zahlreiche Restaurants, Cafés, Crêperien usw. Besonders erwähnenswert sind die **Crêperie Saint-Michel,** gegenüber der Kirche, in einer Seitenstraße der Rue St-Michel, und das gemütliche Gartenrestaurant **Le Vieux Logis,** am Place de Psalette 1. Hier gibt es nicht nur leckere Crêpes, sondern auch Pizza und Grillgerichte, die sich im blumengeschmückten Garten mit kleinen Lauben so richtig genießen lassen.

Unterkunft

- **Hôtel des Remparts**€-€€**,** Boulevard du Nord 14, Tel. 02.40.24.90.69, Fax 02.40.62.17.99. Das kleine Hotel mit nur 8 Zimmern liegt unmittelbar gegenüber der Altstadt, außerhalb der Stadtmauern. Es ist ganzjährig geöffnet.
- **Hôtel les Voyageurs**€€**,** Place du 8. Mai, Tel. 02.40.24.90.13, Fax 02.40.62.06.64. Gemütliches, kleines Haus mit familiärer Atmosphäre. Nahe der Altstadt.
- **Chateau Coet Caret**€€€**,** M. und Mme. de la Monneraye, 44410 Herbignac, Tel. 02.40.91.41.20, Fax. 02.40.91.37.46. In dem kleinen Schloss zwischen der See und dem Brière-Nationalpark kann man die ganze Romantik der Region spüren. Das Schloss befindet sich an der Straße Herbignac-St-Lyphard.
- **Hôtel Roc Maria**€-€€**,** Rue des Halles 1, Tel. 02.40.24.90.51, www.hotelcreperierocmaria.com. Gut eingerichtetes Haus mitten im Stadtzentrum. Rustikal-urige Crêperie und Restaurant im Hotel.
- **Camping Parc de Leveno,** liegt im etwa 4 km entfernten Vorort Leveno. Der 4-Sterne-Platz bietet jeden erdenklichen Komfort, Tel. 02.40.24.79.30, www.camping-leveno.com. Dazu zählen neben Schwimmbad und Kinderspielplatz auch Wasseranschlüsse für Wohnwagen, Stellplätze für Wohnmobile und vor allem Schatten im Wäldchen. 307 Stellplätze.
- Ähnlich gut ist der **Campingplatz in Bréhadour,** Tel. 02.40.24.93.12, Fax 02.40.62.10.47 ausgestattet. Nur gut 1 km außerhalb der Stadt liegt der 3-Sterne-Platz in einem weitgehend offenen Gelände.

Sonstiges

- **Fahrradverleih:** *Cycles Belgrand*, Fg. Saint-Michel, Tel. 02.40.24.91.44, und *Cycles Treoll*, Route de Kerbiniou, Tel. 02.40.42.98.95.

Umgebung von Guérande

Pradel

In dem kleinen Ort wurde das **La Maison du Sel** (Terre de Sel) vom Verband der Salzarbeiter errichtet, um dem interessierten Besucher die Salzgewinnung nahezubringen. Wichtige Informationen zur Ökologie der Region runden das Programm ab.

Öffnungszeiten: Oktober bis April tgl. 10.30–12.30 Uhr und 14.30–18 Uhr, sonst 10.30–18 Uhr, Juli und August 9.30–20 Uhr, Eintritt 3,50 € (nur Ausstellung), 5,50 € mit Führung.

La Ferme aux Biches. Im kleinen Ort Trépied befindet sich das Wildgehege, in dem Hirsche und Rehe gezüchtet werden. Für Kinder gibt es Kitze zum Anfassen. Im angeschlossenen Geschäft werden allerlei Tierprodukte verkauft. Etwa 5 km in Richtung Etangs de Sandun, im Ort Trépied.

Führungen tgl. 15, 16.30 und 18 Uhr. Eintritt ca. 3,70/2,60 €. Tel. 02.40.42.95.01.

La Ferme de Ker Robert. Die Brière zu Pferde entdecken lautet die Devise des Reitstalles. Auch Anfängern werden hier attraktive Ausrittmöglichkeiten in den Nationalpark geboten. Die Strecken liegen zwischen einer und drei Stunden Länge. Im Ort La Madeleine an der D 51. Kosten: je nach Reitdauer ca. 15 bis 31 €, Kinder bis 16 Jahren ca. 14 bis 28 €. Tel. 02.40.61.91.91, Fax 02.40.61.98.76.

La Turballe

↗ XXII/B1

Früher war das kleine Städtchen ein Zentrum der Sardinenfischerei. Wie an vielen Teilen der Küste erwies sich aber auch hier sehr rasch der brachliegende Sandstrand als hervorragende Einnahmequelle. Der **Sommertourismus** hat die Region als beliebtes Ziel entdeckt. Strand, Dünen und der mittlerweile zum künstlichen Fischerhafen hinzugefügte Freizeithafen lassen die attraktiven Angebote der Urlaubsbranche wie Pilze aus dem Boden schießen.

Fischerei findet allerdings auch heute noch von hier aus statt. Und dazu gehört dann auch der Fischverkauf, der in der Criée stattfindet. Die **Auktionshalle** ist auch heute noch Umschlagplatz für etwa 7000 t Fisch jährlich, immerhin eine der größten Mengen der bretonischen Häfen. Für Besucher gibt es hier eine eigene Empore, um dem Geschehen, ohne zu stören, zusehen zu können. Ab 6 Uhr wird hier der Fisch versteigert.

Information

- **Office de Tourisme,** Place de Gaulle, 44420 La Turballe, Tel. 02.40.23.39.87, www.laturballe.info. Das Büro, direkt gegenüber der Criée, ist zwischen Mai und September geöffnet. Im Juli und August werden von hier aus verschiedene Stadtrundgänge angeboten.

126br Foto: eh

Hier wird heute noch Salz gewonnen

Unterkunft

- **Hôtel Les Chants d'Ailles**€€, Boulevard Bellanger 11, Tel. 02.40.23.47.28. Das ganzjährig geöffnete Hotel bietet guten Komfort, zu dem TV, Telefon und Meerblick gehören. PKW-Besitzer werden die Garage des Hotels zu schätzen wissen. Es werden 17 Zimmer vermietet.
- **Chambres Kerig**€€, Route du Riau 12, Mme. Dousset, Tel. 02.40.24.84.96. Nette möblierte Zimmer etwa fünf Kilometer vor dem Ort.
- **Camping Municipal Les Chardons Bleus,** Tel. 02.40.62.80.60. 3-Sterne-Platz mit 300 Stellplätzen, allerdings nicht für Wohnwagen und Wohnmobile. Direkt am Strand.
- **Camping La Falaise,** Tel. 02.40.23.32.53. Auf diesem 3-Sterne-Platz können auch Wohnwagen und -mobile untergebracht und versorgt werden. Der direkt am Wasser liegende Platz ist für Wassersport geeignet.

Essen und Trinken

- **Crêperie du Plat Pays,** Rue Ropert 17. Für 9 € gibt es hier ein Menü mit 3 Crêpes.
- **Le Terminus,** Quai Saint-Paul 18. Im Ambiente einer Fischerkneipe speist man hier vorzüglich Muscheln und andere Meerestiere.

Sonstiges

- Im Office de Tourisme erhält man Infos über **Schiffsausflüge** nach Belle-Ile, Houat und Hoedic, die zwischen Juni und September für etwa ca. 20 €, Kinder ca. 11 €, angeboten werden.
- **Fahrradverleih,** *Herrigault,* Rue de Lattre de Tassigny 52, Tel. 02.40.23.30.59, nahe des Postamtes.

Anreise/Weiterreise

- **Mit dem Bus:** Die Linie 51 fährt mehrfach täglich über Piriac und Guérande in Richtung La Baule.

Piriac-sur-Mer

↗ XXII/B1

Über die D 99 gelangt man zum westlichsten Zipfel der Halbinsel von Guérande, nach Piriac-sur-Mer. Der kleine Ort, vor allem aber die Umgebung, wird immer mehr vom Tourismus geprägt.

Strandliebhaber können zwischen den **Sandstränden** Plage St-Michel und Lérat und den Kiesbuchten der **Pointe du Castelli** wählen. Vom Aussichtspunkt des Kaps aus schweift der Blick über die Buchten der Küste. Im Süden kann man bei gutem Wetter bis

Le Croisic schauen, das an seinem Kirchturm leicht erkennbar ist, im Nordwesten reicht der Blick bis zur Presqu'île de Rhuys.

Information

- **Office de Tourisme,** Rue des Cap-Horniers 7, Tel. 02.40.23.51.42, www.piriac.net. Das Büro liegt neben der Dorfschule.

Unterkunft/ Essen und Trinken

- Im Ortskern befinden sich drei einfache Hotels. Wer auf den Komfort des eigenen Bades/WC Wert legt, sollte sich an das **Hôtel de la Poste**€ wenden.
- **Hotel de la Poste,** Rue de la Plage 26, Tel. 02.40.23.50.90, im Ortskern zentral gelegen, 14 preiswerte, korrekt eingerichtete Zimmer, geöffnet von Februar bis November.
- **La Crêperie du Phare,** Place de l'Eglise 8, Tel. 02.40.23.59.36, sehr gemütliches Lokal in einem alten Fachwerkhaus im Zentrum, Michèle verwöhnt die Gäste mit hervorragenden Crêpes.
- **La Transat Bar,** an der Hauptgasse in Richtung Ortsausgang, etwas englisch anmutende Bierkneipe mit maritimer Dekoration und jungem Publikum.
- Die **Campingplätze** der Umgebung sind nur während der Saison, d.h. von frühestens 1.4. bis 31.10., geöffnet. Die besten Plätze sind der 4-Sterne-Platz **Parc du Guibel** (Tel. 02.40.23.52.67) und **Le Pouldroit** (Tel. 02.40.23.50.91). Beide Plätze verfügen über 200 Stellplätze, auch für Wohnmobile und Wohnwagen. Schwimmbecken, Restaurant und Freizeitangebote gehören zum Service. Dem Armor-Heol-Platz ist zudem ein Fahrradverleih angeschlossen.

Anreise/Weiterreise

- **Mit dem Bus:** Der Ort liegt auf der Strecke La Turballe – Guérande – La Baule. Hier hält die Linie 51, die auf dieser Strecke eingesetzt ist.

La Baule

↗ XXII/A2

Der Ort lässt sich recht einfach mit dem Attribut **Ferien-Badeort** beschreiben. Mit seinen Luxusbauten bietet La Baule ein vollständig anderes Bild, als es die übrigen Küstenorte der Bretagne zeigen. Die Werbung spricht vom 8 km langen Strand als „schönsten Strand Europas". Auch andere Superlative treffen hier zu. So soll der Ort zu den renommiertesten französischen Seebädern gehören. Er ist einer der jüngsten Orte der Bretagne, wurde er doch erst 1879 nahe des von Wanderdünen verschütteten Ortes Escoublac erbaut. Das Hotel- und Gastronomieangebot ist nicht nur wegen der Vielzahl, sondern auch wegen der besonders hohen Preise erwähnenswert.

Der schöne **Strand** zieht in der Hauptsaison sehr viele Urlauber an. Zum Ambiente gehört die Strandpromenade. Zahllose Autofahrer versuchen, hier ein Parkplätzchen zu erhaschen, oft in zweiter Reihe.

Etwas geruhsamer geht es in **La Baule les Pins,** einem Badevorort, zu. Im Jahre 1930 unter den Pinien gegründet, besitzt der Ort heute ebenfalls eine Vielzahl von Hotels.

Praktische Hinweise

Information

- **Office de Tourisme,** Place de la Victoire 8, 44504 La Baule, Tel. 02.40.24.34.44, www.labaule.fr, und in der Hauptsaison zusätzlich in La Baule les Pins, Place des Palmiers, Tel. 02.40.60.22.13.

125br Foto: eh

Unterkunft

Aus der Vielzahl der Hotels seien hier nur sechs als erste Anlaufstelle genannt.

- **Hôtel Alcyon**€€, Tel. 02.40.60.19.37, Fax 02.40.42.71.33.
- **Hôtel Le Christina**€€, Boulevard Hennecart 26, Tel. 02.40.60.22.44, Fax 02.40.11.04.31.

Die Salzwiesen bei Guerande

- **Hôtel La Palmeraie**€€, Allée des Cormorans 7, Tel. 02.40.60.24.41, Fax 02.40.42.73.71. Nahe am Meer, mit ruhiger Atmosphäre. Gemütliche Zimmer, akzeptables Restaurant.
- **Hôtel Le Clémenceau**€-€€, Tel. 02.40.60.21.
- **Hôtel Saint Bernard**€, Tel. 02.40.60.32.02.
- **Hôtel Ty Gwenn**€€€, Avenue de la Grande-Dune 25, Tel. 02.40.60.37.07, Fax 02.40.11.08.43, www.hotel-tygwenn.fr. Sehr hübsch eingerichtete Zimmer für den günstigen Preis.
- **Hôtel Violetta**€, Avenue Clémenceau 44, Tel. 02.40.60.32.16. Liegt nahe am Bahnhof. Sehr billige, aber saubere Zimmer.
- Zwei sehr hübsche, im Stil der Belle Epoque errichtete Hotels lohnen mindestens den Besuch, allerdings wohnt es sich hier auch hervorragend. Im Hotel **Hermitage Barriere**€€€€, Esplanade Lucien Barrière, Tel. 02.40.11.46.46, Fax 02.40.11.46.45 werden luxuriöse Zimmer und ein Gesamtambiente der Oberklasse geboten. Im Hotel **Royal-Thalas-**

so **Barriere**€€€€, Avenue Pierre Loti 6, Tel. 02.40.11.48.48, Fax 02.40.11.48.15 gibt es ebenfalls hervorragenden Service und luxuriöse Zimmer.

Sonstiges

- **Thallassotherapiezentrum,** Avenue Marie-Louise, Tel. 02.40.11.99.99. *Thalasso La Baule-Les Pins,* Boulevard de L'Océan 28, Tel. 08.20.90.32.44, www.relaisthalasso.com.
- **Fahrradverleih:** *Le Grand Bi,* Avenue Maréchal de Lattre 237, Tel. 02.40.60.28.82, und *Cycles des Palmiers,* Avenue de L'Etoile, Tel. 02.40.60.38.98.
- **Wassersport:** *Club de Canetons,* La Maison Catamaran, Tel. 02.40.23.04.76, *École de Voile Prat,* Sur la plage, Tel. 02.40.61.31.30.
- **Tauchen:** *Club Subaquatique Cote d'Armor,* Chasse sous-marine, Tel. 02.40.11.36.10.
- **Casino:** Esplanade Francois André, Tel. 02.40.60.20.23, beim Thallassotherapiezentrum.
- **Internetcafé:** *Cyber B@ule,* 136 Avenue De Gaulle.

Anreise/Weiterreise

- **Mit dem Zug:** Während der Hauptsaison fahren täglich dreimal Züge zwischen den Bahnhöfen (La Baule Escoublac und La Baule Les Pins) der Stadt und Paris. Auf dieser Strecke wird der TGV eingesetzt, der die Distanz in knapp 3 Stunden überwindet. Sechsmal täglich fahren Züge in Richtung St-Nazaire und Nantes.
- **Mit dem Bus:** Regelmäßige Busverbindungen bestehen zwischen der Stadt und Le Croisic, Guérande, La Turballe und Piriac. Bushaltestellen befinden sich u.a. an den Bahnhöfen. Ein Expressbus fährt täglich frühmorgens nach Paris (Tel. 02.40.60.25.58). Abfahrtspunkt ist der Gare Routière, Voiture Corail.

Umgebung von La Baule

Careil

↗ XXII/A2

Nördlich von La Baule führt die Straße zum kleinen Ort Careil mit einer **Burg** aus dem 14. Jh. Das Gebäude, das auch heute noch bewohnt ist, zeigt Renaissance-Architektur und wappenverzierte Giebel. Ein Teil der Räumlichkeiten kann besichtigt werden. Die Führungen finden von 10.30–12 Uhr und von 14.30–19 Uhr statt. In der Hauptsaison (Juni–Sept.) tgl. Die etwa 40-minütigen Führungen kosten 5/3 €. Infos unter Tel. 02.40.60.22.99.

Saillé

↗ XXII/A1

Über die D 774 gelangt man in südlicher Richtung mitten in die Salzgärten hinein. Hauptort der Salzgewinnung ist **Saillé**. Wer sich über die Geschichte des Salzes informieren möchte, ist im **Haus der Salzarbeiter** (Maison des Paludiers) gerade richtig. Das kleine Museum befindet sich in der ehemaligen Kapelle des Ortes, die aus dem 14. Jh. stammt. In der Ausstellung, die zwischen Februar und Oktober von 10–12.30 Uhr und von 14–

17.30 Uhr geöffnet ist (Eintritt 4,50/ 1,50 €), können Werkzeuge, Trachten und Möbel besichtigt werden. Eine kleine Diashow vermittelt zusätzliche Infos. Besonders interessant ist die Besichtigung der Saline, die aber nur im Juli/August zugänglich ist. Essen kann man in der *Crêperie La Salorge,* Rue de Croix Serot 12, in einer liebevoll eingerichteten, rustikal-romantischen Stube gibt es zu günstigen Preisen traditionelle Crêpes, nette Bedienung.

St André des Eaux

↗ XXII/A2

Ker Anas lautet der Name einer ornithologischen Station, die im Juli und August tgl. von 10 bis 20 Uhr besucht werden kann. Tel. 02.40.01. 27.48. Eintritt 6 €.

Le Pouliguen

↗ XXII/A1

Der heutige Ort ist ein Abbild der Nachbarstadt La Baule. Ferienwohnungen, Hotels, Geschäfte und nicht zuletzt der Yachthafen mit etwa 900 Liegeplätzen zeigen sich modern.

Relikt vergangener Zeiten ist die **Kapelle Ste-Anne-et-St-Julien,** in der eine Statue der *Sainte-Anne* aus dem 16. Jh. zu bewundern ist.

Der nahe Waldpark spiegelt mit seinen gepflegten Anlagen den noblen Charakter des Ortes wieder.

Unterkunft

- **Hôtel Beau Rivage€€,** Rue Jules Benoit 11, Tel. 02.40.42.31.61, gehört zum Logis de France.
- **Hôtel A L'Orée du Bois€€,** Rue Maréchal Foch 21, Tel. 02.40.42.32.18, Fax 02.40.62. 23.73. oreebois@sofdom.com

127br Foto: eh

● **Chalet Lakmé** ***, Rue Pierre-1er-de-Serbie 9, Tel. 02.40.00.95.04, www.chaletlakme.com. Modern ausgestattete Zimmer nahe dem Strand.

Batz-sur-Mer

↗ XXII/A1

Schon von weitem ist der kleine Ort an der Côte Sauvage, der wilden Küste, am 60 m hohen **Glockenturm der Kirche St-Guénolé** zu erkennen. Baubeginn war bereits im 13. Jh, doch wurde im Laufe der Zeit einiges zerstört, sodass ein Wiederaufbau im 15./16. Jh. erforderlich wurde. 1677 entstand dann der Turm, der über 182 Stufen zu erklettern ist. Von oben bietet sich ein grandioser Blick, zumindest bei gutem Wetter, über die Salzgärten, zur Halbinsel Rhuys, oft sogar bis Belle Ile. In der Hauptsaison ist eine Besichtigung (1,50 €) täglich möglich (Tel. 02.40.23.86.79).

Nur noch Reste finden sich von der Kapelle Notre-Dame-du-Murier. Sie wurde im 15. Jh. nahe der Küste errichtet, angeblich weil ein in Seenot geratener Kapitän von einem brennenden Baum zum rettenden Ufer geleitet wurde und aus Dankbarkeit den Bau finanzierte.

Das **Musée des Marais Salants,** eine Art Heimatmuseum, ist vornehmlich dem wichtigsten Wirtschaftsgut der Region, dem Salz, gewidmet. Modelle, Kleidung, Geräte und ein informativer Film zur Salzgewinnung lassen den Besuch lohnend erscheinen. Es ist von Juni bis September täglich 10–12 Uhr und 14–19 Uhr geöffnet, in der übrigen Zeit nur Sa. und So. nachmittags, Tel. 02.40.23. 82.79, Eintritt 4 €. Weitere Informationen: www.marais-salants.com.

Le Grand Blockhaus. Einer der größten Bunker des Atlantikwalls befindet sich unweit der Innenstadt. Wachsfiguren und zahlreich restaurierte Ausstellungen geben einen Eindruck von der Zeit des 2. Weltkrieges. Öffnungszeiten: von April bis November 10–19 Uhr. Eintritt 6 €.

Nahe dem Ort liegen einige **kleine Sandstrände,** von denen besonders gerne der Plage St-Michel (mit Umkleidemöglichkeiten) aufgesucht wird. Ruhiger sind die kleineren Buchten ohne Infrastruktur, die z.T. noch regelrecht entdeckt werden können.

In Richtung Penchâteau befinden sich entlang der zerklüfteten Küste zahlreiche Grotten, von denen die bekannteste die **Grotte des Korrigans** ist. Nach einer Legende lebten hier die Korrigans, Fabelwesen, die je nach regionaler Eigenart böse oder gute Charaktere zeigten. Sie beherbergten in der Grotte ihre Schätze. Die Grotte konnten sie allerdings nur nachts und mit Zaubersprüchen öffnen.

Unterkunft

● **Hôtel Les Embruns**€, Route du Croisic, Tel. 02.40.23.83.33. Das einfache, aber saubere Hotel liegt nah am Meer.

● **Camping La Govelle,** Tel. 02.40.23.91.63. Der 3-Sterne-Platz liegt in unmittelbarer Nähe zum Strand. Zum Komplettangebot gehört u.a. ein Fahrradverleih. Geöffnet vom 1.4. bis 30.9.

128br Foto: eh

Le Croisic

↗ XXII/A1

Schon immer war Le Croisic ein bedeutender **Fischereihafen.** Dies bezeugen auch heute noch die schmucken Häuser vergangener Jahrhunderte, hauptsächlich entlang der Hafenanlagen. Doch seit der Mitte des 19. Jahrhunderts hat sich das Bild zunehmend gewandelt. Zwar findet von hier aus immer noch aktive Fischerei statt, doch der Ort wird mehr und mehr zum **Ferienort.** Bereits 1845 kamen die ersten 500 Badegäste hierher, nicht zuletzt wegen der gesunden jodhaltigen Luft. Heute sind es jährlich über 300.000, die dem kleinen Ort das typische Urlaubsortsambiente geben. Dazu zählen Bars und Geschäfte, Restaurants, die Möglichkeit zu zahlreichen sportlichen Betätigungen, Spazierwege, Bootsfahrten aufs Meer und die Gelegenheit, echte Fischer bei der Arbeit zu beobachten oder den Fischmarkt zu besuchen.

Viele Sehenswürdigkeiten laden zum Besuch ein. Dazu zählen auch **Ateliers,** in denen man beim Herstellen von Töpferei- und Zinnwaren oder Kirchenfenstern zuschauen kann. Besondere Attraktion ist das jährlich im August stattfindende **Fête de la Mer** mit Tausenden von Besuchern.

In prähistorischer Zeit war die heutige Halbinsel noch eine Insel, die nur per Boot erreicht werden konnte. Seit 1840 besteht die Möglichkeit, den Ort über die Straße entlang der See zu erreichen. Zahlreiche **Windmühlen** geben der Region ein typisches Gesicht. Einen guten Blick über die Stadt hat man vom **Mont-Esprit,** das ist ein in der ersten Hälfte des 19. Jahrhunderts. künstlich aus dem Ballast der Salztransportschiffe aufgeschütteter Hügel.

Der Binnensee Le Traict verhilft dem Ort zu einer bedeutenden Position bei der **Züchtung von Muscheln.** Im See, der bei Ebbe trockenfällt, werden Miesmuscheln und andere Meerestiere gezüchtet.

Interessant ist auch ein Besuch im Hafen der Stadt, der bis in die Zeit des antiken Galliens zurückreicht. Kaianlagen aus dem 13. Jh. zeugen von der **langen Handels- und Fischereivergangenheit** der Region. Im 16. Jahrhundert machten hier dänische, englische, holländische und portugiesische Schiffe fest, die Holz, Eisen, Zinn und Kohle lieferten und, beladen mit Salz und Sardinen, den Rückweg in ihre Heimatländer antraten.

Fischfang hat hier eine lange Tradition. Sardinen wurden mit kleinen Booten mit 4 bis 5 Mann Besatzung gefangen, getrocknet und schließlich für 15 Tage in Salzlake eingelegt. 1851 gelang die Herstellung von Fischkonserven durch den Nantaiser *Collin*. Seitdem konnten Ölsardinen noch besser kommerzialisiert werden. 1877 wurde dem großen Fischangebot mit dem Bau einer neuen Auktionshalle, der Criée, Rechnung getragen. Hinzu kommt seit 1910 der Handel mit Schalentieren. Auch heute noch weist dieser Wirtschaftszweig beeindruckende Zahlen auf. Trotzdem nimmt die Fischerei ab. Immer mehr wandelt sich der Hafen zum Freizeitseglerhafen.

In der Umgebung des Hafens finden sich etliche **Häuser aus dem 16. und 17. Jh.,** die immer noch vom Ruhm vergangener Zeit zeugen. Besonders hübsch ist das Hôtel de Ville aus dem 17. Jh. Zu den alten Bauwerken gehört auch die **Kirche Notre-Dame-de-Pitié,** deren erster Stein am 14.12.1494 gelegt wurde. Hier finden sich einige Statuen aus dem 15./16. Jh.

Das **Marinemuseum** *(Musée Naval)* beherbergt eine Ausstellung maritimer Exponate, zu denen u.a. Schiffsmodelle, bronzene Schiffsgeschütze und Sextanten gehören. Öffnungszeiten: von Mai bis September und in den Osterferien täglich (außer dienstags und sonntags) 10–12 Uhr und 14–18 Uhr. Eintritt 2 €.

Eine weitere interessante Sehenswürdigkeit ist das **Océarium.** 1972 als Aquarium errichtet, wurde es in den letzten Jahren umgebaut. Das sternförmige, fünfarmige Gebäude besitzt einen großen Glastunnel (300.000 Liter Aquarium), durch den der Besucher durch ein Atlantik-Becken hindurchgeht. Im neu eröffneten Australien-Aquarium schwimmen Haie, Rochen sowie andere Exoten der tropischen Meere. Künstliche Wasserfälle, 32 Einzelbecken, diverse Videovorführungen, Restaurants und Verkaufsräume für landestypische Produkte ergänzen das Bild des ganzjährig geöffneten Océariums. Eintritt 11/8 €. In der Hauptsaison geöffnet von 10–19 Uhr, sonst von 10–12 Uhr und 14–18 Uhr.

In der Umgebung des Ortes lohnen sich der Besuch der 858 m langen **Hafenmole, genannt Jetty,** die sich nahe dem Leuchtturm ins Meer hineinzieht. Bei **St-Goustan** befindet sich noch eine Kapelle aus dem 11. Jh., die um 1900 neu aufgebaut wurde. Leider ist sie nur von außen zu betrachten.

Interesse einer ganz anderen Sparte versucht das **Aquaculture au Croisic** bei St-Goustan zu wecken. Hier werden Hummer und Garnelen gezüchtet. Auskünfte erhält man unter Tel. 02.40.23.00.70 oder 02.40.23.03.91. Der Eintritt beträgt 3,80/2,30 €.

Im Süden des Ortes liegt der **Parc de Pen Avel,** ein 90.000 m² großes Erholungsgebiet, das bereits 1870 angelegt wurde. Wäldchen laden zum Spazierengehen ein, im Baum- und Strauchwerk leben zahlreiche Vogelarten, die das Areal auch für Ornithologen (besonders im Frühjahr) interessant werden lässt. Zum Gelände gehören auch ein kleiner Campingplatz und eine Sporthalle.

Freunde des Strandlebens kommen in der Gegend nicht zu kurz. Im Norden liegt der gezeitenabhängige **Plage de St-Goustan,** im Süden der oft überlaufene **Plage de Port-Lin.**

Im **Espace Escargot** kann man sich tgl. von 10–12 Uhr und 14–18 Uhr über Aufzucht und Verarbeitung von Schnecken informieren. Rue des Becs Salés.

Information

- **Office de Tourisme,** 44490 Le Croisic, Place du 18 Juin 1940, Tel. 02.40.23.00.70, www.ot-lecroisic.com, gegenüber dem Bahnhof.

Unterkunft

Im Ort gibt es einige Hotels, die zur gehobenen Kategorie gehören.

- **Grand Hôtel le Fort de l'Océan**€€€**,** Plage de Port-Lin, Tel. 02.40.15.77.77, Fax 02.40.15.77.80. Wie der Name verspricht, erwartet den Gast hier exzellenter Service.
- **Hôtel Castel Moor**€-€€**,** Baie de Castouillet, Tel. 02.40.23.24.18, Fax 02.40.62.98.90. Das gemütliche 19-Zimmer-Haus gehört zum Logis de France. Zimmer z.T. mit Meerblick. www.castel-moor.com
- **Hôtel Les Nids**€-€€**,** Rue Pasteur 15, Tel. 02.40.23.00.63, Fax 02.40.23.09.79, www.hotellesnids.com. Etwas oberhalb des Strandes. Gemütliche Zimmer, familiäre Atmosphäre.
- **La Tour des Goélands**€€**,** Grande Rue 16, Tel. 02.40.23.10.74, Fax 02.40.62.94.98. Sehr gemütliche Bed&Breakfast-Unterkunft.
- Urlaub auf dem **Bauernhof** verspricht Raymond Pluche, Rue de la Ville d'Ys 43, Tel. 02.40.23.12.30. Zimmer mit Meerblick für 2 Personen 46 €.
- **Camping L'Océan,** Le Pré Brulé, Tel. 02.40.23.07.69, www.camping-ocean.com. Der 3-Sterne-Platz liegt nahe dem Strand. Die 400 Stellplätze können zwischen dem 1.4 und dem 30.9. bezogen werden.

Essen und Trinken

- Wer gut, deshalb leider auch teuer essen möchte, kann das Restaurant im **Grand Hôtel** aufsuchen. Hier ist man auf Meeresfrüchte spezialisiert.
- **Crêperie Le Relais du Duc de l'Aiguillon,** Place de Donatien-le-Pré 21. Gute Crêpes und Galettes zu akzeptablen Preisen.
- Ebenfalls gute Küche bietet das Restaurant im **Hôtel Castel Moor.**
- Meeresfrüchte- und Fischspezialitäten gibt es am Buffet des **Le Lenigo,** gegenüber der neuen Criée, Tel. 02.40.23.00.31.
- Teuer und gut ist auch das **Restaurant Au Fin Gourmet,** Place du Pilori 1, Tel. 02.40.23.00.38. Hier serviert man exzellent zubereitete Meerestiere und hervorragende Weine.
- Für den kleinen Hunger bieten sich zahlreiche Crêperien an, z.B. die **Crêperie Waroc'h,**

Avenue H. Becquerel 21, Tel. 02.40.23.07.18. Hier herrscht recht urige Atmosphäre.
- Die **Crêperie de Port-Lin,** Plage de Port-Lin, Tel. 02.40.23.10.97, bietet neben Crêpes und Galettes zahlreiche Grillgerichte, Salate und leckere Cocktails.
- **Crêperie du Pilori,** Place du Pilori 1, Tel. 02.40.23.16.80.

Sonstiges

- **Fahrradverleih,** Rue du Traict 34, Tel. 02.40.62.92.81.

Weiterreise

- **Mit dem Bus:** Täglich Verbindung besteht mit Batz, Pouliguen, La Baule und St-Nazaire. Die Haltestelle befindet sich am Hafen, Place Dinan.
- **Mit der Bahn:** Von und nach Nantes bestehen regelmäßige Zugverbindungen. Je nach Saison 8–10-mal täglich. Die Fahrt dauert etwa 1,5 Stunden.
- **Mit dem Schiff:** Die „Gracie-Ferrande" verkehrt zwischen den Küstenorten und den Inseln Belle-Ile, Houat und Hoedic. Auskunft: Tel. 02.40.23.00.70.

Von La Baule nach St-Nazaire

Pornichet

↗ XXII/A2

Östlich von La Baule beginnt fast unbemerkt der Ort Pornichet. Diese beiden Bade- und Ferienorte sind durch immer intensivere Bebauung der Küste fast nicht mehr voneinander getrennt. Und doch ist Pornichet anders. Herrschen in La Baule die großen „Touristenburgen" vor, so zeichnet sich der etwa 7000 Einwohner zählende Ort Pornichet durch Einzelbebauung sowie flachere und auch gemütlicher wirkende Häuser aus. Besonderen Reiz erfährt der Ort durch einige **alte Villen,** die hier seit 1860 stehen, d.h. seit der Zeit, als der Ort sich von der Meersalzproduktion zugunsten des einträglicheren Urlaubsgeschäftes abwandte.

Le Villas de Pornichet. Wer mehr über die alten Villen des Städtchens erfahren möchte, bekommt dazu eine informative Broschüre im Office de Tourisme (s. „Information").

Auf 8 km Länge erstreckt sich der **Sandstrand,** der jährlich Tausende von Gästen anlockt. Die Sommergäste besitzen sogar ihren eigenen Stadtteil **Pornichet-les-Pins,** malerisch auf einer Landzunge gelegen. Der eigentliche Kern der Stadt, **Vieux Pornichet,** liegt im Südosten.

Im Ort lohnt ein Spaziergang auf dem **Boulevard des Océanides.** Von hier gelingt ein Blick auf die umliegenden Orte, der allerdings im Sommer oft durch viele Menschen verstellt sein kann. Zudem gelangt man über den Boulevard zum Hafen, der als Yachthafen mit über 1000 Liegeplätzen sehr eindrucksvoll ist.

Weit über die Grenzen des Ortes ist das **Hippodrome de la Côte d'Armor** bekannt, die Pferderennbahn, die auf trockengelegtem Sumpfgebiet errichtet wurde. Informationen zu den Rennen erteilt das Office de Tourisme, Boulevard de la République 3, Tel. 02.40.61.33.33.

Von Pornichet aus führt die D 92 direkt nach St-Nazaire. Wer mehr Zeit und Muße besitzt, im Sommer benötigt man oft auch Geduld im Allgemeinen Verkehrsgewühl, sollte allerdings auf der D 292 entlang der Küste fahren. Bereits kurz hinter der Stadtgrenze verwandelt sich das Landschaftsbild zusehends. Ländliche Idylle ist hier an einigen Stellen noch zu finden. Kleine Sandbuchten laden zum (Sonnen-)Bad ein.

Im **Tropicarium Bonsai** gibt es neben einer Bonsaiausstellung (inklusive Vorführung und Erläuterung der Herstellung) auch ein Vivarium zum Thema „Amazonas". Hier finden Sie exotische Pflanzen und Tiere. Ca. 800 Meter vom Bahnhof Pornichet entfernt. Tel. 02.40.61.20.30. Öffnungszeiten tgl. 9–12 und 14–18 Uhr.

Information

- **Office de Tourisme,** Boulevard de la République, Tel. 02.40.61.33.33, www.pornichet.fr.

St-Marguerite

↗ XXII/A2

Recht bekannt und ebenfalls vom Tourismus beherrscht ist St-Marguerite, nur ca. 2 km von Pornichet entfernt. Entlang des Strandes erstrecken sich auch hier wieder viele Ferienhausanlagen.

St-Marc-sur-Mer

↗ XXII/A2

Kleiner und gemütlicher liegt weitere 2 km in Richtung St-Nazaire in einer Bucht der Ort St-Marc-sur-Mer. In der Mitte des Ortes gibt es eine kleine Badebucht, im Osten eine weitere, die allerdings nicht überwacht wird. Bereits vor der Reise kann man sich auf diesen Ort einstimmen, der 1953 als Kulisse für *Jacques Tatis* Film „Die Ferien des Monsieur Hulot" diente.

St-Nazaire

↗ XXII/A3

Die Industriestadt an der Mündung der Loire ist im wesentlichen eine neue Stadt. Zur Zeit der Römischen Besetzung befanden sich hier Hafenanlagen, die den **Galeeren des römischen Reiches** als Liegeplatz dienten. Später nutzten auch die Herzöge der Bretagne den Hafen, obwohl der naheliegenden Stadt Nantes eine erheblich größere Bedeutung zukam. Erst 1856 begann ein echter Aufschwung für St-Nazaire, allerdings wieder im Schatten von Nantes. Dort war die Kapazität der Hafenanlagen ausgelastet, **neue Anlagen** mussten her. Es lag nahe, bereits bestehende auszubauen, und dafür war der Hafen St-Nazaires besonders geeignet. Immer größere Schiffe sollten immer mehr Fracht befördern, hatten dadurch entsprechend größeren Tiefgang, sodass ein weites Einfahren in die Loire unmöglich wurde. Nicht mehr Nantes wurde angelaufen, sondern St-Nazaire.

Der wirtschaftliche Aufschwung der Stadt wurde jedoch durch die Kriegswirren des 20. Jahrhunderts rasch gebremst. Im 1. Weltkrieg landeten hier alliierte Streitkräfte. Im 2. Weltkrieg nutzten die deutschen Besatzungstruppen die Hafenanlagen. Einer der bedeutendsten **U-Boot-Häfen** entstand hier. Über 37.000 m² wurden mit Stahlbeton überdacht. Der 300 m x 125 m große Gebäudekomplex konnte bis zu 20 U-Boote sicher vor Bombenangriffen aufnehmen. Und davon gab es reichlich. 90 % der Stadt wurden bis zur Kapitulation im Mai 1945 zerstört. Nahezu unbeschädigt blieben dagegen bis heute die U-Boot-Anlagen und der überdachte 53 m lange Tunnel im Wasser, der die Boote bei der Ein- und Ausfahrt sichern sollte.

Die **Hafenanlagen,** zu denen auch das Bassin de Penhoet, das mit 22 ha größte Bassin Europas, zählt, können besichtigt werden. Einen Überblick über das Areal erhält man von der Terrasse Panoramique, die oberhalb der ehemaligen U-Boot-Ausfahrt liegt. In der Hauptsaison ist sie von 9.30–19.30 Uhr, im Juni und September von 9.30–12 Uhr und von 14–18 Uhr geöffnet, montags geschlossen.

In der U-Boot-Einfahrt liegt heute die „Espadon", ein 1957 in Le Havre gebautes **U-Boot der französischen Marine.** Es kann ganzjährig besichtigt werden. In der Hauptsaison ganztägig, sonst nur an Sonn- und Feiertagen (Tel. 08.10.88.84.44). Der Eintritt beträgt ca. 8 €. Eine der größten Werften (Ecomusée) der Welt, in der u.a. die Transatlantikliner „Normandie" und „France" gebaut wurden, kann hier besichtigt werden. Unter dem Titel „Chautiers navals Aker Yards" startet tägl. um 16.30 eine Rundfahrt an der Billeterie Centrale, am Office de Tourisme. Eintritt 12 €.

St-Nazaire stellt sich heute aber nicht mehr nur als U-Boot-Hafen *(Port de Guerre)* dar, sondern legt wert auf zwei weitere Merkmale: **Port Transatlantique** *(Escal'Atlantic)* und **Port de Libéré.** Der gesamte Hafenbereich ist am besten zu erreichen, wenn man den Schildern Ville-Port folgt.

Ein tolles Erlebnis verspricht die Animation *Escal'Atlantic.* In Gruppen gelangen Sie an Bord eines „Ozeandampfers" der goldenen 1920er, legen vom Kai ab, überqueren den Atlantik, haben Gelegenheit das Schiff zu erkunden, Berühmtheiten zu begegnen und erreichen die Neue Welt. Einiges davon geschieht tatsächlich, anderes ist durch Filme und Geräuschkulissen fast real – lassen Sie sich überraschen! Öffnungszeiten Februar, März, November und Dezember 10 bis 12 und 14 bis 18 Uhr, sonst 9.30 bis 12.30 und 13.30 bis 18 Uhr, in der Hochsaison bis 19 Uhr. Eintritt 12 €. Im Preis ist der Eintritt zum Ecomusée enthalten.

Die Öffnungszeiten gelten auch für den Besuch des **L'usine Airbus Saint-Nazaire,** der Eintritt beträgt 12 €. Wer die Magie des Hafens bei Nacht erleben möchte *(Découvrez la Magie du port)* zahlt 12 € extra und begibt sich um 22.15 Uhr auf Entdeckungstour. Achtung! Es ist wichtig, den Besuch im U-Boot, im Airbus und für die Sonderbesichtigungen im Voraus (Tel. 08.10.88.84.44) oder beim Kauf der Eintrittskarte für das *Escal'Atlantic* zu buchen. Rechnen Sie mit etwa eineinhalb Stunden für diese Attraktion und weiteren 45 Minuten für den Besuch des U-Bootes. In diesem Eintrittspreis ist auch der Besuch des **Ecomusée** enthalten.

Im Stadtzentrum selbst steht zwischen der Rue Henri Gautier und der Rue du Dolmen ein **Menhir und ein Dolmen.** Diese Relikte der Vorgeschichte haben die Bombenangriffe des letzten Krieges unbeschadet überstanden.

Wer auch in St-Nazaire **Strände** aufsuchen möchte, wird entlang des Boulevards Albert 1er und des Boulevards Président Wilson fündig. Die Plages Grand Traict und Petit Traict sind insgesamt etwa 2 km lang und, je nach Hafensituation, mehr oder weniger sauber.

Westlich der Stadt liegt beim Ort Dissignac ein **Tumulus,** der auf das 5. Jh. vor Chr. datiert wird. Die Grabanlage ist von einem Steinwall umgeben.

Praktische Hinweise

Information

- **Office de Tourisme,** Boulevard de la Légion d'Honneur, Base sous-marine Ville-Port, Telefon 02.40.22.40.65, www.saint-nazaire-tourisme.com.

Unterkunft

- **Hôtel Au Bon Accueil€€,** Rue Marceau 39, Tel. 02.40.22.07.05, Fax 02.40.19.01.58. Gemütliches 10-Zimmer-Hotel mit einigem Komfort.
- **Hôtel Du Berry€€,** Place de la Gare 1, Tel. 02.40.22.42.61, Fax 02.40.22.45.34. Das Haus liegt in der Nähe des Bahnhofs mit entsprechend großer Unruhe. Gut eingerichtete Zimmer.
- Preiswerter ist das **Hôtel le Bretagne€,** Avenue de la République 7, Tel. 02.51.76.30.00, Fax 02.51.76.30.30, www.hotel-le-bretagne.com. Saubere Zimmer werden hier angeboten.

Anreise Weiterreise

- **Mit dem PKW:** Auf der D 213 kann die Loire in Richtung St-Brévin les Pins/Pornic (Vendée) überquert werden. Eine 68 m hohe Brücke, die über 3000 m lang ist, überspannt hier den Fluss. Vom Bauwerk aus, das zwischen 1972 und 1975 errichtet wurde, hat man, gutes Wetter vorausgesetzt, einen fantastischen Blick über die Region.

Parc Naturel Régional de Brière

↗ XXII/B2-3

Inmitten der Guérande-Halbinsel liegt ein ca. 40.000 ha großer Naturpark, dessen Zentrum das 6700 ha große **Sumpfgebiet Grande Brière** bildet. Das Gebiet wurde am 16. Okt. 1970 zum **Parc Naturel** erklärt, um zum einen die einzigartige Natur und zum anderen traditionelle Häuser und Dörfer zu erhalten. Informationsveranstaltungen, geleitete Wanderungen (auch mit dem Rad) und Kanuausflüge gehören zum angebotenen Programm.

Alphonse de Châteaubriand schrieb 1923 den Roman „La Brière", der das anscheinend so romantische Leben der Fischer und Jäger der Brière, allerdings auch deren tatsächlichen harten Alltag beschrieb. Ihm ist es hervorragend gelungen, die Stimmung in dieser Landschaft einzufangen.

In grauer **Vorzeit** war die Region ein mit Tälern durchzogenes bewaldetes Gebiet, das bereits 7500 v. Chr. besiedelt war. Überschwemmungen vertrieben die Bewohner. Durch Sedimentablagerungen der Loire kam es zur Dammbildung, Wasser wurde zurückgehalten, das Gelände versumpfte.

129br Foto: eh

Wie in vielen ähnlichen Fällen, setzte mit Absterben von pflanzlichem Material die Torfbildung ein. Bereits im 15. Jh. begann eine erneute **Besiedelung der Brière,** nachdem der Herzog der Bretagne das Land der Bevölkerung uneingeschränkt zugesprochen hatte. Ursprünglich lebten die Menschen hier vom Fischfang (Karpfen, Hecht und Aal), der Jagd (auf Enten), vom Torfabbau (der Name Grande Brière Mottière stammt vom Begriff *motte* = Torfbrikett) und der Herstellung kunsthandwerklicher Dinge.

Romantische Wasserwege durchziehen den Naturpark

Heute wendet man sich immer mehr dem **Tourismus** zu, denn eine Fahrt durch die Kanäle der Brière hat ihren Reiz, zumal in einigen Monaten herrlich blühende Wasserpflanzen die Landschaft zu verzaubern scheinen.

Pflanzen

Eine Liste der Pflanzen- und Tierwelt des Gebietes liest sich wie ein Auszug aus der Roten Liste, d.h. der Auflistung der **vom Aussterben bedrohten Arten.** Auch wenn diese Arten hier alle noch vorkommen; so sind sie doch auch in der Brière bedroht.

Eine der auffälligsten Arten ist sicherlich das **Schilfrohr.** Vergesellschaftet mit Binsen, Rohrkolben und Riedgräsern bildet es die typische Vegetation. Farbliche Akzente setzen die gelbblühende Sumpfiris (Blüte: Mai–Juni) und weiße Seerosen (Blüte: Juni–Juli). In den trockeneren Randbereichen wachsen Sumpfjohanniskraut, Lobelie und Disteln.

Einige Bereiche, z.B. bei Montoir, weisen starke Versalzungen des Bodens auf. Hier finden sich **salzresistente Arten,** wie z.B. die Meeresbinse. Im Norden herrscht **Heidelandschaft** vor, deren Bewuchs u.a. aus Ginster, Stechginster, verschiedenen Erica-Arten und Enzian besteht. In **feuchteren Heidelandschaften** finden sich die moortypischen Wollgräser, Torfmoose und der insektenfressende Sonnentau.

Vereinzelt grenzen Wäldchen an die Brière. Hier herrschen Eichen, Birken und einige Kiefern vor.

Tiere

Besonders artenreich ist die **Vogelwelt** der Brière. Viele Arten leben hier ganzjährig, andere kommen auf dem alljährlichen Weg in wärmere Gebiete hier durch. Zu den Zugvögeln gehören Stelz- und Sperlingsvögel, Meisen und eine große Zahl von Enten.

39 Nistvogelarten konnten bisher identifiziert werden. Hier ein Auszug aus der Liste: Sumpfschnepfe, Rotschenkelwasserläufer, Bachstelze, Knäckente, Wiesenweihe, Sumpfmeise, Dorngrasmücke, Trauerseeschwalbe, Lachmöwe, Lappentaucher, Teichhuhn, Tüpfelsumpfhuhn, Rohrweihe, Wasserralle, Rohrsänger, Purpurreiher.

19 **Säugerarten** leben im Gebiet, zu denen Bisamratten, Waldmaus, brauner Hase und Schermaus ebenso gehören wie Igel, Spitzmaus, Maulwurf, Fischotter und Hermelin.

Sumpf und Moor sind natürlich auch Lebensraum von **Amphibien und Reptilien,** von denen hier Smaragd-, Mauer- und Bergeidechse, Kreuzotter und Ringelnatter sowie Wasser- und Laubfrosch, einige Krötenarten, Salamander und Molche vorkommen.

Heimische **Fische** sind Aal, Hecht, Zander, Brasse, Schleie sowie Rotauge.

Eine Rundfahrt

Anreise

Von La Baule/St-Nazaire aus kommend, beginnt die Tour ab **Montoir de Bretagne.** Der kleine Ort liegt genau an der Parkgrenze.

Über die D 50 erreicht man zunächst **St-Malo-de-Guersac.** Der Ort liegt auf der größten Insel des Gebietes. Vorbei an schiefergedeckten, schmucken, kleinen Häusern führt der Weg nach **Rosé,** dem eigentlichen Ausgangspunkt der Brière-Erkundung.

Rozé

↗ XXII/B3

Der kleine Hafen, der früher Durchfahrtsort der Lastkähne zwischen Nantes und Vannes war, liegt am Brivet. **Schleusen,** zunächst Senken im Sumpfboden, später dann aus Holz und schließlich aus Metall gefertigt, kontrollierten den Wasserstand. Im Haus des Schleusenwärters (Maison de l'Eclusier) ist heute ein kleines **Museum** untergebracht, das neben der Tätigkeit und den Lebensumständen dieser Berufsgruppe auch die Tierwelt zum Inhalt seiner Ausstellungen hat. Das Museum ist Juni bis September zu den üblichen Zeiten geöffnet, Eintritt 5 €.

Nahe dem Museum (etwa 1 km) liegt das **Réserve Ornithologique Pierre Constant,** wo auf 26 ha Fläche die Tierwelt der Brière zu beobachten ist. Man gelangt entweder zu Fuß oder mit dem Boot dorthin. Der Weg ist auf der gegenüberliegenden Kanalseite ausgeschildert, das Boot fährt an der Brücke ab. Der Park ist von Mai bis Oktober ganztägig zu besuchen, Eintritt 2,50 €.

Ile de Fédrun

↗ XXII/B3

Weiter nach Norden gelangt man kurz vor St-Joachim zum Abzweig zur Ile de Fédrun. Hier befindet sich der Verwaltungssitz des Parks und ein **Of-**

fice de Tourisme (direkt am großen Parkplatz). Über zwei Brücken gelangt man in den Ortskern. Hier gibt es einen Parkplatz, von dem aus Wanderungen im Ort möglich sind. Hübsche strohgedeckte Häuser zieren den Ort, biegt man rechts oder links ab, gelangt man immer nach wenigen Metern an Kanäle. Lohnend ist ein Besuch des **Hauses der Braut** (Maison de la Mariée), in dem typische Brautgeschenke der Region ausgestellt sind. Geöffnet von April–September, ganztägig.

Die **Brière-Strohhütte** (Chaumière briéronne) stellt liebevoll hergerichtet das typische Haus der Gegend dar. Mobiliar und Haushaltsgegenstände, Fischfanggeräte und Handwerkszeug gehören zum Inventar. Gute Erklärungen runden das Bild ab. Geöffnet Juni– September, vor- und nachmittags, Eintritt 5 €.

Von Fédrun aus werden **Kahnfahrten** auf den Kanälen organisiert (s.u.). Die Führer können sehr schöne, aber auch mysteriöse Geschichten über die Brière erzählen, während sie mit der Pigouille, der Stange, das Boot vorwärtsstaken. Die Touren sind im Hochsommer fast immer stark besucht, sodass die richtige Ruhe zum Genuss der Landschaft nicht immer aufkommt.

La-Chapelle-des-Marais ↗ XXII/B2

Weiter geht es über Camerun und Camer nach La-Chapelle-des-Marais. Unterwegs zeigt sich immer wieder die Sumpflandschaft mit ursprünglicher Siedlungsweise. **Camerun** selbst erlangte während der Revolution Bedeutung, als sich hier ein **Lager der Chouans** befand, das unter der Leitung von *Francheville* stand. Überraschend angegriffen, mussten die Chouans am 11. März 1794 ihr Lager unter großen Verlusten aufgeben.

In La-Chapelle-des-Marais findet sich eine **Statue des Saint Cornely,** des Schutzheiligen des Hornviehs, in der Kapelle. Es lohnt der Blick ins Maison du Sabotier **(Haus des Holzschuhmachers).** Hier wird diese alte Handwerkskunst recht anschaulich, z.T. mit Hilfe von Dias, dargestellt. Öffnungszeiten im Juli und August täglich vor- und nachmittags, sonst nur mittwochs nachmittags.

Im Bürgermeisterhaus *(Mairie)* wird ein etwa 7 m langes **Baumfossil** aus den Brière-Sümpfen ausgestellt, eine sogenannte „Morta".

Château de Ranrouet

Auf der D 33, in Richtung Herbignac, gelangt man zum Château de Ranrouet. Die im 12. und 13. Jh. errichtete ehemalige Festung, brannte während der Revolution aus. Ursprünglich wohnten hier die Adeligen der Familie *Rieux*, erkennbar an den in der Mauer eines Turmes eingelassenen Kugeln, dem Symbol dieser Familie. Heute sind nur noch die Mauern, vier Rundtürme und das von zwei Türmen flankierte Tor zu sehen. Öffnungszeiten: 14.30–18.30 Uhr, im Juli und August 10–19 Uhr, Eintritt 2,50 €, Tel. 02.40. 88.96.17.

Mayun ↗ XXII/B2

Vom Schloss aus zurück, bis zur Kreuzung der D 51. Der nächste Stopp kann in Mayun, einem kleinen Ort mit den typischen strohgedeckten Häusern der Landschaft, eingelegt werden. Der Legende nach sollen hier viele Zauberer leben, die z.T. recht unschön mit den Menschen umgehen. Auf jeden Fall ist der Ort aber ein **Zentrum der Korbflechterkunst** gewesen, einige Leute im Dorf fertigen auch heute noch Weidenkörbe, die ursprünglich bis nach Paris verkauft wurden.

Liebevoll zusammengetragenes **historisches Kinderspielzeug** wird im *La Chaumière des Marionettes* ausgestellt. Rue de la Herviais 28. Öffnungszeiten an Wochenenden und während der Ferien tgl. 14–19 Uhr, Eintritt 3 €.

Les Jardins du Marais. In den herrlichen Gartenanlagen zeigt sich ein Reigen an Farbenpracht, Charme und liebevoller Detailarbeit. Im Ortsteil Hoscas. Öffnungszeiten von Mitte Mai bis Mitte September 16–19 Uhr, Eintritt 5 €.

Les Fossés-Blancs ↗ XXII/B2

Im nächsten Ort an der D 51, Les Fossés-Blancs, wurde ein Naturlehrpfad angelegt, der in die Sumpflandschaft hineinführt entlang der Hauptvegetationsgesellschaften des Parks.

St-Lyphard ↗ XXII/B2

Nur wenige Kilometer weiter erreicht man St-Lyphard. Bei gutem Wetter lohnt der Aufstieg zur **Aussichtsplattform des Kirchturmes,** es sind über 130 Stufen, um von hier den sehr eindrucksvollen Blick über die Brière zu genießen.

Östlich des Ortes liegt **La Pierre-Fendue** (der gespaltene Stein), der seinen Namen aus einer Legende ableitet. Ein böser Drache hatte (wie üblich) ein junges Mädchen in seine Gewalt gebracht. *Saint-Lyphard*, ein mutiger Recke, hatte sich vorgenommen, den Drachen zu töten. Beim Testen seines Schwertes an einem Stein stellte sich heraus, dass sein Hieb so kräftig war, dass der Stein gespalten wurde. Das Ergebnis ist noch heute zu sehen. Ach ja, den Drachen ereilte natürlich das gleiche Schicksal.

Weiter südlich steht der **Dolmen von Kerbourg** unweit der D 51. Die Allée couverte liegt auf einem kleinen Hügel und ist recht gut erhalten.

Kerhinet ↗ XXII/B2

Dieses Dörfchen an der D 51 unterscheidet sich von den anderen dadurch, dass es nicht auf einer Insel errichtet wurde. Nur zu Fuß kann der Ort mit seinen restaurierten Häusern besucht werden, da es sich um eine Art **Freilichtmuseum** handelt. Werkstätten und Ausstellungen zeigen das traditionelle Leben in der Brière.

Öffnungszeiten April bis Juni und September 14–18 Uhr, Juli und August 14.30–18.30 Uhr, Eintritt 5 €.

La Chaussée Neuve ↗ XXII/B2

Von Kerhinet gelangt man über die D 47 nach St-André-des-Eaux, von dort über die D 127 nach Norden zur La Chaussée-Neuve. Von hier, dem Ort, von dem aus früher die Boote mit Torf ausliefen, hat man den letzten weiten Blick über die Brière, bevor man zurück zur N 171 fährt.

Praktische Hinweise

Information

- **Office de Tourisme,** Rue de la Brière 38, 44410 La-Chapelle-des-Marais, Tel. 02.40.66. 85.01.
- **Parc Naturel Régional de Brière,** Ile de Fédrun 177, Tel. 02.40.91.68.68.

Unterkunft

Wer mehrere Tage in der Gegend verbringen möchte, findet einige recht urig-gemütliche Unterkunftsmöglichkeiten in den größeren Orten. Alle sind recht rustikal und einfach, aber sauber.

- **Hôtel Ibis€€,** Rue de la Fontaine au Brun 5, Trignac, Tel. 02.40.90.39.39.
- **Auberge de Kerhinet€,** St-Lyphard, Tel. 02.40.61.91.46.
- **Hôtel/Restaurant Vince€,** Rue de Verdun 8, Herbignac, Tel. 02.40.88.90.21.
- **Camping Municipal les Brières du Bourg,** St-Lyphard, Tel. 02.40.91.43.13. Recht akzeptabler Service für die 130 Stellplätze.

Essen und Trinken

In jedem Ort finden sich mindestens eine Crêperie und ein kleines Restaurant.

- Besonders zu empfehlen sind das **La Hutte Briéronne,** Ile de Fédrun, Tel. 02.40. 88.43.05, mit gutem Grillrestaurant und Crêpes-Angebot und
- **Auberge du Parc,** Ile de Fédrun, Tel. 02.40.88. 53.01. Neben Brière-Aalen werden hier auch leckere Enten- und Huhngerichte serviert.
- **Crêperie du Sabotier,** La-Chapelle-des-Marais, Rue des Écluses 2. Traditionelle bretonische Crêperie mit Crêpes ab 5 € und Galettes ab 7 €.

Sonstiges

- **Angeln/Jagen,** Auskunft bei der jeweiligen örtlichen Verwaltung und bei *Commission Syndicale de Grande Brière Mottière,* Mairie Donges, Tel. 02.40.91.06.06.

Bootstouren

Bootstouren werden in Fédrun, St-Lyphard und Bréca angeboten. Neben Gruppentouren (7/4 €) werden Boote ohne Führer für etwa 27,50 €/Tag vermietet.

- **Ile de Fédrun:** *René Moyon,* Nr. 187, Tel. 02.40.91.60.46; *Jean Moyon,* Nr. 224, Tel. 02.40.88.41.50/02.40.88.47.67; *André Moyon,* Nr. 143, Tel. 02.40.88.50.73; *Chez Chantal et Jacky,* Tel. 02.40.88.43.40/02.40.88. 43.16; *Mme Aoustin-Huard,* Nr. 175, Tel. 02.40.91.61.28.
- **St-Lyphard:** *L'Arche Briéronne,* Port de Bréca, Tel. 02.40.91.33.97.
- **Bréca:** *B. Deniaud,* Tel. 02.40.91.42.67, 02.40.91.33.97.

Nantes

Die **ehemalige Hauptstadt der Bretagne,** Nantes, gehört heute offiziell nicht mehr zur Bretagne, sondern zur **Region Pays de Loire.**

Dieser verwaltungspolitische Federstrich ist allerdings nicht ausreichend gewesen, die Metropole auch in den Köpfen der Menschen von der Bretagne zu isolieren. Die enge historische Verwobenheit führt auch heute noch dazu, dass man in anderen Regionen Frankreichs Nantes auch weiterhin zur Bretagne zählt.

Geschichte

Die knapp 300.000 Einwohner zählende Industriestadt hat eine bewegte Vergangenheit, die bis in die Zeit der Völkerwanderungen zurückreicht. Etwa um das Jahr 407 wurde der Ort zur **Hauptstadt der Bretagne.** 843 drangen dann Normannen in die Stadt ein und drückten ihr bis 939 ihre Herrschaft auf, als sie von Herzog *Alain Barbe-Torte* vertrieben werden konnten. Dieser Sohn einer führenden bretonischen Familie errichtete in Nantes seine Residenz und verhalf der Stadt zu neuem Ruhm.

Im Mittelalter folgten zahlreiche **Kämpfe zwischen Nantes und Rennes** um die Vormachtstellung innerhalb der Region, die jeweils mit wechselnden Siegen endeten. Das **Ende der unabhängigen Bretagne** und damit der herausragenden Position Nantes' kam dann im Jahre 1491 mit der Heirat von Herzogin *Anne* und dem französischen König *Charles VIII.*

Ende des 16. Jahrhunderts hatte besonders die Bretagne unter den Auseinandersetzungen zwischen Protestanten und Katholiken zu leiden. Der damalige französische Herrscher *Henri IV.* wurde dann um Hilfe angerufen. Daraufhin erließ er am 13. August 1598 das **Edikt von Nantes,** das den Protestanten die Glaubensfreiheit garantierte.

Der eigentliche Wohlstand der Stadt wurde im 16. bis 18. Jahrhundert durch den **re-**

gen Überseehandel begründet. Große Gewinne erzielten die Reeder mit Rohrzucker, Kolonialwaren und, wenig rühmlich, dem Sklavenhandel.

Der Reichtum der Stadt, die Ende des 18. Jahrhunderts mit stolzen 2500 Schiffen zum **wichtigsten Hafen Frankreichs** avancierte, zeigte sich deutlich in den Prunkbauten der Reeder am Ufer der Loire, von denen heute leider nicht mehr allzuviel zu sehen ist.

Ein weiteres wichtiges und zugleich dramatisches Datum ist der **Juni 1793.** Viele Königstreue flüchteten während der Revolution nach Nantes, einem Zentrum der aufständischen *Association Bretonne*, die auch unter dem Namen *Chouans* bekannt waren. Zahllose politische Gefangene überfüllten nun 1793 die Gefängnisse Nantes', die Lage spitzte sich immer mehr zu, bis *Jean-Baptiste Carrier* vom Nationalkonvent beauftragt wurde, eine große „Reinigung" durchzuführen. Er ersann eine denkbar einfache Lösung. Die Gefangenen wurden auf Boote verladen und mit ihnen in der Loire bei Chantenay versenkt. Diese Greueltat war aber wohl dem Nationalkonvent zu brutal. Es verurteilte auch *Carrier* zum Tode.

Mit der Revolution änderte sich einiges für die Stadt. Der Sklavenhandel wurde geächtet, Rohrzucker von den Antillen wich lokalem Rübenzucker. Findige Geschäftsleute entdeckten den **Lebensmittelsektor und die Metallverarbeitung** als Wirtschaftszweige. Mit der fortschreitenden Industrialisierung stieg der Bedarf an Hafenkapazität. St-Nazaire wurde 1856 zum Vorhafen ausgebaut. Immer größere Schiffe bedeuteten immer größeren Tiefgang, sodass die Stadt sich gezwungen sah, die **Mündung der Loire** auf eine Wassertiefe von über 8 m **auszubaggern.** 1911 war es dann soweit, die Schiffe hatten je nach Wasserstand bis zu 8,25 m Wasser unter dem Kiel.

Im 2. Weltkrieg wurde die Stadt stark durch Luftangriffe beschädigt. Restaurierungsarbeiten nahmen dann später vielen Vierteln leider den typischen Charme durch die Vermischung von Bauten aus dem 18. Jahrhundert und modernen Neubauten. Wenn Nantes heute vielfach als „blühende Stadt" bezeichnet wird, so umschreibt dieser Begriff euphemistisch ein praktisch ständiges Chaos aus **ober- und unterirdischem Bauboom,** mehrspurigen Straßen und nicht enden wollendem Verkehrsgewühl. Für viele Besucher wird der erste Eindruck Nantes' so oft negativ geprägt, zumal nicht unerhebliche Probleme bei der Parkplatzsuche auftreten. Und doch hat die Stadt einiges zu bieten, sodass sowohl Tagesausflüge als auch mehrtägige Aufenthalte lohnend erscheinen.

Sehenswertes

Die prekäre Parkplatzsituation der Stadt lässt es ratsam erscheinen, die Stadt zu Fuß zu erkunden. Dies wird dadurch erleichtert, dass nahezu alle interessanten Punkte der Stadt in Gehentfernung voneinander liegen.

Das Herzogsschloss

Das Herzogsschloss ist sicherlich der erste Anlaufpunkt für Besucher. Nahe der Hauptstraße Cours John F. Kennedy, mit einem großen **Parkplatz** an der Rückseite (Place de la Duchesse Anne), überragen die gewaltigen Mauern und Wehrtürme die umliegenden Stadtviertel. Vom Place Marc-Elder aus gelangt man über eine **Brücke,** ehemals eine Zugbrücke, durch die Räume des Grand Gouvernement zum Schlosshof. Ursprünglich wurden die **Gräben um die Burg** herum vom Wasser der Loire gespeist, durch die Veränderungen des Flussbettes fielen sie jedoch trocken und mussten dann künstlich bewässert werden.

Der **Baubeginn** des Schlosses von *François II.* datiert auf das Jahr 1466. Seine Tochter, *Anne de Bretagne*, vollendete den Bau ab 1491, ihrem Heiratsdatum mit *Charles VIII.*, dem König von Frankreich. Bis zum 18. Jahrhundert war das Schloss immer wieder **Aufenthaltsort französischer Herrscher** und bretonischer Herzöge. 1598 wurde hier das **Edikt von Nantes** von *Henri IV.* erlassen.

Ab dem 17. Jahrhundert fand das Bauwerk Verwendung als Kaserne. Die hier gelagerten **Pulvervorräte explodierten** 1800 und führten zur Vernichtung des Tour des Espagnols (Spanischer Turm) an der Nordseite. Zahlreiche andere Gebäudeteile wurden ebenfalls in Mitleidenschaft gezogen, konnten aber wieder aufgebaut werden.

1915 kaufte die Stadt das Schloss und konnte es 1921 zum Museum ausbauen, das erstmals 1924 eröffnet wurde. Lange Zeit mussten notwendige Renovierungsarbeiten unterbleiben, weil die finanziellen Mittel begrenzt waren. Seit den 1970er Jahren wurden jedoch Mittel vom Kultusministerium und dem Departement bewilligt, die eine **vollständige Restaurierung** ermöglichen.

Innerhalb der Festungsmauern können neben zwei Museen auch einige der eigentlichen Festungsbereiche besichtigt werden. Der Eingangsbereich, das **Grand Gouvernement,** diente seit dem Brand von 1670, der einige Gebäudeteile zerstörte, den Gouverneuren der Bretagne als Wohnraum. Der direkt angrenzende **Bäckereiturm** (Tour de Boulangerie) fand im Gegensatz zu seinem Namen als Gefängnis Verwendung, wie sich unschwer aus den Wandkritzeleien erkennen lässt. Ideenreichtum zeichnete auch die Bauherren vergangener Zeiten aus, bauten sie doch gekonnt verschiedene Ebenen in den **Saal der drei Kamine** (Salle des trois cheminées), einer ehemaligen Küche, um so die Abwässer leicht ableiten zu können.

Der benachbarte **Jakobinerturm** (Tour des Jacobins) aus dem 15. Jahrhundert diente ebenfalls als Gefängnis.

Neben dem Besuch dieser z.T. recht dunklen und etwas muffigen Räumlichkeiten lohnt ein Spaziergang durch den **Hof** und auf der Festungsmauer. Im Hof befindet sich ein verzierter Brunnen neben den Treppenaufgängen zur Mauerkrone. Vom begehbaren Mauerabschnitt aus eröffnet sich eine neue Perspektive auf das Schloss und die Stadt. Messingtafeln geben an verschiedenen Stellen der Mauer Informationen über das Schloss und angrenzende Stadtteile, allerdings ausschließlich in französischer Sprache.

Im ehemaligen Pferdestall, dem Harnachement-Gebäude, befindet sich das **Salorges-Museum,** auch **Marine-Museum** genannt. Gegründet wurde es ursprünglich 1928 von den Konservenfabrikanten *Louis* und *Maurice Amieux*, allerdings nicht im Schloss, sondern in der Fabrik des Unternehmers *Colin*, der als erster Nantaiser nach dem Verfahren von *Appert* Konserven hergestellt hatte. Um die Wege möglichst kurz zu halten, lag die Fabrik nahe dem Hafen und wurde so im 2. Weltkrieg Ziel der Bomben. 1954 wurden die erhaltenen Ausstellungsstücke ins Schloss überführt und sind seit 1979 erneut der Öffentlichkeit zu-

- 1 Thomas Dobrée-Museum
- 2 Hôtel Le Sanitat
- 3 Postmuseum
- 4 Jules-Vernes-Museum
- 5 Restaurant de la Mar
- 6 Cuocracha
- 7 Passage Pommeraye
- 8 Grand Hôtel de Nantes
- 9 Place du Commerce, Office du Tourisme
- 10 Kim Thai, Le Shanghai

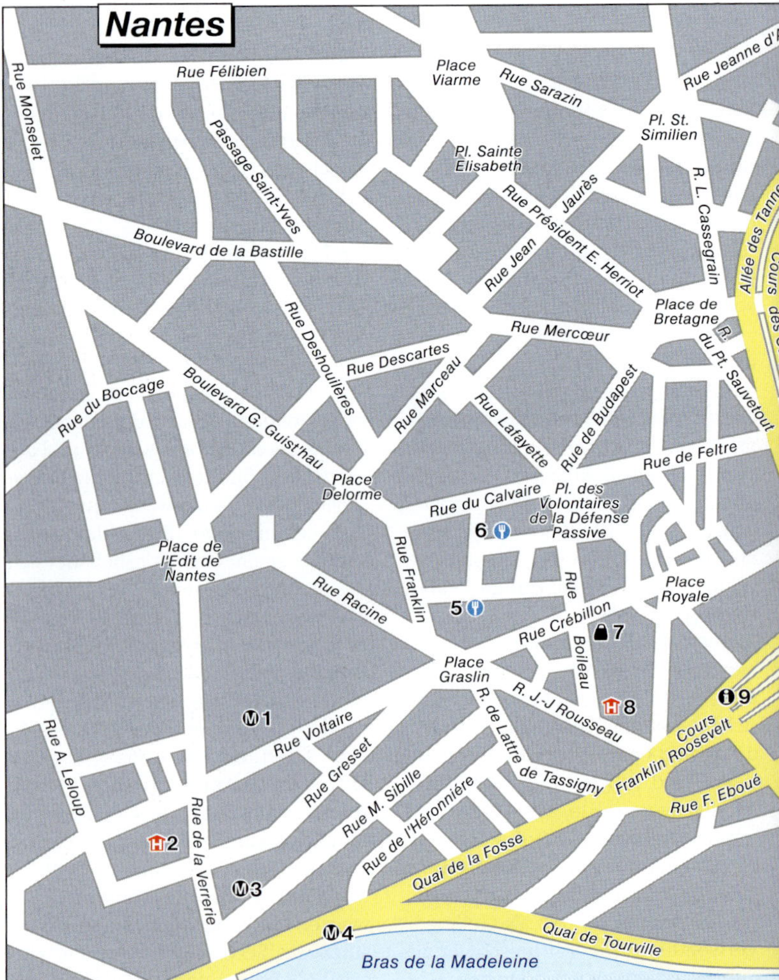

	11	La Ciboulette		17	Bahnhof
	12	Cathédrale Saint-Pierre		18	Herzogschloss
	13	Museum der schönen Künste		19	Busbahnhof
★	14	Jardin des Plantes		20	Maison Baron Lefèvre
	15	Jugendherberge		21	Hôtel Trianon
	16	Hôtel de la Gare			

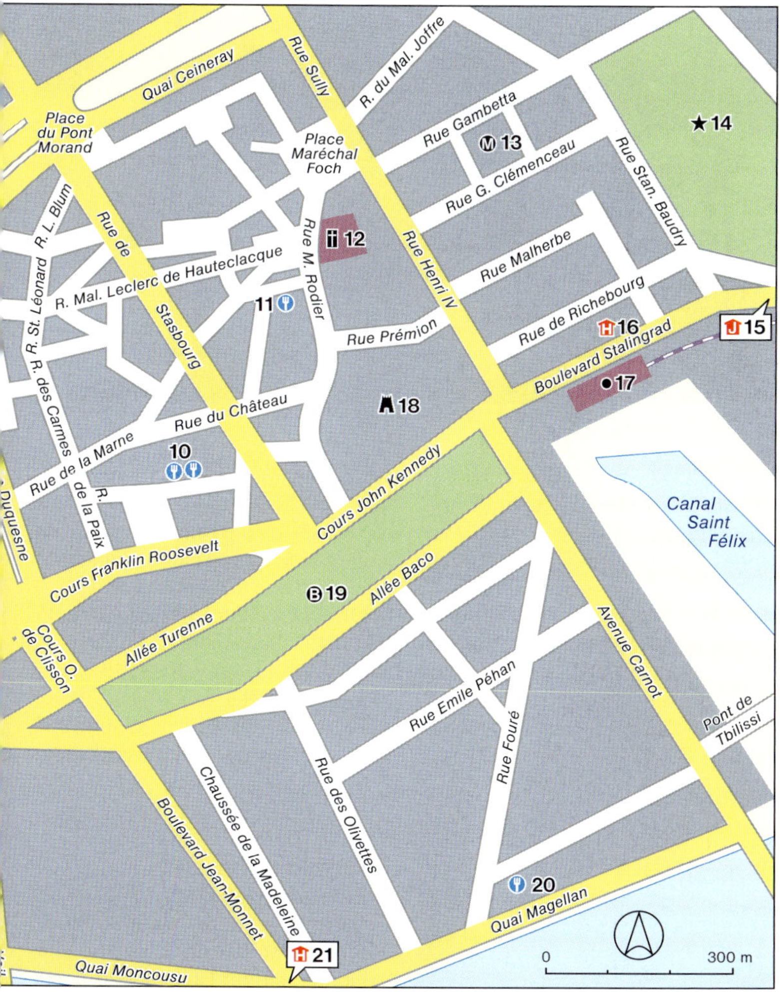

130br Foto: eh

gänglich. Die Ausstellung zeigt vornehmlich Exponate aus dem 18. und 19. Jahrhundert, aus der Zeit des Walfanges, des Sklaven- und Kolonialwarenhandels. Schiffsmodelle vervollständigen das Bild.

Ein weiteres Museum, das **Museum der regionalen Volkskunst** *(Musée d'Art populaire régional)*, befindet sich im Grand Gouvernement. Auf mehreren Etagen sind hier Trachten, Einrichtungs- und Haushaltsgegenstände ausgestellt. Besonders interessant sind die unterschiedlichen Haubenformen der bretonischen Frauentrachten.

Öffnungszeiten: Schloss vom 15. Mai bis 15. September tgl. von 9 bis 20 Uhr, Museum von 9.30 bis 19 Uhr, in der übrigen Zeit von 10 bis 19 Uhr, bzw. von 10 bis 18 Uhr. Eintritt 6 €, inklusive temporärer Ausstellungen 8 €. Informationen unter Tel. 02.51.17.49.99, www.nantestourisme.com.

Weiteres Sehenswertes

Am Place Saint-Pierre, nördlich des Schlosses, steht die **Kathedrale St-Pierre,** deren Bau Ende des 15. Jahrhunderts mit der Fassade und beein-

Boule wird auf allen Plätzen gespielt

druckend hohen Türmen (63 m) begann. Im 16. Jahrhundert wurden die Schiffe ergänzt. Das Gewölbe entstand im 17. Jahrhundert. In der Kirche befindet sich das Grabmal *François' II.* und seiner Frau *Marguerite de Foix*. Das Grab des letzten Herzogpaares der Bretagne wird von einer schwarzen Marmorplatte bedeckt.

Nur etwa 200 m entfernt liegt der **Place Maréchal-Foch.** Inmitten des Platzes steht eine 18 m hohe Säule mit der Statue *Louis' XVI.* Dieses Bauwerk gab dem Platz auch den Namen Place Louis XVI. Herrschaftliche Stadthäuser *(Hôtels)* aus dem 18. und 19. Jahrhundert umgeben den Platz. Hier waren sogar *Napoléon* und *Josephine* Gast. In Richtung Kathedrale steht das **Saint-Pierre-Tor** (Porte St-Pierre), das im 15. Jahrhundert errichtet wurde. Es führt durch ein Gebäude, das früher zum Bischofssitz gehörte.

Neben einzelnen Bauwerken zählen in Nantes auch ganze Stadtviertel oder Straßenzüge zu den lohnenden Zielen. Der Hafen hatte auf die Stadt schon im 18. Jahrhundert prägenden Einfluss. Heute ist nur noch an einzelnen Orten etwas davon zu spüren, z.B. am **Quai de la Fosse.** Hier stehen noch alte verzierte Häuser der Reeder bzw. ehemalige Lagerhäuser der Ostindischen Gesellschaft. Die Häuser Nr. 17, Nr. 70 und Nr. 86 sind besonders hübsch.

Etwas weiter westlich am Quai de la Fosse befindet sich eine **Marine-Ausstellung** im Bereich des ehemaligen Geleitbootes „Maillé-Brézé". Neben einer sehr ausgeprägten Kriegswaffenschau werden auch die Wohnraumverhältnisse auf einem Kriegsschiff vor Augen geführt.

Ein Relikt des 19. Jahrhunderts ist die **Passage Pommeraye** im Bereich der Rue Santeuil/Rue Crébillon. Stuck, Säulen, Glasdächer und schmiedeeiserne Gitter und Treppengeländer geben dem hallenartigen Durchgang das gewisse Etwas. Heute präsentiert sich die Passage als Shopping-Center, wobei die Geschäfte sich überwiegend gelungen in das Flair des Gebäudes eingliedern.

Hübsche alte Fassaden befinden sich im Bereich der Straßen **Rue des Halles/Rue des Carmes.** Ein besonders altes Gebäude stammt aus dem 15. Jahrhundert. Es liegt gegenüber der Ecke Rue des Carmes/Rue des Halles.

Am **Place Royale** symbolisiert der im Jahre 1865 erbaute Brunnen die Stadt Nantes, die über die Flüsse Loire, Erdre, Sèvre und Nantaise herrscht. Die umliegenden Häuser, die bei einem der ersten schweren Bombenangriffe 1943 enorm beschädigt wurden, konnten nach Ende des Krieges sehr gut renoviert und rekonstruiert werden.

Das moderne Nantes wird am ehesten am Place de la Bretagne durch den **Tour Bretagne** vertreten. Früher konnte das 145 Meter hohe Gebäude besichtigt werden, aus Sicherheitsgründen (Verhinderung von Suiziden) ist dies aber derzeit leider nicht möglich.

Der **Botanische Garten** (Jardins des Plantes) liegt etwas außerhalb des Stadtkernes gegenüber dem Hauptbahnhof. Bereits im Jahre 1805 wurde dieser Landschaftsgarten angelegt, der neben der heimischen Flora in Gewächshäusern auch zahlreiche exotische Pflanzenarten beherbergt.

Malerische Blicke auf die Stadt und ihre Umgebung bieten sich von den Schiffen der Flotte der Bateaux Nantais, die Touren auf der Loire und der Erdre anbieten. Neben reinen Rundfahrten (ab 8/5 €) gibt es solche mit Büffett und musikalischer Untermalung (ab 40/16 €). Informationen und Buchung bei: *Service Navigation,* Rue Marcel-Sembat 2, Tel. 02.40.71.02.20.

Tierisch: Historische Stadtrundfahrt mit der Kutsche

131br Foto: eh

Praktische Hinweise

Information

- **Office de Tourisme,** Olivier-de-Clisson und Place Saint-Pierre, 44000 Nantes, Tel. 08.92. 46.40.44, www.nantes-tourisme.com.

Essen und Trinken

- Im Bereich des Schlosses gibt es viele kleine Gaststätten, die allerdings ihre günstige Lage durch reichlich überzogene Preise ausnutzen. Geht man nur wenige Schritte weiter, stößt man im Bereich Rue de la Juiverie/Rue de l'Emerie auf zahlreiche chinesische, thailändische, griechische und vegetarische Restaurants. Hier sind das **Le Shanghai,** das **Kim Thai** und das **Le Vetenary** (alle Rue de la Juiverie) besonders zu empfehlen.
- Freunde von Fischgerichten kommen im **Le Restaurant de la Mer** auf ihre Kosten (Rue Scribe 21).
- Orientalische Küche bietet das **Restaurant Le Cham** in der Allée de la Maison Rouge 8.
- Typisch mexikanische Küche serviert das **Cucaracha** in der Rue François Sallières (nahe der Passage Pommeraye).
- **La Ciboulette,** Rue Saint-Pierre 9. Günstige Mittagsgerichte und schmackhafte Küche am Abend.
- **Maison Baron Lefèvre,** Rue de Rieux 33. Neben sehr leckeren Gerichten sollte man hier unbedingt die Nachspeisen kosten.

Unterkunft

Die Stadt verfügt über ein sehr breitgefächertes Hotelangebot.

- **Holiday Inn Garden Restaurant**$^{€€€}$**,** Boulevard des Martyrs Nantais 11, Tel. 02.40.47. 77.77. Liegt am oberen Ende der Preisskala. Der Komfort entspricht dem der bekannten Hotelkette.
- **Grand Hôtel de Nantes**$^{€}$**,** Rue Santeuil 2, Tel. 02.40.73.46.68, Fax 02.40.69.65.98. Gut ausgestattetes Hotel, dessen Name höhere Preise vortäuscht.
- **Hôtel de la Gare**$^{€\text{-}€€}$**,** Allée du Commandant Charcot 5, Tel. 02.40.74.37.25. Ausstattung des Hauses wie im Grand Hotel. Günstig und nicht zu laut trotz Bahnhofsnähe.

- Am unteren Ende der Preisskala liegen die Hotels **Trianon€**, Boulevard Victor Hugo 43, Tel. 02.40.47.82.00, und **Le Sanitat€**, Rue d'Alger 18, Tel. 02.40.73.25.57.
- Die **Jugendherberge** (Auberge de Jeunesse) befindet sich in der Manufacture des Tabacs, nahe dem Hauptbahnhof. Le Manu 2, Place de la Manu, Tel. 02.40.29.29.20.

Anreise/Weiterreise

- **Mit der Bahn:** Vom Hauptbahnhof der Stadt verkehren täglich Züge nach Paris. Die Fahrzeit beträgt knapp drei Stunden. Mit dem Hochgeschwindigkeitszug TGV erreicht man die Hauptstadt bereits in zwei Stunden. Zudem bestehen Anschlüsse nach Rennes, Redon und Vannes/Quimper.
- **Mit dem Bus:** Regelmäßige Busverbindungen bestehen mit Vannes, St-Nazaire und Rennes.
- **Mit dem Flugzeug:** Vom Flughafen der Stadt aus bestehen regelmäßige Verbindungen mit Paris, Brest, anderen französischen Städten und England.

Museen

- Das **Museum der schönen Künste** (Musée des Beaux-Arts) befindet sich in der Rue Georges Clémenceau. Hier werden Werke bedeutender Künstler vom 13. Jahrhundert bis zur Gegenwart ausgestellt. *Tintoretto, Georges de la Tour, Rubens, Ingres, Monet und Max Ernst* gehören ebenso zum Repertoire wie *Picasso* und *Kandinsky*. 1991 wurde es mit dem „Grand Prix" der französischen Museen ausgezeichnet.

  Es ist täglich, außer dienstags und an Feiertagen, 10–18 Uhr geöffnet. Der Eintritt beträgt 3,50 €.
- Das **Thomas-Dobrée-Museum** (Musée Dobrée) wurde im 19. Jahrhundert vom Reeder und Kunstliebhaber *Dobrée* eingerichtet. Exponate aus vielen Jahrhunderten und Erdteilen sind hier liebevoll ausgestellt. Besonders wertvoll ist der Schrein des Herzens (1514) von *Anne de Bretagne*. Das Museum an der Rue Voltaire ist Mittwoch bis Freitag 13.30–17.30, Samstag und Sonntag 14.30–17.30 Uhr geöffnet. Eintritt 3 €.
- Direkt benachbart liegt das **Museum für regionale Archäologie** (Musée d'Archéologie régionale). Den regionalen Entdeckungen wurde ein ganzes Stockwerk gewidmet. Außerdem finden sich hier viele Exponate griechischer und etruskischer Kunst sowie aus Ägypten. Das Museum ist ebenfalls von der Rue Voltaire aus zugänglich. Die Öffnungszeiten entsprechen denen des Dobrée-Museums.
- Das **Puppen- und Spielzeugmuseum** (Musée de la Poupée et des Jouets anciens) am Boulevard Saint-Aignan zeigt eine reiche Kollektion von Puppen, Puppenkleidung und -stuben. Ein Bereich ist anderem Spielzeug, u.a. der Eisenbahn, vorbehalten. Es ist von Mittwoch bis Samstag 10–12 und von 14–18 Uhr geöffnet, im Winterhalbjahr auch sonntags. Eintritt ca. 3 €.
- Das **Jules-Verne-Museum** wurde als ständige Ausstellung der Stadtbibliothek gegründet, um an den berühmten Nantaiser Schriftsteller zu erinnern, der hier 1828 geboren wurde. In dem Gebäude an der Rue de l'Hermitage werden persönliche Gegenstände *Vernes* ebenso ausgestellt wie einige Stücke, die ihm Inspirationen lieferten. Geöffnet täglich, außer dienstags, 10–12 Uhr und 14–18 Uhr, sonntags nur nachmittags. Eintritt 3 €.
- Liebhaber der Astronomie sollten das **Planetarium** in der Rue des Acadiens besuchen. Hier werden mittels Videotechnik eindrucksvolle Blicke in fremde Universen gewährt. Die Vorstellungen finden dienstags bis samstags um 10.30, 14.15 und 15.15 Uhr statt, sonntags nur nachmittags. Der Eintritt beträgt 5 €.
- Überblick über die Geschichte der Post, von Briefmarken über Uniformen bis zur modernen Telekommunikation, gibt das **Museum der Post** (Musée de la Poste) am Boulevard Pageot. Es ist montags bis freitags von 14–16.30 Uhr geöffnet. Eintritt 2 €.

Weitere Ziele im Inland

Tour de Brocéliande

Im Wald von Brocéliande treffen die **Sagen** von der Tafelrunde, dem Zauberer *Merlin* und der Fee *Viviane* mit einer faszinierenden, oft romantischen Landschaft im Herzen der mysteriösen Bretagne zusammen.

Heute wird die bewaldete Region, die sich über eine Fläche von etwa 7000 ha erstreckt, nach dem größten Ort des Gebietes **Forêt de Paimpont** genannt. Bis auf einen kleinen Bereich im Norden (etwa 600 ha Wald) befindet sich das Gebiet im Besitz mehrerer Privatpersonen. Aufgrund verschiedener Verträge zwischen den Besitzern, dem Département Ille-et-Vilaine und dem Wanderverein Comité départemental de la Fédération Française de la Randonnée Pédestre besteht die Möglichkeit, die Gegend zu besuchen und auf den ausgeschilderten **Wanderwegen** die legendenumwobenen Orte zu besichtigen. Grundbedingung der Privatbesitzer dafür ist, weder den Wald noch die Orte in irgendeiner Weise zu schädigen. Ob das hier beschriebene Waldgebiet tatsächlich dem keltischen Brocéliande entspricht, ist historisch umstritten.

Der Wald ist geprägt von einer großen Zahl unterschiedlicher **Nadel- und Laubbäume,** z.B. Rotbuchen, verschiedene Eichenarten, Sitka- und Douglas-Fichten und Hainbuchen, und **weitflächigen Heidelandschaften,** hier herrschen Glockenheidearten vor. Eingestreut finden sich hier immer wieder Stech- und Besenginstersträucher. In einigen Teilen der Gegend hat die moorartige Landschaft die Ansiedlung von Torfmoosen bedingt.

Die folgende **Rundreise** ist am besten anhand der Karte zu verfolgen. Die **Nummerierung der Orte** findet sich in untenstehender Karte wieder.

Plélan-le-Grand (1)

Plélan-le-Grand ist die **ehemalige Residenzstadt Salomons,** des Königs der Bretagne (von 857 bis 874). Ein Teil der Residenz ist heute noch als Erdfestung in Gué erkennbar. Bereits im 13. Jh. wurde hier eine Kapelle errichtet, die 1850 als Kirche St-Pierre restauriert wurde.

1794 hatte **Joseph de La Puysaie** hier sein Hauptquartier. Er war einer der Führer der Chouans, der von hier aus die Landung der Emigranten aus England auf der Quiberon-Halbinsel organisierte (s. dort). Er konnte sich nach dem gescheiterten Aufstand nach Kanada in Sicherheit bringen.

Information

- **Office de Tourisme Paimpont,** Abbaye de Paimpont, Esplanade de Brocéliande 5, Tel. 02.99.07.84.23 und **Office de Tourisme Tréhorenteuc,** Place Abbé Gillard Tel. 02.97.93.05.12, www.broceliande-tourisme.info.

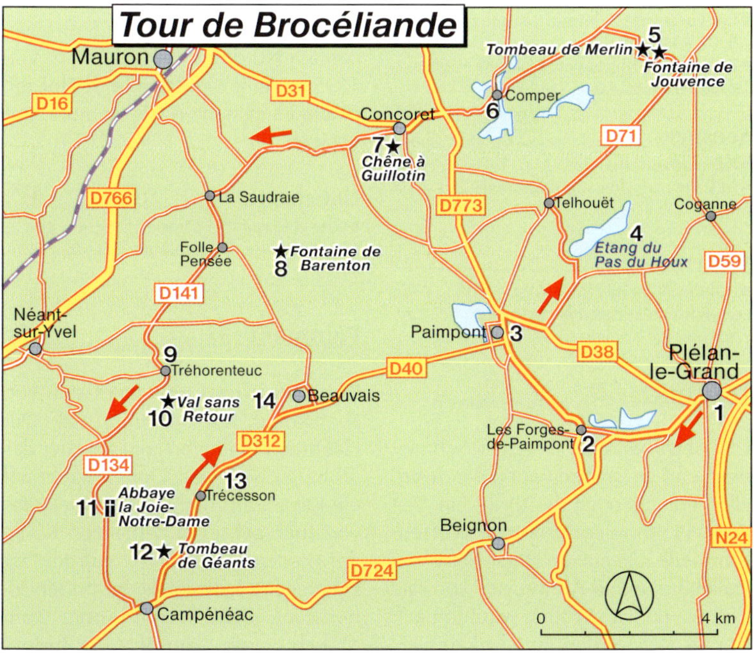

Unterkunft

- **Hôtel des Bruyères€,** Rue de Brocéliande 10, Tel. 02.99.06.81.38. 18 Zimmer werden vermietet.
- **L'Orée de la Forêt€,** Rue Nationale 2, Tel. 02.99.06.99.43. Hier werden 14 Zimmer angeboten.
- **Relais de Brocéliande€,** Paimpont-Le Bourg, Tel. 02.99.07.81.07, Fax 02.99.07. 80.60, www.le-relais-de-broceliande.fr. In 24 Zimmern wird angemessener Komfort geboten.
- **Camping Municipal,** Tel. 02.99.06.81.41. Der 2-Sterne-Platz bietet 33 schattige Stellplätze, Kinderspielplatz, Schwimmbad und Tennismöglichkeit. Geöffnet 15. April bis zum 30. September.

Essen und Trinken

- **Relais de la Chèze,** Route de Rennes, Tel. 02.99.06.81.34.
- **Les Forges de Paimpont,** Route de Lorient, Tel. 02.99.06. 81.07.
- **Relais des Diligences,** Place de l'Eglise 2, Tel. 02.99.06.81.44.

Sonstiges

- **Fahrradverleih:** *Brécilien,* Tel. 02.99.07. 81.13. Hier werden auch Mountain-Bikes vermietet.

Weiterreise

- Auf der N 24 führt der Weg nach ca. 4 km zum Pont-du-Secret. Hier schworen sich *Lancelot* und die Königin *Guenièvre* ihre Liebe.

Les Forges (2)

Übersetzt bedeutet dies „Die Schmieden" und weist damit auf die industrielle Vergangenheit des Ortes hin. Seit dem 15. Jh. siedelten hier **Waffenschmiede,** die auf die Herstellung von Hellebarden und Armbrüsten spezialisiert waren. Die Waffen wurden nach Nantes, Rennes und Vitré verkauft.

Grundlage der Metallverarbeitung bildeten die reichen Eisenerzfunde in der Umgebung, zahlreiche Seen und der Wald, der zum Heizen der Schmiedefeuer großflächig kahlgeschlagen wurde. Seine Blütezeit erlebte das **Schmiedehandwerk** im 19. Jh., u.a. wurden sogar die Werften von Brest, Nantes und Lorient beliefert. Später wurde allerdings die Konkurrenz der Stahlverarbeitung, besonders aus Lothringen, übermächtig, sodass der Niedergang des Schmiedehandwerks unaufhaltsam war. Nach wie vor ist der dörfliche Charakter mit Häusern aus dem 18. Jh. erhalten.

Entlang dem **Etang des Forges,** einem 15 ha großen See, bieten sich Spaziergänge, z.B. zu den Herrensitzen am Nord- und Westufer, an. Von 1595 stammt die **Kapelle St-Eloi** mit einem interessanten Glockenturm aus Schiefer.

Unterkunft

- **Gîte d'Etape,** bei Mme Gaudichon gibt es 15 preiswerte Schlafplätze, Tel. 02.99.06. 81.59.

Paimpont (3)

Der Name des Ortes leitet sich von *Pen Ponthi* (Ende der Brücke) ab. Der Hauptort der Region liegt am Ufer des 50 ha großen Sees. Der Ort geht auf ein Kloster aus dem 7. Jh. zurück, das von **Judicael,** dem damaligen König der Bretagne, gegründet wurde. Der Werdegang Judicaels ist besonders interessant, da er vom König zum Mönch wurde, dann in einer besonders schwierigen Situation wieder das Amt des Königs übernahm, um sein Reich gegen die Franken zu verteidigen, und später wiederum ins Kloster zurückkehrte. Die **Abteikirche** aus dem 13. Jh. zeigt ein schönes gotisches Portal mit einer Sandsteinstatue der Jungfrau Maria mit Kind, die einen Drachen niedertritt. Im Inneren wurde das hölzerne Gewölbe des Kirchenschiffes 1962 restauriert. Die gotischen Gewölbe des Chores und des Süd-Querschiffes bestehen aus Stein. Statuen der Notre Dame de Paimpont, des St-Judicael und des St-Méen stammen aus dem 15. Jh. Bemerkenswert ist die Täfelung des Kirchenschiffes aus dem 17. Jh. In der Sakristei befindet sich eine Armreliquie des *Saint-Judicael* aus dem 15. Jh. und eine elfenbeinerne Christusfigur am Kreuz aus dem 18. Jh.

Am See liegt ein **Cromlec'h** (Pierres Druidiques), der allerdings nicht aus der megalithischen Zeit stammt, sondern hier künstlich für rituelle Zeremonien des **Druidenkultes** errichtet wurde. Innerhalb der Umfriedung nahmen Druiden und Barden Platz. Der horizontale Stein im Zentrum wird Maen Log oder „Stein des Paktes" genannt. Symbolhaft wurden während der Zeremonie „Réunion du Glaive brisé" das zerbrochene Schwert König *Arturs*, (in Cornwall als *Excalibur* bekannt, während es in der Bretagne *Kaledvoulc'h* genannt wird), wieder zusammengesetzt, um die Einheit der keltischen Völker beiderseits des Meeres und seine Souveränität über beide Britannien (Großbritannien, Bretagne) wieder ins Gedächtnis zurückzurufen.

Unterkunft

- **Relais de Brocéliande€,** Le Bourg, Tel. 02.99.07.81.07. 24 gemütlich-rustikale Zimmer werden vermietet. Bereits von außen macht das Steingebäude im großen Garten einen reizvollen Eindruck.
- **Manoir du Tertre€€,** Le Cannée, Tel. 02.99.07.81.02. Das Haus und die acht Zimmer lassen sich gut mit dem Begriff „Luxus" beschreiben. Das Schlösschen liegt zwar ca. 3 km vom Ortskern entfernt, für den Service lohnt allerdings der Weg.
- **Camping Municipal Brocéliande,** Tel. 02.99.07.84.25. Der Platz ist vom 1.3. bis zum 31.10. geöffnet. Schattige Stellplätze am Wasser. Zum Angebot gehören Kinderspielplatz, Tennis und Wohnmobilstellplätze.

Essen und Trinken

- **Le Relais de Brocéliande,** Tel. 02.99. 07.81.07. Gepflegt rustikales Ambiente, gemischt mit leckeren Gerichten der Region. Menüs ab ca. 25 €.
- **Auberge du Pont du Secret,** Route de Lorient, Tel. 02.99.06.82.54.
- **Crêperie du Porche,** Le Bourg, Tel. 02.99. 07.81.88.

Sonstiges

- **Syndicat d'Initiative,** in der Abtei, Tel. 02.99.07.84.23. Öffnungszeiten: Juli/ August täglich 10–12 und 14–18 Uhr; Juni und September montags, mittwochs, samstags und sonntags 10–12 und 14–18 Uhr; Oktober bis Dezember montags und mittwochs 10–12 und 14–16 Uhr.
- **Fahrradverleih:** *Au Pays de Merhin*, in Trudeau (außerhalb des Zentrums), Tel. 02.99. 07.80.23.
- **Fahrradverleih** in der Bar Le Brécilien im Ortszentrum, Tel. 02.99.07.81.13.

Weiterreise

- Über die D 38 in südöstlicher Richtung aus dem Ortskern heraus, dann links auf die D 40 abbiegen. Sie führt nach Trudeau. Etwa 1 km vor dem Ort zweigt links die Straße nach Telhouet ab, von der aus der See von Pas du Houx erreicht wird.

Etang du Pas du Houx (4)

Der 90 ha **große See** stellt die größte zusammenhängende Wasserfläche des Waldes von Paimpont dar. Das Gebiet am See ist für Ornithologen interessant, da hier zahlreiche Reiher, Kormorane, Waldschnepfen, Haubentaucher, Enten, wilde Gänse und Eisvögel leben. Am Ufer des Sees liegen zwei **Schlösschen** (Le Pas du Houx und Château de Brocéliande), die nicht zugänglich sind. Bei beiden handelt es sich um Neubauten vom Beginn des 20. Jahrhunderts, bemerkenswert der normannische Stil des Château de Brocéliande.

Weiterreise

- Vom See aus zunächst bis Telhouet. An der Kreuzung rechts auf die D 71 abbiegen. Nach etwa 4 km zweigt links die Straße zum Tombeau de Merlin ab. Achtung: Die Hinweise an der Straße erfolgen recht spärlich und zudem nur durch sehr kleine braune Hinweisschilder. Links der Straße befindet sich ein Parkplatz, rechts erstreckt sich Heidelandschaft mit eingestreuten Strauchgruppen. Ausgetretene Pfade führen zu Merlins Grab und zum Jungbrunnen.

Merlins Grab und der Jungbrunnen (5)

Erste Erwähnungen des Grabes finden sich in der Zeitschrift „Le Magasin pittoresque" von 1846. Zu dieser Zeit wird es als eine Art Cromlec'h dargestellt, dessen genauer Standort geheimnisumwittert bleibt. Einige Jahrzehnte später wird es vom Schriftsteller *Félix Bellamy* als Ruinen eines Dolmenganges beschrieben, von dem bis 1892 noch acht Steine erhalten blieben. Zu der Zeit wurden auch Geschichten über einen **legendären Goldschatz** unter dem Grab bekannt, sodass der Besitzer des Grundstückes Ausgrabungen vornahm, die zur Zerstörung des Dolmenganges führten. Heute gibt es hier lediglich zwei Schieferplatten, die am Stamm einer mit Kränzen geschmückten Stechpalme lehnen.

Kurz hinter Merlins Grab führt der Pfad zum Jungbrunnen (Fontaine de Jouvence). Es gibt zwei **Theorien über die Entstehung des Namens.** Die eine führt den Namen auf einen keltischen Glauben zurück, nach dem derjenige, der den Wasserspiegel überschritt, in eine andere Welt eintritt, nämlich die Welt der ewigen Jugend. Die zweite Theorie gründet sich auf die Zeremonie der Kinderzählung in der Nähe dieser Quelle. Alle Neugeborenen des letzten Jahres wurden hier in der Nacht der Sommersonnenwende dem Hohenpriester vorgestellt, in der Quelle gewaschen und daraufhin ins Geburtsregister *(Marith)* eingetragen. Große Feuer erhellten und erwärmten die Szene. Konnte ein Kind zu diesem Zeitpunkt nicht vorgestellt werden, musste die Zeremonie im nächsten Jahr erfolgen. Es wurde dadurch erst ein Jahr später registriert und somit „verjüngt". Obwohl die Quelle heute nur noch ein spärliches Rinnsal mit annähernd runder Begrenzung ist, lohnt ein Ausflug. Wer mag, kann den Sprung über das Wasser versuchen.

132br Foto: eh

Unscheinbar: Merlins Grab heute

Weiterreise

- Der ursprünglichen Richtung folgend, gelangt man zur D 31.
- Bereits kurz vor der Kreuzung (etwa 2,6 km vom Parkplatz entfernt) biegt links ein kleiner Weg ein (auch hier nur sehr kleine Hinweise), der zu **Les Brousses Noires** (auch Tombeau genannt) **des Anglais** führt. Dieser neolithische Gangdolmen (3000–2500 v. Chr.) wurde im Laufe der Jahrhunderte, zuletzt durch Grabräuber im 19. Jh., stark beschädigt. Etliche Steine sind umgedreht. Östlich des Ost-West ausgerichteten Gangdolmens ist ein kleiner Raum erkennbar. Der Name des Dolmens entstand während des Erbfolgekrieges nach der Schlacht von Mauron (14.8.1372).
- An der Kreuzung (D 31) links in Richtung Comper abbiegen.

Château de Comper (6)

Der Name Comper, oder bretonisch *Kemper,* bedeutet Zusammenfluss. Schloss und Umgebung blicken auf eine sehr bewegte Vergangenheit zurück.

Eine romantische **Sage** erzählt, Comper sei das Lehen der Priesterin *Velléda* gewesen. Im 9. Jh. soll **König Salomon** den Ort bewohnt haben. Eng verbunden ist der Ort mit den **Baronen von Gael-Montfort.** *Raoul de Gael-Montfort* kämpfte an der Seite *Wilhelms des Eroberers* in Hastings und starb 1099 im Heiligen Land.

Im 13. Jh. erlangte Comper, dank der Gräben und dem schützenden

Seengürtel, eine strategisch starke Position in der Haute-Bretagne. Es war Schauplatz **zahlreicher Kämpfe und Belagerungen** und wurde im 14. Jahrhundert von *Du Guesclin* zerstört. Kurze Zeit darauf wurde es wiederaufgebaut. Im 16. Jh. wurde es zur Hochburg der Hugenotten. Die Katholiken belagerten das Schloss und siegten. *Henri IV.* ließ die Burg schleifen. Im 19. Jh. erfolgte ein neuerlicher Aufbau.

Der Legende nach soll hier die **Fee Viviane,** die auch *Dame du Lac* (ihr Geburtsort lag am See) heißt, geboren worden sein. Sie hatte am Grunde des Sees ein Schloss, in dem sie ein Kind aufzog, das später mit König *Artus* zusammenkam und als *Lancelot* bekannt wurde.

Seit 1990 beherbergt das Schloss das **Centre de L'Imaginaire Arthurien** (Zentrum der Artussage). Der Verein, der das Zentrum verwaltet, hat sich ein dreifaches Ziel gesetzt: Wissenschaftliche Recherchen über die Tafelrunde zu veröffentlichen, Kunstwerke bekanntzumachen, die von der Artussage inspiriert sind, und schließlich Treffen zu unterstützen, die zu neuen Erkenntnissen über die Tafelrunde führen sollen. www.arthurtheking.com.

Das Schloss ist zwischen April und Oktober von 10 bis 17.30 Uhr geöffnet. Der Eintritt beträgt ca. 4 € und für Kinder ca. 5 €.

Die Eiche von Guillotin (7)

Von Comper aus zunächst auf der D 31 bis Concoret. Hier auf die D 141, Richtung La Saudraie. Südlich des kleinen Dorfes Rue Eon befindet sich die berühmte Eiche von Guillotin (Le Chêne de Guillotin).

Um den Baum, in dessen riesigem hohlem Stamm bis zu 10 Personen Unterschlupf finden können, rankt sich die **Legende vom Priester** (Abbé) **Guillotin.** Dieser Geistliche versuchte auch während der Revolution seinen Glauben zu verkünden, musste deshalb fliehen und verbarg sich u.a. im Stamm dieser Eiche. Hier schrieb er alle Begebenheiten nieder, die sich während der Revolutionszeit in seiner Gemeinde ereigneten. Irgendwann kamen die Häscher auf der Suche nach *Guillotin* auch zu der Eiche, fanden den Eingang jedoch durch ein Spinnennetz versperrt vor. Da sie davon ausgingen, niemand könne ein solches Netz, ohne es zu beschädigen, durchdringen, zogen sie wieder ab, der Priester war in Sicherheit. Die Legende führt diesen Schutz auf Notre-Dame de Paimpont zurück.

Die Quelle von Barenton (8)

Über die D 141 bis La Saudraie. Dann folgt man der Straße bis zum **Dörfchen Folle Pensée.** Der Name leitet sich von *Foll Pansi* ab, übersetzt bedeutet dies „Heilung von Geisteskranken". Wahrscheinlich stammt er aus der Zeit der Druiden, die sich hier mit dem Heilwasser der Quelle von Barenton um die Heilung Geistesgestörter bemühten.

Ein **Fußweg** führt **zur Quelle** (Fontaine de Barenton). Von der Hauptstraße aus folgt man der Beschilderung „Camping Barenton". Im Knick der Straße links halten, ein recht unscheinbares Schild weist die Richtung. Der Fahrweg endet an einem Parkplatz. Hier beginnt der Weg, auf dem man in etwa 30 Minuten, den weißen Punkten folgend, zur Quelle gelangt.

Schon seit Jahrhunderten werden der Quelle **wundersame Kräfte** zugeschrieben. Beispielsweise sollen Gewitterstürme dadurch ausgelöst worden sein, dass ein Besucher Wasser der Quelle auf den Schwellenstein rieseln ließ. Diese Wunder werden bereits 1176 von *Chrétien de Troyes* in seinem Werk „Yvain ou le Chevalier au Lion" erwähnt.

Angeblich begann hier auch die sagenhafte Liebe von *Merlin* und *Viviane*. Auch heute noch werden der Quelle übernatürliche Wirkungen zugeschrieben. Steigen z.B. blubbernd Stickstoffblasen aus dem Wasser auf, heißt es, der Brunnen lache, und dann werden die geheimen Wünsche der Besucher in Erfüllung gehen.

Unterkunft

- **Camping An de Barenton,** Tel. 02.97.22.68.87. Einfacher Campingplatz mit nur 19 Stellplätzen. Geschäft und Restaurant gehören dazu.

Jardin aux Moines

Von Folle Pensée führt die Straße (D 141) weiter in Richtung Tréhorenteuc. Etwa 2 km vor dem Ort befindet sich rechts der Straße, am Abzweig nach Néant-sur-Yvel, der Jardin aux Moines. Hier sind Steine (z.B. Quarz- und Schieferblöcke) zu einer trapezförmigen Anlage von etwa 25 m Länge und 5–6 m Breite zusammengefasst. Erst 1983 bei Ausgrabungen entdeckt, datierte man das Monument mit Hilfe der Radiocarbonmethode auf ein Alter von ca. 2000 Jahren. Erwähnenswerte Funde sind Pfeilspitzen aus Feuerstein und Reste von Trinkschalen. Angeblich soll es sich bei der Anlage um versteinerte Menschen handeln, die wegen ihres gotteslästerlichen Verhaltens zu Stein wurden.

Tréhorenteuc (9)

Im verschlafenen Dörfchen Tréhorenteuc befindet sich **eine der interessantesten Kirchen** der gesamten Bretagne, denn nirgendwo anders wird das Verwachsen von keltischer Mystik mit christlicher Religion derartig klar bildlich dargestellt. Die im 17. Jh. erbaute Kirche wurde von 1942 bis 1962 unter der Anleitung des progressiven **Pfarrers Henri Gillard** durch zwei kriegsgefangene, deutsche Künstler weitgehend umgestaltet. Biblische Motive werden auf dem Hintergrund des Forêt de Brocéliande und seiner keltischen Sagenfiguren dargestellt. Im Zentrum des großen Fensters steht der Gral aus der Artussage anstelle des sonst üblichen Abendmalsbechers. Der im großen Mosaik gegenüber dargestellte Hirsch mit Kreuz ist als eine keltische Interpretation der Rolle Jesu als Vermittler zum Himmelreich zu verstehen. Die vier ihn umgebenden Löwen sollen stellvertretend für die vier Evangelisten verstanden werden. Auf einem anderen Bild ersetzen die Ritter der Tafelrunde des König *Artus* die Jünger Jesu. Zwei, in den Augen der konventionell denkenden Kirchenleitung, besonders provozierende Darstellungen der Jungfrau Maria führten dazu, dass Pfarrer Gillard strafversetzt wurde.

Auf beiden Gemälden ist Maria als Fee *Morgane* in rotem Kleid mit tiefem Dekolleté betont sinnlich wiedergegeben. Auf einer Kreuzwegdarstellung liegt Jesus, als er zum dritten Mal stürzt, zu Füßen einer verführerisch dargestellten *Morgane*. Die Kirche ist im Juli und August täglich von 9–18 Uhr und außerhalb der Saison von 10–12 Uhr und 14–17 Uhr zu besichtigen. Eintritt 2,50 €, Tel. 02.97.93.05.12. Es finden von hier aus halb- oder ganztägige **Wander-Exkursionen** mit kompetenter Führung zu den interessantesten Orten im Sagenwald von Brocéliande statt; Beginn 10 und 14 Uhr; Preis ca. 6 €.

Tal ohne Wiederkehr (10)

Hinter Tréhorenteuc liegt links der Straße ein Parkplatz, von dem aus ein Fußweg zum Tal ohne Wiederkehr *(Val sans Retour)*, einer **tiefen Schlucht,** führt. Stechginster und vereinzelte Pinien sind die einzigen Überbleibsel der ehedem reichen Vegetation, die das Gebiet bis zum Waldbrand 1989 bedeckte. Heute steht hier zur Erinnerung der **Arbre d'Or,** der goldene Baum, des Künstlers *François Davin*. Er soll die bevorstehende Wiedergeburt des Waldes symbolisieren.

Der **Legende** nach ist dies das Reich *Morganes* und der „nächtlichen Wäscherinnen" *(lavandières de la nuit)*. Die Fee *Morgane* hielt hier ihren untreuen Liebhaber *Guyomart* gefangen, später auch alle anderen untreuen Männer, die zufällig des Weges kamen. Erst *Lancelot* gelang es, den Zauberbann zu brechen und die Gefangenen zu befreien. Die Lavandières de la nuit sind eine Gefahr für Besucher, da man ihnen unter keinen Umständen helfen darf, ihre Wäsche auszuwringen, um nicht vom Tod geholt zu werden.

Auf einer Höhe von 191 m befindet sich **L'Hotié de Viviane** oder das **Tombeau des Druides.** Das megalithische Monument ist ein elliptischer Cairn von etwa 12 m Durchmesser. Bei Ausgrabungen fand man 1982 u.a. polierte Äxte, Topf- und Vasenreste, Schmuck und Pfeilspitzen aus Feuerstein. Eine Datierung erfolgte auf etwa 2500 vor Christus, lange Zeit vor der Entstehung der Legenden um *Viviane*, der Name entbehrt also jeglicher Grundlage.

Abtei La Joie Notre Dame (11)

Von der D 141 zweigt etwa 2 km hinter Tréhorenteuc die D 134 ab. In südlicher Richtung führt die Straße nach Campénéac. Kurz vor dem Ort liegt die Abtei der Zisterzienserinnen Abbaye La Joie Notre-Dame. Hier wird das Leben im Kloster recht anschaulich durch Diaporamen dargestellt. In einem kleinen Atelier können kunsthandwerkliche Erzeugnisse der Nonnen erworben werden. Bei der Gründung des Klosters in den 1950er Jahren wirkte u.a. der sehr aktive Abbé Gillard aus Tréhorenteuc mit.

Grab der Riesen (12)

Bei Campénéac befindet sich Le Tombeau des Géants (Grab der Riesen). Es handelt sich um ein Grab der Bronzezeit, einen liegenden Menhir und Reste eines Cairn. Drei kleinere Menhire stehen in einer Reihe. Der Name stammt aus der **Artussage,** nach der hier die Ritter der Tafelrunde Riesen bekämpft haben sollen.

Unterkunft

- **Hôtel A l'Orée de la Forêt€,** Route de Rennes, Tel. 02.97.93.40.27. 14 Zimmer werden vermietet. Im Hotel kann auch gegessen werden.
- **Camping Municipal,** Tel. 02.97.93.40.39. Der 2-Sterne-Platz besitzt nur 10 Stellplätze. Geöffnet vom 15.6. bis 15.9.

Trécesson (13)

Aus Campénéac kommend, biegt man zunächst auf die N 24 in östlicher Richtung (Beignon) ab. Nur wenige hundert Meter hinter der Kreuzung zweigt die D 312 in nördlicher Richtung nach Trécesson ab. **Schloss Tré-**

Die Burg Trécesson

133br Foto: eh

Ziele im Inland

cesson zeigt sich als mächtiges Bauwerk aus rötlichem Schiefer, das bereits im 15. Jh. erbaut wurde. Wassergräben umgeben es noch heute.

Der Park des für Besucher nicht zugänglichen Schlosses ist der Schauplatz der Geschichte um die **weiße Dame von Trécesson** *(Dame Blanche)*. Etwa 1750 beobachtete ein Wilderer im Park, wie einige Männer auf Geheiß zweier reich gekleideter Männer ein Loch gruben. Die beiden Männer zerrten eine junge weißgekleidete Frau, vermutlich eine Braut, herbei, die bitterlich weinend um Gnade flehte. Jedoch erfolglos. Kaum war das Loch fertig, stießen sie sie hinein und begruben sie lebendig. Der Wilderer holte vom Schlossherren Hilfe, die allerdings zu spät kam. Die Frau starb, kurz nachdem sie befreit werden konnte. Der Schlossherr bemühte sich ohne Erfolg, die Mörder ausfindig zu machen. Bis zur Revolution wurde die Kleidung der Toten und ihr Brautstrauß auf dem Altar des Schlosses aufbewahrt. Junge Mädchen pilgerten hierher, um durch ein Berühren der Kleidung Glück in der Liebe zu finden.

Beauvais (14)

Auf dem Rückweg nach Paimpont liegt nördlich der D 312 der kleine Ort Beauvais. Hier befindet sich der mit 256 m **höchste Punkt des Forêt de Paimpont.** Bei guter Sicht blickt der Betrachter von hier aus bis nach Rennes. Der Ort ist Sitz des Biologischen Institutes der Universität Rennes, das sich besonders mit ökologischen Fragen auseinandersetzt. Themen dieser Art werden in der Mühle von Chatenay öffentlich diskutiert.

Pontivy

↗ XIII/D2

Die Kleinstadt im Innern der Bretagne am Ufer des Blavet lohnt einen kurzen Abstecher bzw. Besuch, wenn man auf dem Weg von Norden nach Süden gerade in der Gegend ist. Der Besuch wird auch recht leicht gemacht, weil im Gegensatz zu zahlreichen anderen Ortschaften keine Umgehungsstraße weiträumig um das eigentliche Zentrum herumführt, sondern die Nord-Süd-Verbindung direkt den Ort durchschneidet.

Pontivy ist noch heute eine Stadt mit zwei sehr verschiedenen Gesichtern. Neben der **mittelalterlichen Altstadt** existiert **Napoléonville,** ein Bezirk, der durch seine besonders geradlinigen und rechtwinkligen Straßenzüge, die unter *Napoléon* erbaut wurden, auffällt.

Geschichte

Die Geschichte der Stadt soll bis ins 7. Jh. zurückreichen. Damals kam der keltische **Mönch Ivy** von England aus hierher, um die Bevölkerung zu missionieren. Er durchwanderte die Bretagne und ließ sich 690 am Ufer des Blavet nieder. Hier errichtete er eine Kapelle, um seinen Auftrag zu erfüllen. Die Kapelle war allerdings nur von einem Flussufer aus erreichbar, sodass der findige Mönch auf die Idee kam, eine Brücke *(pont)* zum gegenüberliegenden Ufer zu errichten. Mit dem **Bau der Brücke** entstand dann auch eine

Siedlung, der man der Einfachheit halber den Namen der Brücke gab, die von Ivy gebaut worden war, „Brücke des Ivy" oder Pontivy.

Im Mittelalter erhielt der Ort dann schnell Bedeutung als **Handelszentrum,** nicht zuletzt wegen seiner verkehrsgünstigen Lage. Leder, Hanf und Leinen aus dem ländlich geprägten Umland wurden hier weiterverarbeitet. Während das rechte Ufer von der Industrie geprägt war, widmete sich das linke Ufer dem Handel. Hier befindet sich auch heute noch der Stadtkern mit wichtigen historischen Bauwerken und dem zentralen Markt. Über das Wohl der Stadtbevölkerung und natürlich auch über deren Wohlstand wachte unübersehbar das Schloss mit seinen mächtigen Wehranlagen.

1790 erlangte die Stadt dann Bedeutung für die Revolution. Der weitaus größte Teil der Bevölkerung stimmte den Zielen der Revolutionäre zu. **Napoléon Bonaparte,** zu dieser Zeit noch Konsul, erkannte rasch den strategischen Wert der Stadt. Er begann 1802 mit dem Bau des neuen Stadtviertels, das im Jahre 1804 in Napoléonville umbenannt wurde. Bereits ein Jahr später, *Bonaparte* war mittlerweile Kaiser, begann er mit weiteren großzügigen Planungen im Süden der Altstadt. Ziel dieser Baumaßnahmen war eine Kaiserstadt. Am 12. August 1807 wurde der Grundstein dazu gelegt. Die Bauarbeiten verschlangen aber Unsummen von Geld und Unmengen an Zeit. Beides stand nicht unbegrenzt zur Verfügung, denn das Kaiserreich war nicht von langer Dauer, sodass das ehrgeizige Projekt nicht mehr vollendet wurde.

Sehenswertes

Die **Altstadt** befindet sich zwischen dem Ufer des Blavet, dem Place Anne-de-Bretagne und dem Place Martray. Dazu gehören jeweils die Seitenstraßen, die auch heute noch, eng bebaut und verwinkelt, ein malerisches Bild bieten.

Besonders eindrucksvoll sind die **Rue du Pont** und die Rue du Fil, die fast völlig im mittelalterlichen Stil erhalten geblieben sind. Hier finden sich meist ein- bis zweigeschossige Häuser, die sehr dicht nebeneinander stehen. In der Mitte der gehweglosen engen Gassen verläuft die ehemalige Abflussrinne, heute an einigen Stellen mit anderem Pflaster von der übrigen Straßenfläche abgesetzt. Die Häuser entlang der Gassen stammen vornehmlich aus dem 16. und 17. Jh. Granit und Fachwerk bestimmen das Bild. Besonders schön ist das 1577 erbaute Haus des Sénéchal der Grafschaft von Rohan, in der Rue du Pont 14. Das Granithaus zeigt Dachfenster aus der Renaissance, eine Tür mit Gebälk und Giebelfeld, mit Pflanzen verzierte Schlusssteine und ein Kranzgesims mit Zahnfries.

Die **Rue du Fil** erhielt ihren Namen aufgrund der Aktivitäten der Stadt im Textilgeschäft (*fil* = Garn, Faser). Die Häuser zeigen hier vielfach ein Erdgeschoss aus Stein und eine erste Etage in Fachwerkbauweise. Bemerkenswert ist dabei, dass das Fachwerk die Form des Sankt-Andreas-Kreuzes zeigt. Sehr gut ist dies bei den Häusern Nr. 16 (aus dem 16. Jh.) und Nr. 15, 17 und 23 (aus dem 17. Jh.) zu sehen.

Durch die Rue des Forges mit Granithäusern aus dem 16. bis 18. Jh. erreicht man den **Place Leperdit,** an dem 1453 Markthallen errichtet wurden. Leider wurden diese Hallen 1914 zerstört. Die Rue de Lourmel führt von der gegenüberliegenden Seite auf den Place Leperdit. Hier stehen sehr schöne Häuser aus der Zeit des 17. und 18. Jh. Die Nr. 19 ist das sogenannte

Cour Talmont aus dem 18. Jh., das ursprünglich wahrscheinlich als Lagerhaus der *Compagnie des Indes* diente. In der Fassade des Hauses Nr. 32 sind die Reste eines Wegkreuzes aus dem 15. Jh. eingearbeitet.

Der **Place du Martray** bildet das Zentrum der Stadt. Hier hat sich der mittelalterliche Charakter besonders schön erhalten. Lohnend ist ein Blick auf das Haus Nr. 12, dessen Vorbau von drei Pfeilern getragen wird. Die Verzierungen mit Perlen, Lilien und stilisierten Blättern wurden im 16. Jh. geschaffen. An der Ecke der Rue Général de Gaulle (Nr. 107) steht ein Wohnhaus, das 1578 von der Familie *Roscoët* gebaut wurde. Auffällig ist der Rundturm, in dem eine Treppe zu den einzelnen Stockwerken führt. Die Eingangstür zeigt typischen Renaissancestil.

Auf dem **Place Anne-de-Bretagne** wurde 1655 eine Getreidehalle errichtet, heute wird der Platz von vielen vornehmen Häusern aus dem 18. Jh., der **Chapelle St-Ivy** und der Kirche Notre-Dame-de-la-Joie umrahmt. Die Kapelle, ein kleines Gebäude im Nordwesten des Platzes, ist dem Schutzheiligen und Gründer des Ortes geweiht. Immer noch ist ihr Ursprungsdatum unbekannt.

Die **Kirche Notre-Dame-de-la-Joie** wurde zwischen 1532 und 1534 erbaut. Ihr Bauherr *Claude de Rohan,* ein Sohn des Schlossherrn *Jean II. de Rohan,* war Bischof in Quimper. War das Gotteshaus im Ursprung Saint-Ivy geweiht, so änderte sich dies am 11. September 1696, als im Zuge einer fürchterlichen Ruhrepidemie die Bevölkerung zum ersten Male die heilige Jungfrau um Beistand in der Not anflehte. Ein Pardon, das heute noch am 2. Sonntag im September gefeiert wird, erinnert an die Ereignisse.

Das **Château de Rohan** wurde zwischen 1479 und 1485 vom Grafen

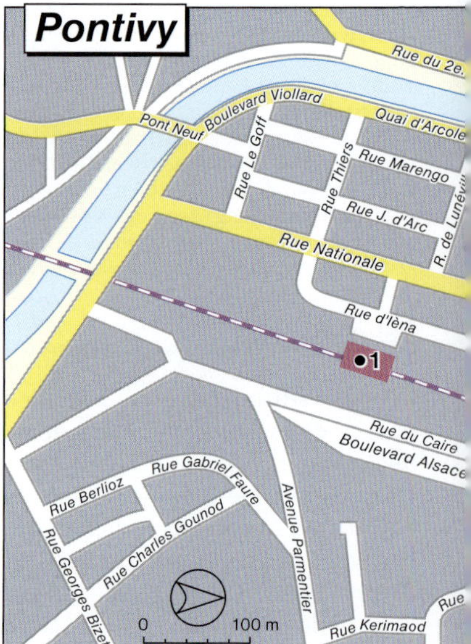

- 1 Bahnhof
- 2 Eglise St.-Joseph
- 3 Hôtel L'Europe
- 4 Hôtel Napoléon
- 5 Notre-Dame-de-la-Joie
- 6 Chapelle St. Ivy
- 7 Jugendherberge
- 8 Office du Tourisme
- 9 Château de Rohan

Jean II. de Rohan erbaut. Etwas oberhalb der Stadt erhebt sich der gewaltige Wehrbau, der besonders durch seine beiden Türme und die 20 m hohe Mauer ins Auge fällt. Ursprünglich standen einmal vier Türme an den Ecken des Gebäudes, das als militärische Anlage genutzt wurde. Heute sind nur noch der nordwestliche Turm (60 m) und der südwestliche (48 m) erhalten. Die Festung ist auch heute noch von tiefen Gräben umgeben, die zwar als Wassergräben gedacht, jedoch nie mit Wasser gefüllt waren.

Eine kombinierte Stein-Zugbrücke führt in den Schlosshof hinein, in dem deutlich wird, dass im Wandel der Zeit der Festungscharakter an Bedeutung verlor. Stattdessen wurden am Wohngebäude besonders im 18. Jh. zahlreiche Veränderungen vorgenommen, die es zum Palais werden ließen. Wach- und Wohnräume sind im Inneren des Schlosses zu besichtigen. Dem Genuss eines Besuches tun allerdings die Restaurierungsarbeiten einen gewissen Abbruch, die bereits seit Mitte der 1980er Jahre von freiwilligen Helfern durchgeführt werden und deren Ende völlig ungewiss ist.

Öffnungszeiten: 10–12 und 14–18 Uhr, von Juli bis Sept. 10.30–18.30 Uhr. Eintritt 6 €.

Napoléonville ist der Bereich um den **Place Aristide Briand,** der früher Place Napoléon hieß. Hier beginnt der

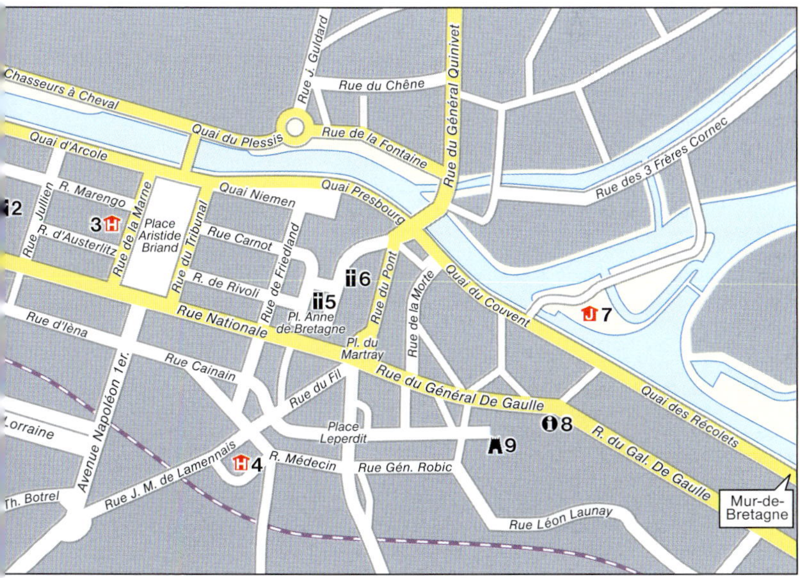

Bereich der geraden, breiten Straßen, die rechtwinklig angeordnet das Viertel in einzelne Abschnitte unterteilen. Neben dieser interessanten Architektur, die auf den Ingenieur *Chabrol* zurückgeht, lohnt ein Besuch der **Eglise St-Joseph.** Bereits *Napoléon I.* hatte Pläne für den Bau dieser Kirche, die aber erst unter *Napoléon III.* zwischen 1860 und 1876 errichtet wurde. Auf 1000 m² Fläche baute der Architekt *Varcollier* im Stil des 18. Jh. eine Kirche, die jedoch nie zu besonderem Ruhm kam, da sowohl der Klerus als auch die Bewohner der Stadt die Eglise Notre-Dame-de-la-Joie bevorzugten.

Information

- **Office de Tourisme,** Rue Jean Moulin 31, 56300 Pontivy, Tel. 02.97.25.01.70, Fax 02.97.25.63.69. Auch bei der Zimmersuche behilflich.

Unterkunft

- **Hôtel L'Europe€-€€,** Rue François Mitterand 12, Tel. 02.97.25.11.14, Fax 02.97.25.48.04, www.hotellerieurope.com. Das gut eingerichtete Hotel verfügt über 20 Zimmer, die einigen Komfort zu bieten haben. Sehr gut ist auch das Restaurant.
- **Hôtel Martin€,** Rue Leperdit 1–3, Tel. 02.97.25.02.04, Fax 02.97.25.36.44. Die 23 Zimmer dieses Hauses werden auch vom *Logis de France* empfohlen.
- **Le Rohan€€,** Rue Nationale 90, Tel. 02.97.25.02.01, Fax 02.97.25.02.85, www.hotel-le-rohan.com. Das Hotel, an der Hauptstraße, lässt beim Komfort fast keinen Wunsch offen.
- **Hôtel Napoléon€,** Rue de la Butte-Rue Lamennais, Tel. 02.97.25.13.58. Der geschichtsträchtige Name deutet darauf hin, dass sich dieses Hotel im Napoléon-Viertel befindet. Allerdings wird nicht gerade Kaiserliches geboten.
- **Auberge de Jeunesse,** Ile des Récollets, Tel. 02.97.25.58.27. Auf der Insel im Blavet liegt die Jugendherberge, in der ein Bett im Mehrbettzimmer gemietet werden kann.
- **Camping du Douric,** Toulboubou, Tel. 02.97.27.92.20. Der einfache Platz liegt an der Straße nach Guingamp. Er verfügt über 38 Stellplätze, u.a. auch für Wohnwagen und Wohnmobile.

Essen und Trinken

- In der Stadt gibt es einige Restaurants, Bars und Crêperien. Uns gefiehl am besten die **Crêperie Au Fil du Temps,** Rue du Fil 20, Tel. 02.97.25.46.62.
- Hervorragend und sehr stilvoll ist das **L'Aiglon,** Rue de Général de Gaulle 42, Tel. 02.97.27.98.08, direkt dem Schloss gegenüber. Menüs ab ca. 9 €.
- Liebhaber chinesischer Küche gehen am besten ins **La Tour Mandarine,** Rue du Fil 42, Tel. 02.97.25.51.90. Hier kann man bereits ab ca. 7,50 € leckere Menüs bekommen.

Sonstiges

- **Fahrradverleih,** *Location de vélos,* Jean-Paul Lamouric, Rue Clémentel, Tel. 02.97.25.03.46.

Anreise/Weiterreise

- **Mit dem Bus:** Pontivy liegt recht verkehrsgünstig. Busse der Linien 43, 63, 67 und 69 verkehren mehrfach täglich zwischen Rennes und Pontivy (43), Lorient und Pontivy (63), Vannes und Gourin mit Stops in Pontivy (67) und auf der Strecke Auray – Pontivy – Loudéac (69).

Umgebung von Pontivy

Stival

↗ XIII/D2

Der Ort ist über die D 764 in Richtung Nordwesten erreichbar (etwa 3,5 km).

Hier befindet sich die **Chapelle Saint-Meriadec,** die wegen ihrer Wandmalereien aus dem 16. Jh. einen Besuch lohnt. Die Malereien zeigen das Leben *Saint Meriadecs* in verschiedenen Szenen. Der Heilige soll angeblich seine Wunder mit Hilfe einer kleinen goldenen Glocke vollbracht haben, die er an die Ohren Hörgeschädigter hielt, die prompt geheilt waren. Die Glocke, ein Kleinod keltischer Kunst aus dem 10. Jh., wird in der Kirche aufbewahrt.

Rundfahrt am Ufer des Blavet

Fährt man südlich in Richtung Auray, besteht die Möglichkeit, einige interessante Ziele am Ufer des Blavet anzusteuern. Viele dieser Punkte sind wieder Kirchen und Kapellen, wie z.B. in St-Nicodème, St-Nicolas-des-Eaux, Bieuzy und Quelven. In Melrand findet sich zudem ein Calvaire. Lohnend ist ein Abstecher zum **Aussichtspunkt von Castennec,** dem ursprünglichen Heimatort der Vénus von Quinipily (s. auch Kap. Côte des Mégalithes). Der Blick schweift von hier über das Blavet-Tal.

Interessant ist auch die Ausgrabungsstelle bei Melrand, an der die **Reste des alten Dorfes Lann Gouh,** datiert etwa auf das Jahr 1000, freigelegt wurden. Die Ausgrabungsstelle ist von Juli bis August täglich 10–12 Uhr und 14–18 Uhr zu besichtigen. Der Eintritt beträgt ca. 1,80 €.

Die Tour führt zunächst über die N 168 nach St-Nicodème, dann weiter über die D 1 nach Castennec, bei Kergost auf die D 2 Richtung Melrand, dann zurück über die D 2 nach Pontivy.

Château de Kerguehennec-en Bignan

Das Schloss aus dem 18. Jh. liegt in einem großen Park mit Arboretum (Baumlehrpfad). Im Schloss selbst sind zahlreiche Werke von Bildhauern ausgestellt, da es sich hier um ein **Zentrum für zeitgenössische Kunst** handelt. Das Schloss kann man täglich (außer montags) zwischen 10 und 18 Uhr besichtigten, der Eintritt beträgt 3,80 €, Informationen unter der Tel. 02.97.60.57.78.

Die Schlossanlage befindet sich in der Nähe der D 767, und zwar in Richtung Locminé-Vannes.

Auberge des Cerfs de Kerfulus, bei der Ortschaft Cléguérec gibt es die Möglichkeit eine Hirschfarm zu besichtigen, in der außerdem Wildschweine und Esel gezüchtet werden. Die informative Fahrt mit dem Traktor endet mit einem gemütlichen Wildbratessen. Tel. 02.97.39.68.99. Zu erreichen über die D 764, die D 15 bis Cléguérec und dann weiter über die GR 37.

Mur-de-Bretagne

↗ XIII/D2

Inmitten der Bretagne liegt der kleine Ort Mur-de-Bretagne. Nur knapp 3000 Einwohner zählt das Städtchen, das vor allem durch seine Nähe zum **Lac de Guerlédan** touristische Bedeutung erhält. Die insgesamt hügelige Landschaft des Argoat lässt den Ort besonders malerisch erscheinen. Reizvoll ist ein Blick auf die **Chapelle Ste-Suzanne** aus dem Jahre 1670. Umgeben von alten Eichen und anderem Grün, überragt die Kapelle den gesamten Ort.

Information

- **Office de Tourisme,** 22530 Mur-de-Bretagne, Place de l'Eglise, Tel. 02.96.28.51.18, Fax 02.96.26.09.12.

Unterkunft

- **Auberge Grand Maison€€,** Rue Léon Le Cerf 1, Tel. 02.96.28.51.10, Fax 02.96.28.52.30, www.auberge-grand-maison.com. Anerkannt gutes Hotel. Hervorragendes Restaurant.
- **Camping Municipal Rond Point du Lac,** Tel. 02.96.26.01.90. Der Platz liegt am Ufer des Sees. Die Zufahrt ist von Mur-de-Bretagne ausgeschildert. Fahrradverleih gehört zum Service.

Essen und Trinken

- Anerkannt gutes Essen serviert die Küche in der **Auberge Grand'Maison,** Tel. 02.96.28.51.10.

Sonstiges

- **Fahrradverleih,** *Cycles Pascal Macé,* gegenüber der Mairie, Tel. 02.96.26.05.34.
- **Festival des Arts traditionells.** Mitte Juli findet hier ein Festival der traditionellen Künste statt.

Anreise/Weiterreise

- **Mit dem Bus:** Mur-de-Bretagne ist eine von vier Stationen an der Buslinie von Carhaix-Plouguer – Loudéac, die mehrfach täglich in beiden Richtungen befahren wird. Die nächsten Haltestellen am See sind dann Caurel, St-Gelven und Bon Repos.

Lac de Guerlédan

↗ XIII/D2

Unweit von Mur-de-Bretagne staut eine 45 m hohe und etwa 200 m lange Mauer den Blavet auf, sodass immerhin 55 Millionen Kubikmeter Wasser zurückgehalten werden, um Teile der Bretagne mit Strom zu versorgen. Der gewaltigen Kraft des Wassers stellt die 1930 fertiggestellte **Staumauer** Steine und Beton von insgesamt 33 m Breite entgegen.

Von Mur-de-Bretagne nach Bon Repos

An der Staumauer kann man eine **Rundtour** mit Auto oder Rad beginnen um den 400 ha großen Stausee, die über insgesamt etwa 40 km führt.

Den Staudamm mit einem herrlichen Blick über die Buchten des Sees und seine dicht bewaldeten Ufer erreicht man über die kleine Ortschaft **St-Aignan.** Hier steht eine kleine Kirche aus dem 12. Jh. Bemerkenswert die holzgeschnitzte Jesusfigur, eine Darstellung der Dreieinigkeit, eine Statue des Heiligen Markus und eine

Pietà. Vom Ort aus führt eine ausgeschilderte Straße zum Damm.

Auf dem Rückweg vom Staudamm kann man schon vor St-Aignan rechts abbiegen. Der Weg führt vorbei an der **Kapelle von Sainte-Tréphine.** In einem Kirchenfenster sind *Tréphine* und ihr Sohn *Trémeur* dargestellt.

Der nächste Stop ist die **Anse de Sordan,** die Bucht von Sordan. Der Bootsanleger und das seichte Ufer der Bucht locken Badegäste und Bootsbesitzer gleichermaßen hierher. Im Süden der Bucht beginnt der **Forêt de Quénécan.** Zweieinhalbtausend Hektar Wald bedecken das Gebiet, obwohl auch hier 1987 der Orkan gewütet hat und etliche Spuren hinterließ.

Inmitten des Waldes, der über reichen Wildbestand verfügt (hier könnte Obélix noch heute Wildschweine erlegen), liegt der Ort **Les Forges des Salles.** Früher war hier ein Zentrum der Schmiedekunst, die sich bis ins 19. Jh. behaupten konnte, dann aber an Bedeutung verlor. Bereits 1621 ließ hier der Herzog von Rohan, *Geoffroy de Finement,* sein Kriegsgerät herstellen. Ideal waren die Lage inmitten der Wälder, die das Holz für die Schmiedefeuer lieferten, und die Möglichkeit, bretonisches Erz zu verwenden.

Nahe dem Ort liegt das stark verfallene **Château de Salles.** Auf das Jahr 1396 datiert der Baubeginn des Schlosses, das im 18. Jh. zur Blüte gelangte. Heute befindet es sich im Privatbesitz und ist nicht zu besuchen. Trotzdem lohnt ein Spaziergang am Teich und in den Außenanlagen. Von Les Forges des Salles zunächst in Richtung Sainte-Brigitte fahren. Rechts liegt der malerische Etang du Fourneau (Teich von Fourneau). Vom Parkplatz aus sind es dann noch etwa 15 Minuten zu Fuß. Der Weg ist ausgeschildert.

Von Les Forges des Salles aus gelangt man über die D 15 in nordwestlicher Richtung nach **Bon Repos.** Der Blavet wurde an dieser Stelle früher durch eine Schleuse schiffbar gehalten. Heute sind nicht mehr als eine alte Brücke, das Schleusenwärterhaus und ein sehr malerischer Blick erhalten geblieben. Kleinere Boote können an dieser Stelle immer noch von Châteaulin aus den Stausee erreichen. Am Nordufer des Flüsschens liegen die Überreste der **Abbaye de Bon-Repos,** die als Zisterzienserkloster im 12. Jh. gegründet wurde. Im 14. Jh. neu aufgebaut, erlangte es wieder an Bedeutung, bis es in den Wirren der Revolution völlig zerstört wurde. Alljährlich im Sommer findet hier nun auch ein Licht- und Tonspektakel statt, das historische Ereignisse wiederaufleben lässt. Informationen zu den Daten und der jeweiligen Show unter Tel. 02.96. 24.82.20, www.bon-repos.com oder beim Fremdenverkehrsamt. Der malerische Anblick der Schleuse lässt sich am besten von der Terrasse des Café de l'Abbaye aus genießen, das direkt am Ufer des Flüsschens liegt.

Überquert man bei Bon Repos den Blavet, gelangt man zum Nordufer des Sees. Hier trifft man auf die N 164, die Verbindungsstraße zwischen Carhaix-Plouguer und Mur-de-Bretagne.

An der N 164 besteht nun die Möglichkeit, Richtung Mur-de-Bretagne

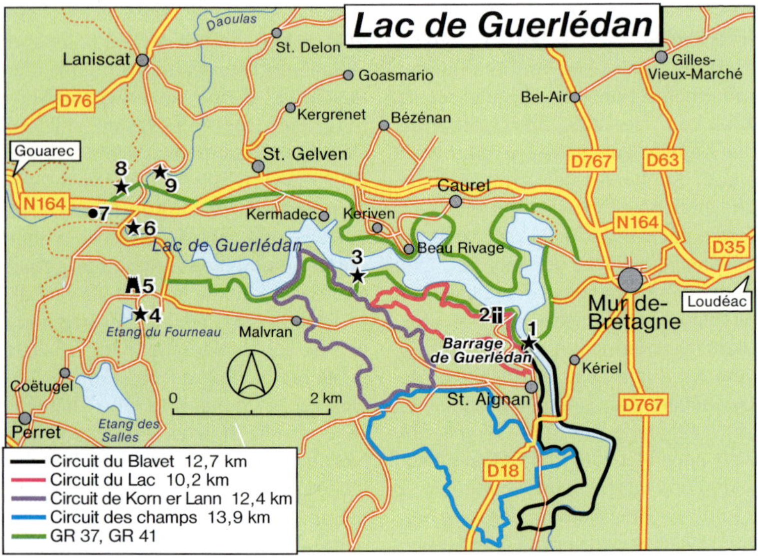

★	1	Staumauer
⛪	2	Kapelle Sainte-Tréphine
★	3	Anse de Sordan
★	4	Etang du Fourneau
♜	5	Château de Salles
★	6	Bon Repos, Ruine des Zistersienserklosters
●	7	Nantes-Brest-Kanal
★	8	Allée couverte de Liscuis
★	9	Daoulas-Schlucht

zurückzufahren oder die Rundtour noch einige Kilometer nach Norden fortzusetzen.

Beau Rivage

Etwa 7 km liegen zwischen Bon Repos und **Caurel.** Der überwiegende Teil der Fahrt führt recht weit vom Seeufer entfernt entlang, sodass wenig vom Wasser sichtbar ist.

Am Fuße eines bewaldeten Höhenzuges liegt das verträumt anmutende Städtchen. Begrenzt vom See und vom Wald, der unter Naturschutz steht, könnte völlige Harmonie herrschen, wenn nicht das 20. Jh. auch hier seine Spuren hinterlassen hätte. In der Umgebung von Caurel soll die N 164 zu einer vierspurigen Schnellstraße erweitert werden. Ein Frevel an der Natur und einer landschaftlich besonders reizvollen Strecke. Die Bewohner der umliegenden Gemeinden machen ihrer Wut mit Plakaten und Graffiti Luft – möglicherweise zeigt das Erfolg

Kurz hinter dem Ort führt eine kleine Straße zum Seeufer, nach **Beau Rivage.** Direkt am Ufer liegt plötzlich touristisch erschlossenes Gebiet. Restaurants, Souvenirläden, Campingplatz und Bootsvermietung gehören zur sommerlichen Infrastruktur.

Unterkunft

- **Hôtel/Restaurant Le Beau Rivage**€-€€, direkt am See, Tel. 02.96.28.52.15. Das Hotel wird vom *Logis de France* empfohlen.
- **Camping Les Pins,** Tel.96.28.54.69, Fax 02.96.26.30.94. Liegt zentral und nahe dem See. Im Sommer ist deshalb eine Reservierung unbedingt notwendig.
- **Camping Les Pommiers,** Tel. 02.96.28. 52.35. Nicht ganz so gut wie Les Pins, dafür aber auch im Sommer nie voll belegt.

Essen und Trinken

- Neben dem **Restaurant Le Beau Rivage** (s.o.), in dem Menüs ab ca. 13 € serviert werden (Spezialität: Fisch), lohnt ein Besuch der **Crêperie des 4 Saisons,** Tel. 02.96.28.54.72. Mit Blick auf den See werden hier kleine Gerichte ab ca. 3 € serviert.

Sonstiges

- **Bootsverleih:** *Brittany School of Adventure,* direkt am Seeufer. Hier werden Kanus (ab ca. 6 €), Kayaks (ab ca. 4,50 €), Ruderboote (ab ca. 7,50 €), Motorboote (ab ca. 18 €) und Surfboards (ab ca. 6 €) vermietet. Wer sich nicht auskennt, kann Unterricht bekommen (Stunde ca. 7,50 €). Tel. 02.96. 26.30.94.
- **Fahrradverleih:** Die *Brittany School* verleiht auch Mountain Bikes (ab ca. 4,50 €).
- **Bootstouren:** Vom Anleger in Beau Rivage besteht die Möglichkeit zu Rundtrips und zum Personenverkehr zwischen den einzelnen Haltestellen.

Wandern im Gebiet

Das gesamte Gebiet um den Stausee herum ist besonders für Wanderfreunde interessant. Viele gut ausgeschilderte Wege führen z.T. stundenlang durch dichte Wälder oder über Hügel und Berge. Besonders lohnend ist der Weg **GR (grande randonnée) 341,** der hier von Mur-de-Bretagne über Caurel und die Schlucht von Daoulas (Gorges du Daoulas) bis nach Gouarec (Übernachtung im Hôtel du Blavet am Ortseingang, Tel. 02.96.24.90.03, saubere Zimmer ab 23 €) und Rostrenen führt.

Für die Strecke von Mur-de-Bretagne bis Rostrenen benötigt man etwa 13 Stunden. Es bietet sich an, zunächst bis zur Daoulas-Schlucht (ca. 7 Stunden) zu wandern. Von hier ein Abstecher nach Bon Repos (30 Minuten). Am nächsten Morgen dann zurück zur Schlucht und vorbei an der Allée couverte de Liscuis über den GR 37 nach Rostrenen.

Genaue **Wanderkarten und Informationen** bietet das *Office de Tourisme* in Mur-de-Bretagne, Tel. 02.96. 28.51.41.

Auch von St-Aignan aus gibt es zahlreiche Rundwanderwege südlich des Sees. Die zwischen 10 und 14 km langen Wanderungen sind jeweils farbig ausgeschildert (Orange, 10,2 km; Rot, 12,4 km; Blau, 12,7 km; Grün, 13,9 km). Genaues Kartenmaterial gibt es beim Office de Tourisme anhand des Blättchens „Randonnées St-Aignan".

Laniscat

↗ XIII/C1

In der Kirche (1691) dieses kleinen Dorfes nahe Goarec hängt eines von fünf **Glockenrädern,** die in der Bretagne erhalten sind. Diese Räder wurden *Roue de Fortune* (Glücksrad) genannt. Es befindet sich links oberhalb der Kanzel. Der Durchmesser beträgt etwa 1 m. Ursprünglich hatte es seine Funktion bei kirchlichen Zeremonien, indem die daran hängenden Glöckchen über einen Seilzug zum Klingeln gebracht wurden. Vermutlich geht die Benutzung dieser Räder auf einen keltischen Kult zurück, nach dem das Rad die Sonne und damit das Leben symbolisiert. Allerdings benutzten auch die Druiden Räder zum Blick in die Zukunft. Die heute noch erhaltenen Räder in der Bretagne stammen aus dem 17. und 18. Jh.

Ein weiteres Kleinod der Kirche ist ein Knochensplitter von *Saint-Gildas,* der sich in einer Büste befindet.

Die Kirche ist von Mitte Juni bis Mitte September täglich 9.30–19 Uhr geöffnet. In der übrigen Zeit wende man sich an die sehr freundliche und hilfsbereite Mme *Simone Cloarec,* Route de St-Gelven, 22570 Laniscat. Ihr Haus liegt etwa 1 km von der Kirche entfernt an der linken Straßenseite. Von rechts mündet an dieser Stelle ein schmaler Fahrweg ein. Französisch-Kenntnisse sind allerdings unerlässlich.

Carhaix-Plouguer

Während der gallorömischen Zeit war der Ort unter dem Namen Vorganium sehr bedeutend. Lange Zeit führte der Ort dann ein mehr oder weniger ruhiges Dasein, bis es 1675 zur **Revolte der Bonnets Rouges** (der roten Mützen), kam. *Louis* XIV. hatte das Stempelpapier eingeführt, die ohnehin schlechtgestellte Landbevölkerung wurde finanziell weiter belastet. Unter ihrem Anführer *Sébastien Le Balp* wurde zunächst nur ein Protestbrief geschrieben, dem dann aber Plünderungen und Brandschatzungen folgten. Soldaten schlugen den Aufstand schließlich blutig nieder.

In der jüngeren Geschichte ist das Jahr 1956 von Bedeutung. Carhaix wurde mit dem Nachbarort Plouguer zu einer Einheit zusammengefasst. Der Doppelort liegt am Nordrand der **Montagnes Noires,** der schwarzen Berge. Touristische Bedeutung kommt dem Ort im Wesentlichen nur durch die zentrale Lage an einer Hauptstraße zwischen Brest und Rennes bzw. als Durchgangsort für Fahrten in die Schwarzen Berge und die Umgebung von Huelgoat zu.

Zur Zeit der römischen Besetzung der Bretagne führte ein **Aquädukt** von ursprünglich 20 km Länge durch die Stadt. Seine Reste sind noch heute in der Rue de l'Aqueduc zu bestaunen. Funde aus dieser Zeit werden im Rathaus aufbewahrt.

Maison du Sénéchal. Das Fachwerkhaus aus dem 16. Jh. in der Rue Brizeux 6 beherbergt heute ein Heimatmuseum. Im Haus befindet sich zudem das Office de Tourisme. Interessant und typisch für die Region ist die Architektur des Gebäudes mit seiner nach vorn aus der Hausfront ragenden ersten Etage, die figurengeschmückt ist.

Place du Champ-de-Bataille. Der Schlachtfeldplatz, der 1760 unregelmäßig geformt angelegt wurde, besitzt im Osten und Nordosten monumentale Eingangstore. Inmitten des Platzes steht eine Statue von *Théophile de la Tour d'Auvergne* (1743–1800). Er war der erste neuzeitliche Forscher, der sich mit keltischen Sprachen beschäftigte.

Eglise St-Tremeur. Die Stiftskirche wurde um 1370 auf den Grundmauern eines Klosters aus dem 12. Jh. errichtet. Im 19. Jh. wurde sie restauriert. Nahe der Kirche liegt die Chapelle Ste-Anne mit einigen sehenswerten Statuen.

Festival des Vieilles Charues in Carhaix. Das bretonische „Woodstock" ist inzwischen das größte Kultur- und Musikfestival der Bretagne mit betont innovativem Anspruch. Keine Vermarktung staubiger Tradition, sondern moderne bretonische Musik, aber auch viel World-Music und andere kulturelle Veranstaltungen, jährlich Mitte Juli. Infos unter www.vieillescharrues.asso.fr.

Information

- **Office de Tourisme,** Rue Brizeux 3, 29270 Carhaix-Plouguer, Tel. 02.98.93.04.42, www.poher.com.

Unterkunft

- **Hôtel Le Gradlon**€€**,** Boulevard de la République 12, Tel. 02.98.93.15.22. Das Hotel direkt neben der Kirche ist ganzjährig geöffnet. 45 gut ausgestattete Zimmer.
- **Camping Municipal,** Tel. 02.98.99.10.58, im Tal l'Hière. Viel Platz und die Nähe zum Freizeitzentrum zeichnen die Anlage aus. Geöffnet vom 15.6. bis 15.9.

Essen und Trinken

- **Crêperie La Crêpe Dorée,** Avenue du Général de Gaulle 22, Tel. 02.98.93.30.48.

Anreise/Weiterreise

- **Mit der Bahn:** Carhaix ist Endstation der Linie 11, die von St-Brieuc aus über Guingamp, Plougonver und Callac hier bis zu 10-mal täglich in beiden Richtungen verkehrt (sonn- und feiertags nur dreimal).
- **Mit dem Bus:** Die Linie 45 fährt täglich fünfmal auf der Strecke Carhaix – St-Brieuc (und umgekehrt) über die Orte Quintin und Rostrenen.

In und aus Richtung Loudéac besteht 3- bis 4-mal täglich eine Verbindung mit der Linie 46, über Rostrenen, Bon Repos und Mur-de-Bretagne (Lac de Guerlédan).

Zwischen Carhaix und Morlaix besteht dreimal täglich eine Busverbindung über Huelgoat mit der Linie 47.

Die Linie 48 verkehrt viermal täglich auf der Route Carhaix – Châteauneuf-du-Faou – Châteaulin und zurück.

In Richtung Südküste besteht eine Busverbindung bis Rosporden (Linie 51) über die Orte Motreff, Gourin und Coatloc'h (siebenmal täglich).

Huelgoat

↗ XII/B2

Sozusagen im Herzen der Bretagne liegt die kleine Gemeinde Huelgoat, deren Name übersetzt „Hochwald" bedeutet. Leider ist vom ehemals weitläufigen Waldgebiet am Fuße der Monts d'Arrée nur ein trauriger Rest übrig, glaubt man den Behauptungen der Ortsansässigen. Der sogenannte **Jahrhundertorkan** von 1987 gab zusammen mit Waldbränden dem riesigen Waldgebiet, das ursprünglich sogar zum Forêt de Brocéliande gehörte, den Rest. Aber wie so oft, sind nicht alle Schäden offensichtlich.

Die Lage des Ortes am 15 ha großen künstlichen See, etwa 180 m über dem Meeresspiegel, ließ ihn schon immer attraktiv erscheinen. Schon zur Zeit der römischen Besetzung wurde hier ein **gallisches Feldlager** (Artuslager, 100 v. Chr.) errichtet, das später von den Römern erobert werden konnte.

Bis ins 19. Jh. war das Dorf vom naheliegenden **Blei- und Silberbergwerk** abhängig, bis schließlich auch der Tourismus in diese stille, aber landschaftlich sehr reizvolle, romantische Gegend einkehrte. Heute hat der **Tourismus** dem Ort bereits seinen, glücklicherweise zurückhaltenden, Stempel aufgedrückt. Am Seeufer reihen sich zahlreiche Bars, Cafés, Restaurants und Souvenirgeschäfte aneinander, Parkplätze „zieren" ganze Bereiche der Ortsmitte.

Allerdings findet nicht der lärmende Tourismus der Küstenorte und Seglerhäfen, sondern eher der ruhige Wandertourismus statt, denn Huelgoat ist der Ausgangspunkt für herrliche Wanderungen in der näheren und weiteren Umgebung.

Sehenswertes/ Wanderungen

Für die Liebhaber alter Kirchen bietet Huelgoat zwei Besichtigungsmöglichkeiten. In der Stadtmitte befindet sich die im 16. Jh. erbaute **Kirche,** die mit ihrem modern gestalteten Turm leicht stilbrüchig wirkt. An der Rue des Cieux steht die **Chapelle Notre-Dame-des-Cieux.** Das Renaissancebauwerk ist alljährlich am 1. Augustsonntag Ausgangspunkt eines Pardon.

Naturliebhaber werden andere Attraktionen der Umgebung besuchen. Einen guten Überblick über den Ort und die Gegend gewinnt man vom **Roche Cintrée,** einem Aussichtspunkt, der in etwa 15 Minuten von der Straße nach Carhaix aus erreichbar ist. Von der Hauptstraße aus rechts abbiegen (Rue de la Roche Cintrée; beschildert) und dann den steil ansteigenden Weg hangaufwärts.

Nördlich des Ortes locken **Gesteinsformationen** alljährlich Touristen aus aller Herren Länder an, die hier versuchen, die fantasievollen Namen der Felsen aus der jeweiligen Formation herauszulesen oder sich einfach nur an den mächtigen Steinen erfreuen, die z.T. wie von Riesenhand ausgestreute Kiesel anmuten.

Am östlichen Ende des Sees liegt jenseits der Rue Berrien eine **alte Mühle.** Das vom See herabstürzende Wasser trieb einst das Mühlrad an. Hier mündet der See in den Rivière d'Argent. Die zahlreichen Gesteinsbrocken im Mühlbach bilden das **Chaos du Moulin.** Am unteren Rand der Steinansammlung liegt die Grotte du Diable, zu der eine rutschige Leiter hinabführt. Entweder am Bach entlang oder über die Straße hinter der Mühle gelangt man zu einer weiteren Felsansammlung. In einer Art Halbkreis angeordnet, bilden die Steine hier ein

Der Wildschweinpfuhl bei Huelgoat

134br Foto: eh

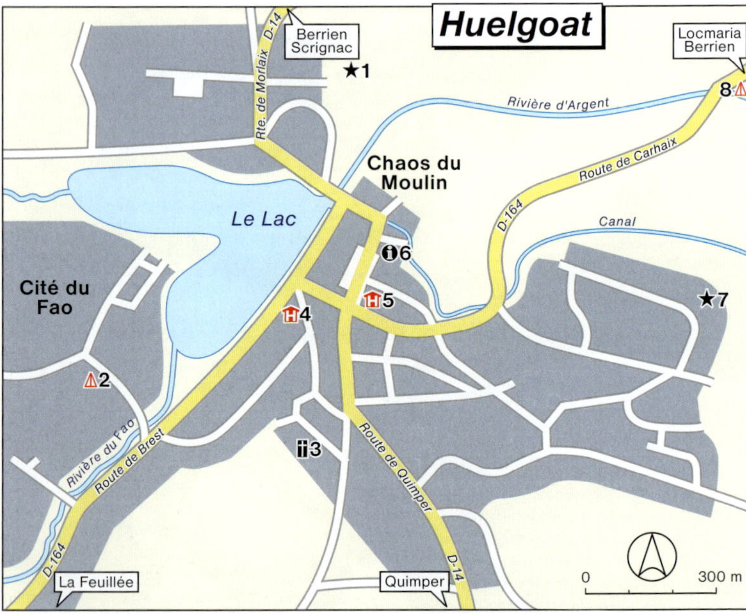

★ 1 La Roche Tremblante
⚠ 2 Camping du Lac
3 Notre-Dame-des-Cieux
4 Hôtel du Lac
5 Hôtel L'Armorique
6 Office du Tourisme
★ 7 La Roche Cintrée
⚠ 8 Camping La Rivière d'Argent

natürliches Theater, das **Théâtre de Verdure.** Hier treten gelegentlich im Sommer Folkgruppen auf.

Der ausgeschilderte Pfad führt weiter zum **Roche Tremblante** (schwankender Fels). Ein riesiger rundlicher Felsen liegt hier so über anderen Felsen, dass nur eine sehr geringe direkte Auflage besteht. Ursprünglich konnte der über 100 t schwere Brocken leicht von einer Person zum Schwanken gebracht werden, doch der Zahn der Zeit nagt auch hier. Allerdings wird nichts weggenagt, sondern Erde und auch einiger Müll hinzugefügt, die Auflagefläche wird größer, ein Bewegen des Felsens ist praktisch nicht mehr möglich. In den Fels gehauene Stufen führen hinab zum Talgrund. Am Ufer des Argent stößt man rechts des Weges erneut auf große Felsansammlungen. Zwischen den Lücken der einzelnen Felsen hindurch führen schmale Pfade bis zum Ufer. Man befindet sich inmitten der **Ménage de la Vierge** (Haushalt der heiligen Jungfrau).

Nun muss entschieden werden, entweder für den Rückweg über die Allée Violette, einen lauschigen Waldweg am Flussufer entlang bis zur Hauptstraße nach Carhaix und von hier zurück, oder für den Weg tiefer hinein in den Wald, bis hin zum Artus Camp.

Von der Ménage de la Vierge aus führt der Sentier des Amoureux hügelaufwärts. Auf dem Hügelkamm schneidet dieser Weg den Wanderweg GR 380, der nach links (in nördlicher Richtung) zum **Camp Artus** führt. Viele hundert Meter zieht sich der Kammweg entlang, bis schließlich das Lager erreicht ist. Hohe Erd- und Steinwälle, wahrscheinlich natürlichen Ursprungs, umgeben eine Senke. Irgendwie erinnert der Blick vom Wall hinab auf die Senke an so manche Darstellung der römischer Feldlager in den guten alten Astérix-Heften.

Es handelt sich bei dem 1938 freigelegten Camp um ein typisches Beispiel für ein gallisches Oppidum, wie es auch von **Cäsar** beschrieben wird. Hier wohnten von 56 bis 51 v. Chr. die Osismes, die gegen die Römer kämpften. Der Name Artus-Camp ist ein Irrtum, lebte König Artus doch erst viel später. Wer auf dem GR 380 nicht weiter wandern möchte (er führt in Richtung Morlaix), muss nun den Rückweg antreten. An der Weggabelung, die man bereits auf dem Hinweg erreicht hatte, führt der ursprüngliche Weg links hinunter ins Tal. Früher gab es einmal eine Abkürzung, die bereits vor der Gabelung über einen mit mehr als 218 Stufen begehbaren Hang hinunterführte. Am Talboden führt der Weg links, vorbei an der **Artus-Grotte,** zum **Mare aux Sangliers,** dem Wildschweinpfuhl. Nur mit sehr viel Fantasie kann in den Felsen rund um den kleinen Teich die Gestalt eines Wildschweines erkannt werden. Hier über den Bach zur Allée du Clair-Ruisseau wechseln. Etwa 1 km zieht sich der Wanderweg durch den Wald und mündet auf die Straße nach Carhaix, nahe dem Parkplatz Pont-Rouge. Wer nicht beide Wege kombinieren möchte, findet hier den idealen Ausgangspunkt, um zum Wildschweinpfuhl und Artus-Camp zu gelangen. Später können dann die Felsen vom Ortskern aus erreicht werden. **Jardin de l'Argoat et Arboretum du Poeop.** Die erste botanische Station mit Pflanzen der Bretagne zeigt die Vielfalt der Region im Bereich der Heilpflanzen. Eine Ausstellung zu den Pflanzen des Himalayas und der Anden gehört zum Garten. Der Park ist ganzjährig von 10 bis 17 Uhr geöffnet. Eintritt 7 €.

Information

- **Office de Tourisme,** Mairie, Moulin du Chaos, 29690 Huelgoat, Tel. 02.98.99.72.32.

Unterkunft

- **Hôtel/Restaurant du Lac**€-€€, Rue du Général de Gaulle, Tel. 02.98.99.71.14, Fax 02.98.99.70.91, 17 einfache Zimmmer werden hier vermietet.
- **Hôtel/Bar L'Armorique**€€, Place A. Briand, Tel. 02.98.99.71.24. Etwas teurer, dafür auch gemütlicher ausgestattet sind die Zimmer in diesem kleinen Hotel nahe der Kirche.
- **Camping Municipal du Lac,** Rue du Lac, Tel. 02.98.99.78.80. Der einfache Platz für etwa 75 Einheiten liegt direkt am See, unweit des Schwimmbades und der Tennisanlage.

● **Camping La Rivière d'Argent,** Rue Le Berre, Tel. 02.98.99.72.50. Der reine Sommercampingplatz (geöffnet vom 15.5 bis zum 10.9.) liegt etwa 2 km außerhalb an der Straße nach Carhaix. Die Ausstattung ist komfortabler.

Essen und Trinken

● **Restaurant du Lac,** im Hôtel du Lac (s.o.), nette, gemütliche Gaststätte mit Blick auf den See.

● Leckere Crêpes gibt es in der **Crêperie Ty Vonig,** Place A. Briand, Tel. 02.98.99.76.41.

● **Crêperie des Myrtilles,** Place Aristide-Briand 26. Traditionelle und leckere Crêpes und Galettes, die man im Sommer auch auf der Terrasse genießen kann.

● **Miellerie de Huelgoat,** nahe des Chaos du Moulin, Tel. 02.98.99.94.36. Hier gibt es alles, was mit Honig, Bienen und Wachs zu tun hat. Es lohnt sich, den *Chouchen,* ein alkoholisches Honiggetränk, zu probieren.

● Weitere Restaurants und Crêperien finden sich im Ortskern und am Seeufer.

Sonstiges

● **Fahrradverleih,** Pédalos sur le lac, Crêperie Bourlès, Rue du Lac, Tel. 02.98.99.71.72.

Anreise/Weiterreise

● **Mit dem Bus:** Huelgoat liegt an der Buslinie 47, die dreimal täglich zwischen Carhaix und Morlaix (sonn- und feiertags nur einmal) verkehrt.

Parc Naturel Régional d'Armorique

1969 wurde ein weitflächiges Gebiet im Finistère **zum Naturpark erklärt.** 90.000 ha stellte man unter Schutz, um hier einerseits die Natur möglichst unberührt zu erhalten und andererseits das Leben der Bevölkerung dieser Region in einem nach Möglichkeit recht ursprünglichen Zustand zu belassen. Diese scheinbar von oben verordnete Behinderung der Bevölkerung verfolgt einen durchaus positiven Zweck. Eine starke Zersiedlung soll ebenso verhindert werden wie die Ansiedelung von Großindustrie. Unternehmen, die hier ihren Standort aufbauen wollen, dürfen den landwirtschaftlichen Charakter der Region nicht verändern.

Insgesamt 33 Gemeinden liegen im Gebiet des Naturparks. **Museen,** die das ursprüngliche Leben der Bevölkerung anschaulich demonstrieren, finden sich in verschiedenen Orten (z.B. in Ouessant und Loqueffret).

Der Naturpark zeigt allerdings kein einheitliches Bild, sondern gliedert sich in zum Teil recht **unterschiedliche Bezirke:** die Monts d'Arrée, die Umgebung von Huelgoat, die Halbinsel von Crozon, die Region zwischen der Aulne-Mündung, Châteaulin, Brasparts, Sizun und le Faou (d.h. der zentrale Bezirk des Naturparks) und die Inseln Ouessant und Molène. Zu den beiden letztgenannten Gebieten siehe in den entsprechenden Kapiteln weiter vorn im Buch.

Im Norden reicht der Park bis in die Nähe von Morlaix, auch ein Teil der umfriedeten Pfarrbezirke (z.B. Commana) gehört geografisch gesehen zum Naturpark.

Monts d'Arrée

Im Bereich dieses bretonischen Gebirges zeigt sich die Bretagne plötzlich von einer unerwarteten Seite. Statt einer vom Meer geprägten oder bewaldeten Landschaft herrschen hier **kahle Höhenzüge** vor, deren höchste Erhebungen die 400-m-Grenze nur knapp unterschreiten. Die **höchsten Punkte,** der Tuchenn-ar-Gador (Thronhügel) mit 384 m, der Roc'h Trévézel mit 383 m, der Mont Saint-Michel de Braspart (380 m) und der Roc'h Tredudon (368 m) liegen alle im Zentrum des Höhenzuges nahe den sagenumwobenen Moorgebieten **Yeun Elez** (Höllentür).

Hier, im sumpfigen Gebiet der Elez, die heute den St-Michel-Stausee speist, sind zahlreiche **Sagen** beheimatet, die von der Atmosphäre des Ortes genährt werden. Die alten Geschichten konnten über die hier ursprünglich lebenden halbnomadischen Kleinbauern, die *Pilhaouerien*, überliefert werden. Auf ihren Wanderungen durch die Dörfer, bei denen sie sich durch Lumpen- und Metallsammlungen ein Zubrot verdienten, verdingten sie sich oft als Sänger. So konnten Geschichten und Lieder weit verbreitet werden und sich erhalten.

Möglicherweise hat die mystische Landschaft die Menschen bereits im Neolithikum inspiriert. Zeugen dieser Epoche sind noch heute sichtbare **Menhire und Dolmen.** Auch heute noch kommen hier gelegentlich die **neuzeitlichen Druiden** der Region zu einem großen Treffen zusammen, dessen Datum jedoch geheimgehalten wird.

Die Atmosphäre des Gebietes ist durch seine für die Bretagne einmalige Landschaft bestimmt. Diese Höhenlage mit kühler, feuchter Witterung (1300–1500 mm Regen/Jahr) sorgte für das Entstehen einer **charakteristischen Vegetation.** Kennzeichnend sind Heidegewächse, Torflagerbinsen *(molinies)* und Torfmoose *(sphaignes)*. In dieser moortypischen Landschaft konnten aufgrund von Konservierungsprozessen im relativ sauren Untergrund zahlreiche Arten gefunden werden, die dabei helfen, die Vegetation des Gebietes bis zu 3000 Jahre vor Christus zu rekonstruieren. Ginster und Weiden am Wasser, auch Hahnenfußgewächse und der seltene Sonnentau, eine insektenfressende Pflanze, ergänzen die faszinierende Flora.

Auch die **Tierwelt** hat hier einiges zu bieten. Im Quellgebiet zahlreicher Flüsse leben Forellen und Lachse. Mit etwas Glück gelingt es, Fischotter und einen der fast ausgestorbenen Biber bei der Arbeit zu entdecken.

Rund um das Yeun Elez

Das Gebiet um das Yeun Elez lässt sich am besten mit dem Auto erkunden oder aber erwandern. Ein Transport mit öffentlichen Verkehrsmitteln ist recht problematisch, da Busse nur auf wenigen Strecken verkehren und gerade interessante Punkte keine Haltestelle haben.

Roc'h Trévezel ↗ XII/A2

Ausgangspunkt für die Tour ist der Roc'h Trévezel. Dieser 383 m hohe Punkt lässt sich leicht aus den unterschiedlichsten Richtungen erreichen.

Aus Richtung Brest/Landerneau führt die D 764 über Sizun zum Felsen. Die D 764 erreicht man von der Crozon-Halbinsel aus über die D 791 bis Le Faou und dann über die D 18.

Nur wenige Meter östlich des zackigen Gipfels führt die D 785 von Quimper/Pleyben (im Südwesten) bis nach Morlaix. Aus Richtung Hennbout/Carhaix erreicht man den Berg über Huelgoat (D 764).

Bereits von weitem überragt der gezackte Gipfel des Roc'h Trevezel die Landschaft. Direkt an der D 785, östlich des Gipfels, beginnt am Parkplatz ein kurzer **Wanderweg zu den Felsen.** Der Weg zum windumtosten Grat lohnt nur bei wirklich gutem Wetter.

Montagne St-Michel ⇗ XII/A2

Auf der D 785 in Richtung Süden erreicht man nach 9,5 km den nächsten höheren Felsen, den Montagne St-Michel de Brasparts. Die kleine Kapelle auf dem Gipfel soll über die Seelen der im Moor Versunkenen wachen.

St-Rivoal ⇗ XII/A2

Bereits 2,5 km vor dem Gipfel zweigt die D 42 in Richtung St-Rivoal ab. Im kleinen Dorf befindet sich ein **Ecomusée des Monts d'Arrée,** das Maison Cornec. Am westlichen Ortsausgang steht das kleine aus Schiefer errichtete Gebäude aus dem Jahre

Der Roc'h Trévezel im Frühjahr

135br Foto: eh

1702, in dem *Yvon Cornec* und *Anna Broustal* gelebt haben. Neben dem Wohnraum mit Kamin, der Scheune und dem Stall ist noch ein Abstellraum für allerlei Gerätschaften restauriert worden. Im Hof können zwei Backöfen besichtigt werden. Öffnungszeiten: im Juni 14–18 Uhr, vom 1.7.–31.8. 11–19 Uhr. Auskunft unter Tel. 02.98. 68.87.76. Eintritt: 1,50 €.

Maison des Artisans

↗ XII/A2

Kurz hinter dem Gipfel des St-Michel erreicht man in Richtung Brasparts an der D 785 das Maison des Artisans (Haus des Kunsthandwerks). Etwa 200 Künstler aus der ganzen Bretagne stellen in den Räumen eines Bauernhofes ihre Kreationen aus, zu denen unter anderem Schnitzereien, Töpfer- und Webarbeiten gehören. Öffnungszeiten: täglich außer dienstags und mittwochs 10–12 und 13.30–18.30 Uhr, Tel. 02.98.81.41.13.

Brasparts

↗ XII/A2

Nur etwa 5 km weiter an der D 785 liegt der Ort Brasparts. Hier befindet sich ein **umfriedeter Pfarrbezirk** *(Enclos paroissial)* aus dem 16. Jh. Die Kirche im Renaissancestil wird von einem Vorbau (1590) geziert, der neben Apostelfiguren auch mit Fabelwesen geschmückt ist. Im Inneren der Kirche findet man im Chor ein herrliches Fenster aus dem 16. Jh. mit Bildern der Passionsgeschichte. Außen beeindruckt der streng geometrisch konstruierte Turm, dessen klare, unverschnörkelte Form als Symbol für die Unendlichkeit, die göttliche Ordnung steht.

Das dazugehörige **Beinhaus** wird von zwei Ankou-Statuen bewacht. Im Sommer befindet sich das Syndicat d'Initiative im Pfarrhaus an der Kirche.

Lannédern

↗ XII/A2

Über die D 21 gelangt man bei Croas-Ahars auf die D 14, die in nordöstlicher Richtung nach Lannédern mit einem weiteren **umfriedeten Pfarrbezirk** führt. Auf dem Calvaire (1621) wird u.a. *Saint Edern* dargestellt, der nach einer Legende auf einem Hirsch ritt. In der Kirche sind sein Grabmal aus dem 14. Jh. und verschiedene Reliefbilder dieses Heiligen untergebracht. Schön bemalte Fenster zieren den Chor.

Loqueffret

↗ XII/B2

Die D 14 führt dann weiter nach Loqueffret. Auch hier findet sich ein Enclos Paroissial mit einer Kirche aus dem 16. Jh. Neben dem Hauptaltar lohnt ein Blick auf den Rosenkranzaltar nach rechts. Links des Altars befindet sich eine Nische, in der eine Darstellung der Dreifaltigkeit zu sehen ist.

Im alten Presbyter-Haus ist ein weiteres Ecomusée untergebracht, das **Maison du Recteur** (Haus des Priesters). Hier werden zahlreiche Gegenstände aus dem Alltagsleben eines Priesters ausgestellt und der Weg vom Schüler bis zur Übernahme einer Pfarrei nachgezeichnet. Das karge Leben des Priesters erfreute sich nach der Darstellung im Maison du Recteur nur einmal im Monat einer Abwechslung, wenn die Priester der umliegenden Gemeinden zu einem großen Gelage zusammenkamen.

Öffnungszeiten: 1.7.–15.9. täglich außer Montag 10–19 Uhr, Tel. 02.98. 21.90.90.

St-Herbot

↗ XII/B2

Von Loqueffret aus gelangt man über die D 14 zunächst nach St-Herbot. Inmitten der beeindruckend wilden Landschaft steht die **Kirche St-Herbot,** die nach dem Heiligen benannt ist, auf dessen Einsiedelei die Grundmauern stehen. Historisch erlangte die Kapelle 1509 dadurch Bedeutung, dass *Anne de Bretagne* festsetzte, hier wöchentlich zwei Messen lesen zu lassen. Auch architektonisch hat das Gebäude einiges zu bieten. Durch die Hanglage ergibt sich ein Nord-Süd-Gefälle von 4 m und ein Ost-West-Gefälle von 2 m, sodass der Chor in Richtung Sonnenaufgang, der Glockenturm hingegen in Richtung Sonnenuntergang liegt. Vom mächtigen viereckigen Turm fehlt mittlerweile die Spitze. Im Inneren der Vorhalle befinden sich Apostelfiguren mit jeweils unterschiedlich gestalteten Bärten, *Saint Jacques* steht auf einer Muschel, da *Saint Herbot* eine Pilgerreise nach Santiago de Compostela machte. Der Chor zeigt eine herrlich geschnitzte Chorschranke im Renaissancestil, hinter der sich Steintische befinden, auf die die Kirchgänger Schwanzhaare ihrer Rinder legten, weil *Saint Herbot* der Schutzheilige des Hornviehs war.

Von St-Herbot aus besteht nun die Möglichkeit, über die D 14 weiter nach Huelgoat zu fahren oder über die kleine Verbindungsstraße in Richtung Westen (Le Rusquec Couzanet), vorbei am Aussichtspunkt Site de Mardoul bei Kermarc, zur D 36 zu gelangen. Die D 36 führt von Loqueffret nach Brennilis.

Brennilis

↗ XII/B2

In Brennilis und Umgebung prallen Neolithikum, Mittelalter und 20. Jh. erbarmungslos aufeinander. Neben den **Menhiren** der Umgebung, einer hübschen **Kirche** aus dem 15. Jh. mit schön bemalten Fenstern und einigen Felsen, die scheinbar völlig willkürlich im Kirchhof liegen, steht hier auch das *Centrale nucléaire de Saint-Michel,* das älteste **AKW** Frankreichs, welches von 1966 bis 1987 am Netz hing, dann aber wegen Unwirtschaftlichkeit abgeschaltet wurde.

Biegt man am nördlichen Ortsausgang rechts ab, erreicht man kurz darauf den **Dolmen Ti ar boudiged,** auch „La Maison des Fées" genannt. Zunächst fällt nur ein netter Park mit Picknickplatz auf. Um 3000 v. Chr. wurde hier ein Bauwerk, das den Übergang zwischen einem Gangdolmen und einer Allée couverte darstellt, errichtet. Die Außenmaße sind mit 17 m mal 3,50 m recht eindrucksvoll. Außer einigen Keramikstücken und Pfeilspitzen wurden keine größeren Funde gemacht. Im Inneren ist das Bauwerk 13,40 m lang, zunächst nur 1 m breit, vergrößert sich dann aber bis auf 2,80 m Breite im hinteren Bereich. Bemerkenswert ist in der Kammermitte eine Stützplatte, die möglicherweise ein Äquivalent zu den Platten im Inneren von Gangdolmen darstellt.

In Brennilis wird auch mit großem Aufwand für die **Expo du Youdig,** das Ancient Village, geworben. Ob sich der Besuch der Modellausstellung zum Handwerk und bäuerlichen Leben der Region auf engstem Raum lohnt, muss jeder selbst entscheiden. Eintritt: 5 €. Die Ausstellung ist ganztägig geöffnet, Tel. 02.98.99.62.36.

Reservoir St-Michel

↗ XII/A2

Brennilis kann auch als Ausgangspunkt für eine Tour im näheren Bereich des Reservoirs St-Michel dienen. Der See, der ursprünglich dazu diente, Kühlwasser für das Atomkraftwerk zu liefern, beherbergt eine artenreiche Flora und Fauna. Fährt man Richtung Bihan/AKW, erreicht man zunächst den **Calvaire de Kerstrat.** Kurz vor dem Ufer links in Richtung Forc'han abbiegen. Die Straße führt in westlicher Richtung vorbei an einem Menhir zum **Roc'h Kléguer** (317 m) mit Aussichtspunkt. Folgt man der Straße in Richtung Mont St-Michel, kommt man zu den **Alignements An Eured Veign,** einer Steinreihe, die auch La Noce de Pierre genannt wird.

Wer den See nicht ganz umrunden möchte, fährt von hier aus wieder über Bihan und Braz zurück zum **Réserve du Vennec.** Im Naturschutzgebiet bestehen gute Chancen, Sonnentau, die insektenfressende Pflanze, Biber und zahlreiche Wasservögel zu beobachten.

Spézet

↗ XII/B3

Bei der kleinen Ortschaft Spézet wurde ein kleiner **botanischer Garten** errichtet (Jardin botanique des Montagnes Noires), der sich vornehmlich mit den Koniferen des Gebietes beschäftigt. Etwa 500 Arten sind zu betrachten. Tgl. 9–12 und 14–18 Uhr (sonntags vormittags geschl.). Eintritt 4/3 €.

Information

- **Office de Tourisme,** 29190 Brasparts, Tel. 02.98.81.47.06, www. yeun-elez.com.

Unterkunft

- **Chambres d'hôtes€,** *M.T. Solliec Kreisker,* 29690 Botmeur, Tel. 02.98.99.63.02. Hier werden drei recht komfortable Zimmer im restaurierten Gebäude vermietet.
- **Gîte d'étape€,** *M. et Mme. Raoulas,* 29530 Loqueffret, Tel. 02.98.81.00.27. Hier können bis zu 20 Personen untergebracht werden.
- **Camping Municipal de Nestavel Bras,** Tel. 02.98.96.66.57. Der kleine Platz (45 Stellplätze) am Seeufer ist vom 15.6. bis 15.9. geöffnet. Hier können Fahrräder gemietet werden.

Essen und Trinken

Die Gelegenheiten, etwas zu essen zu bekommen, sind rar gesät. Fast jeder kleine Ort besitzt allerdings eine Bar oder Crêperie.

- In **Brennilis** finden sich die Restaurants von Mme. Coadour (Tel. 02.98.99.61.12) und Mme. Barazer (Tel. 02.98.99.61.01).

136br Foto: wk

Anhang

137br Foto: wk

138br Foto: wk

Literaturhinweise

Landeskunde und Geschichte

- *A. Croix, J. Guiffan,* **Histoire des Bretons,** Dossiers de l'Histoire, Editions F. Nathan, Paris 1977
- *L. le Cunff,* **Sein, L'Ile Mystérieuse,** Edition Jos, Doaré 1990
- *C. Grenet, E. Laurent,* **Histoire des Bretons,** Dossiers de l'Histoire, Editions de l'Université et de l'Enseignement Moderne, Paris 1983
- *P.J. Helias,* **Meeressagen,** Editions Jos, Châteaulin 2003
- *M. Hope,* **Magie und Mythologie der Kelten,** Heyne Sachbuch, München 1990
- *Waquet, R. de Saint-Jouan,* **Histoire de la Bretagne,** Presses Universitaires de France, Paris 1980
- Im **Internet** findet man Informationen unter www.histoire-bretagne.com

Flora und Fauna

- *G. Corbet, D. Ovenden,* **Pareys Buch der Säugetiere,** Parey, Hamburg 1982
- *R. Fitter, A. Fitter, M. Blamey,* **Pareys Blumenbuch,** Parey, Hamburg 1974
- *H. Heinzel, R. Fitter, J. Parslow,* **Pareys Vogelbuch,** Parey, Hamburg 1980
- *P. Moteau,* **Les Oiseaux de Mer,** Editions J.P. Gisserot, Luc.on 1989
- *P. Thommen,* **La Nature dans le Golfe du Morbihan,** Editions Ouest-France, Rennes 1983

Megalithen

- *J. Briard,* **Die Megalithen der Bretagne,** Edition J.P. Gisserot, Luc.on 1991
- *R. Drößler,* **Astronomie in Stein,** Prisma-Verlag, Leipzig 1990
- *P.R. Giot,* **Die Alignements von Carnac,** Editions Ouest-France, La Guerche-de-Bretagne 1990

139br Foto: wk

- *P.R. Giot,* **Préhistoire de la Bretagne,** Editions Jos, Saint-Thonan 1992
- *P.R. Giot,* **Barnenez,** Editions Jos, Doaré 2002
- *P.R. Giot,* **Vorgeschichte in der Bretagne,** Editions Jos, Châteaulin 2002
- *M. Lenoir,* **La Préhistoire,** Editions J.P. Gisserot, Luc.on 1990
- *F. Niel,* **Auf den Spuren der großen Steine,** M. Pawlak Verlagsgesellschaft, Herrsching 1989
- **Time-Life, Mystische Stätten,** Reihe: Geheimnisse des Unbekannten, Time-Life, Amsterdam 1992
- *F. Terhart,* **Magische Reisen Bretagne,** Goldasmann Verlag, München 1994
- *Detert Zylmann Probst,* **Das Rätsel der Menhire,** Mainz-Kostheim 2003

Kunst und Kultur

- *V.-H. Debidour,* **Große Kalvarienberge der Bretagne,** Editions Jos, Châteaulin 1990
- *V. Kruta,* **Les Celtes,** Presses Universitaires de France, Paris 1979
- *G. Meirion-Jones, M. Jones,* **Les Châteaux de Bretagne,** Editions Ouest-France, Rennes 1992
- *M. Ovazza,* **La Forêt de Brocéliande,** Editions Ouest-France, Rennes 1989

Reisen in der Bretagne

- *H. Champollion,* **Die Brière,** Editions Ouest-France, La Guerche-de-Bretagne 1989
- *E. Guillé,* **L'Ile d'Ouessant,** Editions Jos, Doaré 1992
- *G. Le Scouezec,* **Le Guide de la Bretagne,** Editions Beltan-Breizh, Brasparts 1989
- *Y. Mauffret,* **Le Golfe du Morbihan,** Editions Ouest-France, La Guerche-de-Bretagne 1989
- *S. Morand,* **Galette und die Crêpes in der Bretagne,** Editions Jos, Châteaulin 1990
- *O. Mordrel,* **Bretagne,** Edition Nathan, Paris 1983
- *M. Renouard,* **Liebenswerte Bretagne,** Editions Ouest-France, Rennes 1996
- *A. Rondeau, Pilote Cotier Fenwick,* **De Saint-Malo à Brest, De Nantes à Brest,** Praxys Diffusion, Paris 1992

Maritimes

- *G. Chauvin,* **Les Coquillages,** Edition J.P. Gisserot, Luc.on 1991
- *Deutsches Hydrografisches Institut,* **Handbuch der Nord- und Westküste Frankreichs,** Hamburg 2002
- *H.Gloux, J.Y. Manac'h,* **Les Bateaux de Pêche de Bretagne,** Editions Fayarol, Paris 2001
- *G. Sager,* **Mensch und Gezeiten,** Aulis-Verlag, Köln 1988

Sprache

- **Französisch – Wort für Wort,** REISE KNOW-HOW Verlag, Bielefeld, aus der Kauderwelsch-Reihe (Band 40). Die handlichen Sprechführer bieten eine auf das Wesentliche reduzierte Grammatik und viele Beispielsätze für den Reisealltag (als **Kauderwelsch digital Französisch** auch auf CD-ROM erhältlich).
- **AusspracheTrainer Französisch,** REISE KNOW-HOW Verlag, Bielefeld. Audio-CD, ca. 60 Min. Laufzeit, die wichtigsten Sätze und Redewendungen des Kauderwelsch-Bandes zum Hören und Nachsprechen.
- **Bretonisch – Wort für Wort,** REISE KNOW-HOW Verlag, Bielefeld, Kauderwelsch-Band 195. Die keltische Sprache, die in ländlichen Gegenden noch lebendig ist. **AusspracheTrainer** auf Audio-CD ebenfalls erhältlich.
- **Französisch kulinarisch,** die Sprachhilfe für Restaurant und Supermarkt, Kauderwelsch Bd. 134, REISE KNOW-HOW Verlag, Bielefeld.
- **Französisch-Slang,** das andere Französisch, Kauderwelsch Bd. 42, REISE KNOW-HOW Verlag, Bielefeld.

Zeitschriften

- **Ar-Men,** Zeitschrift für bretonische Kultur
- **Chasse-Marée,** Zeitschrift für traditionelle bretonische Seefahrt
- **Keltys,** Zeitschrift für kulturellen Tourismus

HILFE!

Dieses Reisehandbuch ist gespickt mit unzähligen Adressen, Preisen, Tipps und Infos. Nur vor Ort kann überprüft werden, was noch stimmt, was sich verändert hat, ob Preise gestiegen oder gefallen sind, ob ein Hotel, ein Restaurant immer noch empfehlenswert ist oder nicht mehr, ob ein Ziel noch oder jetzt erreichbar ist, ob es eine lohnende Alternative gibt usw.

Unsere Autoren sind zwar stetig unterwegs und versuchen, alle zwei Jahre eine komplette Aktualisierung zu erstellen, aber auf die Mithilfe von Reisenden können sie nicht verzichten.

Darum: Schreiben Sie uns, was sich geändert hat, was besser sein könnte, was gestrichen bzw. ergänzt werden soll. Nur so bleibt dieses Buch immer aktuell und zuverlässig. Wenn sich die Infos direkt auf das Buch beziehen, würde die Seitenangabe uns die Arbeit sehr erleichtern. Gut verwertbare Informationen belohnt der Verlag mit einem Sprechführer Ihrer Wahl aus der über 200 Bände umfassenden Reihe „Kauderwelsch" (siehe unten).

Bitte schreiben Sie an:

REISE KNOW-HOW Verlag Peter Rump GmbH, Postfach 140666, D-33626 Bielefeld, oder per E-Mail an: info@reise-know-how.de

Danke!

Kauderwelsch-Sprechführer –
sprechen und verstehen rund um den Globus

Afrikaans • Albanisch • Amerikanisch - *American Slang, More American Slang,* Amerikanisch oder Britisch? • Amharisch • Arabisch - Hocharabisch, für Ägypten, Algerien, Golfstaaten, Irak, Jemen, Marokko, • Palästina & Syrien, Sudan, Tunesien • Armenisch • *Bairisch* • Balinesisch • Baskisch • Bengali • *Berlinerisch* • Brasilianisch • Bulgarisch • Burmesisch • Cebuano • Chinesisch - Hochchinesisch, kulinarisch • Dänisch • Deutsch - *Allemand, Almanca, Duits, German, Nemjetzkii, Tedesco* • *Elsässisch* • Englisch - *British Slang, Australian Slang, Canadian Slang, Neuseeland Slang,* für Australien, für Indien • Färöisch • Esperanto • Estnisch • Finnisch • Französisch - kulinarisch, für den Senegal, für Tunesien, *Französisch Slang, Franko-Kanadisch* • Galicisch • Georgisch • Griechisch • Guarani • Gujarati • Hausa • Hebräisch • Hieroglyphisch • Hindi • Indonesisch • Irisch-Gälisch • Isländisch • Italienisch - *Italienisch Slang,* für Opernfans, kulinarisch • Japanisch • Javanisch • Jiddisch • Kantonesisch • Kasachisch • Katalanisch • Khmer • Kirgisisch • Kisuaheli • Kinyarwanda • *Kölsch* • Koreanisch • Kreol für Trinidad & Tobago • Kroatisch • Kurdisch • Laotisch • Lettisch • Lëtzebuergesch • Lingala • Litauisch • Madagassisch • Mazedonisch • Malaiisch • Mallorquinisch • Maltesisch • Mandinka • Marathi • Modernes Latein • Mongolisch • Nepali • Niederländisch - *Niederländisch Slang,* Flämisch • Norwegisch • Paschto • Patois • Persisch • Pidgin-English • *Plattdüütsch* • Polnisch • Portugiesisch • Punjabi • Quechua • *Ruhrdeutsch* • Rumänisch • Russisch • *Sächsisch* • *Schwäbisch* • Schwedisch • *Schwiizertüütsch* • *Scots* • Serbisch • Singhalesisch • Sizilianisch • Slowakisch • Slowenisch • Spanisch - *Spanisch Slang,* für Lateinamerika, für Argentinien, Chile, Costa Rica, Cuba, Dominikanische Republik, Ecuador, Guatemala, Honduras, Mexiko, Nicaragua, Panama, Peru, Venezuela, kulinarisch • Tadschikisch • Tagalog • Tamil • Tatarisch • Thai • Tibetisch • Tschechisch • Türkisch • Twi • Ukrainisch • Ungarisch • Urdu • Usbekisch • Vietnamesisch • Walisisch • Weißrussisch • *Wienerisch* • Wolof • Xhosa

Französisch lernen ohne Stress – am PC!
Kauderwelsch DIGITAL bringt das Kauderwelsch-Buch komplett Seite für Seite auf den Bildschirm, erweitert um die Möglichkeit, sich auf Mausklick jedes französische Wort vorsprechen zu lassen. Die Funktionen von Buch und Begleitkassette sind hier kombiniert.
Als Zugabe ist der Kauderwelsch AusspracheTrainer mit auf der CD, der sowohl am PC als auch in allen anderen Audio-CD-Geräten abgespielt werden kann.
Funktionen:
• Vorsprechen aller französischen Wörter auf Mausklick
• leichtes Navigieren innerhalb des Buches
• Suchfunktion
• Vergrößerte Darstellung nach Bedarf
• Druckfunktion
• Mit dem Vollprogramm Adobe Acrobat können zusätzlich Anmerkungen eingefügt, Textstellen farbig markiert und Bookmarks gesetzt werden.
• Kostenpunkt: € 14,90 [D]
REISE KNOW-HOW Verlag, Bielefeld

sound))trip®

Neu bei
REISE KNOW-HOW

REISE KNOW-HOW

ISBN 978-3-8317-5101-3

Australia

ISBN 978-3-8317-5106-8

Argentina

ISBN 978-3-8317-5109-9

China

ISBN 978-3-8317-5102-0

Finland

ISBN 978-3-8317-5108-2

Japan

ISBN 978-3-8317-5105-1

Cuba

ISBN 978-3-8317-5104-4

Switzerland

ISBN 978-3-8317-5103-7

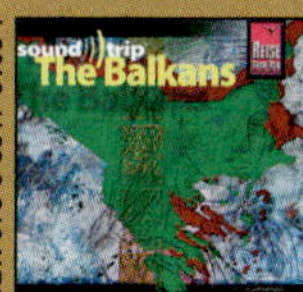

The Balkans

ISBN 978-3-8317-5107-5

Northeast Brazil

ISBN 978-3-8317-5110-5

Northern Africa

Die Compilations der CD-Reihe sound))trip stellen die typische Musik eines Landes oder einer Region vor.

Die mit zehn Veröffentlichungen startende Reihe ist der Beginn einer einzigartigen Sammlung, einer Weltenzyklopädie aktueller Musik.

Jedes Jahr sollen unter dem Musik-Label sound))trip mindestens zehn CDs hinzukommen.

Jede Audio-CD
ca. 50–60 Min. Spieldauer
22-seitiges Booklet
Unverbindl. Preisempf.:
15,90 € [D]

Kostenlose Hörprobe im Internet unter:

in cooperation with
(((piranha)))

www.reise-know-how.de

Know-How auf einen Blick

Tschechien
Türkei, Hotelführer
Türkei, Mittelmeerküste

Ukraine, der Westen
Umbrien
Usedom

Venedig

Wales
Wangerooge
Warschau
Wien

Zypern, der Norden
Zypern, der Süden

Wohnmobil-Tourguides

Dänemark
Kroatien
Provence
Sardinien
Sizilien
Südnorwegen
Südschweden

Edition RKH

Durchgedreht – Sieben Jahre im Sattel
Eine Finca auf Mallorca
Geschichten aus dem anderen Mallorca
Mallorca für Leib und Seele
Rad ab!

Praxis

All inclusive?
Bordbuch Südeuropa
Canyoning
Clever buchen, besser fliegen
Clever kuren
Drogen in Reiseländern
Expeditionsmobil
Feste Europas
Fiestas Spanien
Fliegen ohne Angst
Frau allein unterwegs
Geolog. Erscheinungen
Gesundheitsurlaub in Dtl. Heilthermen
GPS f. Auto, Motorrad
GPS Outdoor-Navigation
Handy global
Höhlen erkunden
Inline Skating
Islam erleben
Kanu-Handbuch
Kartenlesen
Kreuzfahrt-Handbuch
Küstensegeln
Langzeitreisen
Marathon-Guide Deutschland
Mountainbiking
Orientierung mit Kompass und GPS
Paragliding-Handbuch
Pferdetrekking
Radreisen
Reisefotografie
Reisefotografie digital
Reisekochbuch
Reiserecht
Schutz vor Gewalt und Kriminalität
Schwanger reisen
Selbstdiagnose unterwegs
Sicherheit in Bärengebieten
Sicherheit Meer
Sonne, Wind, Reisewetter
Spaniens Fiestas
Sprachen lernen
Survival-Handbuch Naturkatastrophen
Tauchen Kaltwasser
Tauchen Warmwasser
Transsib
Trekking-Handbuch
Volunteering
Vulkane besteigen
Wann wohin reisen?
Wildnis-Ausrüstung
Wildnis-Backpacking
Wildnis-Küche
Winterwandern
Wohnmobil-Ausrüstung
Wohnmobil-Reisen
Wohnwagen Handbuch
Wracktauchen
Zahnersatz, Reiseziel

KulturSchock

Familienmanagement im Ausland
Finnland
Frankreich
Irland/Nordirland
Italien
Leben in fremden Kulturen
Polen
Rumänien
Russland
Schweiz
Spanien
Türkei
Ukraine
Ungarn

Europa

Anhang

Frankreich

Die schönsten Ferienziele richtig erleben!
Die Reiseführer der Reihe **Reise Know-How** bieten Insider-Informationen und Hintergrundwissen von Spezialisten, genaue Karten, aktuelle Preise, Adressen von guten Restaurants, empfehlenswerten Unterkünften, interessanten Einkaufsmöglichkeiten.

Bettina Forst
Auvergne, Cevennen
384 Seiten, 20 Karten und Pläne,
durchgehend illustriert, farbiger Kartenatlas

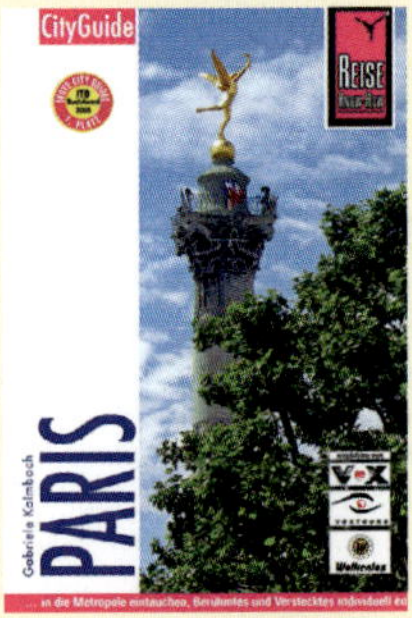

Barbara und Hans Otzen
Burgund
480 Seiten, 16 Karten und Pläne,
durchgehend illustriert, farbiger Kartenatlas

Barbara C. und Jörg-Thomas Titz
Elsass, Vogesen
456 Seiten, 18 Karten und Pläne,
durchgehend farbig illustriert

Wolfgang Kathe
Korsika
504 Seiten, 15 Karten und Pläne,
durchgehend illustriert, farbiger Kartenatlas

Mit Reise Know-How ans Ziel

Die Landkarten des **world mapping project** bieten gute Orientierung – weltweit.

- Moderne Kartengrafik mit Höhenlinien, Höhenangaben und farbigen Höhenschichten
- GPS-Tauglichkeit durch eingezeichnete Längen- und Breitengrade und ab Maßstab 1:300.000 zusätzlich durch UTM-Markierungen
- Einheitlich klassifiziertes Straßennetz mit Entfernungsangaben
- Wichtige Sehenswürdigkeiten, herausragende Orientierungspunkte und Badestrände werden durch einprägsame Symbole dargestellt
- Der ausführliche Ortsindex ermöglicht das schnelle Finden des Zieles
- Alle ab 2003 veröffentlichten Karten sind auf Polyart® gedruckt: superreiß- und wasserfest, beschreibbar wie Papier

Derzeit über 200 Titel lieferbar (siehe unter www.reise-know-how.de), z.B.:

- **Bretagne** (1:200.000)
- **Frankreich** (1:1.000.000)*
- **Korsika** (1:135.000)*

*auf Polyart®-Papier

world mapping project
Reise Know-How Verlag, Bielefeld

Register

Die Autoren

140br Foto: mk

Wilfried Krusekopf, geb. 1951, war beruflich lange als Lehrer tätig in den Fächern Mathematik, Physik und Französisch. Neben zahlreichen Reisen per Auto und Fahrrad durch das Inland der Bretagne hat er auf seinen regelmäßigen Segeltörns entlang der bretonischen Küste seit 1980 jeden Hafen zwischen Saint-Malo und Saint-Nazaire kennen gelernt. Sein besonderes Interesse gilt der maritimen Kultur der Bretagne. Seit 1998 bietet er ganzjährig auf seiner Hochseeyacht „Gwenavel" und auf verschiedenen Yachten Segeltörns an.

150brFoto: kh

Eberhard Homann, geb. 1959 in Bielefeld. Der Biologe arbeitet als freier Autor mit den Schwerpunkten Südost-Asien (Malaysia, Thailand, Vietnam, Singapur und Indonesien), USA, Vereinigte Arabische Emirate und Frankreich. Neben der Kultur interessiert ihn besonders die Flora und Fauna der bereisten Gebiete. Außer Reiseführern zu Malaysia und Singapur, Thailand, Mexiko, den Vereinigten Arabischen Emiraten und den USA sind von ihm zahlreiche Beiträge in Natur- und Reisezeitschriften, in Umweltmagazinen und Kinderzeitschriften erschienen.

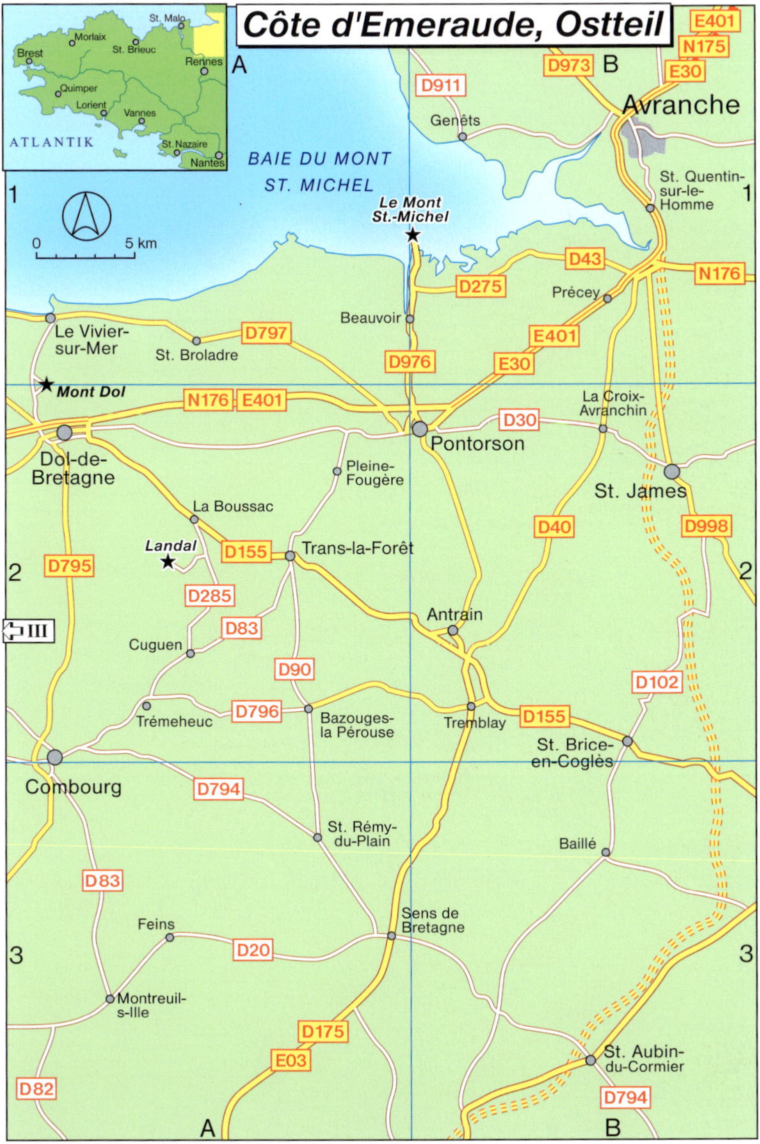

Kartenatlas

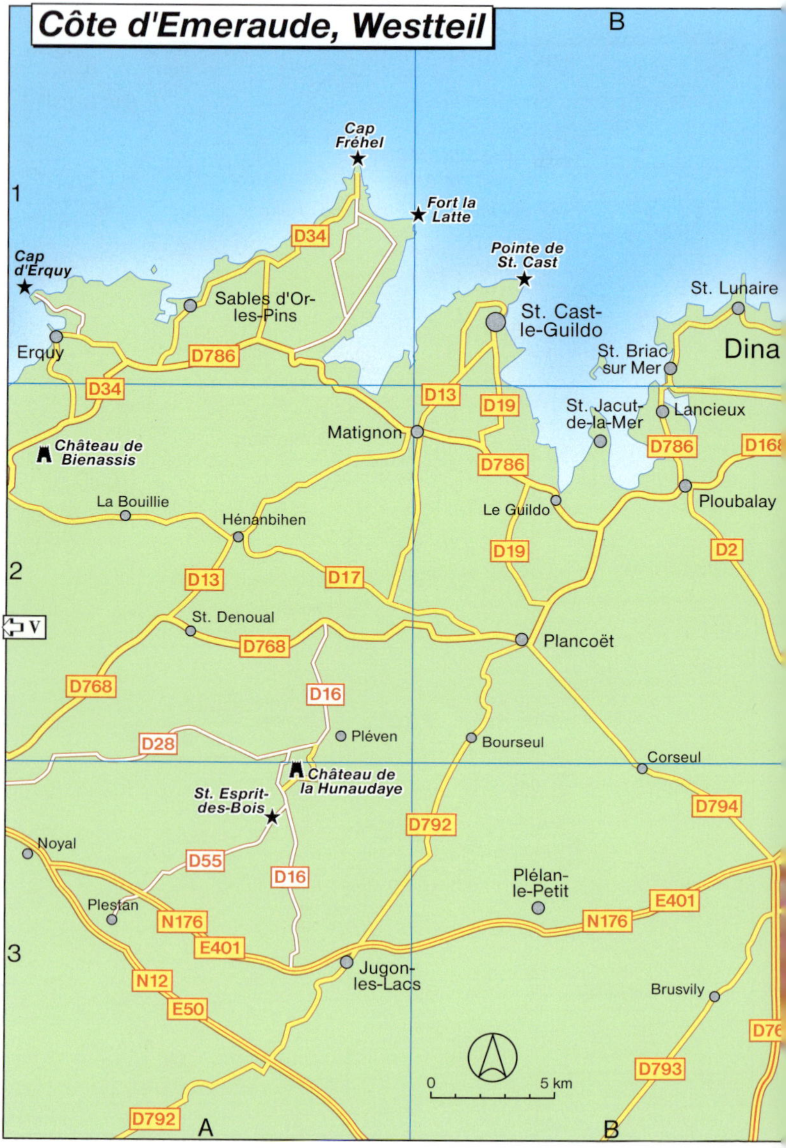
Côte d'Emeraude, Westteil
B
1
2
3
A
B
Cap Fréhel
Fort la Latte
Pointe de St. Cast
Cap d'Erquy
D34
Sables d'Or-les-Pins
St. Cast-le-Guildo
St. Lunaire
Dina
Erquy
D786
St. Briac sur Mer
D34
D13
D19
St. Jacut-de-la-Mer
Lancieux
Matignon
Château de Bienassis
D786
D786
D168
La Bouillie
Hénanbihen
Le Guildo
Ploubalay
D19
D2
D13
D17
St. Denoual
V
D768
Plancoët
D768
D16
Pléven
Bourseul
D28
Corseul
Château de la Hunaudaye
St. Esprit-des-Bois
D792
D794
Noyal
D55
Plélan-le-Petit
D16
E401
Plestan
N176
N176
E401
Jugon-les-Lacs
N12
Brusvily
E50
D76
D793
0
5 km
D792

C
Pointe du Grouin
Ile Du Guesclin
D201
Rothéneuf
D355
Cancale
St. Malo
D155
BAIE DU MONT ST. MICHEL
St. Servan-sur-Mer
St. Benoît-des-Ondes
La Gouesnière
D155
Le Vivier-sur-Mer
St. Broladre
Rance
D4
Mont Dol
I
66
N176
E401
Dol-de-Bretagne
Plestin
Plouer-sur-Rance
Pleudihen-sur-Rance
D676
D155
La Boussac
Landal
D795
Le Tronchet
N137
St. Pierre-de-Plesguen
Lanhélin
Cuguen
inan
Cobac Parc
Trémeheuc
D2
D794
Meillac
Combourg
D794
Evran
St. Juvat
Bécherel
C
D
1
2
3
St. Malo
Morlaix
Brest
St. Brieuc
Rennes
Quimper
Lorient
Vannes
ATLANTIK
St. Nazaire
Nantes

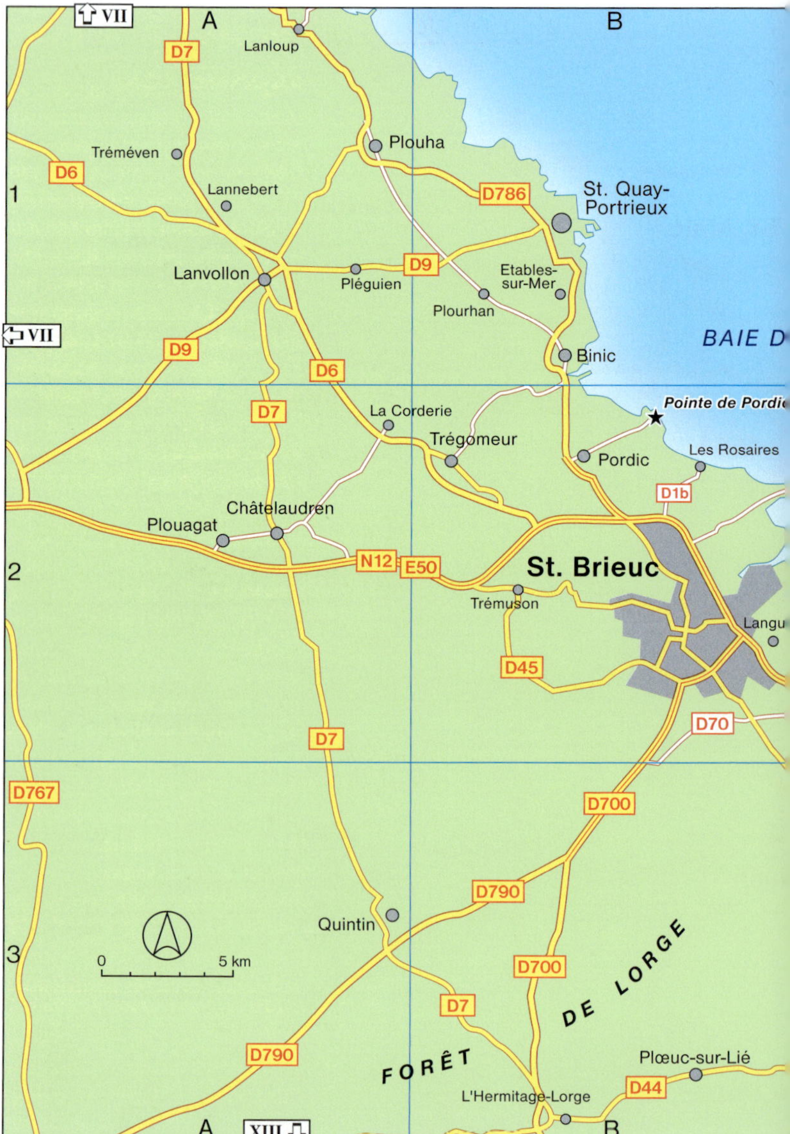
VII
A
B
Lanloup
D7
Plouha
Tréméven
D6
1
Lannebert
D786
St. Quay-Portrieux
Lanvollon
D9
Pléguien
Etables-sur-Mer
Plourhan
VII
BAIE D
D9
Binic
D6
Pointe de Pordic
D7
La Corderie
Trégomeur
Pordic
Les Rosaires
D1b
Châtelaudren
Plouagat
N12
E50
St. Brieuc
2
Trémuson
Langu
D45
D70
D7
D767
D700
D790
Quintin
0
5 km
3
D700
FORÊT DE LORGE
D7
D790
Plœuc-sur-Lié
D44
L'Hermitage-Lorge
A
XIII
B

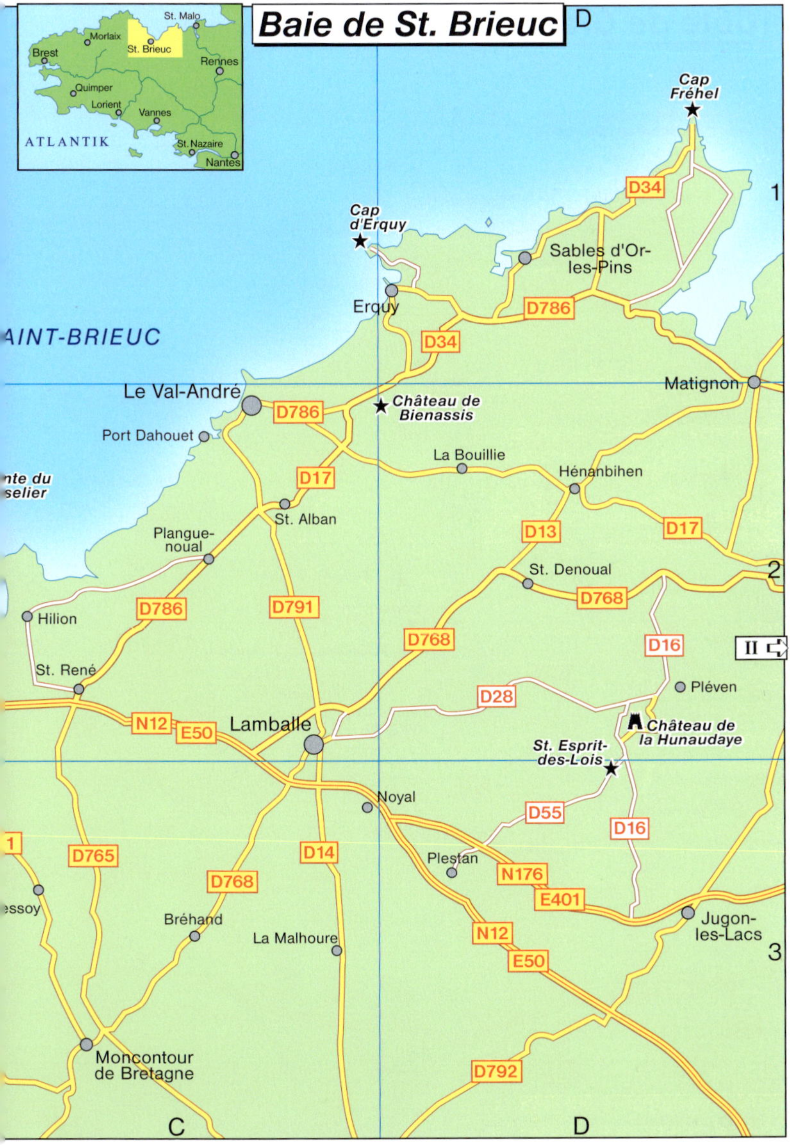

Baie de St. Brieuc
St. Malo
Morlaix
St. Brieuc
Brest
Rennes
Quimper
Lorient
Vannes
ATLANTIK
St. Nazaire
Nantes
D
C
1
2
3
Cap Fréhel
D34
Cap d'Erquy
Sables d'Or-les-Pins
Erquy
D786
D34
AINT-BRIEUC
Matignon
Le Val-André
D786
Château de Bienassis
Port Dahouet
La Bouillie
Hénanbihen
nte du selier
D17
St. Alban
D13
D17
Plangue-noual
St. Denoual
D768
D786
D791
Hilion
D768
D16
II
St. René
D28
Pléven
N12
E50
Lamballe
Château de la Hunaudaye
St. Esprit-des-Lois
Noyal
D55
D16
1
D765
D14
Plestan
N176
D768
E401
essoy
Bréhand
Jugon-les-Lacs
La Malhoure
N12
E50
Moncontour de Bretagne
D792

Côte de Granit Rose
Les Sept Iles (Réserve naturelle)
Ile Tomé
Le Gouffre
Plougrescant
Trégastel-Plage
Ploumanac'h
Port-Blanc
Trévou-Tréguignec
Ile Grande
Trégastel
Perros-Guirec
Penvénan
D788
D11
D113
D8
D70
Jaudy
Château du Cruguil
Tréguier
Ile Milliau
Pleumeur-Bodou
D6
Pont-Losquet
Trébeurden
D788
D65
D786
Bed Léguer
Manoir de Kerprigent
La Roche-Derrien
Pommerit Jaudy
Pointe de Séhar
Lannion
Locquemeau
D33
D11
St. Herbot
Château de Coatfec
Kerfons
D31
D767
Lieue de Grève
Château de Tonquédec
D30
Tonquédec
Château de Kergrist
D15
D11
Château de Rosanbo
D74
Bégard
Plouaret
D767
N12
E50
D42
D11
Belle-Isle en-Terre
D33
D787
Guerlesquin
A
B
1
2
3
IX

C
St. Malo
Morlaix
St. Brieuc
Brest
Rennes
Quimper
Lorient
Vannes
ATLANTIK
St. Nazaire
Nantes
Ile de Bréhat
1
bors
Loguivy-de-la-Mer
Pointe de l'Arcouest
D20
Pleumeur-Gautier
Pors-Even
0
5 km
Lézardrieux
Paimpol
Abbaye de Beauport
D786
Pointe de Minard
Trieux
Plouézec
Château de la Roche-Jagu
D54
D15
D787
Pontrieux
D7
Lanloup
2
Quemper-Guézennec
Plouha
Tréméven
Lannebert
D21
D786
St. Quay-Portrieux
D6
D9
Etables-sur-Mer
Lanvollon
Pléguien
D787
Plourhan
IV
D9
Binic
Pointe de Pordic
D6
Guingamp
D7
La Corderie
Trégomeur
3
Pordic
Châtelaudren
N12
E50
Plouagat
St. Brieuc
D8
D767
Trémuson
C
IV
D

Côte du Léon
A
B
1
2
3
ATLANTISCHER
St. Malo
Morlaix
Brest
St. Brieuc
Rennes
Quimper
Lorient
Vannes
ATLANTIK
St. Nazaire
Nantes
Ile de Batz
Rosc
Ile de Siec
Dossen
St. Pol-de-Léon
Château de Kérouzéré
D10
Sibiril
Cléder
Plouescat
Pointe de Pontusval
Brignogan-Plages
Grève de Goulven
Baie de Kernic
Kerlouan
D10
D30
D35
Goulven
Tréfiez
Château de Maillé
Château de Kergornadeac'h
D788
D69
Plouider
D110
D770
Mengleus
D19
D125
Pont-du-Chatel
St. Vougay
Plouzéyédé
Plouvorn
Lanhouarneau
Château de Kerjean
Lesneven
D788
D35
D30
Plougourvest
Le Folgoët
D32
X
D35
Guicla
Locmaria
D770
Bodilis
Kermat
Plounéventer
St. Servais
Landivisiau
D712
Lampaul-Guimiliau
Guimi
D11
E50
N12
Landernau
La Roche-Maurice
D30
XI

C
D
OZEAN
0
5 km
Ile Grande
D65
Ile Milliau
Trébeurden
1
Bed Léguer
Pointe de Primel
Pointe de Séhar
Locquemeau
Plougasnou
Locquirec
St. Samson
St.-Jean-du-Doigt
Carantec
Cairn de Barnenez
D64
Lieue de Grève
Baie de Morlaix
D46
D78
Plestin-les Grèves
D76
Lanmeur
D786
D73
Plouezoch
2
Henvic
D58
Le Dourduff-en-Mer
D42
D64
VI
Taulé
Morlaix
Penzé
N12
E50
N12
E50
D9
Plougonven
Guerlesquin
St. Thégonnec
Pleyber-Christ
D42
3
Lannéanou
D769
Le Cloître-St.Thégonnec
D785
D111
Quillien
D9
111
XII

Côte des Abers
St. Malo
Morlaix
St. Brieuc
Brest
Rennes
Quimper
Lorient
Vannes
ATLANTIK
St. Nazaire
Nantes
ATLANTISCHER OZEAN
Phare de l'île Vierge
St. Michel
Lilia
D71
Plouguerneau
Presqu'île de Sainte Marguerite
L'Aber Wrac'h
Le Grouanec
Dunes de Corn-ar-Gazel
Landéda
Le Pont du Diable
Lannilis
Roches de Portsall
Lampaul-Ploudalmézeau
L'Aber Benoît
Portsall
St. Pabu
D28
D13
Château de Trémazan
D168
Tréglonou
D59
D27
Ploudalmézeau
D26
Argenton
Plouguin
Plouvien
Coat-Méal
Porspoder
D68
Plourin
D27
D168
Tollar
Bourg-Blanc
Lanildut
Brélès
D26
D13
Lanrivoaré
Aber-Ildut
Milizac
Lampaul-Plouarzel
D68
D3
Gouesnou
Saint Renan
D67
Plouarzel
D5
Guilers
Trézien
Pointe de Corsen
Menhir de Kerloas
D28
Ploumoguer
Brest
Grève de Porsmoguer
D38
D67
Illien
D28
Plouzané
D789
Le Conquet
Porsmilin
Ile d'Ouessant, Molène
D85
Plougonvelin
Pointe de St. Mathieu
Pointe du Petit Minou
Presqu'île de Crozon
Pointe de Kerdéniel
Roscanvel
A
B
1
2
3
XIV

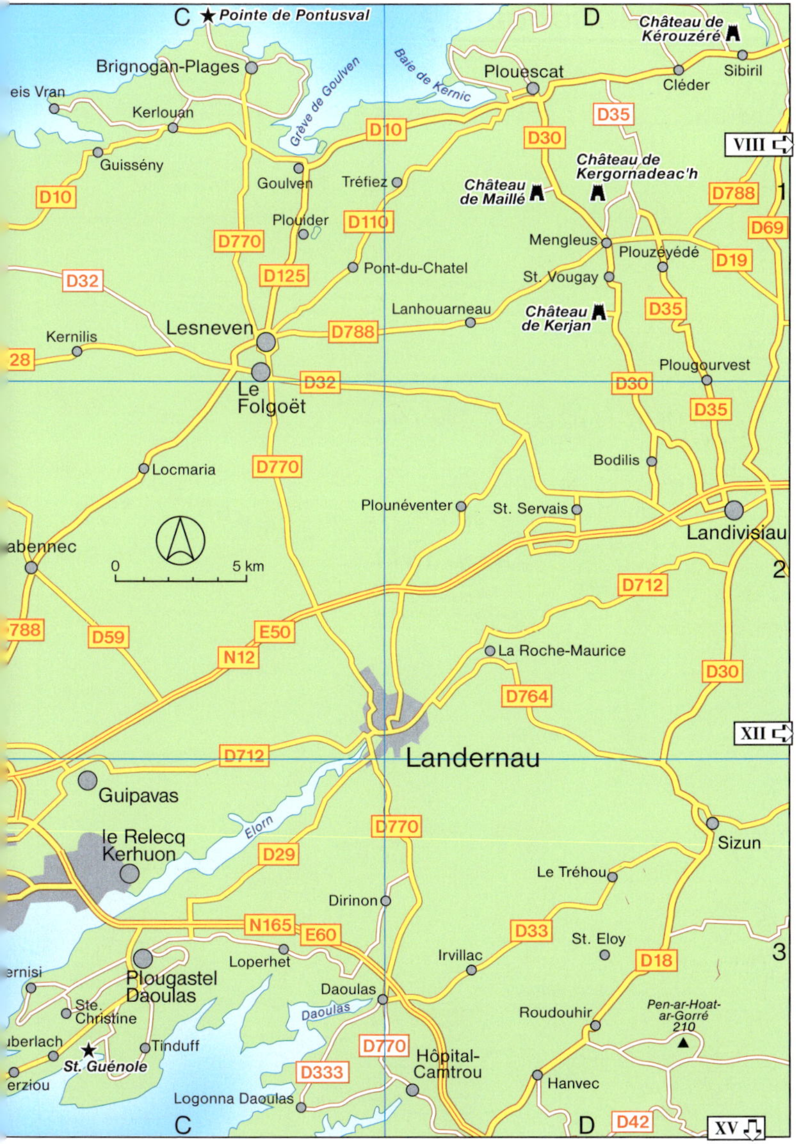

Kartenatlas

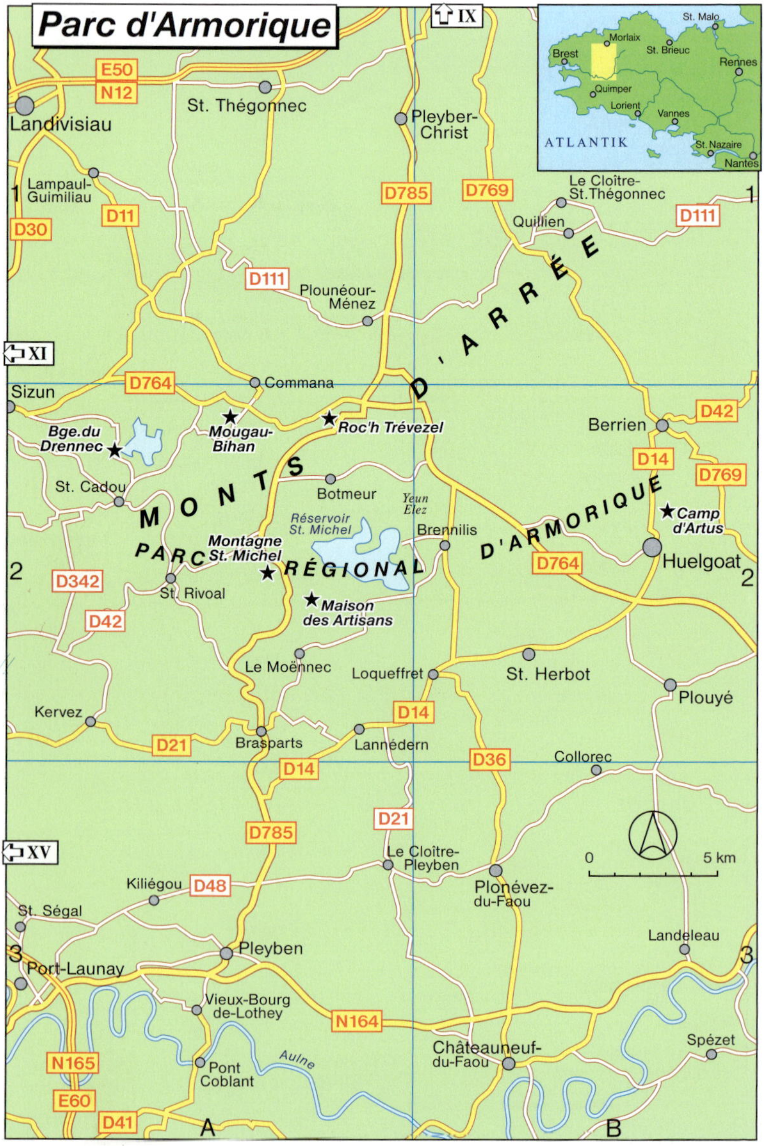

Parc d'Armorique
IX
XI
XV
E50
N12
Landivisiau
St. Thégonnec
Pleyber-Christ
Lampaul-Guimiliau
D11
D30
D785
D769
Le Cloître-St.Thégonnec
Quillien
D111
D111
Plounéour-Ménez
MONTS D'ARRÉE
Sizun
D764
Commana
Roc'h Trévezel
Mougau-Bihan
Bge.du Drennec
Berrien
D42
D14
D769
St. Cadou
Botmeur
Yeun Elez
Réservoir St. Michel
Brennilis
Camp d'Artus
Huelgoat
Montagne St. Michel
PARC RÉGIONAL D'ARMORIQUE
D764
D342
St. Rivoal
Maison des Artisans
D42
Le Moënnec
Loqueffret
St. Herbot
Plouyé
Kervez
D14
Brasparts
Lannédern
D21
D14
D36
Collorec
D785
D21
Le Cloître-Pleyben
Plonévez-du-Faou
0
5 km
Kiliégou
D48
St. Ségal
Pleyben
Port-Launay
Landeleau
Vieux-Bourg de-Lothey
N164
Spézet
N165
Pont Coblant
Aulne
Châteauneuf-du-Faou
E60
D41
A
B
1
2
3
St. Malo
Morlaix
Brest
St. Brieuc
Rennes
Quimper
Lorient
Vannes
ATLANTIK
St. Nazaire
Nantes

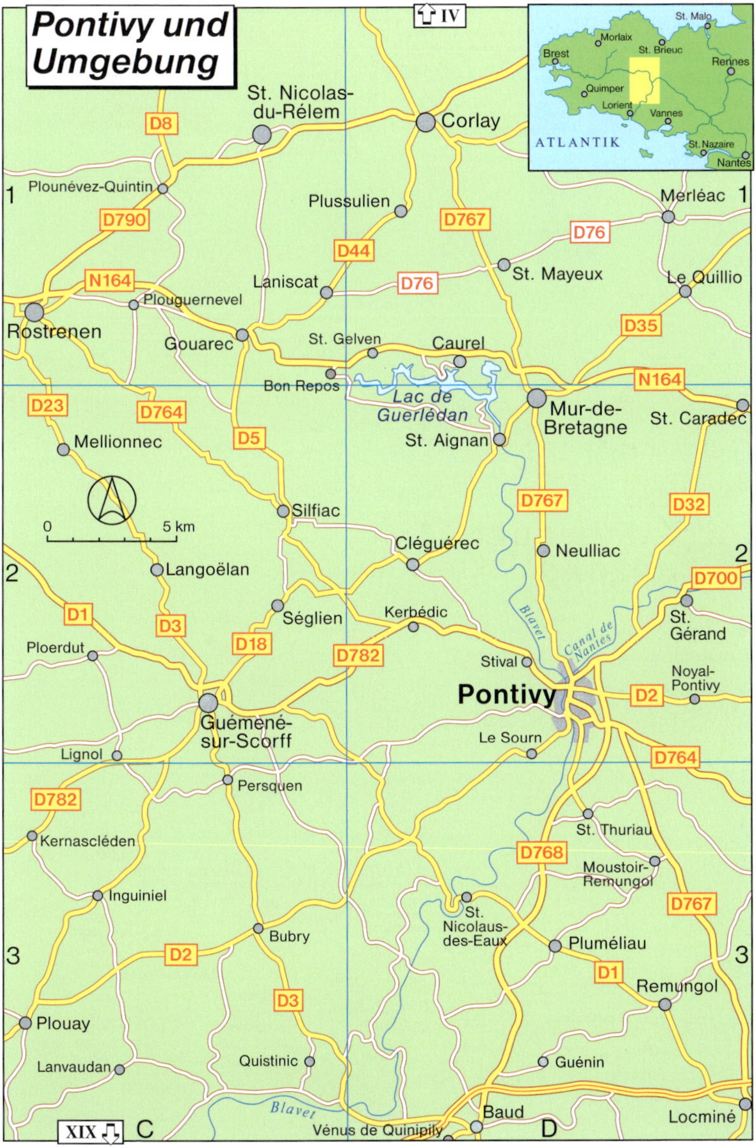

Kartenatlas

X
Brest
D789
RADE DE BREST
Le Conquet
Porsmilin
D85
Plougonvelin
Pointe de St. Mathieu
Pointe du Petit Minou
Pointe des Espagnols
Kerziou
Roscanvel
Ile Longue
Pointe de Kerdéniel
D355
Le Fret
Lanvéc
Pointe du Toulinguet
D63
Camaret-sur-Mer
D355
0
5 km
D8
Crozon
Pointe de Penhir
D887
Presqu'île de Crozon
D308
Pointe de Dinan
Morgat
Grandes Grottes
ATLANTISCHER OZEAN
St. Hernot
D255
Cap de la Chèvre
St. Malo
Morlaix
Brest
St. Brieuc
Rennes
Quimper
Lorient
Vannes
ATLANTIK
St. Nazaire
Nantes
Pointe du Millier
Pointe de Beuzec
Pointe de Luguénés
Réserve du Cap Sizun
Lescogan
Pointe de Penharn
Pointe de Brézellec
Beuzec-Cap-Sizun
Pointe du Van
Kermeur
D7
D7
Moulin-Castel
St. They
Goulien
Confor
Cléden-Cap-Sizun
Phare de la Vieille
Baie des Trépassés
Langroas
Pont-Croix
Lescoff
D765
Esquibien
Pointe du Raz
Plogoff
D784
D2
Audierne
Mahalon
Primelin
Anse du Loch
St. Tugen
Plouhinec
A
B
1
2
3

Presqu'île de Crozon
XI
XII
XVI
XVII
C
D
1
2
3
Plougastel Daoulas
Daoulas
St. Eloy
D18
Pen-ar-Hoat-ar-Gorré 210
D342
D42
Tinduff
St. Guénole
D333
Hôpital-Camtrou
Roudouhir
Hanvec
Logonna Daoulas
D42
Rumengol
Kervez
Landévennec
Faou
Le Faou
D21
Le Loch
D791
Quimerch
Les Quatres Chemins
Rosnoën
N165
D770
D791
Musée du Cidre
E60
Trégarvan
Pont-de-Buis-lès-Quimerch
Argol
D50
Musée de l'Ecole Rurale
Aulne
St. Ségal
Telgruc-sur-Mer
D887
Ménez-Hom
Dinéault
Port-Launay
St. Nic
Ste. Marie-du-Ménez-Hom
D60
Châteaulin
Pentrez-Plage
D887
N165
Plomodiern
D770
E60
D63
D107
Ploéven
Cast
BAIE DE DOUARNENEZ
Sainte Anne-de-la-Palud
Plonévez-Porzay
D7
Quéménéven
D107
Douarnenez
Lesconil
Tréboul
Locronan
Calvaire St.-Venec
St.-Venec
D7
Plogonnec
Landrévarzec
Poullan-sur-Mer
D765
Le Croezou
D765
Pouldergat
D39
D56
D143
D43
Quimper
Odet
Ploneis

XVI Pont-Croix, Audierne, Plonéour, Guilvinec

Pays Bigouden
XV
XVIII
C
D
1
2
3
Le Croezou
D39
Site du Stangala
Croix-Menez-Bris
Quimper
Odet
Ploneis
Kerdévot
Ergué Gabéric
Elliant
D56
D784
Plugaffan
St.Yvi
E60
N165
D156
D785
La Forêt-Fouesnant
D44
D783
D70
Pleuven
D34
Ménez-St. Jean
Clohars-Fouesnant
Fouesnant
Cap-Coz
Combrit
Pont-l'Abbé
D44
D45
Bénodet
Ste. Marine
D134
Concarneau
D2
Ile-Tudy
Beg-Meil
ANSE DE BÉNODET
Pointe de Mousterlin
Loctudy
Pointe de la Jument
D153
Lesconil
Ile aux Moutons
St. Nicolas
Iles de Glénan

XVIII Concarneau, Pont-Aven, Quimperlé

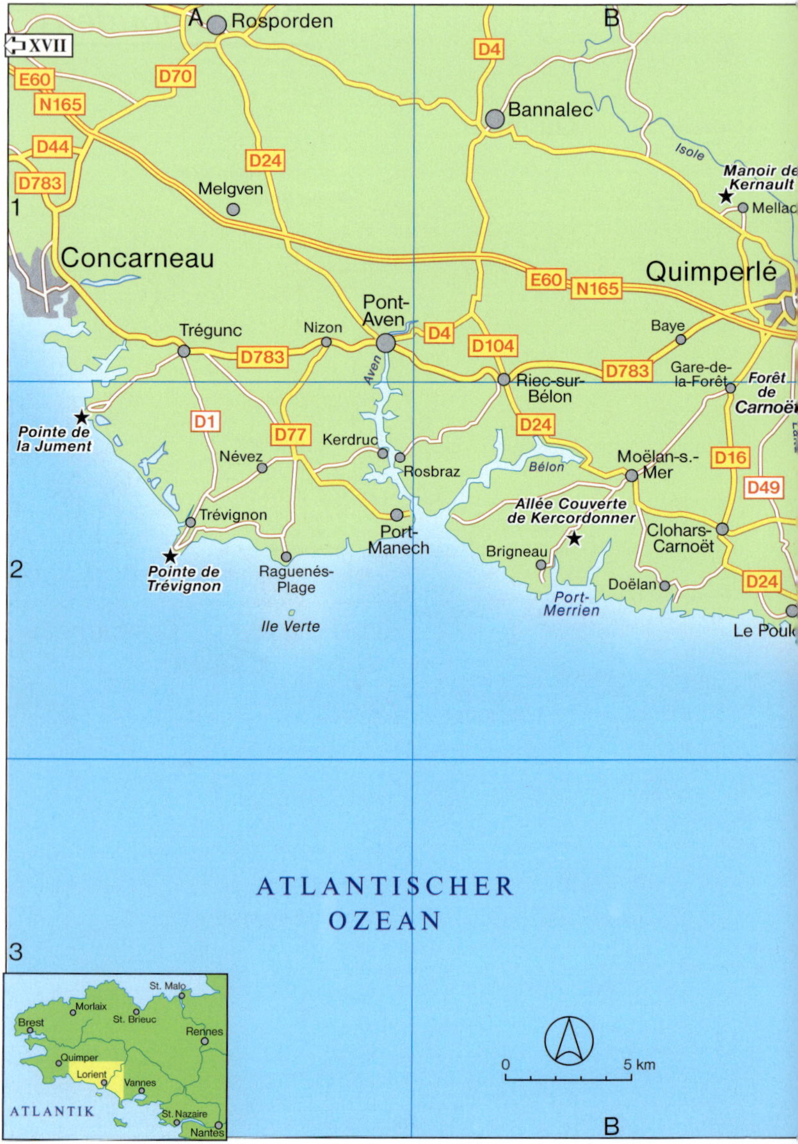

Côte des Mégalithes
XIII
C
D
1
2
3
D769
D18
D2
D3
D790
D22
D62
D2
N165
E60
D765
D162
D306
D6
D26
D769
D765
N24
N165
E60
D194
D781
D33
D781
D158
D152
D781
Bubry
St. Yves
Quistinic
Plouay
Arzano
Lanvaudan
Ellé
Scorff
Rédené
Cléguer
Pont-Scorff
St. Séverin
Hennebont
Blavet
Languidic
Quéven
Lanester
Brandérion
Guidel
Guidel-Plage
Landévant
Lorient
Nostang
Ploemeur
Merlevenez
Fort Bloqué
Locmiquélic
Larmor-Plage
Riantec
Ste. Hélène
Port-Louis
Lomener
Rivière d'Etel
Gâvres
Plouhinec
Belz
Etel
Erdeven
Ile de Groix
Port-Tudy
Groix
Port St. Nicolas
Trou de l'Enfer
Sauzon (Belle-Ile)
XX

Belle-Ile und Umgebung
Lorient
B
ATLANTISCHER OZEAN
1
2
3
D768
St. Pierre-Quiberon
Presqu'île de Quiberon
Quiberon
Pointe du Conguel
Pointe des Poulains
Sauzon
Port Goulphar
D30
D190
Le Palais
Bangor
Belle-Ile
D25
Locmaria
Pointe de l'Echelle
Pointe de Kerdonis
Houat
Ile d'Houat
Hoëdic
Ile de Hoëdic
St. Malo
Morlaix
Brest
St. Brieuc
Rennes
Quimper
Lorient
Vannes
ATLANTIK
St. Nazaire
Nantes
B

XIX
C
D
D781
D22
N165
E60
D768
Brech
Pont-Fol
Plumergat
Plouharnel
D768
St. Anne-d'Auray
Auray
Grand-Champ
1
Carnac
Crach
La Trinité
Crac'h
D28
Rivière d'Auray
Mériadec
Le Bono
Plougoumelen
St. Philibert
Fort-Espagnol
D781
Plescop
Guern
Baden
D101
Plœren
Meucon
St. Pierre
D316
Elven
Le Moustoir
Vannes
D787
Locmariaquer
St. Ave
Larmor-Baden
Pointe de Kerpenhir
Er Lanic
Port-Blanc
Arradon
Malestroit
Méaban
Ile Gavrinis
Le Bourg
Port-Navalo
Arzon
Port-Crouesty
Ile aux Moines
Pointe du Petit Mont
Béninze
GOLFE DU MORBIHAN
Ile d'Arz
2
Kerjouanno
Le Logeo
Séné
Le Net
D199
D198
D780
Pointe du Grand Mont
Bénance
Ile Tascon
Morissarac
Noyalo
D7
Presqu'île de Rhuys
St. Gildas-de-Rhuys
Sarzeau
St. Colombier
St. Armel
D780
Theix
Le Grée-St. Jacques
Pointe de St. Jacques
Surzur
Château de Suscino
D199
D195
N165
E60
D199a
Penvins
La Tour-du-Parc
D20
Pointe de Penvins
XXIII
3
Ambon
Damgan
0
5 km
Billiers
Kartenatlas

St. Malo
Morlaix
Brest
St. Brieuc
Rennes
Quimper
Lorient
Vannes
ATLANTIK
St. Nazaire
Nantes
ATLANTISCHER OZEAN
Pointe du Croisic
Pointe du Castelli
Piriac-sur-Mer
0
5 k
Le Croisic
D52
La Turballe
Quimiac
Batz-s.-Mer
Marais
Salants
D99
D33
D171
Mesquer
D252
Le Pouliguen
Guérande
D282
Saillé
D233
St. Molf
La Baule
Careil
D51
N171
D774
Kerhinet
D47
Pornichet
Herbigna
Bréca
St. Lyphard
Ste. Mareguerite
St. André-des-Eaux
PARC RÉGIONAL
Les Fossés-Blanc
D92
La Chaussée-Neuve
Mayun
St. Marc
La Chapelle-des Marais
St. Nazaire
Grande Brière
DE BRIÈRE
D33
Ile de Fédrun
D50
Trignac
St. Brevin-les-Pins
Rozé
St. Joachim
Crossac
Montoir-de-Bretagne
Loire
N171
D4
N16
E60
D100
D5
D77
Pontchâteau
D773
A
B
1
2
3

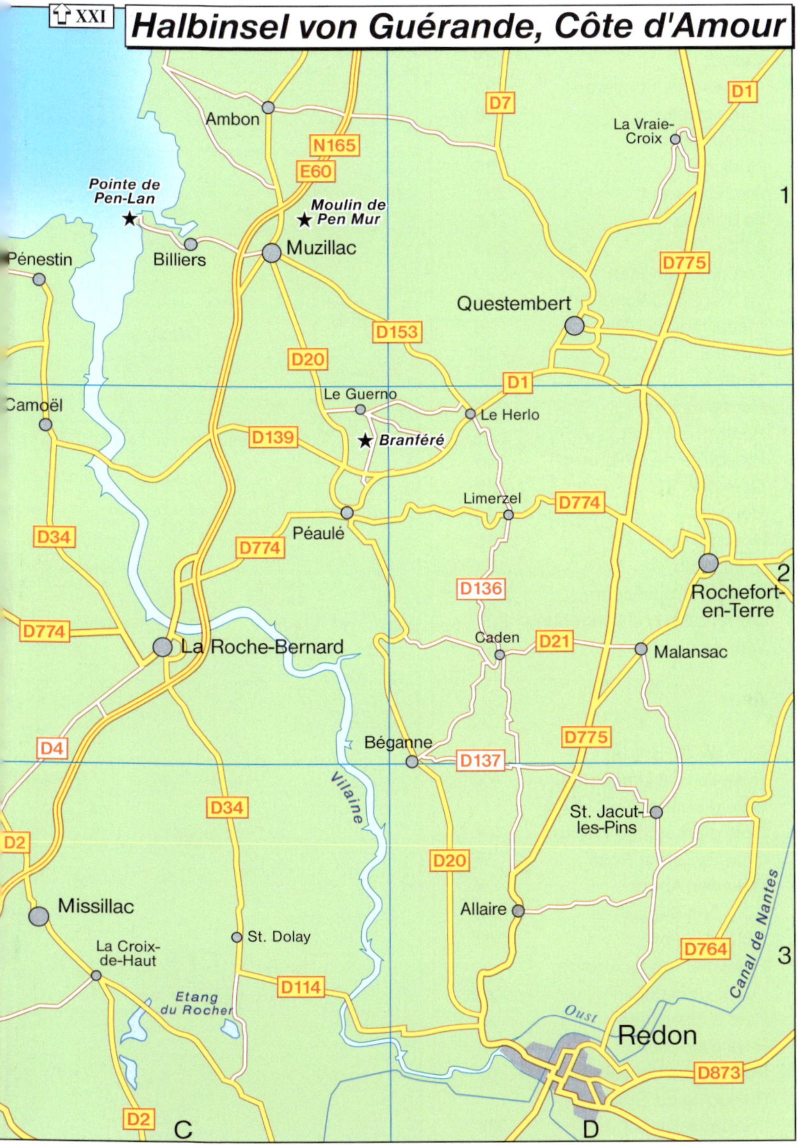
XXI
Halbinsel von Guérande, Côte d'Amour
Ambon
D7
D1
La Vraie-Croix
N165
E60
Pointe de Pen-Lan
Moulin de Pen Mur
Pénestin
Billiers
Muzillac
D775
Questembert
D153
D20
D1
Camoël
Le Guerno
Le Herlo
D139
Branféré
Limerzel
D774
D34
D774
Péaulé
D136
Rochefort-en-Terre
D774
La Roche-Bernard
Caden
D21
Malansac
D4
Béganne
D137
D775
Vilaine
D34
St. Jacut-les-Pins
D2
D20
Missillac
Allaire
Canal de Nantes
St. Dolay
La Croix-de-Haut
D764
D114
Etang du Rocher
Oust
Redon
D873
D2
C
D
1
2
3
Kartenatlas

Kartenverzeichnis

Atlas